世 紀 心 理 學 叢 書

台灣東華書局（繁體字版）
浙江教育出版社（簡體字版）

台灣東華書局出版之《世紀心理學叢書》，除在台灣發行繁體字版外，並已授權浙江教育出版社以簡體字版在大陸地區發行。本叢書有版權（著作權），非經出版者或著作人之同意，本叢書之任何部分或全部，不得以任何方式抄錄發表或複印。

　　　　　　　台 灣 東 華 書 局 謹識
　　　　　　　法律顧問蕭雄淋律師

願爲兩岸心理科學發展盡點心力

——世紀心理學叢書總序——

五年前一個虛幻的夢想，五年後竟然成爲具體的事實；此一由海峽兩岸合作出版一套心理學叢書以促進兩岸心理科學發展的心願，如今竟然得以初步實現。當此叢書問世之際，除與參與其事的朋友們分享辛苦耕耘終獲成果的喜悅之外，在回憶五年來所思所歷的一切時，我個人更是多著一份感激心情。

本於一九八九年三月，應聯合國文教組織世界師範教育協會之邀，決定出席該年度七月十七至二十二日在北京舉行的世界年會，後因故年會延期並易地舉辦而未曾成行。迄於次年六月，復應北京師範大學之邀，我與內子周慧強教授，專程赴北京與上海濟南等地訪問。在此訪問期間，除會晤多位心理學界學者先進之外，也參觀了多所著名學術機構的心理學藏書及研究教學設備。綜合訪問期間所聞所見，有兩件事令我感觸深刻：其一，當時的心理學界，經過了撥亂反正，終於跨越了禁忌，衝出了谷底，但仍處於劫後餘生的局面。在各大學從事心理科學研究與教學的學者們，雖仍舊過著清苦的生活，然卻在摧殘殆盡的心理科學廢墟上，孜孜不息地奮力重建。他們在專業精神上所表現的學術衷誠與歷史使命感，令人感佩不已。其二，當時心理科學的書籍資料甚爲貧乏，高水平學術性著作之取得尤爲不易；因而教師缺乏新資訊，學生難以求得新知識。在學術困境中，一心爲心理科學發展竭盡心力的學者先生們，無不深具無力感與無奈感。特別是有些畢生努力，研究有成的著名心理學家，他們多年來的心血結晶若無法得以著述保存，勢將大不利於學術文化的薪火相傳。

返台後，心中感觸久久不得或釋。反覆思考，終於萌生如下心願：何不結合兩岸人力物力資源，由兩岸學者執筆撰寫，兩岸出版家投資合作，出版一套包括心理科學領域中各科新知且具學術水平的叢書。如此一方面可使大陸著名心理學家的心血結晶得以流傳，促使中國心理科學在承先啟後的路上繼續發展，另方面經由繁簡兩種字體印刷，在海峽兩岸同步發行，以便雙邊心理學界人士閱讀，而利於學術文化之交流。

顯然，此一心願近似癡人說夢；僅在一岸本已推行不易，事關兩岸必將更形困難。在計畫尚未具體化之前，我曾假訪問之便與大陸出版社負責人提及兩岸合作出版的可能。當時得到的回應是，原則可行，但先決條件是台灣方面須先向大陸出版社投資。在此情形下，只得將大陸方面合作出版事宜暫且擱置，而全心思考如何解決兩個先決問題。問題之一是如何取得台灣方面出版社的信任與支持。按初步構想，整套叢書所涵蓋的範圍，計畫包括現代心理科學領域內理論、應用、方法等各種科目。在叢書的內容與形式上力求臻於學術水平，符合國際體例，不採普通教科用書形式。在市場取向的現實情況下，一般出版社往往對純學術性書籍素缺意願，全套叢書所需百萬美元以上的投資，誰人肯做不賺錢的生意？另一問題是如何邀請大陸學者參與撰寫。按我的構想，台灣出版事業發達，也較易引進新的資訊。將來本叢書的使用對象將以大陸爲主，是以叢書的作者原則也以大陸學者爲優先考慮。問題是大陸的著名心理學者分散各地，他們在不同的生活環境與工作條件之下，是否對此計畫具有共識而樂於參與？

對第一個問題的解決，我必須感謝多年好友台灣東華書局負責人卓鑫淼先生。卓先生對叢書細節及經濟效益並未深切考量，只就學術價值與朋友道義的角度，欣然同意全力支持。至於尋求大陸合作出版對象一事，迨至叢書撰寫工作開始後，始由北京師範大學教授林崇德先生與杭州大學教授朱祖祥先生介紹浙江教育出版社社長曹成章先生。經聯繫後，曹先生幾乎與卓先生持同樣態度，僅憑促進中國心理科學發展和加強兩岸學術交流之理念，迅即慨允合作。這兩位出版界先進所表現的重視文化事業而不計投資報酬的出版家風範，令人敬佩之至。

至於邀請大陸作者執筆撰寫一事，正式開始是我與內子一九九一年清明節第二次北京之行。提及此事之開始，我必須感謝北京師範大學教授章志光先生。章教授在四十多年前曾在台灣師範大學求學，是高我兩屆的學長。由章教授推荐北京師範大學教授張必隱先生負責聯繫，邀請了中國科學院、北京大學及北京師範大學多位心理學界知名教授晤談；初步研議兩岸合作出版叢書之事的應行性與可行性。令人鼓舞的是，與會學者咸認此事非僅爲學術界創舉，對將來全中國心理科學的發展意義深遠，而且對我所提高水平學術著作的理念，皆表贊同。當時我所提的理念，係指高水平的心理學著作應具備五個條件：(1) 在撰寫體例上必須符合心理學國際通用規範；(2) 在組織架構上必須涵蓋所屬學科最新的理論和方法；(3) 在資料選取上必須注重其權威性和時近性，且須翔實註明其來源；(4) 在撰寫取向上必須兼顧學理和實用；(5) 在內容的廣度、深度、新度三方面必須超越到目前爲止國內已出版的所有同科目專書。至於執筆撰寫工作，與會學者均表示願排除困難，全力以赴。此事開始後，復承張必隱教授、林崇德教授、吉林大學車文博教授暨西南師範大學黃希庭教授等諸位先生費心多方聯繫，我與內子九次往返大陸，分赴各地著名學府訪問講學之外特專誠拜訪知名學者，邀請參與為叢書撰稿。惟在此期間，一則因行程匆促，聯繫困難，二則因叢書學科所限，以致尚有多位傑出學者未能訪晤周遍，深有遺珠之憾。但願將來叢書範圍擴大時，能邀請更多學者參與。

　　心理科學是西方的產物，自十九世紀脫離哲學成為一門獨立科學以來，其目的在採用科學方法研究人性並發揚人性中的優良品質，俾為人類社會創造福祉。中國的傳統文化中，雖也蘊涵著豐富的哲學心理學思想，惟惜未能隨時代演變轉化為現代的科學心理學理念；而二十世紀初西方心理學傳入中國之後，卻又未能受到應有的重視。在西方，包括心理學在內的社會及行為科學是伴隨著自然科學一起發展的。從近代西方現代化發展過程的整體看，自然科學的亮麗花果，事實上是在社會及行為科學思想的土壤中成長茁壯的；先由社會及行為科學的發展提升了人的素質，使人的潛能與智慧得以發揮，而後才創造了現代的科學文明。回顧百餘年來中國現代化的過程，非但自始即狹隘地將"西學"之理念囿於自然科學；而且在科學教育之發展上也僅祇但求科學知識之"為用"，從未強調科學精神之培養。因此，對自然科學發展具有滋養作用的社會科學，始終未能受到應有的重視。從清末新學制以後的近百年間，雖然心理學中若干有關科目被列入師範院校課程，且在大學中成立系所，而心理學的知識既未在國民生活中產生積極影響，心理學的功能更未在社會建設及經濟發展中發揮催化作用。國家能否現代化，人口素質因素重於物質條件；中國徒有眾多人口而欠缺優越素質，未能形成現代化動力，卻已構成社會沈重負擔。近年來兩岸不斷喊出同一口號，謂廿一世紀是中國人的世紀。中國人能否做為未來世界文化的領導者，則端視中國人能否培養出具有優秀素質的下一代而定。

現代的心理科學已不再純屬虛玄學理的探討，而已發展到了理論、方法、實踐三者統合的地步。在國家現代化過程中，諸如教育建設中的培育優良師資與改進學校教學、社會建設中的改良社會風氣與建立社會秩序、經濟建設中的推行科學管理與增進生產效率、政治建設中的配合民意施政與提升行政績效、生活建設中的培養良好習慣與增進身心健康等，在在均與人口素質具有密切關係，而且也都是現代心理科學中各個不同專業學科研究的主題。基於此義，本叢書的出版除促進兩岸學術交流的近程目的之外，更希望達到兩個遠程目的：其一是促進中國心理科學教育的發展，從而提升心理科學研究的水平，並普及心理科學的知識。其二是推廣心理學的應用研究，期能在中國現代化的過程中，發揮其提升人口素質進而助益各方面建設的功能。

出版前幾經研議，最後決定以《世紀心理學叢書》作為本叢書之名稱，用以表示其跨世紀的特殊意義。值茲叢書發行問世之際，特此謹向兩位出版社負責人、全體作者、對叢書工作曾直接或間接提供協助的人士以及台灣東華書局編審部工作同仁等，敬表謝忱。叢書之編輯印製雖力求完美，然出版之後，疏漏缺失之處仍恐難以避免，至祈學者先進不吝賜教，以匡正之。

張春興 謹識
一九九六年五月於台灣師範大學

世紀心理學叢書目錄

主編　張春興
台灣師範大學教授

心理學原理
張春興
台灣師範大學教授

中國心理學史
燕國材
上海師範大學教授

西方心理學史
車文博
吉林大學教授

精神分析心理學
沈德燦
北京大學教授

行為主義心理學
張厚粲
北京師範大學教授

人本主義心理學
車文博
吉林大學教授

認知心理學
彭聃齡
北京師範大學教授

張必隱
北京師範大學教授

發展心理學
林崇德
北京師範大學教授

人格心理學
黃希庭
西南師範大學教授

社會心理學
時蓉華
華東師範大學教授

學習心理學
張必隱
北京師範大學教授

教育心理學
張春興
台灣師範大學教授

輔導與諮商心理學
鄔佩麗
台灣師範大學教授

體育運動心理學
馬啟偉
北京體育大學教授
張力為
北京體育大學教授

犯罪心理學
羅大華
中國政法大學教授
何為民
中央司法警官學院教授

應用心理學
孟慶茂
北京師範大學教授

工業心理學
朱祖祥
浙江大學教授

管理心理學
徐聯倉
中國科學院研究員
陳 龍
中國科學院研究員

消費者心理學
徐達光
輔仁大學教授

實驗心理學
楊治良
華東師範大學教授

心理測量學
張厚粲
北京師範大學教授
龔耀先
湖南醫科大學教授

心理與教育研究法
董 奇
北京師範大學教授
申繼亮
北京師範大學教授

心理與教育研究法

董　奇
北京師範大學教授

申繼亮
北京師範大學教授

東華書局印行

自　序

  幾年前，台灣師範大學教授張春興先生籌劃由兩岸心理學家合作撰寫出版《世紀心理學叢書》，經北京師範大學林崇德教授舉薦，我們有幸參與此套叢書的撰寫工作，承擔《心理與教育研究法》一書的撰寫任務。

  在中國，有關心理與教育研究法的專著早在 20 世紀初就已出現，例如，《教育科學研究大綱》(羅廷光，1933)、《教育研究法》(朱智賢，1934)、《教育之科學研究法》(鐘魯齋，1935 年)等，它們對當時的心理與教育研究方法的課程教學以及日後作為一門獨立學科的發展都起到了重要作用。半個多世紀以後的今天，心理與教育研究方法的內容和體系都有了顯著發展，例如，計算機技術、多元統計分析技術、元分析技術等新的技術在心理與教育研究中的應用，跨文化研究的興起，心理與教育研究的生態化趨勢等等都是前所未有的研究領域。方法在不斷豐富、不斷發展，研究方法的體系結構也越來越趨於完善，與此同時，研究方法受重視的程度也越來越高。目前，國內許多大學的心理系和教育系都為本科生和研究生開設了心理與教育研究方法的課程。這表明心理與教育研究法的發展已進入一個新的時期。如果說張春興教授、林崇德教授和東華書局董事長卓鑫淼先生為我們撰寫這本書提供了機會，搭設了"舞台"，那麼上述情況則是這齣戲的背景。

眾所周知，心理科學與教育科學是兩門既有聯繫又有區別的學科，而本書冠以《心理與教育研究法》則突顯了強調心理科學與教育科學之間的聯繫，以及二者之間的一致性。因此通篇未曾論及二者的區別，這也正是本書的一大特色。在具體內容的選擇與組織安排上，我們注意了以下幾點：

第一，系統性。本書期望在內容的組織安排上能給讀者以清晰的思路。為此，本書以心理與教育研究過程為主線，依次介紹了研究課題的確立、研究假設的提出、數據資料的收集方法以及研究資料的整理、定性分析、定量分析和研究結果的呈現與評價。

第二，全面性。本書力求內容的完整與全面，一方面盡可能涵蓋心理與教育研究中的各種方法，另一方面在介紹每種方法時也盡可能詳實，既有介紹，又有評價，客觀地對待每種方法，盡力為讀者提供心理與教育研究方法的全貌。

第三，可操作性。本書力圖為心理與教育研究工作者提供可操作的工具。首先，在方法的界定上，我們明確指出，方法是一種非實體性工具；其次，在篇幅的安排上，著力介紹心理與教育研究的各種類型以及研究過程的具體環節，而一般性問題只占較少量的篇幅；再則，介紹每種方法時，不僅說明了各種方法的適用條件和優缺點，而且還詳細地提供了各種方法的設計步驟和實施程序，也就是強調了各種方法的實用性。

第四，時代性。本書盡力把握心理與教育研究方法發展的新趨勢、新特點，這包括心理與教育科學的研究者移植、借鑑其他學科的方法，如社會測量法、定性研究、多元統計分析技術、醫療器械在心理與教育研究中的應用等；也包括對於傳統研究方法的改進與發展，如根據橫斷研究與縱向追踪研究基礎所發展起來的聚合交叉研究。

　　在成書過程中，我們始終得到了張春興教授、林崇德教授的關心、支持和鼓勵，對二位先生關心後學、提攜後學的崇高師德，終生難忘。我們已畢業的博士研究生夏勇、陶沙、李茵同學以及在讀研究生王凱榮、楊小洋、樓春芳、李燕芳、李偉等同學，在收集資料、校閱等方面做了大量具體工作，在此，向他們表示感謝。

　　此外，在本書的出版過程中，東華書局的編輯們不僅非常認真地審讀了本書的全部文稿，還提出了許多具體合理、有見解有價值的修改建議。他們字斟句酌、一絲不苟、精益求精。這種高度負責的工作態度和敬業精神，使我們倍受教益。應該說，沒有他們的辛苦工作和大力支持，本書是難以順利完成的。

　　本書既可以作為本科生和研究生的教材，也可作為專業研究人員的參考書。由於我們水平有限，疏漏難免，懇望讀者不吝指正。

董　奇　申繼亮　謹識
二〇〇三年一月於北京師範大學

目　　次

世紀心理學叢書總序 ……………………………………… iii
世紀心理學叢書目錄 ……………………………………… viii
自　　序 …………………………………………………… xiii
目　　次 …………………………………………………… xvii

第一編　心理與教育科學研究方法概論
第一章　心理與教育科學研究之基本認識
　　第一節　心理與教育科學的性質與類屬 ………………… 5
　　第二節　心理與教育科學研究之要義 …………………… 10
　　第三節　心理與教育科學研究的特殊性 ………………… 23
　　第四節　心理與教育科學研究中的倫理問題…………… 26
　　本章摘要 …………………………………………………… 31
　　建議參考資料 ……………………………………………… 32

第二章　心理與教育科學研究方法的基本問題
　　第一節　心理與教育科學研究的方法論………………… 35
　　第二節　心理與教育科學研究方法概述………………… 43
　　第三節　心理與教育科學研究法的回顧與展望………… 49
　　本章摘要 …………………………………………………… 57
　　建議參考資料 ……………………………………………… 58

第二編　研究計畫的製定
第三章　研究課題的確定
　　第一節　問題的概述……………………………………63

第二節　研究課題的構建與選擇 ································ 71
第三節　研究課題的論證與評價 ································ 80
本章摘要 ·· 93
建議參考資料 ··· 94

第四章　查閱文獻

第一節　查閱文獻的目的與原則 ································ 97
第二節　文獻的種類與來源 ······································ 102
第三節　文獻的整理與加工 ······································ 107
本章摘要 ··· 119
建議參考資料 ·· 120

第五章　研究設計

第一節　研究設計的內容與標準 ······························· 123
第二節　研究對象的選取 ·· 130
第三節　變量的界定與選擇 ······································ 139
第四節　研究假設的提出 ·· 144
第五節　研究變量的測量與研究誤差的控制 ·············· 150
本章摘要 ··· 159
建議參考資料 ·· 161

第三編　研究的主要類型

第六章　定性研究與定量研究

第一節　定性研究的界定與特點及程序 ····················· 167
第二節　定性研究的研究方法與效度評價 ················· 176
第三節　定量研究的概念與特點及方法 ····················· 183
第四節　定性研究與定量研究之歷史與發展 ·············· 190
本章摘要 ··· 195
建議參考資料 ·· 197

第七章 描述研究、相關研究與實驗研究

第一節 描述研究的概念及其基本特徵 ……………… 201
第二節 相關研究的概念及其基本特徵 ……………… 206
第三節 實驗研究的概念及其基本特徵 ……………… 214
第四節 三類研究方法之比較與發展趨勢 …………… 227
本章摘要 ……………………………………………… 230
建議參考資料 ………………………………………… 232

第八章 評價研究與行動研究

第一節 評價研究的界定與特點及類型 ……………… 235
第二節 評價研究的模式與程序及結果分析 ………… 239
第三節 行動研究的界定與特徵 ……………………… 251
第四節 行動研究的一般程序與方法 ………………… 256
本章摘要 ……………………………………………… 260
建議參考資料 ………………………………………… 261

第九章 跨文化研究

第一節 跨文化研究概述 ……………………………… 265
第二節 跨文化研究的方法論 ………………………… 271
第三節 跨文化研究的基本程序與方法 ……………… 277
第四節 跨文化研究結果的解釋 ……………………… 284
本章摘要 ……………………………………………… 288
建議參考資料 ………………………………………… 289

第十章 個案研究

第一節 個案研究概述 ………………………………… 293
第二節 個案研究的設計與實施 ……………………… 296
第三節 個案研究的統計分析 ………………………… 309
第四節 個案研究的評價 ……………………………… 313

本章摘要…………………………………………………………315
建議參考資料……………………………………………………317

第四編　收集研究資料的具體方法

第十一章　歷史研究法

第一節　歷史研究法的性質……………………………………323
第二節　問題界定與史料收集…………………………………329
第三節　史料鑑別與分析………………………………………333
第四節　歷史研究應注意的事項………………………………344
本章摘要…………………………………………………………349
建議參考資料……………………………………………………352

第十二章　觀察法

第一節　觀察法的性質…………………………………………355
第二節　觀察法的類型…………………………………………361
第三節　觀察法的基本程序……………………………………368
本章摘要…………………………………………………………381
建議參考資料……………………………………………………383

第十三章　訪談法

第一節　訪談法的性質…………………………………………387
第二節　訪談法的類型…………………………………………391
第三節　訪談法的程序與要領…………………………………398
本章摘要…………………………………………………………416
建議參考資料……………………………………………………418

第十四章　測驗法與問卷法

第一節　測量的基礎……………………………………………421
第二節　測驗法…………………………………………………424

第三節　問卷法 …………………………………………… 444
　　本章摘要 …………………………………………………… 455
　　建議參考資料 ……………………………………………… 458

第十五章　儀器設備及其使用

　　第一節　儀器設備的功用及使用原則 …………………… 461
　　第二節　心理與教育科學研究的物理與化學技術 ……… 464
　　第三節　心理與教育科學研究的儀器設備 ……………… 467
　　本章摘要 …………………………………………………… 490
　　建議參考資料 ……………………………………………… 491

第五編　資料分析與報告

第十六章　研究資料的管理與初步整理

　　第一節　研究資料的審核與編碼 …………………………497
　　第二節　研究資料的管理 ………………………………… 503
　　第三節　研究資料的初步整理 …………………………… 510
　　本章摘要 ……………………………………………………518
　　建議參考資料 ……………………………………………… 519

第十七章　研究資料的統計分析

　　第一節　簡單推論統計分析 ……………………………… 523
　　第二節　多元統計分析 …………………………………… 527
　　本章摘要 ……………………………………………………550
　　建議參考資料 ……………………………………………… 551

第十八章　研究結果的呈現與整合

　　第一節　研究報告的種類與基本格式 …………………… 555
　　第二節　研究報告的撰寫 ………………………………… 562
　　第三節　研究報告的評價 ………………………………… 570

第四節　元分析 …………………………………………… 574
本章摘要 …………………………………………………… 583
建議參考資料 ……………………………………………… 584

參考文獻 …………………………………………………… 587

索　引

㈠漢英對照 ………………………………………………… 601
㈡英漢對照 ………………………………………………… 615

第 一 編

心理與教育科學研究方法概論

審視心理與教育科學發展的歷史，可以發現，自心理與教育科學脫離哲學的襁褓後，開始成為獨立的科學門類，建立自己紛繁複雜的學科體系，直至發展成為當前現代科學中一支重要的力量，每一步都離不開研究方法的革新。研究方法的革新無疑是心理與教育科學發展的重要推動因素。無論是 19 世紀末開始的科學化運動，還是 20 世紀 60、70 年代以來興起的定性研究，心理與教育科學研究在方法學上的每一次變革均帶來研究的一次大發展，而心理與教育科學的進一步發展也都以方法的革新為先導。可以說，心理與教育科學的歷史，在一定意義上，也就是心理與教育科學研究方法的演變史。

當前的心理與教育科學研究已經遠遠超出一個學科所能涵蓋的範圍。諸多交叉學科、邊緣學科的興起，使得心理與教育科學研究逐漸演變成為一個綜合性的研究領域。它既包括了以認識人腦工作與活動機制為目標的神經科學層面的研究，也包括了以探索人類思維、情緒、學習、語言等心理過程為主旨的心理與行為層面的研究。此外，心理與教育科學研究的觸角還延伸到人類社會的各個層面，相應地，在研究技術、研究手段、研究方式、研究策略等諸多方面也呈現出極為複雜的形態。但是，"萬變不離其宗"，舉凡目前的心理與教育科學研究方法，無論其影響因素如何眾多，也無論其在實施中的條件如何繁雜，它們在最根本的一點上是一致的，即必須適應心理與教育科學研究的需要，適應心理與教育科學發展的要求。因此，為準確認識心理與教育科學研究方法，必須對兩個基本問題作出正確的回答：其一，心理與教育科學研究是什麼？其二，心理與教育科學研究是怎樣一種形態？

前一個問題涉及到對心理與教育科學研究的認識，而後一個問題則涉及到心理與教育科學研究的基本結構。為此，本書開宗明義，在第一編中對心理與教育科學研究的一些基本問題作出回答，希望讀者能因此獲得關於心理與教育科學研究較清晰的輪廓。

　　本書開卷第一章著重討論了心理與教育科學研究的最基本的問題。這些問題包括心理與教育科學的性質與類屬、心理與教育科學研究的主要意義、心理與教育科學研究的特殊性、心理與教育科學研究中的倫理問題。我們認為，心理與教育科學是整個科學研究的一個組成部分，所以它必須遵循一般科學研究的基本原則與程序，但由於心理與教育科學研究對象的特殊性、研究主體的特殊性，在研究的指導思想和原則、具體研究過程和方法上又表現出很強的獨特性；同時，心理與教育科學研究的主要研究對象是人類自身，因此在研究中，人與人的接觸較之於其他研究更為複雜，它對倫理性的要求也較其他科學研究更為嚴格。本書認為，在所有研究者心目中建立對心理與教育科學及其研究活動的統一認識，不僅可以規範心理與教育科學研究，更關乎心理與教育科學研究的價值問題。

　　與其他任何學科一樣，心理與教育科學研究的水平直接取決於其研究方法，而研究方法又受研究者持有的方法論和科學技術發展水平的制約。心理與教育科學研究歷百餘年的發展歷程，在方法領域形成了紛繁林立的哲學方法論、一般科學方法論與各具特色的具體方法以及技術體系所構成的方法體系。這些不同的思想、方法或技術具有什麼樣的層次結構，各以何種方式形成體系，是所有研究者應當了解的又一基本問題。本書第二章，從方法論的角度出發，將心理與教育科學研究體系區分為相互聯繫而又相互區別的三個層次：哲學方法論、一般科學方法論和各種具體研究方法、技術。同時，我們對心理與教育科學研究的發展歷史進行了追溯，並對其當前的重要發展動態作一勾勒，對心理與教育科學研究方法體系進行概要的介紹，旨在綱舉目張，希望有助於讀者全面認識心理與教育科學研究。

第一章

心理與教育科學研究之基本認識

本章內容細目

第一節　心理與教育科學的性質與類屬
一、科學的含義與科學的基本種類　5
　㈠ 科學的含義
　㈡ 科學研究
　㈢ 科學的分類
二、心理學的性質與類屬　8
三、教育科學的性質與類屬　9
四、心理科學與教育科學的聯繫與區別　9

第二節　心理與教育科學研究之要義
一、心理與教育科學研究的目的與功能　10
　㈠ 心理與教育科學研究的目的
　㈡ 心理與教育科學研究的功能
二、心理與教育科學研究的一般過程　12
三、心理與教育科學研究的基本原則　14
　㈠ 客觀性原則
　㈡ 系統性原則
　㈢ 理論聯繫實際的原則
　㈣ 倫理性原則

四、心理與教育科學理論的建構　18
　㈠ 科學理論及其一般功能
　㈡ 心理與教育科學理論建構的現狀分析
　㈢ 心理與教育科學理論的建構

第三節　心理與教育科學研究的特殊性
一、研究對象的特殊性　23
二、研究主體的特殊性　24
三、研究過程的特殊性　25
四、研究方法的特殊性　26

第四節　心理與教育科學研究中的倫理問題
一、倫理性原則在心理與教育科學研究中的價值　27
二、倫理性原則與研究活動的矛盾　28
三、倫理性原則的貫徹要領　29

本章摘要

建議參考資料

研究方法不是孤立存在的，它源於研究又用於研究。而研究的特點又決定於特定學科的性質與特點。因此，本書開卷擬先探討和心理、教育科學性質及類屬有關的基本問題，並以此作為分析、認識心理與教育科學研究方法的背景。

作為認識和完善人自身的心理與教育科學，其在現代社會中的重要地位是不言而喻的。心理與教育科學研究都是圍繞"人"進行的研究，而人是非常複雜的，心理與教育科學不僅需要了解人類思想與精神的奧秘，而且負有相當複雜和艱巨的改造任務。也正由於心理與教育科學的複雜性，其在科學體系中的類屬問題也頗有爭議。因此，正確認識心理與教育科學的性質與類屬問題，確立其基本定位對於科學地開展研究工作具有重要意義。

為心理與教育科學定位，其目的實質在於由此深入認識心理與教育科學研究的特點。無論是對心理與教育科學研究目的與功能的探討，還是對其一般過程的認識、以及對其基本原則的闡述，在在都是為心理與教育科學研究活動定位。心理與教育科學研究屬於現代科學之林的一員。這決定了它在研究中必須遵守科學研究的一般規範，如重視客觀地位、注重實踐研究、強調理論建構等。但是，其以"人"為對象，以人的心理、行為及其改善為目標的本質特點，又決定了其研究的過程、方法等方面具有與其他學科明顯不同的特徵。尤其是在心理與教育科學研究中，如何尊重人、保護人，即如何嚴守倫理規範的問題更值得研究者深思。

本章旨在為讀者提供認識心理與教育科學研究方法之必要理論背景，擬探討的主要問題包括：

1. 科學的實質。
2. 心理科學與教育科學各自的性質、類屬及其關係。
3. 心理與教育科學研究的目的、功能與過程。
4. 心理與教育科學研究的基本原則，特別是倫理性原則的問題。
5. 心理與教育科學理論的建構。
6. 心理與教育科學研究的特殊性問題。

第一節　心理與教育科學的性質與類屬

　　意欲了解心理與教育科學的性質、類屬，只有將其置於科學範疇中，並進一步進行比較。在認識科學的一般含義後，才能正確把握心理與教育科學的性質、類屬及其聯繫。

一、科學的含義與科學的基本種類

（一）　科學的含義

　　科學對現代人極為重要，所以我們必須將其定義釐訂清楚，以免產生誤解。從表現形態上看，科學是一種有系統、有組織的知識體系，所以它必然區別於人們在日常生活中積累的零碎、無組織的看法。從目的上看，科學也不同於技術。科學是發現客觀存在的規律；而**技術** (technology) 則是泛指根據生產實踐經驗和自然科學原理而發展成的各種工藝操作方法與技能；科學回答的問題是"是什麼"和"為什麼"，而技術回答的問題是"做什麼"和"怎麼做"；故科學提供理論，技術則主要是把理論變為現實，它並不是科學本身，而是科學的結果。由於科學知識體系是通過程序化、系統化的嚴密經驗活動獲得的真理性認識，所以它也不同於宗教，宗教盡管是系統化的知識，但它不是對客觀事物的真理性認識，因而宗教不能稱為科學。作為真理性認識，科學可以指導人們認識世界、改造世界，促進社會發展。從這一意義上講，科學還是一種推動社會發展的力量。須要提及的是另一種常見的誤解，即將科學視為某些特定的學科，如物理學、化學、醫學、生物學等，此種以特定的科目來界定科學，顯然會遇到困難，因為隨著人類知識的不斷擴展，新的學科不斷增加，如果繼續以特定的學科當作標準，便很難判斷新的學科是否是科學，因此科學的性質不應以具體研究內容為轉移。

　　科學在當代社會是一個非常普遍的概念。雖然迄今人們對其界定仍眾說紛紜，但一般認為：**科學** (science) 是人們對自然界所呈現的各種事物、現象，經長年累月的觀察、分析、假設、實驗、歸納或推論，而獲得的有系統的可應用的知識。此項定義的重點不在於研究的題材，而在於研究的方法。接下來我們探求科學的方法。

科學研究上特用的研究方法稱為科學方法。所謂**科學方法** (scientific method) 是指科學家在研究事象或解決問題時，所採用客觀的、系統的、精密的整套方法。在實際使用時，科學方法包括以下四個步驟：(1) 根據問題性質建立假設；(2) 根據研究目的收集資料；(3) 運用精密方法分析資料；(4) 根據事實發現驗證假設，並進而推演出結論。這四個步驟周而復始，便可使所建立的理論愈來愈正確，卒能成為精緻的科學知識。

(二) 科學研究

根據對科學含義與科學方法的理解，我們認為**科學研究** (scientific research) 實質上是人們運用各種科學方法、遵循特定的程序解決問題和獲取有系統、有組織的知識體系的認識活動或認識過程。這種極其複雜的、難度較高的腦力勞動與其他活動相比，具有如下幾個特點：

1. 問題性 (problem)　科學研究是人類有目的的探索活動，是人類認識活動中最重要的一部分，它總是從"問題"開始。這一點是由科學研究本身的探索性決定的。科學認識的發生既不是始於理論或觀念，也不是始於觀察或經驗，而是始於問題，問題是科學研究的邏輯起點。人們總是為了解決某一問題而有意識地對其進行研究、探討，才有一系列的科學實踐活動。科學研究的過程是不斷提出問題和解決問題，使科學不斷接近真理的過程。科學研究不僅始於問題，而且也是圍繞問題展開和進行的，問題決定了研究路線，決定著科學認識的結果。總之，問題是科學研究的靈魂。

2. 繼承性 (inheritance)　科學研究以探索未知、認識世界為直接目的。要探索未知，首先必須了解人類現有的認識水平，了解哪些東西是已知的、哪些東西是未知的、了解哪些是已解決的問題、哪些是未解決的問題、哪些理論已被證明是正確的、哪些理論是不正確或值得進一步發展的。只有這樣，才能確定研究的出發點。因此，我們可以說，人類的一切科學研究都不是從零開始的，而是在前人工作基礎上進行的。這就是科學研究的繼承性之含義所在。繼承的內容可以是科學思想、理論、方法，也可以是經驗事實材料。繼承使人類科學研究的成果得以保持和延續。

3. 創新性 (originality)　如前所述，科學研究的目的在於探索未知、解決尚未解決的問題，創造新知識，使人的認識不斷接近於真理。然而，在通向必然王國的道路上，是沒有現成的模式可遵循的，大量工作都是前人或他人未曾做過的，所以科學研究的過程只能在現有理論指導下，發揮人們的主觀能動性，不斷提出假設，檢驗假設，在成功與失敗的相伴下前進。創新的內容包含科學的各個方面，既可以是理論也可以是方法，既可以是發現新問題也可以是發現新規律，既可以是提出新見解也可以是發明新產品。創新性是衡量科學研究水平高低的重要指標之一。

4. 控制性 (control)　科學研究活動都是人們有意識、有組織、有計畫的活動。這種有意識、有組織、有計畫的特點，表現在科學研究的控制性上。任何一項科學研究都是針對某一個特定問題而展開的，為了揭示研究對象的本質特徵或發現規律，研究者在研究過程當中，總是要根據一定的理論框架或假設，把研究對象從其背景中抽出來，然後控制一些變量、操作或改變一些變量、觀察與分析研究對象的變化，進而揭示研究對象的內在本質或內在聯繫。控制性是科學研究達到目的之必要保證。

上述四個特點說明，科學研究不同於人類其他活動 (如日常生活等)，它是人類文明的推動力。了解科學研究的特徵，是進行心理與教育科學研究的前提，也是判斷心理與教育研究科學水平的依據。

(三)　科學的分類

科學的研究對象是廣泛的，可以是自然現象，也可以是社會現象。探討的對象不同，科學研究的邏輯起點 (即問題) 不同，最後形成的科學認識結果的內容也會各不相同，這就形成了各門具體的科學，如數學、物理學、化學等。一般地，依據科學研究對象的特點可以將科學區分為兩大類，即自然科學與社會科學。

自然科學 (natural sciences) 是以自然現象為研究對象的。根據自然現象的有無生命，又可區分為物理科學與生物科學。前者著重研究無生命的物質或現象，例如地質學、化學、天文學等；後者則側重研究有生命的物體或現象，如動物學、植物學、醫學等。

社會科學 (social sciences) 是以社會現象為研究對象的。社會科學是一個籠統的名稱，在此名稱之下包括多個學科，例如政治學、經濟學、歷史學、社會學、教育學等。由於社會現象與人的活動密不可分，因此社會科學的內容還包括**行為科學** (behavioral science)。故凡是採用科學方法研究人或動物行為的科學即為社會科學，如心理學。

當代科學發展最突出的特點是交叉化與相互滲透，而且許多客觀現象也具有多重特性。因此，自然科學與社會科學的劃分並非截然純粹的。在現代科學體系中，許多學科具有邊緣性與綜合性。

二、心理學的性質與類屬

心理學 (psychology) 是研究個體及群體心理現象的科學。心理學的科學性質問題直接和心理學研究對象問題相聯繫。如果研究者在心理學的研究對象問題上，特別強調反映形式、心理過程、生理（腦）對心理的作用，那麼在心理學的科學性質問題上往往主張心理學是或主要是自然科學。反之，如果研究者在心理學的研究對象問題上，特別強調反映內容、個性特徵、社會對心理的作用，那麼在心理學的科學性質問題上，就往往主張心理學是或主要是社會科學。事實上，這兩種觀點均值得商榷。

就心理學研究對象的全部特點來看，它應該是介於自然科學和社會科學之間的科學。這是因為，一方面，心理現象和大腦密不可分，而探討心理的生理機制是自然科學的研究對象。在這種意義上，心理學可以歸屬於自然科學；另一方面，人不僅是自然實體，而且也是社會實體，人是社會的人。在這種意義上，心理學又可歸屬於社會科學。所以說，心理學是介於自然科學與社會科學之間的科學，兼有自然科學與社會科學的特點，因此，又可稱為心理科學。在本書中，心理學與心理科學可互為通用。

心理科學的性質決定了它在當代科學體系中的特殊地位，使之具有廣泛的研究範圍，學科分支不僅與自然科學有關，如生理心理學、醫學心理學、認知心理學等；與社會科學也有密切聯繫，如社會心理學、管理心理學、教育心理學等。不僅如此，心理學的雙重性還決定了其研究方法具有多樣性，不僅有本學科獨特的方法，如內省法，也有從其他學科借鑑的方法，如計算機模擬。心理學的發展必將與自然科學、社會科學相互影響、相互促進。

三、教育科學的性質與類屬

教育科學 (educational science) 是各門教育學科的總稱，既包括研究教育中一般問題的學科，如教育學和教育哲學等，又包括研究教育領域中某一方面的特殊問題的各門教育學科。不管是研究教育中的一般問題，還是研究教育中的特殊問題，其核心都是要探討人類知識與價值觀念及行為模式、技能傳遞過程中的規律。從這種意義上講，教育科學屬於社會科學。教育科學的研究範圍也是比較廣泛的，除了對教育現象本身進行研究的學科（如教育學、教育史、各類教育等）以外，還包括有與社會生活各方面相聯繫的學科，如教育社會學、教育管理學、教育經濟學等。

四、心理科學與教育科學的聯繫與區別

心理科學與教育科學既有密切聯繫，又有一定區別。

1. 心理科學與教育科學密切相關 二者的研究對象都是人，教育過程中的教育現象經常需要通過觀察、分析人的心理現象來考察其發展變化，心理科學研究的問題許多也源於教育實踐。不僅心理科學的研究結果可用於指導教育科學，而且教育科學的需要也可以促進心理科學的有關研究，同時還可驗證某些心理學理論，所以二者相互聯繫，互為促進。此外，二者的研究過程與方法基本相同，如都經常採用觀察法、問卷法、實驗法等，通過變量控制檢驗假設。

2. 二者又具有某些區別 雖然二者的研究對象都是人，但側重面不同，心理科學主要探討個體心理過程、個性特徵及影響因素為主，而教育科學則研究如何促進知識傳遞、發展能力、培養個性為主，體現出應用性。繼之，我們已認識到二者的科學性質不完全相同，心理科學是介於自然科學與社會科學之間的中間科學，而教育科學則主要屬於社會科學。從研究的具體特點看，一般情況下，心理科學研究取樣小，多為小樣本研究，而教育科學研究通常取樣較大，多屬大樣本研究；心理科學研究微觀問題較多，如個體的智力、人格特徵等，而教育科學探討宏觀問題較多，如教育與經濟、教育

與管理等。

　　鑑於上述心理科學與教育科學的聯繫與區別，我們在本書中將二者的研究方法綜合論述，在討論時，有時將二者加以比較，有時以其中一門學科為主，目的是使心理與教育科學研究者了解和掌握基本的研究方法。相比較而言，由於著者主要從事心理科學研究，因此，以有關心理科學研究的實例來說明問題的情況會多一些。

第二節　心理與教育科學研究之要義

　　心理與教育科學作為現代科學體系的有機組成部分，其研究特點既有其他門類科學研究相似之處，也因其研究對象的複雜性與特殊性而具有獨特之處。下面，我們從目的、功能、過程、原則等方面側重探討心理與教育科學研究之要義。

一、心理與教育科學研究的目的與功能

（一）　心理與教育科學研究的目的

　　推動心理與教育科學發展的根本動力是社會的需要，而進行科學研究則是實現這兩門科學發展的途徑。由於研究者、研究課題、研究設計、技術路線等方面的差異，心理與教育科學中各項具體研究所追求的和能達到的目的不盡相同。不過概括起來，心理與教育科學研究之目的主要有以下四個方面：

　　1. 描述 (description)　　科學研究的最終目的是追求真理性認識，然而達到真理性認識必須經歷一個過程，這個過程的初始任務就是要回答研究對象"是什麼"的問題。心理與教育科學研究也不例外。在心理與教育科學的

許多領域內，研究工作都是始於對研究對象的特點與現狀的描述。例如，獨生子女心理特點與教育的研究、單親家庭子女心理特點與教育的研究、當前我國農村教育存在的主要問題是什麼等等。對研究對象的特點與現狀的正確描述，是進一步揭示研究對象內在聯繫及發展變化規律的基礎，也是心理與教育科學研究的最基本目的。

2. 解釋 (explanation)　在科學探索過程中，僅僅知道研究對象的特點與現狀是遠遠不夠的，還要在此基礎上進一步探討"為什麼"。心理與教育科學研究的另一目的就是要對心理現象或教育現象的內在變化機制或相互作用機制予以解釋說明。例如為什麼來自單親家庭兒童的學習成績比來自完整家庭的兒童差？為什麼隨著年齡增長，學習外語越來越感困難？成績差的學生是怎麼形成的？對心理與教育現象內在機制的科學解釋離不開科學研究。

3. 預測 (prediction)　回答有關研究對象"是什麼"和"為什麼"的過程，也就是科學理論建立的過程。一旦某一科學理論得以建立，那麼它就成為人們預測事物今後發展變化或在特定條件下變化的重要工具。心理與教育科學研究成果的預測作用在人類社會生活中具有廣泛的應用前景。例如，通過測定飛行學員的心理特質預測其飛行訓練合格的可能性。然而，就目前狀況看，心理與教育科學中理論的預測力相當不足。因此，提高理論的預測力是心理與教育科學研究今後應致力追求的目標。

4. 控制 (control)　超越解釋水平的是預測，超越預測水平的是控制。控制是科學研究的最高目的，也是最難達到的目的。所謂控制是指根據科學理論操縱研究對象某一變量的決定條件或創設一定的情境，使研究對象產生預期的改變或發展。在心理與教育科學中，許多研究者都以"控制"為其研究的直接目的。例如行為主義關於學習的研究。然而，由於心理與教育科學研究的特殊性（第三節將論述該問題），與一些相對成熟的自然科學學科相比，實現這一目標的難度更大。

　　上述四種研究目的既互不相同，又相互聯繫。正確的描述是合理解釋的基礎，只有合理的解釋才能產生正確的預測；根據正確的解釋和預測才能進行有效而合乎預期目的控制。所以，描述、解釋、預測和控制，是層次遞進的關係，前一項是後一項的基礎。實施心理與教育科學研究，必須根據實際情況選擇恰當的研究目的。

(二) 心理與教育科學研究的功能

心理與教育科學研究根據其研究目的、範圍的不同，其功能和作用也有所區別。具體而言，心理與教育科學研究的功能主要體現在以下三個方面：

1. 滿足人類求知、求真的需要　認識人自身，這是自古以來人類最感興趣的基本問題，也是與人類幸福及人類社會發展直接相關的重要問題。通過心理與教育科學研究，可以獲得心理現象和教育現象的本質及其運動變化規律的科學知識，擴展或加深人類對自身的認識。

2. 為心理與教育科學的發展奠定堅實的社會基礎　將有關科學研究成果應用於實踐，促進社會進步和人類發展，為心理與教育科學的發展奠定堅實的社會基礎。心理與教育科學研究揭示人的心理現象和教育現象的本質，這些科學知識應用於社會實踐的各個方面，可能對人類生活的各個方面和領域產生重大影響。尤其是心理與教育科學研究對人類知識文化的傳承過程中，心理實質變化的探討，可使人獲得和掌握教育的有效途徑和手段，從而推動科學和社會的進步，促進人類發展。由此，心理與教育科學能夠獲得堅實的社會基礎，從而獲得進一步發展的可能性。

3. 解決個人發展中的問題和矛盾，以利於個人的健康和發展　通過心理與教育科學研究所獲得的人的心理發展變化規律，不但可以幫助個人解決成長過程中出現的各種心理或教育問題，還能幫助個人發揮最大限度的潛能，使其健康地發展，成為社會的合格成員。

總之，心理與教育科學研究對於社會進步、科學自身發展、人類發展，乃至於個人的健康成長，都有著重要作用。

二、心理與教育科學研究的一般過程

心理與教育科學研究的具體過程，可能會因學科分支、因課題或因人的不同而有所差異，但對於研究的一般過程來說，則是大致相同的，它主要包括如下幾個階段（參見圖 1-1）。

1. 選題　心理與教育科學研究始於問題，根據問題可以確立具體的研究課題。選題是任何一項科學研究必不可少的環節。能否選好題，取決於研究人員的知識、經驗和能力。在選題過程中，不僅要注意研究者自身的觀察和思考，還要充分借助於文獻資料提供的信息以及研究者互相之間的交流、諮詢。

2. 研究設計　課題確立後，往往還不能直接對問題進行操作與研究，還須將課題具體化，也就是進行研究設計，提出研究假設，擬定研究程序與計畫。廣義地說，研究者需要根據研究目的，經過周密的思考而製訂出整個研究工作的具體計畫和安排，其中包括最後應如何統計分析收集到的數據，與不相干因素之控制。

3. 收集實證資料　資料是提供思考的佐證。若資料不正確將會直接影響研究的方向，而降低研究的價值。因此資料的可信度與可用度，均將影響研究成果。也就是說研究者所收集的資料必須與選題假設有直接關係，不可散漫無章亦不可文不對題，以免增加研究難度或阻礙研究進程。

4. 分析資料並檢驗假設　在這一階段，首先是對所獲得的資料進行加工整理，然後在加工整理的基礎上進行分析，對研究中的現象和變化規律

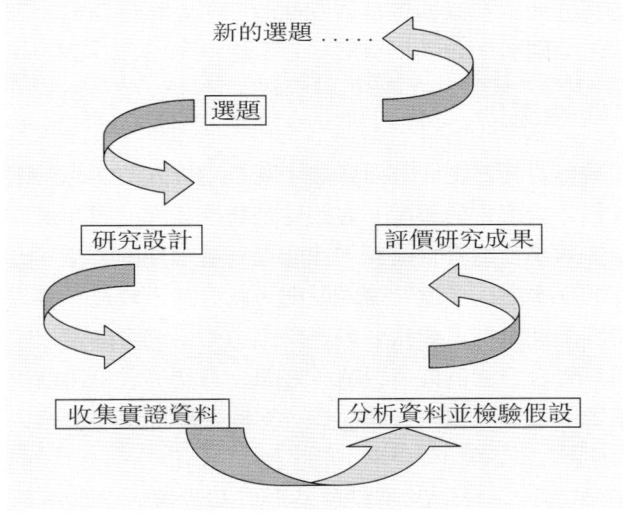

圖 1-1　心理與教育科學研究的一般過程示意圖
(採自董奇，1992)

作出解釋和說明，並檢驗研究假設的真偽。

5. 評價研究成果 研究者通過上述階段，一般都能獲得一定的研究成果。但由於科學研究探索性很強，有的可能只是部分地達到預期的目標，有的甚至會得到否定的結果。因此，必須對研究成果進行評價。

上述幾個階段是心理與教育科學研究過程的基本構成，各階段之間是相互聯繫、密不可分的，上述五個階段的順序只是一般的邏輯順序，在實際研究過程中，可能會重疊交叉。而且，由於心理與教育科學研究沒有終點，因此，上述各階段構成循環往復的研究過程。關於心理與教育科學研究的具體過程，本書將於以後各章節中加以探討，故於此不再贅述。

三、心理與教育科學研究的基本原則

心理與教育科學研究是一種有組織、有目的、有一定規範的探索心理與教育現象的活動。作為一種科學研究，心理與教育科學研究必須遵循一定的原則。根據心理與教育科學的性質、研究的目的與功能，規劃出心理與教育科學研究應當遵循的主要原則包括客觀性原則、系統性原則、理論聯繫實際的原則及倫理性原則。

（一）客觀性原則

"客觀"是相對於"主觀"而言的，既指不以人的意志為轉移的事實性存在，亦指人們尊重事實的態度。客觀性是科學研究的根本所在。任何科學研究只有符合客觀事物的真實面貌，才能達到真理性的認識。客觀性原則是一切科學研究的根本原則，違背這條原則，就會誤入歧途，導致反科學的結論。所謂堅持客觀性原則，即指在科學研究中，研究者應當以實事求是的態度，排除因研究者自身價值觀、習慣、好惡、願望等各種主觀因素所致偏差的影響，力求了解事實真相。具體而言，客觀性原則主要包括以下三方面：

1. 無論是在進行研究選題階段還是形成初步假說之前，都必須從客觀事實出發，收集詳盡的資料，防止產生片面印象，沒有足夠的事實依據，就不可能提出合理的假設與研究框架。

2. 客觀性原則要求研究者在整個研究過程中，對所研究的問題和對象不抱任何偏見和成見，對觀察和收集的事實材料如實地全面記錄，處理材料和概括出結論時要嚴格遵循邏輯規律，杜絕隨意聯繫、牽強附會。總之，在研究過程中，要避免或排除研究者個人的價值觀、好惡等主觀因素的影響，真實全面地反映研究對象的本質和規律。規律性是不能臆造的，只能從客觀事實中概括提煉出來。

3. 在對研究結果進行評價時，要全面考慮研究對象、研究者、研究工具、研究過程等各方面的具體情況，客觀、公正地評估研究結果的價值，既不能無視研究的局限而任意誇大研究結論的價值，也不能貶低研究結論的價值。鑑於心理與教育現象的複雜性，研究者對於結果的推廣尤應謹慎。除此之外，不論在什麼時間、什麼場合評論任何人的研究都應堅持相同的客觀評價標準。

(二) 系統性原則

心理與教育現象是極其複雜的。因此，研究者還應遵循系統性原則。這就是說，研究者在探討任一具體問題時，均應從整體、綜合的角度出發，自覺地把研究對象置於有一定層級結構、具有複雜內外聯繫的組織性系統中加以考察，恰當結合不同方法與途徑，對研究對象及其聯繫進行多層次、多側面的分析，避免孤立、靜止地看待心理與教育問題。系統性既是一種研究原則又是一種方法論。在心理與教育科學研究中，系統性原則的含義包括如下四方面：

1. 系統性首先表現在對研究問題的發掘與組織上。研究者應該把研究對象看成一個有機整體來加以考察，即從整體與部分之間、整體與外部環境之間的相互聯繫、相互制約、相互作用的關係中綜合地研究。這就要求研究者在選題、研究思路的構思等方面須多加以注意，既重視局部、具體問題現狀的探討，也要重視考察問題的內部結構、發展變化及其機制。例如，在學習的自我監控問題上，對於堅持系統性原則在選題上的具體表現即是：既要考察學生在學習中自我監控的一般表現，也要考察自我監控由哪些成分、環節構成，還要考察自我監控的不同表現與學習任務、學生的元認知知識、課堂心理氣氛、師生關係等條件性因素所存在的關係。孤立地考察自我監控的一般表現，難以揭示其實質，既不能建構起有關自我監控的理論，也不能有效地指導學生學習、教師教學，因而也就喪失了研究的價值。

2. 在研究方法的運用上，應注意結合多類型、多種類的方式與手段，從不同角度與不同層次上對所研究的問題進行多方面考察，從而力求揭示心理與教育系統的多向度特點。每一類研究方式、每一種具體方法與手段均各有短長，可能適用於不同問題、以及同一問題的不同方面。例如對家庭互動的研究，既應當運用觀察法，了解某一特定情境中，成員之間的互動行為與過程；又應當運用訪談法，弄清各成員互動行為背後的原因及特定行為的含義；還可以採用問卷法，掌握各種具體行為的發生頻率等問題。通過綜合運用各種方法，才能實現對問題的多角度研究。單一運用某一種方法，只能涉及問題的某一方面，而難以全面揭示所研究問題的表現與特性。

3. 在研究結果的解釋上，不應局限於具體問題，而應恰當結合該具體問題與其他問題的關係、以及該問題與微觀、中觀、宏觀環境之間的關係，對結果做出符合心理與教育系統實際的解釋。例如，對我國獨生子女心理特點的研究結果，研究者應當從我國實行計畫生育的國情出發，結合我國人民生育觀念隨社會進步而發生的變化，並充分考慮獨生子女在城市、農村分布的不平衡性等背景加以闡釋。

4. 把研究活動視為系統工程，將研究過程的各個步驟與環節緊密聯繫成一體。對於複雜的研究對象和相應的複雜研究活動，研究者要全面把握研究的全局，對研究活動進行總體規劃。這是保證在研究中貫徹系統性的必要前提。為此，研究應以研究目的為核心，據此選擇恰當的研究方法、收集文獻與數據，根據方法與數據特點選擇恰當的分析手段，使研究活動成為前後連貫、密切配合的有機整體。

關於系統思想和研究方法將在本書第二章中進一步討論。

(三) 理論聯繫實際的原則

理論聯繫實際的原則指心理與教育科學研究應當從客觀現實及其實際需要出發，在客觀現象的複雜聯繫中，對具體問題進行具體分析，得出符合實際的規律性認識，以此作為相關領域實踐活動的指南，並在實踐活動中進一步檢驗、修正、完善已有的認識。理論聯繫實際的原則是心理與教育科學研究保持鮮活生命力的關鍵。"理論"是關於心理與教育現象及其規律的系統認識，"實際"是指心理與教育領域的事實世界與實踐活動。理論與實踐是辯證統一的：一方面，實踐是理論的來源，也是檢驗理論正確與否的唯一標準；另一方面，理論對實踐又有指導功能，能夠為實踐服務，並在實踐中不斷得到發展。具體來講，理論聯繫實際的原則包括如下幾方面：

1. 在確定研究選題時要注意選題的現實生活基礎 心理與教育科學研究的對象是現實生活中的人，脫離了人的實際生活，那麼心理與教育科學研究就無異是空中樓閣。因此只有結合實際，心理與教育科學才有發展的基礎，才有發展的動力。從這種意義上講，心理與教育科學的發展比自然科學表現出更顯著的時代性。

2. 注意研究對象與環境的相互作用以揭示問題本質 把研究對象視為生活在自然與社會生態環境中的人，注意在研究對象與環境的真實聯繫及互動中把握現象、揭示問題。人都是生活在自然與社會生態環境之中，其心理不可避免地要受到社會環境中各種因素的影響，因此，只有從研究對象生活的社會環境和人與社會環境的相互作用中進行研究，才能真正揭示問題的本質。

3. 要加強理論對實踐的指導作用 理論是人們對客觀世界系統化的理性認識，為改造世界的實踐活動提供必要的認識基礎。因此，當心理與教育科學研究收集了素材、進行了分析、得出了結論後，研究者還應將其延續到實踐中去，通過指導實踐、提高實踐活動效益，體現理論的價值。同時，在理論的應用過程中，理論的科學性得以鑑別，其不完善或謬誤之處得以暴露，從而有可能進一步完善。此外，理論對實踐的指導還應體現在運用已有理論指導研究工作上，換言之，既要重視從現實需要中提煉研究課題，也要重視借助於理論選擇課題，以及科學地選擇研究方案開展研究工作。

（四） 倫理性原則

心理與教育科學研究對象為人的特殊性，決定了心理與教育科學研究必須遵循倫理性原則。其核心思想就是在進行心理與教育科學研究，特別是社會心理和教育實驗研究時，要避免採用有損被試（或受試者）身心健康的手段、方法或實驗處理。當科學性與倫理性相矛盾時，應首先保證倫理性，放棄研究或採用其他不違背倫理的方法。倫理性原則越來越受到心理與教育科學研究者的重視。由於該項原則在心理與教育科學研究中具有特別重要的意義，因此本章第四節擬進行詳細的討論。

四、心理與教育科學理論的建構

科學研究在於追求真理性認識，以及建立、發展與完善理論體系。有了科學的理論體系，人們才有可能按規律去認識世界、改造世界，促進人類社會的發展與進步。從這種意義上講，理論建構不僅是科學研究過程中非常重要的步驟，也是人類社會實踐活動中不可缺少的一環。但是，目前無論在自然科學領域，還是在社會科學領域，都存在著忽視基礎理論研究的傾向，其實，對心理與教育科學來說，理論建構是十分重要的，應當被廣大的科學工作者所重視。這是因為心理與教育科學同其他科學相比，其理論體系顯得比較鬆散，嚴密性與精確性還有待於改進。因此，探討心理與教育科學理論建構的有關問題是非常必要的。

（一） 科學理論及其一般功能

在常人的印象中，理論就是一些空洞的陳述，與實際生活相去甚遠，這是對理論的誤解。在科學領域內，所謂**理論** (theory) 是指能解釋某些現象的具有邏輯關係的肯定陳述，是由一定的科學概念、概念間的關係及其論證所組成的知識體系。它是對客觀事物的本質和規律的概括性說明。

1. 科學理論的特徵　一般來說，包括心理與教育科學理論在內的一切科學理論必須具備以下幾個特徵。

(1) **相對的客觀真理性**：科學理論的核心是反映客觀事物的本質及其規律性的認識，只有正確地反映客觀事物的本質及其規律性的認識，才是客觀真理，即**科學理論** (science theory)。科學理論的客觀真理性具體表現在三個方面：一是建立理論所憑藉的事實材料都是經過實踐檢驗為真實的；二是根據這些事實材料提出的一些假設，在實踐中能得到證實；三是根據理論所做出的預見，在實踐中能得到證實。當然，由於科學理論的適用條件與範圍是有限的，而且人類認識在不斷發展，因此，科學理論的客觀真理性也是相對的。

(2) **邏輯性**：如前所述，科學理論是由一定的科學概念、科學原理（判斷）以及由這些概念、原理推演出來的邏輯結論組成的知識體系。這種知識體系的根本特點就是它的邏輯性。科學理論的邏輯性具體表現在三個方面：一是科學理論及其建立過程是以邏輯規律為基礎的，研究者要通過概念、判斷、推理等思維方式，由感性到理性，按照嚴格的邏輯規律建立起科學的理論。二是從科學理論的形態看，它是系統化的理性認識，是由概念、判斷、推理組成的一個嚴密的邏輯體系。三是在運用科學理論解釋某種現象時，一般是通過邏輯的三段論法（註 1-1）進行的。

(3) **簡單性**：若說科學理論的客觀真理性和邏輯性是對其內容的要求，那麼，簡單性則是對其表達形式的要求。一方面，理論的表達要簡明扼要，要有概括性；另一方面，理論是高度概括化的，它能解釋和預測適用範圍內具體現象的本質和規律。

2. 科學理論的功能　與上述特點相聯繫，科學理論具如下幾種功能：

(1) **解釋功能**：這是科學理論所具備的最基本功能。一般地，科學理論可以從兩個角度解釋事實和現象。一是從發展的角度來進行解釋，即對事物或現象的產生與發展過程予以描述說明。例如，發展心理學的理論就是要解釋說明人的心理是如何形成和發展的。二是從結構的角度來進行解釋，即對事物或現象的構成成分及成分間的關係、事物或現象與其他事物或現象的聯繫、相互作用機制予以說明。例如心理學中的智力理論，就是試圖揭示智力的本質、結構與功能。

(2) **指導實踐的功能**：科學理論指導實踐的功能是由其本質特點決定。在實踐中，一旦人們形成或掌握了這種真理性認識，就可減少人們行動的盲目性，提高行動的自覺性。例如，在基礎教育改革實驗中已經證明，中小學教師如果能夠了解、掌握、運用有關兒童青少年心理發展規律的理論，那麼就會顯著地提高教學效果。科學理論不僅具有客觀真理性，它還具有邏輯性和簡單性，它是系統化的、概括的認識，因此，它可以成為指導人們實踐活動的思想工具。在心理與教育科學中，科學理論對研究的指導作用不僅表現在選題與形成假說上，還表現在對研究結果的分析、解釋、概括及昇華上。

註 1-1：**三段論法** (syllogism)：屬演繹推理的一種標準形式。推理時，根據大小兩個前提，第一個陳述普遍原則，第二個陳述特定事例，從而推論出第三段的結論。例如：大前提為凡是人都會老；小前提為李先生是人；得到結論為李先生會變老。

(3) **預測功能**：儘管理論是對過去或當前事物的認識為基礎而建立的，但因為它是對客觀事物本質和發展規律的反映，所以按照理論所確立的現象或變量之間的關係，人們可以對特定事物今後的發展趨勢及程度作出推斷。具體來講，科學理論的預測功能表現為三種形式：一是作為對未來發展趨勢預測的依據。例如，依據對教育與社會發展之間關係的規律性認識，人們可以設想 21 世紀的教育。當然，這種預測只是給出事物的可能發展方向，尚屬籠統。二是對事物未來的認識提供模式，它較趨勢預測更為具體，不僅指出未來可能出現的發展方向，而且提供可能出現的結構模式。三是對將來必然出現的具體事物、事件或現象做更具體的推斷。

(二) 心理與教育科學理論建構的現狀分析

與自然科學的理論體系相比，心理與教育科學的理論體系還不夠成熟，理論建構的任務十分艱巨。

心理與教育科學理論水平不高首先表現在理論的概念缺乏嚴密性與確定性。心理與教育科學中的許多概念是日常概念，其內容也多是描述性的，許多概念定義不明確，存在大量的歧義理解。此外，心理與教育科學中的概念存在另一個問題是難以量化和操作，因此其精確性尚有待提高。

心理與教育科學理論水平不高的另一表現是概括性較差。主要表現在理論與經驗界限不清；常常混為一談，尤其是在教育科學中，常常把具體的工作總結或經驗總結提升為一般的、普遍適用的原理水平，致使理論的概括水平不高，出現同一種現象、同一個事實卻有多種不同甚至矛盾解釋的局面。

心理與教育科學理論水平不高的第三種表現是理論的功能尚待完善。科學理論的三種功能，尤其是預測功能，不如人意。預測是檢驗理論的科學性與準確性的最佳方法之一。一般來說，一個理論預測的準確性越高，這一理論的科學性也就越強，這一理論也就越好，但是到目前為止，心理與教育科學中能夠達到令人滿意的預測效果的理論還不多，這反映出心理與教育科學理論建設任務之艱巨。

儘管心理與教育科學理論還存在很多的問題，但不等於它們沒有價值。相反，我們應重視心理與教育科學的理論建設，從而促進該學科科學水平的提高。

(三) 心理與教育科學理論的建構

　　建構理論的過程是一種複雜的理性思維過程，在這過程中有許多科學的思維方法可資利用。從理論形成的途徑看，主要有三種方法與途徑：一是由具體的事實材料、實驗數據抽象概括而來，即由歸納形成的科學理論；二是由已有理論推論而來，即由演繹形成的科學理論；三是借鑑或移植其他學科的理論。這三種途徑各自具有自身的特點，在心理與教育科學理論建構中所發揮的作用也各不相同。

　　歸納 (induction)，屬於一種邏輯推理或思考歷程，根據同類事物中單一事例的特徵，推理而得的解釋同類事象全部的普遍原則。建構歸納理論的一般步驟是：

1. 整理實踐經驗、實驗數據或事實資料，使這些"原始"材料形成一定的秩序。在這一過程中，關鍵的一項工作是選定處理這些"原始"材料的分類標準，這是由具體邁向概括的第一步。

2. 對材料作出概括性結論。對於有條理、有組織的材料，研究者可以通過進一步的分析、綜合思維活動，找出事物的本質特徵及其與其他事物的聯繫與區別，亦即抽象出研究變量的關係，從而得到概括性結論。在此所得到的概括性結論是關於特定事物的結論，是有限定範圍的。這一過程是超越經驗形成理論的中介過程。

3. 由特殊結論提升為一般性結論，即形成理論。

　　在心理與教育科學的歸納理論形成過程中，我們要注意以下幾點：

(1) 注意選材的代表性：因為歸納理論的邏輯基礎是歸納推理，而在心理與教育科學中幾乎很難進行完全歸納推理，多為不完全歸納推理，所以，如果歸納推理賴以進行的事實材料代表性差，將勢必增大結論的或然性。

(2) 注意分類標準的選擇性：因為分類標準不同，所得到的分類結果就會不同，也就是說材料的初步加工整理結果就會不同，那麼以後的深入加工方式方向也會不同，最後導致結論的差異。

(3) 注意歸納理論的適用範圍：由於心理與教育科學中的歸納理論多為不完全歸納推理，因此，任意提高理論的概括水平和擴大理論的應用範圍都必然影響到理論的可靠程度。

演繹 (deduction) 同屬邏輯推理歷程之一，與歸納的思想路線相反。演繹歷程的特徵是，從普遍原則演繹到特殊事例，惟作為普遍原則的前提與結論之間，必得有可以推理的關係。換言之，結論必須從前提推演而得。根據前提推演而得的結論，才是合理的結論。建構演繹理論的一般步驟是：

1. 選擇研究課題，並確定一般性理論的應用範圍。
2. 確定研究的變量並使之操作化。
3. 收集和分析有關變量之間關係的命題。
4. 從命題出發進行邏輯推理，得出演繹理論。

儘管演繹是建構理論的一種重要途徑，但對於心理與教育科學而言，目前它還不是建構理論的重要途徑。如上文所述，與其他科學相比，心理與教育科學的理論成熟水平還不高，還沒有形成明確的範疇體系，更沒有抽象出來的公理。也就是說，進行演繹的前提還沒有完全具備或者說還不健全，當然其推論的可靠性就難以保證。

如果把一般認識和個別認識的關係比喻為"上下"關係的話，那麼歸納和演繹分別是"由下而上"和"由上而下"。

借鑑 (或**移植**) (transplant) 是心理與教育科學理論建構途徑中，除了縱向思路外，還採取橫向思考的方式，亦即融合其他學科的理論。現代科學發展的重要趨勢之一是互相融合，交叉發展，心理與教育科學中的這種"外來"理論也越來越多，如認知心理學領域內，大量借鑑了計算機、信息論等方面的理論思想，促進了認知理論的發展。當然借鑑與移植是有條件的，由於它是由特殊事例推演到特殊事例，所以由此而形成的理論的概括水平和適用範圍都有一個"度"的問題，並需要反復驗證、修改、完善，以提高其可靠性。

第三節　心理與教育科學研究的特殊性

在前面，我們從對科學、科學研究和科學理論的認識出發，圍繞心理與教育科學研究的性質、心理與教育科學研究的目的、功能和一般過程以及心理與教育科學理論建構等問題進行了闡述，重點介紹了心理與教育科學及研究的一般屬性。在本節中，我們擬從研究對象、研究主體、研究過程、研究方法等角度探討心理與教育科學研究的特殊性，以對心理與教育科學研究的方法問題有更全面的認識。

一、研究對象的特殊性

研究對象決定了具體科學的特殊性。儘管心理與教育科學在研究具體內容上不盡相同，但歸根到底都是研究人。相對於純自然科學而言，它們的研究對象有以下特殊性：

1. 心理與教育科學研究的對象是有思想、有情感、有需要的人，研究對象的好惡、對研究活動和研究者的態度，會直接影響研究的進行與研究結果。而自然科學研究的對象則不然，它們無意識，可以"任人擺布"，只要具備研究條件，研究活動就可進行。

2. 不管是心理科學還是教育科學，它們研究的許多具體問題都涉及到倫理價值判斷問題，例如，關於品德、道德的研究，不僅要解決它們"是什麼"和"怎麼樣"的問題，還要判斷它們"對與不對"、"好與不好"的倫理價值，而自然科學研究的對象則是中性的，例如關於核能的研究，就核能本身而言它只是一種客觀存在，不具備"好與壞"的倫理價值，至於核能可以發電造福人類，核武器可以毀滅人類，那是人的意願的問題，而不是核能本身的問題。

3. 由於心理現象和教育現象都具有社會性，研究變量既多且複雜，這就決定了心理與教育科學研究難以進行精確地解釋和預測。心理與教育科學研究的多變量特點使研究對象可能受許多變量或因素的影響。因此，心理與教育科學研究不可能像自然科學那樣進行絕對的量化。此外，由於人具有主觀能動性，故心理與教育科學研究追求純客觀化也是十分困難的。

4. 心理與教育科學研究不能像自然科學般將研究對象分解開來，按照需要加以組合或控制，例如化學研究者可以對物質進行分解或化合的研究；而心理與教育科學研究者則不能隨意控制研究對象，如不能為了研究不同教育方式的效果而對被試實施有損身心健康的實驗處理。心理與教育科學研究不僅要考慮科學的正確性，還要注重道德、習俗及人道的要求，因此造成對研究對象不能予以嚴密控制或操縱，也增加了研究的困難度。

5. 人的心理具有極大差異性與可變性。沒有任何兩個人的心理是完全相同的，從某一個人身上獲得的結論可能完全不適用於表面情況相似的另一個人。同時，沒有任何人的心理可以在任意兩個時刻保持不變。人的心理和行為總是受所處環境中難以預料的變化或個體間的相互作用影響而隨時發生變化。這種差異性促使心理與教育科學的理論或規律必須透過大量的被試始可建立起來，雖具有統計規律性，但並不適用於個體。

6. 不管是一般情況下的心理活動，還是教育活動所引起的受教育者的心理變化，都具有隱蔽性，都是難以直接觀察測量的。這就有可能出現研究對象反應失真的現象，需要研究者予以高度重視。

二、研究主體的特殊性

從事任何科學研究的主體都是人。但是由於各門具體學科研究對象的差異性，從事研究活動的主體之間也表現出各自的特殊性。相對於從事自然科學研究的人來講，心理與教育科學研究者有如下特點：

1. 從心理與教育科學研究的研究者與研究對象的關係看，二者同屬一類，即都是人。研究者也具有上述研究對象的一些特點。這樣，研究者對研究對象的態度，對研究所涉及的變量的觀察與分析的準確性，都將受到研究者的價值觀念、社會背景、宗教信仰等因素的影響，難以完全摒棄價值判斷的作用而保持冷靜客觀地觀察、分析問題的態度。

2. 由於研究者與研究對象同屬一類，因此，研究者既可以是研究的主體也可以是被研究的客體，研究者可能通過內省來獲得心理事實，了解心理過程，發現規律。例如著名的遺忘曲線（註 1-2）就是艾賓浩斯（Hermann Ebbinghaus, 1850～1909）以自己為研究對象而獲得的研究結果。

三、研究過程的特殊性

心理與教育科學研究同其他研究活動一樣，遵循科學研究的基本程序，但由於研究對象、研究者的特殊性，在具體的研究過程上又多表現出獨特的特性。

1. 經常面臨科學研究需要與倫理原則之間的矛盾　在心理與教育科學研究中，為了探明變量間的因果關係，常常需要對有關研究變量進行操縱或控制。然而，有些變量是可以改變的，有些變量卻無法人為地去改變，例如，為了研究心理的生理基礎，我們絕不可能打開正常人的頭顱來進行觀察、測量、記錄心理活動時腦的生理變化，也不可能切除腦的某一部分觀察相應的心理變化。同樣在教育研究中，為了研究青少年犯罪的原因，我們也不可能設置一些情境誘發青少年犯罪。在這種情況下，就出現了科學研究需要與倫理原則之間的矛盾，相對於自然科學研究活動而言，這是心理與教育科學研究過程中特有的。當然，在出現這種矛盾時，應以倫理原則為先，科學研究需要為後。

2. 心理與教育科學研究是主、客體相互作用的過程　一方面，研究對象要根據研究者的要求或實驗控制作出反應，而研究對象的反應又反過來影響研究者的行為。這一情況在心理學研究中，尤其在訪談法中表現更突出。這種主客體相互影響、相互作用的關係，可能造成事先不能預期的無關變量的產生，"污染"被試反應，從而影響研究的科學性。例如在心理與教育科學研究中出現的實驗者效應（見第五章）、羅森塔爾效應（見註 5-1）等就體現了這種主客體之間相互影響、相互作用的關係。這種關係的存在也給心

註 1-2：**遺忘曲線**（forgetting curve）是描繪遺忘速度的曲線。曲線表明遺忘變量和時間變量之間的關係。德國心理學家艾賓浩斯首創對遺忘現象的實驗研究。他以自己作被試，用無意義音節為識記材料進行實驗。發現識記後最初一段時間遺忘較快，以後逐漸減慢，穩定在一個水平上，因而發現遺忘發展先快後慢的規律。

理與教育科學研究對現象的解釋和預測帶來了困難。

四、研究方法的特殊性

心理與教育科學研究對象和研究過程的特殊性決定了其研究方法的特殊性。這體現於以下幾個方面：

1. 指心理與教育科學研究具有一些特別的研究法。例如，內省法、訪談法。因為只有當研究主體與研究對象均為人類主體，方能使用內省法和訪談法等，故較為特別。

2. 在借鑑或移植其他學科的方法時常須進行改造，以適合研究對象。例如，實驗法本是自然科學的研究方法，在被移植到心理與教育科學研究中時進行了改造，保留了實驗法準確、客觀、控制嚴密等優點，又考慮到心理與教育研究的對象是人，使心理與教育科學研究中的實驗法表現出不同於自然科學中的實驗法的特殊性。

3. 從研究方法的基本原理來看，心理與教育科學中的研究方法多屬於"黑箱法"，即研究者無法直接觀察或測量心理活動的內在過程與結構，只能通過輸入輸出信息的比較來推測心理活動過程與結構。這是由研究對象的特殊性決定的。在自然科學中也有"黑箱法"，但它並不占主導地位。正因如此，我們認為"黑箱法"是心理與教育科學研究方法特殊性的表現。

第四節　心理與教育科學研究中的倫理問題

倫理問題是心理與教育科學研究中需要特別注意的重要問題。因此，**倫理性原則** (ethic principle) 是心理與教育科學研究的基本原則。倫理性原則指在心理與教育科學研究中，研究者必須尊重研究對象依法享有的一切權利；必須承擔保護研究對象的責任，使其權益免受研究活動侵害；必須保證研究結果被合法、正當地加以利用。

在以"人"這一特殊客體為研究對象的心理與教育科學中，倫理性原則對研究的可行性起著決定性作用。當研究的客觀性與倫理性相矛盾時，倫理性應當被置於優先地位。為了遵循倫理性原則，研究者應當放棄違背倫理的研究或採用其他不違背倫理的方式進行研究。下面我們分別討論倫理性原則在心理與教育科學研究中的價值、倫理性原則與研究活動間的矛盾、以及貫徹倫理性原則之要領。

一、倫理性原則在心理與教育科學研究中的價值

倫理是人類社會的特有產物，是為協調個人與社會、個人間或群體間的利益而設立的行為準則體系。由於心理與教育科學研究涉及研究者的個人、群體與研究對象的個人、群體的互動，因此，倫理問題是研究者必須重視的問題。在心理與教育科學研究中，堅持倫理性原則之價值主要存在於以下三方面：

1. 堅持倫理性原則有助於心理與教育科學研究實現其根本目的
一切科學研究的根本目的都是探求未知，以增進人類幸福，心理與教育科學研究也是如此。作為對人類基本權益的肯定，倫理與研究的根本目的是一致的。違背倫理必定是與研究的根本目的背逆而馳的。如果某項研究雖然解決了某個未知問題，但卻違反了倫理規範，那麼這項研究的價值將難以被社會認可。

2. 堅持倫理性原則有助於保護研究對象的權益 在現代社會，人人享有平等的人身權利，沒有哪個人或哪個群體可以對他人或另一群體享有某些特權，這一點即使在心理與教育科學研究中也是必須遵守的。但是，在進行心理與教育科學研究，尤其是某些實驗研究時，需要創設特殊情境或採取一定方式來控制、改變被試狀況（如誘發緊張、焦慮等等），可能給研究對象帶來身心不適；另一方面，對研究對象的經歷、態度、觀點等個人資料的收集、分析也可能給研究對象造成精神壓力或其他間接損害。在此種情形下，堅持倫理性原則對於保護研究對象的利益是極為重要的。

3. 被試參與研究具有非義務性，因此堅持倫理性原則正是尊重被

試權利的實際體現　　如同其他社會性活動一樣，儘管心理與教育科學研究對於全體社會成員都有益處，但在社會分工體系中，它只是研究者的工作與責任，而研究對象並沒有參與研究、並承擔研究活動可能產生後果之義務。研究對象參與研究的非義務性，決定了研究者必須為研究對象因研究活動所致狀況之改變而負責，也決定了研究者必須確保研究活動不侵害研究對象應享有之權利。

二、倫理性原則與研究活動的矛盾

　　心理與教育科學研究中之所以強調倫理性原則，其理由之一即是研究活動可能會損害到研究對象之正當權益。可見，在研究中存在著求"真"與求"善"的矛盾。它主要表現在四方面：

　　1. 尊重研究對象意願與樣本代表性的矛盾　　為了使研究樣本具有代表性，研究常採取隨機取樣方式。然而，如果一部分研究對象拒絕參加或中途退出，這就可能影響樣本的代表性。如果強制這些研究對象參加研究，則違背倫理性原則。另一方面，目前研究者通常採用自願應徵參加的方法，雖符合倫理要求，但是又面臨自願者群體可否代表研究總體的問題。

　　2. 研究對象的知情權與研究客觀性要求之間的矛盾　　從倫理性原則出發，研究對象有權了解研究的目的及其他有關情況。然而，研究對象在了解研究目的後，其反應常常可能產生失真，因而影響研究的客觀性。尤其在有關社會性的研究中，研究對象可能產生迎合社會標準的反應，掩飾自己的真實情況。此外，某些社會心理學的研究在設計上要求採用某些欺騙、偽裝的手段（如假被試、創設虛假情境等），如果研究對象了解了真實情況，則研究無法進行。

　　3. 研究對象不受任何傷害與研究課題要求之間的矛盾　　保證研究對象不受傷害，這既包括人身安全與健康，也包括不使其承受心理上刺激與損害。但是，一些研究正是以某種具有一定傷害性的情境為背景進行，例如"疲勞狀態下的注意特點"、"負性情緒與認知作業表現的關係"、"嬰兒的陌生人焦慮"等。在這類研究中必定會引發研究對象的不良體驗，而這些課題也具有一定研究價值，因此課題要求與倫理要求之間存在著不一致性。

4. 研究對象的隱私權與研究涉及隱私之間的矛盾　在法律許可範圍內，任何人的個人資料都可視作隱私而得到保護。但是，心理與教育科學研究往往需要獲取某些個人資料，因而涉及個人的隱私領域。儘管這些行為一般獲得了研究對象的許可，但是仍然可能使研究對象感到不安、難堪。同時，研究結果在某些特殊情況下以研究對象不情願的方式披露，可能會造成研究對象隱私的洩密。

上述研究過程中求"真"與求"善"的矛盾是研究者必須以適當方式加以解決的問題。當研究者無法調和矛盾，則必須服從倫理要求。

三、倫理性原則的貫徹要領

堅持倫理性原則要求研究者充分評估研究的倫理可接受性、充分認識研究對象應享有的權利並承擔研究者應對研究對象承擔的義務。

1. 評估研究的倫理可接受性　在實施研究之前，研究者應當站在客觀的立場上，詳細審查：

(1) 研究設計的各方面是否對研究對象的權益具直接或間接的傷害；

(2) 這些損害對研究對象的身心健康與生活幸福的不利影響可能達到何種程度、可否在較短時間內得以消除；

(3) 研究目的與研究結果的用途是否只限於增進人類幸福而並非反對某個人、某些人；

(4) 在研究設計中，是否已經為保護研究對象而採取了特別的措施。

總之，堅持倫理性原則的第一步應是在實施研究之前，嚴格評估研究的倫理可接受性。在美國、加拿大等許多國家，心理與教育科學研究的倫理可接受性是由專門機構予以評估的。只有被評估機構審查認為研究設計不違反倫理的研究，才能夠付諸實施。在我國，由於尚未建立研究的倫理可接受性評估機構，因此，研究者自身本著對研究對象負責的態度，自覺評估研究的倫理可接受性是十分必要的。

2. 充分認識並尊重研究對象之權利　在研究中，研究對象應享有之權利主要有以下方面：

  (1) 研究對象有權決定自己是否參加某項研究；
  (2) 研究對象有隨時退出研究的自由；
  (3) 研究對象有權了解研究目的、方法、研究結果用途等各項有關情況；
  (4) 研究對象有權拒絕對某些或全部問題 (或刺激) 做出回答 (或反應)；
  (5) 研究對象有權決定與其個人有關的資料可否以某種形式公佈；
  (6) 對於年齡不足 18 歲的研究對象，上述權利由其法定監護人代理。

  3. 研究者承擔對研究對象負責的義務 尊重被試的權利，使其能夠自主決定並"知情"，這是堅持倫理原則的一個方面。另一方面，也是更為重要的是，研究者自覺承擔對研究對象負責的義務。

  (1) 研究者在實施研究之前，應向研究對象說明其在研究過程中享有的各項權利；並在實施過程中，為研究對象實現各項權利提供方便；

  (2) 在確定研究對象後，研究者應根據其身心特點，判斷其在研究中受到傷害的可能性及嚴重程度，進而採取防範措施，甚至取消針對該對象的研究。這一點是針對人們在刺激承受能力上存在極大差異而提出的。對於一項事先已經通過倫理可接受性評估的研究而言，它對某些敏感人群仍然可能具有較明顯的不利影響。例如，一項為時 10 分鐘的操作任務對於一個健康的 10 個月大嬰兒是可以承受的，但對一個相同年齡的早產兒或低體重兒來說就可能會使其疲勞；

  (3) 在研究進行當中，研究者應當監控研究對象的狀態，並在必要時調整研究進程，採取保護措施，甚至中止研究。這一點在需要引發研究對象產生負性體驗的研究中尤其應予以重視，以防止研究對象承受研究要求之外的痛苦；

  (4) 如果研究目的等有關信息在研究前不便於告知研究對象，那麼在研究收集素材完畢後，研究者應當向其進行解釋，澄清誤解；

  (5) 在研究結束後，研究者應當通過觀察、詢問等方式了解研究對象是否在研究過程中受過某種傷害，例如感到不安、焦躁，或疲勞；

  (6) 對於研究對象因研究活動而受到任何形式的不良影響，研究者必須負責採取措施，在盡量短的時間內予以消除；

  (7) 對研究對象的個人資料保密，只公佈被研究群體的總體資料。

  倫理性原則在心理與教育科學研究領域內正受到越來越多的關注。在美國、德國、英國、荷蘭、澳大利亞、波蘭、法國、瑞典、瑞士等許多國家的全國性學術組織均制定了有關規範。在我國自 80 年代以來也制定了一些規範。對於心理與教育科學中的不同分支而言，關於倫理性原則還有具體規定。具體內容請參見有關書籍。

本章摘要

1. **科學**是人們通過特定的活動而獲得有系統、有組織且不斷發展的知識體系，它不同於技術，也不同於宗教。其側重點不在於研究的題材，而在於研究的方法。
2. **科學研究**就是人們運用各種科學方法、遵循特定的程序解決問題和獲取有系統、有組織的知識體系的認識活動或認識過程。
3. 科學研究具有**問題性**、**繼承性**、**創新性**和**控制性**等特徵。
4. **心理學**是介於自然科學與社會科學之間的科學，兼有**自然科學**和**社會科學**的特點。
5. **教育科學**的核心是探討人類知識與價值觀念傳遞過程中的規律，屬於社會科學。
6. 心理與教育科學研究的目的在於**描述**、**解釋**、**預測**和**控制**，此四項目的具層次遞進的關係，前一項是後一項的基礎。
7. 心理與教育科學研究是一個過程，主要包括選題、研究設計、收集實證資料、分析資料並檢驗假設和評價研究結果等幾個環節。各環節構成循環往復的持續性研究過程。
8. 心理與教育科學研究應當遵循客觀性原則、系統性原則、理論聯繫實際的原則和倫理性原則。**倫理性原則**在心理與教育科學研究中具有特別重要的意義，為此，研究者應當從評估研究的倫理可接受性、尊重研究對象權益及承擔應盡之義務等方面入手保證研究遵循倫理性原則。
9. **科學理論**是指能夠解釋某些現象的具有邏輯關係的肯定陳述，是由一定的科學概念、概念間的關係及其論證所組成的知識體系。具有客觀真理性、邏輯性和簡單性等特徵。科學理論具有解釋功能,指導實踐的功能和預測功能。
10. 心理與教育科學理論建構的主要途徑有**歸納**、**演繹**和**借鑑**。
11. 心理與教育科學研究的特殊性,主要表現為研究對象的特殊性、研究主體的特殊性、研究過程的特殊性和研究方法的特殊性。

建議參考資料

1. 王重鳴 (1990):心理學研究方法。北京市:人民教育出版社。
2. 朱智賢、林崇德、董奇、申繼亮 (1991):發展心理學研究方法。北京市:北京師範大學出版社。
3. 吳岱明 (1987):科學研究方法學。長沙市:湖南人民出版社。
4. 吳明清 (1998):教育研究──基本觀念與方法之分析。台北市:五南圖書出版有限公司。
5. 葉　瀾 (1990):教育研究及其方法。北京市:中國科學技術出版社。
6. 楊國樞、文崇一、吳聰賢、李亦園 (1986):社會及行為科學研究法 (上)。台北市:東華書局。
7. 董　奇 (1992):心理與教育研究方法。廣州市:廣東教育出版社。
8. 趙壁如 (主編) (1982):現代心理學發展中的幾個基本理論問題。北京市:中國社會科學出版社。
9. Best, J. W., & Kahn, J. V. (1986): *Research in education* (5th ed.). Englewood Cliffs, NJ: Prentice-Hall.
10. Committee for the protection of human participants in research (1982): *Ethical principles in the conduct of research with human participants.* Washington. DC: American Psychological Association.
11. Schuler, H. (1982): *Ethical problems in psychological research.* New York: Academic Press.

第二章

心理與教育科學研究方法的基本問題

本章內容細目

第一節　心理與教育科學研究的方法論
一、哲學方法論　35
　　㈠ 哲學方法論對心理與教育科學研究的指導作用
　　㈡ 科學的心理觀與教育觀
　　㈢ 心理與教育科學研究的哲學方法論之基本觀點
二、心理與教育科學研究的一般科學方法論　39
　　㈠ 系統與系統方法論
　　㈡ 系統方法論對心理與教育科學研究的指導作用
三、心理與教育科學研究的具體方法　41

第二節　心理與教育科學研究方法概述
一、方法與科學方法　43
二、心理與教育科學研究方法的分類　44
　　㈠ 研究設計方式的分類
　　㈡ 心理與教育科學研究的具體方法的分類

三、具體方法的選擇　47
　　㈠ 目標性原則
　　㈡ 經濟性原則
　　㈢ 考慮統計方法的原則
　　㈣ 綜合研究方法的原則

第三節　心理與教育科學研究法的回顧與展望
一、心理與教育科學研究法的歷史回顧　49
　　㈠ 哲學化與經驗化階段
　　㈡ 自然科學化階段
　　㈢ 多元化階段
二、心理與教育科學研究法的發展趨勢　52
　　㈠ 方法論的動態
　　㈡ 研究思路的動態
　　㈢ 具體方法的動態

本章摘要

建議參考資料

科學的發展是人類文明進步的強大動力，而方法的進步又是科學發展的重要促進因素。在上一章探討心理與教育科學的性質、主要意義與特殊性；本章我們將討論心理與教育科學研究方法之基本問題。從心理與教育科學發展的歷史看，學科的發展與其研究方法的改革、創新緊密相關，研究方法每前進一步，必帶來理論的發展和學術水平的提高。例如：《論馮特》一書中寫道：

> 百年來心理學的發展，曾經歷過三次突破，第一次是馮特把自然科學的實驗方法引進心理學，第二次是巴甫洛夫的條件反射法，第三次是皮亞傑把數理邏輯方法引進心理學。(陳元暉，1979，pp.90～91)

由此可見，豐富、完善心理與教育科學研究方法，對於提高心理與教育科學研究水平、促進心理與教育科學的發展都有著重要意義。

方法一詞在具體應用中，既可以指方法體系或方法論，也可以指具體的方法與技術。在本章的論述中，對廣義的方法，我們以"方法論"或"方法體系"指稱。心理與教育科學研究歷百餘年的發展歷程，在方法領域形成了紛繁林立的哲學方法論、一般方法論與各具特色的具體方法、技術所構成的方法體系。一般而言，具體方法、技術和心理與教育科學研究的實際工作有著最直接和明顯的聯繫，因此也受到研究者較多的關注。然而，具體方法的選擇及應用效果之好壞、優劣，卻不僅僅在於某一方法本身，而與研究者的研究目的、研究對象的特點等具有密切關係。也就是說，隱於研究現象背後的哲學方法論與一般方法論，作為研究方法體系之有機組成部分，對於研究工作的成敗具有重要的影響，是研究者完善研究素養的重要條件。

為闡述心理與教育科學研究方法的基本問題，本章各節擬著重探討下列問題：

1. 心理與教育科學研究的哲學方法論。
2. 心理與教育科學研究的一般方法論。
3. 心理與教育科學研究的具體方法及分類。
4. 心理與教育科學研究方法的歷史與發展。
5. 心理與教育科學研究方法的當前動態。

第一節　心理與教育科學研究的方法論

　　科學研究是追求知識或解決問題的一種活動，從事這種活動所用的手段便是科學方法。在研究某一學科採用的一般科學方法的基本理論和學說即稱之為**方法論**(或**方法學**) (methodology)。從歷史上看，科學研究水平的提高均以方法論的革新與發展為先導，而科學研究中種種危機與困惑亦首先表現於方法論的困境，心理與教育科學研究也不例外。方法論的澄清與不斷完善，正是心理與教育科學研究規範化、深入化、不斷向複雜多樣的心理與教育的事實世界逼近之根本所在。

　　從內部的構成來看，心理與教育科學研究的方法論包括從抽象到具體的三個緊密聯繫、又各有特點的層次：哲學方法論、一般科學方法論與具體方法。下面文中，我們擬分別對其進行討論。

一、哲學方法論

　　哲學方法論是方法論中最高級、最抽象的層次。方法論和世界觀是緊密聯繫的。一般來說，有什麼樣的世界觀就有什麼樣的方法論。世界觀是人們對世界的根本觀點和總的看法，用這種觀點和看法作為嚮導，去認識和解決世界上各種各樣的問題，就是**哲學方法論** (philosophical methodology)。哲學方法論決定了人們的心理觀和教育觀，在西方心理與教育科學中，主要存在兩大相對立的哲學方法論：一是**實證主義** (positivism)，係指知識或科學只限於可以觀察到或經驗到的事實；除此之外，一切屬於形而上學的抽象知識既不能視為科學也不能視為哲學，如內容心理學、結構主義、功能主義、行為主義、日內瓦學派和認知心理學等均以實證主義及其各種變式為哲學方法論；另一是**現象學** (phenomenology)，是指心理現象的科學研究。心理現象是指個人面對某一事件時所獲得的立即經驗；包括感覺、感情、知識、幻覺、意象、意識等；意動心理學、完形心理學、精神分析、人本主義心理學、存在主義心理學、超個人心理學等均以現象學及其變式為哲學方法論。

（一） 哲學方法論對心理與教育科學研究的指導作用

　　如前所述，心理與教育科學研究的哲學方法論不是指一種或幾種具體方法，而是指心理與教育科學工作者對於心理與教育現象及研究方法的根本觀點、看法，表現為一種觀念形態。這種觀念並不以個人是否對哲學感興趣為轉移。分析一下心理學史與教育史上各學派的理論觀點，我們不難發現，他們的方法論都可追溯到某種哲學觀點。這就是說，不管承認與否，意識到與否，每位心理與教育科學研究者都擺脫不了某種哲學方法論的支配。心理與教育科學研究的哲學方法論對心理與教育科學研究的指導作用表現在如下兩個方面：

　　1. 哲學方法論決定了心理與教育科學研究的起點與方向　　哲學方法論提供一定的心理觀、教育觀，決定了研究的方向、對待研究對象的基本原則及評價分析結果的出發點等。在心理與教育科學研究的方法論體系中，雖然哲學方法論與具體研究的過程、環節、採用的技術手段等的聯繫較為間接，不易用前者對後者進行直接解釋和說明，但這並不是說哲學方法論在心理與教育科學研究中不起作用，實際上哲學方法論的差異將導致研究的出發點、原則、結果分析角度等的差異。

　　2. 哲學方法論與具體方法的發展緊密相連　　心理與教育科學研究水平的提高，在很大程度上取決於具體研究方法的發展，而具體的研究技術和手段的發展不僅與科學技術的進步有關，而且與哲學方法論的發展也是密切聯繫的。例如，馮特的歷史功績是與心理學的獨立、實驗心理學的創立分不開的，但是由於他堅持身心平行論，因而主張採用內省法來研究心理現象。巴甫洛夫主要持唯物主義的觀點，強調客觀性原則，堅持"觀察、觀察、再觀察"的精神，其創造的條件反射法，與他的這種方法論是相統一的。皮亞傑主張內因外因相互作用的發展觀、以及量變質變相互轉化的變化觀。他所提倡的方法學，強調既注意研究的整體性，又注意深入把握本質；既注意研究的精密性，又注意靈活多樣性；既注意高度的科學性，又注意高度的藝術性。這種獨特的方法論，同他別具一格的臨床法和數理邏輯分析法正好是相輔相成的。由此可見，哲學方法論與具體研究方法的緊密關係是其實現對心理與教育科學研究指導作用的重要途徑。

(二) 科學的心理觀與教育觀

近百餘年，心理與教育科學中學派紛爭，其觀點的對立與分歧，歸根到底是方法論的問題，更確切地講是心理觀、教育觀的不同，即如何認識和看待心理現象，如何認識教育的本質。心理與教育科學研究的發展是以科學心理觀與教育觀為必要前提。科學心理觀的主要含義如下：

1. 心理是腦的機能 人的心理反映形式是以人腦這一物質的生理活動為中介，因此心理活動有其必要的物質基礎。研究心理活動的生理機制及其改善、康復是現代心理與教育科學研究的重要內容。由於人腦是在自然進化和社會實踐的發展過程中，逐漸完善而達到人腦所特有的高度水平，因而，它兼有自然屬性和社會屬性。因此在心理與教育科學研究中應當採取社會科學和自然科學的綜合方法，採用質和量的綜合方法。片面強調某一方面均是有局限性的。

2. 心理是對客觀現實的反映 儘管心理是以腦活動為基礎，但是心理活動的內容源於客觀世界。沒有客觀世界的作用，大腦不能憑空產生人的心理活動。

3. 心理是一個多層級的系統 人的心理具有一定的內容結構，可以分為不同的子系統，如心理與外部世界的關係系統、心理與行為活動的關係系統、心理反映與其本身的物質本體（尤其是腦）的關係系統等等。正由於此，心理與教育科學研究應當採用系統分析的科學方法。

4. 心理反映具有社會性 人是社會關係的總和。從種系發展來看，大腦是人類長期以來在社會實踐活動中逐漸演化發展形成的；從個體發展來看，任何個體心理的正常發展都是在正常的社會生活中形成和發展起來的，沒有正常的社會環境，就不可能有人的心理。因此心理與教育科學研究應當在充分考慮特定社會文化特點、社會關係特點等環境因素的前提下進行。

5. 心理活動具有主動性 一方面，人的心理與動物的心理反映是有本質區別的，即人的心理對外界事物的反映不是機械的，而是自覺的、主動的。人可以通過記憶、思維、想像、情緒、情感、意志等心理過程及能力、性格等心理特徵，認識、改造或影響客觀事實。當然這種主動性受物質決定性的制約。另一方面，人的心理反映的發展，在很大程度上與人的主動性最大限度的發揮密切相關。

　　6. 心理活動具有極大變化性　人的心理不是一成不變的。一方面，心理活動受到特定情境的顯著影響，因而具有鮮明的情境性。另一方面，心理處於不斷的發展過程中。從種系發展來看，自動物的反映到人的心理有一個長期的進化演變過程；從個體發展來看，從嬰兒的簡單反射活動到成人的高級心理活動，也有一個長期的發展變化過程。

　　科學的教育觀主要是對於教育本質的認識。科學的教育觀認為：教育是教育者與受教育者間的相互作用，這種相互作用以文化為中介；教育是文化傳遞的手段，它同其他社會現象如政治、經濟、文化等有著廣泛而密切的聯繫，反映一定社會的政治和經濟要求並為其服務；從教育的內部來看，教育者、受教育者和傳遞的文化構成了一個相互聯繫、相互作用的系統；從教育與其他社會現象的關係來看，教育系統只是社會系統中的一個子系統，並與其他子系統有著複雜的多層次聯繫；教育系統具有動態性、整體性、自組織性等特點；教育者與受教育者的主客體關係也可以相互轉化。

　　科學的心理觀與教育觀可以幫助我們深刻地理解心理現象與教育現象的本質，正確確定研究思路，選擇研究方法，取得更好的研究成果，使之為人類實踐服務。

（三）　心理與教育科學研究的哲學方法論之基本觀點

　　科學的心理與教育科學研究來源於科學的心理與教育科學研究哲學方法論。與科學的心理觀、教育觀相應，科學的心理與教育科學研究哲學方法論主要包括以下三方面的基本觀點：

　　1. 心理與教育現象須內外機制兼顧　任何心理與教育問題的產生、演變在時間與空間上均不是孤立的，而與一定背景，一定環境條件相聯繫，與其他多種因素相互影響，因此，必須結合內外部多種聯繫，把研究對象置於一定條件、一定背景下進行考察。例如，嬰兒的爬行動作發展可否為其心理發展帶來大量豐富的經驗，這就必須視嬰兒所處特定文化、家庭生態環境的特點而定。又如，流動人口子女義務教育問題的解決，不能以建立新學校或當地學校向流動人口子女開放的簡單方式進行，而是與借居地、原居地經濟、文化發展水平、借居地市民對外來人的態度、以及流動人口自身經濟條件、文化素質等一系列因素密切相關。

　　2. 在矛盾分析中認清心理與教育現象　　矛盾的現象充滿了心理與教育的真實世界，如心理與教育現象的質與量、個性與共性、穩定性與變化性等。**矛盾分析** (contradiction analysis) 的方法論要求研究者從矛盾對立的兩個方面對認識對象進行全面考察；同時堅持按客觀事物的本來面目，具體問題具體分析，避免片面、極端的認識。例如，由於質與量是心理與教育現象的一對矛盾，矛盾分析方法則要求研究者既重視對現象量的分析，也必須重視質的分析。如果一味追求量化，而忘卻對本質的闡釋，以及忽視量化，只停留於經驗性描述、推測，這都是不可取的。

　　3. 在生活實踐之中認識現象並檢驗研究　　心理活動與教育活動均產生、發展於生活實踐之中，而生活實踐又是以心理活動與教育活動為前提條件的。心理與教育科學研究的目的在於科學、全面、深入地認識心理與教育活動，從而促進實踐活動的完善。因此，心理與教育科學研究，應當重視從複雜多樣、富於變化的生活實踐中發現問題、考察問題，並應重視將研究成果應用於生活實踐中，從而再發現新的問題、修正認識的偏差。例如，生態化方法即是在克服傳統實驗室研究人為化、脫離實際生活的缺點上提出的新方法。

二、心理與教育科學研究的一般科學方法論

　　一般科學方法論 (general scientific methodology) 是研究者將哲學方法論具體化，用以直接指導研究的方法論原則。一般科學方法論是具有跨學科的科學研究方法，常用的一般科學方法論有邏輯方法、數學方法、系統方法等。從抽象水平來看，一般科學方法論比哲學方法論的抽象水平要低，但它又比各種具體科學研究技術和手段的抽象水平要高，它把哲學方法論具體化，構成了哲學方法論與具體方法之間的中介和橋梁。在心理與教育科學研究中，一般科學方法論為研究者提供理論思路、分析角度等，同時它又指導著具體方法。隨著現代科學的發展和對心理與教育科學研究方法的探討，隨著對心理現象系統性與複雜性的認識，越來越多的心理與教育科學研究者認為，應該用系統方法論的基本觀點和思想方法作為一般科學方法論，來指導

心理與教育科學研究。

(一) 系統與系統方法論

所謂**系統** (system)，是指由若干相互聯繫、相互作用的部分組成的具有一定結構與機能的整體。一個整體的大系統可以分解為若干部分的子系統，子系統內部還可以有若干層次的子系統；大系統內部的各子系統之間必須具備一定的結構；而整體的大系統則具備各子系統所不具備的機能。

系統方法論 (systematic methodology)，指按事物本身的系統性把研究對象作為一個具有一定組成、結構和機能的整體來加以考察，從整體與部分之間、整體與外部環境之間的相互聯繫、相互制約、相互作用的關係中綜合地研究對象。系統方法作為現代科學方法論，對心理與教育科學研究尤其具有指導意義。首先，根據系統方法的觀點，人的心理是一個開放系統，人的心理與行為都是在與外界的複雜聯繫中發生的。因此要探明心理的實質，就應探明心理現象和外部世界的多方面聯繫，避免過去某些心理學派對心理現象進行的那種封閉性研究的缺點。其次，根據系統方法論的觀點，心理現象是一個複雜的有機系統。例如，人的心理的自然性和社會性問題，是長期爭論不休的問題，不同的研究者或將之生物化，或將之社會化。而根據系統方法的思想，人們可以用全面的、互相聯繫的觀點，更好地研究和處理這些問題。最後，根據系統方法的觀點，我們還可以對現代心理與教育科學研究進行綜合和概括，以解決分支日益增多、成果日益豐富、爭論日益紛繁的問題，實現更好的整合。

(二) 系統方法論對心理與教育科學研究的指導作用

由於系統方法論切合心理與教育現象的本質，為研究提供了良好的指導作用，主要表現在下述方面：

1. 有助於對心理與教育現象進行整體性考察　首先，心理與教育科學研究從屬於社會系統、生物系統等大系統，必然與大系統中其他子系統產生相互聯繫，並服從大系統的運動變化規律；其次，心理與教育科學研究本身又包含了多個小系統，存在多個層次、多個序列。因此，對心理與教育現象每一層次、每一要素的考察應當置於系統的構成、系統的總體功能、系統的內外部聯繫之中，作整體性考察。

  2. **有助於認識心理與教育現象多變化的發展過程** 心理與教育現象是處於不斷變化、發展的動態之中，經歷著從無序到有序，再到無序，又從無序達到更高的有序狀態這樣不斷發展的過程。因此，在研究中，既要重視當前的心理與教育現象，也要重視對過去與未來進行追溯與預測，將過程與結果有機統一起來。同時，還要自覺關注系統內部結構與外部功能的動態變化，從而認識某一心理與教育現象產生、發展、轉化的機制。

  3. **有助於把握心理與教育現象的開放性，使之與外界環境保持互動** 心理與教育問題的表現形式可能因時、因地、因人群而千差萬別。心理與教育現象的發展、演變的原因之一，在於其所處外界環境條件及其與環境的互動關係之中。由於心理與教育系統的開放性，其發展、演變是沒有絕對的終點。六、七十年代以來興起的畢生發展觀與終身教育觀正是心理與教育系統開放性的表現。

  4. **系統科學的基本原理可以直接轉化為心理與教育科學研究的原理，從而發揮系統方法論的指導作用** 國內外的教育科學研究者從"信息論、控制論和系統論"中概括出三條最基本的原理，即反饋原理、有序原理和整體原理。這三條原理在心理與教育科學研究中已有較多運用。例如，斯金納把"信息的即時反饋"作為程序教學和機器教學的一條重要原則等，就是這些基本原理的應用。

  但是，系統方法論只是心理與教育科學研究的指導思想，具體的系統方法也只是工具和手段。在運用系統方法時應該注意，研究者要切忌勿將其取代心理學的基本理論，也不能將其視為解決所有心理與教育問題的"靈丹妙藥"。總之，用系統方法來研究心理與教育問題才剛剛起步，還有待於研究者的共同努力。

三、心理與教育科學研究的具體方法

  心理與教育科學研究的具體方法是多種多樣的，而且這些方法隨著研究的深入和現代科學技術的進步仍在不斷發展、完善中。具體方法與方法論的聯繫較為間接，所以表現出較大的獨立性，但並不意味著具體方法與方法論是割裂開來的，互不相關的。使用某種具體方法的目的、效果等與方法論有著密切聯繫。例如，同樣是實驗法，在實證主義方法論指導下的實驗和在現象學方法論指導下的實驗就具有相當大的差別。前者側重量的分析，追求實驗條件的精密性，後者注重質的分析，關心如何發現問題。

心理與教育科學研究的**具體方法** (concrete method) 實際上包含兩個層次：一是研究設計方式，即研究類型，如描述研究、相關研究、實驗研究等；二是研究實施技術，指解決某個問題或完成某項具體任務所需的技術和手段，如觀察法、訪談法等。一種研究類型（如發展性研究）可使用不同的方法，如觀察法、測量法等；而同一種方法可以應用於多種研究類型，如觀察法可以用於個案研究，也可用於跨文化研究。無論研究類型或研究的實施技術、手段均有多種分類方法。本章第二節將對分類問題進行較詳細討論。

哲學方法論、一般科學方法論、具體方法作為心理與教育科學研究方法

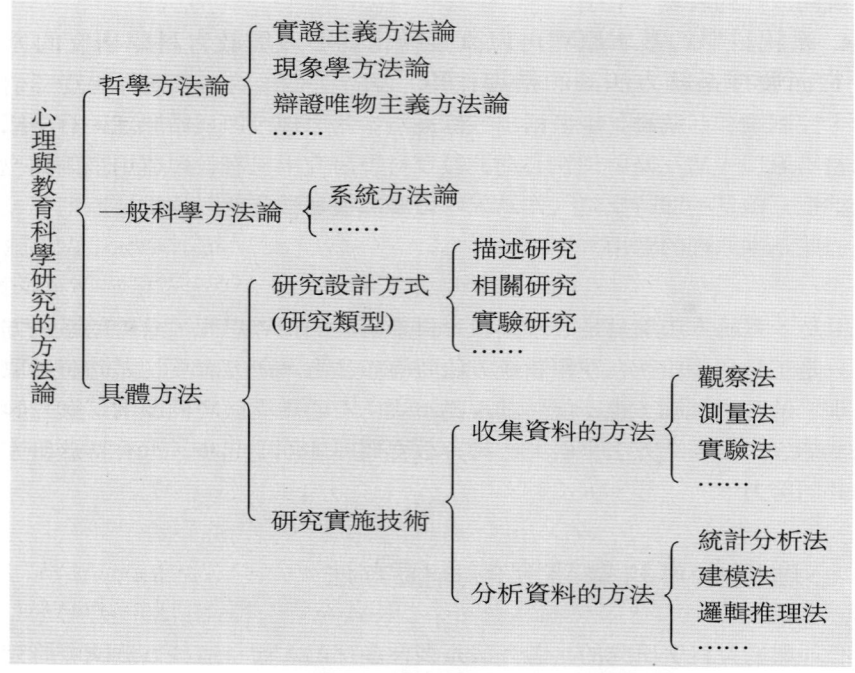

心理與教育科學研究的方法論
- 哲學方法論
  - 實證主義方法論
  - 現象學方法論
  - 辯證唯物主義方法論
  - ……
- 一般科學方法論
  - 系統方法論
  - ……
- 具體方法
  - 研究設計方式（研究類型）
    - 描述研究
    - 相關研究
    - 實驗研究
    - ……
  - 研究實施技術
    - 收集資料的方法
      - 觀察法
      - 測量法
      - 實驗法
      - ……
    - 分析資料的方法
      - 統計分析法
      - 建模法
      - 邏輯推理法
      - ……

圖 2-1　心理與教育科學研究的方法論結構
(改編自 董奇，1992)

論的三個不同層次，三者既相互區別，又緊密聯繫。哲學方法論對一般科學方法論和具體方法具有指導意義；一般科學方法論則是哲學方法論與各種具體方法聯繫的橋梁；而具體方法的應用既體現了哲學方法論與一般科學方法論，也為後二者的發展提供更豐富的素材。由此，心理與教育科學研究方法論的三個層次構成內部統一的完整體系。

第二節　心理與教育科學研究方法概述

　　心理與教育科學研究方法多種多樣。本書第三編、第四編及第五編將對多種具體方法進行闡釋。本節擬簡要勾勒具體方法的概貌，以期讀者在閱讀與學習各類具體方法前對其全貌有所了解。

一、方法與科學方法

　　方法是人類認識世界、改造世界所不可缺少的非實體性"工具"，它有科學與非科學之分。在科學誕生以前，人們在認識世界、探索未知活動時所使用的方法多為非科學方法，包括：(1) **慣常法** (method of tenacity)，這種方法主要依靠習慣、傳統及先入為主的印象或觀念，認為過去經歷過的事情，便是真實的或可信的；(2) **權威法** (method of authority)，這種方法主要依靠權威 (個人、團體或典籍)，認為某方面權威所說的事情便是真實的或可信的；(3) **直覺法** (method of intuition)，這種方法主要依靠直覺，認為不可否認的自明之理或事，便是真實的或可信的；(4) **推理法** (rationalistic method)，這種方法強調推理的可靠性，認為只要推理是對的，所得的結論便是真實的或可信的。以上這些方法不但為那個時代的人們所倚重，即使在科學發達的今天，仍被人們無意識地加以運用。

　　所謂**科學方法** (scientific method)，有廣義和狹義之分。廣義的科學方法是相對於不科學的方法而言的，是指那些具有客觀性、有效性等特性的方法；狹義的科學方法是指科學研究工作者從事科學研究所採用的方法，即提出問題、建立假設、收集資料、分析資料以及建立理論的方法。這些方法使科學研究區別於非科學（如巫術、宗教等）。本書所要討論的心理與教育科學研究方法是狹義的科學方法。

二、心理與教育科學研究方法的分類

（一）研究設計方式的分類

心理與教育科學研究因目的、範式、變量關係、被試數量、研究文化背景等方面的特殊性，可以將其研究設計方式進行多種分類。

1. 根據研究的目的分類 根據心理與教育科學研究的目的，其研究設計方式可以分為基礎研究、應用研究與評價研究。

(1) **基礎研究** (basic research)：旨在解釋心理與教育現象，建立具有普遍性的理論，增進人類知識。

(2) **應用研究** (applied research)：旨在尋找解決實際問題的方法或途徑。應用研究常依據基礎研究之成果進行探討，而應用研究的成果也有助於完善基礎研究。近年來，應用研究中出現了一種新類型——行動研究（見第八章第三節），使研究與實際生活的距離大為縮小。行動研究由教師、管理人員等實際工作者直接進行，通過研究直接解決日常問題。

(3) **評價研究** (evaluation research)：旨在比較或檢驗某些計畫、方案與措施的實際成效，為決策提供依據。評價研究主要分為**形成性評價**與**終結性評價**兩類。前者指在實施計畫、方案與措施的實際進程中的不同階段進行評價，以利於及時調整；後者指在計畫、方案與措施執行完畢後進行，以檢定其成效，評價研究詳見第八章。

2. 根據研究範式分類 從研究範式的角度看，心理與教育科學研究可以劃分為定性研究與定量研究。

(1) **定性研究** (qualitative research)：基於人文主義範式，強調在特定背景中理解現象，研究者作為"參與人"對現象進行描述性分析。

(2) **定量研究** (quantitative research)：基於實證主義範式，強調對關

係、影響原因的探討，力求獲得具有普遍性的結論，研究者作為"局外人"對現象及其機制進行數量分析，定性與定量研究詳見第六章。

定量研究近代以來在心理和教育科學研究中占有主導地位，而定性研究在近些年來逐步受到重視。儘管研究範式之間存在明顯差異，但由於心理與教育現象的複雜性，在研究中兼顧定性與定量分析是十分必要的。

3. 根據研究變量所涉及到的時間特點分類 根據研究變量所涉及到的時間特點，可以把心理與教育科學研究之設計方式劃分為發展性研究與非發展性研究。

(1) **非發展性研究** (nondevelopmental research)：不關注研究對象在時間維度上的變化過程，而主要對變量之間的關係、現象的內在結構等感興趣 (如普通心理學、認知心理學、社會心理學等領域的一些研究)。

(2) **發展性研究** (developmental research)：則關注變量在時間維度上的變化過程、特點與內在規律。發展性研究又可根據研究的具體目標、數據收集時間與程序進一步分為下列各種研究：

① **歷史研究** (historical research)：旨在了解過去某段時期內所發生的事件及其內在關係，為解釋當前事件提供歷史前提，或進一步為趨勢預測提供依據，即通過認識過去來解釋現狀、推知未來。例如，白話文運動與語文教學的變遷，歷史研究詳見第十一章。

② **回溯研究** (ex post facto research)：旨在通過使用回溯的方法收集研究對象在某些變量上的過去狀況之資料，借助於比較其在另一些相關變量上的當前特點，探討發生時間具有前後次序的相關變量間存在的因果關係。例如比較攻擊性強的兒童與一般兒童在過去一段時期中親子互動上的特點，以探討過去親子互動特點與兒童當前攻擊性特點的可能因果關係。

③ **橫斷研究** (cross-sectional research)：旨在同時收集具有某種時間差異的多組對象 (如不同年齡的被試) 的有關信息，並比較各組研究對象的差異，從而揭示、概括某現象之變化特點、趨勢。例如，研究不同年級學生的道德推理水平。

④ **縱向研究** (longitudinal research)：也可稱為**追蹤研究** (follow-up study)：旨在一段時間內，通過多次收集同一被試在不同時間點上 (如不同年齡或不同年資) 某些方面的信息，系統了解現象變化之自然過程、規律。例如追蹤同一批入學的小學生在小學六年中道德推理水平的發展變化過程。

⑤ **趨勢研究** (trend research)：旨在收集研究對象過去、目前有關的信息，借助數學方法建立趨勢變化的預測模型，以預測研究對象將來的變化趨勢。趨勢研究大多應用於教育政策研究、教育規劃研究等領域中，對教育發展進行宏觀的預測。例如，根據職業學校近幾年的招生率、畢業生分配狀況、社會對畢業生的需求量，借助回歸方法建立有關職業學校發展規模、職業學校學生就業狀況的趨勢預測模型。

4. 根據研究所涉及變量的關係性質分類 根據研究所涉及變量間的關係性質的不同，可以將心理與教育科學研究劃分為描述研究、相關研究與因果研究。

(1) **描述研究** (descriptive research)：是從現實存在的諸多事象中，經由適當方法收集資料，從而分析研究，藉以了解實況或發現問題，並進而研擬策略以解決困難，旨在探討現象的當前特點，描述研究詳見第七章。

(2) **相關研究** (correlational research)：是採用統計學上相關的技術，研究兩個或兩個以上變項間的關係，則旨在揭示不同變量間的關係（如具有顯著正相關或負相關），相關研究詳見第七章。

(3) **因果研究** (causal research)：則旨在通過控制的方法揭示變量間的因果關係，如 A 引起 B。由於嚴格的因果關係的確定須採用實驗研究方法，因此，因果研究也稱為**實驗研究**（見第七章第三節）。其中，變量控制嚴格的稱為**真實驗設計**，如實驗室中條件發射箱中小白鼠走迷宮的學習研究；變量控制較低的現場化研究稱**準實驗設計**，如在自然條件下進行的教學實驗研究。描述研究、相關研究、因果研究具有層層遞進的內在關係。描述研究可為相關研究提供啟示，而因果研究則又以相關研究的成果為基礎。

5. 根據文化背景分類 根據研究的文化背景可將心理與教育科學研究劃分為**跨文化研究**，指以不同文化環境下的個體或團體為對象所進行的研究；或**單一文化研究** (cultural research)。近年來，心理與教育科學研究各領域中有關跨文化研究不斷增多，在檢驗、修正、豐富理論、理解文化差異現象等方面產生了積極促進作用。迄今，跨文化研究從理論到方法正逐步完善，成為心理與教育科學研究的重要方法，跨文化研究詳見第九章。

6. 根據研究對象數量分類 根據研究對象的數量多少，心理與教育科學研究可劃分為群體研究和個案研究。

(1) **群體研究** (group study)：是心理與教育科學研究最常用的設計方

式。它又可進一步分為大樣本研究和小樣本研究，前者研究對象多於 30 個個體，後者在 30 個以下。

(2) **個案研究** (case study)：是選擇一個或少量研究對象進行的研究。儘管研究對象的數量很少，但由於對象集中，便於研究者開展深入、全面的探討，因此在心理與教育科學研究中也必起著十分重要的作用，個案研究詳見第十章。

應當指出的是，上述各種分類具有交叉性。例如，一項研究既可為基礎研究，也可為定量研究，同時亦可為實驗研究、群體研究等。近些年來，上述研究設計方式出現了不少新的進展。本書第三編將對上述各研究類型中的一些重要類別，或過去重視但介紹不夠的類別及其進展進行討論。

(二) 心理與教育科學研究的具體方法的分類

從研究過程看，心理與教育科學研究的具體方法包括收集資料（數據）的方法與分析資料的方法。

1. 收集資料的方法 心理與教育科學研究中收集資料（數據）的方法多種多樣。觀察、訪談、實驗、問卷、測驗、檔案分析等是收集資料的基本方法。本書第四編將對收集資料的基本方法予以探討。

2. 分析資料的方法 心理與教育科學研究中分析資料的方法主要有統計分析、邏輯分析與建立模型等方法。本書第五編將對統計分析方法及其有關的建立模型方法予以討論。

三、具體方法的選擇

在心理與教育科學研究中，可採用的研究方法種類繁多，例如實驗室實驗、現場實驗、訪談法、觀察法，而每種方法中又包括若干種分枝方法。研究者在選擇適當方法解決有關問題時應遵循以下幾項原則：

(一) 目標性原則

心理與教育科學研究的每一個課題都有自己的研究目的，有自身的被試對象,故應針對研究目的、研究對象來選擇具體方法。譬如研究課堂中師生互動情形對學生學習態度、學習成績的影響時,最好的方法是採取追蹤、實驗結合類型的研究,使用結構觀察法收集數據。又如,對不同年齡的被試採取的具體方法也應有所區別。同是對依戀的研究,嬰幼兒只能採取觀察法,對其面部表情、動作等方面進行詳細觀察;而對於成人或較大兒童則可以採取更多的方法,如訪談法、問卷法、觀察法等。

(二) 經濟性原則

心理與教育科學研究需要一定的人力、物力和財力,具體方法的選擇應以研究條件為基礎。現代科學技術的進步,為心理與教育科學研究提供了許多先進的工具,為研究的深入、準確化提供了條件。但並不是所有心理與教育科學研究者都能擁有先進的工具,這時就需要研究者根據自身條件選擇經濟而又較適用的方法。眼動記錄儀在研究學生的閱讀策略問題上是有重要價值的,它為研究者提供了許多客觀的指標,但當研究者無資金購買這種儀器時,就應考慮採取其他方法,如觀察法、訪談法或問卷法等。

(三) 考慮統計方法的原則

在進行研究之前,要初步考慮到如何對收集到的研究數據、資料進行整理、分類,將用什麼方法進行統計分析,並對收集資料的方法和內容提出進一步的要求。例如,如果研究結果將用計算機處理時,則在問卷設計時就應考慮到數據的編碼和記錄的問題,這時最好採取封閉式問卷,盡量少用開放式問卷。如果事先不加以考慮,就可能會出現最後找不到適當的統計分析方法、數據記錄困難等情況,從而影響研究工作。

(四) 綜合研究方法的原則

心理與教育科學研究的方法很多,這些不同的方法各有自己的優點和缺點,有其特定的適用範圍,而心理與教育科學研究的每一課題往往可以用多種方法收集數據,這樣多種方法的綜合使用可以相互取長補短,提高研究的聚合效度。

總之,在選擇具體研究方法時,應根據研究目的、被試的特點 (兒童與成人、正常與非正常)、研究的主客觀條件 (如研究者的科研方法素養、研究的時間、人力、經費)、各種方法的優缺點與適用範圍，選用最適當的方法去解決課題所提出的具體問題。

第三節　心理與教育科學研究法的回顧與展望

回顧歷史，可以從中認識事物的演變及利弊得失；前瞻發展動向，可以使目前的研究工作更適應未來趨勢。本節擬探討心理與教育科學研究法的歷史發展與動態。

一、心理與教育科學研究法的歷史回顧

無論是各種具體的研究方法，還是方法的系統理論，都不是先驗的，而是人們認識世界、改造世界的產物，並在人類探索未知、追求真理性認識的活動中不斷發展、完善。心理與教育科學研究法作為人們認識心理現象和教育現象的"工具"，也是隨著人類認識水平的提高而精進。

從歷史上看，心理與教育科學研究的哲學基礎與具體方法、技術都可謂紛繁林立、層出不窮。概括而言，心理與教育科學研究方法的歷史發展可分為三個階段：(1) 直觀與思辯方法為主流的哲學化與經驗化階段；(2) 實證與分析方法為主流的自然科學化階段；(3) 實證、分析與整體、綜合方法並存互補的多元化階段。

（一）　哲學化與經驗化階段

科學的心理與教育科學產生之前，心理與教育科學研究附屬於哲學研究中。其方法以直觀、經驗、歸納與思辯為主流，表現出哲學化、經驗化的特徵。在這一階段中，並沒有相對獨立的心理與教育科學研究方法的體系。不過，無論在孔子 (551～479 B.C.)、孟子 (372～289 B.C.) 等東方思想家的思想中，還是在蘇格拉底 (Socrates, 469～399 B.C.)、亞里士多德 (Aristotle, 384～322 B.C.) 等西方哲學家的思想中，演繹、歸納、類比等方法均得到了應用，並為後世提供了可貴的借鑑。

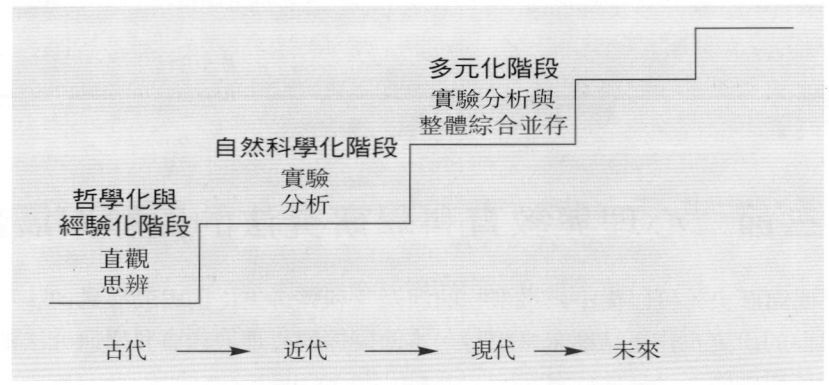

圖 2-2　心理與教育科學研究法的歷史發展示意圖 (自編)

(二)　自然科學化階段

　　牛頓經典力學的確立標誌著近代自然科學的開端，科學進入以分化為主的時期。以牛頓力學為代表的近代自然科學取得了巨大成就，使自然科學的認識論、方法論與研究模式成為這一時代認識活動的主流，心理與教育科學研究方法也逐步發展到以實證、分析為主要特點、力求像自然科學那樣精確的自然科學化階段。其發展概況如下：

　　1. 心理科學研究方法的發展　1879 年，馮特 (Wilhelm Maximilian Wundt, 1832～1920) 創立第一個心理學實驗室，既標誌著心理學從哲學母體中獨立，也標誌著心理研究方法實證化、分析化的開端，實驗方法和定量研究方法得到了新的發展。費希納 (Gustav Theodor Fechner, 1801～1887) 等進行了獨立的心理學實驗，提出了**心理物理法** (psychophysical method) (1860)，揭示了客觀刺激量和主觀感覺量之間的函數關係；艾賓浩斯運用實驗方法和無意義音節，測定了記憶和遺忘之間的數量關係，提出了著名的遺忘曲線 (見註 1-2) (1885)；比奈 (Alfred Binet, 1857～1911) 和西蒙 (Théodore Simon, 1873～1961) 運用測驗方法，編製了第一個智力量表 (1905)，這些都是心理學科學方法發展的成果。

在學派林立的 20 世紀初至 50 年代，心理科學研究方法的自然科學化傾向保持了主導地位。以華生 (John Broadus Watson, 1878～1958)、斯金納 (Burrhus Frederick Skinner, 1904～1990) 為代表的**行為主義** (behaviorism) 心理學，將意識排除在研究對象之外，並極力主張採用實驗方法，研究可觀察、可測量、可控制的外顯變量。儘管這種"無頭腦"心理學受到了批評，但在研究方法上強調客觀觀察與實驗方法的觀點，至今在心理學研究中仍頗有影響。

以韋特海默 (Max Wertheimer, 1880～1943) 為代表，心理學家受電磁場學的理論和胡塞爾 (Edmund Husserl, 1859～1938) 現象學的影響，建立了**格式塔心理學**(或**完形心理學**) (Gestalt psychology)。該學派既不同意馮特等人的內省法，也不同意華生等人的行為主義方法，他們主要採用**現象學方法** (phenomenological method)、主觀報告法和觀察法等進行研究。格式塔心理學思想是現代認知心理學的思想淵源之一。

另一著名學派——**心理分析學派** (phychoanalysis)，強調採用**臨床法** (clinical method)、**自由聯想** (free association) 等方法研究潛意識與異常心理。儘管其研究過程與結論很難用行為主義所採用的數量化實證方法進行重復，但是，就其哲學方法論與研究模式的假設前提，仍與牛頓經典力學體系存在著理念上的密切聯繫。

2. 教育科學研究方法的發展　教育學的獨立始於捷克教育家夸美紐斯 (John Amos Comenius, 1592～1670)《大教學論》(1632) 的問世。在 19 世紀末以前，教育科學研究深受文藝復興時期人文主義傳統、培根 (Francis Bacon, 1561～1626) 的經驗論與笛卡爾 (René Descartes, 1596～1650) 的唯理論等哲學方法論的影響。在"教育心理學化"的思潮推動下，繼心理學研究引入實證、分析方法後，教育科學研究也轉向實證化的軌道。1900 年左右，實驗教育學問世，數量化成為衡量教育科學研究水平的重要標準。儘管實驗教育學在 20 世紀 30 年代後衰落，但數量化研究與實驗研究方法仍在教育科學研究中保持著舉足輕重的地位。

（三）　多元化階段

自 20 世紀 40、50 年代以來，實證、分析研究模式一統天下的局面開始逐步削弱。儘管實證、分析性研究方法與自然科學化的傾向在當代心理與教育科學研究方法體系中仍然是主要的成份,但是整體化、綜合化與人文主義傾向亦逐步明顯,研究方法的多元化局面已見端倪。

1. 哲學方法論的發展 在哲學方法論方面,不論在心理科學研究,還是在教育科學研究中,在實證主義、現象學等傳統西方哲學方法論之外,辯證唯物主義得到了自覺應用。儘管受到政治因素的影響,但是辯證唯物主義仍然在心理與教育科學研究中得到了充分的應用,取得了豐富的成果。如在心理科學研究中,創立了文化歷史學說;而在教育科學研究中,以凱洛夫 (Kairov, A. 1893~1978) 為代表的教育學與以杜威 (John Dewey, 1859~1952) 為代表的實用主義教育學也形成鼎立之勢。

2. 一般方法論的發展 在一般方法論的層次上,最突出的發展是系統方法論引入心理與教育科學研究,拓展了研究領域,同時也推動了新的思路與方法的產生。布魯納 (Jerome Seymour Bruner, 1915~) 的認知發展學說、布盧姆 (Benjamin R. Bloom, 1913~) 的掌握學習理論等均反映出系統論對心理與教育科學研究的影響。

3. 具體方法的發展 在當代科學技術飛速發展的整體背景下,各種具體方法與技術也獲得長足發展。腦電測量與分析技術、現代化攝錄與監控設備、計算機模擬等的應用,使心理與教育科學研究的領域拓廣加深。當代心理學的主流——認知心理學即是以計算機模擬為支持的。具體方法與技術的創新、完善、增加,還使得方法的綜合運用成為可能,從而為提高研究的質量提供了很好的條件。

從心理與教育科學研究方法發展的歷史回顧可以看到,時代的哲學、科學研究總體狀況與科技發展水平對心理與教育科學研究方法體系的建構有著深刻而全面的影響。隨著哲學、科學、技術的進一步發展,心理與教育科學研究方法還將不斷更新。

二、心理與教育科學研究法的發展趨勢

近年來,心理與教育科學研究法已表現出新的動態。下面我們要從方法論、研究思路、具體方法三個方面簡要加以討論。

(一) 方法論的動態

哲學方法論的多元化是形成當前心理與教育科學研究方法論發展趨勢的主要原因。

1. 哲學方法論多元化 由於心理與教育問題的複雜性，自從心理學與教育學成為獨立學科以來，其研究的哲學方法論從未統一過。不過，縱觀歷史發展過程，現代心理學研究之哲學方法論的主導是實證主義和現象學，它們的影響擴及了幾乎所有現代心理與教育科學研究流派。實證主義和現象學占主導地位的態勢是與西方現代哲學的特點密切相聯。然而，心理與教育科學研究哲學方法將進一步多元化。心理發展的社會文化歷史學派（註 2-1）近年來日益受到重視，就體現出這一趨向。

2. 一般方法論的多元化 如前面所述，在實證主義哲學方法論支配下，數量化方法論曾是心理與教育科學研究一般方法論的主體。系統科學的引入與人文主義傳統的復興，使得心理與教育科學研究的一般方法論亦表現出多元化發展趨勢。在這一多元化局面中，系統方法論將占據領導地位，當然，這一過程並非一蹴而就，尚有待研究者探索、嘗試。目前，系統方法論已運用於建立腦活動模型等研究中。

質性方法論與數量化方法論的並立、互補是心理與教育科學研究一般方法論發展的另一明顯特點。質性方法論與數量化方法論之爭將趨於平靜，人們關心的不是二者孰優孰劣，而是如何針對研究任務的特點，恰當運用方法論來指導研究。

(二) 研究思路的動態

心理與教育科學研究思路的動態主要表現在自然化、跨文化與綜合化。

1. 自然化研究思路 實驗室研究是心理與教育科學研究的重要類型之一，它對心理與教育科學研究的科學化、客觀化起到了巨大的推動作用。然

註 2-1：社會文化歷史學派 (sociocultural-historical school) 是維果斯基 (Lev Semenovich Vygotsky, 1896～1934) 將社會文化歷史發展觀引進對人的心理起源和發展的研究，提出要從歷史的、文化的角度出發去建立人的心理發展的學派。

而隨著心理與教育科學研究的深入和社會生產、實際需要的擴展，實驗室研究模式日益顯示出其固有的局限性，主要表現在研究背景過於人為化，因而研究的外部效度低。另一方面，數量化研究強調一般性的概括，忽視了豐富的個別特性，並且將複雜多樣的心理與教育現象化約為數字，難以深入揭示心理與教育問題的本質。在此情況下，**生態化運動** (ecological movement) 興起，要求在真實、自然的情境中開展研究，以提高研究的外部效度；定性研究也日益成為焦點，其力圖對心理與教育現象進行生動、深入化的闡釋、理解，研究思路形成自然化趨勢。這一趨勢推動了研究背景的現場化，並使強調特殊情境下的心理、教育活動成為研究重點之一。

2. 跨文化研究思路　　隨著心理與教育科學研究的深入和理論的發展，研究者越來越重視不同社會背景對個性心理和行為的影響，從而尋求不同文化背景中，心理和行為的差異性和類似性，探討某一文化背景下心理與行為的特殊規律以及各種文化背景下的共同規律。作為研究方式的一種新趨勢，跨文化研究涉及到在不同文化中取樣、研究設計、選擇適當研究和統計方法等問題，對這些問題的研究已成為心理與教育科學研究方法的重要內容。對於心理與教育科學研究來說，跨文化研究可以促進各國心理學在研究中互相合作、交流和補充，並在有關研究結果的相互比較過程中，加深對自己研究結果科學、適用性的理解和認識，提高各自的研究和理論水平，增強研究的可應用性。關於跨文化研究的具體研究內容將在本書第九章詳細說明。

3. 綜合化研究思路　　心理與教育科學研究的綜合化思路主要表現在如下三個層次上：

(1) **研究設計重視多變量設計**：由於心理與教育現象內部及其存在的社會、文化背景之間存在複雜的相互聯繫與作用，因此，近年來，心理與教育科學研究中的傳統單變量設計已逐步為多變量設計所取代，而且，多變量設計中變量關係模型的構建也愈益精細化。

(2) **研究方式出現多類型化**：越來越多的研究者認識到，任何研究方式均利弊兼存。因此，只有打破不同方式之間的樊籬，針對研究任務、目的的特點，靈活選擇並綜合運用多類型研究方法。例如：定性研究與定量研究的"合流"、基礎研究與行動研究等應用研究的綜合等，更鮮明體現了研究類型的綜合化趨勢。

(3) **研究工具的使用綜合化**：即使研究主要採取某一種方式、類型，研究者也日益重視應用多種研究工具，探討同一研究問題，以達到多側面、多向度地考察以及研究結果相互印證的目的，而提高研究的信度與效度。

（三） 具體方法的動態

現代科學技術的迅速發展是心理與教育科學研究中具體方法推陳出新的強大動力之一。在具體方法的動態中，最突出的是計算機的廣泛使用及其對研究效率的提升。下面將從文獻收集與分析、數據收集、統計分析等方面討論心理與教育科學研究具體方法的動態。

1. 文獻收集與分析方法的動態 任何科學研究都以已有研究成果為基礎，因而文獻的收集與分析是研究工作的重要一環。在心理與教育科學研究中，文獻收集與分析方法的動態表現在計算機與網絡技術的運用，以及元分析和內容分析等方法的應用上。

在文獻的收集方法上，由研究者根據書面目錄、索引進行的"手檢"已不再突出，通過計算機對專業文獻資料光盤（或光碟）進行的"機檢"和借助互聯網路進行的網上檢索正日益受到青睞，並可能取代傳統的手工檢索。目前，可供計算機進行檢索的光盤不僅有英文版的心理學、教育學，而且也出現了多種中文版光盤。計算機與網路技術的運用極大提高了文獻收集的效率，並使得研究者在文獻上獲得地域限制的突破，從而普遍提高研究水平。

在文獻分析方面，由研究者根據自己對文獻的主觀印象、感受進行文字性歸納、描述、概括、評點的方法，將不再是文獻分析的唯一方法，目前元分析、內容分析逐步得到廣泛的應用，使文獻分析的科學性、客觀性進一步提高，並大幅度提升了分析的深度與全面性。其中，元分析採用數學方法整合文獻中各項標準研究的結果，並對研究結論的一致性加以精確鑑別，使研究者在面對學術爭議時有相對可靠的認識基礎。關於內容分析與元分析的技術，本書將在第十一章和第十八章中予以介紹。

2. 數據收集手段的發展動態 現代科學技術的飛速發展，使心理與教育科學研究收集數據的手段不斷現代化，從而打破了因技術局限而產生的種種研究禁區，使心理與教育科學研究數據的客觀性、準確性大為提高。在以電子技術、計算機技術為代表的現代科學技術推動下，心理與教育科學研究收集數據的手段表現出如下的發展動態：

首先，錄音、攝像設備大量應用於研究，其隱蔽性與追踪能力亦不斷提高，使研究的自然化成為可能，並大幅度提高了數據質量的穩定性。例如，在兒童語言發展研究中，讓被試背上藏有無線話筒與自動錄音機的小書包，便可以獲取兒童在各種日常生活情景中語言習得的大量第一手資料，避免各種人工收集數據可能出現的**主試誤差**。

其次，各種專門性技術與電子儀器 (如腦電測量儀、信號發生器、錄音轉寫機、屏幕分割與合成儀、時間發生器、自動記錄儀、眼動記錄儀等) 的問世與推廣，既拓廣了研究領域，又提高了研究效率。例如，當前已發展出適用於四歲以下兒童的腦電測量技術，使得人們有可能研究腦電的早期發展狀況。又如，錄音轉寫機的應用，大大提高了數據收集的速度與準確性。

第三，計算機在數據收集過程中得到廣泛使用。這也是心理與教育科學研究數據收集手段發展動態最突出的方面，表現為：(1) 運用計算機直接呈現刺激，如隨機散點圖形、各種視聽效果逼真的刺激物；(2) 運用計算機控制其他研究儀器，如計算機控制刺激呈現時間、變化周期；(3) 運用計算機接收、記錄被試反應，如各種以"人-機"交流方式進行的心理測驗，問題解決任務的計算機應答等；(4) 運用計算機模擬人類語言、認知等複雜活動的過程。計算機技術在數據收集中的應用可以大量改進刺激產生、呈現的精確性，有效控制研究過程並使其更為標準化，同時也使得對被試反應的記錄更快捷。不過，需要注意的是，由於心理與教育科學研究的對象是人，其複雜性決定了計算機應用有一定局限性。因此，在數據收集中，雖然計算機技術發揮了非常重要的作用，但卻不能取代嚴謹、靈活的研究者在其中的主導作用。

3. 統計分析的動態　　隨著研究思路與技術的更新，特別是計算機的應用，心理與教育科學研究的統計分析表現出精細、複雜的趨勢。20 世紀 50、60 年代及以前人們多側重於單變量關係的統計分析，其對揭示存在複雜聯繫的心理與教育現象有頗多弊病。近二十多年來，以社會科學統計軟件包 (SPSS)、線性結構方程模型 (Lisrel) 等計算機應用程式為技術支持的多元分析逐步成為心理與教育科學研究統計分析之主流。主要方法有多元方差分析、多元回歸分析、探索性因素分析與驗證性因素分析等。本書第十七章將對多元統計分析方法進行介紹。

本 章 摘 要

1. 心理與教育科學研究的方法論體系中包含三個層次：**哲學方法論、一般科學方法論**與**具體方法**。這三個層次從高到低、從抽象到具體，各有特點而又緊密聯繫。
2. 心理與教育科學研究的**哲學方法論**是關於心理與教育現象和具體方法的根本觀點，它決定著研究的方針、對待研究對象的基本原則以及分析研究結果的出發點。
3. 心理與教育科學研究的**一般科學方法論**是指**系統方法論**的基本觀點和思想方法。
4. **具體方法**的研究實施技術分為兩大類，即收集資料的方法 (如觀察法、測量法、訪談法、問卷法等) 和分析資料的方法 (如統計分析、邏輯分析、建立模型等)。
5. **方法**是人類認識世界、改造世界不可缺少的非實體性工具，人類追求真理的方法是多種多樣的，但並非所有的方法都是科學的。只有具有客觀性、有效性等特性的方法才是**科學方法**。
6. 心理與教育科學研究的設計方式 (類型) 可以按照不同標準進行多種劃分。根據研究目的可以劃分為**基礎研究、應用研究**與**評價研究**。根據研究的範式可以劃分為**定性研究**和**定量研究**；根據研究變量所涉及的時間特點，可以劃分為**發展性研究**與**非發展性研究**；其中發展性研究包括**歷史研究、縱向研究、橫斷研究、趨勢研究**和**回溯研究**。根據研究所涉及變量間的關係性質可以劃分為**描述研究、相關研究**和**因果研究** (實驗研究)。根據研究對象的數量可以劃分為**群體研究**和**個案研究**。
7. 為提高研究的質量與功效，在選擇和運用具體方法時應遵循：目標性原則、經濟性原則、考慮統計方法的原則和綜合研究方法的原則。
8. 心理與教育科學研究方法的歷史發展過程具有類似的三個階段：直觀與思辯方法為主的哲學化與經驗化階段；實證與分析方法為主流的自然科學化階段；實證、分析與整體、綜合方法並存互補的多元化階段。

9. 心理與教育科學研究方法論的重要發展趨勢是日趨多元化。
10. 心理與教育科學研究在研究思路上的主要發展動態是：自然化、跨文化與綜合化研究日益受到重視。
11. 心理與教育科學研究具體方法的重要發展動態是：許多更精細的技術與相應儀器設備問世，並得到日益廣泛的應用；計算機將成為不可或缺的重要工具。使心理與教育科學研究的領域拓廣加深。

建議參考資料

1. 朱智賢 (1987)：心理學的方法論問題。北京師範大學學報，哲學社會科學版，1期，52～61 頁。
2. 林定夷 (1986)：科學研究方法概論。杭州市：浙江人民出版社。
3. 袁運開、陳其榮、繆克成、朱長超 (主編) (1989)：方法科學手冊。上海市：上海科學技術出版社。
4. 高覺敷 (主編) (1995)：西方心理學史論。合肥市：安徽教育出版社。
5. 陳元暉 (1979)：論馮特。上海市：上海人民出版社。
6. 黃希庭 (主編) (1988)：心理學實驗指導。北京市：人民教育出版社。
7. 楊小微、劉衛華 (主編) (1994)：教育研究的理論與方法。武漢市：湖北教育出版社。
8. 劉翔平 (1992)：論西方心理學的兩大方法論。心理學報，3 期，299～306 頁。
9. 劉蔚華 (主編) (1993)：方法學原理。濟南市：山東人民出版社。
10. Best, J. W., & Kahn, J. V. (1986): *Research in education* (5th ed.). Englewood Cliffs: Prentice-Hall.
11. Leong, S. T. L., & Austin, J. T. (1996). *The psychology research handbook.* London: Sage Publishing International Education and Professional Publish.
12. Neuman, W. L. (1997). *Social research method.* Boston: Allyn & Bacon.
13. Wiersma, W. (1995): *Research methods in education: An introduction.* (6th ed.). Boston: Allyn & Bacon.

第 二 編

研究計畫的製定

在本書的第一編中,我們對心理與教育科學研究的基本輪廓進行了簡要的勾勒。在以下數編中,我們將討論心理與教育科學研究方法的主要問題,力圖使讀者獲得有關心理與教育科學研究方法的基本認識。

一般而言,心理與教育科學研究通常包括三個階段:確立研究計畫、貫徹研究歷程評價研究結果。儘管在一項研究中,研究的歷程是重要環節,也較受研究者關注,但是倘若忽視開頭的計畫與結尾的評價工作,則可能給研究帶來不可估量的損失。對於研究者來說,從三個環節入手,深思熟慮,周詳安排,可以使研究善始善終,收到滿意的成效。而從心理與教育科學研究本身來看,此三個環節本來就相輔相成,不可或缺;而每一環節也包含豐富內容,絕不可輕忽。本編主要討論確立研究計畫的問題。以研究計畫的確立工作而言,包括確定研究課題、查閱研究文獻、構思研究設計等多項內容。確立研究計畫是研究的起點,其質量高低將影響著整個研究的成敗。

確立研究計畫工作之複雜,是與心理與教育科學研究對象的多變性、目的的創造性相聯繫。一則心理與教育現象頭緒紛繁,必然要求研究者在研究前投入相當的時間與精力將所欲研究的問題界定清楚,形成體系,並使其進一步操作化。二則心理與教育科學研究涉及的變量眾多,關係複雜,如不在研究前加以考慮,製定相對完善的研究計畫,則研究進程可能失去控制,影響其質量。三則,當前心理與教育科學研究的技術與方法實在豐富多彩,儘管為研究者提供了多重選擇,但也增添了研究選擇的難度。此外,心理與教育科學研究往往為一定目的服務,這也要求在研究前圍繞目的製定計畫,以求通過研究達到目的,在研究過程中得到全面的體現。因此,心理與教育科學研究發展到今天,已不再是單純的"書齋式"的工作,而是一項具有一定規範，需要詳盡規劃，複雜而有系統的認識活動。

　　許多心理與教育科學研究的初學者，其研究的弊病往往與研究總體思路和研究計畫的偏差有關。這樣的偏差往往會使得研究勞而無功，浪費大量的人力、物力與財力，甚至可能導致研究難以繼續而須捲土重來。由此可見，加強研究計畫工作的方法學訓練對於研究者來說，是提高研究素養的首要課程，具有極為重要的意義。正是基於此，在本編的討論中，加強了實際操作方法的介紹，希望有助於研究者增進研究工作的效益。

　　研究課題是研究的邏輯起點。如何構架一個合適的研究課題實為每項心理與教育科學研究首當其衝的工作。在此過程中，研究者不但需要學會善於發現問題，更需要學會將所發現的問題施以恰當處理，構成一個可研究的課題。因此，在第三章，我們就研究課題的確立進行了專門討論，著重介紹了研究課題的建構與選擇工作；同時，考慮到目前研究申請工作的需要，還對研究課題的論證與評價問題進行了探討。

　　查閱研究文獻是心理與教育科學研究的重要環節。它不僅應當在研究前期進行，同時還可能貫穿整個研究過程，以為研究提供堅實的理論與經驗背景。一個好的研究者應該能夠查閱研究文獻，不斷豐富、完善自己對所要研究的問題的想法，並能夠借鑑他人的研究結果，使自己的研究臻於完美。因此，研究文獻的查閱並不是一項單純的資料堆積工作，而是建立在審慎考量的基礎上的有意識的資料組織工作。為此，在第四章，我們主要就查閱文獻的各種主要方法，以及常見的問題進行較深入的討論，並對文獻資料的整理與加工工作進行了專門推論。

　　按研究的基本程序，課題確立之後的環節就是考慮如何安排妥當的程序來解決所要研究的問題，即進行研究設計，這是確立研究計畫的核心。事關整個研究的成敗。良好的研究設計不僅需要研究者懂得研究設計本身的有關內容，還與研究者的整個科研素養有極為密切的關係。為此，在本編第五章中，我們就研究設計進行了專門討論，主要闡述了研究設計的內容與標準，抽樣，研究假設的提出，研究變量的界定、選擇、測量及誤差控制等問題。

第三章

研究課題的確定

本章內容細目

第一節　問題的概述
一、界定問題的準則　63
　（一）內容準則
　（二）陳述形式的準則
二、問題的種類　66
三、問題的來源　68
　（一）對現象的直接觀察
　（二）對理論的分析與推演
　（三）判別理論與現象間的矛盾
　（四）對已有研究的檢驗與擴展
　（五）從社會需要或關注點中發現問題

第二節　研究課題的建構與選擇
一、問題與研究課題　71
二、研究課題的建構　72
　（一）分解建構方式
　（二）單維並列建構方式
　（三）多維綜合建構方式
三、研究課題的選擇　75
　（一）選題的主要原則
　（二）選題的決策方法

第三節　研究課題的論證與評價
一、研究課題論證的目的　81
二、研究課題論證的內容構成要點　82
　（一）課題目標與研究內容
　（二）課題依據
　（三）研究方案
　（四）預期成果
　（五）工作基礎與條件
三、研究課題論證報告的格式與要求　84
　（一）課題論證報告的格式
　（二）課題論證報告撰寫的一般原則
　（三）課題論證報告主要內容的撰寫要點
四、研究課題的評價　90
　（一）對課題價值的評價
　（二）對研究質量的評價
　（三）研究倫理性的評價

本章摘要

建議參考資料

確立研究課題是包括心理與教育科學在內的一切科學研究的濫觴。惟有確立恰當的課題，整個研究工作才可能順利進行。選題不僅決定了研究的具體方向，為研究計畫的指定奠定基礎，更重要的，它體現了一項科學研究的水平、價值與研究者自身的科研能力。一個好的課題能夠超越現有的資料，往往可以極大地促進理論的發展與實踐應用的進步。這一點，對於在理論與應用水平都極待提高的心理與教育科學研究來說，尤其顯得重要。

　　研究課題來源於對問題的發現。研究者通過發現生產活動、社會生活與科學研究本身中存在的問題，從而建立有關的研究課題。但是，並非每個問題都可以成為研究課題，由於問題的研究價值、研究者自身條件與研究的客觀條件限制，研究者必須對問題進行遴選與轉化，使其成為可研究的課題。這一過程，就是研究課題的確立過程。在心理與教育科學研究中，由於涉及的課題複雜，其間關係枝纏葉繞，不易辨明，這就要求研究者以一套規範易行的程序來確立自己的研究課題。

　　確立研究課題的過程包括發現問題、選擇課題、對課題進行論證與評價等多項步驟。通過這些步驟，遵照一定原則，可以方便、快捷地確立研究課題。由於目前的心理與教育科學研究多通過一定部門或基金會的支持進行，因而，按照其既定要求來選擇研究課題，並以規範、明晰的形式表現，就成為研究者的首要工作。因此，確立研究課題已不單單是研究者個人的思考、探索過程，而成為需要多方參與、具有嚴實的方法與程序的社會化活動。

　　目前的心理與教育科學研究領域，在確立研究課題方面存在的最主要問題就是對課題確立過程的科學性與社會性認識不夠。很多研究者還只是憑個人經驗來判斷課題的可行性與價值，這就造成課題綜合性不夠、課題比例不平衡、重復性課題較多等弊病。

　　一個好的開端是一項成功研究的基礎。以科學的方法、縝密的思維、良好的組織和確立恰當的研究課題必將推動研究質量的提高。本章，將主要討論以下問題：

1. 科學研究中問題的界定、種類與來源。
2. 心理與教育科學研究中課題的建構與選擇。
3. 心理與教育科學研究中課題的論證與評價。

第一節　問題的概述

　　科學研究是探求知識或解決問題的一種活動。因此問題的提出是再三思考的出發點。**問題 (problem)** 可以做兩種解釋：一為指出研究的方向，二是指出研究問題的內容。必須先確定問題，才能按一定程序設計各種方法去獲得資料，解答問題。如同其他門類的科學研究一樣，心理與教育科學研究亦始於問題。隨著研究不斷深入，舊的問題不斷澄清解決，新的問題不斷湧現。問題──→研究──→新問題──→新研究，如此周而復始，人們對心理與教育科學現象的認識更全面、更深入。在這個意義上，問題的發掘是心理與教育科學研究的動力所在，問題推動研究的發展，並指導研究的方向。

　　問題在心理與教育科學研究中占據著核心地位。提出恰當的問題即是研究工作成功的開端。本節，我們將討論界定問題的準則、問題的種類及問題的來源。

一、界定問題的準則

　　問題在本質上是未知、不明確、信息不足的認識狀態。但是，並不是所有未知或信息不足的認識狀態都可作為科學研究的問題。在心理與教育科學領域的研究中，研究者們探討的問題多如恆河沙數，但是作為研究的問題就必須合於下面二個準則。

（一）　內容準則

　　1. 問題的科學性　心理與教育科學研究的問題在內容上必須遵守的首要標準是科學性。即要求研究者以現有心理與教育科學的知識體系為背景，通過邏輯的分析、比較，找出已有認識之間、已有認識與客觀現象之間的矛盾，或已有所認識，但未真正涉足的空間。可見，心理與教育科學研究中的問題必須是可以正確引導人們深化、拓廣對心理與教育現象認識的未知。因此，研究者應當審慎評價問題的科學性，避免在偽科學的問題上空耗時間與精力。例如,研究已證明個體的心理發展是先天稟賦與後天環境共同作用的結果,所以,生肖屬相與性格的關係或成功與生辰八字的關係則顯然不具備科學性,因而不應成為研究的問題。

2. 問題的價值性 心理與教育科學研究的問題必須是有價值的,也就是說,對該問題所進行的研究可以增進人們對心理與教育現象的認識,可以促進個體發展、教育進步或提高社會生產效率。價值性準要求心理與教育科學研究的問題至少具備兩方面特徵:第一,問題應當新穎、富有創意。也就是說,只有那些現有的心理與教育知識體系不能涵蓋或無法解釋的疑惑,才可能成為研究的問題。有些問題雖然研究者自己未能理解或認識不到的,但已經被其他研究者所揭示,那麼,這樣的問題已不具備研究的價值,只能是無意義的重復。第二,問題應當使學科的發展與社會的發展從中獲益。這就是說,問題不應只是研究者的個人興趣所在,而必須與心理與教育知識體系的完善以及可能為社會帶來的實際利益緊密聯繫。例如,探討中國兒童如何快速學習古巴比倫文字,這一問題由於楔形文字已為古文,接觸機會甚少,故該問題不具有價值,不宜作為心理與教育科學研究的問題。

3. 問題的倫理性 在第一章第四節中,我們詳細地探討了心理與教育研究務必恪守倫理性原則。倫理性原則反映到實際的心理與教育科學研究工作中,首先要注意研究的問題是否符合倫理規範。在心理與教育領域中存在為數不少的未知或疑問,由於本身直接違反研究倫理,或目前的方法與技術無法保證對該問題的研究符合倫理規範,從而成為研究的倫理禁區。例如,以恆河猴為實驗研究對象(註 3-1)所揭示的社會性剝奪的早期經驗之影響是否也可以在人類個體重復驗證呢?又如,在教師每天無故譏諷學生的情況下,學生的學習成績與自我概念會發生什麼變化呢?這些問題可能對個人或團體造成不利影響而嚴重違背倫理規範,不能成為科學研究的問題。

4. 問題的可解性 在本質上科學研究是藉由經驗證實或證偽命題的活動。因此,科學研究的問題應可以由經驗給予解答,即必須具備可解性。問題的可解性主要從兩個方面判斷:第一,該問題所涉及的變量是否可測量、可操作化。在消極情緒對兒童認知操作表現有何影響這一問題中,消極情緒

註 3-1:哈洛以幼年恆河猴為實驗對象,研究早期依附對後期行為的影響。研究發現,與外界隔離時間長的嬰猴,不論是由金屬猴撫養,還是由布母猴撫養,都會造成心理上的失調(Harlow, 1958)。

與兒童認知操作表現均是可以測量的，因此，該問題的答案可以由經驗事實提供；第二，對該問題的研究工作所涉及的技術目前是否能夠為研究所用。例如，早期嬰兒腦電有哪些基本特點這一問題，在相關技術發展之前即不可解。近年來，腦電測量技術的發展使得測量嬰兒腦電成為可能，因此這一問題已成為可解的問題。

（二） 陳述形式的準則

1. 明確、具體　在觀察現象、思考已有認識的基礎上，研究者可能會發現很多疑點。不過，若這些疑點不能被明確、具體地表述出來，那麼也就難以進入科學研究的視野。可以說明確地表述問題是向解決問題邁出的第一步。為此，問題的陳述應當具備以下特徵：

(1) **明確顯示可操作或測量的變量**：例如在"小學生考試焦慮與其學習成績水平是否有關"這一問題中，所涉及的變量就是具體、可測量的。與此相對，"小學生心理問題與其人際交往的關係"這一表述則籠統、模糊，需進一步具體化，才可作為研究的問題。

(2) **使用意義明確的概念避免歧義**：例如，在"獨生子女大學生與同伴交往是否理想"這問題表述中，"理想"的意義不明確，因此該問題難以研究。若改為"獨生子女大學生對其與同伴交往的滿意度如何"或"獨生子女大學生與非獨生子女在與同伴交往滿意度上的差異"，則概念更為明確。

(3) **語言表述符合邏輯**：問題都有其前提，所以在表述上，要求研究者對問題與其前提的關係進行合乎邏輯的陳述。例如，從親子相互作用的理論前提出發，討論母親撫養困難感受與幼兒消極行為特徵之間的關係，該問題可表述為"既然母親與幼兒之間存在雙向作用，那麼幼兒消極行為特徵是否與母親的撫養困難感受有著明顯相關呢？"但如果表述為"既然母親與幼兒之間存在雙向作用，那麼，母親的撫養困難感受是否能決定幼兒的消極行為特徵呢？"則問題與前提的關係不符合邏輯。

2. 以問句形式表述　問題應當採用問句形式進行表達。如"下崗（離職）女工的婚姻滿意度是否隨下崗時間延長而下降？""同伴壓力是否會對青少年個體的吸煙行為有促進作用？""獨生子女大學生的恐懼情緒是否在強度上弱於非獨生子女大學生？"等等。常用的問句型式有兩大類："是什麼"與"怎麼樣"。前者廣泛地用於判定、識別、描述與研究對象有關的問題,以及探查理解背後的原因;後者主要用於與比較差異有關的問題,以及考察不同現象內在聯繫的情況。"是什麼"的問句型式最為常見,探索的意味很強;"怎麼樣"的問句型式則通常蘊含問題的答案,驗證的意味較強。研究者應根據研究目標及對問題答案的把握程度,選擇恰當的問句型式。

　　3. 語言客觀中立　　由於問題的提出是科學研究的開端,而科學研究要求研究者持客觀中立態度,因此問題的表述應採用不帶任何主觀好惡等感情色彩的中性語言。也就是說,在問題的表述中不宜體現研究者的價值判斷。例如,若探討農村幼兒教育師資與城市幼兒教育師資的差異,則問題可表述為"××市農村幼兒教師平均受教育年限是否與城市幼兒教師平均受教育年限存在顯著差異",也就是說問題的表述應站在中立的立場,以客觀態度揭示現象的本質。所以,在問題表述中用詞要謹慎,如好、壞、差、落後、先進、對、錯等帶有褒貶色彩的語彙,應代以不同、差異、得分高於……、得分低於……等中性用語。當然,在探討與價值觀有關的問題時要作到用語中立,有一定的困難。

　　總之,在心理與教育科學研究中,問題必須是研究者以現有知識體系為背景,經過分析、思考、鑑別、加工、提煉而形成。科學研究中的問題不同於日常意義上的疑問,在內容、陳述形式上必須符合一定標準。

二、問題的種類

　　心理與教育科學研究可探討的問題極其豐富。由於問題是研究目的的主要表現形式,因此,從認識上明確問題的種類,對於研究者針對研究目的自覺選擇、加工問題是必要的。根據不同的標準,可將問題劃分為不同種類。例如,從求解範圍劃分,問題可分為探索性與驗證性兩種;從問題的潛在價值劃分,問題可分為理論性與應用性兩種;從研究目的劃分,則有特徵描述型、相關關係型、因果關係型、未來狀況預測型與差異比較型五類。下面,我們簡要介紹特徵描述型、相關關係型、因果關係型、差異比較型與未來狀況預測型等五類問題。

　　1. 特徵描述型問題　　這類問題指向於探討某變量的特點或現有狀況。

在這類問題中，一個問題僅涉及一個變量。例如，在中國城市樓房居住環境中，嬰幼兒爬行的平均年齡是多少？初中學校平均師生比是多少？高中畢業班任課教師的平均焦慮程度如何？小學生常見的心理行為問題有哪些？特徵描述型問題可以引導研究者認識現狀，是進一步研究的基礎。

2. 相關關係型問題　　這類問題旨在揭示某兩個或幾個變量之間是否存在相關。例如，母親對幼兒心理需要的敏感性水平是否與幼兒對母親的依戀類型有關？兒童的恐懼情緒強度與其最親密同伴的恐懼情緒強度是否有關？

3. 因果關係型問題　　與相關關係型問題不同的是，因果關係型問題不僅關心變量間是否存在共變關係，而且要進一步確定一個變量可否決定另一變量，即變量間的因果關係。例如，社交技能訓練可改善被拒絕幼兒的社交地位嗎？課堂氣氛可否影響小學生創造力的發展？父母對孩子的過度懲罰是否導致孩子對同伴表現出攻擊行為？

4. 差異比較型問題　　該類問題關注同一變量在不同人群、不同條件下是否有不同的表現。在這類問題中，變量只有一個，但所涉及群體或條件在兩個或兩個以上。例如，中美兩國 8 個月嬰兒動作發展水平有何不同？A 教學法是否比 B 教學法更能促進學生對生字的認讀？男性是否比女性的空間旋轉能力更強？場獨立與場依存個體在解決某認知操作任務的速度是否有差異？

某些差異比較型問題也可轉化為相關關係型問題。例如，"學習成績較好學生的自我概念是否優於學習成績較差學生？"這一差異比較型問題可轉化為"學習成績與學生自我概念水平是否存在相關？"不過，在轉化後，問題所指示的變量關係的明確程度也常發生變化。

5. 未來狀況預測型問題　　這類問題並不指向於當前現實，而是基於對現狀的分析，來預測某現象的未來狀況。在與規劃、展望有關的研究中，常出現這類問題。例如，為順應市場經濟體制，在今後五年教育管理模式應作何調整？到 2010 年，與職業高中銜接的兩年制技術學院招生規模應為多大？

不同種類的問題承載不同研究目的。研究者應根據研究目的與研究工作可資利用的條件，恰當選擇問題的種類。

三、問題的來源

科學研究始於問題。發現問題是研究工作的重要環節。下面，我們從五個方面探討問題的來源。

（一） 對現象的直接觀察

觀察現象，是最根本的問題來源。科學研究的目的就在於尋求對現象及其聯繫的客觀認識，從觀察中發現問題也是研究者的基本能力。研究者既可以在自然狀態下進行觀察，也可以在操縱某些條件的實驗狀態下進行觀察。例如，通過對幼兒園中自由遊戲活動的自然觀察，研究者可能發現男女幼兒選取活動材料的種類不同的問題；而在實驗室觀察中，研究者可能會進一步提出，不同性別幼兒對同一類活動材料的使用方式亦不同的問題。

不論是自然觀察，或是實驗室觀察，現象本身並不能展示問題。因此，在觀察中，研究者應當對現象進行分析、篩選，從現象與時間、空間、及與環境條件的交互作用中發現問題；從現象間的聯繫中，從現象的變化中發掘問題。

（二） 對理論的分析與推演

心理與教育理論是對已知現象及聯繫的解釋，並為認識現象提供普遍原理，因此，理論是研究者可資利用的重要工具。通過對理論的分析、推演，研究者可以提出諸如"如果 A，則 B"等有待於驗證的問題。換句話說，理論可孕育出問題來。例如，布朗芬布倫納 (Urie Bronfenbrener, 1979) 的生態理論論述了宏觀、中觀、微觀環境場合對個體行為發生的影響，那麼據此可提出問題：母親下崗這一中觀環境的改變與兒童的學業表現存在什麼關係呢？

從理論中發現問題的主要途徑有：(1) 從理論原理中引申出有關具體現象特徵或聯繫的問題；(2) 從理論之間的矛盾中發現問題；(3) 從理論內部的矛盾中發現問題。研究者需要注意的是，理論僅僅是工具，絕不能取代豐富的現象。因此，從理論中發現的問題必須要與理論所解釋的經驗事實聯繫起來。

（三） 判別理論與現象間的矛盾

　　理論是對已知現象及其聯繫的解釋，也是人們對現象已有認識的體系。因此，當新的現象被發現，而原有理論又難以作出解釋，原有理論就會陷入危機。如何用理論解釋新現象，如何變革理論，這些要求常常引導人們做出新的發現。例如，從行為的強化論出發，對良好行為予以獎勵可以提高該行為的發生率。然而，在現實中可以觀察到這樣的現象，即在給予獎勵的情況下，該行為的發生率反而降低了。根據這一矛盾，研究者可以提出行為者的動機特點對於獎勵所起作用有何種影響，從而對行為的強化理論起到完善的作用。

　　從理論與現象之間的矛盾發現問題，其難點在於研究者能否把理論無法解釋的"意外"現象當作新現象而非誤差予以認定，並以此為基礎思考如何解釋現象。即要求研究者深入掌握理論，能在心理與教育知識背景的基礎上對現象進行分析；同時也要求研究者始終保持開放的態度，不以理論為終極真理，敢於在嚴謹觀察的基礎上認可新的現象。也就是說，問題產生於研究者對理論與現象之矛盾的判別。

（四） 對已有研究的檢驗與擴展

　　科學研究具有繼承性。充分利用已有研究的啟示、分析已有研究未涉及的空白區或探討不夠深入、甚至存在不足之處，並在此基礎上發現問題，不但是問題的重要來源之一，而且還可以檢驗、擴展已有研究，推動心理與教育知識體系的完善。對已有研究的回顧與分析應側重以下四方面：

　　1. 從現有研究中掌握相關領域的研究走向，在研究的前沿尋找問題。例如，回顧近年來教育研究，可以發現課程建構是研究的重心之一。在此基礎上，研究者就可以從課程建構的理論、方式、已發展的課程方案比較等方面發現具有重要價值的問題。

　　2. 借鑑已有研究的角度、思路，針對新的條件或人群，提出新問題，從而擴展研究。例如，已有研究表明，在西方文化中兒童恐懼對象具有穩定的五因素結構，那麼對於中國兒童，恐懼對象的五因素結構是否存在呢？又如，關於初中生學校恐怖症影響因素的研究表明，師生之關係是重要影響因素，研究者可以進一步提出問題：小學階段，師生關係是否是學校恐怖症發生之重要影響因素？

　　3. 從已有研究忽略或未涉及的領域發現問題。這就要求研究者在回顧已有研究的基礎上，發現具有研究價值的空白點。例如，已有研究分別對智力因素與學生學習成績的關係、以及非智力因素與學生學習成績的關係問題進行了研究，那麼新的研究就可以從兩因素的聯合作用入手。

　　4. 從已有研究在方法學上的不足入手。科學研究旨在回答所研究的問題，而對問題解釋的客觀性、科學性取決於研究工具、研究變量控制及研究過程控制等方法學方面的嚴密性。以批判性的態度辨析已有研究是否存在方法學上的不足，並在彌補、修正方法缺陷的基礎上對問題進行新的探討，這也是推進心理與教育知識體系完善的必要工作。例如，某項研究發現，在思維能力測驗上 70 歲以上的女性比 70 歲以上的男性得分要高，對該研究方法的檢查表明，樣本中女性被試受教育水平顯著高於男性被試，即該研究對被試受教育水平這一變量未加任何控制。研究者據此可進一步提出問題，如果受教育水平相同，那麼 70 歲以上女性被試在思維能力測驗上的得分是否高於 70 歲以上男性被試？或 70 歲以上老年人受教育水平與其思維能力測驗得分之間是否存在相關？

(五) 從社會需要或關注點中發現問題

　　心理與教育科學研究與人們的日常生活緊密相關，因此社會需要與關注點也是研究者提煉問題的主要來源。在社會需要與關注點基礎上提出問題、解決問題，這使得研究具備直接的應用價值。

　　所謂社會需要或關注點，主要指在一定政治、經濟、文化背景下，人們的日常生活普遍發生了某種變化，或產生某種普遍的、新的社會現象，對人們的心理或教育活動產生了一定影響，或者人們試圖從心理、教育的調整中解決困惑。例如，80 年代以來，中國出現了大批政策性獨生子女，對人們的生育觀念、子女觀、家庭結構、子女教育方式等產生了一定影響，因此獨生子女的心理發展及其教育成為社會的討論焦點，也為研究提供了豐富的問題。又如，目前中國經濟體制向市場經濟轉化，人們的價值觀、為人做事方式發生巨大改變，同時生活節奏加快，壓力增大，那麼，什麼因素促成了轉化後的良好適應？什麼因素導致不良適應呢？可以採取哪些措施促進人們的適應呢？這些都是基於時代需要提出的研究問題。

以上我們對問題來源的五個方面進行了分別的探討，但在實際研究中，這五方面並非各自獨立，而是互相交叉的。研究者可以通過一種或多種途徑來發現問題。

第二節　研究課題的建構與選擇

發現問題，是心理與教育科學研究的開端，其價值是不言而喻的。然而，僅止於此，還不能展開科學研究。科學研究的本質在於對未知進行有目的、有計畫的系統探究。因此，嚴格地說，只有從發現問題邁進到確立研究課題，心理與教育科學研究才能真正展開。在本節中我們就著重討論有關研究的課題建構與選擇。

一、問題與研究課題

問題是知識體系中的空白點或疑點，**研究課題** (study topic) 則是研究者根據一定理論框架或線索，將這些空白點和疑點有選擇的組織起來，形成的問題鏈或問題群。

顯然，問題與研究課題既有關係又有區別。問題是研究課題的基礎與構成成分，研究課題是在對問題進行選擇、組織的基礎上形成的集合體。相比較而言，問題是較零散、無序的，而研究課題則具有系統化、層次化、序列化的特點（見圖 3-1）。

從研究過程的角度來看，發現問題旨在識別出未知領域。因此問題可以具有可解性，同時也可以具有前瞻性，即它可能是問題提出者、甚至同時代的人們暫時難以解決的。因此，發現問題並不必然意味著科學研究的即時開展。與此不同，確立研究課題旨在從未知領域中選擇並確定某個特定的問題空間。而對該問題空間的選擇與界定，取決於研究者的判斷與構想，以研究者可獲研究條件為基礎，在邏輯上必然導向科學研究工作的即時展開。實際上，確立研究課題本身就是重要的研究工作。這一工作包括建構課題、選擇課題、論證課題與評價課題等前後銜接的多個環節。

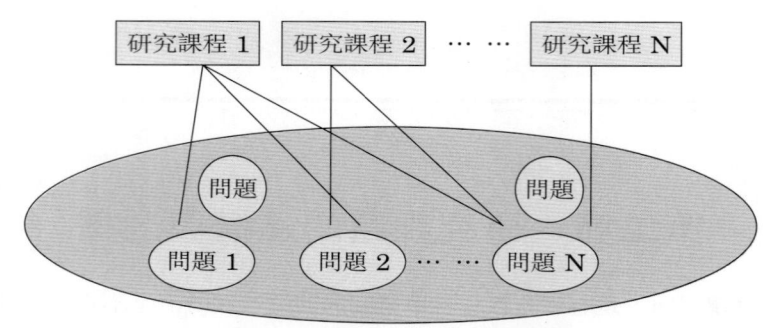

心理與教育科學研究領域的真實世界
圖 3-1　問題與研究課題關係示意圖

二、研究課題的建構

　　將零散的問題加以組織化、系統化，這是確立研究課題的第一個環節。儘管迄今在心理與教育科學研究領域中仍存在部分以單一問題為研究對象的課題，它們並未完成將問題組織化、系統化的工作。但是，系統論在研究中日益發揮重要的指導作用，在多變量設計成為研究主流的背景下，涉及多個問題為研究對象的研究課題將更為普遍，因此研究課題的建構是值得研究者重視的工作。

　　概括地說，建構研究課題一般以某個有待探討的現象為中心，根據與該現象有關的問題某種內在聯繫，從某個角度出發，選擇和合理組織問題，形成研究者據以開展研究的具體目標。例如，小學師生課堂中互動行為的優化是目前素質教育改革的重點之一，與此相關的問題可包括小學師生課堂互動行為的構成，不同互動行為與教師性格、教師教學能力、教師學歷、教育觀念、課程設計、教材編製、學校風氣、教學考評制度、學生年齡、性格、心理能力、家長的要求及參與程度等多個因素的關係，不同交往行為與學生認知、個性發展及教育、行為問題的關係，不同行為模式的利弊等等。研究者可以從不同角度出發，構思多個研究課題。例如，從評價的角度出發，可選擇小學師生課堂互動行為結構的理論構想、對該理論構想的實際驗證、現場觀察系統與編碼規則建立等問題，形成"小學師生課堂互動行為的結構及現場評估工具的編製"的課題。從小學生心理健康的角度出發，可選擇師生課堂互動行為的構成、互動行為與小學生學習動機、學習效能感、課堂紀律表現、考試焦慮、自我概念及學校恐懼等方面相關的問題，形成"小學師生課堂互動行為的構成及其與小學生學習心理健康的關係"這樣一個課題。從學校管理改革的角度出發，可選擇學校對課堂教學過程的監控、學校教學質量評估制度與教師課堂互動行為的相關關係，以及改變教學考核制度對教師課堂互動行為的影響等問題，形成"學校教學考核制度與教師課堂互動行為關係的相關與實驗研究"的課題。

研究課題建構的方式主要有三種：分解建構方式、單維並列建構方式與多維綜合建構方式。以下分別舉例說明之。

（一） 分解建構方式

分解建構方式 (disassembling construction) 是以某一現象為中心，考察其在不同條件、不同層次上的特徵與發展變化。運用分解建構方式建構研究課題，研究者首先要確定中心研究現象，然後對現象的外部聯繫（即條件）與內在構成進行分解，形成課題。例如以女童入學狀況為中心問題，可以分解形成"內陸貧困地區、邊疆少數民族地區與沿海發達地區女童入學狀況的調查"的課題。以自我概念的發展為中心，可以分解形成"小學生自我概念的發展特點"、"中學生自我概念的發展特點"等課題。

（二） 單維並列建構方式

單維並列建構方式 (single-level parallel construction) 是在同一問題領域內對問題進行選擇與組合，問題之間是從屬於同一領域的並列關係。運用單維並列建構方式，研究者首先要對心理或教育領域進行劃分，然後根據一定選擇原則，選定一個子領域，在該子領域中選擇具有並列關係的問題，以問題共屬領域中的核心概念或共同線索加以組織，形成課題。我們以個體早期發展領域為例進行具體說明。

如圖 3-2 所示，在"個體早期發展"這一大領域中，先選定"動作發展"這一子領域，進而分析該子領域中的並列性問題，據此可以形成課題，例如"兒童坐、爬、走、跑等大動作發展的年齡常模"，"嬰兒爬行動作與行走動作的動力學模型"等。

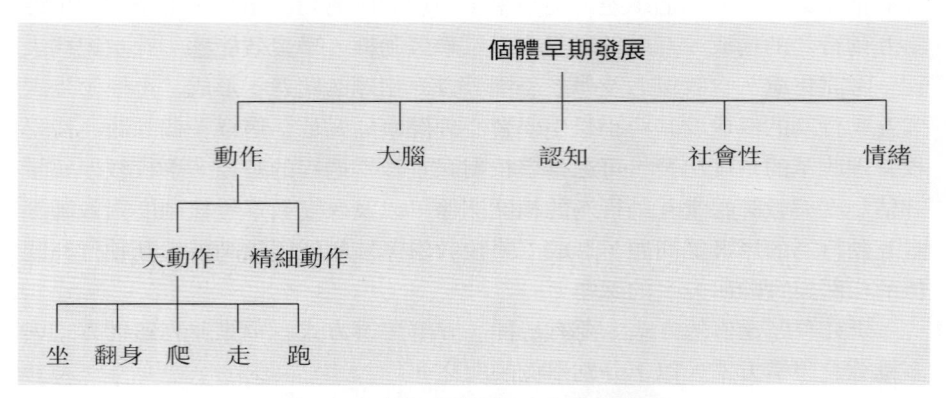

```
                        個體早期發展
         ┌────────┬────────┼────────┬────────┐
        動作      大腦     認知     社會性    情緒
      ┌──┴──┐
     大動作  精細動作
   ┌──┬─┼─┬──┐
   坐 翻身 爬 走 跑
```

圖 3-2　課題單維並列建構示意圖

運用單維並列建構方式必須注意避免不分析問題的共同線索，而將不同問題簡單羅列，形成"大雜燴"的做法。單維並列建構並非將問題隨手拈來放在一起，而是在思考問題之間可能的共有框架或線索的基礎上，將問題加以聯繫和組織。例如，兒童的焦慮、抑鬱、恐懼的發展這三個問題有共同的線索，可並列構成"兒童期常見內向型行為問題的流行學調查"的課題，而兒童的焦慮表現與抑鬱的性別差異兩個問題並無共同的線索，因而不能形成一個研究課題。

(三)　多維綜合建構方式

多維綜合建構方式 (multiple integrated construction) 是在不同問題領域內對問題進行選擇與組合，問題之間存在一定相關或因果關係，或者問題之間存在層層遞進關係。運用多維綜合建構方式，研究者在劃分問題領域的基礎上，應著重思考不同領域中現象或問題之間的可能關係，選擇具有內在聯繫的現象或問題，構成涉及多個領域的關係型課題。我們仍以個體早期發展領域為例進行具體說明。

如圖 3-3 所示，先劃分早期發展的不同領域，進而分析不同領域間可能存在的內在聯繫，據此可以形成系列關係型課題，如"爬行動作的獲得與前額葉腦波圖型態變化的關係"、"爬行動作的獲得與早期空間定向能力發展的關係"、"前額葉腦波圖型態與早期空間定向能力發展的關係"、"豐富的爬行經驗對前額葉腦波圖的影響"、"早期空間定向能力發展影響的追蹤研究"等。

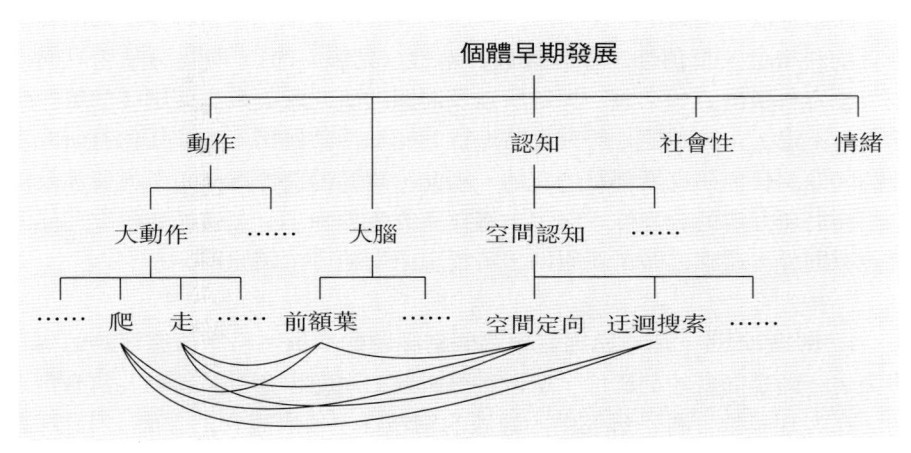

圖 3-3　課題多維綜合建構示意圖

運用多維綜合建構方式來建構課題，關鍵在於必須理清不同問題及領域的內在聯繫。這就要求研究者自覺接受科學方法論的指導，並且充分掌握相關領域的已有研究成果，在此基礎上，根據對現象的觀察與理論推衍，建構課題。上述關於早期動作發展與認知發展、腦功能發展關係的研究，即是基於爬行動作發展與嬰兒期認知發展的敏感期同步的現象，及現代腦科學關於"結構——功能"關係的成果提出來的。沒有現象、理論和已有研究成果的支持，僅憑隨意猜想，是不可能形成科學的、合宜的課題。在具體研究工作中，上述三種課題建構方式既可以分別使用，也可綜合使用。

三、研究課題的選擇

在心理與教育科學的研究領域中，存在著許許多多的研究方向，而每一方向又有大量可供探討的問題。對於一位研究者來說，並不是所有問題都可以作為他的研究課題。他需要根據自己的主客觀條件，首先考慮出自己在一個時期內比較穩定的研究方向，然後再在此範圍內選擇適宜的、具體的研究課題。下面，我們主要討論選題的主要原則及決策方法。

(一) 選題的主要原則

課題是以問題為基礎建構的。課題選擇的依據首先在於所涉及的問題是否具備科學性、價值性、倫理性與可解性（見第一節），即問題是否具備心理與教育科學研究的意義。課題所涉及問題的研究意義是課題選擇的第一項原則。不過，由於課題是研究者將進行的認知活動目標，並非任何有研究意義的問題對任何研究者都是適宜的，因此，課題的選擇還必須考慮所涉及問題相對於研究者的合理性。所以，選擇研究課題除了必須遵循所研究問題的意義原則外，還應遵循創新原則、可實現原則與可持續原則。

1. 創新原則　這一原則直接關係到課題的價值。科學研究活動的本質特徵之一即是高度的創造性，所以科學研究的課題也應當是新穎、富有創意的。在心理與教育科學研究中，課題的創新性主要表現在三方面：(1) 課題所涉及的問題在內容上是前人未觸及或探討不深入的；(2) 課題中不同問題的組織框架與線索是新穎的，也就是說研究的角度不同於前人。例如，對爬行和行走動作的研究由來已久，但從動力的角度對二者進行探討則是較新穎的；(3) 課題在問題解決方法上有所革新。例如，對於教師課堂行為，已有研究多採用直接觀察法，研究"實際發生"的行為。若從學生知覺的角度來探討學生心目中對教師課堂行為的主觀認識，則在方法上顯著地異於已有研究，可獲得新的發現。

2. 可實現原則　課題的可實現性以其所涉及問題的可解性為基礎，同時與研究者自身的研究能力與可利用的外部資源密切相關。這就是說，同一課題對不同的研究者而言，其可實現性是不同的。這就意味著，有些課題雖然科學價值相當高、且對研究者富有吸引力，但相對於研究者的內外資源而言，卻是暫時不可實現的。在這個意義上講，研究者一味追逐前沿、熱潮不一定是明智的。研究的初學者尤其要注意遵循可實現原則。由於科學研究要求人力、物力、財力的投入，因此，研究者根據自身條件，選擇能力所及的課題，這對於研究活動的成敗及研究者的成果累積均十分重要。

　　在心理與教育科學研究中，遵循課題選擇的可實現原則應注意以下幾個方面：(1) 研究者對相關領域已有知識背景與研究文獻是否掌握或有無可能盡快掌握；(2) 研究者可否獲得進行研究所需要的研究工具、技術與相應設備；(3) 研究者是否具備正確實施該研究各環節的必要經驗與技能；(4) 研究者是否可以獲得研究對象的合作；(5) 課題所涉及內容與方法是否符合倫理標準；(6) 研究者可否獲得完成該課題所需經費。

　　3. 可持續原則　　該原則要求研究課題應立足於研究者可不斷拓廣、加深的問題領域之中，使得研究可以步步推進，逐步為心理與教育知識體系的完善積累連貫、系統、全面的成果。具備可持續性的課題不僅有助於研究者自身素養的增進，而且對於學科的發展、有限經費的最大產出效益具有重要價值，應當為研究者和研究規劃部門所重視。

　　在心理與教育領域中，課題的可持續性取決於以下幾方面：(1) 課題與文化背景的結合程度。這決定了社會對於該課題的拓廣、深化是否存在現實需要，而社會需要則是課題進行的最大推動力。例如，由於中國特定生育政策的實施在 80 年代後幾乎均集中於中國獨生子女問題的研究，可以預計的是，幾代之後，當該項政策中止、且影響消失之後，中國獨生子女的研究也就會畫上句號；(2) 課題的理論背景是否深厚。例如，有關觀點採擇能力的課題近二十多年來一直受到重視，這與皮亞傑認知發展理論為其基礎是不可分的；(3) 課題是否體現研究發展趨勢。研究發展趨勢反映了未來十幾年甚至幾十年的研究重點，符合研究發展趨勢的課題也就避免陷入過時與陳舊的陷阱。例如，將爬行動作與早期心理發展的關係置於生命全程發展觀的研究趨勢中，把爬行動作的獲得作為早期發展的重要事件與轉折來認識，則發現它改變了個體與環境的關係、交往方式，可以為個體帶來豐富的主動探索經驗，因而對早期心理發展具有重要影響。由此，該課題突破了動作發展研究的傳統視角，而且可以繼續衍生出"行走與早期心理發展的關係""語言獲得與早期心理發展的關係"等課題，從而實現課題的持續發展；(4) 該課題是否具有長期的應用價值。如與認知干預、社會技能訓練有關的課題多年來保持不衰，關鍵即在於其長期的應用價值。概括而言，可持續性原則即要求研究者在選擇課題時放開眼界，結合研究的近、中、遠期前景，而不急功近利，只進行零散的"應景式"研究。

(二) 選題的決策方法

對研究者而言，選擇課題是研究者根據課題及自身條件特點進行決策的過程；對研究規劃部門而言，選擇課題則是規劃部門根據學科發展與社會應用要求，決定資助哪些課題或資助力度的過程。無論對研究者還是對研究規劃部門而言，選題的決策原則是從課題的價值及實際可行性出發，尋求最優課題。掌握決策方法並加以自覺運用，將有助於研究者和規劃部門作出恰當選擇。下面我們介紹在心理與教育科學研究中常用的決策方法。

1. 經驗法 經驗法 (experiential method) 是心理與教育科學研究中對課題選擇進行決策的最常用方法。它基於決策者本人或諮詢專家在心理與教育領域的研究經驗，以及對該領域研究發展趨勢的整體把握而進行。儘管經驗法建立在個人經驗等認識的基礎上，但如果這些認識是對研究實踐的恰當概括，那麼由此作出的決策也是相當可信的。在這個意義上講，充分利用專家的知識經驗是極為重要的。

研究者在選題時可以通過與同行討論、向資深學者諮詢的方式，對擬選課題的創新性、可持續性與理論、實踐價值進行多方面的評估；同時也可以估計到開展該項研究可能遇到的技術、人力、財力上的困難，從而進一步審視其現實可行性。研究規劃部門在對多項課題進行選擇時，由於涉及到對心理與教育科學研究的導向問題，因而更應該謹慎。特爾斐法是經驗決策方法中適用於重要決策的具體方法。

特爾斐法 (Delphi method) 是根據數位心理與教育領域資深學者對各種課題的價值、創新性、可行性進行的獨立書面評估，或對心理與教育科學研究的發展趨勢、未來前沿進行的獨立預測，即是通過綜合眾多專家的直覺經驗進行課題選擇與規劃的決策方法。其具體程序如下：

第一，組織一組心理與教育專家，向他們分發包括課題價值（理論與應用）、創新性、可行性等評估維度的意見徵詢表，進行不記名的獨立填寫，然後返還組織者。

第二，組織者對各位專家的意見進行整理，通過定量統計和定性概括，歸納出第一次評估的結果，並反饋給專家。

第三，請專家對第一次評估的內容再次進行評估，第二次填寫意見徵詢表，返還組織者。

第四，組織者對專家意見進行整理。若專家意見仍很不一致，則重復上述步驟，進行多次反饋。

第五，當專家意見逐步集中，趨於統一時，研究規劃者可以此為參照進行決策。

運用特爾斐法，首先要注意選擇心理與教育科學研究領域中富有研究經驗、在研究的前沿進行過大量探索的學者，而且專家小組的成員在年齡、研究方向、學術流派上應當有所分散，不宜過於集中而失偏頗，以提高專家意見的代表性。為此，規劃部門建立心理與教育領域不同專業的專家庫是很有必要的。其次，每位專家的意見應予以保密，專家小組成員之間避免相互影響，保證每位專家獨立地表述意見。最後，如果多次反饋後，專家意見仍有較大分歧，規劃者可另組織一組專家，進行更廣泛的集體諮詢。

2. 系統分析法 系統分析法 (systematic analysis) 是將研究視為一個"投入──→產出"的系統，通過分解課題目標、列出研究手段、預計資源要求及分析投入產出關係等步驟，對課題進行選擇，如圖 3-4 所示。當在選擇一項研究課題時，比如欲了解兒童早期語言獲得的機制，研究者既可以選擇從認識兒童的腦機制入手，也可以從兒童的心理行為層面入手，儘管前一課題學術價值較高，但是由於研究技術要求高，經費需求大，因此通過系統分析，研究者可能會選擇第二個課題。

這種方法也以研究者的經驗為基礎，但其與上述經驗法的不同之處，在於它將備選課題間的差別視為一個連續量（即投入/產出比），因此可以運用邏輯與數學方法，對課題的適宜程度進行判斷。由於心理與教育科學研究的價值比通過數量表述，較少應用數學模型，而使用邏輯判斷方法，即根據已有相類似研究的總體狀況進行判斷。

系統分析法的主要優點是將課題選擇的決策過程進一步細化，將課題目標、可選用研究手段、資源要求及研究產出的關係作為一個系統進行綜合分析，不僅可用於不同課題適宜程度高低的比較，而且也可用於對同一課題不同實施方案的比較。但是，系統分析法在產出預測及"投入──→產出"關係的度量上仍然沒有突破經驗的層次，因而在使用上仍受到限制。

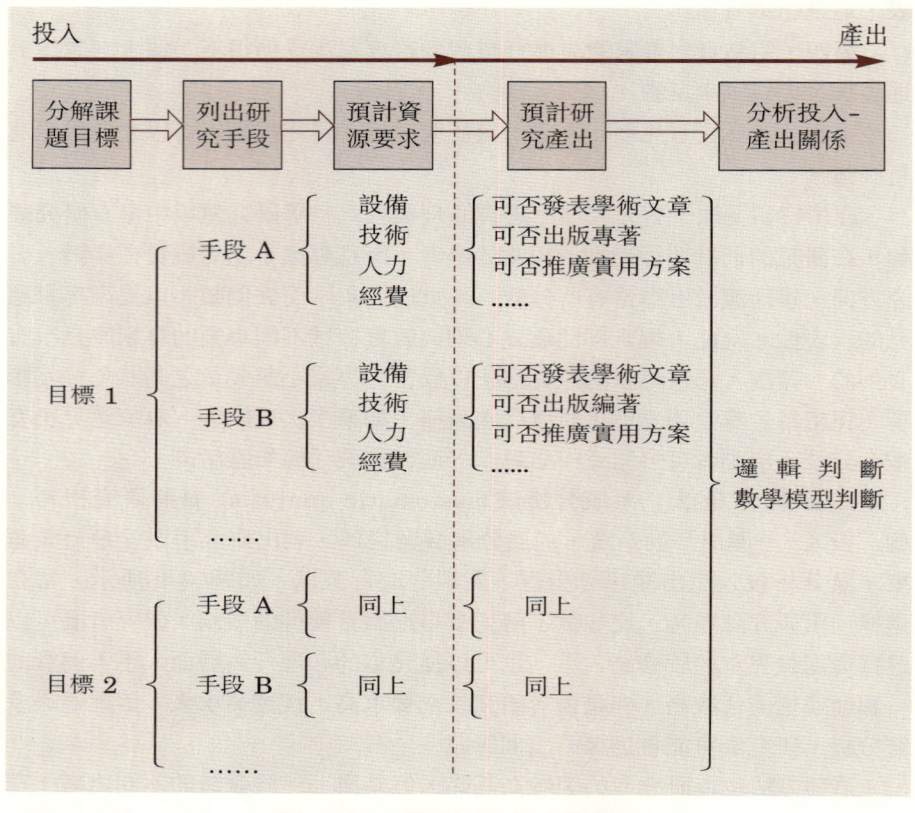

圖 3-4　系統分析法的實施程序

第三節　研究課題的論證與評價

　　研究課題的論證主要指研究課題的提出者對課題的提出依據、研究內容與工作方案、預計成果、經費預算、完成課題的條件等方面進行詳細說明，以證明該課題有價值且可行，從而獲取資助或評審通過；研究課題的評價則主要指專家、科研管理人員等基於課題論證報告或項目申請書對該課題價值與可行性進行審查，以確定是否予以資助或準予通過。實際上，研究課題的論證與評價在工作內容與準則方面存在著共通之處。因此，廣義的研究課題論證既包括論證，也包括評價。鑑於研究課題的論證與評價的具體操作方式存在不同，且二者在研究工作中均具有重要地位，因此，本節中將分別討論研究課題論證與評價的有關問題。

一、研究課題論證的目的

提出問題、建構並選擇恰當的課題，這固然是重要的。然而，研究者若不能予以有力論證，則該項課題的研究亦難以實現。實際上，研究課題論證的優劣，反映了研究者對課題構想質量的優劣，反映了研究者的研究素養。因此，善於論證研究課題是研究者必備的基本能力之一，亦即必須掌握研究課題論證的目的。其主要目的有二：

1. 闡述研究課題的價值及完成課題的可能性　研究課題論證的首要目的是向他人（研究資助機構或課題評審委員會）說明本課題價值所在，以及研究者完成課題的可能性。通過課題論證，評審者方面可以了解課題的目的、意義、研究內容、研究的技術路線、可獲得的研究效益，從而對該課題的創新性、必要性、科學性及合理性作出判斷；另一方面，通過審閱論證報告，評審者還可以了解到研究者對該領域已有研究的把握情況，並獲得有關研究者工作經驗、研究能力、學術成就、研究隊伍的水平等多方面信息，從而對該課題的完成是否具備可能性作出判斷。因此，研究者在進行課題論證時必須充分闡明課題的價值與完成的可能性。

2. 撰寫研究課題的行動綱領　研究課題的論證也是研究者本人對課題進一步具體化、明確化、系統化過程。通過對課題價值與可行性的闡述，研究者實際上對課題的學術與應用背景、課題內容、課題研究方案等問題進行了更具體的思考，同時也進一步明確了開展課題所必須的條件。在課題論證中所提出的目標與預期成果，既是資助機構與評審機構檢查、鑑定課題的指標，同時也是研究者的行動指南。因此，論證課題的另一目的正是研究者撰寫行動的綱領。

　　上述課題論證的兩大目的是互為表裏的。說服他人接受該課題是以研究者本人對該課題周密詳備的了解與清晰、恰當地闡明行動綱領為基礎；而研究者所進行的論證不僅要使自己形成關於課題的明晰構想，更重要的是令他人也同樣清楚地了解這一構想。研究者無論進行何種類型課題的論證，上述兩大目的均是論證工作的中心。

二、研究課題論證的內容構成要點

　　進行課題論證，目的在於說服他人接受課題，並使自己的構想進一步明確。為此，研究課題論證在內容上必須包括五大要點：本課題研究什麼、為什麼要進行研究、怎樣進行研究、會獲得什麼成果、研究者是否可以實現該項研究工作。

（一）　課題目標與研究內容

　　闡明課題目標與研究內容是課題論證的第一步。為清楚闡明"課題是研究什麼的"，研究者應當從下列幾方面予以說明：(1) 本課題的主要目的，即是描述現象、揭示本質與規律、建構或修正理論，還是對現實進行改進；(2) 本課題的具體研究課題。我們在前面已談到，課題往往由幾個問題建構形成。在這裏，研究者應把課題分解開來，列出具體的研究問題，並分別提出假設；(3) 本課題所涉及變量的含義。由於評審者可能對該課題的具體內容並不熟悉，同時由於心理與教育科學研究領域中許多術語有多種含義，因此對課題所涉及變量進行明確界定，以幫助評審者明確課題的具體內容是十分必要的。

（二）　課題依據

　　說明課題所提出的依據是課題論證的關鍵。它要求研究者聯繫相關學術背景與社會需求背景，提出令人信服的證據。為清楚說明"為什麼要進行研究"，研究者至少應當闡明下述各方面：(1) 該課題所涉及領域在學術研究與社會應用中的地位，是該課題價值的基礎。從邏輯上講，課題所屬領域本身是重要的，是該課題具有重要價值的前提之一；(2) 已有研究工作但卻存在著極待彌補或改進的不足，表明開展進一步研究是必要的；(3) 對課題擬進行的工作具有突破與創新的潛力，是對已有不足的改進，這是該課題應當立項的直接原因。

（三） 研究方案

由於研究本身是一系列具體探索行動，良好的課題構想必須落實在可操作的行動方案上才能實現，因此切實可行的方案對於課題論證的說服力也極為重要。在呈現研究方案時，為清楚說明"怎樣進行研究"，研究者應當著重說明：(1) 研究設計所包括的抽樣方式、樣本數量與分布、研究效度的實現途徑等內容（見第五章）；(2) 研究程序，即一系列的具體研究活動如何有序地進行，以及如何控制研究的過程；(3) 研究進度安排，即如何在一定時間期限內高效率地、有步驟地完成課題的研究。

（四） 預期成果

科學研究也是一種"投入──產出"的活動。尤其是對研究資助機構而言，能取得豐碩研究成果的課題才是它們願意資助的對象。實際上，預期成果也是對該課題價值的進一步論證。在對"會獲得什麼成果"進行說明時，研究者應當簡明扼要地說明：(1) 預期成果的主要形式，即該課題成果將如何體現出來，一般而言，心理與教育科學研究的成果表現形式將是論文（研究報告）、學術專著、評估工具（如量表、測驗等）、干預方案等；(2) 預期成果的主要內容，如相關的論文或專著等；(3) 預期成果的數量，如論文幾篇；(4) 預期成果的質量，如論文發表在國內外權威學術期刊上，或成果通過國家級鑑定等。

（五） 工作基礎與條件

如實說明研究者在進行課題研究方面已經具備的工作基礎與條件，可使評審者進一步掌握研究者完成該課題的現實可能性。所謂工作基礎與條件，主要指研究者自身條件、合作者的條件、以及研究者可利用的物質及社會資源等。對於"研究者是否可以實現該項研究工作"的問題，可從三方面進行說明：(1) 過去所接受的研究訓練、已獲得的成就、專業技術職稱等；(2)

在相關領域的研究經驗。對於研究者可利用的物質與社會資源,則可以從研究場地、基本研究條件、被試聯繫、研究成果交流與推廣等方面進行說明。

　　上述五個方面是課題論證最基本的內容。在實際的課題論證中,上述五個方面不一定集中呈現,而可能以不同方式分別在不同場合呈現出來。但不論其具體形式如何,研究者只有對上述五方面的問題作出妥當回答,其論證才會具有說服力。

三、研究課題論證報告的格式與要求

(一) 課題論證報告的格式

　　研究課題論證常常以書面形式呈現,即研究課題論證報告。研究課題論證報告可分為兩大類:一是用於申請資助的課題論證報告,二是用於學位論文評審的報告。二者均必須包含五大內容要點,但在格式上有所不同。前者要求在印製成形的論證報告書上按要求填寫各項內容,後者則由研究者自行組織內容。這裏我們主要介紹前一種論證報告的格式。

　　因資助機構的要求不同,用於申請資助的研究課題論證報告的具體格式略有差異。有的資助機構要求研究者詳細提供各項信息,有的資助機構則只要求研究者進行簡要說明。總的說來,資助機構提供資助級別越高、資助強度越大,則其課題論證報告格式就越複雜。

　　表 3-1 以較複雜的課題論證報告為例,提供了課題論證報告中主要部分的格式。表中所示各部分,在不同資助機構各自規定的課題論證報告中出現的順序、詳略要求上有所差異,但萬變不離其宗,關於申報人專業訓練與研究能力、課題說明、現有條件、經費預算等均是課題論證報告的必要組成部分。

　　"文無定法",課題論證報告的撰寫無一定格式。對不同研究者、不同研究課題、不同資助機構的不同要求而言,課題論證報告的撰寫可以各具特色。但是,任何課題論證報告的撰寫都有一些應該遵循的準則。

表 3-1　課題論證報告一般格式

內容	部分
課題名稱 申報人姓名、單位 推薦人姓名、專業技術職稱、單位	第一部分
申報人姓名、性別、民族、年齡、學歷、職稱 研究課題目的、內容、預期成果的摘要說明	第二部分
申報人完成專業學習與訓練的經歷（取得各級學位的時間、機構） 申報人在國內外進修的經歷（時間、機構、內容） 申報人主持或參加的研究工作經歷（時間、項目名稱、項目級別、工作內容）	第三部分
申報人已有研究成績（包括主要研究成果及影響、已發表論著目錄、獲得各級各類獎勵的情況）	第四部分
研究課題的目的與範圍界定 研究課題的背景 已有相關研究的評述 研究課題的創新與意義	第五部分
研究課題的具體內容（問題與假設） 研究課題的方法與具體步驟 研究課題的預期成果（形式、內容、數量、質量） 研究課題的進度安排 研究隊伍構成與分工 研究課題的已有工作基礎與條件	第六部分
研究課題的經費預算（包括申請資助總金額、年度撥款數、各項具體支出預算及理由）	第七部分
推薦人推薦意見 所在單位學術委員會審核意見 所在單位科研主管審核意見	第八部分

（二） 課題論證報告撰寫的一般原則

總體上看，令人信服的課題論證報告在撰寫上應當符合三項一般原則：簡潔流暢、實事求是、特色鮮明。

1. 簡潔流暢 之所以必須簡潔流暢，這是因課題論證報告篇幅有限、並將由不一定深入了解課題的審閱人閱讀。在撰寫課題論證報告中，研究者可能誤以為自己能看明白的，專家也一定能看明白，因而在寫作時常掉以輕心，或過於籠統、或過於瑣碎、或用詞造句不合語法且晦澀難懂，結果令評審人不知所云，這樣的論證報告自然難以服人。研究者應當注意的是，評審人雖為心理與教育領域的專家，但由於心理與教育學科分支甚多，研究方向更是繁多，他們不可能對每一個領域的每一個課題都了如指掌，因此課題論證報告必須以易於理解的文字呈現，以便評審人能夠了解研究者的意圖。

2. 實事求是 之所以必須實事求是，這是由於課題論證報告的撰寫是科學研究的一部分，應當做到客觀、公正、切實。不論是介紹自己的已有成績、研究能力，還是提出研究目標、闡述研究意義，或是評述已有研究，研究者都要避免任意誇大、貶損、不著邊際及絕對化的不良傾向。有的研究者擔心平實的介紹可能對評審人、資助機構缺少吸引力，這是沒有必要的。撰寫論證報告需要技巧，但運用技巧的目的在於交流，運用技巧的基礎在於事實。儘管評審人不一定精通每個研究課題所及領域，但他們作為資深學者，對心理與教育科學研究有確切的總體把握，也熟悉研究現狀，因此，在課題論證報告時切忌"浮誇"的不良傾向。

3. 特色鮮明 至於特色鮮明則是由於資助名額往往有限，而同時提交評審的課題論證報告可能很多，因此，如何充分表述研究課題的創新與獨特價值、以及研究者的優勢，使課題論證報告產生令人耳目一新的效果，將直接影響課題可否獲准資助。當然，撰寫方面的"特色鮮明"是以研究課題與研究者具備充分競評實力為前提的。但是，一個不容忽視的事實是，一些研究者及其所提出的課題儘管具備相當的實力，但因表達上不夠突出而落選。因此充分重視論證報告的撰寫是極為必要的。研究者在撰寫論證報告前應當冷靜審視自身及所提出課題的特色與優勢，並充分考慮如何在相應部分以客觀、公正的方式予以重點陳述；同時，在可能的情況下還應儘量前後呼應，圍繞主要特色與優勢組織論證與說明，從而達到重點突出的寫作效果。

上述三項原則是各種論證報告及論證報告各部分的撰寫均應予以重視的基本要點。

(三) 課題論證報告主要內容的撰寫要點

我們在前面談到，課題論證報告主要是回答五個問題：研究什麼？為什麼？怎樣做？將獲得什麼？能否實現？在此，我們以這五個問題為線索，提示課題論證報告主要內容的撰寫要點。

1. 關於"研究什麼" 如表 3-1 所示。課題論證報告一般格式為例（下同），對"研究什麼"的問題由層層遞進的三方面予以回答：

第一部分：**課題名稱** 課題名稱應當準確，並且概括地體現出研究的對象、變量及變量關係，以使評審人獲得有關該課題大致內容。例如，兩類幼兒園中班同伴互動訓練課程效益的比較研究、日本終身教育法推行方式弊端之檢討、老人退休後日常活動的調查等。課題名稱不宜空泛，不宜過長，且一般應採用敘述語氣，而不使用問句。

第五部分：**研究課題的目的與範圍界定** 研究課題的目的與範圍的界定是對該課題"研究什麼"的進一步擴展，但仍然是概括化的陳述，只需點出研究的主要目的與重點，以說明研究大意。例如，"本研究旨在考察⋯的表現，揭示⋯的關係，從而在⋯方面解決⋯問題。"該部分的撰寫力求簡約明確，突出研究課題的重點。

第六部分：**研究課題的具體內容** 需在上述兩方面說明的基礎上進行較詳細的說明，即列出主要研究課題，簡要定義研究變量，並在必要時列出研究假設。

以 4 歲兒童數學能力發展的研究為例，其對課題具體內容的說明可如下所述：

本研究探討四個問題：
(1) 4 歲初（3 歲 11 個月到 4 歲 1 個月）兒童母親對兒童在 4 歲末（4 歲 11 個月到 5 歲 1 個月）的數學能力發展水平有什麼樣的認識。

對於兒童的數學能力，我們從計數能力、加減運算能力、數字模型複製能力、顏色識別能力、非標準化量具（如繩子）與標準化量具（如尺子）度量能力、數序概念等方面進行考察。

(2) 4 歲初兒童的母親對生理成熟、先天禀賦、後天教育等因素在兒童數學能力發展中作用是怎樣認識的？

(3) 在兒童 4 歲初時母親對其 4 歲末時數學能力發展水平的估計與其 4 歲末時數學能力發展的實際水平存在什麼關係？

我們的假設是：二者之間可能存在一定的正相關。

(4) 在兒童 4 歲初時，母親對三類影響因素之重要性的認識，是否在母親對兒童數學能力發展水平的估計與兒童 4 歲末實際發展水平的關係中起中介作用？

我們的假設是：母親的估計與兒童實際水平的關係，隨母親對不同影響因素之重要性的認識而變化。即：當母親認為後天教育最重要時，母親的估計與兒童實際水平之間呈顯著正相關；當母親認為成熟或禀賦最重要時，母親的估計與兒童實際水平沒有顯著相關。

2. 關於"為什麼"　　課題論證報告中"研究課題的背景"、"已有相關研究的評述"、"研究課題的創新與意義"各項均係從不同角度回答"為什麼進行該課題研究"的問題。

第五部分：研究課題的背景　　研究者應說明該課題所屬領域在學術與社會應用上的重要價值，也即闡述課題的立項背景，從較宏觀的層面來論證該課題的研究價值。由於該項內容旨在提供背景，因此常常非常扼要，用幾句話點出大意即可。例如，"個體心理的發生、發展是發展心理學探討的基本問題。由於在嬰兒期，個體心理產生最初的分化與發展，因此嬰兒期心理發展的有關問題備受矚目"。

第五部分：已有相關研究的評述　　研究者應評述與研究課題有關的諸項研究成果及其發展脈絡，進一步證明探討研究課題所涉及的問題的必要性。為此，研究者不僅要概括已有成果，更重要的是深入分析已有研究在思路、內容、方法等方面的不足，指出現實中存在的亟待滿足的研究需求，從而突出地表明研究有待繼續。有些研究者在該項內容的撰寫上常常出現的錯誤是羅列大量研究結果，而缺乏對這些已有研究的選擇、分析、組織與說明。因此，撰寫時首先應選擇與研究課題有直接關係的研究材料，然後再對這些材料與研究課題的關係類別加以組織，同時重視從思路、內容、方法上予以分析，進而說明這些研究與研究課題的關係。

第五部分：研究課題的創新與意義　本項實際上是對"為什麼"做最直接的回答。在該項中，研究者應當結合已有研究評述中的主要觀點，在與已有研究不足的對比中，闡明本課題的獨創之處及其對理論發展、社會生活及教育實際問題有何助益。

總之，對於"研究課題的背景"、"已有相關研究的評述"以及"研究課題的創新與意義"三項，應從宏觀到微觀、具體的層面，從課題所屬領域的重要性、已有研究之不足、本課題的獨特價值三方面論述進行該課題研究工作的理由。

3. 關於"怎樣做"　在表 3-1 第六部分中，"研究課題的方法與步驟"與"研究課題的進度安排"兩項內容是對"怎樣做"的回答。通過撰寫這兩項內容，研究者應著力突出這樣一個事實：即該課題的研究在技術上可行，且能夠在規定期限內完成。

第六部分：研究課題的方法與具體步驟　研究者應當說明研究對象及其選取方式、研究類型、收集數據的方法、發展或採用的研究工具、使用的數據分析手段以及上述研究工作的實施步驟等等。儘管關於研究設計的內容較多 (見第五章)，但由於課題論證報告的篇幅有限，因此，撰寫務求簡練，說明各項工作的要點即可。為此，恰當使用與此有關的研究述語是必要的。例如以"隨機抽樣"、"整群抽樣"說明研究對象的選取；以"現場觀察"、"結構訪談"、"開放式問卷"等說明數據收集方法等。關於抽樣、研究類型、數據收集方法與分析手段等內容，第二編第五章、及第三編、第四編、第五編將予以詳細介紹。

第六部分：研究課題的進度安排　研究者應根據資助機構的課題時限要求，按照課題各項工作的邏輯順序，劃分各階段工作內容。在時間安排上，研究者要注意保證重點、難點，而不只是平均分配；同時，既要力求高效省時，又要留有餘地，以應付意外情況。如果課題完成時間在一年以上，則進度安排的撰寫應具體到每年或每半年；如果課題完成時間在一年及以內，則進度安排的撰寫應以月或週為單位。無論以何種方式撰寫進度安排，研究者都應當做到內容劃分與時間分配合理。總之，撰寫研究方法、步驟及研究進度安排時，主要應體現出方案切實、可行、嚴密、高效的特點。

4. 關於"將獲得什麼" 表 3-1 第六部分中的"研究課題的預期成果"是專門來回答"將獲得什麼"這一問題的。它主要是讓評審人尤其是研究的資助機構了解本項研究將來會取得什麼樣的成果，有多少，達到了何種學術水平。

第六部分：研究課題的預期成果 研究者應當著重從表現形式、內容種類、數量以及質量水平等幾個方面對研究將要獲得什麼作出說明。這方面信息將是本項研究能否獲得資助的重要影響因素之一。

5. 關於"能否實現" 實際上，課題論證報告對"怎麼做"這一問題的回答已在一定程度上涉及到"能否實現"的問題。"研究隊伍的構成與分工"、"研究課題的已有工作基礎與條件"則分別側重從人力與物力兩個方面論證研究者是否有能力如期完成研究。由於大多數心理與教育科學研究往往需要多人通力合作才能完成，因此研究的質量不僅與課題申請者本人的能力、態度、經驗有關，同時也和參與研究者的素質有關。以認真、嚴肅、實事求是的態度說明研究隊伍的構成，使評審人了解整個研究隊伍的水平也是極為重要的。

第六部分：研究隊伍構成與分工 在撰寫研究隊伍構成情況時，應當列出重要參與者的學歷、職稱、專長、工作單位等基本信息，從而反映出課題組成員的水平。

第六部分：研究課題的已有工作基礎與條件 研究者應從本人及合作者在相關領域已進行的工作、已具備的經驗與專業訓練、已掌握的文獻等方面說明是否具備進行課題研究的必要基礎，並從已具備的各種環境條件 (實驗室等)、設備、儀器、進一步掌握文獻的途徑、成果廣泛交流或應用的可能性、以及所在單位的支持程度等方面說明是否有開展、完成課題研究工作的良好條件。從資助機構的選擇來看，工作基礎雄厚、工作條件良好的申請者更容易獲準資助。

四、研究課題的評價

研究課題的論證主要是從研究者的角度出發，探討如何清楚地闡明一項研究課題，使之獲得認可。研究課題的評價則是從評審者的角度出發，探討如何鑑別課題的優劣，以篩選出值得資助或可以進行的課題。

　　如前所述，研究課題的評價與論證有許多共通之處。課題論證的標準實際上也是課題評價的標準，而課題論證的主要內容同時也是課題評價的關心所在。概括而言，研究課題的評價主要集中於課題價值、研究質量與研究倫理性等三方面。

（一）　對課題價值的評價

　　對課題價值的評價是根據課題論證報告中關於研究課題的背景、已有相關研究的評述、研究課題的創新與意義、研究課題內容及預期成果等部分所提供信息進行的。評價課題的價值總是從是否有助於心理與教育理論的完善或建立，以及是否對人們的日常生活、生產、教育活動起到實際助益兩方面進行。具體而言，對課題價值的評價可以依據下述問題進行判斷：

1. 是否可揭示新的或甚少的重要心理與教育現象，從而豐富人們對於心理與教育問題的知識或糾正偏頗認識？
2. 是否可揭示現象背後的原因、或從新角度重新闡釋現象及其聯繫，從而建構、完善或修正心理與教育理論？
3. 是否可為當前急需解決的心理與教育問題提供可行方案或提供參考依據？
4. 是否可以直接或間接促進人們日常生活、生產質量及教育活動水平的提高？
5. 所探討的問題是否具有普遍意義？
6. 是否對心理與教育科學研究的方法或方法論的改進有所助益？
7. 是否可獲得有效評估心理或教育問題的科學工具？

（二）　對研究質量的評價

　　對研究質量的評價是根據課題論證報告中已有的相關研究評述、研究課題的創新、研究課題的方法與具體步驟、研究課題的進度安排、經費預算、研究隊伍構成、已有工作基礎與條件等部分進行。其評價角度有兩類：一類是研究者掌握研究資源的有效性，即研究者能否獲得並充分利用已有研究的文獻、能否恰當分配時間與財力、能否組織起較高水平的研究隊伍、研究者是否具有良好的工作基礎與條件等；一類是研究方法與步驟的恰當性、嚴密性與可行性。

從上述角度出發，對研究質量的評價可依據下列問題進行考慮：

1. 研究者是否充分了解已有的相關研究？
2. 研究者是否正確、深刻地認識到已有研究的不足、以及所提出的課題能否對這些不足之處有所改進？
3. 研究設計是否可實現對預定問題的探索（如樣本選取是否具有代表性、方法與工具是否恰當等）？
4. 研究程序是否嚴密？對可能出現的誤差是否進行了嚴格控制？
5. 研究時間的分配可否兼顧全面並保證重點？
6. 經費預算是否合理？
7. 研究者本人及主要參與人員的專業訓練、學術水平、研究經驗是否足以保證其完成研究？
8. 研究者及主要參與人員在場地、設備、儀器、技術等方面是否已具備必要的研究條件？

（三）　研究倫理性的評價

在本書第一章裏，我們以一節的篇幅討論了心理與教育科學研究的倫理性原則，並指出其為研究應當遵循的首要原則。心理與教育科學研究之終極目的在於增進人類幸福，任何可能危害個人、群體合法權益的研究內容、研究方法、研究程序及研究結果的利用應被禁止，或者要求研究者將危害的可能性降至最低，並負責予以消除。因此值得研究與資助的課題必須是符合倫理規範的課題。對研究課題倫理性的評價可以從研究內容、方法與程序、以及研究結果的可能利用等方面進行判斷，其具體準則請參閱第一章第四節有關內容。

本章摘要

1. **選題**是心理與教育科學研究工作的起點，決定著研究的方向、價值、水平與應用前景，在研究工作中占有重要地位。
2. 選題包括發現問題和形成研究課題兩個環節。**問題**是知識體系中的空白點或疑點，**研究課題**則是研究者根據一定理論框架或線索，將這些空白點和疑點有選擇的組織起來，形成的問題鏈和問題群。
3. 心理與教育科學研究中的所謂"問題"不同於日常生活中人們的疑問，而必須符合科學性、價值性、倫理性以及可解性等內容準則和明確、具體、中立、問句式等陳述形式準則。
4. 問題來源於對現象的直接觀察、對理論的分析與推演、判別理論與現象間的矛盾、對已有研究的檢驗與擴展以及社會的需要。
5. 只有從發現問題過渡到確立研究課題，研究工作才能切實開展。而研究課題的確立涉及到建構、選擇、論證與評價等多個環節。
6. 研究課題的建構是對零散問題的組織化、系統化。常用的建構方式有**分解建構方式**、**單維並列建構方式**與**多維綜合建構方式**三種，分別適用於不同的研究內容，三者可以綜合使用。
7. 研究課題的選擇基於所涉及問題的科學性、價值性、倫理性與可解性，同時還應當遵循創新原則、可實現原則與可持續原則。
8. 研究課題的選擇在決策上可採用以**特爾斐法**為代表的**經驗法**以及**系統分析法**。恰當地決策對於研究規範化尤具重要意義。
9. 研究課題的論證直接影響課題可否獲準研究。通過論證課題，研究者力圖說服他人認可課題，同時也進一步將自己的研究構思明晰化。
10. 研究課題的論證在內容上必須回答五個問題，即研究什麼、為什麼、怎樣做、將獲得什麼以及能否實現。
11. 課題論證報告在撰寫上應當符合簡潔流暢、實事求是、特色鮮明等三項一般原則。
12. 在課題論證報告各部分的撰寫中，研究者應圍繞該部分所回答的問題，從各個角度證明研究之價值與可行。
13. 課題的評價主要集中於課題價值、研究質量與研究倫理性等三方面。各個方面分別側重於評價課題論證的不同內容。

建議參考資料

1. 吳明清 (1996)：教育研究：基本觀念與方法之分析。台北市：五南圖書出版有限公司。
2. 林定夷 (1986)：科學研究方法概論。杭州市：浙江人民出版社。
3. 董　奇 (1992)：心理與教育研究方法。廣州市：廣東教育出版社。
4. Breakwed, G. M., Hammend, S., & Fife-Schaw, C. (1995): *Research methods in psychology*. London: SAGE Publications.
5. Wiersma, W. (1995): *Research methods in education: An introduction*. Boston: Allyn and Bacon.

第四章

查閱文獻

本章內容細目

第一節 查閱文獻的目的與原則
一、查閱文獻的目的　97
　　(一) 發現與確定研究問題
　　(二) 完善研究設計
　　(三) 擴展分析角度，豐富分析結果
　　　　提高論文撰寫品質
二、查閱文獻的原則　100
三、查閱文獻的程序　101

第二節 文獻的種類與來源
一、研究文獻的種類　102
　　(一) 研究報告
　　(二) 專題論述
　　(三) 綜　述
　　(四) 學位論文
　　(五) 辭書條目
二、研究文獻的來源　104
　　(一) 圖　書
　　(二) 期　刊
　　(三) 資料檔案與數據庫

第三節 文獻的整理與加工
一、文獻整理與加工的目的、內容與程
　　序　107
　　(一) 文獻整理與加工的目的
　　(二) 文獻整理與加工的主要內容
　　(三) 文獻整理與加工的程序
二、文獻的閱讀與分析　111
　　(一) 研究文獻閱讀與分析的一般原則
　　(二) 研究報告的閱讀與分析
　　(三) 專題論文的閱讀與分析
　　(四) 圖書的閱讀與分析
三、文獻綜述與撰寫　116
　　(一) 文獻綜述的特點與內容構成要素
　　(二) 文獻綜述的格式與內容安排
　　(三) 文獻綜述的撰寫要領

本章摘要

建議參考資料

查閱文獻是心理與教育科學研究的最基本工作。人類知識體系的累積特性與科學研究的繼承性，決定了任何一項具體的研究工作必須建立在已有研究結果的基礎上。為此，查閱研究文獻的工作既應集中於研究的構思與設計階段，也應貫穿研究過程的始終，從而為研究問題的篩選與確定、研究的設計與設施、數據的分析與結果的解釋、研究報告的撰寫與修改提供堅實的理論與經驗背景。

查閱研究文獻的水平在一定程度上制約著整個研究的水平，尤其可能對研究的前沿性、深入性、創新性產生重要影響。特別是在當前的信息時代，高效率地收集相關文獻並加以充分把握，已經成為研究者開展研究工作的必備能力，心理與教育科學研究者應當對其格外重視。對於心理與教育科學研究的初學者來說，掌握如何查閱研究文獻的方法對其研究素質的提高有重要作用。

查閱研究文獻是一項系統的工作。然而不少研究者在查閱研究文獻的活動中表現出明顯的無序性。許多人時常抱怨查找不到有用的文獻，實際上並非"沒有"相關文獻，而是文獻查尋者缺少發現相關文獻的能力或者查閱不得要領。欲高效率地查閱研究文獻，研究者應當了解研究文獻的主要種類與來源，並遵循一定的規範與方法。

整理與加工研究文獻是查閱文獻的重點工作。通過對研究文獻的整理與加工，可以了解已有相關研究與研究者欲開展的研究之間的內在聯繫，十分有利於學習和借鑒已有研究的經驗，吸取教訓，取人之長，避人之短。由此可見，整理與加工研究文獻的質量，直接關係到研究文獻的掌握，並攸關整個研究的水平。

一般認為，整理與加工研究文獻涉及到蒐集、篩選、分類與排列、閱讀與分析、記錄、目錄登記、撰寫文獻分析報告等環節。其中，閱讀、分析和撰寫文獻、分析報告（主要是文獻綜述）尤為重要且難度頗大，為此，本章將對這兩個問題作深入分析和探討。

本章中，我們將重點討論下列問題：

1. 查閱研究文獻的目的與原則。
2. 文獻的種類與來源。
3. 文獻的整理與加工方法。

第一節　查閱文獻的目的與原則

　　研究文獻的查閱不同於人們在日常生活中對報紙、書籍的隨意翻看，或對某類信息的查找，而是系統化研究的一部分，有其專門的目的、功能與方法。在查閱研究文獻的具體工作中，若能明確查閱目的並遵循其查閱原則，定可有效地提高工作效率。

一、查閱文獻的目的

　　查閱研究文獻不同於簡單地匯總資料，旨在創造性地開展科學研究，提供堅實的特定知識背景，對於從發現問題至撰寫研究報告的各個環節均具有重要意義。明確查閱研究文獻的目的，可促進研究者積極、主動、高效地查閱文獻。下面我們從發現與確定研究問題、完善研究設計、豐富結果分析角度與提高論文撰寫品質等方面闡明查閱研究文獻之目的，作為研究者開展文獻查閱工作的依據。

（一）　發現與確定研究問題

　　查閱研究文獻的重要目的是發現與確定研究問題。為達到這一目的，在查閱文獻過程中，研究者應當重視下述幾方面的工作：

　　1. 熟悉研究領域的淵源、進展與趨勢，擬定研究方向　　通過查閱研究文獻，研究者可以從中把握相關領域研究的歷史發展脈絡，了解該領域的研究進展與主要成果，並獲取最新趨勢的信息。在此基礎上，研究者才可能恰當地開展研究，避免進行無價值的重復工作或停留於過時的研究領域。例如研究者在查閱有關個體動作發展的文獻中可以看到，該領域研究在 20 世紀 60、70 年代以前，着眼於描述動作發展的時間表，目前則轉向闡述動作發展的內在規律及機制。因此，研究者在研究方向的選擇上就具備了明確的指導思想，有利於進入研究的前沿。

2. 深入了解研究內容，確定研究的問題 研究者查閱研究文獻，不僅在掌握已有成果，並應力圖發現已有研究中存在的分歧、不足或空白，由此入手提出具有創意的研究問題。各類公開發表或未公開發表的研究文獻中存在許多不一致之處，反映著不同理論的觀點、思路、方法、結果的差異、甚至矛盾，這就為構思新的研究問題提供了突破口。即使已有研究在某個問題上達成了共識，但是從先前的理論、方法與技術的角度審視，它們也可能存在著嚴重不足，或有疏忽遺漏。如此，通過對大量文獻的分析、質疑，研究者可在一定程度上提出可供探討的問題。

3. 概括、綜合已有研究的成果，幫助形成假設 一般來說，欲開展研究工作，研究者需要在確定研究問題的基礎上進一步提出假設。而假設的形成不僅需要相關理論的指導，也需要已有研究結果作為實證基礎。通過查閱有關文獻，研究者可對諸多研究所獲得的結果進行概括、綜合，得出一些初步的共同性結論，或梳理出幾類結論，作為研究者思考問題所涉及變量及其相互關係的經驗前提，幫助研究者形成合理的假設。

(二) 完善研究設計

研究設計的完善決定心理與教育科學研究的質量，直接關係到研究成果的科學性水平。因此，研究者必須從多個途徑儘量蒐集資料，以製定縝密的研究設計。除了通過查閱相關研究文獻外，研究者還可從其他研究者在具體研究中的設計思路與特點中得到啟發，尋找到可資借鑑的優良之處；或者發現其存在的問題，自覺加以克服，而使研究設計達到較高水平。研究者可利用文獻，從下述方面提高研究設計水平。

1. 確定研究變量及其定義 變量的選取及其定義是研究設計的重要內容。同一研究課題可能由於所選取的變量不同或對變量的操作定義不同，會在研究價值、研究的科學性上大異其趣。通過查閱研究文獻，研究者可從理論與實證兩個層面上，對問題所及不同變量的定義進行一定程度的辨析，以此為篩選變量的依據之一，而使變量選取更為客觀、有目的。在初步確定變量後，研究者還可以通過分析已有依據對有關變量界定優劣，借鑑優點、克服不足，對變量進行更為準確、全面、可行的操作定義。

2. 遴選方法與工具 對同一具體研究問題，備選方法與工具可能多種多樣,如何選取恰當的方法與工具以實現良好的研究成效,這便成為研究者設計研究的主要關注點。通過查閱研究文獻,研究者一方面可以認識到不同備選方法與工具的適用範圍、優點與不足,另一方面還可了解、比較不同方法與工具應用於具體研究的實際效益,以及其他研究者選用特定方法與工具的依據,而為研究者遴選方法與工具提供啟示。此外,在了解已有相關研究方法與工具選用方面的成敗經驗基礎上,研究者還可以進一步思考改進的問題。在需要自行編製某些工具的情況下,研究者也可以從文獻中提煉其他研究者所用工具的主要構成、特點等方面信息,作為參考依據。

3. 提高研究誤差的控制水平 預見可能出現的研究誤差並制定誤差控制措施,這是研究設計的又一重要工作。對於特定研究問題而言,研究者可依據自身已具備的經驗考慮誤差控制問題,但並不全面,可能還遺漏一些重要措施。對此,研究者可以從文獻中借鑑已有的研究思路、方法或成果,總結已有研究的失誤,從而更全面、更周到地預見出研究誤差並擬定相應控制方法。

(三) 擴展分析角度,豐富分析結果提高論文撰寫品質

查閱文獻不僅可服務於研究前期階段,在數據處理與分析、結果的呈現與解釋等研究的後期環節中也佔據著重要的地位。通過文獻的查閱,研究者可以擴展研究的分析角度、提高研究的結果呈現於解釋水平,從而提高論文的撰寫品質。

1. 擴展研究的分析角度 資料分析的基本目的在於通過對繁雜的原始資料進行簡化,提取有價值的信息,需要選取合適的分析角度。通過文獻的查閱,研究者可以吸收他人在數據分析方面的獨到之處,擴展數據分析的深度與廣度,修正不恰當的分析角度,提出新的分析角度,從多角度、多層面深入挖掘數據,展現其特點,提高論文的撰寫品質。

2. 提高結果的呈現與解釋水平 資料分析的結果本身並不能夠為所探討的問題提供直接的答案,需要對分析結果加以整理與加工,轉化為易於解釋的形式。研究者必須在結果分析的基礎上,廣博地查閱相關文獻,了解本研究所涉及領域的有關理論與研究結果,從而對資料分析的結果做出透徹的分析與準確的判斷,豐富結果的呈現形式,做出恰當合理的解釋。

综上所述，查閱研究文獻的目的是多方面的，對研究的多個環節均具有重要之價值。概言之，通過查閱文獻，研究者一方面可在特定領域的理論認識、研究方法上獲得有益啟示與借鑑，另一方面亦可借他山之石實現研究水平的超越。

二、查閱文獻的原則

科學迅速發展，研究文獻急劇增加的今天，如何快速有效地查閱研究文獻是研究者基本能力。查閱研究文獻的活動具有其特定的原則。要高效率地查閱文獻，並充分利用文獻，從多方面提高研究水平，研究者應當遵循下述原則：

1. 圍繞研究課題，收集相關文獻 在許多情況下，文獻查閱是研究的一個環節，旨在根據事實來驗證假設的真偽。因此，文獻查閱在時間、來源及數量上均無須求全，而應有所限制，也就是說，必須儘量直接與假設有關，避免散漫無章或文不對題。研究者應以質量較高、影響廣泛、學術性強的文獻為主要查閱對象，緊密圍繞研究課題開展收集、閱讀、整理等文獻工作。在少數情況下，研究課題即為綜述、整理某領域已有研究，那麼文獻查閱本身即成為研究主體，則文獻查閱應儘可能廣泛，力求全面反映已有研究的特點。

2. 著重把握研究新進展，同時兼顧研究的歷史發展脈絡 充分了解目前的主要研究思路、方法、結果及其理論框架，對於確保研究的前沿性無疑是極為重要的，故而文獻查閱應重視對最新文獻的收集與分析。不過，科學研究有其連貫性，知古才能通今。因此，文獻查閱亦須重視對研究的不同階段中代表性文獻的把握。在收集文獻的過程中，採用倒查法，即先查新近文獻，後查過往文獻，惟須注意文獻在時序上的連續性，如此有助於研究者兼顧進展與歷史發展演變。

3. 注意查閱原創性、代表性文獻 應儘可能占有第一手資料，尤其是被廣泛引用的重要文獻，避免受到多次轉述資料的誤導而難以正確、全面的了解已有研究的成就與不足；同時，還應當廣泛查閱各種派別、各種觀點的代表性文獻，這不僅有利於研究者從爭論中發現問題，而且有利於研究者修正、擴展研究思路。

  4. 兼顧文獻內容的"博"與"專" 不僅要查閱與課題直接有關的資料，而且還應當查閱相關領域、相關學科與課題具有連帶關係的文獻。這是由於當代科學日趨具有分化與綜合並存的特點，心理與教育科學內部不同領域及其與生物學、計算機科學、數學、社會學、醫學、經濟學、政治學、歷史學等多門學科之間出現了許多彼此相通的連接點，使得不同領域與不同學科在知識背景、思想觀點、研究方法與研究課題等方面均可能並且有必要相互借鑑、啟發甚至聯合攻關。

  5. 查尋、收集文獻與閱讀、整理文獻緊密結合、同步進行 查閱文獻的過程不是盲目地收羅已有的研究成果，而是具有明確的目的性與計畫性。因此，查找與閱讀整理兩個環節雖有一定先後次序，但卻不是絕對固定的。只有及時對已查尋的文獻進行整理，研究者才能恰當地確定下一步資料查詢的方向、重點，及時糾正失誤，以及發現新的重要查閱對象（如被廣泛引用的文獻），從而提高查閱文獻的效率與工作質量。

三、查閱文獻的程序

  儘管查閱研究文獻的具體過程因課題特點、可利用資源特點及研究者自身工作方式的特點而可能有所不同，但是，查閱研究文獻的活動仍具有共通的程序。循此順序，文獻查閱活動的系統性可獲有效保證，避免無序混亂的低效狀況。雖然在查找文獻的過程中，有時可能存在徒勞無效的努力，但是按照查閱文獻的一般程序開展工作仍能獲得較高的工作效益。

  在前面我們談到，文獻的查尋與閱讀整理兩方面會交替進行。這就是說研究者應當邊查找邊進行閱讀與整理，並以此指導、規劃下一步的查尋。有些初學者常常會犯一個錯誤：試圖在收集到所有能找到的文獻之後，再進行閱讀與整理。這種做法常導致其在大量文獻面前無所適從，或者經過艱苦的整理後發現以往的收集工作存在著嚴重失誤，遺漏了重要文獻，如此費時費力而無成效。因此從查閱文獻的全過程而言，其程序表現為："初步查找文獻⟶閱讀與整理文獻⟶重新確定查尋方向、重點或目標⟶進一步查找文獻"，這樣交替進行下去，直至找到所需的文獻。

第二節 文獻的種類與來源

當代科學發展最重要的特徵之一是信息量劇增。就心理與教育科學研究領域而言，國內外的有關文獻十分繁多。了解研究文獻的主要種類與來源，對於研究者全面而高效的查尋文獻很有助益。

一、研究文獻的種類

心理與教育科學的研究文獻多種多樣，其分類標準也有多種。例如，根據文獻的學科領域，可劃分為發展心理學文獻、教育心理學文獻、認知心理學文獻、社會心理學文獻、早期教育文獻、中等教育文獻、高等教育文獻等等；根據文獻內容的加工程度，可劃分為一級文獻、二級文獻等；根據文獻的載體形式，可劃分為書面文獻、機讀文獻（即通過機器閱讀的文獻）、縮微膠片文獻等。從文獻的內容與特性出發，我們也常常將研究文獻分為研究報告、綜述、專題論述、學位論文、辭書條目等類別。下面，我們簡要介紹研究報告、綜述、專題論述、學位論文、辭書條目的特點。

（一）研究報告

心理與教育科學的**研究報告** (research report) 是對某具體問題的實證探討成果的反映。它通常包括對所探討問題的學術背景、價值及已有相關研究成果的簡要闡述、對研究設計的簡要說明、所獲得的結果及研究者的解釋等內容，完整而簡練地呈現出某具體研究的背景、思路與主要發現。研究報告包括兩大類，一是心理與教育實驗、調查的結果報告，可稱為**初級研究報告** (primary research report)；二是對某領域已有初級研究報告的結果進行統計處理與分析的報告，即**元分析報告** (meta-analysis report)，也可稱**為次級研究報告** (secondary research report)。研究報告常常是研究者必須查閱的第一手資料，在文獻中占有重要地位。

初級研究報告是心理與教育科學研究最常使用的文獻類型。該類文獻的主要特點是：問題專門、集中；信息涵蓋研究主體各個方面，較為全面；結果具體，便於進一步分析、評價；但信息量較小，且分布較為分散。

次級研究報告是 20 世紀 70 年代以來逐漸出現的新型文獻。該類文獻致力於比較同一領域研究結果的一致與不一致、或實驗處理效果的程度，並嘗試進行理論建構。該類文獻的主要特點是：信息量大、綜合性與概括性較強，便於研究者對該領域已有研究的總體把握；但尚不多見，且其利用價值受到作者所占有資料的數量與質量的影響。

（二） 專題論述

專題論述 (monograph) 是結合分析與實驗研究成果，對心理與教育科學研究的某一問題、某一領域進行系統、深入的介紹、闡述、論證。在這類文獻中，作者可能介紹研究的歷史、現狀與趨勢、各種學術流派及各種主要觀點、各類研究，並對其分析、評價；提出作者的觀點及證據等。該類文獻最突出的特點是信息的系統性、深入性，但也可能受到作者個人見解與認識的較大影響。

（三） 綜　　述

綜述 (或評論) (review) 是對心理與教育科學研究中，有關某一具體領域已有研究的匯總、分析與介紹。與專題論述不同的是，該類文獻側重於概括、分析已有研究在內容、方法、結果上的優缺點，實際上是對已有研究成果的歸納與整理，一般較少涉及作者本人某個具體學術觀點的論證；此外，該類文獻主要側重於對近期研究成果的介紹，而較少歷史的梳理。綜述可為研究者提供大量有關資料，是重要的二級文獻。

（四） 學位論文

學位論文 (dissertation) 是研究者為獲取學位而進行專題研究的成果。因申請學位的級別不同，學位論文的容量與學術水平也有差異。其中，博士與碩士學位論文的查閱價值較高。這類文獻通常篇幅較長，而且在形式比較規範，不僅包含相關研究的綜述，也可能包含申請者對某問題的理論探討，還可能包含對問題的實證研究。可見，學位論文是具有綜合性的研究文獻。該類文獻所提供的信息具體而系統，並且不乏創造性的見解；不過，囿於經費、時間、精力及申請者的研究經驗,該類文獻常難以提供"全景式"、大容量的信息,且其實際水平也存在參差不齊的情況。

(五) 辭書條目

在進行心理與教育科學研究的前期,研究者需要對研究所涉及概念進行明確的界定。在這種情況之下,辭書條目類文獻便頗有助益。所謂**辭書條目**(dictionary item)是指各種詞典、辭書中關於事物的名詞解釋。不僅提供有關概念的多種定義,且還提供關於重要歷史人物、重要事件、基本原理、具體領域的研究現狀、主要學術流派等多個方面的簡要信息,有助於研究者對研究問題進行初步把握。不過,該類文獻由於編撰周期較長,因而難以反映研究的最新進展與動態。

二、研究文獻的來源

上述各類研究文獻主要是分布在各類圖書、期刊及資料庫與檔案中。下面,我們簡要介紹各種研究文獻來源的特點及其主要構成。

(一) 圖　書

教科書、專著、工具書與論文集是心理與教育科學研究文獻的主要圖書來源,分別說明如下:

1. 教科書　教科書一般包含對心理與教育科學某一分支有關理論與研究成果的介紹、分析,具有較強的科學性、系統性和邏輯性。當研究者欲了解某領域基本概念與理論時,教科書可以提供公認的觀點。一般而言,教科書主要包括概念及專題論述型的文獻。研究者應注意查閱新近出版及使用廣泛的教科書。

2. 專著　專著通常對心理與教育科學研究某一專題進行較全面、系統深入的論述,具有較高的學術價值。在專著中,研究者可查閱到專題論述、綜述類型的文獻。與教科書不同的是,專著所包含的文獻信息既有公認的觀點,同時也有著者個人的見解;不僅涉及基本概念、理論,也包括對當前研究分歧、爭論的介紹與評析,以及最新進展、對未來趨勢的探討等。相對而言，專著的文獻利用價值在教科書之上。研究者應注意從專著中收集相關文獻、並對其進行批判性閱讀。

3. 工具書 可供查尋文獻的工具書主要有手册、年鑑、百科全書、辭典等。不同工具書所能提供的文獻種類有所不同。手册可提供大量專題論述與綜述型文獻；年鑑則匯集了一年內重要時事及有關領域的統計資料，有的年鑑也包括專題綜述；百科全書與辭典提供大量辭條型文獻，有助於研究者概括性了解某一領域。相比較而言，手册與年鑑具有更高的文獻查閱價值。比較重要的中英文工具書，包括：

手册
Handbook of Experimental Psychology (Istevens, S. S. ed. New York: Wiley, 1951)
Handbook of Child Psychology (4th, New York: Willy, 1983)

年鑑
中國教育年鑑 (《中國教育年鑑》編輯部編，主要由中國大百科全書出版社出版)
Annual Review of Psychology (Plto. Alto, Calif: Annual Review Inc, 1977～1996)

百科全書與辭典
中國大百科全書 (教育學) (中國大百科全書出版社出版)
中國大百科全書 (心理學) (中國大百科全書出版社出版)
心理學大辭典 (朱智賢編，北京師範大學出版社出版)
教育學大辭典 (顧明遠編，上海教育出版社出版)
The Encyclopedia of Psychology (2nd, Total 4 volume, Raymond J. Corini, New York: Wiley & Sons, 1994)
International Encyclopedia of Education (New York: Pecgamn, 1985)

4. 論文集 重要學術會議及研討班常會編輯出版論文集，一些大型課題完成後也常常彙編成果成集出版。論文集可提供許多研究新進展與動態的研究報告、綜述或專題論述，是一種重要的圖書文獻來源。

（二）期　刊

期刊 (periodical) 是定期或不定期的連續出版物。與圖書相比較，期刊出版周期短、可及時反映出研究新進展與動態。期刊可提供的文獻類型主要有各類研究報告、專題論文與綜述。此外，有的期刊提供文獻索引信息。不論國內、國外和心理與教育科學研究有關的期刊均有許多種。下面，我們列舉部分期刊名稱供參考。

全文型期刊
教育研究 (北京市：中央教育科學研究所)
心理學報 (北京市：中國心理學會)
中國教育學刊 (北京市：中國教育學會)
心理科學 (上海市：中國心理學會)
心理發展與教育 (北京市：中國教育學會)
人民大學報刊複印資料 (心理學) (北京市：中國人民大學)
人民大學報刊複印資料 (教育學) (北京市：中國人民大學)
北京師範大學學報 (哲學社會科學版) (北京市：北京師範大學)
華東師範大學學報 (教育科學版) (上海市：華東師範大學)
Psychological Review (Washington: APA)
Journal of Experimental Psychology (Washington: APA)
Child Development (Chicago: SRCD)
Harvard Educational Review (Cambridge Mass: Harvard University)

摘要型期刊
中國學術期刊文摘 (北京市：中國科學技術協會學會工作部)
Psychological Abstract (Washington: APA)
Child Development Abstract and Bibliography (Chicago: SRCD)

索引型期刊
全國報刊索引 (上海圖書館編輯出版)
Current Index to Journals in Education (CIJE) (Washington: Educational Resources Information Center)

(三) 資料檔案與數據庫

科研機構、圖書館、政府、高等院校等機構通常會建立資料檔案，用以保存各種未發表的研究報告、專題論文、綜述。學位論文也通常存於有關機構的資料檔案。儘管資料檔案中的文獻多數未發表，但其中並不乏學術水平高的成果，而且一般內容集中，便於查找，因此，研究者也應該注意從資料檔案中尋找可利用的文獻。

近年來，研究文獻來源出現了新的類型，即**數據庫** (database)。數據庫中的研究文獻包括各類型，以研究報告、專題論文、綜述的摘要為主。可供心理與教育科學研究者使用的數據庫有多種，其中最常用的數據庫主要有心理學光盤 (PSYCLIT) 及社會科學引文索引 (Social Science Citation Index，簡稱 SSCI) 和科學引文索引 (Science Citation Index，簡稱 SCI) 等。社會科學引文索引和科學引文索引兩大數據庫的主要特點在於可提供研究者對某一問題的討論與評價的有關文獻信息。例如，研究者發現一篇關鍵性文獻發表於 1988 年，則可以從社會科學引文索引或科學引文索引中查尋到 1988 年之後的所有引用了該文獻的學術論文。

第三節 文獻的整理與加工

如前所述，查閱研究文獻的根本目的在於借鑑與超越前人的研究。收集文獻為實現這一根本目的提供了前提。然而，要真正實現借鑑與超越，關鍵在於整理與加工文獻的質量。能否對研究文獻進行有效地整理與加工，這直接關係到對文獻的掌握，並影響整個研究的水平。

一、文獻整理與加工的目的、內容與程序

整理與加工研究文獻是查閱文獻的核心工作。在整理與加工文獻的過程

中，研究者不僅需要進行較高難度的認識活動，同時還必須開展大量繁瑣細小的工作。富有經驗的研究者總是高度重視對文獻的整理與加工。研究者對文獻整理與加工的目的、主要內容及一般程序的認識與其整理、加工文獻的效率是密切相關的。

（一） 文獻整理與加工的目的

在收集一定數量的原始文獻後，即需着手開展文獻整理與加工工作。其基本目的在於發掘已有研究之間的內在關係，吸取其經驗與教訓，從而為欲發展的研究工作提供參考與借鑑。具體而言，其目的包括如下三方面：

1. 擘肌分理，透析脈絡 在文獻整理與加工過程中，研究者的關注點應側重於發現文獻所反映的研究工作在理論、內容、性質、方法、取向、廣度與深度等各方面的相關之處，分析存在何種邏輯發展線索，對比其在理論框架、研究思路、研究度量、研究假設、研究方法上存有哪些差異。通過思考相關研究之間的內在關係，研究者可進一步深入地分析，揭示該研究的歷史脈絡，以客觀地認識與評價當前研究課題的價值與合理性。

2. 揆古察今，截長補短 研究者整理與加工文獻的目的不僅是為了增廣知識，還在於圍繞研究課題，從理論與方法上進行總結概括，以提高研究水平。因此，在整理與加工文獻的過程中，研究者一方面要善於體會其他研究者在思路、觀點、方法上的獨到之處，另一方面也要善於發現其他研究中的不足、甚至錯誤，從而取人之長、避人之短。

3. 融會貫通，循序精進 隨著心理與教育科學研究的不斷累積、發展，文獻量以驚人的速度持續增長，需要按照一定程序對文獻進行整理與加工。這一工作的目的在於將眾多龐雜的文獻依據一定標準進行篩選、分類、排列，以便研究者集中注意與思路，在此基礎上，逐類、逐項進行提煉、概括，通過記錄、總結、綜述，促使認識活動循序深化。

（二） 文獻整理與加工的主要內容

文獻整理與加工涉及到多個方面。全面了解這些工作內容，有助於研究者進行統籌安排。

1. 文獻篩選 篩選收集到的文獻，這是文獻整理與加工的重要工作。儘管在收集文獻的過程中，研究者已通過檢索範圍的控制對文獻進行選擇，但仍有必要進一步篩選文獻，以保證隨後進行的工作富有效益。

篩選文獻的標準一般有三方面：(1) 文獻與研究課題是否相關：研究者應對文獻內容、方法及結果與當前課題的關係進行判斷，若在任一方面均無明顯關係，則應剔除。要特別注意的是，"相關"並非完全一致。事實上，研究者力圖選出與當前課題完全相同的文獻，這並不現實。此外，當文獻量大時，"相關"的標準可趨近直接相關；而當文獻量較少時，研究者對"相關"的判斷則可寬泛一些；(2) 文獻是否具有一定代表性：文獻的代表性主要體現在選題、理論取向、方法與主要結果等方面。研究者既要選擇在不同時期與當時研究主流傾向一致或接近的文獻，也要重視具有獨特性的文獻。對於在同一時期的內容、方法、結果相近的多篇文獻，研究者可從中選取部分表述嚴謹、設計縝密、闡述深入合理的文獻；(3) 文獻的質量：對不同類型的文獻，其質量的評判標準存在一些差異，但概括而言，研究者一般可選擇從角度是否新穎、理論框架與取向是否反映當時的進展、方法是否科學嚴密、結果是否可靠而確切、闡述是否恰當、觀點是否得到論證等方面進行評價。對於內容陳舊、缺乏科學性或邏輯混亂的文獻，研究者應予以剔除。

2. 文獻分類與排列 在心理與教育科學研究的大多數領域裏，文獻均有相當的積累。對文獻進行恰當地分類與排列，不僅有助於研究者對文獻的總體把握，還可提高文獻分析的系統性。文獻的分類標準多種多樣，可依據主題、方法、結果傾向性、理論取向、研究思路、觀點、歷史階段等等進行分類，也可以結合不同標準進行多重分類。具體選用何種標準進行分類，取決於兩方面因素：(1) 研究者的分析目的：如果研究者計畫進行研究課題分布的分析，則可按文獻的主題進行分類；如果研究者的關注點在於方法的變更，則應按方法的類型、複雜程度進行分類。也就是說，文獻的分類應與分析的目的一致；(2) 研究文獻的特點：若研究文獻在某方面具有較大的差異性，則應據該方面的差異進行分類，以有利於總結研究文獻。例如，20 世紀 80 年代以來，有關中國獨生子女的研究文獻在結果的傾向性上（即獨生子女的發展優於或劣於非獨生子女）存在明顯差異，根據這一維度對文獻進行分類，有助於研究者認識已有的相關研究。

在分類之後，研究者還可按某一文獻的重要性、質量或文獻的發表時間進行排列，從而使文獻的分析工作有序化。不論是文獻分類還是排列，研究者均可採取多種標準，根據分析目的進行多種或多次分類、排列。

3. 文獻閱讀與分析　文獻閱讀與分析是文獻整理與加工的核心內容。文獻的閱讀方法有多種，包括瀏覽、粗讀與精讀等。不同的閱讀方法具有不同作用。其中，瀏覽旨在抓要點，用以初步判斷文獻的價值，掌握文獻的大致內容；粗讀旨在了解文獻的基本思想與結論，用以判斷文獻利用價值，概括了解研究焦點、動向與新進展，從文獻中獲得啟示；精讀旨在全面、具體掌握文獻的實質內容，在理解的基礎上進行評價、鑑別、質疑，進而創新。在實際的文獻閱讀過程中瀏覽、粗讀、精讀總是結合使用，交替進行。

在查閱文獻的過程中，研究者實際上也在對文獻進行分析的工作。在通過閱讀理解文獻的基礎上，研究者對已有研究從整體到局部進行分析，目的在於對已有研究進行概括與評價。有關於文獻閱讀與分析的具體問題，我們隨後將進行較詳細的討論。

4. 文獻記錄　文獻記錄是借助於符號、文字，保留文獻中有價值的信息。適當記錄可提高文獻閱讀效率，並有助於對文獻進行分析。記錄文獻的方法包括標記、批語、提要、札記等。提要和札記對後來的文獻分析與概括尤有助益。

(1) 提要：提要是對原文獻基本觀點、論據、方法等的概括，其內容在順序上應當與原文獻保持一致。對研究報告與專題論述等不同類型的文獻而言，提要所包括的內容要點構成不同如下。

　　A. 研究報告類文獻提要的構成：①文獻名稱、作者、出處；②研究的問題；③研究方法(被試、工具、具體方式等)；④主要結果及解釋要點；⑤結論。

　　B. 專題論述類文獻提要的構成：①文獻名稱、作者、出處；②研究的問題；③主要觀點；④相應主要論據；⑤結論。

提要一般應簡明扼要，但同時要注意保留相對完整的信息，以免遺漏重要部分而影響文獻分析的結果。

(2) 札記：札記是研究者在閱讀文獻過程中或閱讀後，將自己的認識要點、聯想、疑問、評價、啟示等予以記錄，作為進一步分析的認識基礎。札記的內容與形式靈活，可長可短，段落、句子、短語均可。為更好地保存、利用札記，我們建議研究者將札記與文獻提要記錄在同一卡片或本文中。例如，在提要末尾記札記，或將卡片分為兩部分，一側為文獻提要，另一側為札記。

5. 文獻目錄登記 對文獻所進行的分析評價務必言之有據，故要求研究者提供文獻的目錄。儘管參考文獻目錄總出現在研究報告或論文的最後，但是準備目錄的工作卻不應放到研究的末期，而應從文獻整理與加工這一環節就著手進行。文獻目錄登記應當完整而準確，內容要包括作者姓名、文獻名稱、文獻出處（如刊物名、期號年代、頁碼、書名、年代、出版地、出版機構等）。關於目錄編寫的具體方法、要求，請參見有關書籍。

6. 撰寫文獻分析報告 文獻分析報告是研究者查閱文獻活動的主要成果反映。由於文獻分析在研究中的地位不同，文獻分析報告的撰寫方法亦不同。如果文獻分析僅作為研究報告或專題論文的一部分，則應簡明扼要地編寫，務必突顯主要成果、不足及與當前研究的內在關係；如果文獻分析以專門的綜述文章呈現（如綜述論文、學術論文的文獻綜述部分），則其內容應更全面、具體、充實；如果文獻分析本身是研究主體（如文獻的內容分析研究或元分析研究），則其體例應與研究報告一致。在本節中，我們隨後將詳細探討文獻綜述的撰寫問題。

(三) 文獻整理與加工的程序

上述六方面的工作內容有一定的先後次序，但其順序並非固定不變，也有可能交叉並行。從節省時間、提高效率的角度出發，文獻整理與加工可遵循圖 4-1 所示程序進行。

二、文獻的閱讀與分析

研究文獻的閱讀與分析是整理與加工研究文獻的核心內容。文獻的閱讀與分析對研究者的思維能力、耐性與意志力均構成一定程度的挑戰，同時也為研究者提供了思想交流、碰撞的廣闊思維空間。掌握文獻閱讀與分析的要領，針對不同類型的文獻採取恰當方式，將有助於充分認識和利用文獻。

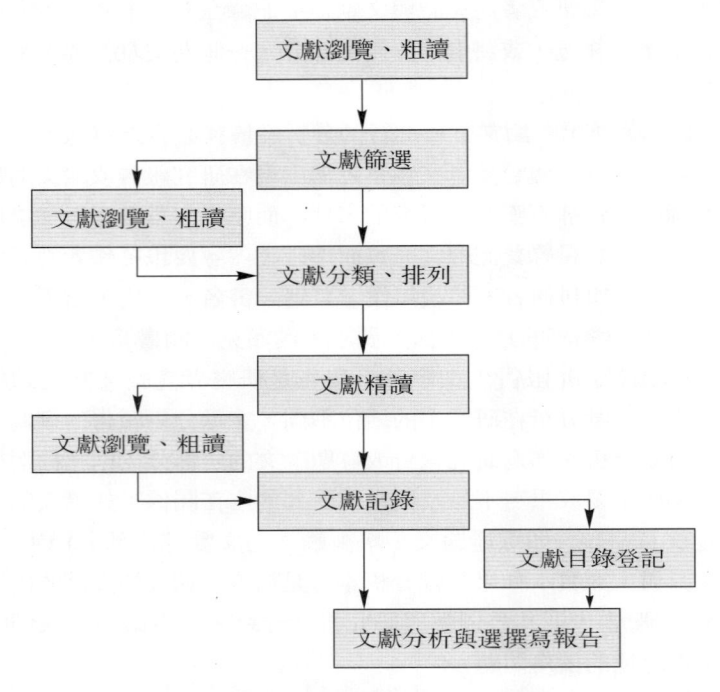

```
                    ┌─────────────────┐
                    │ 文獻瀏覽、粗讀 │
                    └────────┬────────┘
                             ↓
    ┌─────────────────┐ ┌─────────────────┐
    │ 文獻瀏覽、粗讀 │→│    文獻篩選    │
    └─────────────────┘ └────────┬────────┘
                                 ↓
                        ┌─────────────────┐
                        │ 文獻分類、排列 │
                        └────────┬────────┘
                                 ↓
    ┌─────────────────┐ ┌─────────────────┐
    │ 文獻瀏覽、粗讀 │→│    文獻精讀    │
    └─────────────────┘ └────────┬────────┘
                                 ↓
                        ┌─────────────────┐      ┌─────────────────┐
                        │    文獻記錄    │─────→│  文獻目錄登記  │
                        └────────┬────────┘      └─────────────────┘
                                 ↓
                    ┌────────────────────────┐
                    │ 文獻分析與選撰寫報告 │
                    └────────────────────────┘
```

圖 4-1　文獻整理與加工程序

(一) 研究文獻閱讀與分析的一般原則

不論是何種類型的文獻，研究者在閱讀與分析的過程中，均應遵循下述一般原則：

1. 相關性的發掘　明確文獻整理與加工的目的，緊密圍繞研究課題進行閱讀與分析。文獻閱讀與分析的目的，在於發掘已有研究與當前研究課題的內在關係，使研究獲得專門背景及啟示，因此，研究者在閱讀與分析文獻的活動中應始終以研究課題為核心，著重理解、分析文獻所反映的研究內容與方法同該核心的相關之處。例如，研究者欲進行小學生的自我監控能力發展與教師教學風格關係的研究，那麼，對一篇關於個體自我監控發展機制的專題論文，研究者應將閱讀與分析的重點放在與師生互動有關之處。

2. 比較性的闡釋　重視識別已有研究的重點問題及主要分歧,並從理論背景、研究方法等角度對其出現的原因進行闡釋。概括已有研究,首先要把握其重點研究課題包括哪些,由此既可深入認識一定時期學術研究的理論取向與主流,還可發現已有研究較少探討,甚至尚未觸及之處。而對已有研究分歧的認識、剖析則有助於研究者通過比較,盡快發現已有研究的優劣,有助於有效進行開展研究。

3. 批評性的閱讀　閱讀與分析文獻的效益取決於讀者與作者思想的交流與碰撞,而欲實現與作者進行思想交流,則應以積極、主動的懷疑態度,堅持進行批判性閱讀,批判性閱讀要求研究者不僅扮演信息吸納者的角色,還同時扮演信息評價者和信息產出者。只有這樣,研究者才能既深入認識已有研究,又不受已有研究的束縛,而從已有研究中獲得啟發、產生創意。一般來說,研究者可以從這些角度進行批判性閱讀:(1) 研究課題及主要概念的界定與陳述是否明確得當?(2) 對相關文獻的概括、評價是否條理清晰、深入?(3) 研究方法是否嚴謹、恰當?(4) 觀點是否鮮明並且可證?(5) 研究結果是否確切、可靠?(6) 論述是否合乎邏輯?(7) 該研究的理論貢獻何在?(8) 該研究的應用前景如何?

4. 並進性的構思　閱讀、記錄、目錄登記、分析維度構思等多項相關工作同時進行。也就是說,在閱讀文獻的過程中,研究者不僅應當對單篇文獻進行及時概括、總結、登記,而且應當思考文獻分析的總體框架與維度,使閱讀與分析文獻的過程更積極、主動並具有前瞻性。

(二)　研究報告的閱讀與分析

在研究報告的閱讀與分析過程中,研究者應根據研究報告不同部分的特點,有針對性地進行。

1. 問題提出與文獻綜述部分　這部分反映了研究目的、已有相關研究的概況、研究者的問題構思角度與具體內容。因此,對該部分閱讀與分析應側重下述要點:研究課題的內容及主要變量界定;研究課題的探討角度或理論、現實背景;對已有研究的主要內容、發現與不足的分析;上述各方面與研究者的課題研究有何關係?有無可借鑑或克服之處?

2. 研究方法的部分　這部分呈現了研究的設計,與研究的科學性直接相關。在閱讀與分析此部分時，研究者應關注下述要點：被試特徵與抽樣方法；研究類型與收集數據的方式；變量測定工具及內容構成；無關變量的控制；上述各方面與開展研究有何關係？有無可借鑑或克服之處？

3. 研究結果與分析部分 這部分提供回答研究問題的實證數據，及這些數據的基本含義。對此部分的閱讀與分析應側重下述要點：主要結果；研究問題哪些得到回答，哪些尚需研究？結果的統計分析角度；結果的統計分析方法；上述各方面與開展的研究有何關係？有無可借鑑或克服之處？

4. 討論部分 在這部分中，作者對主要結果進行理論解釋，並對其可能具備的理論貢獻、實際指導意義進行分析。對此部分的閱讀與分析應側重下述要點：結果的理論解釋思路；有無不同的結果解釋方式？何者更合理？該研究的理論貢獻與實際指導意義；作者提出哪些有待進一步研究的問題？

（三） 專題論文的閱讀與分析

專題論文包括理論研究文章、綜述等類文獻。與研究報告相比，專題論文的格式靈活多樣。儘管如此，專題的文獻內容構成仍具有共同之處。鑑於下面五個方面是專題論文的重要內容，因此在閱讀與分析專題論文時應加以注意。

1. 研究的學術與現實背景
   - 該理論研究或文獻研究的目的與意義
   - 已有相關研究的概況與不足
   - 上述各方面與研究問題的關係及借鑑、啟示。
2. 研究的問題與觀點
   - 該研究的問題構成
   - 該研究的主要觀點
   - 上述方面與研究問題的關係及借鑑、啟示。
3. 論據與論證
   - 該研究的論據與論證的來源
   - 該研究論據與論點的關係
   - 該研究論證角度；該研究論證的邏輯
   - 上述各方面與研究問題的關係及借鑑、啟示。

4. 研究成果的貢獻
   - 該研究對原有理論來解決問題的解決情況
   - 該研究對原有理論的發展
   - 該研究對心理與教育問題的實際指導意義
   - 該研究對未來研究的指導性
   - 上述方面的借鑑與啟示意義。
5. 研究的局限
   - 論據的局限性
   - 論證的局限性
   - 研究構思的局限性
   - 上述方面與研究問題的關係及借鑑啟示。

(四) 圖書的閱讀與分析

一本圖書中既可能有研究報告，也可能有專題論述、綜述等類文獻，因此上述有關閱讀與分析要點也適用於某些圖書或圖書的某些部分。不過，由於整本圖書的編排體例特殊、文獻量比單篇文獻大得多。因此，對於以圖書形式出現的文獻，其閱讀分析還有一些特別之處，需要研究者注意。

1. 圖書閱讀一般始於目錄 由於圖書可能包含大量各類文獻，研究者限於時間、精力，很難、也無必要從頭至尾通讀整本圖書，因此通過瀏覽目錄，研究者可初步判斷該書內容是否與研究課題相關，或哪些章節是相關資料，以便進行有目的地閱讀與分析。即使整本著作值得通覽，研究者也可借助於目錄了解其輪廓，對該著作框架有所把握。

2. 前後貫通，從而全面掌握著者觀點 圖書閱讀與分析應注意結合不同章節對相同或相近問題在不同角度的探討，從而全面掌握著者觀點。單篇文獻一般集中探討某些問題，信息相對集中化；相比較而言，以圖書形式出現的文獻，對同一問題或一個問題的不同方向，著者可能在多個章節中觸及，因此研究者就不能沿襲單篇文獻閱讀的慣例，將各章節獨立進行閱讀，而應在瀏覽的基礎上，搜索出各章節中的有關部分，然後以問題為中心組織閱讀與分析活動。

文獻閱讀與分析是值得研究者下功夫的重要環節。上述有關要則與方法的討論主要是從定性的角度進行的。近些年來，在研究閱讀與分析技術方面出現了定性與定量相結合的趨勢，對文獻進行客觀、量化的**內容分析**以及對文獻進行整體的**元分析**受到重視。在本書第十一章、第十八章中，我們將討論這兩種文獻分析技術。

三、文獻綜述與撰寫

文獻綜述 (literature review) 是文獻分析報告的重要形式。從範圍上劃分，文獻綜述可以分為針對某學科或專業的綜合性綜述，以及針對某具體問題的專題性綜述。撰寫文獻綜述的過程不僅是研究者以文字形式表述查閱文獻所得的過程，更重要的，它還是研究者進一步深入了解已有研究，並對其進行系統化概括與分析的過程，對研究課題的論證、修改、設計的完善具有重要價值。同時，文獻綜述作為系統化總結，還可為其他研究者、科研管理者提供重要參考，從而在更大範圍對心理與教育科學研究的發展起到重要推動作用。

（一） 文獻綜述的特點與內容構成要素

文獻綜述是對某一學科、某一研究領域或其一研究問題在一定時期內的研究狀況進行較全面、系統的綜合概括與評論。文獻綜述涉及到對已有相關研究成果的總結，以及對新近動態的介紹，但並不等同於成果的簡單匯總、堆砌或動態報導。它的特點在於不僅以一定的邏輯關係與框架歸納整理已有相關研究的成果，且對當前研究中存在的不足予以剖析，還可指出研究的發展方向，並提出改進研究的建議。概言之，文獻綜述反映了作者對已有研究及未來研究的認識與判斷，是作者利用大量文獻對其有關研究歷史發展、現狀與趨勢之見解的論證。可見，文獻綜述不僅是對文獻的綜合，更重要的，還包括對文獻的評價。

因此，文獻綜述在內容構成要素上就應包括兩大方面：一是已有研究的歷史發展與現狀；二是綜述者的評價、建議、預測。在第一方面中，其內容涉及：(1) 該領域研究的緣起；(2) 研究的歷史發展過程，包括各階段研究的內容、方法、已獲得的發現及尚未涉及的問題等；(3) 研究現狀，包括當前的研究思路、重點研究問題、研究方法、成果等。在第二方面中，其內容涉及：(1) 綜述者對該領域研究價值的認識；(2) 綜述者對該研究的歷史發展過程的階段界定、對各階段特點的概括、對研究歷史發展條件的看法、對各階段的歷史貢獻予以評價；(3) 綜述者對當前研究理論貢獻與實踐意義的評價，以及對當前研究不足的分析；(4) 在回顧歷史、分析現狀的基礎上，結合其他領域、學科發展的可能影響，提出關於研究內容、方法、思路等方面的發展趨勢及有待研究的重要問題；(5) 研究改進設想，包括新的研究內容、研究思路、研究設計，對方法的改進措施等。在實際的綜述中，上述兩大方面內容是緊密結合、水乳交融的。

(二) 文獻綜述的格式與內容安排

文獻綜述的格式及內容安排並沒有固定統一的規則。如果文獻綜述是研究報告中問題提出部分的內容之一，那麼它的格式應服從研究報告的安排，而內容也多集中在對現狀的概括與評價。如果文獻綜述是相對獨立的論文，則可參照下述格式與內容。

第一部分　緒言：綜述撰寫的學術背景、目的、意義、基本內容。
第二部分　歷史發展狀況與評價：研究的歷史階段劃分及各階段研究狀況的概述與評析，述評各階段代表性研究、出現的新理論、新方法以及出現的問題。
第三部分　當前研究狀況與評價：研究各方面所取得的成果，各派、各觀點、各方法進展，當前研究的不足，提出應當研究的問題及其思路。
第四部分　趨勢展望：研究重點、方法、思路、發展的方向
第五部分　研究改進建議：對當前研究提出的新設想、新方案。
第六部分　參考文獻目錄：列出直接有關的文獻目錄
在上述第一至第五部分，文獻概況與綜述者的評析是相互結合的，而在第四、五部分中綜述者可以更充分地發表自己的觀點。

(三) 文獻綜述的撰寫要領

撰寫文獻綜述是令不少研究者、尤其是初學者頗感困難的工作。下面，我們簡要討論文獻綜述的撰寫要領。

1. 緊密圍繞研究課題進行有針對性的綜述，著力揭示已有研究與研究課題的內在關係。綜述者首先要對自己的研究課題所涉及的內容、方法、思路保持清醒的認識，明確認識綜述撰寫之目的，選擇有關的研究進行介紹與評價，並且注意明確、具體地展示出所綜述研究與擬開展研究之間的邏輯發展關係。綜述是對相關研究進行的，因此，綜述者應當避免漫無目的、面面俱到的介紹，或者僅止於對已有研究進行一般性總結，而忽視針對研究課題進行研究回顧。

2. 文獻綜述應涉及理論基礎、研究概念與變量定義、變量測定、研究類型與方法、研究思路、研究主要發現等各方面，從而完整地概括、評析相關研究。一些綜述者有時僅限於對研究結果的介紹，這不僅限制了綜述的豐富性與深入性，同時也使綜述失去了促進研究完善的作用。因此，無論是對已有相關研究的介紹或是評析，綜述者均應從研究的各主要構成部分入手進行全面的探討，尤其應重視對研究思路、研究方法進行評述。

3. 綜述所使用資料應全面、詳實。我們強調針對研究問題選擇相關資料進行綜述，但這絕不意味著綜述者只選擇與自己的學術觀點一致的文獻，或符合自己思路的文獻，而應當重視對各種觀點的文獻進行介紹，為進一步比較與分析提供基礎。此外，綜述所使用的資料還應當兼顧理論研究與實證研究，以提高綜述的理論含義。

4. 綜述應當高度重視使用恰當的方式表述綜述者自己的觀點。如前所述，綜述並非是情況匯總，而是對已有研究的敘述與評論，因此，綜述者對已有研究的成果、不足的看法，對未來研究的見解均是極為重要的。不少綜述忽視了這一點，而只是對他人觀點或成果進行無意義的羅列：如"皮亞傑認為…、維果斯基認為…、喬姆斯基認為…、"綜述者應時刻記住：綜述是綜述者認為已有研究是怎樣的，而不是已有研究者在研究中表述了什麼。綜述者既可以安排專門段落表述自己的分析與評價，也可以邊述邊議。當然，在強調綜述者高度重視言之有據的論評的同時，我們也提醒綜述者避免空評無據的傾向。

5. 綜述應明確區分文獻中的觀點與綜述者的觀點。一方面綜述者應明確自己的觀點；另一方面，應以"註"的形式或其他恰當的方式標明文獻中觀點的出處，使綜述更為嚴謹。

6. 綜述應結構得當、詳略合理、前後銜接。因綜述涉及的文獻較多、內容較廣泛，有些初學者難以把握，出現邏輯不清、結合鬆散、前後割裂、詳略不分的混亂情況。為完善綜述的結構與內容組織，綜述者可圍繞研究課題，根據文獻特點設計綜述結構與內容重點，擬定寫作框架，在此基礎上組織文獻，並進行適當歸納與評析。此外，綜述者還應注意行文簡明，提綱挈領。

本 章 摘 要

1. 查閱文獻是研究的重要組成部分，對於發現並確定研究問題、完善研究設計、擴展分析角度豐富分析結果與提高研究報告撰寫品質等方面均可起到有力推進作用。
2. 查閱文獻應注意確定恰當範圍、兼顧歷史與進展、重視原創性與代表性文獻、廣泛性與專門性結合，並應將收集、整理等各環節統籌安排，同步進行。
3. 研究文獻有多種分類。按文獻內容與形式特性進行劃分，則可分為研究報告、綜述、專題論述、學位論文、辭書條目等類。
4. 研究文獻主要分布於各類圖書、期刊、資料檔案與數據庫中。
5. 文獻整理與加工是文獻查閱的核心工作，主要目的在於發掘已有相關研究與開展研究的內在關係，吸取已有研究的經驗與教訓，提高文獻認識活動的效益。
6. 文獻整理與加工涉及篩選、分類與排列、閱讀與分析、記錄、目錄登記及撰寫文獻分析報告等內容。
7. 欲高效進行文獻閱讀與分析，研究者應明確目的，重視識別研究之重點與分析，堅持批判性閱讀，並統籌安排閱讀、記錄、目錄登記與分析等相關工作。
8. **研究報告**、**專題論述**及以圖書形式出現的文獻在編排體例與內容側重點上各有特點，因此對它們的閱讀與分析之要點也有所不同。

9. 文獻綜述是文獻查閱成果的重要反映。它是對已有研究的全面、系統之概括與評論。
10. 文獻綜述可分為緒言、歷史發展、當前研究狀況、趨勢、建議、參考文獻目錄等六大部分。各部分有其具體內容安排。
11. 文獻綜述撰寫應注意六項基本要領，尤其應注意綜述之針對性與完整性及組織性，並需高度重視恰當表述綜述者自己對已有研究的見解。

建議參考資料

1. 吳明清 (1996)：教育研究——基本觀點與方法之分析。台北市：五南圖書出版公司。
2. 董　奇 (1992)：心理與教育研究方法。廣州市：廣東教育出版社。
3. Best J. W., & Kahn J. V. (1986). *Research in education*. Englewoud Cliffs, NJ: Prenfice Hall.
4. Leceky P. D. (1985): *Practical research: Planning and design.* New York: Macmillan Publshing Company.
5. Leong S. T. L., & Austin. J. T. (1996). *The psychology research handbook.* London: Sage Publishing International Education and Professional Publish.
6. Wiersma W. (1995). *Research methods in education: An Introduction* (6th ed.). Boston: Allyn and Bacon.

第五章

研究設計

本章內容細目

第一節　研究設計的內容與標準
一、研究設計的基本內容　123
　㈠ 明確研究目的和選擇研究對象
　㈡ 選擇研究類型和收集數據的方法
　㈢ 確定研究變量的抽象定義和操作定義
　㈣ 選擇研究材料和測量工具
　㈤ 確定研究程序與控制研究誤差
　㈥ 考慮研究結果的統計分析
二、研究設計的評價標準　125
三、研究的內部效度　127
四、研究的外部效度　128

第二節　研究對象的選取
一、抽樣的意義和特點　130
二、抽樣的基本步驟　132
三、具體抽樣方法　133
　㈠ 簡單隨機抽樣
　㈡ 系統抽樣
　㈢ 分層隨機抽樣
　㈣ 整群抽樣
　㈤ 多階段抽樣
四、樣本含量的確定　136
五、抽樣誤差及控制　137
　㈠ 抽樣誤差的計算
　㈡ 控制抽樣誤差的方法

第三節　變量的界定與選擇
一、變量的界定與特點　139
二、變量的類型　140

三、變量與指標的選擇與確定　142
　㈠ 選擇和確定自變量與因變量及其指標
　㈡ 選擇研究變量和指標時應考慮的因素

第四節　研究假設的提出
一、研究假設的特點與功能　144
二、研究假設的類型　146
　㈠ 實質性假設與統計假設
　㈡ 比較性假設、相關性假設、因果性假設
　㈢ 一般性假設與特定性假設
三、提出研究假設的原則與方法　149
　㈠ 提出研究假設的原則
　㈡ 提出研究假設的方法

第五節　研究變量的測量與研究誤差的控制
一、研究變量的抽象定義與操作定義　151
二、研究變量操作定義的界定方法　151
　㈠ 程序描述法
　㈡ 動態特徵描述法
　㈢ 靜態特徵描述法
三、研究變量的測量量表與要領　153
四、研究誤差的來源　155
五、研究誤差的控制方法　157

本章摘要
建議參考資料

凡事豫則立，不豫則廢。做任何事情，都需要事先的計畫，進行心理與教育科學研究也不例外。心理與教育科學研究是系統化的複雜認識活動，在研究中，研究者可以採取的具體方法也多種多樣。因此，在確定了研究課題之後，研究者必須從研究的全局出發，通盤考慮研究的實施問題，對整個研究作出規劃和設計。換言之，研究者需要設計研究的具體實施方案，以恰當的方式達成研究目的，保證研究的科學性。

研究設計是一個複雜的問題。在廣義上，研究設計包括研究計畫的全部過程；而在狹義上，研究設計專指確定和安排研究中的變量、選擇合適的資料收集與分析方法的研究計畫過程，主要包括根據研究目的選擇研究對象、確定收集資料的方法、選擇適用的研究工具和材料、制定研究程序等一系列步驟。研究設計的根本目的則在於保證以經濟有效的途徑順利地、有條不紊地完成研究工作，獲得客觀而準確的研究結果。

心理與教育科學研究以人為研究對象、又以人為研究者的特點，決定了其研究結果會受到諸多因素的影響。因此，在研究設計中，對研究對象給予科學、明確、規範的定義，對研究的具體條件施以必要的控制，不僅可以保證結果的正確性，同時也為其他研究者重復研究、互相驗證與交流提供了必要的基礎。在這個意義上，研究設計是研究工作中十分關鍵的一步。因此，在用各種方法收集和分析資料之前，先做好科學、合理、相對完善的研究設計工作，可以保證研究結果的可靠性和科學性，同時還可以充分節約研究預算，以符合經濟原則。在本章中，將主要討論狹義的研究設計，提示研究設計的基本原則和程序，擬重點探討以下問題：

1. 研究設計的內容和標準。
2. 研究對象的選取。
3. 研究變量的界定和選擇。
4. 研究假設的提出。
5. 研究變量的測量和研究誤差的控制。

第一節　研究設計的內容與標準

研究設計 (research design) 是一個全局性的問題，其內容涉及方方面面。為此，研究者應在從事專題研究之前進行通盤考量，按照一定的程序對所要進行的工作制定出詳細的計畫與安排。具體而言，嚴謹的研究設計可以告訴我們觀察與分析的方向；建議所需要的樣本量，並指明各變項的種類；指導我們根據各變項的測量類別或層次來選擇適當的統計方法；最後，研究設計還告訴我們如何根據分析結果作出各種可能的結論。統言之，研究設計是將研究情境與資源進行有效的安排，使研究者以經濟的方式，按照研究目的，獲取準確的資料，並作出正確的分析，以解決探索中特定的問題。

研究的**信度**和**效度**正是用來評價研究和研究結果是否客觀有效的科學性標準。研究中的每一個步驟都會影響研究的信度、效度，包括被試、主試、研究情境、研究設計等多種因素。因而對研究信度、效度的考慮要貫穿於研究設計各個環節的始終，否則將被評責為不合乎科學或不合乎邏輯。

一、研究設計的基本內容

在教育與心理科學研究中，儘管具體研究方法多種多樣，但無論哪一種方法都涉及到選擇和操縱變量、形成研究設計假設、選取研究對象、確定研究程序等一系列問題。

一般來說，一項良好的研究設計主要包括以下幾個方面的內容：

（一）　明確研究目的和選擇研究對象

從事一項研究工作，首先必須有個清楚的目的，如此研究才有方向。然而目的能否達到和如何達到也是至關重要的。關於這一點，研究者在閱讀分析前人研究時，要特別注意從已有資料中尋找空間。研究目的確定之後，根據研究的性質與研究問題的意義價值，可以明了研究對象的特徵，如此就能大致確定研究對象的範圍。在選擇研究對象時，除要考慮研究的目的之外，還要考慮研究結果的概括性程度。在界定了研究對象的總體後，還應根據統計學的要求，估算樣本的大小。在確定樣本大小時，既要保證樣本的代表性和推論的準確性，又要考慮研究進行的主客觀條件即可行性因素。並在此基礎上，決定樣本取樣的具體方法。

（二） 選擇研究類型和收集數據的方法

在心理與教育科學研究中，研究類型多種多樣。根據研究時間的延續性可以分為縱向研究與橫斷研究；根據研究對象的多少可以分為個案研究與群體研究等。這些不同的研究類型各有優缺點，分別適用於不同的研究課題。研究人員應該根據自己的主客觀條件和研究課題的要求，選用適當的研究類型。比如研究課題需要在短時間內收集大量數據，則宜採取橫斷研究和多被試的群體研究。

確定研究類型之後，就要考慮選擇收集數據的方法。在心理與教育科學研究中，可採用的收集數據的方法很多，包括訪談法、問卷法、觀察法、測驗法、實驗室實驗法、現場實驗法等。研究者應根據研究的目的、被試的特點、研究的主客觀條件、各種方法的優缺點與適用性，選擇最合適的方法。通常，同一研究課題往往可以用多種方法收集數據，而每種方法又各有其優缺點，因此，在目前的心理與教育科學研究中，提倡多種方法的綜合運用。

（三） 確定研究變量的抽象定義和操作定義

任何一個研究課題，都涉及一個變量或多個變量與另一個變量或多個變量的關係。因此，在選定了研究類型和收集數據的方法之後，應根據研究目的，進一步明確研究課題所要研究的變量有哪些，需要控制的無關變量又有哪些，並在此基礎上，確定研究變量的**抽象定義**(即變量的內涵和外延)。然後，用可感知、可度量的具體事物、現象等可觀測的指標為研究變量**操作定義**，從而使研究變量變得具體、可操作，能控制及檢驗，便於探討變項間的關係。

（四） 選擇研究材料和測量工具

確定了研究變量的抽象定義和操作定義之後，研究設計工作就進入到選擇研究材料與測量工具的階段。一方面，研究者要根據研究的需要，收集和選用現有的實驗儀器、測量工具等；另一方面，還要根據課題的特殊要求，製作有關的實驗材料或編製有關的測量工具。無論是選用還是編製研究材料和測量工具，都要考慮研究的目的、被試的特點、研究的主客觀條件，以保證研究所用材料和測量工具的科學性。

(五) 確定研究程序與控制研究誤差

研究程序是研究進行的具體步驟，用以說明研究資料如何收集的程序，它可以保證研究有條不紊地順利進行。制定研究程序主要包括以下幾個方面的工作：(1) 確定測查研究變量的方法和研究實施的步驟；(2) 確定研究材料的組織與呈現方式；(3) 確定控制研究誤差的方法。由於心理與教育科學研究的複雜性與特殊性，研究誤差的控制就顯得更為必要。有關的具體技術與方法，本章第五節將進行詳細的介紹。

(六) 考慮研究結果的統計分析

在研究設計時還要考慮如何對收集到的研究數據、資料進行分類整理，用何種統計方法進行分析，並據此修改、完善有關收集數據的方法與內容的計畫 (詳見第十六、十七章)。

二、研究設計的評價標準

研究的信度、效度是研究設計中需要考慮的重要問題，也是評價研究設計科學性的主要標準。

研究的**信度** (reliability) 指研究方法、程序、結果的可重復性，分為內在信度和外在信度。**內在信度** (internal reliability) 是指在同樣的條件下，資料的收集、分析和解釋的一致性，反映的是不同資料收集者或評價者對同一條件下收集、分析和解釋資料之間的一致性程度。一個缺乏內在信度的研究，資料的收集者或評價者是影響其結果的重要函數變量，而不是實際發生事件的函數，即不同的研究者會使研究結果迥異，從而使研究缺乏可靠性。**外在信度** (external reliability) 指不同的研究者能否在相同或相似的背景下重復研究以及研究結果的一致性。正式的心理與教育科學研究報告要求列出詳細的研究方法、步驟、材料，其重要目的之一就是使外在信度能夠得到檢驗。對於研究工具而言，常用的研究信度指標主要有重測信度和分半信度（內部一致性信度）。這些信度指標的收集與估算請參見有關書籍。

研究的**效度**(validity) 指研究揭示心理與教育規律的真實程度，它直接反映研究目的的實現程度，因而是評價研究及其結論的最根本的標準之一。常見的研究效度有構想效度、統計效度、內部效度和外部效度四類。

(1) **構想效度**(或構念效度) (construct validity)：指研究理論構思的合理性及其轉換為操作性定義的恰當程度。理論構思的清晰性和邏輯性、具體研究假設與理論構思的一致性、變量一般定義的清晰性、變量操作定義及其觀測指標的合理性與可行性、對無關因素的控制性，都會對構想效度產生影響。

(2) **統計效度**(statistic validity)：其目的在於檢驗研究結果的分析程序與方法的有效性，主要用於誤差、變異來源、統計方法的適合性等問題的判定。統計方法的適合性和統計檢驗力數據質量等對統計結論效度有著根本性的影響。

(3) **內部效度**(或內在效度) (internal validity)：指研究的自變量和因變量之間關係的確切程度。

(4) **外部效度**(或外延效度) (external validity)：指研究結果能夠被推廣到樣本總體和其他條件中的程度。

由於內部效度和外部效度分別對研究結論的準確解釋性和普遍性進行研究，因而具有特別重要的意義。基於此，我們在後面還將專門對研究的內部效度和外部效度進行探討。

研究的信度與效度之間有著緊密的聯繫，信度高是效度高的必要非充分條件。以射擊靶環為例，假設有 A、B、C 三支槍，對準靶面中心固定位置各射 9 槍，所得結果如圖 5-1。

A 槍彈著點十分分散，表明其準確性和一致性都不好；B 槍彈雖然比較集中，但偏離靶心，說明一致性好，準確性差；C 槍彈著點全部集中在靶心，說明一致性和準確性都好。以彈著點的一致性來表示研究的信度，以其準確性來表示研究的效度，我們可以得出三條結論：信度低，效度必然也低；信度高，效度不一定高；效度高，信度一定高。

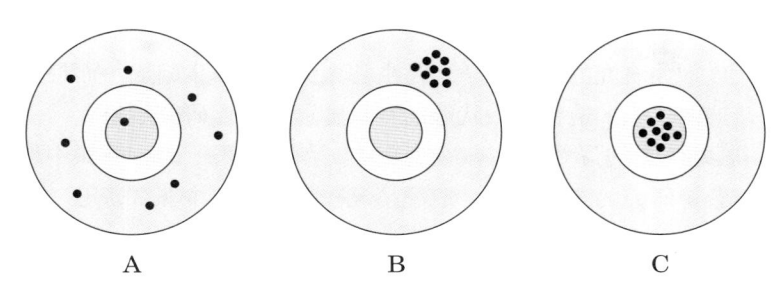

圖 5-1　準確性和一致性的關係
(採自鄭日昌，1987)

三、研究的內部效度

研究的**內部效度**是考察一個研究的結果是否真實可靠的重要標誌之一。內部效度解決的問題是，能否從研究所收集的數據中得出研究的結論，即研究變量之間的關係是否確定。提高內部效度就是保證因變量的變化是由特定的自變量所引起的。

研究的內部效度要求研究變量之間的關係明確，使無關因素對研究所探討的問題的影響最小，因此，我們必須了解，在心理與教育科學研究中，有哪些因素會干擾研究的內部效度，或者說，我們在實驗設計時應重點考慮哪些因素可能會對研究結果產生影響。

在心理與教育科學研究中，通常下列因素可能會影響研究的內部效度：

1. 成熟因素　在研究期間，被試的身心功能會隨著時間的推移而發生系統的變化，如兒童的智力會隨年齡增長而變化。因此，就那些實驗周期長的實驗處理或干預實驗來說，對被試前後測的效果可能與受到成熟因素影響產生的效果相混淆，從而降低研究的內部效度。解決這一問題的主要方法是設立控制組進行比較。

2. 偶然事件　在研究進行期間未預料到的各種大小事件甚多，如被試的情緒波動等，均會影響被試的行為表現，混淆研究處理的效果，降低研究的內部效度。

3. 被試選擇差異　對被試分組時，並未採用隨機挑選或隨機分配的方式,使被試在研究的初始狀態就存在差異,從而影響對變量關係的判定,降低內部效度。如研究的教學實驗班是由智力偏高的學生組成,而控制班是智力水平普通的學生,這種初始狀態的差異會直接影響研究結果。

4. 被試缺失的影響　在研究進程中,由於各種原因,被試中途退出研究,這將影響研究的內部效度。這種情況在縱向研究中非常普遍。一般可以通過增加被試量來解決這一問題。

5. 前測的影響　對於有前後測的研究來說,前測經驗可能會提高被試的後測成績,即練習效應。如在一些智力測驗中,被試可能會通過學習熟悉某些題目,從而提高成績。

6. 實驗程序和測量手段的影響　研究過程中,由於實驗的程序(如前後測的程序)或者研究中採用的工具(如測驗的版本)的不一致,可能抵銷、降低或誇大實驗處理的效果,使研究的內部效度受到影響。

7. 多因素的交互作用　在研究過程中,由於研究程序或實驗安排方面的原因,會造成變量的不同水平間以及變量水平與研究程序或實驗安排間的交互作用,降低研究的內部效度。比如研究者欲了解中學生學習動機的發展,但是由於沒有考慮性別的影響,就有可能造成年齡與性別之間的交互作用,影響研究結果。

8. 統計回歸效度　在進行重復測量時,初測時位於兩端的高分者和低分者,復測時成績會出現向平均值移動的現象,這種自然傾向被稱為**統計回歸效度** (statistical regression validity)。如果在研究中所選取的被試是分數極端者,就可能會產生此效度,從而降低研究的內部效度。

以上介紹了影響研究內部效度的八種因素。在具體的研究中,影響內部效度的因素種類、數量、作用大小可能不同,研究者需根據具體情況加以分析、識別,並採取相應的措施予以控制和消除。

四、研究的外部效度

研究的**外部效度**又可以分為總體效度和生態效度。

總體效度 (population validity) 是指研究結果能夠適用於被試所來自的總體的程度。為了確保總體效度,就必須從總體中隨機選取樣本,使樣本對總體具有代表性。

生態效度 (ecological validity) 是指研究結果能夠概括化和適用於其他研究條件及情景的程度和能力。若要使研究結果能夠適用於其他條件和情景，就必須考慮如何使進行某一特定研究的條件與情景對其他條件、情景有一定的代表性。

影響研究的外部效度的因素通常有以下幾種：

1. 研究樣本的代表性　如果研究樣本的代表性差，且與總體差異過大，樣本不能代表總體，那麼，研究的總體效度必然會受到影響。比如在調查中學生的吸煙問題時，由於所選學校的教育質量過差，可能會錯誤估計問題的嚴重程度。

2. 實驗者效度　研究者在研究過程中，可能會通過自己的言語、情緒及行為，把研究的目的、結果的期望等傳遞給被試，導致被試做出了虛假反應，從而影響研究結果的概括性或適用性。這方面比較典型的例子是羅森塔爾效應（註 5-1）。

3. 測量工具的可靠性　如果在研究中選用的測量工具的信度與效度低，或在研究中機械地借用他人的工具而未經修訂，都會影響研究的外部效度。

4. 研究情景過於人為化，與實際情景差異大　如果把實驗室研究的結果用於真實的實際情景，其適用性可能會受到影響。

5. 被試與實驗處理的交互作用　被試的各種特徵（如年齡、性別、動機等）會使實驗處理的效果具有某種特定的意義，從而使研究結果的普遍性受到影響。比如在圖形識別測驗中，可能由於一些被試對於某些圖片產生恐懼感，從而會影響總體的測驗成績。

要提高研究的外部效度，在研究設計時就應考慮上述因素。做好樣本的選取工作是非常重要的一步。此外，在確定研究課題、形成研究假設時，也應考慮研究結果的概括性問題，不可任意擴大研究的外延。

一般來講，研究的內部效度與外部效度的關係主要表現為前者是後者的

註 5-1：羅森塔爾效應 (Rosenthal effect)，又稱**自驗預言** (self-fulfilling prophecy)，指在有目的的情境中，個人對自己（或別人對自己）的預期常在自己以後的行為結果中應驗。

必要非充分條件。一些現場實驗研究（註 5-2）將二者較好地結合起來。但有時也會出現相互衝突的情況，如某些嚴格的實驗研究雖然內部效度很高，但外部效度卻因之而下降，因此研究者應根據研究的具體目的做適當的權衡與選擇。

通過對研究信度和效度及其影響因素的探討，可以發現，影響研究結果可靠性的因素不僅存在於研究設計之中，而且還存在於實施研究設計的實際過程之中；不僅存在於被試、主試和研究環境之中，同時還存在於研究的各個具體環節之中。因而要制訂一個好的研究設計，就必須結合研究的實施過程，全面嚴謹地考慮，研究設計中諸環節及每個環節各方面有可能影響研究信度、效度的因素，並加以排除或控制。

第二節　研究對象的選取

如第一節中所述，研究對象的選取是研究設計的重要內容，它關係到研究結果的科學性和可推廣性。本節擬討論抽樣的步驟、方法、量（大小）及誤差控制等問題。

一、抽樣的意義和特點

任何心理教育研究都有其特定的研究對象，根據某些特定原則來加以選擇的特定研究對象的總和，即稱為**總體**（或**母群**）（population）。研究者面臨如何選擇研究對象的問題，即**抽樣**（sampling）問題。通常而言，在心理與教育的實際研究工作中，研究者不可能也沒有必要對人群中的所有個體進行研究，而必須根據一定的原則，從母群體中抽取一個有代表性的個體，就

註 5-2：**現場實驗研究**（field experimental study）：是一種在實際生活情境下進行的研究法，允許實驗者在有限的程度上控制某些條件和變量來觀察操作者的行為變化。

叫**樣本** (sample)，以此樣本來進行研究，然後根據對樣本研究的結果去推論總體的有關情況。

在心理與教育的研究中，抽樣有非常重要的意義，具體表現為：

1. 加強研究效能 抽樣是以少數有代表性的樣本來代表總體，減少研究中被試的數量，從而節省人力和物力，縮短研究的時間，達到更加經濟有效的目的。

2. 減少研究誤差 抽樣的方法能夠減少非抽樣誤差，保證研究結果的準確性。隨著被試數量的增加，研究的實施將變得更加複雜和困難，在人員培訓、資料收集、數據分析中的誤差會急劇增加。而通過抽樣，則可減少研究過程中的這些誤差。

3. 深究研究對象 抽樣的方法使研究者有更多選擇研究方法的自由，通過抽樣，研究者可以廣泛使用訪談法、觀察法和實驗法，而不僅僅限於調查法。因此，能夠對研究對象進行深入的分析與研究。

4. 確保研究施行 在實際研究中，一些研究對象可能因為某些原因而無法獲得，採用抽樣的方法能夠保證研究的順利進行。

研究者通常可採用非概率抽樣和概率抽樣兩種方法從總體中抽取樣本。在**非概率抽樣**(或**非機率抽樣**) (non-probability sampling) 中，每個樣本被抽中的概率是未知的，而取決於研究者的個人判斷以及實施是否方便。由於非概率抽樣不能保證樣本的代表性，因此，不能運用推論統計的方法來推論總體。在探索性的研究中，非概率抽樣常常用來獲取一些基本的信息，為建立初步的研究假設服務。同時，在對一些特殊的總體進行研究時，如意外傷害兒童，非概率抽樣的方法比概率抽樣更有效。常用的非概率抽樣的方法有方便抽樣、判斷抽樣、配額抽樣和滾雪球抽樣等 (註 5-3)。

註 5-3：**方便抽樣** (convenience sampling) 是指在這種抽樣方法中，只需隨手抓取符合條件的例子，持續這個過程直到收集到的樣本達到原先設定的大小為止。**判斷抽樣** (judgment sampling) 是根據研究人員的需要或方便，依其主觀的判斷有意抽取研究上所需的樣本。**配額抽樣** (quota sampling) 是研究者或取樣者遵照某種既定的標準來取樣，如職業、年齡等。**滾雪球抽樣** (snowball sampling) 是先訪問具有代表性的某人，然後再由被訪者推薦，再訪問第二人。如此繼續進行，像滾雪球一樣，逐漸增加受訪者人數，從而達到研究要求。

概率抽樣(或機率抽樣)(probability sampling)是指按照隨機化的原則抽取樣本。它可以保證樣本的代表性，使樣本和總體保持相同的結構。因此，以概率抽樣為基礎的研究結果，可以作進一步的推論。

　　下面我們將主要介紹概率抽樣的基本步驟、抽樣方法、抽樣誤差及控制等問題。

二、抽樣的基本步驟

　　抽樣步驟通常包括界定總體、確定樣本含量、選擇抽樣方法、實施抽樣等環節。

　　1. 界定總體　　總體的界定是抽樣設計的基礎。只有規定了明確而有意義的總體，才有可能保證樣本的代表性。總體的界定主要取決於研究者的研究目的，目的不同，選取的研究總體也不同。其次，總體的界定要兼顧研究的外部效度和可行性，結合研究的目的，在兩者間尋求一個恰當的平衡。如研究高校學生的心理健康狀況時，研究的總體自然是高校的學生。為了使研究結果具有普遍的意義，研究的總體應該是全國所有高校的本科生、專科生和研究生。但這樣就會導致研究需要大量的樣本，使取樣工作的難度加大，數據收集和處理也變得更加複雜。如果只取北京市高校的本科生為總體，則雖然保證了研究的可行性，但卻降低了研究的外部效度與價值，使研究結果的概括性受到一定程度的影響。若能依據一定標準將全國分為幾個區，以特定地區的高校為總體，再進一步在該特定區內抽樣，則可在一定程度上解決外部效度與可行性的矛盾。

　　2. 確定樣本含量　　樣本含量(或樣本大小)(sample size)指所選取的樣本數量。從樣本代表性的角度來說，樣本含量越大，代表性越好。但是，隨著樣本含量的增加，每一樣本對樣本代表性的貢獻越來越小，而研究所需的人力、物力和時間卻持續增加，同時研究中的非抽樣誤差(註 5-4)也將增大。一般說來，研究者總是在一定的誤差允許範圍內，選取最小數量的樣本。關於具體樣本含量的確定，將在後面"樣本含量的確定"部分再討論。

註 5-4：非抽樣誤差(non-sampling error)指不是由於樣本代表性不夠所導致的誤差。

3. 選擇抽樣方法並抽取樣本 抽樣的方法有很多，每種都有各自的特點和適用的條件。在選擇抽樣的方法時，一般要考慮兩個因素：(1) 保證抽樣的代表性，使抽樣誤差降至最小；(2) 考慮研究的可行性，盡量選擇經濟、可行的抽樣方法。在抽樣設計中，研究對象的總量、地理分布、個體的同質性等諸多因素將會影響抽樣方法的選取。研究者應該充分考慮，使研究的對象和抽樣的方法達到最佳的搭配。

三、具體抽樣方法

抽樣方法 (sampling method) 是指探討如何從總體中抽取具有代表性樣本的方法，或探討在何種情形下宜採用何種抽樣方法。抽樣的方法很多，選取何種抽樣，一方面取決於研究的目的和研究條件的要求，另一方面取決於抽樣方法的具體特點和適用範圍。下面介紹幾種主要的抽樣方法。

(一) 簡單隨機抽樣

簡單隨機抽樣 (simple random sampling) 是以隨機原則為依據的最基本的抽樣方法。它是指根據隨機原則，在總體中直接抽取若干個個體作為樣本。在隨機取樣中，總體中每一個個體被抽取的概率是均等的，而且個體之間是彼此獨立的。

常用的隨機抽樣方法有兩種：一是抽籤法，二是隨機數字表抽樣法。**抽籤法** (drawing straw) 指將總體中的所有單元都編上號，寫在籤上，每一次抽一個籤，直到抽足所需要的樣本量為止。**隨機數字表抽樣法** (或亂數表抽樣法) (table of random numbers sampling) 同樣將每個單元編上號，以隨機數字表為基礎，目前還可採用計算機上的隨機數字功能進行抽樣。

簡單隨機抽樣是眾多抽樣方法中最簡單，最容易操作的方法，並且可以借助計算機來進行。它適用於樣本總體個數有限，並且數量不大的情況。但是，簡單隨機抽樣也有一些缺點：(1) 當總體數量較大時，欲將每個個體進行編號就顯得費力費時，特別是當總體的清單不可能獲得時，就不能使用簡單隨機抽樣的方法；(2) 當總體中各個子群體間的差異較大時，使用簡單隨機抽樣的方法，會導致較大的抽樣誤差；(3) 如果總體在地理位置上分布較廣泛，簡單隨機抽樣就會導致樣本太分散，而使研究的實施變得困難；(4)

如果總體中具有某種特點的子群體所含單元較少，但對於研究來說卻非常重要時，簡單隨機抽樣的方法也不適用。

(二) 系統抽樣

系統抽樣(systematic sampling) 是簡單隨機抽樣方法的一種改進，它是指按一定的間隔順序，在總體中抽取樣本，主要包括三個步驟：(1) 將總體中每一個個體按一定標準排列並編號；(2) 確定抽樣間隔，即用總體的個數除以樣本個數，如從 2000 個樣本中抽取 100 個樣本，則抽樣間隔為 20；(3) 採用抽籤法或隨機數字表選擇一個抽樣的起點，然後按照抽樣間隔依次往下選取樣本。需要說明的是，抽樣起點的數值必須不大於抽樣間隔的數值。

系統抽樣特別適合大樣本，其主要優點是能在總體範圍內進行抽樣，使抽取到的樣本比較分散，從而保證了樣本的代表性。但是，當總體的排列順序與抽樣間隔具有對應的周期性特點時，系統抽樣會導致嚴重的抽樣偏差。如在入室調查中，假設某棟樓的中間為兩居室，兩邊為三居室 (如圖 5-2)。如果按四戶為抽樣間隔，就會導致只抽到三居室或只抽到兩居室的居民。事實上，三居室和兩居室的居民可能會在收入、資歷等方面具有不同的特點，這樣就會導致抽樣偏差。

(三) 分層隨機抽樣

分層隨機抽樣(stratified random sampling) 是指按某些特徵，先將總體分成 K 個互不重疊的子總體 (或 K 層)，然後從每個子總體中獨立地

10 樓	編號 28：三居室	編號 29：兩居室	編號 30：三居室
...	...	...	...
3 樓	編號 7：三居室	編號 8：兩居室	編號 9：三居室
2 樓	編號 4：三居室	編號 5：兩居室	編號 6：三居室
1 樓	編號 1：三居室	編號 2：兩居室	編號 3：三居室

按照 4 戶為間隔，將只能抽到三居室的住戶，即**加黑**的住戶。

圖 5-2 系統抽樣的誤差

抽取子樣本。在對總體進行分層時，應該使各層內部的差異最小，而使各層間的差異最大，這樣才能保證分層的意義。同時，分層要保證每個個體都能夠、並且只能夠歸屬於一個層，而不能有所遺漏或重疊。因此，在選擇分層標準和分層的過程中，應該充分考慮研究對象的特點，否則不但不能降低抽樣誤差，反而會增大抽樣誤差。為此，在抽樣前，應當計算每層的數量與在總體中的比例，按下列公式進行抽樣：

$$n_i = n\,\frac{N_i}{N} \qquad [公式\ 5\text{-}1]$$

式中 n_i 為第 i 層中抽取的樣本數量，n 為樣本總量，N_i 為第 i 層的對象數量，N 為總體數量。

分層抽樣適用於總體成分複雜，各成分間差異較大的情況。在這種情況下，分層抽樣是比簡單隨機抽樣更精確的抽樣方法，合適的分層抽樣能有效降低抽樣誤差。同時，分層抽樣允許研究人員對抽樣進行更多的控制，以自己的研究意圖來確定每一層大約需要多少人。但是，分層隨機抽樣要求對總體中各層的情況有較多的了解，否則就難以進行科學分析。同時，為了保證各子總體的樣本能夠進行有意義的統計，要求樣本量更大。

(四) 整群抽樣

整群抽樣（或**叢集抽樣**）(cluster sampling) 是指將總體劃分成許多組或層，按照隨機原則在組或層（整群）中抽樣，抽中的整群全體成員均為樣本。如在教學實驗中，要求以班級為單位，不能打亂原有的教學班，因此，就可以採用整群抽樣法，在學校中隨機選取一個班為實驗班。

分層隨機抽樣要保證各層間的異質性，而整群抽樣要保證各層間的同質性。同時，整群抽樣的對象是群，即組或層只有一個或多個群被抽取，且被抽取到的群的全體成員均為樣本；而分層隨機抽樣的對象是群內的個體，即每個群內的成員都有一部分被抽取到。

整群抽樣適用於總體範圍大、數量多的情況。它的主要優點是抽樣方法簡單，同時，對於抽取到的樣本可以進行集中處理，使研究實施更加節省人力、物力和時間。但是，整群抽樣相對來說是一種較為粗糙的抽樣方法，抽樣誤差較大。同時，如果各層間的同質性太低，則整群抽樣的方法不適用。

(五) 多階段抽樣

多階段抽樣 (multistage sampling) 是前面幾種方法的綜合，其基本特點是將整個抽樣過程分成幾個階段，在每個階段採用不同的抽樣方法。通常在第一階段，將總體進行分組，構成初級抽樣單位，用簡單隨機抽樣或其他方法從總體中選取一定數量的組；第二階段，在每個抽中的組內，再按照一定的標準將組分成多個子群體，作為第二級抽樣單位。如此類推，抽取各級子總體。然後從各級子總體中選取所需要的樣本。如在全國兒童心理健康狀況的調查中，首先，根據地理位置將大陸 31 個省、直轄市分成幾個大地區。然後在每個地區內選取一個省或直轄市。再將省或直轄市分成各個市，選取一定的市，如此，再到縣、鄉、鎮、學校、班，最後從班中選取樣本。

多階段抽樣避免了簡單隨機抽樣需要一個總體清單，與抽取的樣本過於分散的缺點。同時也解決了整群抽樣誤差太大的缺點。在總體數量多、分布廣的情況下，能夠解決分層抽樣一次分層的局限。同時，多階段抽樣簡便易行，節約經費，在研究總體範圍大，單位多的複雜情況下非常有用。但是，多階段抽樣的設計相對較為複雜，需要對研究對象有更多的了解。在對總體進行多層次分層時，如果不能選擇有效的標準，將會導致更大的抽樣偏差。

四、樣本含量的確定

樣本含量即從全部研究對象中抽取得、可供實際觀測的樣本對象的數量大小。一項研究所需要的樣本究竟要多大才最為合適？這是每個研究者都要面臨的問題。如果樣本數量太少，則樣本的代表性就小。但是，樣本增加到一定規模後，對抽樣誤差的減少作用就不再顯著，而收集資料所需的金錢和時間等資源會大大增加，資料的分析也比較困難。因此，在研究設計中，如何合理地確定樣本含量的大小，就成了研究過程中必須解決的問題。樣本的含量主要受以下因素的影響：

1. 研究目的　　如研究者要制定一個測驗的常模時，就應選擇廣泛的、大量的樣本。

2. 研究經費和時間的限制　　在研究中應該考慮研究經費和時間對研

究的限制，選擇合適的樣本含量。

3. 研究問題的特點　在一項研究中，如果有較多的因素無法控制，則應該選擇較大的樣本含量，通過隨機化的方法來控制這些因素。

4. 研究所採用的抽樣方法　每種抽樣方法所帶來的抽樣誤差是不同的，為了減少抽樣誤差，一個重要的方法就是擴大樣本含量。因此，為了保證抽樣的代表性，各種抽樣所需要的樣本含量是不同的。

5. 研究對象總體的同質性　一般說來，總體的同質性越小，所需的樣本含量就越大。

6. 研究實施過程中的具體情況　如在追踪研究中，被試流失的情況非常明顯。在郵寄調查中，回收率通常較低。這些都需要在開始時選擇較大的樣本含量。

7. 研究所使用的測量工具的可靠性　在同種條件下，測量工具越可靠，研究所需要的樣本含量就越小。

8. 研究所用的統計方法　各種統計方法為了保證其意義，都對樣本含量有特殊的要求。如在使用因素分析對結果進行統計分析時，一般要求樣本含量為題目數的 2～5 倍。

9. 研究對結果精確程度的要求　一般說來，研究對結果精確程度的要求越高，研究所需的樣本含量就越大。

在進行心理、教育研究的設計時，我們應當注意綜合考慮上述的各種因素，確定適合一項具體研究的樣本含量。

五、抽樣誤差及控制

抽樣誤差 (sampling error) 是指樣本統計值與總體相應參數之間的差異，即所抽樣本不能真正具有代表性，而產生的誤差。我們知道，抽樣的目的是要以從樣本中獲得的資料為基礎，來解釋和說明總體的特徵。但是，由於研究對象的總體不可能是絕對同質的，因此要用樣本的特徵來代替總體的特徵，就不可避免地會產生抽樣誤差。為了保證研究結果的準確性和可推論性，必須採取有效的方法來控制和減少抽樣誤差。

(一) 抽樣誤差的計算

在研究過程中，由於所採用的抽樣方法不同，其帶來的抽樣誤差也就不同。但是，無論採取什麼樣的抽樣方法，都必須保證一個基本的原則，即隨機化的原則。因此，計算抽樣誤差的思路也大同小異。下面我們以簡單隨機抽樣為例，簡單介紹抽樣誤差的計算思路。

要估計抽樣誤差，需將樣本統計量與總體參數進行比較。但是，當總體的個數很大或是無限時，總體的參數常常未知。根據統計學原理，樣本統計量和總體參數存在如下關係：即在正態分布的總體中隨機抽取含量為 n 的無限個樣本，樣本平均數的平均數等於總體的平均數，樣本平均數的標準誤與總體的標準差成正比，與樣本含量的平方根成反比。用公式表示為：

$$\mu_{\bar{x}} = \mu$$

$$Q_{\bar{x}} = \frac{Q}{\sqrt{n}}$$

[公式 5-2]

式中 $\mu_{\bar{x}}$ 為平均數的平均數，μ 為總體的平均值，$Q_{\bar{x}}$ 為平均數的標準誤，Q 為總體的標準差，n 為樣本含量。

樣本平均數的**標準誤** (standard error) 是樣本平均數分布的標準差，其大小反映了樣本平均數與無限個樣本平均數的平均值（等於總體平均值）之間差異的大小，也就自然地說明了任何特定的樣本平均數發生誤差的可能性。因此，可以用樣本平均數的標準誤來表示抽樣誤差的大小。

在實際研究中，總體標準差往往難以獲得。因此，就採用樣本的標準差作為總體標準差的估計值。這樣，抽樣誤差（即樣本的標準誤）的計算公式就變為：

$$S_{\bar{x}} = \frac{S}{\sqrt{n}}$$

[公式 5-3]

式中 $S_{\bar{x}}$ 為樣本標準誤，S 為樣本的標準差，n 為樣本含量。

(二) 控制抽樣誤差的方法

從公式 5-3 中可以看出，決定標準誤大小的兩個重要因素是樣本的標準差與樣本的大小。樣本的標準差越大，則標準誤越大 (抽樣誤差越大)；如樣本的標準差越小，則標準誤越小 (抽樣誤差也越小)。因此，要減少抽樣誤差可以從兩方面入手：一是增加樣本量；一是減少樣本的標準差。減少樣本的誤差可以選擇合適的抽樣方法。如在採用分層隨機抽樣時，將總體分成若干同質的子總體，就能減少總體的變異，從而也能減少樣本的標準差。

第三節　變量的界定與選擇

變量是研究的基本單位。在研究中，變量界定是否清晰、選擇是否妥當對於研究的質量至關重要。因此，需要在研究設計中，根據研究目的進行認真考量，擬定合理的研究指標，選擇恰當的變量水平與變量。

一、變量的界定與特點

變量 (或變項) (variable) 是指在質或量上可以變化的事物的特徵，或可以測量、操縱的條件和現象。從變量與研究假設的關係來看，作為研究理論具體化的研究假設正是由變量與變量間的關係所構成；而研究資料的收集過程完全可以看作是對變量的選擇、操縱、控制、排除，以及對變量特徵的記錄與收集；研究結果也正是基於對變量資料的分析得出的。因而把握好變量的概念及其特徵對研究者來講是極重要的。變量被認為具有三方面特點：

1. 變量具有可變性　單一狀態、無變動可能性的概念不能稱為變量。所謂可變性是指研究變量的特徵在某一群體中，有不同的表現形態或表現程度，而非指研究者將特定個體的特性由某種狀態或程度改變為另一種狀態或程度。如性別就是一個變量，因為性別有男女之分；研究者如將性別作為一個變量進行研究，表明其對某一研究中的男女差異有所關注，而並非指將男性變成女性。

2. 變量變化特徵可以測量或操縱　如性別、父母職業、家庭社會、經濟地位是可以測量的質的方面的變化，此種質的變化有時可以用數字代替類別，以便於統計分析；而學生的學習內容、教師的教學方法等是研究者可以主動操縱的變量。

3. 在某一研究中的常量在另一研究中可能是變量，反之亦同此　如在很多研究中雖然使用男女被試，但並不對性別差異進行考察，這時性別在研究者看來就是一個常量。從這個角度看，變量乃是根據具體研究目的而定的。

二、變量的類型

心理與教育科學研究中所涉及的變量，根據不同的標準，可分為多種類型。了解這些變量的基本類型，對正確選擇、確定研究變量會有所幫助。

1. 根據變量在研究中的地位劃分　在心理與教育科學研究中，有些變量是研究者重點探討的，有些是對研究有影響但不是研究者計畫探討的；有些是研究者要排除的。根據這些變量在研究中的地位不同，我們把變量分為以下六種。

(1) **自變量**(或自變項) (independent variable)：是指由研究者有意選擇測量或加以改變的因素。它能夠獨立變化，並引起因變量的變化。一項具體的研究可能只包含一個自變量，也可能包含兩個或兩個以上的自變量。一個自變量可以影響一個或多個因變量。

(2) **因變量**(或依變項) (dependent variable)：是指被觀察和被測量的隨自變量變化而變化的有關因素或特徵。

(3) **調節變量**(或涉連變項) (moderator variable)：是指在研究中對自變量與因變量的關係產生影響的變量。

(4) **控制變量** (controlled variable)：影響心理與教育科學研究的變量

不計其數，在一項研究中，不可能對所有變量同時進行研究，有些變量必須消除或加以控制，這些變量被稱為控制變量。

(5) **中間變量**(或**中介變項**) (intervening variable)：是指那些無法直接觀測的、但在理論上影響所觀察的現象、測量或操作的因素。中間變量用於解釋自變量與因變量之間的關係，其效果必須由自變量和調節變量在所觀察的因變量上發生的作用來推斷。

(6) **混淆變量** (confounding variable)：指夾雜在研究要考察的變量之間，有可能影響自變量與因變量關係，但又不能將其從中區分出來的變量。

比如，研究教學方法對學生學習成績的影響時，教學方法就是**自變量**，學習成績則是**因變量**。而在研究中發現，當學生家庭積極參與學生學習時，教學方法的作用較為明顯，反之則不明顯，此時學生家庭的參與對於自變量與因變量的關係有影響，因而是**調節變量**；在另一方面，學生的智力水平也可能會影響研究結果，研究者就應該通過選擇智力水平接近的被試來進行平衡，此時的智力水平即是**控制變量**。同時，研究者也意識到，在教學方法與學習成績之間，學生的學習興趣可能具有影響，即教學方法可能增強了學生的學習興趣，從而提高了學習成績，因此學習興趣就是**中間變量**。此外，諸如教師的言行、班級的氣氛等均有可能影響學生的學習成績，這些都是**混淆變量**。

2. 根據是否可以直接觀測劃分　根據變量是否可以直接觀測，可劃分為直接觀測變量和間接觀測變量。可以直接觀測的變量稱為**直接測量變量** (direct measured variable)。無法直接觀察、測量的內部心理狀態、特徵或過程稱為**間接測量變量** (indirect measured variable)，如智力水平、推理方式等。

3. 研究者是否可以主動加以操作劃分　根據變量能否被研究者主動加以操作，可劃分為操作性變量和非操作性變量。**操作性變量** (manipulated variable) 是研究者可以主動加以操作的變量。**非操作性變量** (non-manipulated variable) 是指在研究前就已經存在、或研究時研究者無法主動加以操作的變量，如性別、年齡。非操作性變量雖然無法操作，但通常是可以測量的，因此可以作為自變量使用。

4. 根據變量能否用連續數值表示劃分　根據變量能否用連續數值表示，可劃分為連續變量和類別變量。**連續變量** (continuous variable) 是指本質上能夠用連續數值表示的變量。**類別變量** (categorial variable) 是指本質上不能以連續數值而只能用類別表示的變量。

 5. 根據變量之間的關係來劃分　根據變量之間的關係可劃分為相關變量和因果變量。**相關變量** (relative variable) 指變量間是相關關係的變量；**因果變量** (causal variable) 指變量間是因果關係的變量。它們各自的特點和關係請參見第六章。

 6. 根據研究變量與研究被試的關係來劃分　根據研究變量與研究被試的關係，可劃分為主體變量和客體變量。**主體變量** (或**受試者變項**) (subjective variable) 指存在於被試自身的變量；**客體變量** (objective variable) 指存在於被試自身以外的變量。實驗研究中涉及到的被試的年齡、性別、受教育水平等就是主體變量；而主試自身的一些因素存在於被試之外，因而是一種客體變量。

 總之，不同類型的劃分，表明研究者關注的側重點是不同的。不同類型的變量並非是互相排斥、互相隔離的，而是互相重疊、互相交叉的。以親子關係對兒童自我概念的影響為例，既可以將親子關係看成自變量，兒童的自我概念看成因變量；也可將它們都看成是間接測量變量；還可將親子關係看成是客體變量，自我概念看成主體變量等等。因此，在進行研究設計時，如能夠從多個角度考慮某一變量的特性，將會使研究的設計更全面。

三、變量與指標的選擇和確定

 指標 (indicator) 是指用一件事代表另一件事的狀態或變化時，前者即稱為後者的指標。用作指標者可以是數字、符號、文字、顏色等；如脈搏跳動過速代表身體失常，智商數字代表智慧高低。從這個意義上講，指標也就是變量特性的操作化表現。在進行心理與教育科學研究設計時，變量與指標的選擇是否恰當，對研究的成敗有重要意義。下面我們以自變量與因變量的選擇為例，說明選擇和確立研究變量與指標的一般情況，然後在此基礎上討論確定研究變量的要點。

（一） 選擇和確定自變量與因變量及其指標

前面已提到，自變量是在研究中加以改變、操作的條件或特徵。在心理與教育科學研究中，通常有以下幾類自變量：(1) 外部刺激，即客體變量，包括物理刺激和社會性刺激；(2) 被試的固有特性，即主體變量；(3) 被試的暫時特性，即由研究者操縱外部刺激引起的影響被試行為的中間變量，如動機、疲勞等。

1. 自變量的選擇　在確定和選擇自變量時，應綜合考慮自變量合適的數量、水平變化範圍與水平層次。自變量如太少，則不利於全面考察；自變量太多，又會影響研究的可行性。自變量的水平變化範圍是指自變量的值變化的合理範圍。自變量的水平變化範圍如果過大，被試反應會過於分散；如果過小，被試反應又會過於集中，都不利於結果的分析。自變量的水平層次是指實驗中所操縱的自變量的每一個特定的值，對自變量的水平層次選擇也應適當，一方面，如果自變量水平層次過高，被試反應會集中於較低區域，形成地板效應（註 5-5）；如果層次過低，被試反應又會集中於較高區域，形成天花板效應，從而導致區分度下降。因此，研究者必須選擇合理的自變量數量與水平層次，構成良好的自變量水平結構。

2. 因變量的選擇　因變量應該具有效性、敏感性與可信性。有效性指因變量符合研究者的研究目的；敏感性指因變量應該具有較好的區別反應能力；可信性指相同條件下，因變量的觀測值具有唯一性。為達到上述要求，因變量要選取合適的指標，作為衡量依據。通常的指標有：反應正確性、反應速度、反應難度、反應頻率、反應次數、反應強度等。

（二） 選擇研究變量和指標時應考慮的因素

在心理與教育科學研究中，無論何種類型的研究，在選擇變量及研究指標時均應考慮以下幾個方面：

註 5-5：**地板效應**（或**下限效應**）(floor effect) 指測驗太難，即使最容易的題目，對大多數受試者而言仍顯太難，在大家都無法作答的情形下，測驗本身即失卻對受試者個別差異的鑑別力。反之，若測驗太容易，許多受試者不費吹灰之力就獲得滿分，稱之為**天花板效應**（或**上限效應**）(ceiling effect)。此二種效應提供了虛假的結果，使研究者無法根據測驗結果評定受試者的真實能力。

1. 變量要反映研究目的 變量要能夠真正反映研究的目的，與研究假設之間應存在一致性。否則，整個研究都將是無效的。

2. 變量的數目要合適 變量的數目太少，不利於全面地考察研究假設；數目太多，不僅會給研究的資料收集和分析工作帶來困難，而且也會影響研究對象反應的準確性和真實性。描述研究和相關研究中變量的數目一般較多，實驗研究中變量相對較少。

3. 變量的測量水平要合理 制訂變量的測量水平要考慮兩方面的因素。從質的角度看，各個水平的分布範圍要合理，不要偏高或偏低；從量的角度看，水平數目要合理：水平數過少，不能揭示變量全貌的變化規律，甚至可能得出錯誤的結論；過多，會使研究陷入瑣碎，同時還可能掩蓋有價值的東西。

4. 研究指標的周全性 在選擇研究指標，必須注意指標的完整性、排他性、簡明性及可行性。完整性是指指標必須能全面地反映變量的各個維度；排他性是指各個研究指標之間不應重疊交叉；簡明性是指不應羅列過多的指標，能反映變量即可；可行性是指用來收集資料所選擇的指標的條件具備與否以及指標使資料質量得到保障的可能性。

第四節 研究假設的提出

在確定問題、選擇所要研究的變量後，研究者就應對變量之間的關係作出一定的推測，這就是本節擬討論的研究假設與變量關係框架的建立問題。

一、研究假設的特點與功能

研究假設(research hypothesis) 直接來源於問題陳述，問題陳述是形成研究假設的出發點。在心理與教育科學的研究過程中，研究者確定了研究的變量之後，就需要根據自己已有的知識經驗，根據前人的研究成果，發揮想像力和創造力，對變量之間的關係提出合理的設想，即研究假設，所以研究假設是一種推理性的解釋。對於同一個問題，可以形成不同的假設，形成假設的過程即是把問題陳述變成可接受的假設的過程。例如：

問題：材料的種類和問題複雜程度對小學三年級學生概念理解能力的影響
變量：材料的種類、問題複雜程度、小學三年級學生的概念理解能力
假設：(1) 材料的種類與小學三年級學生的概念理解能力不相關
　　　(2) 問題複雜程度與小學三年級學生的概念理解能力成負相關
變量：圖片材料與語言材料、一維度的概念和三維度的概念、小學三年級學生掌握某個概念需要的時間
假設：(1) 用圖片材料和語言材料對小學三年級學生掌握一個概念需要的時間無影響
　　　(2) 小學三年級學生掌握三維度的概念比掌握一維度的概念所需要的時間長

由上述研究假設的例子可以看出，研究假設具有以下幾個特點：

1. 研究假設具有一定科學性　假設是研究者在一定的理論、實踐和研究的基礎上進行邏輯推理而得，並非研究者的主觀臆斷。
2. 研究假設具有一定推測性　雖然假設的提出是有一定的依據，但它們往往只是研究者的主觀判斷，可能被證實，也可能被推翻，也可能部分被證實或部分被推翻。
3. 研究假設必須具有二個變量　就假設的內容來說，假設通常說明至少兩個變量之間的關係。
4. 研究假設的陳述須簡明　假設的陳述簡單明了，不蔓不枝。

研究假設在研究全程中起著核心作用。它有助於研究者明確研究目的，限定研究數據的收集範圍；它使研究者可以根據假設的內容，設計具體方案收集數據，最後去驗證假設，它又為研究者揭示研究的框架，利於研究者更

有效地對變量進行控制,保證研究結果的質量。

二、研究假設的類型

從不同的角度,依據不同標準,研究假設可分為多種類型。

(一) 實質性假設與統計假設

根據研究假設所涉及的變量關係的表述形式,研究假設可以分為下面兩種:一種是研究者對研究變量實質性關係及結論方向的揭示,稱作**實質性假設** (substantive hypothesis),例如"若教師對一個學生的評價越來越差,那麼該學生的自我評價也會越來越差"。另一種旨在為數據分析服務,稱作**統計假設** (statistical hypothesis),它通常採用定量的術語,描述資料分析可能得到的結果,例如"教師對學生的評價與學生的自我評價成正相關"。其實這兩個假設在本質上是相同的,只不過表述的形式與目的不同而已。

在統計假設中,根據預想結果有無定向,可以把假設分為定向假設和非定向假設。所謂**定向假設** (或**有向假設**) (directional hypothesis),表示結果有一定趨向,例如"採用多媒體方法比採用傳統識字法,學生的識字速度更快"。**非定向假設** (或**無向假設**) (nondirectional hypothesis) 不顯示趨向,如"小學一年級男孩與女孩的語文成績無差別"。假設的陳述採用哪種形式,關鍵在於研究者對結果的期望。如果研究者認為能期望一個有趨向的結果,那麼盡量用定向假設;如果根據已有研究無法期望結果的方向,那麼應採用非定向研究。

在推論統計學中,**零假設** (或**虛無假設**) (null hypothesis) (可以用符號 H_0 表示) 指按事實推論相反方向所陳述的假設。通常用"不相關"、"無差異"、"無影響"的形式來陳述變量之間的關係,例如"智商與學習成績無關"。相反,如果用"相關"、"有差異"、"有影響"的形式來表述假設,那麼就稱為**正面假設** (或**對立假設**) (alternative hypothesis) (可以用符號 H_1 表示) 即研究者使用數量或統計學的術語表達科學假設,陳述總體中變項間的關係。例如"智商與學習成績有密切相關"。

在推論統計中,研究者可以先提出一個預期的假設,稱為**原假設** (primary hypothesis),也可在此基礎上再提供一個假設表示可能存在的其他結果，稱為**選擇性假設** (selective hypothesis)。如果原假設為零假設，那麼選擇性假設就應為正面假設。此時零假設與正面假設都不是定向假設，是非定向假設。如下所示：

原假設：智商與學習成績無關 (零假設，非定向假設)
選擇性假設：智商與學習成績相關 (正面假設，非定向假設)

如果原假設為定向假設，那麼選擇性假設中就應包含零假設，為非定向假設，如下：

原假設：多媒體方法的教學效果優於傳統方法的教學效果 (定向假設)
選擇性假設：多媒體方法的教學效果差於傳統方法的教學效果或無區別 (非定向假設，其中包含零假設)

(二) 比較性假設、相關性假設、因果性假設

根據假設內容的性質，可以將研究假設劃分為以下三類：

1. 比較性假設 (comparative hypothesis)　即對不同條件下變量的情況進行比較判斷的假設，多見於差異比較研究，例如"當前農村學校的輟學率比城市學校高"。此類假設常以"A 與 B 存在差異"、"A 比 B 高"的形式出現。

2. 相關性假設 (correlational hypothesis)　即對變量之間的相關關係進行推測的假設，例如"中學生同伴接納水平與其友誼關係的質量成正相關"。此類假設通常以"A 與 B 成正相關"、"A 與 B 相關"等的形式出現。

3. 因果性假設 (causal hypothesis)　即對變量之間的因果關係進行推測的假設，例如"如果學生的智商高，那麼他的學習成績就好"。此類假設通常以"如果 A 那麼 B"、"如果 A 就 B"等的形式出現。

對這三者進行驗證的難易程度是不一樣的，驗證比較性假設最簡單，一般用於探索性研究，驗證因果性假設最難，常用來揭示變量間的本質關係。

(三) 一般性假設與特定性假設

根據假設中變量的具體與抽象程度，可以將其分為一般性假設與特定性假設：

1. 一般性假設 (general hypothesis) 這種假設的變量以抽象形式出現，對所研究的變量之間的關係和相互作用狀況作出具有適應性的、概括的推測，例如"高成就學生的同伴接納水平高"。此類假設直接來源於問題陳述，不可直接驗證。

2. 特定性假設 (specific hypothesis) 這種假設的變量以具體形式出現，假設已經把變量之間的關係和相互作用狀況限定在一定範圍之內，可以直接收集數據進行驗證，例如"韋氏智力測驗成績與學生的數學成績成正相關"。

一般性假設與特定性假設是相對而言的。同一假設可能對於某些研究假設是一般性假設，對於某些假設則又可能是特定性假設。比如，當我們假設"懲罰對人的行為有影響"時，對於"強化對人的行為有影響"這一假設來說，它是特定性假設，因為"強化"的外延要比"懲罰"的外延寬。而對於"懲罰對人的不良行為會有影響"來說，它又是一般性假設，因為"不良行為"只是"人的行為"中的一種。

最後需注意的是：上述有關研究假設的幾種分類並非是絕對獨立，互不相干的，而是互相交叉的。例如"韋氏智力測驗成績與學生的數學成績成正相關"既是一個特定性假設，又是一個相關性假設，也是一個定向假設。此外，對於同一個研究問題、同一組變量，可以有不同形式的假設，這一方面決定於研究者的目的要求，另一方面也決定於此方面研究的現狀與可能達到的水平。

三、提出研究假設的原則與方法

（一） 提出研究假設的原則

研究假設是研究行動的重要指引與依據。在提出研究假設時應遵循以下幾個原則：

1. 研究假設必須合理　並非所有的研究都需要提出假設，也不一定都能提出有意義的假設。一般而言，在描述性研究和只為了解事實真相而不涉及理論的研究中，常常不用提出研究假設。例如關於小學兒童早餐情況的調查。只需提出問題即可但對於相關性研究和因果性研究，提出研究假設則非常重要，合理的研究假設可以增強研究結果的邏輯說服力。

2. 研究假設要有科學依據　研究者應以一定的理論為前提，以一定的已有成果為基礎，以一定的經驗和事實為依據，運用邏輯推理，對研究問題做出合理的回答。

3. 研究假設是可以檢驗的　即研究假設中的變量應是可以操作和測量的，它們之間的關係是有意義的。例如"人的膚色與人生觀有關"，雖然具備了假設的形式，變量也可操作，但這個假設則是毫無意義的。

4. 研究假設的問題敘述要明確　研究假設要以陳述句形式提出，不能用問句或含糊不清的陳述句形式。研究假設還應簡要，避免使用不必要的複雜概念，做到言簡意賅。

5. 對問題推測力求準確和固定　假設要針對問題作出推測，並保持與問題的一致性，即"所答為所問"，這樣才不致在研究中出現混淆不清的情況。

（二） 提出研究假設的方法

提出研究假設的基本方法，主要有演繹和歸納兩種方法。在具體的研究中，研究者往往綜合運用兩種方法，從多種角度來形成研究假設，具體來說包括以下幾方面：

1. 由一般原理推演研究假設 理論是研究假設的前提，研究者可以應用演繹推理，從一般原理出發推演出研究假設。例如，一般認為，人們從事某種專業的能力越強，在此活動上耗費的時間越少，因此可以推論：由於人們從事某專業活動的效率高，因此他們在此方面花的時間較少。根據上述命題，研究者可以形成假設：學生在其擅長的科目上花的時間較少，因為他們在該科上的學習效率高。

2. 從先前研究與自己的經驗中歸納出研究假設 研究者可以通過觀察，由特定現象出發，提出一般假設。比如，許多研究結果表明：肥胖的人進餐後馬上再進餐，與幾小時後再進餐，他們的進餐量一樣多；他們吃誘人的食物時，比吃不誘人的食物時吃得更多；儘管才進餐不久，但如果他們認為到了用餐時間，就吃得越多，等等。根據這些研究結果，我們就可歸納出更一般性的結果：肥胖者飢餓與否是受外在因素控制的，而不像正常體重者是受內在因素控制。

3. 通過抽象化過程形成研究假設 抽象化即是將具體的人或事物提高到概念層次來分析辨識其特徵。以民主型家庭與專制型家庭對兒童個性的影響為例，"民主型家庭"是具體的事物，但我們可以將它作為一個概念，解釋為氣氛活躍、父母開明、平等協商的家庭，而這些特徵都有利於兒童個性的發展，那麼我們可以假設：民主型家庭比專制型家庭更有利於兒童個性的發展。

第五節　研究變量的測量與研究誤差的控制

在心理與教育科學研究的設計過程中，對研究變量之關係作出推測後，下一步的工作就需要給研究變量作出明確的定義並進行恰當的測量，這不僅關係到研究假設的檢驗，而且還關係到研究的可重復性、研究的可檢驗性及研究結果的普遍適用性。

一、研究變量的抽象定義與操作定義

如前所述,變量是研究的基本單位。要進行心理與教育研究工作,必須首先明確界定研究變量。研究變量的定義方式有兩種,一種為抽象定義,另一種為操作定義。

抽象定義 (conceptual definition) 是以嚴謹、精確的語言來概括研究變量的共同本質。它是以概念的形式來描述和界定研究變量,利用其他多個概念將研究變量的內涵逐層剖析,使其結構成分變得一目了然。比如,我們研究有效教學,先將"有效教學"定義為"能增進學習效果的教學",然後再對"學習效果"下定義,如此層層推進,使研究者的思路逐漸變得清晰。

操作定義 (operational definition) 是抽象定義的具體化。它以具體、可直接感知度量的事物、現象或方法來說明變量的外延或操作過程。換句話說,它實際上是用來描述如何測量變量。比如,將"智力"定義為"解決問題的能力",則缺乏具體的標準作為觀察和了解的依據,如將其定義為"在斯坦福-比奈 (Stanford-Binet) 智力量表上的分數",就變得具體而具有可操作性。心理教育研究中的研究變量,比如,"焦慮"、"挫折"等,不像自然科學中的許多變量能被直接測量,因此,必須對它們下操作定義,才能使其在真實的情境中得以測量。就以上述的"焦慮"為例,如果將其定義為"在一種競爭性測驗實施前的緊張的心理狀態",則研究者就可以設置一個具有競爭性的測驗情境,以此來引起個體的焦慮狀態。

由上述可知,操作定義的基本特徵在於它的可觀測性與可操作性,即將變量的抽象陳述轉化為具體的操作陳述。

二、研究變量操作定義的界定方法

在心理與教育科學研究中,變量的操作定義具有極其重要的作用。因為操作性定義有利於提高研究的客觀性與研究結果的可比性,有利於提高心理與教育科學研究的統一性,有助於研究假設的檢驗及研究的評價、結果的檢驗與重復。

界定操作定義的方法有許多。通常,界定變量操作定義的基本方法有三種，說明如下：

（一） 程序描述法

在心理與教育科學研究中，研究者常常要界定一種現象或狀態，比如，"挫折"或"飢餓"，此時需要以能夠引起此種現象或狀態的特定方法或操作程序來給變量下定義。也就是說，研究者必須要創造或找到能夠引起擬研究現象或狀態的特定方法或程序，此即**程序描述法** (description of procedure method)。只要按照這種方法或程序去操作，就可以使擬研究現象或狀態產生。就"挫折"而言，在操作上可將其定義為通過阻礙個體達到其渴望的目標而使該個體產生的一種心理狀態；"好奇"在操作上可定義為呈現一新奇物品時，個體表現出的狀態。

（二） 動態特徵描述法

在心理與教育科學研究中，作為主要研究對象的人，具有許多通過行為客觀表現出來的動態特徵，因此，可以通過描述客體或事物的可觀察的動態特徵（如活動、行為等）來給變量下定義，此即**動態特徵描述法** (description of dynamic character method)。比如"學習動機"在操作上可定義為上課出缺席次數這種外顯行為的特徵。

在定義教師、校長、學生或家長的特徵時，運用動態特徵描述法也很適用。比如，用教師在實際教育工作中的各種具體行為表現來定義"權威型教師"或"民主型教師"；或者，用父母在生活中對子女的具體教養行為方式來定義"民主型父母"或"放任型父母"。

（三） 靜態特徵描述法

與動態特徵描述法相對，**靜態特徵描述法** (description of static character method) 是通過描述客體或事物的靜態特徵來給變量下定義。靜態特徵可分為外在特徵和內在特徵。外在特徵，比如"校園綠化程度"，可以用在校園中能夠觀察到的綠化比例來定義；內在特徵，如人格傾向、對教師的態度等，如果不能夠直接觀察到，則需要借助問卷法、測驗法或被試自我陳述法。

通過上述三種界定操作定義的基本方法，我們可知：界定變量的操作定義就是以具體的方法、程序、行為或現象來說明變量。研究者應根據變量的性質和研究的情景選擇最恰當的方法給研究變量下操作定義。

三、研究變量的測量量表與要領

操作定義為研究者提供了可觀察的標準，但要切實地測量變量，還需對研究變量的類別、性質、狀態、水平等特徵進行具體的分析，確定研究變量的測量量表。一般說來，根據數值中所包含的信息量，測量量表可分為如下四類：

1. 命名量表　命名量表(或名義量表) (nominal scale) 是根據研究變量的性質，對其進行歸類。比如，運用命名量表，可將個體分為"男性"和"女性"，將家庭分為"正常家庭"和"離異家庭"等。命名量表不代表順序，只是用來區分類別，如"男性"可用"1"來表示，"女性"可用"2"來表示。這些數據並沒有原來數字的大小的意義，只是一種編碼。

2. 順序量表　順序量表(或序級量表) (ordinal scale) 是根據研究變量性質的大小或多少，對其進行排序。比如，要研究學生對教師的態度，可以根據順序量表，將學生的態度分為滿意、中性態度和不滿意，從表中我們可知各個學生的態度不同，而且還能按它們的滿意程度來進行排序。可見，順序量表是用來排列等級，比較順序的。要注意的是順序量表沒有相等的單位，也沒有絕對零點。因此，在排序中，如全校教師中的第一名、第二名、第三名，只能說明學生對其態度的差異，而不能說明第一名與第二名之間的差異，一定等於第二名與第三名之間的差異。

3. 等距量表　等距量表 (interval scale) 是根據研究變量性質的差異對其進行賦值。這些數據不僅有連續性，而且單位也相等，因此，可說明變量各水平之間的差距。比如，用等距量表來測量學生的成績，根據學生所得分數，不僅可知學生成績高低的順序，還可以了解學生間成績的差距，90分與80分的成績差異等於80分與70分的成績差異。要注意的是，等距量表沒有絕對零點，如果一個學生某次數學測驗得了0分，不能說明他沒有數學能力，只能說明他做錯了這次測驗的所有題目。由於等距量表沒有絕對零點，在比較差異時，只能進行加減運算，而不能進行乘除運算。如甲學生數學成績為 100 分，乙學生只得了 50 分，並不能説明甲的數學能力是乙的兩倍。

4. 等比量表 等比量表(或比率量表)(ratio scale) 不僅可説明研究變量的差異、順序和相等單位，而且它具有絕對零點，因此，可進行乘除運算。比如年齡 30 歲可以説是 15 歲的兩倍，因為人出生的時間是年齡的絕對零點。但在心理與教育的實際測量中，等比量表用得不多，因為心理特徵很難找到絕對零點，所以大多採用等距量表。

通過以上介紹，説明了四種量表的作用與特點，我們用表 5-1 對其進行總結。

表 5-1　量表的作用及特點

量　表	作　用　及　特　點	例　　　子
命名量表	無順序的測量，在於指出有兩個或多個範疇	中學的類型：綜合的、職業的、私立的、高校預科等
順序量表	有順序的測量，在於指出所測量的範疇的不同並能夠按一定的順序排列	字母的排列系統
等距量表	有順序的測量，在量表中表現為數量上的等距變化	科學成績測量的標準分數
等比量表	含有絕對零點和統一的單位	高度

(採自　維爾斯曼，1997)

根據四種量表所能提供的信息，可知四種量表的層次不同，命名量表最低，其次是順序量表和等距量表，等比量表層次最高。層次越高，提供的信息也越多，而且，較高層次的量表可以轉變為較低層次的量表。在研究過程中，研究者應該根據變量性質、研究目的及使用的統計方法來選擇測量的量表。每種量表使用何種統計方法，將在第十四章中具體討論。

在實際研究工作中，不僅要注意選擇恰當的測量量表，而且還要注意以下一些要領：

1. 研究變量的定義是測量的依據 測量應根據研究者對變量所作的定義來進行，定義不同，測量的標準也便不同。比如，要測量學生的健康狀況，是將健康狀況定義為生理健康還是生理與心理健康，將直接導致不同的測量。

2. 組合多個研究指標以精確的方式表示變量 同一個研究變量，往往可以用多個研究指標共同代表。比如要研究學習動機，可以用出勤率、上課發言次數、交作業情況等多個指標來作為測量的依據。研究指標的確定，應以一定的理論假設為指導，應具有完整性和簡明、可行性。研究者一般應採用演繹法，先由理論假設到研究變量的定義，接著確定指標，然後決定量表與規則，最後進行具體施測。

3. 慎選測量工具 研究者在選用測量工具時，一定要選擇信度與效度較高的測量工具。

四、研究誤差的來源

在心理與教育科學研究中，存在著大量影響研究結果的因素。這些因素可能導致測量結果偏離真值，從而產生**研究誤差** (research error)。研究誤差主要有兩種：隨機誤差和系統誤差。

隨機誤差 (random error) 是由偶然的、隨機的因素引起的，表現為用同一方法多次測量同一對象，其結果不完全相同。由於它沒有固定的影響方向，其大小變化也無規律可循，因此，既難以控制又難以解釋。雖然如此，通過取多次測量的平均數，隨機誤差便可相互抵銷。

系統誤差 (systematic error) 是由恒定的因素引起的，也稱**常誤** (或**恒定誤差**) (constant error)。系統誤差有固定的影響方向，其大小變化也有規律，因此它只影響研究結果的準確性，不影響研究結果的一致性。系統誤差是由穩定的因素引起的，因此，研究者要辨明誤差的來源，確定造成誤差的原因，從而採取適當的措施對其加以控制。

產生誤差的來源很多，歸納起來有以下幾方面：

1. 主試誤差 **主試誤差** (或**主觀誤差**) (subjective error) 研究表明，研究者本人的特點及在研究過程中的行為表現會對研究結果產生影響，其中包括：(1) 研究者的個人特點：如性別、年齡、身份、地位、人格特徵、態度、以及研究經驗等，可能使研究者在研究過程中的行為、言語存在差異，這些差異將引起被試的不同反應，從而產生研究誤差；(2) **實驗者效應** (experimenter effect)：研究者為了得到能證明其提出的假設的研究結果，在研究過程中，有意無意地通過表情、動作、語言等將預期的要求暗示被試，造成研究結果向有利於證明研究假設的方向偏移；(3) 主試的**暈輪效應**(或**成見效應**) (halo effect)：研究者在觀察記錄研究數據時，有時可能以第一印象為基礎或以被試某些比較鮮明但與研究無關的特徵為基礎，來解釋隨後的觀察現象或事實，從而造成研究誤差。

2. 被試誤差 被試誤差 (objective error) 指研究誤差是由被試穩定的個人特點引起，也可能與被試在研究過程中對研究情境的特殊反應有關。被試誤差主要有以下幾個方面：(1) 被試的個性特徵：被試的個性特徵會對研究產生多方面的影響。比如被試在研究過程中對研究的態度、對主試的態度、焦慮水平、動機強度等都受到其個性特徵的影響，從而影響被試在研究過程中的表現，使研究產生誤差；(2) 被試的有關經驗：被試有類似研究的參與經驗，其在研究中的反應方式、操作水平與沒有類似研究經驗的被試存在差異，由此導致研究誤差；(3) 被試的生理狀態：被試在研究過程中的生理狀態會影響其心理狀態及行為。如果被試當時的生理狀態不正常，則導致其情緒、行為及一些反應產生異常，從而影響研究結果；(4) 被試的實驗效應：當被試知道研究目的或知道自己正在被研究時，他的行為或表現可能會與平時的真實情況有異，由此影響研究結果。**安慰劑效應** (placebo effect) (指藥物對病人所產生的純心理作用) 就是一種被試實驗效應的典型體現。

3. 設計誤差 設計誤差 (design error) 是指在研究設計過程中考慮不周或研究程序實施不當所產生的誤差。這方面的誤差主要包括以下幾方面：(1) 測量工具不完善：如題目用詞模稜兩可、難度不當，指導語不明確，測量工具的信度、效度不可靠；沒有按照標準化程序運用測量工具；(2) 分組誤差：被試分組時未採用隨機原則，導致研究中實驗組與對照組被試的條件不同；(3) 時間誤差：在研究資料收集過程中，時間安排不當或前後施測時間間隔太大，導致研究結果不準確。

4. 情境誤差 情境誤差 (situation error) 是指研究情境中無關因素的干擾，包括研究場地的物理條件，比如研究場地的空間狹窄、光線太暗或噪音干擾等，均可能影響被試的行為，從而影響研究結果；還包括研究實施現場的意外事件，比如停電、儀器產生故障等；此外，研究期間發生在主試、被試身上的一些意外事件會通過主試、被試的反常情緒或行為而間接地影響研究結果。

研究誤差可能存在於整個研究過程的各個方面、各個環節，因此，在進行研究設計時，應周密考慮，對各種誤差加以辨明，並採取適當的措施予以消除或平衡。

五、研究誤差的控制方法

從前面對研究誤差來源的分析，我們可以看出，研究誤差可能源自於主試、被試、研究設計和研究情境等各個方面，因此，在研究設計時，也應從這些方面考慮控制研究誤差。

1. 主試誤差控制 為了消除主試誤差，可以採用以下幾種措施：(1) 嚴格訓練主試，在研究前對主試進行統一訓練，使其嚴格按照研究規定的程序操作；(2) 要求主試在研究過程中，使用統一的指導語，不得隨意改變指導語的內容；(3) 在用觀察法收集數據時，安排兩個以上主試參與，以克服主試的片面性。

2. 被試誤差控制 在研究中，許多被試方面的誤差是難以消除的，如被試的年齡、性別、能力、動機等，因此需要用一些方法來控制這些無關變量的影響。在研究中經常採用的方法有：(1) **隨機分組** (或**隨機分派**) (random assignment)：將被試隨機分配到控制組和實驗組中。因為某些研究因素 (如參與的動機、被試的情緒狀態、被試的有關經驗等) 對兩組都會有影響，隨機分配被試就可以使這些因素同時影響實驗組和控制組，從而相互抵銷；(2) **對比分組** (contrastive assignment)：在研究過程中，將被試按照某一研究變量分組，被試除了在該研究變量上存在差異外，其他方面基本相同。如比較1000名來自離異家庭的兒童與1000名來自完整家庭的兒童，按照父母是否離異把兒童分為兩組，其他方面的條件，兩組兒童基本相同。這樣，兩組兒童的差異便可視為是家庭類型變量造成的；(3) **平衡順序效應**

(balance the serial effect)：在經驗訓練研究中，當被試接受兩種以上實驗處理時，刺激呈現的先後順序可能會影響被試的評價。因此，在研究中，可以採取變化被試順序或變化變量呈現順序的方法消除順序效應。例如，第一組先呈現 A 處理，後呈現 B 處理；第二組先呈現 B 處理，後呈現 A 處理。

3. 設計誤差控制　　設計誤差往往是由於研究設計考慮不周或研究者缺乏經驗所造成的，因此，設計誤差一般是可以控制的。在研究設計時，研究者應注意：(1) 做好研究預實驗：為了保證研究準確、有效地進行，同時保證研究工具的可靠性，應在正式研究進行之前做小範圍的預實驗，並根據預實驗的結果修改研究的程序、指導語及測量題目中存在的各種語言方面的問題；(2) 選取信度、效度較高的測量工具：如果研究的目的不是修訂某種測量工具，則在研究中應選用比較可靠的研究工具，特別要注意研究工具適用的對象和範圍。

4. 情境誤差控制　　來自情境的誤差有些是可以人為改變的，在控制環境誤差時，可以採用不同的方法。(1) **排除法** (method of excludability)：即排除環境中的各種干擾。充分做好研究的準備工作，選擇好研究場地，避免意外事故的發生。根據研究需要，可在暗室、隔音室中進行有關的研究；(2) **恒定法** (method of constancy)：即採取一定的措施，使某些無關變量在整個研究過程中保持恒定不變。如，在研究過程的不同時間裡，保持研究環境、儀器設備與測量工具恒定不變；保持施測的時間在不同被試間恒定不變；保持施測順序恒定不變等。

　　上述控制誤差的方法不是截然分開的，如恒定法既可以控制情境誤差，也可以控制設計誤差，還可以控制主試誤差。除了上述控制誤差的方法外，還有其他控制誤差的方法，如**雙盲法 (或雙重保密法)** (double-blind technique)，它採用雙重保密的方法，主試與被試均不了解研究的具體要求，這樣既可以控制主試誤差，也可以控制被試誤差，是心理學中常用的方法。

本 章 摘 要

1. 研究設計的基本內容包括：明確研究目的和選擇研究對象；選擇研究類型和收集數據的方法；確定研究變量的抽象定義和操作定義；選擇研究材料和測量工具；制定研究程序與控制研究誤差；考慮研究結果的統計分析。
2. 進行研究設計要重視研究的**信度**和**效度**。信度可分為**內在信度**和**外在信度**。效度可分為**構想效度**、**統計效度**、**內部效度**和**外部效度**。
3. 研究的**內部效度**是指研究的自變量與因變量之間關係的明確程度，是考察一個研究的結果是否真實可靠的重要標誌之一。影響研究內部效度的因素有：成熟因素、偶然事件、被試選擇差異、被試缺失、前測、實驗程序和測量手段、多因素的交互作用以及統計回歸效度。
4. 研究的**外部效度**是指研究結果可推廣的程度。影響研究外部效度的因素包括：研究樣本的代表性、實驗者效度、測量工具的可靠性、研究情境與實際情景相差較大、被試與實驗處理的交互作用。
5. 選取研究對象是研究設計中重要的一步。完整的抽樣過程包括了界定總體、確定樣本含量、選擇抽樣方法並抽取樣本。
6. 抽取研究樣本的方法包括：**簡單隨機抽樣**、**系統抽樣**、**分層隨機抽樣**、**整群抽樣**和**多階段抽樣**。
7. **樣本含量**的大小取決於下面九項要素：(1) 研究目的；(2) 研究經費和時間的限制；(3) 研究問題的特點；(4) 研究所採用的抽樣方法；(5) 研究對象總體的同質性；(6) 研究實施過程中的具體情況；(7) 研究所使用的測量工具的可靠性；(8) 研究所用的統計方法；(9) 研究對結果精確程度的要求。
8. **抽樣誤差**是指樣本統計值與總體相應參數之間的差異，即所抽樣本不能真正具有代表性，因而產生的誤差。為了保證研究結果的準確性和可推論性，必須採取有效的方法來控制和減少抽樣誤差。
9. 研究**變量**是指在研究過程中運用在質或量上可以變化的事物的特徵，或可以測量、操縱的條件和現象。
10. 根據不同的標準，研究變量可以分為許多類型。依據變量間的關係可以把研究變量分為**自變量**、**因變量**、**調節變量**、**控制變量**、**中間變量**和**混淆變量**；根據變量是否可以直接觀測，可以分為**直接測量變量**和**間接測量變量**；根據研究者是否可以主動加以操作，可以分為**操作性變量**和**非操作性變量**等等。
11. 選擇和確定研究變量時，選擇和確定自變量與因變量是最關鍵的部分。
12. **研究假設**是研究者根據前人的理論和研究成果及自己已有的知識經驗，發揮想像力和創造力，對研究變量的關係和研究的結果提出某些初步的設想。
13. 提出研究假設的基本方法是**演繹法**和**歸納法**。
14. 確定研究假設要有科學依據，應以陳述句的形式準確、簡單地表達，還應當是可以檢驗的。
15. 在心理與教育科學研究中，對研究變量的定義有兩種方式，一是抽象定義，一是操作定義。
16. **抽象定義**是以嚴謹、精確的語言來概括研究變量的共同本質，以概念的形式來揭示變量的內涵。
17. **操作定義**是以可感知、可度量的事物、現象或方法對變量作出具體的界定和說明，是抽象定義的具體化。構建操作定義有**程序描述法**、**動態特徵描述法**和**靜態特徵描述法**三種主要方法。
18. 研究變量有四種測量量表：**命名量表**、**順序量表**、**等距量表**以及**等比量表**。在實際研究中，不僅要選擇恰當的測量量表，還要注意一些要領。
19. **研究誤差**是指使研究的測量值偏離真值的情況。研究誤差會導致研究結果不一致或研究結果不準確。研究誤差主要有**隨機誤差**和**系統誤差**。
20. 研究誤差的來源很多，主要有**主試誤差**、**被試誤差**、**設計誤差**和**情境誤差**。在實際研究中應採取相應的方法控制研究誤差。

建議參考資料

1. 王重鳴 (1990)：心理學研究方法。北京市：人民教育出版社。
2. 郝德元、周　謙 (編譯，1990)：教育科學研究法。北京市：教育科學出版社。
3. 董　奇 (1992)：心理與教育研究方法。廣州市：廣東教育出版社。
4. 袁振國 (譯，1997)：教育研究方法導論。北京市：教育科學出版社。
5. Leong, S. T. L. & Austin, J. T. (1996). *The psychology research handbook.* London: Sage Publishing International Education and Professional Publish.
6. Wiersma, W. (1995). *Research methods in education: An introduction.* (6th ed.). Boston: Allyn and Bacon.

第三編

研究的主要類型

  心理與教育科學研究是一個開放系統，長期以來一直與相鄰學科互相借鑑，形成了眾多研究類型。因此，對心理與教育科學研究領域中不同類型的特徵、內容與實施條件等進行分析，是全面而深入地了解心理與教育科學研究方式與思路並以此作為解決實際問題的基礎。在本編中，我們將介紹心理與教育科學研究的主要類型。

  定性研究和定量研究是科學研究中兩個引起廣泛爭論的基本範式。在長期發展中，二者形成了各具特色的研究方法體系。目前，大多數研究者咸認為，單單強調某一種研究範式都有失偏頗，尤其是在心理與教育科學極需在理論與應用上進一步發展之際，更應該保持開放的態度，廣泛探討二者相結合的可能方式。為此，本編第六章將針對定性與定量研究的界定、特點、設計、結果的分析與解釋及二者的區別進行較全面的介紹，並討論今後的發展趨勢。

  心理與教育科學研究的目的之一就在於對心理與教育現象進行描述，分析現象之間的關係，對心理與教育現象產生、發展的原因作出合理的說明。在實際研究中，研究者的具體目的往往各有偏重，由此，形成了描述、相關與實驗三種研究類型。描述研究旨在對研究對象進行準確的描述；相關研究則試圖分析現象間是否存在關聯及關聯的程度與性質；實驗研究通過對變量施加操縱，對變量間的因果關係進行鑑別。在本編第七章，就描述、相關與實驗研究的基本概念、設計上的主要特點及其適用條件進行了探討。

  如何評價研究的價值以及將研究成果應用於實際，是心理與教育研究的兩個重要問題。評價研究通過對一項研究成果進行準確的考察與分析，得出科學客觀的評價結論，從而有助於改進研究中的不足，並為各類研究的消費者（如家長、教師、學生、決策部門）提供較客觀的參考。行動研究是新近發展的一種研究類型，它依靠實際工作者與理論工作者的通力合作，使研究直接在實踐中進行，解決了心理與教育學界研究與實踐脫節的問題。第八章主要介紹了評價研究與行動研究的界定、特點、類型、一般程序與方法等問題，對二者的長處、不足及實施條件也進行了分析。

人類心理的普遍性與特殊性已成為研究者廣泛關注的又一重要問題。當前，鮮明的國際化、全球化趨勢，更使對該問題的重視大幅提升。同時，隨著科學研究的不斷深入、理論的發展、以及世界各國研究者交流、合作的日益增多，研究者越來越重視不同社會背景對心理與教育現象及內在過程的影響，努力探求不同社會文化背景下的特殊心理與教育現象和在不同背景下的普遍、一致的規律。跨文化研究的興起，已成為心理與教育科學研究的重要發展趨勢。第九章就跨文化研究的特點與特殊價值、方法學問題、研究基本思路與結果解釋等問題進行了探討。

心理與教育現象的個體差異則是普遍性與特殊性的另一個側面。迄今為止，許多心理與教育研究方法都是建立在群體樣本的基礎上，這對於解釋廣泛的個體差異及切實應用研究成果有頗多不利之處。因此，研究者開始關注個體的獨特性，開始探索導致個體發展的獨特性的影響因素及個體可能的發展趨勢。心理與教育科學研究領域的個案研究，正是在這一背景下發展起來的，它是一種充分考慮到個體差異並針對少數被試進行研究的方法。通過這一方法，既能獲得個體心理特徵、發展狀況的全貌，又能借助"解剖麻雀"的方法，由有代表性的個案來推知一般的規律。個案研究是質的研究與量的研究相結合的方法，它對於揭示個別差異，從另一個角度探討普遍性與特殊性的關係起到了積極的作用。在本編第十章中，我們將就個案研究的有關問題進行討論。

心理與教育科學研究一直處於不停的發展與變化中，新的研究類型還在不斷形成。因此，本編中介紹的研究類型僅僅是從一個側面出發來看待心理與教育科學研究，作為研究者而言，則不應拘泥於機械的類型劃分，而應考慮研究的實際情況，選擇合理的研究途徑。

第六章

定性研究與定量研究

本章內容細目

第一節　定性研究的界定與特點及程序
一、定性研究的認識論與方法論基礎　167
二、定性研究的界定與主要類型　168
三、定性研究的特點　169
四、定性研究設計的基本程序　171
　(一) 定性研究的設計思路
　(二) 定性研究設計的一般程序

第二節　定性研究的研究方法與效度評價
一、定性研究的資料收集方式　176
二、定性研究資料的整理與分析　178
　(一) 定性研究資料的特點
　(二) 定性研究資料的分析方法
三、定性研究的效度評價問題　180
　(一) 定性研究中的效度概念
　(二) 定性研究的效度類型
　(三) 定性研究的效度檢測方法

第三節　定量研究的概念與特點及方法
一、定量研究的認識論與方法論基礎　183

二、定量研究的界定與特點及類型　184
　(一) 定量研究的界定與特點
　(二) 定量研究的類型
三、定量研究的設計　186
　(一) 確立研究假設
　(二) 確定變量與變量水平
　(三) 選擇合適的研究設計
　(四) 無關變量與誤差的控制
　(五) 選擇數據統計分析的方法
四、定量研究的分析模式　188
　(一) 定量分析的主要特點
　(二) 定量分析的基本角度
五、定量研究的檢測與評價　190

第四節　定性研究與定量研究之歷史與發展
一、定性研究與定量研究的爭論　190
二、對定性研究與定量研究的認識偏差　192
三、定性研究與定量研究的融合趨勢　193

本章摘要

建議參考資料

定性研究（或質的研究）與定量研究（或量的研究）是心理與教育科學研究領域的兩種基本研究範式。二者在分析問題的角度、研究的基本思路、研究方法與設計等方面存在著較大的差異，在心理與教育科學研究中也各有偏向，構成了心理與教育科學研究的兩個基本側面。

任何事物總是一定的質與一定的量的統一體。有質無量或者有量無質的事物實際上是不存在的。所謂"質"，即事物固有的性質、特徵和內部聯繫等；所謂"量"，則是事物的數目、規模、水平、等級、速度以及比例大小等。質與量均是辯證的統一。一方面，二者分別反映了同一事物在不同維度上的規定性；另一方面，質是一定量的質，量也是一定質的量。在研究中，研究者可以從不同角度去認識研究對象，根據情況採用定性或定量研究，同時，研究者也可以根據研究的需要將定性研究與定量研究結合起來。二者相輔相成，互為補充，這是質與量的辯證統一性在研究中的反映。因此，研究者既不能厚此薄彼，以一種研究範式替代另一種範式，也不能無視不同範式之間的本質區別，隨意地將二者混淆。

定性研究與定量研究分別源於不同的認識論與方法論，長期以來存在著激烈的爭論。在心理與教育科學研究的早期，研究者多重視定性研究。自19世紀科學主義研究範式成為主流以來，心理與教育研究又呈現出定量研究為主的局面。由於這種局面長期存在，在心理與教育研究領域形成了一種"重量輕質"的傾向，而使定性研究未受到應有的重視。近二十多年來，隨著對科學主義與工具理性的批評，定性研究獲得了新的發展，形成了富於特色的理論、較系統的操作方法與檢測評價手段，在一定程度上突破了粗糙、不嚴謹的局限，正逐步成為與定量研究等量齊觀的研究範式。

在目前的研究中，定性研究與定量研究的結合使用逐漸受到研究者的認可，並發揮了很好的作用。但是，由於研究者各自限於自身的眼界，在此過程中也出現了一些錯誤，應當引起研究者的重視。

在本章中，將主要介紹如下問題：

1. 定性研究的界定、特點與程序。
2. 定性研究的方法與效度評價問題。
3. 定量研究的概念、特點與方法。
4. 定性研究與定量研究的歷史與發展。

第一節 定性研究的界定與特點及程序

定性研究作為一個新近崛起的研究範式，於 20 世紀 50、60 年代開始興起。它建立在研究者對長時期定量研究傳統進行反思與批判的基礎上，其哲學來源紛繁複雜，表現形式又極為多樣，目前仍然處於迅速的發展中。因此，要全面把握定性研究確非易事。本節將在總結已有觀點的基礎上，對定性研究作一簡要介紹。

一、定性研究的認識論與方法論基礎

儘管定量研究與定性研究在研究目的、研究方法與策略等方面均存在著顯著的差異，但是二者作為研究範式的根本區別，則在於各自引以為基礎的認識論與方法論的不同。定性研究主要源於**人文主義** (humanism) 思想，其認識論基礎為**自然現象主義** (naturalistic phenomenalism)。人文主義者自康德 (Immanuel Kant, 1724~1804) 以來，一直強調認識主體與認識客體之間的互相影響。他們在 19 世紀末就曾經指出，將主體與客體分離是認識中的謬誤，主體只有在主觀上對客體進行理解，才可能認識客體。胡塞爾 (Edmund Husserl, 1859~1938) 的現象學又進一步指出，認識世界並不是由事實 (facts) 組成，而是在認識主體的意向性意識中存在的，離開認識主體的解釋便不存在客體。人文主義者與現象學者尤其對社會或人持有獨特的看法：其一，社會與人類自身迥異於自然界，是人們意識的產物；其二，由於社會與人建立於意識之上，因而不可能按照純客觀的方式認識它，而必須依靠認識者自身的建構作用；其三，生活在社會中的人不僅受到社會環境的制約，同時他也創造著環境，其間的關係是互動的、相互作用的。

在心理與教育科學研究的前期，由於研究工具與方法的落後，儘管研究者也採取了類似定性研究的方法，但是這些方法並沒有形成統一的整體，缺乏普遍性的理論指導。嚴格來說，這還稱不上定性研究範式。比較規範意義上的定性研究範式產生於 20 世紀 50 年代末、60 年代初。在這期間，研究者對於心理與教育科學研究的研究目的、研究對象、研究主體與客體及其關係、研究的基本功能進行了深入的思索,全面總結了過去研究範式下的弊病,促進了定性研究的發展,使之煥然一新,成為科學的研究範式。

定性研究的方法論基礎主要是**質性方法論** (qualitative methodology)。其主要特點表現在:

1. 在研究對象上,定性研究基於對社會與人的認識論看法,強調研究對象是研究者的主觀認識與界定。

2. 在研究目的上,定性研究主張要對心理與教育現象進行闡釋,重視描述與解釋。

3. 在研究角度上,定性研究又注重從整體上把握現象,在發展過程中發現原因,而不能分割對象,尋求先於現象的動因。

4. 在研究者的角色上定性研究認為研究者必須在自然環境中、通過與被研究者的交感互動進行研究,研究者是參與者。同時研究者要盡量保持開放的研究姿態,具備一定的研究技巧與能力,否則將無從做出合理的主觀判斷與解釋。

5. 在研究者與被研究者的關係上,定性研究要求研究者不僅應該站在研究者的立場考慮問題,同時更應該注意從被研究者的角度出發,了解被研究者眼中的世界及其意義。

6. 在研究的功能上,定性研究主要強調主體從一定價值觀、文化背景出發對現象的理解,其結果具有特異性。

受到方法論的影響,定性研究在研究方法上廣泛使用了參與式觀察、深度訪談、個案研究、檔案分析等研究技術,在結果的分析與解釋上也強調研究者通過自身解釋建構被研究者眼中的世界及其意義,形成了以研究社會與人為主,通過研究者不干預式的介入,認識、描述並解釋被研究者與其所生活世界的自然畫卷的研究形式。

二、定性研究的界定與主要類型

迄今為止,學術界還未在定性研究的界定上取得完全一致的意見。研究者對定性研究的態度也各不相同。這一方面固然與定性研究出現時間較短、發展尚不成熟有關。另一方面，也與許多研究者囿於長期的定量研究傳統，對定性研究缺乏科學、全面的理解有直接聯繫。

目前，多數學者認為**定性研究**(或**質的研究**) (qualitative research) 通常是指在自然環境下，運用現場實驗、開放式訪談、參與觀察、文獻分析、個案調查等方法，對所研究的現象進行長期深入、細緻的分析；其分析方式以歸納法為主，研究者在當時當地收集第一手資料，從當事人的視角來理解他們言行的意義和對事物的看法，然後在此基礎上建立假設和理論。通過證偽、相關檢驗等方法對研究結果加以檢驗；研究者集訪談者、觀察者、記錄者、分析者等多種角色於一身，是主要的研究工具，其個人背景及其與被研究者之間的關係對研究過程和結果的影響必須加以考慮；研究過程是研究結果中一個不可或缺的部分，必須詳細加入記載和報告。由此可見，定性研究是一個綜合了研究方法論、研究方法與研究技術在內的方法系統，以探索對象的深度意義為取向，是與定量研究有著明顯區別的研究範式。

根據不同的標準 (如研究問題的類型、研究的目的等)，我們可以將定性研究區分為不同的類型。其中，依據研究者與被研究者之間的關係，可以將定性研究分為兩種類型：一種情況下，研究者與被研究者形成良好的互動關係，通過自身的觀察、體驗與思考，把握對象的特徵與深層意義，被稱為**交互作用型研究** (interactive research)。由於這類研究中，研究者與被研究者互相接觸，故也可稱為"此時此地研究"；另一種情況下，研究者與被研究者沒有直接聯繫，而主要通過間接途徑達到研究目的，稱為**非交互作用型研究** (non-interactive research)。由於研究者與被研究者彼此不見面，故也可稱為"彼時彼地研究"。

三、定性研究的特點

在過去對定性研究的認識上，研究者往往過分拘泥於以研究的某一方面特徵為標準來衡量，如資料的類型、有無統計方法、結果的呈現形式等。這些方面固然是定性研究的重要特點，但是從研究範式來考慮，定性研究是一個統一的整體，在整個研究過程中，定性研究都表現出自身所特有的特點。其主要特點如下：

1. 注重在自然情境下收集資料 定性研究主張，在努力保持研究對象本來面目的條件下從事研究。研究情境是自然發生的情境、關係或交互作用，研究者不做預先安排。研究者是主要的研究工具，他們應該深入研究現場，在盡可能自然的環境中和被研究者一起交流學習工作，按照被研究者看問題的角度、方法、觀點，了解他們眼中的現實，認識他們所生存的世界及觀點，達到整體、全面的理解，找到對他們具有意義的本土概念，揭示其意義世界。**本土概念** (native concept) 指被研究者經常使用的，源於其本民族文化的，用來表達他們看世界的方式與概念。

2. 研究策略更具靈活性與變通性 定性研究的設計更加開放，在開始研究前，研究者一般不作詳盡的假設，只提出大體的研究思路。在研究的過程中，研究者隨時根據新問題與新信息調整研究方向，修定原來的思路，使之更適合所欲研究的問題。這一點與強調假設檢驗的定量研究模式是不相同的。

3. 不強調對總體進行推論 定性研究並不要求所選取的樣本一定是總體的隨機樣本，而一般採用**理論抽樣**，即抽取能夠為研究問題提供最大信息的人、地點和事件。定性研究的樣本往往具有典型意義，能夠揭示現象的深層含義，而並不強求具有很高的外部效度。

4. 收集定性資料 在資料收集方法上，定性研究方法主要包括深入訪談、參與觀察、人種志研究等，強調通過研究者深入現場收集資料。其資料往往著眼於對對象的描述和解釋，注重資料的詳實性。因此，定性研究的資料多為全面、詳細的**描述性資料** (descriptive data)，常包括：(1) 人物，即不同生活背景和生活史的研究對象；(2) 事件，包括整個事件的來龍去脈以及相關的場景；(3) 被研究者的語言，即按照被研究者自己的語言記錄下來的所提及的事物與事件；(4) 被研究者自己揭示的意義：即被研究者認識世界的方式和看法。描述性資料可以文字、非文字兩種形式呈現，包括訪談筆記、觀察記錄、備忘錄、私人信件、日記以及音像資料等類型。

5. 歸納性的資料分析方法 由於研究者在定性研究過程中並非按事先確定的程序收集資料，所以研究者對資料的重要性與形式並沒有確切的把握。定性研究的資料往往較為龐雜，需要進行一定的歸納整理。定性研究的資料分析是一個自下而上的不斷明顯化的過程。隨著資料的進一步豐富，研究者可歸納並概括出一般性的概念，從而獲得較為深刻的認識，在本土概念之上建立自己的理論。

6. 強調研究者與被研究者之間的和諧關係 定性研究強調研究者與被研究者須建立友好、信任的關係。定性研究者要深入被研究者所生活的文化、社會和生活環境，從被研究者的角度看問題。在定性研究中，被研究者不是以被試的面貌出現，而是以當事人或信息源的面貌出現。研究者在研究之前，必須對被研究者及有關人員和機構作出必要的承諾和保證，在研究結束以後也要以適當的方式對當事人表示感謝和進行回報。這種研究關係不但有利於研究的順利開展，更重要的它可以提高定性研究的信度與分析深度。

四、定性研究設計的基本程序

（一） 定性研究的設計思路

定性研究的設計形式與定量研究相比，更加靈活、富於彈性。可以說有多少研究問題，就會有多少種研究形式。定性研究的設計不像定量研究依靠事先制定的研究計畫，將研究程序分解為各個相對獨立的研究階段，並以固定的設計形式組合起來，而定性研究通常以研究問題為主要取向，圍繞不同時間、地點及不同研究對象的具體問題進行設計，其最突出的特點就是邊研究邊設計，設計與研究互相促進。定性研究地設計因此不表現為結構化和規範化的研究具體程序，而是以較靈活、富於彈性的研究設想與計畫的形式出現，稱為工作設計。

工作設計 (working design) 是定性研究者為使自己的研究能夠有序開展制定的總體計畫。工作設計主要在研究初期由研究者在當時對研究問題的了解和收集的背景資料的基礎上確定，其主要內容包括研究的主題與目的、研究的基本方向、準備應用的資料收集手段、基本的研究變量、呈現的形式等方面。這一設計在起初尚不成熟，較為朦朧，在研究過程中，研究者不斷進行擴充、細化、調整、使之保持對研究問題的敏感性和探查力。這種努力通常會持續進行，直到研究結束。

工作設計依賴於研究者的**工作假設** (working assumption)。工作假設不同於定量研究的研究假設，多數研究者在沒有進行理論假設的時候，就開始了資料收集的具體工作，談不上假設檢驗等程序。定性研究的工作假設是研究者對於所研究問題的預見和猜測。它不是以理論構想的形式建立，而是更多依賴於研究者自身的經驗、知識、興趣和價值觀。研究者會在研究過程中推出一系列工作假設，然後不斷的修正、擴展、刪除或否定。在這樣的研究形式下，研究者在不同環節的工作都相應地有其獨到之處。具體而言，定性研究的設計思路包括如下兩種基本類型：

其中一種是**漏斗法** (funnel approach)。這種方法從一個一般性的研究問題開始，研究者事先對其進行較為寬泛的界定，根據一定的背景知識，建立相應的概念框架。研究問題儘管比較模糊，但卻提供了研究的切入口，預示著大致的研究方向。在收集資料的過程中，由於新信息的作用，所研究的問題會逐漸明晰，重點更為集中，研究也會逐步縮小資料收集的範圍。最後研究會聚集到一個研究問題的某一特定成分，並得到相應的解答。在研究過程中，研究者可能重復進行相似的程序，修正部分程序甚至推翻重來。這種設計強調從一般性的開端演化為特定的研究問題，以獲得清楚的結果，類似於漏斗的工作原理，所以稱為漏斗法。

另外一種是**修飾分析法** (modified analysis approach)，也稱為**誘導法** (inductive approach)。修飾分析法在某種程度是漏斗法的反演。這種方法多從較為特殊的研究問題或觀點開始，在研究中逐步擴大，覆蓋研究領域的所有情況，以期獲得對研究現象本身、背景與相關問題的全面理解。與漏斗法一樣，研究者同樣會在研究過程中循環往復，迂迴前進，直到收集到足夠的資料，能夠對所研究問題及其變式作出令人滿意的解釋。這一設計類似於不斷對研究問題進行修飾與分析，故稱之為修飾分析法。

這兩種設計思路可分別適用於不同的研究情景，在定性研究設計中都有著廣泛的應用。例如在對實施某種新教學法的學校進行研究時，如果研究者最初是對於教學法的某種效果如提高學習積極性感興趣，就可能施用修飾分析法的思路，以對整個學校氣氛作出總體、全面的評價；如果研究者感興趣的是學校氛圍本身，那麼多半是採用漏斗法，以期獲得更為明確的答案。因此，採取何種設計觀點，取決於研究者的目的及研究問題的性質。在實際的研究中，研究者通常是綜合採用兩種思路，而在不同階段各有所側重。

(二) 定性研究設計的一般程序

儘管與定量研究相似，定性研究的程序也包括研究前的收集背景資料、確立研究問題、製定研究計畫、研究中的被試抽樣，資料收集手段的組合、研究進程的監控、研究後期的資料整理與分析，得出研究結論、信度與效度檢驗、進行研究評價等基本環節，但是各環節之間彼此重疊、相互滲透、循環往復，表現出較強的情境依賴性，以非線性的方式推進，如圖 6-1。

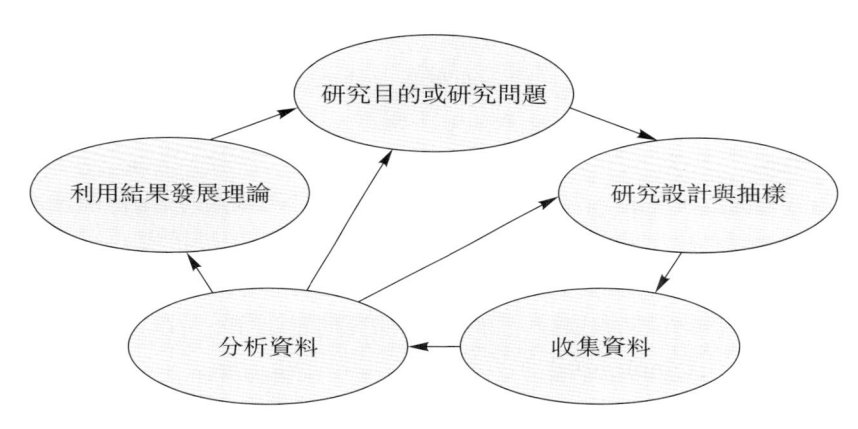

圖 6-1 定性研究的基本流程
(採自 Crabtree & Miller, 1992)

具體而言，定性研究的設計一般包括如下程序：

1. 確立研究目的和具體研究問題 如上所言，定性研究並不從一個確定性的問題入手，而是從較寬泛的課題範圍，開放性地進行研究。這並不意味著定性研究可以隨心所欲，毫無目的地開展，它同樣要求具備明確的研究目的和具體的研究問題。研究者本人的立場、經驗及思維方式，是確定研究目的和問題的關鍵因素。研究者在一開始製定的研究方向，必須清楚、明確，具有一定的理論意義和實際價值。研究者也必須在相對複雜研究現象中整理出一定的頭緒，以明確的問題的形式表述出來。定性研究在確立研究問題時，還需要考慮研究本身對被研究者是否有意義，對於其所生活的情境是否有價值。這是定性研究研究問題的一個重要特徵。

2. 收集背景資料，建構概念框架 為了澄清研究問題，使其有層次地突顯出來，以便為收集資料製定相應計畫，研究者必須在研究正式開始之前做大量的背景資料收集工作，建構起一個簡潔直觀的概念框架。研究者主

要收集三類資料 (1) 有關問題的相關研究與文獻綜述;(2) 有關研究問題的各種背景材料,如社會經濟狀況、文化背景、生活場所、學校、家庭及個人材料等;(3) 研究者自身對於研究問題的體驗、感受和想法。其中,研究者自身的思考是最關鍵的。它決定了研究者是否能建構起一個深刻、全面而有獨創性的研究理論框架。只有研究者對自己在研究中的角色、對研究可能產生的影響有清醒認識時,研究的可靠性才能得以保證。因此研究開始之前,研究者不僅僅只是被動接受材料,而應該主動地吸收,並深刻、徹底地進行反省和思考。

3. 抽樣 研究者在抽樣時應考慮儘量發掘研究線索。掌握最大量的信息,並努力保持研究的可靠性。根據研究目的和實際條件的限制,定性研究者可採取多種抽樣方法。一種常用的抽樣方法稱為**目的性抽樣** (purposeful sampling),即抽取能為研究提供最大信息量的人、地點、時間或事件。這種抽樣主要以概念框架為依據,圍繞當前研究問題進行。所以又稱為**理論抽樣** (theoretical sampling)。

一般說來,抽樣的成分主要包括:(1) 信息提供者。即最普通提供不同維度信息的研究對象;(2) 主要信息提供者。是對研究問題有較深入了解,能夠提供最充分信息的研究對象;(3) 守門人。即對信息來源可以進行控制和掌握的研究對象,如主管機構、兒童家長、部門領導等。定性研究並不強調需要代表性的樣本以推測總體特徵,因此研究者可以自設標準進行抽樣,甚至可以抽取極端樣本或個案。但是,樣本所提供的信息卻必須能夠為研究問題的解決提供最大的支持。

4. 收集資料 定性研究的資料收集在實地進行,這為研究者提出了兩個難題:一是如何及時、準確、詳實地收集到所需資料;二是如何避免自身介入對研究對象產生的影響,以保持資料的純潔性。由此,研究者具有雙重身份;一方面他必須成為所研究的文化、社區、機構或情境中的一員,承擔自然的角色;另一方面,他又必須從研究情境中獨立出來,保持敏感性與組織能力,貫徹自己的研究程序。這就要求研究者根據研究情境特徵適時調整研究策略,採取靈活多變的方法。同時,研究者還必須採取多種資料收集手段,使結果可從不同角度互證,保證研究的可信性與可靠性。

5. 分析資料 在資料分析前進行必要的整理、分類,是研究者必須進行的工作。目前通常採用適用計算機處理的形式進行編碼,使種類繁多、數量龐雜的原始資料得以標準化和體系化。編碼的過程主要應用比較與分類、歸納、分析與綜合等多種邏輯分析方法。編碼者對各類資料如文字匯錄、檔案材料、錄音錄像等按不同程度表現為數量化的形式，輸入計算機，以供分析所需。定性研究的編碼屬於定性分析的範圍，是定性研究必不可少的一個環節。

對資料的分析既可以採取定性分析，又可以採取定量分析。定性分析可以對資料進行描述、解釋與深度分析，具有較強的概括性和動態特徵。定量分析則主要可以提供各種資料的狀態、類別、趨勢、互相之間的關係等方面的數字描述，有助於更好地對研究問題進行闡釋。為使研究同時擁有較高的精確性與洞察力。研究者通常將定性分析和定量分析結合起來使用。

6. 研究結果的呈現 定性研究的結果通常以研究報告的形式呈現。近年來，研究者日益認識到由於定性研究與定量研究的本質區別，研究報告也有不同之處。在定性研究報告中，研究者應當成為研究報告的主角，以第一人稱出現，表達自己的觀點，提供自己的反省與思考，報告應當提供關於研究過程的敘述和探討，討論研究方法和研究過程中的互動關係。同時，定性研究報告必須提供豐富的原始資料。這種做法不僅可以為研究的真實性提供證據，更重要的，可以讓讀者有所憑借，從中得出自己的結論，與研究結論互證。

定性研究報告的形式多種多樣，依據所提供的內容，可以分為五種不同類型，包括**現實敘述** (realist tale)，即以描述事件發生的場景及當事人的反應為目的；**印象敘述** (impressionist tale)，主要強調真實再現當事人眼中的世界；**反省敘述** (confessional tale)，著重記載研究者的方法程序與相應的反省、思考；**批判敘述** (critical tale)，是從社會文化的大背景出發對研究結果進行深入、全面的探討；**規範敘述** (formal tale)，即用研究結果來驗證某一理論或研究者自己的某種觀念。

第二節　定性研究的研究方法與效度評價

　　由於定性研究自身乃是一個由不同學科的研究思路與方法綜合形成的研究範式，因此在研究方法上也表現出多樣化、靈活多變的特點。由於不同的研究方法分別收集了不同類型的資料，因此，定性分析的資料分析方法與手段也特別強調綜合應用多種方法，挖掘資料的深層意義。與此相應，對於定性研究的效度評值，即對其研究可靠性的評價方面也着重強調應保證不同方法之間的一致性。

一、定性研究的資料收集方式

　　定性研究的資料收集方式範圍甚廣，從最簡單的文字描述到利用音像設備進行的實時錄音錄像，各種資料收集形式均可應用於定性研究。儘管各類資料收集方法在實施程序、具體操作等環節各有自身特點，但在許多方面表現出共同性。定性研究在資料收集上，一方面強調不對資料來源進行過多干預，保持資料的自然性與真實性；另一方面又非常重視研究者自身對資料進行分析、歸納、綜合、概括的準確性與洞察力。最重要的是在定性研究中，研究者必須在研究現場，盡可能詳盡、及時、準確地記錄自己的所見所聞和所想，為分析時提供充分的資料基礎。這些特徵與定量研究是完全不同的。

　　具體而言，定性研究的資料收集方法主要包括了非結構訪談、半結構訪談、結構訪談、團體訪談、參與觀察、非參與觀察、檔案分析等方式。

　　1. 非結構訪談　非結構訪談 (unstructured interview) 是常用的定性研究資料收集手段。它沒有嚴格的程序和結構，對訪談過程幾乎不施加控制。在非結構訪談中，研究者可就所問的問題列一關鍵性要點作為訪談的線索，在訪談中採用與訪談對象進行隨意聊天式的談話以收集資料。

　　2. 半結構訪談　半結構訪談 (semi-structured interview) 主要以**訪談指導** (interview guide) 為工具開展。訪談指導羅列出研究者在本次訪談事先設計的問題，研究者則要按照自己方式與訪談對象交談。半結構訪談應該包括深度訪談或焦點訪談、個案研究、生活史分析等。

3. 結構訪談 結構訪談 (structured interview) 具有一套固定的訪談程序，研究者按照事先預定的程序依次對訪談對象提出問題，受訪者口語回答，訪問者筆記答案，並在訪談對象產生偏離時予以糾正，亦可以郵寄式或電話訪問式進行。

結構訪談主要包括自由列舉、歸類法、評定量表、等級順序法等方法。

4. 團體訪談 團體訪談 (group interview) 是對團體對象施行的訪談方法。在團體訪談中，研究者主要根據某一團體的成員所提供的信息，了解該團體的基本特徵與對事物的看法。因此訪談對象應能代表該團體的大約組成結構。

團體訪談的主要方法是**焦點組訪談** (focused group interview)。其主要目的在於獲得不同性質群體對同一問題的認識和看法。這種訪談通常對具有相同特徵的 6～8 個訪談對象進行，其程序也較為嚴格。其他的團體訪談方法有非焦點訪談、作圖與模型法、季節日曆、時間線等。

5. 參與觀察 參與觀察 (participant observation) 是定性研究的重要研究方法。它要求研究者成為所研究的情境中能動的一員，在與被觀察者的自然接觸中達到研究目的。參與觀察實際上是多種方法的集成，包括非結構、半結構訪談與無結構觀察等。觀察中，被觀察者知道觀察者的存在，但不了解其所欲觀察的具體行為與研究目的。

6. 非參與觀察 非參與觀察 (non-participant observation) 不要求研究者深入觀察情境，而是以旁觀者的身份出現，對被觀察者進行客觀的觀察。非參與觀察方法主要包括無結構觀察與結構觀察。

7. 檔案分析 檔案分析 (或**文件分析**) (document analysis) 是針對有關問題的文字資料、圖片、實物與音像材料進行分析，一般應用於歷史研究中。在其他方法中也可應用檔案分析。從而可從不同角度收集相關資料作為補充和驗證。

其他方法如**人種誌決策模型** (ethnographic decision modeling) 是一種對群體決策進行解釋與預測的方法，主要通過人種誌研究技術獲得不同文化和社會背景的人們解決問題的觀念與方式，建立相關的決策模型。**社會網**

絡分析 (social network analysis) 則主要考察社會聯繫的形式與內容，分析社會結構與社會互動的模式。

二、定性研究資料的整理與分析

（一） 定性研究資料的特點

　　定性研究收集得到的原始資料大多名目繁多，數量龐大，直接對其進行分析幾乎是不可能的。因此，數據的整理、分類工作就顯得格外重要。目前定性研究主要使用計算機程序處理資料，常用者有：(1) 計算機輔助定性資料分析軟件 (Computer Assisted Qualitative Data Analysis Software，簡稱 CAQDAS)、(2) 計算機輔助評價資料分析 (Computer-aided Evaluative Text Analysis，簡稱 CETA)、(3) 定性強化資料分析 (Qualitative Enhanced Data Analysis，簡稱 QED)、(4) 言語內容分析軟件包 (Program for Linguistic Content Analysis，簡稱 PLCA) 等，所以原始數據的處理一般也採取與計算機處理相適應的方式進行，這主要包括資料的轉錄、編碼、檢查與輸入等工作。轉錄指對不適應計算機編碼的資料進行轉寫。編碼則是將資料或數據以計算機程序可以處理的形式予以表現。數據在進行周密、細緻的檢查以後，由經過訓練的人員輸入計算機，以供處理。

　　定性研究在整理資料時，並非是單純地將資料歸類存檔，而是強調應當整理與分析同步進行。事實上，在定性研究中，資料的整理與分析是往復循環的過程，一方面，研究者通過對資料進行一次又一次的梳理，研究者可以不斷發現資料中所蘊藏的豐富意義，獲得重要的啟示，在另一方面，研究者在分析的基礎上，又可以有意識地對資料進行再整理。總之，資料的整理與分析均旨在讓資料"變薄"，轉化為研究者能夠理解的意義。

　　定性研究所收集到的資料既包括定性資料，又包括定量資料，因此對資料的分析也可以定量與定性兩種形式進行。與定量研究的區別在於，定性研究的最終分析目的在於獲得資料背後潛藏著的文化社會意義，因此在資料分析時會大量運用比較與分類、歸納、分析、綜合等邏輯方法，結合各類統計分析手段進行分析。對定性研究所收集到的資料進行分析的主要特點是：

1. 以揭示心理與教育現象或行為的"意義"為主　　定性研究不僅要找到研究問題表面的、此時此地的原因，還要進一步探察，發現其作為某種背景下的生活者的豐富內涵。

2. 在描述基礎上進行邏輯分析或推斷　　定性研究的資料通常是描述性的，因此研究者必須進行加工，摻入自己的思考，才可能揭示現象的內在聯繫與意義。

3. 傾向於對研究結果進行歸納分析　　定性研究需要從大量原始資料中獲得抽象的理論認識，歸納分析也就成為最重要的方法。

4. 不僅注意對結果和產品進行分析，更注重對研究過程的分析　　定性研究是在研究過程中不斷獲得並加深對研究問題的認識，研究過程也是研究成果的一部分，因此研究者必須報告自己的研究過程。

（二）　定性研究資料的分析方法

近幾十年來，定性研究的分析方法不斷發展，形成較豐富的方法體系，主要有類屬分析、情景分析、概念分析、習用語分析、話語分析以及敘述分析等。

1. 類屬分析　　類屬分析 (category analysis) 是對資料中的分析單位有組織地進行歸類，從而了解被研究者的意義世界的結構。在進行類屬分析時，研究者通常會從資料中尋找出一個意義單位，如在分析學生的學習動機時，我們可以將"上大學"、"有好工作"歸為"外部動機"，而將"提高自己的成績"、"考驗自己的能力"等歸為"內部動機"，從而可以進一步分析。

2. 情景分析　　情景分析 (context analysis) 則是將資料置於研究對象所處的自然情景中，按照時間順序進行描述性的分析。在這種分析方式中，研究者有點像重新講述一個故事，但研究者的目的在於通過對故事的追溯，了解研究對象的發展與變化特點，具體包括輪廓勾勒、片斷呈現、個案、訪談片斷、觀察事件、故事等。比如我們可以通過對父母對兒童家庭教育的回顧，了解其家庭教育的特點。

3. 概念分析　　概念分析 (conceptual analysis) 主要是對語言中的詞彙進行分析，以探測其內在涵義。由於人們所使用的詞語及其表達與組合方式總是有其約定俗成的文化、社會與心理意義，因此分析不同的詞語概念就可以獲得有關的潛在涵義。這在跨文化研究中應用尤其普遍。

4. 習用語分析 習用語分析(repertory grid analysis)主要用於考察不同對象對同一概念的理解有無不同。研究者預先設定一些元素，比如"性格"，由被研究者對其進行分析，給出一個由一對兩極概念構成的結構。比如"內向－外向"、"謙和－粗暴"等。通過比較不同對象或同一對象在不同情景下的概念結構，研究者可以獲得被研究者在處理特定問題時的概念資源使用方式，並進行進一步的分析。

5. 話語分析 話語分析(discourse analysis)是對人們語言表達時的情緒、認知乃至生理狀況的影響進行的分析。話語分析針對的是交談時活生生的語言，材料大都凌亂無章，缺乏組織，但研究者並不強調將其整理為清楚的**讀本**(text)(即閱讀的材料)，而是依據一定的原則對其編碼，概括為一定的話語結構，以反映人們交流時使用的語言規則。

6. 敘述分析 敘述分析(account analysis)與話語分析相反，其對象是人們的書面表達產品。研究者主要將不同的書面記錄，例如個人檔案、日記、傳記、談話筆記等材料以規範的讀本的形式表現出來，運用各種定量與定性方法對其進行分析，以揭示其後的潛在涵義。

三、定性研究的效度評價問題

(一) 定性研究中的效度概念

在定量研究中，**效度**是指一個測量工具能夠測查出所要測量的特質或功能的程度。這包括兩個意思：一是測查了什麼特性，二是測查到何種程度。而在定性研究中，繼續沿用這樣的概念，則會有相當的困難。如前所述，定性研究的最主要理論前提就是："客體"並非固定不變的實體，而是在與主體的互動中被認識、分析、轉換和變化而建構起來的。因此定性研究中研究者的任務並非對客體進行認識，而是依托於一定的社會文化背景進行的重新建構。所以學術界對定性研究的效度問題一直存在激烈的爭論。某些學者建議在定性研究中不使用效度概念，而代之以真實性、可靠性或推廣度等界定方式。由於歷史習慣，目前的多數研究者依舊沿用"效度"這一術語來探討有關定性研究真實性的問題；但其定義、分類、適用範圍、檢測方法和手段都與定量研究有著根本的不同。

在定性研究中效度指的是一種關係，是研究結果和研究的其他部分間的一致性。一項有效的、真實可靠的研究成果，表明這一結果的表述，確實反映了在特定的研究情境下，特定研究人員使用了與特定研究問題和目的相適應的研究方法和程序，對特定對象所作的研究工作。此時的研究結果表述是在所有可能的表述中最合理的。定性研究所使用的效度是一個相對概念，是指一項研究中研究工作所能達到的最高水平和境界。因此，對定性研究的效度檢測也沒有一套固定標準與手段，而是在對研究過程中所有部分、方面、層次和環節的分析基礎上的綜合評價。

(二) 定性研究的效度類型

馬克斯威爾 (Maxwell, 1992) 將定性研究的效度問題分為以下五類：

1. 描述性效度 描述性效度 (descriptive validity) 指對外在現象或事物進行描述的準確度。這一概念既用於定性研究也用於定量研究。

2. 解釋性效度 解釋性效度 (interpretative validity) 這一概念只適用於定性研究，指研究者了解、理解和再現被研究者對事物所賦予的意義和真實程度。

3. 理論效度 理論效度 (theoretical validity) 又稱**詮釋效度** (explanation validity)，與定量研究的結構效度類似，指從研究所依據的理論及從依據結果中建立起來的理論是否真實的反映所依據的現象。

4. 推廣效度 推廣效度 (generalizability validity)，又稱**外部效度** (external validity)，即某研究結果是否可以推廣到類似人群和情況。由於定性研究不採用隨機抽樣的方法，定量研究外部效度的涵義並不適於定性研究。因此定性研究主要考察結果的**內部推廣度** (internal generalization)，即研究結果能在多大程度上推廣到樣本所代表的時間和情境中。

5. 評價效度 評價效度 (evaluative validity)，指研究者對研究結果的價值判斷是否真實。在定性研究中，研究者依據自己的經驗與價值取向從事研究，通常會產生種種先入之見或偏見。在這種不夠"純粹"的資料基礎上得出的結果，其評價效度就比較低。

(三) 定性研究的效度檢測方法

定性研究在檢驗效度時，也與定量研究有很大區別，定性研究不可能像定量研究那樣事先通過隨機抽樣和控制組等手段排除**效度威脅** (validity threats) (是指質的研究者將那些有可能導致出錯的因素稱為效度威脅)，而只能在研究開始以後進行此時此地的、逐步的檢驗。因此，定性研究的效度檢測手段總是具體的、個別的在特定條件下進行。一般說來，效度檢測方法主要有以下幾種：

1. 偵探法 (modus operandi)　指研究者通過對研究的各層面和環節進行反復的搜尋和檢驗，查漏補缺，檢驗和排除影響效度的各種因素。

2. 證偽法 (falsification)　與定量研究的**證實法** (verification) (是指採用客觀標準或現實情境，對理論或假設予以考驗證明的歷程) 不同，定性研究採取不斷檢驗並排除不真實的假設的辦法，建立最為合理的解釋。

3. 三角互證法 (triangulation)　即通過不同的渠道方法、情境、時間和研究者等，對於建立的結論進行檢驗，以獲取結論的最大真實度。比如研究者可以對比訪談收集到的資料與研究對象的個人日記之間的差別，檢驗自己的結論。

4. 反饋法 (feed back)　即將研究結果反饋給熟悉和不熟悉該研究現象的人，聽取他們的意見，從中可能獲得理解和分析研究結果的新角度，檢驗研究結果的可靠性。

5. 參與人員檢驗法 (member check)　即由被研究者對研究結果進行檢驗。研究者通過聽取被研究者對於研究結果的意見，以反思自己的研究工作。如果被研究者的反應前後有變化，對此進行研究還可以為更進一步了解研究問題的意義提供依據。

6. 豐富材料 (rich data)　利用豐富的原始資料可以為研究者反省、思考依據過程、方法與結果提供充足的依據，對於研究效度具有至關重要的作用。同時，這也為讀者對研究結論的效度作出自己的判斷建立了基礎。

7. 比較法 (comparative method)　將研究的結果與有關較為公認的看法進行比較，是確認研究結果的重要途徑。由此，研究者可以判斷自己的研究結果是否符合普遍的標準。

總之，在定性研究中，並不強調研究結果與一定客觀標準的符合程度，而重視不同研究結果之間的一致性，因此其效度檢測方法也和定量研究存在很大的差別。

第三節　定量研究的概念與特點及方法

自 19 世紀末以來，為了擺脫自身的哲學色彩，心理與教育科學研究迅速接受了實證主義的思想，沿著定量化的道路前進，定量研究也很快成為居於主導地位的研究範式。時至今日，定量研究已經是大多數心理學研究遵循的基本規範，其客觀、嚴格的特點充分保證了心理學作為現代科學之一的地位，具有舉足輕重的意義。

一、定量研究的認識論與方法論基礎

科學主義認識論 (scientific epistemology) 或**邏輯實證主義** (logical positivism) 一直是各門科學研究的主要哲學基礎。在科學主義認識論中，認識客體是獨立於主體之外的**客觀實體** (objective reality)，其最大特性就是不隨主體的意識而改變。主體憑藉認識手段不斷獲得有關客體的經驗，並將其形成一定結構，成為**知識** (knowledge)。自從英國唯物主義哲學家洛克 (John Locke 1632～1704) 以來，科學主義認識論一直扮演著自然科學研究的領導者角色，形成了**數量化方法論** (quantitative methodology)。隨著自然科學研究的偉大成就，這一方法論也滲透到其他人文學科，取得了優勢地位，形成定量研究範式。

定量研究的支持者認為社會與人同自然界一樣，對研究者來說都是一種外在於研究者的客體。其區別僅僅在於社會與人的複雜性程度更高些，並沒有構成對科學主義研究的限制。其主要特點表現為：

1. 對研究對象一視同仁，主張對研究問題無區別地對待。
2. 用解剖式角度對複雜的現象進行分解，以獲得對整體成分的了解。
3. 研究者應當在控制的情境中進行研究，使研究得出的結論更純粹，更具推廣價值。
4. 所獲得的結論可以通過具體的事實得出證明（偽）。
5. 研究者關注最終數據，較少重視被試的反應過程。
6. 研究的功能在於對對象進行客觀的描述，廣泛地解釋其產生、發展的原因，使結論具有普遍性。

對於研究，數量化方法論有兩個基本觀點：假設檢驗與差異控制。**假設檢驗** (hypothesis testing) 是指在研究中應事先設立研究問題的假設，然後利用嚴格收集的資料對其反設（虛無假設）進行檢驗。如果證明反設錯誤，則說明假設正確。**差異控制** (difference control) 則是對研究中的各種變異進行合適的控制，將差異以數量化的形式表達出來，從而對差異的來源能做出準確的解釋。由此可見，以數量化方法論為基礎的定量研究，不但要求將研究問題以數量化的方式呈現出來，更重要的是，研究必須具有嚴格的設計與程序。

二、定量研究的界定與特點及類型

（一）定量研究的界定與特點

定量研究（或量的研究）(quantitative research) 是指事先建立研究假設，進行嚴格的研究設計，按照預定程序收集資料並進行數量化分析，用數字或量度表述研究結果，對假設進行檢驗的一種研究範式。定量研究強調在研究設計、數據收集、結果處理與解釋上均要求具備嚴格的形式，具體表現在以下幾個方面：

1. 定量研究通常包含一個較為嚴格的事先設計。為了進行實質性的解釋，必須保證結果的準確性，保證變量間關係的內在邏輯性和不受其他因素的影響。因此，定量研究必須有一個嚴格的實驗設計，包括對自變量和因變量的選擇，無關變量的控制，對誤差的控制，設計研究程序，考慮數據整理和分析的方法等。這樣才能有效保證研究的信度和效度。

2. 定量研究通常是對大量具有相似特徵的現象進行研究，從而對總體作出推論。在實際的研究中，研究者往往採用抽樣的方式選取有代表性的樣本，把從樣本的分析與研究獲得的結果，運用某種規律推廣到總體。

3. 定量研究主要是通過問卷、測驗、實驗、結構化觀察等方式來收集資料。

4. 定量研究主要運用統計的方法對結果進行分析和解釋。其收集到的結果必須是數量化的。數量化的結果可以通過直接測量得到，也可以對文字資料進行再處理得到。

5. 定量研究的重點在於確定變量之間的關係，影響與原因，研究結果的呈現通常簡單明瞭，不像定性研究那樣做過多的深度剖析。

（二） 定量研究的類型

根據定量研究在收集數據的方法和實施中的特點，定量研究一般可以分為非操縱性研究和操縱性研究。

操縱性研究 (manipulative study) 是定量研究的主要方法。它要求對所觀測的對象進行一定的控制，獲得研究者在某種具體情況下的反應資料。在操縱性研究中，研究者以"控制者"的角色出現，制定研究程序，選取被試，用不同的條件對其進行處理，因而，研究者可以對自己的假設進行充分的檢驗，是自由度最高的一種方法。但也由於此，研究者常常對研究干涉過多，而使研究過於人為化，研究結果的可概括性也就受到影響。常用的操縱性研究方法主要是實驗法。

非操縱性研究 (nonmanipulative study) 則主要在自然情景中收集資料，不需要對研究變量進行操縱和控制。非操縱性方法與定性研究在使用範圍上相當接近，但是非操縱性方法依賴於一套先行制定的、形式固定的程序收集資料，並以之檢驗研究者預定的假設。在非操縱性研究中，研究者採取"旁觀者"的態度，將研究現象的各種表現以數量化的形式一一記錄下來，以定量方式進行分析，得出研究結論。非操縱性研究的方法包括兩方面：一類主要用於自然情景中的研究對象，如結構化觀察、測驗、問卷等，另一類則是對已有資料進行分析，包括內容分析、元分析等。

三、定量研究的設計

定量研究大多是線性程序，各個步驟之間環環相扣，不可分離。前面步驟的失誤往往會影響後面步驟的實施。因此，在定量研究中，通常必須在研究前期進行周詳的設計，制定出一個嚴密的實驗程序。研究者事先必須充分考慮研究實施過程中可能出現的各種情況，如研究假設的意義和可驗證性、無關變量對變量之間關係的污染、採用何種統計分析方法及由此產生的收集數據、整理數據的方法、實驗中可能出現的意外情況和相應的解決補救措施等。這些都需要在實驗設計中做出周密的安排，以保證研究的順利進行和研究的信度和效度。定量研究的基本流程大致如圖 6-2：

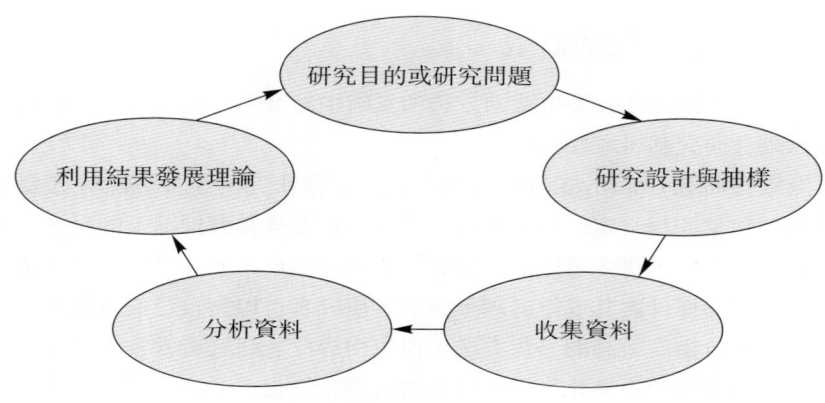

圖 6-2 定量研究的基本流程
(採自 Bryman, 1992)

在定量研究設計中，大致應考慮如下幾方面重要內容：

（一） 確立研究假設

研究假設是定量研究的基礎。只有建立合適的假設，才可能確定研究的設計形式、程序與方法。定量研究通常用演繹的方法提出研究假設。在研究前，研究者必須收集大量的資料、參考先前的研究、建立必要的理論背景，在充分思考的基礎上制訂合理的假設。研究者提出的研究假設通常包含兩方面：一個是**實質性假設**，即研究者對研究中變量間關係及結論方向的揭示，多以文字表述；另一個是**統計假設**，即為適應數據分析而建立的以統計語言表述的可能獲得的分析結果。這在第五章中已有詳細介紹。

（二） 確定變量與變量水平

定量研究為達到對假設的最大檢驗力，需要使因變量的變化在自變量的維度上得到充分的體現。為此，研究者首先必須選擇合適的自變量數目與水平變化範圍和水平層次。由於目前多採用多因素設計，因此自變量一般在兩個以上，但是隨著自變量的增加，多重交互作用的分解和解釋將變得非常困難。因此，在當前心理與教育定量研究中，自變量的個數很少超過四個。確定自變量水平需要考慮以下幾個因素：(1) 變量必須有兩個或兩個以上的水平，否則，該變量將不復成為一個因素；(2) 變量的水平不宜太多，否則不但導致數據收集和統計分析的困難，同時也可能會導致各水平之間的差異不明顯；(3) 變量的水平要覆蓋所研究對象的範圍；(4) 變量的水平要根據研究假設和實際情況選擇適當的跨度；否則就不能全面、準確地把握研究對象的特點。此外，研究者也需要選擇合適的因變量。在選擇時，研究者必須選取對自變量水平變化敏感的因變量。同時，研究者必須保證因變量在觀測中的可靠性，以獲得穩定一致的結果。同時，在其他條件相同的情況下，應選擇在觀測和數據轉換上最容易、最能節省時間和精力的變量作為因變量。

（三） 選擇合適的研究設計

在定量研究中存在著多種研究設計可以選用，每種研究設計都有一定的優點和局限性，各有一定的適用範圍。因此，在選擇研究設計時，應該充分考慮研究目的、研究對象特點、研究者的自身條件、研究的客觀條件等各種因素，綜合比較各種研究方法，選擇一個最為合適的設計形式。如：問卷法的對象只能是有一定文化基礎的兒童或成年人，對於嬰幼兒，最後採用觀察法進行研究；而在能夠保證研究目的的情況下，採用問卷法就可以大規模地收集資料，較觀察法更為省時省力。可見，在心理與教育科學研究中，通常不存在研究方法好壞的問題，重要的是選擇一種合適的研究方法。同時，綜合運用多種研究方法，可以取長補短，充分發揮各種研究方法的作用，保證研究的信度與效度。

(四) 無關變量與誤差的控制

在定量研究中，研究的主要功能是對現象及現象間的關係做出準確的描述，為了保證結果的可靠性和純淨性，必須控制包括抽樣和各種偶然因素在內的所有誤差，保證變量間的關係不受其他因素的污染。這些都需要在研究設計中通過對無關變量和誤差的控制來實現。在不同的研究方法中，控制無關變量與誤差的方法也不盡相同。比如在測驗法中，通過良好的題目設計和得當的指導語可以有效控制被試的社會期望效應（註 6-1）。而在實驗法中，研究者多是通過操縱變量和統計方法來控制誤差，常用的方法有隨機分組、恒定法，將變量接納為研究因素，實施統計控制等。

在定量研究中，抽樣誤差是重要的誤差來源，控制抽樣誤差是最重要的問題。通常根據研究所允許的最大誤差選擇有代表性的樣本，同時，結合研究對象的實際，選擇有效的抽樣方法以保證抽樣的精度。

(五) 選擇數據統計分析的方法

要選擇正確有效的統計分析方法，必須了解兩個方面的內容：其一是各種統計方法和公式的適用條件。其二是對研究問題的性質、數據類型以及研究設計的判斷。如：在對測驗的結果解釋中，如果只用描述統計，則達不到研究的目的。但若測驗的抽樣不是採用概率抽樣，推論統計即是毫無意義，甚至是荒謬和極端錯誤的。

四、定量研究的分析模式

(一) 定量分析的主要特點

在結果分析中，定量研究主要採用定量分析方法。**定量分析** (quantitative analysis) 是以純形式化的符號表徵事物特徵，並加以數學分析的分析方法。在心理與教育科學研究中，定量分析的資料包括數字、文字、圖表、音像資料等形式，採取的方法則主要是統計分析的方法。利用定量分析，研

註 6-1：社會期望效應 (social desirability effect) 指個人所做的事，很多是為了顧忌社會意願而隱藏了個人的意願，因而影響其行為表現的真實性。

究者可以從複雜紛亂的數據中抽出規律性的結論、信息，進而能夠深刻地理解、全面地描述、準確地推斷和預測研究對象及其發展變化，使之成為研究者提出或驗證假設，建構理論的基礎。

總的說來，定量分析具有以下幾個特點：(1) 定量分析是以數理統計為基礎而發展起來的，目前統計分析已經成為心理與教育科學研究的一個重要工具；(2) 定量分析是對數據資料進行分析，而不是語言文字等描述性的資料；(3) 定量分析的結果是基於描述性的，而不是解釋性的；(4) 定量分析的結果往往是抽象的數字，具體意義的解釋依靠研究的設計的支持和研究者的經驗。隨著計算機的普及，一些功能強大的計算機統計軟件如社會科學統計軟件包等大量應用與心理與教育科學研究中，一些複雜的統計分析如因素分析、複方差分析等，也可以在計算機的幫助下完成。這使得目前的定量分析可以發揮更大的作用，因而也推動了定量研究的發展。

(二) 定量分析的基本角度

數據整理後，根據研究的目的和所使用統計方法的不同，通常可以進行如下幾個方面的分析：

1. 描述現象特徵及對總體的推論　　描述現象特徵是指對研究現象作出準確的描述和說明。對總體的推論則指從研究樣本的特徵推論到對總體特徵。此二者是定量分析的基本過程，凡欲進行高級的統計分析均須經過這兩個步驟。分析中，主要的方法有描述統計 (見第十六章)、參數估計和假設檢驗 (見第十七章)。

2. 變量間關係強度的度量　　心理與教育科學研究的重要目的和功能是探測變量間的關係，包括變量間的相關關係和因果關係。度量變量間關係的方法主要包括典型相關分析、回歸分析和路徑分析 (見第十七章)。

3. 劃分變量類別及確定變量結構　　劃分變量類別是指運用一定的統計方法，根據多個變量的內部相關關係對變量進行分類，進而簡化變量數量的方法。主要方法有主成分分析、因素分析、聚類分析、判別分析 (參見第十七章)。

五、定量研究的檢測與評價

對研究進行檢測與評價是定量研究中重要的一環，對於確定研究的準確性、可靠性，促進研究結果的交流，推廣和應用有著重要的意義。對定量研究的檢測與評價主要包括下面幾個方面：(1) 研究所依據的理論或觀點的合理性；(2) 研究假設的創新性、恰當性；(3) 研究結果的可靠性，指研究中對誤差控制的有效性，研究可重復的程度；(4) 結果解釋的恰當性，指研究在從數據推導結論時條件的充分性，推論過程的準確性。這除了受研究對無關變量的控制是否充分和有效的影響，還由研究者的自身素質所決定；(5) 研究結論的概括性，指研究結論的推廣程度和普遍適用性，內部效度和外部效度；(6) 研究的科學價值和應用價值。從這六個方面入手，可以對研究作出一個全面，綜合的評價。

第四節 定性研究與定量研究之歷史與發展

定量研究與定性研究之爭由來已久，長期以來，二者相執不下，各不相讓。相比較而言，定量研究在心理與教育科學領域更為占據主流位置，定性研究則相對受到排斥。事實上，在爭論的背後卻存在著諸多混淆。從當前的發展態勢來看，兩者已經由彼此對立走向互相融合，積極探討二者結合的途徑與方式無疑更有助於心理與教育科學的發展。

一、定性研究與定量研究的爭論

定性研究和定量研究是心理與教育科學領域的兩種基本研究範式。二者發展的歷史大體經歷了三個階段：定性研究階段、定量研究階段、定量與定性並存階段。在 19 世紀以前，由於科學研究水平的普遍低下，長期以來在心理與教育科學研究中，研究者大多採用主觀思辯、歸納推理的邏輯思維方法進行研究，雖然也屬於定性研究範疇，但距離科學研究的真正要求尚存在相當大的差距，只能算作"前定性研究"。19世紀以來，各門科學尤其是自然科學突飛猛進，取得了很大的成就。在這種形勢下，自然科學的實證研究範式對於心理與教育科學研究也產生了不可估量的影響。自然科學研究範式的最突出特點表現在：以數量簡化事實，用運算代替思辯。反映在心理與教育科學研究中，就形成了強調數字化描述、重視使用統計方法的定量研究範式。尤其隨著計算機的普及，複雜統計處理日趨方便，定量研究一度在心理與教育科學研究領域取得了支配性的地位。

但是，誠如範式概念的首倡者庫恩 (Kuhn, 1962) 所言，沒有一種能夠解決所有問題的研究範式。當定量研究發展到一定階段，其作為自然科學研究範式的弊病也同時暴露出來：定量研究難以涉及所有心理與教育領域的問題；定量研究的結果往往失之於膚淺，不能揭示研究現象的深層底蘊；定量研究過於強調數字化、重視統計學的特性日益成為束縛其發展的阻礙。因此在60年代初，研究者在批評定量研究的同時，也對定性研究進行了新的發展，定性研究開始作為一種獨立的研究範式出現於心理與教育科學研究領域。其後，圍繞定性研究與獨立研究孰優孰劣，學術界展開了激烈的爭論。在70年代初，這一爭論達到了高潮。李斯特 (Rist, 1977) 對爭論的焦點歸納如下：

1. 信度與效度的爭論　定量研究強調研究結果應當具有可推廣性，因此重視效度的討論。在研究中，也總是採取各種方法如大量抽取被試、隨機分配被試、控制無關變量、研究者保持中立來保證研究的可靠性。但是定性研究卻重視結果的真實性，他們認為，具有較高的解釋力的研究才算好研究，而研究的真實性主要表現在對於一個問題"意義"的揭示程度。雙方各執己見、爭執不下。

2. 客觀性與主觀性的爭論　定量研究批評定性研究的主要一點就在於，定性研究強調研究者深入研究現場，研究工具就是研究者自己。這一點是與定量研究範式重視客觀性的立場水火不相容的。相反，定性研究認為，兩害相權取其輕，當對研究者自身控制較好的時候，"主觀"的研究往往可以發揮更大的作用。

3. 成分與整體分析的爭論　定量研究需要對研究變量之間關係作出明確的回答，故而多使用解剖式的分析方法，強調將問題分解為各個成分進行研究。定性研究者則批評此種方法過於片面、不能獲得對於研究問題的整體認識。

由此，我們看到，定性研究與定量研究之間存在的鴻溝，一部分是定性研究與定量研究作為不同研究範式存在的自然區別；另一部分，則是因為研究者各自眼光過於狹窄，不能兼容並蓄的緣故。這是導致兩種研究範式多年爭論的最重要原因。

二、對定性研究與定量研究的認識偏差

在長期的爭論中，研究者分別從不同的角度提出自己對於定量研究與定性研究的理解。許多見解富於洞見，並建設性地對二者的結合提出了寶貴的意見。但是，也有一些研究者囿於自身的誤解與偏見，導致了不少認識上的錯誤。沿襲至今，構成了研究進一步發展的重要障礙。

一種傾向表現在，兩種意見互不相讓，缺乏交流。定量研究者認為唯有量化的自然科學研究範式才是真正的科學研究正道，定性研究缺乏可量化形式，不能成為真正的科學研究。而定性研究者則批評定量研究不適應研究高層次的要求，過於數量化的形式妨礙了心理與教育科學的發展。

另一種常見的偏差則表現在研究者在批判標準上的混淆。定量研究者常常將定量研究的一套評價體系直接搬運到對定性研究的評價中，並要求定性研究必須具備與定量研究一樣的可量化特性，對環境的控制性以及類似定量研究的信度、效度。定性研究者又認為定量研究對問題的解釋不佳，缺乏良好的可推廣性。在研究中，這種認識混淆的結果，就是將定性研究與定量研究生硬地割裂開來，或隨意地等同起來。還有一種情況則是研究者毫無辨別地將定性研究與定量研究以不恰當的方式結合起來，既缺乏可靠性，又不具概括能力。

如前所述，定性研究與定量研究是兩種不同的研究範式。**範式** (paradigm) 是指在先行的研究中，研究者建立了研究進行所必須的概念、理論、原理、定律、程序、工具、方法、使用方式等規範化的體系，後續的研究者

繼續沿用，不斷發展，逐步建構起來的科學研究框架。範式既具有整體性，又具有規定性。它是為多數研究者認可的習慣研究途徑，而非研究領域的唯一研究方式。以上所有認識偏差最大的缺陷就在於，忽視了定性研究與定量研究作為研究範式的獨立性與特殊性。一方面，只見樹木，不見森林，拘泥於片面的、零散的認識，缺乏對兩種研究範式各自深入的了解，往往依靠一種範式批評另一種範式；另一方面，又不能站在一定高度上用融合的眼光看問題，缺乏對兩種研究範式通盤的考慮。

事實上，定性研究與定量研究各有自身的特點與完整體系，不能輕易的等同。而且兩種範式都有自身的優點與局限性，單純重視其中某一範式，都不可能取得良好的研究效果。在不斷的爭論甚至對峙中，越來越多的研究者認識到，只有將定性研究與定量研究有機地結合起來，才可能相輔相成，發揮出最大的功用。

三、定性研究與定量研究的融合趨勢

當代社會的發展對心理與教育科學研究提出了越來越高的要求。研究不僅要發現心理與教育現象的一般性規律，而且要解釋現象所蘊含的內在原因與意義，找到將規律應用於實際的途徑和方法，這就需要研究者加深研究的廣度與深度，運用多元的方法研究問題。由此，定性研究範式和定量研究範式互相結合的呼聲越來越高。

生態學、人類學、社會學等學科研究範式的轉變，也對心理與教育學科中定性與定量研究的結合產生了影響。其對於個體和環境之間相互作用的規律和機理的強調，使得真實的、自然的環境下的人類心理與行為，成為了研究者關注的對象。在 70 年代末，定量與定性之間的爭辯已經趨於緩和。而到了 80 年代中期，由於以上因素的影響，研究者大多取得共識，認為應當根據研究問題的性質與研究目的探索，將定性研究範式與定量研究範式結合起來。當前，定性研究與定量研究正在發展中表現出了融合的趨勢。

定性研究與定量研究多方面存在的互補的屬性，是促成兩種研究方法結合的重要原因。

1. 兩種研究方法產生的知識具有互補性　定性研究注重研究過程、

對結果理解和意義的發現，定量研究關注資料的最後結果、概括性、預測性與因果理解性。對同一研究問題如果能夠使用兩類研究方法，肯定要比只用一種研究方法獲得的結果全面而深刻。

2. 兩種研究範式所使用的測查方法具有互補性　舉例來講，研究者可用定量的前測、後測的方法考察兒童某一方面發展變化的情況；同時為了尋找發展的動力和原因，也可用觀察、訪談等定性研究方法進行考察。

3. 兩種研究範式在具體研究中結合使用，可收相輔相成之效　在進行定性研究前，定量研究的資料可以為定性研究的**理論抽樣**提供很大的幫助，如代表性樣本或偏差性的個案（或群體）；又如在進行定性分析時，定量研究的資料則可提供構思指導；通過對定性研究的解釋、舉例、說明，可以加強或修正定量研究的理論。

　　定性研究與定量研究儘管具有融合的可能性，但由於其間的巨大差異，使得研究者在融合水平與方式上必須有所選擇，盡量保持其主要特性而又對研究有所裨益。由此出發，不少心理與教育工作者在理論上對這種可能性轉化為現實性的諸多類型進行了探討。

　　克里斯威爾（Creswell, 1994）認為，定性與定量研究結合的模式有三種。(1) **二階段模式**（two-phase model），即兩種研究方式分別運用在研究的不同階段，如在定性研究階段後進行定量研究，或者與之相反，二個階段在時間或意義上相差很遠，每階段的研究都建立在各自的基本假設上；(2) **優勢-非優勢設計**（dominant-less dominant design），指研究者以某一種研究範式為主，但在研究過程的某一個時期使用另一範式；(3) **混合方法論設計**（mixed-methodology design），強調在方法論水平的徹底融合。在這種水平下的研究，其大部分甚至全部階段，定性研究與定量研究總是以某種方式結合使用。

　　總之，心理與教育科學研究的發展始終以螺旋式的方式不斷上升。定性研究與定量研究既來源於過去研究的進步，將來也肯定會在更高的水平上進一步發展。作為研究者，切忌偏見，應當努力保持兼容並蓄的態度，以積極的姿態探討定性研究與定量研究的各種融合方式，以利於心理與教育科學的研究發展。

本 章 摘 要

1. **定性研究**是心理與教育科學研究的基本研究**範式**，主要以**人文主義**與**自然現象主義**認識論、**質性方法論**為基礎，是一個綜合了研究方法論、研究方法與研究技術在內的方法系統，以探索對象的深度意義為取向，採取靈活多變的設計，主要採用自然化、不干預的資料收集方法與定性分析手段的新興研究範式。定性研究主要有兩種類型：**交互作用型研究**與**非交互作用型研究**。

2. 定性研究在研究過程中的主要特點為：注重在自然情境下收集資料；研究策略更具靈活性與變通性；不強調對總體進行推論；收集定性資料；歸納性的資料分析方法；強調研究者與被研究者之間的和諧關係。

3. 定性研究沒有嚴格的設計，其設計稱為**工作設計**。在設計中，其主要思路有**漏斗法**與**修飾分析法**。

4. 定性研究的研究程序往往彼此重疊、互相滲透、循環往復，呈非線性地推進，大致上包括這樣幾個環節：確立研究目的和具體研究問題、收集背景資料，建構概念框架、抽樣、收集資料、分析資料、研究結果的呈現。各環節均具有不同於定量研究的特徵。

5. 定性研究的資料收集方法主要包括了**非結構訪談**、**半結構訪談**、**結構訪談**、**團體訪談**、**參與觀察**、**非參與觀察**、**檔案分析**等多種方式。

6. 定性研究在資料分析上的主要特點是：以揭示心理與教育現象或行為的"意義"為主；在描述基礎上進行邏輯分析或推斷；傾向於對研究結果進行歸納分析；不僅注意對結果和產品進行分析，更注重對研究過程的分析。

7. 定性研究的分析方法在近幾十年來迅猛發展，已經形成較完整的體系。最主要的方式有**類屬分析**、**情景分析**、**概念分析**、**習用語分析**、**話語分析**、**敘述分析**等。

8. 定性研究中的效度指的是一種關係，是研究結果和研究的其他部分之間的一致性。其效度可分為五種類型：**描述性效度**、**解釋性效度**、**理論效**

度、推廣效度、評價效度。效度檢測方法主要包括**偵探法、證偽法、三角互證法、反饋法、參與人員檢驗法、豐富材料、比較法**等。

9. **定量研究**是與定性研究相對應的研究範式，主要以科學主義認識與數量化研究方法論為基礎，強調事先制訂研究假設，以此為基礎按照預定程序收集數量化資料並進行分析，在研究的設計，數據的收集，結果的處理與解釋上均要求具備嚴格的形式。在研究中主要包含兩個基本觀點：**假設檢驗**與**差異控制**。定量研究主要有兩種類型：**非操縱性研究**與**操縱性研究**。

10. 定量研究的特徵主要表現為：通常包含一個較為嚴格的事先設計；對大量具有相似特徵的現象進行研究，以對總體作出推論；主要通過調查、測驗、實驗、結構化觀察等方式來收集資料；主要運用統計的方法對結果進行分析和解釋；研究結果的呈現通常簡單明瞭。

11. 定量研究設計較為嚴格，程序比較固定，主要包括：確立研究假設；確定變量與變量水平；選擇合適的研究設計；無關變量與誤差的控制；選擇數據統計分析的方法五個環節。

12. 定量研究的分析模式的主要類型有：描述現象特徵及對總體的推論，變量間關係強度的度量，劃分變量類別及確定變量結構。

13. 對定量研究的檢測與評價，主要包括：研究所依據的理論或觀點的合理性；研究假設的創新性、恰當性；研究結果的可靠性；結果解釋的恰當性；研究結論的概括性；研究的科學價值和應用價值等方面。

14. 長期以來，定性研究與定量研究存在激烈的爭論，表現在：信度與效度的爭論；客觀性與主觀性的爭論；成分與整體分析的爭論三方面。

15. 對定性研究與定量研究的認識偏差主要表現在互不相讓，缺乏交流；認識混淆、標準不清；以不恰當的方式結合等方面，其根本原因在於無視二者作為研究範式的整體性。事實上，兩種範式都有自身的優點與局限性，只有將二者有機地結合起來，才可能相輔相成，發揮最大的功用。

16. 定性研究與定量研究在提供的知識、使用的方法、具體研究中的結合上存在互補的屬性，是促成兩種研究方法融合的重要原因。而學術界也對此進行了深入的討論，其中克里斯威爾的融合模型較有影響。

建議參考資料

1. 吳明清 (1998)：教育研究：基本觀念與方法之分析。台北市：五南圖書出版有限公司。
2. 董 奇 (1992)：心理與教育研究方法。廣州市：廣東教育出版社。
3. Best, J. W., & Kahn, J. V. (1993). Qualitative research. In *Research in education* (Chapter 8). Boston: Allyn & Bacon.
4. Bogdan, R. C., & Bilklen, S. K. (1998). *Qualitative research for education: An introduction to theory and methods.* Boston: Allyn and Bacon.
5. Bryman, A. (1992). *Quantity and quality in social research,* Newbury Park, CA: Sage.
6. Crabtree, B. F., & Miller, W. L. (1992). *Doing qualitative research.* Newbury Park, CA: Sage.
7. Erickson, F. (1985). Qualitative methods in research on teaching. In M. C. Wittock (Ed.), *Handbook of research on teaching.* New York: Machmillan.
8. Hayes, N. (1997). *Doing qualitative research in psychology.* An Imprint of Erlbaum (UK), Taylor & Francis: Psychology Press.
9. Marshall, C., & Rossman, G. B. (1989). *Designing qualitative research.* Newbury Park, CA: Sage.
10. Neuman, W. L. (1997). *Social research method.* Boston: Allyn & Bacon.
11. Patton, M. Q. (1990). *Qualitative evaluation and research methods.* Newbury Park, CA: Sage.
12. Wiersma, W. (1995). *Research methods in education: An introduction.* Boston: Allyn & Bacon.

第七章

描述研究、相關研究與實驗研究

本章內容細目

第一節　描述研究的概念及其基本特徵
一、描述研究的概念與特點　201
二、描述研究的設計思路　202
　　(一) 變量描述
　　(二) 分類描述
　　(三) 背景描述
　　(四) 綜合描述
三、描述研究的結果分析　204
　　(一) 對資料進行整理
　　(二) 描述研究的分析模式
　　(三) 描述研究的主要分析方法

第二節　相關研究的概念及其基本特徵
一、相關研究的概念　206
二、相關研究的設計思路　207
　　(一) 單變量-單變量相關設計
　　(二) 多變量-單變量相關設計
　　(三) 變量組內部相關設計
　　(四) 多變量-多變量相關設計
三、相關研究結果的分析與解釋　210
　　(一) 相關研究結果分析的基本原則
　　(二) 相關研究的因果推論方法
　　(三) 相關研究的結果解釋問題

第三節　實驗研究的概念及其基本特徵
一、實驗研究的特點與功能　214
　　(一) 實驗研究的界定與特點
　　(二) 實驗研究設計的類型
二、實驗研究設計的一般內容與標準　217
三、實驗研究設計的基本方法　218
　　(一) 真實驗設計
　　(二) 準實驗設計
　　(三) 多因素設計
　　(四) 單一被試實驗設計
四、實驗研究結果的分析與解釋　225
　　(一) 實驗研究結果分析的特點及主要方法
　　(二) 實驗研究結果解釋的內部效度
　　(三) 實驗研究結果解釋的外部效度

第四節　三類研究方法之比較與發展趨勢
一、描述研究與相關研究及實驗研究之區別　227
二、描述研究與相關研究及實驗研究之聯繫　228
三、描述研究與相關研究及實驗研究的融合性趨勢　229

本章摘要

建議參考資料

心理與教育研究的重要目的之一是，揭示心理與教育現象之間的實質關係。由此所派生出來的研究方法有以下幾種：以描述與說明現象特徵為基本取向的稱為描述研究；以考察、發現現象之間是否存在聯繫及其聯繫的程度為基本取向的稱為相關研究；操作與控制一些條件以影響某些現象，試圖獲得並確認其因果關係的稱為實驗研究。

在實驗研究中，研究者通過操控研究變量，可確切地對變量間相互影響的情形作出判斷，得到變量間存在因果關係的結論。因此，實驗研究曾經長期在心理與教育科學研究領域中占據支配地位。但是，心理與教育現象由於其本身所固有的特殊性，對研究方法的要求與其他科學相比有很大的不同。一方面，心理與教育科學研究問題涉及廣泛、背景複雜、影響因素眾多，難以簡化為具體的研究變量，進行有效的操縱；另一方面，對變量的操縱還可能導致心理與教育科學研究過於人為化，失去推廣能力。在目前的心理與教育科學研究領域中，仍然以描述研究與相關研究為主要類型。

由於近幾十年來社會學、人類學等其他學科的互相滲透、融合與借鑑，心理與教育科學研究領域開始強調研究的生態化，重視研究的現實性與自然性。對變量採取非操縱手段的描述研究與相關研究，相應地，就成為心理與教育科學研究中發展最為迅速的領域。目前，描述研究與相關研究在資料收集、研究設計、結果分析與解釋上脫離了過去較為簡單、粗糙的形式，形成了完整的體系，成為研究者廣泛採用的重要研究類型。

前一章，我們介紹了定性研究與定量研究。這與本章將要介紹的三種研究類型既有重疊之處，又不完全一致。一般來講，定性與定量是兩種不同的研究範式，體現為研究思路上較深刻的差異，其融合需要更多的條件。而描述、相關與實驗研究主要表現為研究目的的不同，在實驗研究中，三者往往彼此滲透，構成眾多複雜的研究形式。定性研究與定量研究是描述、相關與實驗研究的出發點，其互相協調的程度將會直接影響到此三種研究的融合程度。因此，研究者必須對研究的基本思路深入探討，才可能對研究的實際問題獲得滿意的解答。

在本章中，我們將分別對描述研究、相關研究、實驗研究進行介紹，並對三者進行比較，著重探討下述問題：

1. 描述研究的概念及其基本特徵。

2. 相關研究的概念及其基本特徵。
3. 實驗研究的概念及其基本特徵。
4. 描述研究、相關研究、實驗研究的區別與發展趨勢。

第一節　描述研究的概念及其基本特徵

　　描述研究作為最基礎的科學研究方法之一，在心理與教育科學研究中具有重要作用。本節將就描述研究的概念與特點、描述研究的設計思路、描述研究的結果分析進行較為系統的說明。

一、描述研究的概念與特點

　　描述，是科學研究的基本手段。在包括心理與教育科學研究在內的所有研究中，對變量進行描述，說明變量的特性，指出變量的實質，為後續的研究奠定良好的基礎，是研究不可缺少的一環。在心理與教育科學研究中，描述研究，主要回答"是什麼"的問題。作為一種重要的研究形式，**描述研究(或敘述性研究)** (descriptive research) 旨在對研究變量進行詳細、準確和系統的說明，並對變量的總體特徵進行推測。描述研究具有如下的特點：

　　1. 描述研究通常不對研究對象進行控制和操縱，被試的行為在自然、真實的條件下發生。

　　2. 描述研究主要是對研究對象的特徵進行全面、準確地描述，而不對現象間的關係進行探討和說明。

　　3. 描述研究可以描述研究對象量的特徵，也可以描述研究對象質的特徵。這使描述研究具有較好的適用性，可以對很多研究對象進行研究。既可以對現象進行探索，也可以對假設進行檢驗。

根據描述研究在研究對象和所使用的收集資料，統計分析方法上的差異可以將描述研究分成量的研究和質的研究兩類。量的研究側重於對研究對象的特徵進行數量化的說明，主要包括調查、測驗等。質的研究則重視對研究對象的特徵進行質的分析，主要包括人種誌研究、訪談、參與觀察等。

二、描述研究的設計思路

描述研究旨在對所研究的對象做出詳細、準確的描述，同時為以後進一步的研究打好基礎。因此，對研究對象的描述不能僅僅限於對行為和事件本身的描述，還應該結合研究目的，對行為和事件發生的背景等方面做出詳細的描述，以找出隱藏在行為和事件背後的決定原因和影響因素。結合研究者的目的和意圖，對一個研究對象進行全面的描述可以從下面四個角度入手：

（一）變量描述

變量描述 (variable description) 指對於行為及事件等變量進行描述，它是描述研究的基本形式。心理與教育科學研究中所涉及的變量通常牽涉到複雜的背景狀況，影響因素眾多。因此，這類設計，必須從整體角度出發，迅速靈活地描述研究變量的基本特徵。在設計時，首先要對所研究的對象有基本的界定，明確所要研究的對象的大致特點。然後，依據界定的標準，制定基本的描述策略。描述策略主要包括空間維度，即著重描述對象的空間分布與發展特徵；時間維度，主要從時間變化上把握研究對象；結構維度，即描述變量的組成結構等。如在對嬰兒期家長教養行為的描述研究中，研究者可以對不同家長的教養行為進行描述，採取空間維度；又可以從家長在不同年齡段的教養行為著手，採取時間維度；同時，研究者還可以描述家長教養行為的構成成分，分析其結構。描述中，主要的指標有發生的頻率、具體特徵、事件發生時的環境特點、文化與社會背景等等。

（二）分類描述

分類描述 (category description) 是對變量描述的深入和發展，指在各個維度上對行為和事件進行分門別類的描述。分類描述有助於對行為和事件做出更準確和深入的認識。在分類描述中，重點在於選擇合適的分類標準。

分類標準的選擇可以在行為和事件本身的特點維度上進行；也可以從行為和事件發出者的特點上進行。前者需要研究者全面、深入地對行為和事件進行研究，結合研究對象在發生發展、表現特點、影響及後果等方面對行為和事件進行分類，然後加以描述。而對於後者，研究者一方面可以從一些現存的行為和事件發出者分類的維度中進行選擇，最常用的是一些具有人口統計學意義的變量，如年齡、身高、職業、性別、家庭經濟狀況等很多方面；另一方面，研究者可以結合研究的假設和目的，在對行為和事件進行詳細、準確地描述後，挖掘一些對區分行為和事件有重要意義的潛在變量。如行動者的性格、氣質特徵，過去的生活經驗，家庭生活環境等。如欲研究兒童受挫後的攻擊性行為，可以分為自我攻擊和指向他人的攻擊等類型，並分別描述出各種攻擊性行為的特點。同時我們還需要進一步描述出男孩和女孩在攻擊性行為上的特點，家長文化程度及家庭結構不同的孩子在攻擊性行為上的差異等。通過分類描述，可以更加精確地揭示對象的特點，將變量描述進一步深化和發展。

（三）背景描述

心理與教育科學研究中的背景主要是指行為和事件發生的物理環境、文化類型與社會關係的性質和狀況、行為發出者自身的某些特點等。**背景描述** (context description) 係指設計考察某種心理、教育背景，因此，選擇合適的背景因素並有重點地進行描述是背景描述的中心問題。對背景的選擇可以在分類描述的基礎上進行，一般遵從這樣一個原則：即選擇在某分類維度上表現出顯著差異的變量作為背景。同樣以兒童攻擊性行為為例，通過分類描述，我們可以看出，家庭教育方式不同的孩子，其攻擊性行為也有明顯的不同。因此，我們就可以選擇教養方式作為攻擊性行為的背景因素。由此可以看出，背景描述與分類描述不同，它不是對行為和事件本身的特點進行描述，而是對行為和事件的背景作出描述。通過對背景的描述可以發現更多有意義的問題，揭示隱含在行為背後的可能的原因。

（四）綜合描述

綜合描述 (integrated description) 是從變量、分類、背景三個角度乃至更多方面對行為和事件進行全面綜合的描述。根據不同的研究目的，具體的結合方式也相應有所不同。在探索性研究中，研究者往往綜合以上三個方面的描述，以全面把握行為和事件本身及其背景，為相關和實驗研究提供準確的信息和研究的思路。做好綜合描述的關鍵，首先應從整體的角度對所描述的行為、事件及主要背景變量有一個清楚的框架，這既可以來自於已有的研究，也可以來自對實際情況的先期觀察。之後，便是制定出合適的描述指標，並據此開展描述研究的工作。

三、描述研究的結果分析

(一) 對資料進行整理

描述研究所得的原始資料，大多形式不一，數量龐大，如不進行必要的整理，就很難進行有效的分析。描述研究資料的整理工作主要通過編碼來完成。通過編碼，不但可以提高描述的針對性和有效性，還使資料的記錄更加方便。同時，收集到的資料經過編碼後能夠用計算機進行處理，增進分析速度與廣度。編碼(見第十六章)的程序包括兩個不同的步驟：第一步是決定所要使用的類別，第二步就是將每個特殊的現象歸入具體的一類中。

(二) 描述研究的分析模式

1. 變量並列式分析 變量並列式分析 (variable parallel analysis) 是對同一研究問題按不同變量分別進行相對獨立的描述。如在青少年吸煙行為的研究中，研究者可以從每日吸煙量、吸烟成癮程度、最初吸煙年齡、家長是否吸煙等變量角度對青少年吸煙者的吸烟行為及相關因素分別進行描述。這就屬於變量並列式的分析模式。

2. 變量交叉式分析 變量交叉式分析 (variable cross analysis) 指對同一研究問題的兩個或兩個以上的變量交叉組合，分成不同類別進行描述的方法。如同樣在青少年吸烟行為的研究中，為對此問題進行更深入的描述，可以把吸煙行為與性別變量進行交叉，分為男性吸煙者和女性吸煙者，描述他們在吸煙行為上的不同特點；也可以把吸煙行為與年齡變量進行交叉，分作少年吸煙者與青年吸煙者進行分析；還可將性別與年齡變量互相交叉，構成更細緻的等級，然後加以描述。

3. 變量多層式分析 變量多層式分析 (variable multi-facets analysis) 指對研究對象細分為不同層次，嵌套式地進行分析。一方面，研究者可以對所研究變量分別進行詳細的描述；另一方面，研究者又可以比較不同變量之間的差異。例如，在考察兒童學校攻擊行為的研究中，可以先按照家庭結構、同伴關係、學校師生關係等不同變量對兒童進行劃分，在家庭結構之下可區分為離異家庭和非離異家庭兒童，對離異家庭的兒童又可以分為其父母在幼兒期離異組和小學期離異組。這樣，就可以對兒童學校攻擊行為在不同層次上的特點進行描述。

(三) 描述研究的主要分析方法

對研究收集的資料可以從質和量兩種角度進行分析。質的描述和量的描述的差別，主要體現在對研究對象採用何種指標進行描述，由此也導致了在研究對象，研究設計和對於研究結果的統計分析方法上的差異。

1. 質的描述 質的描述 (qualitative description) 是指運用分析和綜合、比較和分類、歸納和演繹等邏輯分析方法，對資料進行思維加工，描述對象的質的信息的一種方法。通過質的描述，研究者可以對研究對象的特徵進行準確地把握，理解其背後隱藏的意義，並可以進一步為相關分析和因果分析提供詳細、準確的資料。在質的描述中，主要資料包括敍述性的語言、圖片、錄像等多種形式。因此，根據一定標準對資料進行編碼也是質的描述的一部分。資料的描述結果主要以**讀本**形式表現出來，形式類似原始資料。但與原始資料不同的是，分析結果是經過研究者加工後的濃縮形態，包括了對原始資料的總括性表述、意義分析、總結結論、可能的誤差分析、背景解釋等多種形式的集中報告。由質的描述出發，研究者可以將研究成果以更精煉的形式呈現出來，便於理解和進行進一步的定量分析。

2. 量的描述 量的描述 (quantitative description) 是利用統計分析手段對研究對象進行量化的描述，提供對象量的信息的分析方式。在量的描述中，資料已經過處理，較為有序，便於分解，可以作出定量的分析。與質的描述不同，量的描述往往是對大量的具有某些共同特徵的事件或行為的某一方面的特點進行描述，以便能夠向更廣闊的範圍推論。量的描述主要使用描述統計方法。常用的描述對象特徵的統計量有頻數、集中量數和差異量數。

頻數 (frequency) 可以對行為和事件總體上的分布進行描述，同時也可以考察其在各個分類維度上的分布。**集中量數**是用一個有代表性的數據來代表一組數據的特徵，達到簡化數據，更明顯的表示出數據特徵的目的。**差異量數**主要是考察數據的分散程度，即行為和事件的差異性。運用推論統計的方法，則可以從有代表性的樣本中推論出現象總體的特徵。

第二節　相關研究的概念及其基本特徵

相關研究是認識事物之間相關關係的基本手段。鑑於心理與教育科學研究的特殊性，相關研究已成為心理與教育科學研究領域中應用最廣的方法之一。為了對相關研究有一全面、深刻的認識，本節將就相關研究的概念、相關研究的多種設計形式以及相關研究結果的分析與解釋作一系統的探討。

一、相關研究的概念

相關研究 (correlational research) 主要指不操作和不控制研究變量，而是從自然環境中獲取數據，主要採用相關分析思路與統計方法探討變量之間的關係的研究類型。以雙生子研究為例，研究者選取了生活在不同環境中的同卵、異卵雙生子與同胞兄弟姐妹進行長期的追蹤研究，考察其智力的相關，以探討智力發展與遺傳、環境因素的關係。

從研究的角度，僅僅對變量進行描述是不夠的，研究者往往希望了解各個變量之間的關係，明白它們之間相互作用的程度。為此，在許多自然科學研究中，通常採取對變量進行操縱與控制的方法，影響被試，藉以獲得其間關係的證據。但是，在心理與教育科學研究中，變量之間的關係往往十分複雜，這就使得研究者難以準確地對所研究的變量進行有力的控制。例如，要研究不同人格特徵對社交積極行為的作用，例如對人格特徵進行操作，是不太實際的，即使通過一定手段對個體的人格特徵進行了操作，也並不能夠保證它的有效性，反而可能對研究產生干擾，得不到可靠的結果，使研究失去意義。在另一方面，很多變量由於各種條件的限制，本身就是不可控制的因素。如在前述的雙生子研究中，要對被試的雙生關係進行操縱與控制幾乎是不可能的事。在這種情況下，研究者只能在現實環境中尋找具有雙生關係的兒童，研究其智力相關的程度。總之，由於上述原因，在實驗研究不能涉及的領域，相關研究對於揭示現象間的關係具有重要作用。相關研究相對於較簡單的描述研究是一大進步，而它又適應心理與教育科學研究的特殊性，彌補了實驗研究的不足，所以相關研究成為心理與教育科學研究中被廣泛採納的研究類型之一。

二、相關研究的設計思路

由於相關研究是在自然場景中，以非操縱的方式收集資料，並進行分析的，所以相關研究設計主要考慮兩個方面的問題：一是如何根據研究問題與研究的具體條件，確定有關研究變量，並制定研究計畫；二是如何根據研究變量的性質及可能關係與研究者的需要，確定相應的資料分析方法，獲得有意義的結果。其中，確立**變量關係模型** (model of variable relationships) 是相關研究的核心問題。相關研究正是以對假設的變量關係模型進行檢驗的方式進行的。研究者必須事先對所研究問題作深入、透徹的分析，建立研究假設，並以變量關係模型的形式表示出來，在此基礎上制定研究計畫、選擇收集資料與分析資料的手段，以保證研究的順利進行。依據變量關係模型的性質，相關研究可分為以下四種設計形式：

(一) 單變量-單變量相關設計

考察兩個變量之間的關係乃是相關研究的最基本形式。在相關研究中，儘管不能對變量之間是否存在因果關係進行檢驗，但卻可以分析變量間關聯的程度與方向，並對某一變量的發生可能性進行預測。在此種研究設計中，研究變量分為兩類：(1) 假定為預測依據的變量，稱之為**預測變量** (或預測變項) (predictor variable)；(2) 假定為預測結果的變量，則稱之為**結果變量** (或被預測變項) (predicted variable)，因結果變量的變化情形常用來作為評判自變量是否生效的標準，故而又稱為**效標變量** (或標準變項) (criterion variable)。二者之間的關係類似於實驗研究中自變量與因變量的關係,然而在相關研究中,事實上是不存在所謂"自變量"與"因變量"的,而預測變量與結果變量之間的關係也並不像自變量與因變量之間的關係那樣明晰,往往存在多種影響因素。

預測變量與結果變量的選擇主要根據經驗與邏輯原則,一般來講,明顯發生在後的變量應該作為結果變量,在前的變量則作為預測變量。如在一項發展心理學研究中,研究者要探討父母幼年階段被教養的方式與當前的教養方式之間的關聯,就通常以父母早年受到的教養方式為預測變量,而以他當前的教養方式為結果變量。在不能明確先後關係的時候,則依據研究的目的與性質而定。例如在研究教師課堂教學行為與學生消極情緒之間的關係時,如果研究者側重於找到解決學生消極情緒的途徑,則應以教師行為為預測變量,而以學生消極情緒為結果變量。在分析中,通常採用兩列相關(指兩列變量的相關)與一元回歸(簡單回歸)作為主要統計方法。通常用相關係數的高低作為探查兩個變量之間是否存在關聯及關聯程度的指標,並由此可建立相應的回歸方程,以此作為預測的主要依據。

(二) 多變量-單變量相關設計

心理與教育研究對象的影響因素非常複雜,在方向、程度上均有區別。因此在心理與教育科學研究中,研究者常常以幾個變量為預測變量,而以一個變量為結果變量進行設計。如研究者試圖發現影響未成年人吸烟、飲酒行為的因素,於是以未成年人的吸烟飲酒行為為結果變量,家庭教養方式、同伴壓力、生活事件及病理生理因素為預測變量進行研究,這就是多變量-單變量相關設計的具體運用。

在此種設計中,研究者需要為預測變量對於結果變量的貢獻作出綜合性地評價。一方面,研究者所建立的變量關係模型應當是在所有可能的模型中預測效果最佳、對預測變量群貢獻程度最大的一種;另一方面,研究者不能進行盲目的堆砌,將所有變量不分大小地統統包含在內,而要選擇合適的變量組合,符合高效、簡潔、明確的原則。為此,研究者在設計時,應當對所涉及變量的可能關係作出全面的分析,建立多個變量關係模型,然後圍繞模型收集和分析資料,考察各個模型,確定最合適的變量關係模型。

多變量-單變量相關設計通常多採用**複相關**與**多元回歸**(或複迴歸)(multiple regression) 的統計技術進行分析。利用複相關，可以計算預測變量群與結果變量之間的總體關聯程度以及哪些預測變量與結果變量存在著較高的關聯。多元回歸則幫助研究者建立有效的預測模型，以達到最佳的解釋與預測效果。

（三） 變量組內部相關設計

在多變量-單變量相關設計中，預測變量群內部可能出現兩種情形：互相獨立或互相關聯。不同的情形在研究中對結果變量的影響是不一樣的。互相關聯的預測變量組由於內部結構情況不一，其與結果變量的關係往往表現為總體的關聯，變量之間則互相滲透，難分彼此。這一特徵反映在研究中，就形成了專門的變量組內部相關設計。

儘管變量組內部各個變量間關聯的程度與方向都不一樣，不同的變量組結構往往大相逕庭，但是從變量影響因素上分析，所有變量均包含兩部分變異來源：一部分是由某個或某幾個變量的共同作用而產生的；另一部分則是受到其他特殊因素影響或變量自身變化而引起的，正是各個變量的**共同因素** (common factor) 決定了變量間的關係性質與程度。變量組內部相關設計由此入手，通過考察變量組內部共同因素的方式來探查變量組內部的關係模型。在智力測驗中，"g 因素"理論就是以對被試在不同測驗題目上的回答進行研究，抽取共同因素而獲得的關係模型。

變量組內部相關設計一般多採用**因素分析** (factor analysis) 為基本手段進行分析。其大致方法是，在變量組內部兩兩相關矩陣的基礎上，通過確立公因子數目、抽取公因子、轉軸等程序，獲得具有良好解釋作用的公因子模型。對模型的意義進行分析，就可以指出變量組內部關係的來源及其大致結構。

（四） 多變量-多變量相關設計

前述三種設計分別從單變量-單變量之間、多變量-單變量之間及變量組內部的關係角度出發，建立模型並進行驗證。但是，事實上幾乎所有的心理與教育現象都包含著複雜的內部問題，在研究者力所能及的情況下，最好採取多變量-多變量相關設計形式，以便在最大範圍中考察變量之間的關係。

多變量-多變量相關設計是相關研究設計中最為複雜的設計類型。在這種設計中,研究者需要同時在設計中考慮不同變量組內部、變量組與單個變量之間多種類型的相關,並由此綜合各種相關研究的設計形式,應用於研究的不同階段。如在社會支持網絡與個體適應狀況之間存在的相關,教師課堂教育教學行為與小學生在校行為之間的相關均涉及到較複雜的變量,欲考察此類問題,必須要經過較詳細、深入的研究過程,才能對研究問題進行有效的解釋與推測,故研究多採用多變量-多變量相關設計形式。

在多變量-多變量的分析中,各類分析手段均被廣泛的使用。為建立較好的預測模型,分析時多使用**多變量分析** (multivariate analysis) 中的**典型相關分析**(見第十七章)及**結構方程模型** (structural equation model,簡稱 SEM)來處理。結構方程模型提供了一個處理測量誤差的方法,採用多個指標去反映潛在變數,也可估計整個模型因數間的關係,較傳統回歸方法更加準確合理。

三、相關研究結果的分析與解釋

(一) 相關研究結果分析的基本原則

相關研究所獲得的資料包括定性資料與定量資料兩種形式。因而在分析時,也相應有兩類不同的分析模式,定性分析模式主要依靠研究者的邏輯分析建立描述性的變量關係模型,而定量分析模式則需要統計方法的參與,能夠建立量化的數學模型。

在進行結果分析時,主要應遵照以下幾條原則進行:

1. 選擇合適的分析手段與分析模式 相關研究的資料有定性與定量之別。定量資料有計數、順序、等級、等比等不同的水平,定性資料也有文字、實物、圖片、音像記錄等不同形式。針對不同性質的資料,分析手段也相應有所變化。而在建立關係模型時,還涉及到多變量與單變量之分,也要求研究者應用不同的分析模式加以說明。這就需要研究者在分析階段根據自己的研究目的,組合不同的分析手段,以適應不同性質資料分析的需要。

2. 選擇合適的統計分析方法 相關研究主要以相關統計為主要分析方法,包括相關、回歸及其他相關統計手段。通過相關分析,研究者就可以正確查明變量之間聯繫、影響、作用的有無與大小，也可以利用因果探察手段，在相關結果的基礎上獲得較明確的因果關係。但是，相關研究並不僅僅局限於使用相關分析方法。例如，對一項旨在了解生活滿意度之性別差異的調查結果，就不宜使用相關分析方法，而應該用差異檢驗手段如 t 檢驗，來考察男性與女性滿意度的差異。可見，統計方法的選擇主要應由欲考察的目的來決定。

3. 選擇合適的變量關係模型　選擇合適的變量關係模型包括兩方面含義：(1) 選擇合適的變量數目；(2) 選擇合適的變量組合方式。目前主要採取的方法有逐步排除、逐步納入與全模型。逐步排除利用現有的預測變量建立模型，再逐步將與結果變量關聯較小的變量排除出去，直至獲得滿意的模型。逐步納入則正好相反，先利用關聯較大的變量建立關係模型，然後按關聯程度大小依次將其他變量納入。全模型則是將所有可能的變量組合形式均建立相應的關係模型，在其中進行選擇。通過以上方法，就可以將與結果變量關聯較大、預測效果較好的變量遴選出來。當然，在實際研究中，變量的選擇還應依據具體的研究目的而定。有些變量儘管關聯較小，但具有較大的理論與應用價值，也應包括進模型中。

（二）　相關研究的因果推論方法

通過一定手段，可以對相關研究結果建立因果模型，探討其中的因果關係。主要的方法有變量特性分析、偏相關技術與交叉延遲法。

變量特性分析 (variable characteristic analysis) 指通過對變量自身的特性進行考察，發現因果關係的證據。在能夠肯定兩個變量互相影響的條件下，可以採用這種辦法。比如，兒童故事中，性別角色比例與兒童性別認同存在相關，在這種情況下，故事中的性別角色比例影響兒童性別認同較為合理，而兒童性別角色認同影響故事性別角色比例則不太合理。因此，我們可以認為，兒童故事中性別角色比例影響兒童性別認同。

偏相關技術 (或淨相關) (partial correlation) 主要用於分析偽相關與中介變量相關，確認潛在變量的作用。研究者將懷疑對研究變量構成影響的第三變量作為**協變量** (covariable)，計算偏相關係數，如果達到顯著水平，即可認為研究變量的相關與潛在變量有關；如果沒有達到，則可以認為研究變量之間存在因果關係。

交叉延遲法 (cross-lag design) 是一種縱向研究方法。它對兩個變量在前後兩個時間點上進行重復測量，由此計算同一時間點與跨時間點的不同相關，作為考察因果關係是否存在的依據。如圖 7-1：

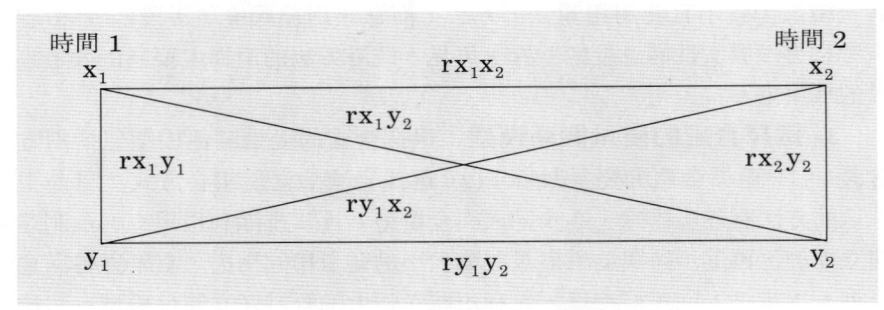

```
時間 1                    rx₁x₂                      時間 2
  x₁ ●─────────────────────────────────────────● x₂
     │╲           rx₁y₂                       ╱│
     │ ╲                                     ╱ │
 rx₁y₁│  ╲                                 ╱  │rx₂y₂
     │   ╲                               ╱   │
     │    ╲         ry₁x₂              ╱    │
     │     ╲                          ╱     │
  y₁ ●─────────────────────────────────────────● y₂
                    ry₁y₂
```

圖 7-1　交叉延遲法中的變量相關
(採自　陰國恩，1996)

　　在對角線上的 rx_1y_2 與 ry_1x_2 稱為交叉延遲相關。因為自變量發生先於因變量，所以自變量在時間 1 的值與因變量在時間 2 的值仍然具有較高的相關。這樣，如果 rx_1y_2 顯著大於 ry_1x_2，說明 x_1 與 y_2 關係較密切，此時，如果 y_1 與 x_2 沒有太大關係，可以認為變量 x 是自變量，而變量 y 則是因變量。

　　使用交叉延遲法，要求變量間的因果關係不隨時間發展而變化，同時變量在不同時間的相關（穩定性相關）與每個時間點上變量間的相關（同步相關）應當基本一致，如果不能滿足這些條件，則不應當隨便使用交叉延遲法進行分析。

（三）　相關研究的結果解釋問題

　　在上述分析中，我們討論了相關研究的因果推論方法，但研究者必須充分認識到它只能在有限的範圍內，部分地推測變量間的因果關係，其結論還有待進一步的確認。如前所述，相關研究依賴於一套非控制的研究程序，強調在自然情景下收集資料，因而研究中所有變量都是在自然條件中產生的，研究者不能排除其他各種變量的干擾。這樣，研究的結果將不能提供最強有力的關於因果關係的解釋，即我們只能由研究結果直接推知變量間相互影響的具體情形，而不能分析變量間的因果關係。

比如，在一個簡單的單變量-單變量相關設計中，假設研究最終獲得相關顯著的結果，對這一結果的解釋就可能有下述幾種：

1. 變量 A 為因，變量 B 為果；
2. 變量 B 為因，變量 A 為果；
3. 變量 A 與變量 B 同時受第三個因素影響；
4. 變量 A 通過變量 C 影響變量 B；
5. 變量 A 與其他幾個因素一起影響變量 B。

在對相關研究的結果進行解釋時，研究者通常容易犯以下這些錯誤：

1. 忽略潛在的第三變量 潛在的第三變量 (hidden third factor) 指研究者未考慮到的、與研究變量有因果關係的變量。其表現形式有兩種：一種情況下，變量 A 與變量 B 並無直接聯繫，而是通過潛在變量才表現為相關，稱為**中間變量相關** (intervening variable relationship)，如研究天氣與情緒之間的關係，很可能是因為氣壓高低對人的情緒產生影響，而晴天或雨天與之並無關係。另一種情況是，變量 A 與變量 B 無關係，它們同時與潛在變量存在因果關係，而產生同步變化，稱為**偽相關（或假相關）** (spurious correlation)，如某些音樂喜好與某些運動喜好之間的關係，很可能是由於另外的因素如性格同時對二者起作用產生的。在這種情況下，如果不對此進行必要的分析，相關研究的結果就可能失去意義。

2. 忽略多維因果關係 相關研究的另外一種情況可能是，忽略**多維因果關係** (multidimensional causation)：變量 A 並非單純對變量 B 起作用，而是與好幾個變量同時影響變量 B。如在關於環境與兒童學習行為的關係的研究中，環境因素就不僅僅是學校的學習環境，還應包括家庭、社會環境。如果僅僅以學校學習環境來說明學生的學習行為特點是不全面的。這需要研究者經常檢查自己的研究工作，發現此類變量，納入自己的研究計畫中。

3. 錯誤判斷自變量與因變量 在對結果進行因果性推論的過程中，研究者往往會混淆自變量與因變量。比如，研究者根據一項研究得到學習興趣與學業成績的高相關結果，可能會推論較強的學習興趣導致較高的學業成績，但是，問題也可能是因為獲得較高的學業成績才促進學習興趣的增加。在這種難以判決的情形下，研究者必須謹慎地下結論，除非有確切的證據，否則不能對結果作過多的因果性推論。更多的時候，研究者是以相關研究結果為根據，進行進一步的實驗研究加以證明。

因此，在結果解釋時，研究者雖然可以判定變量間關係的存在，也可以對某些變量的發生進行預測。但是，如果要進行一定的因果推論，就必須採用一定的因果推論模型方法。此外，嚴格意義上的因果推論只能從實驗研究中得出。

第三節　實驗研究的概念及其基本特徵

實驗研究是心理與教育科學研究的最重要形式之一。它是各類研究方法中唯一能確定因果關係的研究方法，使心理學與教育科學的研究工作在客觀性和準確性方面都得到了很大的提高，在相關領域的研究中發揮著越來越重要的作用。本節介紹了實驗研究的特點與功能、實驗研究設計的一般內容與標準及實驗研究設計的基本方法並對研究結果的分析與解釋進行了說明。

一、實驗研究的特點與功能

(一)　實驗研究的界定與特點

心理與教育科學研究中的**實驗研究** (experimental study) 是指在觀察和調查的基礎上，對研究的某些變量進行操縱和控制，創設一定的情景，以探求心理與教育現象的原因與發展規律的一種研究類型。由此，實驗研究與描述研究及相關研究的根本不同，在於實驗研究強調由研究者對實驗變量進行操縱與控制，並對變量間因果關係作出解釋。實驗研究者可以通過各種手段去除其他無關變量的影響，控制變量自身的條件，並把因果關係的發生限定在所研究的變量之間及研究者規定的變量水平上。實驗研究所獲得的結果具有較大的可靠性，得到的結論也可以在相同的條件下，由其他研究者重復進行，以資證明。

在實驗研究中，涉及的變量有三種類型：**自變量**(或**自變項**) 是研究者引入實驗中，假設為原因 (cause) 的一類變量。**因變量**(或**依變項**) 則是研究者從實驗中獲得，假設為結果 (effect) 的一類變量。在實驗研究中，研究者正是通過對自變量進行操縱，建立實驗處理，然後對因變量進行測量與觀察，檢測自變量是否對因變量具有因果關係的影響。心理與教育實驗中的自變量範圍甚廣，既可以是各類外在的物理與社會環境變量，如實驗心理學中的顏色、聲光等物理刺激、教育心理學中不同的教材或教學方式、社會心理學中各種人為設定的社會生活情境等；也可以是被試自身固有的特徵，包括性別、年齡、智力水平、家庭社會經濟地位等；還可以是實驗者臨時對被試特徵進行的改變，如出聲思維、疲勞、不同程度的感覺剝奪等。因變量則是實驗者所觀測到的被試不同方面的改變，如反應正確率、反應時間、行為變化、態度改變等等。在實驗中，研究者希望觀測到自變量對於因變量的簡單因果作用，但是由於心理與教育現象的複雜性，影響因變量的尚有眾多其他變量，這些變量是研究者不準備納入研究中的，但卻需要對其進行控制，避免對因變量產生影響，這一類變量統稱為**無關變量** (irrelevant variable) 或**控制變量**。無關變量貫穿整個實驗研究過程，包括實驗變量、實驗設計、實驗程序、實驗觀測方法、結果分析與解釋等各個方面。

實驗研究是心理與教育科學研究中的重要研究類型。作為與描述研究、相關研究等非實驗研究相對應的一種研究途徑，實驗研究具有以下特點：

1. 人為操縱或控制變量，創設實驗情景，將複雜的心理與教育現象以"簡化"和"純化"的方式展現出來，使得心理與教育科學研究更為簡便。

2. 以分解式的研究觀念為基礎，將整體對象分解為各個特徵，並以變量的形式予以表現。

3. 實驗前需要進行全面、嚴格的實驗設計，包括被試的選擇、研究的材料與工具、實驗程序、統計分析方法等。

4. 研究者持客觀化立場，強調與被試保持中立的關係，以免造成變量的"污染"。

5. 利用"假設-檢驗"的研究程序，事先建立研究假設，通過實驗結果及量化分析，得到經過嚴格檢驗的因果關係結論。

6. 研究程序具有可重復性，可由不同的研究者創設相同的實驗情景對實驗結果進行檢驗。

(二) 實驗研究設計的類型

根據實驗研究設計的不同水平，實驗研究設計的類型可以分為前實驗設計、準實驗設計與真實驗設計。

1. 前實驗設計 (pre-experimental design) 對實驗中涉及的無關變量幾乎沒有任何控制，因而實驗效度非常低，所以通常把前實驗設計稱為**非實驗設計** (non-experimental design)，研究者一般很少採用。但是，前實驗設計包含了實驗的兩個基本要素：實驗處理與測量，故而與非實驗研究尚有一定區別，同時它也是其他實驗設計發展的基礎。前實驗設計主要有三種類型：單組後測設計、單組前後測設計與靜態組比較設計。**單組後測設計** (one-group posttest-only design) 是對一組被試實施實驗處理，再對其進行測量，評價實驗處理的效果。這種設計對無關變量沒有任何控制，難以評判實驗處理的作用。**單組前後測設計** (one-group pretest-posttest design) 在實驗前增加一次處理，由前測與後測的比較來衡量實驗處理的效果，較之於單組後測設計略為完善一點。但對於無關變量的控制仍然較軟弱，研究者無法確知實驗結果是由實驗處理引起的，或是由實驗進程中的練習、成熟等干擾因素造成。**靜態組比較設計** (static-group comparison design) 則設置一個不接受實驗處理的控制組，通過實驗組與控制組之間的比較，檢測實驗效果。靜態組比較設計對影響實驗效果的無關變量進行了一定的控制，但它缺乏前測，實驗組與控制組被試的抽取又不是隨機化進行的，所以，仍然不能很好地證明實驗處理的影響。這種缺陷直到真實驗研究出現以後才得到全面的解決。

2. 真實驗設計 (true experimental design) 研究綜合了隨機化抽樣與安排、前測與後測結合、控制組與實驗組比較等方法，對影響實驗內部效度的因素進行嚴格而充分的控制，因而成為心理與教育實驗的重要方法。真實驗設計的主要不足在於實驗的外部效度不夠，結果不能很好地外推。

3. 準實驗設計 (quasi experimental design)　則以現場實驗為主要取向，在對無關變量最大限度控制的基礎上，保證實驗情境與現實生活的貼近性。這種設計十分符合心理與教育科學研究的實際需要，因而成為應用面極為廣泛的實驗研究設計，在心理與教育的各個層面均非常有效。在本節接下來的介紹中，將主要討論真實驗設計與準實驗設計。

二、實驗研究設計的一般內容與標準

實驗研究設計 (experimental design) 是實驗研究的中心問題。從廣義上講，實驗研究設計是對實驗研究全過程的預先籌劃，包括問題提出、假設形成、變量選擇、結果分析及論文寫作各個環節。狹義上的實驗研究設計，則是指如何確定與安排實驗中所需的各類變量及變量結構，包括建立假設、確定自變量與無關變量、確定被試數目與抽樣方式、確定被試分配與實驗處理的方式、確定因變量及其觀測方式、確定結果的統計分析模式等。實驗研究設計通常以符號與圖表的形式呈現，常用的符號及其意義說明如下：

R：被試的隨機分組與隨機處理
X：實驗處理與處理水平的結合 (由研究者操縱的實驗變項)
O：觀測或測量的結果 (常以分數表示)
C：實驗的控制 (由研究者控制的變項)

衡量一項心理與教育實驗研究設計的好壞，可以參照以下標準：

1. 成功的實驗控制　將影響實驗的所有因素進行完善的控制，各類因素的不同效應能夠得到明確的區分，避免相關變量之間的干擾。
2. 可推廣性與代表性　實驗沒有過多的人為條件，接近自然實際，可以推廣到非實驗設定的其他情境；實驗的結果來自總體的實際抽樣，具有一定的代表性。
3. 可比較性　實驗可以在多種維度上進行效應的比較，可以獲得多方面因果關係的證據。

4. 非污染的數據 數據的來源可靠，充分反應實驗效應，具備較好的效度。研究者可以根據數據對假設作出準確的判斷。

5. 數據信息充足 數據資料充足，所提供的信息足以為檢驗假設提供充分的證據。

6. 節省性 實驗研究設計必須做到簡單、方便、節省，更易完成與進行分析、解釋。

三、實驗研究設計的基本方法

心理與教育實驗的設計主要包括真實驗設計與準實驗設計兩大類，同時為適應心理與教育現象多變量的特性，出現了一系列多因素實驗研究設計方法；為了解某些變量對特定個體的影響，又發展出單一被試實驗研究設計。以下分別對此四類設計進行介紹：

(一) 真實驗設計

真實驗設計的本質特徵在於對實驗中的無關變量進行完全嚴格的控制。它具有以下兩個普遍特徵：(1) 以**實驗組** (experimental group，施加實驗處理) 與**控制組** (control group，不施加實驗處理) 或**對照組** (comparison group) 的對比作為實驗處理效應的比較手段；(2) 將隨機抽樣產生的被試隨機分配到不同的實驗處理中。真實驗設計主要有隨機化設計、配對設計與重復測量設計三種類型。

1. 隨機化設計 **隨機化設計** (randomized desgin) 是指將不同的實驗處理分別施於兩個由隨機化過程確定的被試分組。被試分組由於完全隨機分配，可以認為組間被試互相獨立且沒有差異，差異產生的原因在於不同的實驗處理。隨機化設計有三種形式：

(1) **控制組前後測設計** (pretest-posttest control group design) 亦稱**前測-後測等組設計** (pretest-posttest equivalent group desgin)，此類設計的表達式如下：

$$R \quad O_1 \quad X \quad O_2$$
$$R \quad O_3 \quad C \quad O_4$$

比較 $O_2 - O_1$ 與 $O_4 - O_3$ 的差異，可以分析實驗處理的效應。由於實驗組與控制組視為同質，影響實驗內部效度的因素可以互相抵銷。但是，由於實驗進行前測，被試可能出現練習效應，因此會影響實驗的外部效度。

(2) **控制組後測設計** (posttest-only control group design) 亦稱**僅爲後測等組設計** (posttest-only equivalent-group design)，此設計表達式為：

$$R \quad X \quad O_1$$
$$R \quad C \quad O_2$$

通過比較 O_1 與 O_2 的差異，可分析實驗處理的效應。後測設計較之於前後測設計，一方面，保留了同質組，維持外部效度；另一方面，由於沒有前測，實驗的外部效度也得到了提升。但是，實驗既缺乏前測，實驗處理結果就失去了比較的標準；而且在實驗前研究者不能確認實驗組與控制組是否確實同質，實驗也須承擔一定的效度威脅。

(3) **所羅門四等組設計** (Solomon four-group design)：所羅門 (Solomon, 1949) 鑑於隨機化設計的局限性，提出四組設計方案，基本模式為：

$$R \quad O_1 \quad X \quad O_2$$
$$R \quad O_3 \quad C \quad O_4$$
$$R \quad \quad X \quad O_5$$
$$R \quad \quad C \quad O_6$$

實驗的處理只有一種，分別對不同前後測的組施行，比較實驗組與控制組的後測得分即可考察實驗效應。所羅門設計不但可以對實驗處理效應進行較好的檢驗，也可以檢查前測的影響。它對無關變量的控制較之於前兩種設計，更為全面，內部與外部效度均較高。這一設計的缺點在於，在現實實驗中，研究者很難找到四組同質的被試。

2. 配對設計　配對設計 (matching design) 主要應用於希望平衡某些對因變量有較大影響的變量的實驗中。配對設計的基本模式為：

$$ \quad R \quad X \quad O_2$$
$$O_1 \quad M \quad (\text{match})$$
$$ \quad R \quad C \quad O_3$$

配對設計在實驗前對影響變量進行前測,並依據前測分數將被試進行配對,使實驗組與控制組同質。這樣,無關變量的影響就可以得到較好的控制與估計,提高了實驗的效度。此設計的最大弱點在於,所依據的前測分數不一定能代表研究者期望控制的變量,而且在進行前測的同時,也可能引入新的無關變量,如練習與疲勞等。

3. 重復測量設計　實驗中的所有被試均接受全部實驗處理水平,稱為**重復測量設計** (repeated-measures design)。其形式如下:

$$\begin{array}{cccc} & X_1 & X_2\cdots\cdots & X_n \\ S_1 & O_{11} & O_{12}\cdots\cdots & O_{1n} \\ S_2 & O_{21} & O_{22}\cdots\cdots & O_{2n} \\ & & \vdots & \\ S_n & O_{n1} & O_{n2}\cdots\cdots & O_{nn} \end{array}$$

(S:被試或被試分組;X:實驗處理或實驗處理水平)

在重復測量設計中,接受實驗處理水平的是單個被試,稱為**被試內設計** (within-subjects design)。被試組的每個被試隨機接受一種實驗處理水平,稱為**被試間設計** (between-subjects design)。重復測量設計的優點在於,將被試的個體差異分離出來進行單獨處理,提高了實驗處理的效果。但在被試內設計中,由於被試要接受所有處理水平,可能會影響實驗的效度,而在被試間設計中,研究者又很難保證所有被試分組的真正同質。

(二)　準實驗設計

心理與教育科學研究的特殊性,要求實驗研究更加符合現實生活特徵。真實驗設計由於過於嚴格,很難滿足此條件。由此,出現了準實驗設計。**準實驗設計**強調根據現實條件進行實驗設計,擬定實驗方法,對無關變量的控制相對較為寬鬆,其最大特點在於靈活易行,適應性強,能夠較好地與現實環境互證。

準實驗研究的基本類型有時間序列設計、不相等控制組前後測設計、相等時間樣本設計、分解樣本前後測設計等類型。

1. 時間序列設計 時間序列設計 (time-series design) 指對一組非隨機取樣的被試施加實驗處理，在實驗處理前後周期性地作一系列處理，分析處理分數是否具有非連續性，以考察實驗處理的效果。其形式如下：

$$O_1 \quad O_2 \cdots\cdots X \cdots\cdots O_{n-1} \quad O_n$$

時間序列設計中，研究者事先通過對被試的連續測量並獲得較穩定的分數，以表示被試的最初水平和狀態，稱為**基線** (base line)。在施加實驗處理以後，研究者可以觀察到被試反應水平的變化狀況，從而對實驗處理的效應做出相應的分析。

實驗獲得的結果有兩種基本情況：連續變化與非連續變化，如圖 7-2。

在圖 (a) 中，被試反應在實驗處理前後沒有明顯的跳躍，說明實驗處理無效；圖 (b) 中，被試反應在實驗處理前後出現跳躍，說明實驗處理對測量結果產生了影響。

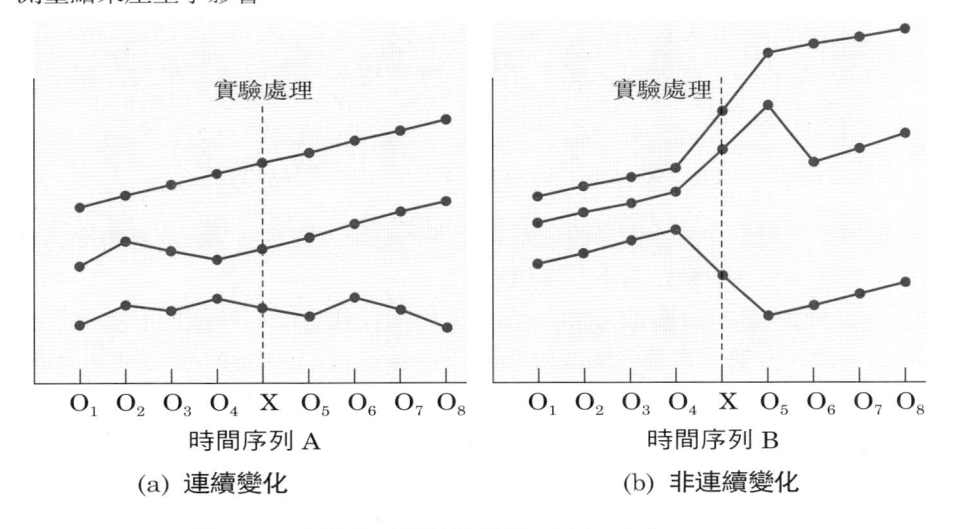

圖 7-2 時間序列設計的結果 (採自 董奇，1992)

進行統計分析時，研究者往往對實驗處理前的測量分數建立迴歸方程，預測實驗處理不產生影響條件下的後續測量分數，然後對預測分數與真實分數進行 t 檢驗，考察實驗處理的顯著性。

時間序列設計適用於小樣本情景，能夠以較少被試，在較長的時間跨度上進行因果分析。但是，時間序列設計沒有控制組，實驗處理的效應有可能會與被試的成熟或發展因素相混淆。

2. 不相等控制組前後測設計　在從事心理與教育科學研究的許多情況中，研究者往往不可能完全隨機地抽取被試。為適應此種條件，研究者廣泛採用**不相等控制組前後測設計** (non-equivalent control group pretest-posttest design)，利用現成群體進行實驗。其基本模式如下：

$$O_1 \quad X \quad O_2$$
$$O_3 \quad C \quad O_4$$

此設計的實驗組與控制組沒有經過隨機化處理，因此，兩組被試不能保證同質性。因此，不相等控制組前後測設計的前測與真實驗前後測設計的前測作用不完全相同。後者是為比較實驗處理效應提供基線水平，不影響被試分組；而前者的作用則在於對被試的同質性進行檢驗。

3. 相等時間樣本設計　相等時間樣本設計 (equivalent time-samples design) 是利用一組被試，抽取不同的時間樣本，進行實驗組與控制組設計。其基本模式是：

$$O_1 \quad X \quad O_2 \cdots\cdots O_3 \quad C \quad O_4 \text{ (時間相等)}$$

這種設計的優點在於方便易行、較為節省。但是，它容易受到成熟與歷史因素的影響，導致實驗結果不易解釋。

4. 分解樣本前後測設計　在研究中，往往很難同時使所有被試接受實驗處理。**分解樣本前後測設計** (separate-sample pretest-posttest design) 就是將被試安排，在不同時間接受實驗處理。其模式為：

$$\begin{array}{llccc}
 & A \text{ (第一組被試)} & O_1 & X & O_2 \\
R & B \text{ (第二組被試)} & O_3 & X & O_4 \\
 & C \text{ (第三組被試)} & O_5 & X & O_6 \\
 & \cdots\cdots
\end{array}$$

這種設計較為靈活，但其內部效度會受到三方面的干擾：前測效應很難消除與分離；成熟因素使各組被試反應不一；被試的選擇與成熟之間會產生交互作用。

(三) 多因素設計

　　心理與教育問題通常表現為多變量問題。如果將其簡化為單變量處理，可能會導致實驗不符合實際條件，難以進行深層探討。因此，近年來在心理與教育科學研究領域中，多因素實驗設計已經發展為大量使用、範圍廣闊，包括實驗室實驗與現場實驗在內的重要設計方法。

　　多因素設計 (或**多因子設計**) (multiple factorial design) 指在實驗中，同時考察兩個以上的自變量對一個因變量的效應。其主要特徵為：

1. 實驗中盡可能容納較多的自變量，提高實驗的外部效度。
2. 實驗中盡可能地控制更多的無關變量，改善實驗的內部效度。
3. 實驗效度的提高主要通過設計方案來實現。

　　多因素設計主要通過多個因素不同水平的結合，以便建立特定的實驗條件，對被試進行處理。實驗所獲得的由一個因素的不同水平引起的變化稱為該因素的**主效應** (main effect)，因素間不同水平的結合所產生的變化稱為因素間的**交互作用** (interaction)。多因素設計即通過因素間不同效應的比較，考察自變量與因變量間的因果關係。

　　根據實驗所涉及的變量數目，多因素設計可分為兩因素設計與多因素設計，兩因素設計只包含兩個自變量，變量間只有一種交互作用。多因素設計的自變量則為三個或三個以上，變量間的交互作用較為複雜。自變量的不同水平相互結合，就形成了不同的設計形式，其基本形式為 $n \times m \times \cdots \times r$，字母表示變量的不同水平，字母數量多少則表示涉及的自變量數目。以最簡單的 2×2 設計為例，其設計由兩個自變量構成，每個自變量只有兩個水平，如表 7-1。

表 7-1　2×2 設計模型

		自變量 A	
		A_1	A_2
自變量 B	B_1	A_1B_1	A_2B_1
	B_2	A_1B_2	A_2B_2

該設計包含四種實驗處理，分別由不同變量的不同水平結合而成。研究者可以考察不同變量的效應及變量的交互作用。多因素設計則在二因素設計的基礎上增加自變量數目與水平，以考察更多的變量效應。有時研究者只希望在某些變量的某個水平上與其他變量水平相結合，考察特定的效應，這種設計方式稱為**嵌套**(或**套含**)(nested)。如 A 因素有兩個水平，B 因素有四個水平，研究者可將 B_1、B_2 與 A_1 結合，B_3、B_4 與 A_2 結合，即將 B 因素嵌套在 A 因素中。此時實驗中的處理只有四種結合：A_1B_1、A_1B_2、A_2B_3、A_2B_4。

　　多因素設計可以廣泛使用各類操作變量與被試變量，以因素水平的方式進行分解與結合，考察多種實驗處理效應與不同特徵被試的反應差異。故而多因素設計在研究效度上較之於單變量設計大大提高。但是，多因素設計的不足主要在於，實驗過程中的各種誤差不能同時得到有效控制。目前，多因素設計的發展趨勢，就是將被試內設計與被試間設計相結合，形成**混合設計**(mixed design)。這樣，研究者可以更自由地對不同性質的變量進行處理，使實驗設計達到更完善的地步。

(四) 單一被試實驗設計

　　單一被試實驗設計(single-subject experimental design) 是準實驗設計的特殊類型，所使用的被試只有一名。研究者將特定的實驗處理施加於被試，觀測被試反應的變化，分析其間的因果關係。單一被試實驗設計是時間序列設計的特例，其基本模式為 **ABAB 實驗設計** (ABAB experimental design)，此種實驗分四個階段進行，ABAB 字母即代表四個階段的實驗情況，請參看第十章第二節圖 10-1。

　　第一階段稱為 A 階段。研究者通過定期觀測確定被試的基線，作為比較的基礎。第二階段為 B 階段，研究者對被試施加一定實驗處理，觀測其反應狀況。第三階段稱為第二個 A 階段，研究者撤去實驗處理，重新觀測被試的表現。第四階段，研究者重復對被試施加實驗處理，觀測其反應的變化，故又稱為第二個 B 階段。通過分析被試不同階段行為的表現，就可以確定實驗處理對被試的影響。

　　被試在實驗處理階段的反應與無處理階段的反應相差非常大，因此可以斷定實驗處理有明顯的作用。單一被試實驗設計在臨床上的應用非常廣泛，尤其適合於確定一項干預措施的作用。單一被試實驗設計由於被試極少，實驗處理檢驗具有相當高的內部效度，但在進行推廣討論時，則應充分考慮被試所具有的特殊性，以免降低外部效度。

四、實驗研究結果的分析與解釋

(一) 實驗研究結果分析的特點及主要方法

實驗研究進行結果分析的基本目的，在於通過對實驗組與控制組觀測分數的比較，考察不同實驗處理是否具有不同效應，進而對變量間的因果關係作出判斷。由此，實驗研究的結果分析具有如下的基本特徵：

1. 以定量分析為主要手段，主要依靠數學推演進行。實驗研究的結論要求具有抽象性與概括性，能夠對假設的正誤作出明確的回答，相應地，分析也應數量化，以最簡潔的形式進行。

2. 數據變異可以分解。數學分析要求明確指出數據變異的來源與變異的範圍，能夠準確地衡量，不能朦朧不清，難以判斷，所以實驗研究的資料都應轉化為量性數據進行處理。

3. 分析採取比較模式，即對不同處理效應採取比較的方式進行分析。分析時，不但要比較不同變量之間的大小，也要比較其交互作用的大小，以便對整個實驗變量群的關係作出全面的評價。

4. 分析可以進行推論，即分析的結果必須能由樣本向總體進行推論。

實驗研究的分析一般採取統計方法進行。分析中可採用的統計分析手段多種多樣，常用的有：(1) **差異檢驗**：差異檢驗主要有兩種形式，其一是 **Z 檢驗** (Z test)，這是當總體正態分布、方差已知時所採用的方法。其思路是比較兩組平均數，以總體方差為衡量標準；其二是 **t 檢驗** (t test)，其基本原理與 Z 檢驗類似，但是主要應用於總體正態分布，方差未知的情況。由於在實驗研究中，通常很難測定總體方差，所以 t 檢驗更具實用價值。(2) **方差分析**：方差分析在多因素設計中應用最為普遍，它著重考察不同來源的變異對總變異的影響大小。不同的實驗研究設計，所需的方差分析過程也存在區別,主要有獨立設計和相關設計兩類,其基本形式是將實驗處理的效應與誤差效應相區分,比較二者大小,進行統計檢驗,以確定實驗處理是否存在顯著的作用。有關的具體統計方法,將在本書第五編進行介紹。

(二) 實驗研究結果解釋的內部效度

實驗研究的**內部效度**指在解釋實驗結果時,為判明自變量與因變量之間的關係,實驗本身所必須達到的正確程度。內部效度考慮的主要問題是自變量是否是影響因變量的唯一因素。在研究中,研究者不可能通過研究設計將所有無關變量全部排除,反映到分析過程中,研究者也不可能將自變量效應與無關變量效應完全區分開來。因此,在解釋時,必須仔細對可能影響結論正確性的無關變量進行分析,考察其存在的影響。

在實驗研究中,對內部效度影響較大的變量主要有兩類:一類是**混淆變量**,也稱為**額外變量** (extraneous variable),即與自變量一起對因變量發生作用,在研究中難以區分的變量。在任何一個具體研究中,都可能存在著大量的混淆變量,因而,研究中必須對混淆變量施加嚴格的控制。另一類是**中間變量**,指在自變量與因變量之間起中介作用,影響自變量效應的變量。實驗中的中間變量主要指被試內在的心理過程,因此,研究中往往不針對中間變量進行專門的設計,而是在討論中考慮中間變量的作用,以便作出可靠的因果關係結論。

(三) 實驗研究結果解釋的外部效度

實驗研究的**外部效度**,指實驗結果與結論能否推廣到其他相似情境的問題。由於實驗本身人為性較強,嚴格的實驗室實驗,在抽樣、變量數量與水平、實驗處理、實驗環境、實驗方法等諸方面都難以保證一定的外部效度。近年來,隨著心理與教育科學研究中生態學運動及跨文化研究的興起,外部效度問題逐漸受到研究者的重視。目前,單元的、嚴格的、人為的實驗研究已受到從多的批評,而更生活化、自然化、強調實際應用的現場實驗與多因素實驗則受到廣泛的重視。

在實驗中,研究者總是希望同時保持較高的內部效度與外部效度,使實驗結論既具有較強的可靠性,又能夠保持良好的推廣能力。一般來說,內部效度的提高應該可以促進外部效度的增強,但是,有時二者之間也不能取得完全一致，因為要使實驗結論更精確，就必須增強對變量的操縱與控制，使實驗更人為化，這樣外部效度也就不得不受到影響。在這時，研究者就必須根據研究目的，在二者之間進行協調，使研究取得良好的解釋效果。

第四節　三類研究方法之比較與發展趨勢

描述、相關、實驗研究作為心理與教育科學的基本研究方法，有著密切的聯繫，同時由於研究的目的、研究取向上的不同以及現實條件的制約，三種研究方法在研究設計、結果呈現及功能上又存在著較大的差別。隨著研究的不斷進步，三種研究類型呈現出了互相融合的趨勢。

一、描述研究與相關研究及實驗研究之區別

1. 是否對研究變量進行控制，是區分三種研究方法的一個重要維度。描述研究和相關研究通常在自然情境下採用觀察、訪談、測驗等方法收集有關資料，不對變量進行控制；實驗研究一般在實驗情境中，通過控制或消除無關變量，操縱自變量，對因變量的變化進行研究。

2. 如何對變量或變量間的關係進行研究，則是區分三種研究方法的另外一個維度。描述研究一般只是對變量本身進行考察，有時也對變量間的關係進行考察，但也僅限於差異關係，即變量間或變量內部的不同部分間是否存在差異。相關研究是對兩個或多個變量間的相關關係進行研究。而實驗研究則重在揭示變量間的因果關係。

3. 三類研究在統計方法的使用上也存在差別。描述研究一般用集中量數（如算術平均數、中數、眾數、加權平均數等）和差異量數（如方差、標準差、標準分數等）來描述變量的集中或離散程度；用 χ^2 檢驗、Z 檢驗或 t 檢驗等方差對變量間或變量內部的差異進行檢驗；用推論統計的方法對總體的情況進行估計等等。相關研究有許多自己特有的統計方法，如應用相關

係數 r 來表示變量間的共變程度;用回歸分析來建立預測方程;同時,還運用一些新的方法如路徑分析法、交叉延遲法等,在滿足一些條件或一定的假設時對變量間的因果關係進行一定程度上的研究。實驗研究可以使用所有描述研究的方法,除此之外,實驗研究還經常用推論統計如方差分析等方法對兩種以上的實驗處理的效果進行檢驗。

4. 三類研究方法在研究目的和功能上也有所不同。從認識和改造世界的層次上看,描述、解釋、預測和控制是一個不斷發展和深化的過程。描述研究主要對研究的對象及其特徵加以描述、概括,而對變量間相互關係的分析則相對較弱。相關研究關注兩個或兩個以上變量間的關聯程度與方向,當變量間的相關強度顯著時,往往能夠通過建立模型達到預測目的,但是相關研究很難獲得類似實驗研究一樣的因果關係結論。實驗研究著眼於變量間的因果聯繫,具備科學研究的全部功能。它不僅可以對事物現象進行描述,對現象間的因果關係進行解釋,並借助這種因果關係進行預測和控制。

應該指出的是在具體的研究中,描述研究、相關研究、實驗研究的水平卻並非由低到高地排列。描述研究和相關研究的價值並不遜色於實驗研究。事實上,由於心理與教育各項具體研究的目的、對象等各不相同,使得各類研究在解決不同問題中的價值也是不同的。也就是說,三種研究類型各有自己的功能與實施條件,我們不能簡單的認為一種研究類型優於其他類型。

二、描述研究與相關研究及實驗研究之聯繫

描述、相關和實驗研究都是對心理與教育變量進行客觀的研究,它們原本就有不可分割的聯繫。描述研究重視說明變量的特徵,相關和實驗研究則分別關注變量與其他現象或事物的相關及因果性聯繫。如果沒有對變量特徵的一定程度的把握,考察變量與其他事物的聯繫就會是彌散甚至是盲目的;而同時也只有對研究變量之間的關係有所認識,才能更加全面深刻地認識變量特徵。

在對同一個問題的研究中,三種研究類型在一定程度上可以互相證實。如對於師生互動行為與學生學業成績的關係這一研究問題,描述研究可能按成績將學生分成兩組,考察師生互動行為的差異;相關研究則可就師生互動行為與學生的學業成績做相關分析,考察相關係數是否達到顯著性水平;實

驗研究可能通過改變一組教師與學生的交往方式和另一對照組的學生的學業成績進行比較，看差異是否顯著。三種研究得出的結論如果具有一致性，那麼每種研究的結論就都得到了加強；反之，則說明研究中存有問題，應該仔細檢查。

根據不同的研究目的，研究者可以選擇不同的研究類型。同樣，在對學校課堂教育過程中師生互動行為的研究中，若研究者想對目前的師生互動現狀進行研究，那最好選擇描述研究的方法；若想初步了解師生的互動與學生心理素質之間的關係，則可以用相關研究的方法；如果要對師生互動的內在規律和因果關係進行研究，則應當選擇實驗方法。

三、描述研究與相關研究及實驗研究的融合性趨勢

傳統的描述和相關研究強調在自然情境中對變量進行考察，這樣雖然保證了被試反應的真實性，但由於無關影響因素的存在，卻降低了研究結果的內部信度和效度。實驗研究通過嚴格的實驗控制，使無關因素的影響降到最低，保證了研究結果的內部信度、效度，但被試反應的真實性卻遭到破壞，使得外部效度和生態效度降低。隨著心理與教育科學研究的不斷深入和研究技術、手段、統計技術的進展，心理與教育研究的上述三種類型的發展出現了一些新的融合趨勢，這主要表現為兩個方面：

1. 三者在研究進程中的結合　對於一個複雜、陌生的研究問題，在研究的初始階段，由於研究者對其不了解，所以需要通過描述研究的方法，初步把握研究對象的特徵，找出進一步研究的突破口；然後或同時找出研究變量間的相關關係；雖然相關研究不能確定因果關係，但它卻可以將不存在相關關係的聯繫加以排除，縮小下一步研究的範圍；實驗研究則可根據描述和相關研究的結果，對變量間的關係做出因果性的假設，通過實驗研究進行檢驗。

2. 三種研究結果的綜合使用　三種研究的結果都可以為其他類別的研究提供參考。描述和相關研究的結果可以為實驗研究提供設計思路；實驗研究的結果可以為描述和相關研究提供強大的理論依據。

本 章 摘 要

1. **描述研究**是以描述與說明現象特徵為基本取向的研究類型。其特點為：(1) 在自然、真實的情境中進行研究，不對研究對象進行控制和操縱；(2) 對研究對象的特徵進行全面、準確地描述；(3) 可以從量的特徵和質的特徵對研究對象進行描述，具有很大的適應性；(4) 研究者可以採用很多的方法收集數據，如：觀察法、調查、測驗、訪談法等。
2. 描述研究的設計類型包括四類：(1) **變量描述**，指針對某一變量進行整體的描述；(2) **分類描述**，指對變量進行分類維度的描述；(3) **背景描述**，指對變量發生所依據的背景特徵作出描述；(4) **綜合描述**，是以上三種類型在研究中的綜合應用。
3. 在對描述研究的資料分析以前，應當進行必要的整理工作。在描述研究中，主要通過**編碼**進行。編碼有兩個步驟：(1) 決定所要使用的類別；(2) 將每個特殊的現象歸入具體的某一類別之中。
4. 描述研究的分析模式有三種：(1) **變量並列式分析**：變量並列式是對同一研究問題的各個方面進行分別描述；(2) **變量交叉式分析**：變量交叉式指在兩個或兩個不同的維度上對研究對象進行分類，然後分別進行描述；(3) **變量多層式分析**：變量多層式是將研究對象細分為各個層次進行分析。
5. **相關研究**主要指不操作和不控制研究變量，而從自然環境中獲取數據，主要採用相關分析思路與統計方法探討變量之間的關係的研究類型。
6. 相關研究可分為以下四種設計形式：(1) 單變量-單變量相關設計；(2) 多變量-單變量相關設計；(3) 變量組內部相關設計；(4) 多變量-多變量相關設計。
7. 相關研究結果分析的基本原則如下：(1) 選擇合適的分析手段與分析模式；(2) 選擇合適的統計分析方法；(3) 選擇合適的變量關係模型。
8. 相關研究在解釋結果時易出現的錯誤包括：(1) 忽略潛在的第三變量；(2) 混淆多維因果關係；(3) 錯誤判斷自變量與因變量等。

9. 通過一定手段，可以對相關研究結果建立因果模型，探討其中的因果關係。主要的方法有變量特性分析、偏相關技術與交叉延遲法。
10. 實驗研究是指在觀察和調查的基礎上，對研究的某些變量進行操縱和控制，創設一定的情景，以探求心理與教育現象的原因、發展規律的一種研究類型。
11. 實驗研究的變量有三類：實驗處理所包含的、研究者進行操縱的變量，即**自變量**；研究者進行測量與觀察的變量，即**因變量**；其他影響實驗結果需要研究者進行控制的變量，即**無關變量**或**控制變量**。
12. 實驗研究設計主要包括三種基本類型：**前實驗設計**、**真實驗設計**與**準實驗設計**。目前研究者經常採用的是真實驗設計與準實驗設計。
13. **實驗研究設計**是心理與教育研究的核心問題。衡量一項心理與教育實驗設計的好壞可以參照以下標準：(1) 成功的實驗控制；(2) 可推廣性與代表性；(3) 可比較性；(4) 非污染的數據；(5) 數據信息充足；(6) 節省性。
14. **真實驗設計**對實驗中的無關變量進行完全嚴格的控制。它具有兩個基本特徵：(1) 以實驗組與控制組的對比作為比較實驗處理效應的手段；(2) 將隨機抽樣產生的被試隨機分配到不同的實驗處理中。真實驗設計主要有**隨機化設計**、**配對設計**與**重復測量設計**三種類型。
15. **準實驗設計**對無關變量的控制較真實驗設計為寬鬆，其最大特點在於靈活易行，適應性強，能夠較好地與現實環境互證。準實驗設計包括**時間序列設計**、**不相等控制組前後測設計**、**相等時間樣本設計**與**分解樣本前後測設計**等。
16. **多因素設計**指在實驗中，同時對兩個以上的自變量對一個因變量的效應進行考察。其主要特徵為：(1) 實驗中盡可能容納較多的自變量，提高實驗的外部效度；(2) 實驗中盡可能控制更多的無關變量，改善實驗的內部效度；(3) 實驗效度的提高主要通過設計方案來實現；(4) 通過不同因素水平的結合建立特定實驗條件對被試進行實驗處理。
17. **單一被試實驗設計**是準實驗設計的特殊類型，是以單個被試為研究對象進行的實驗。在設計時，單一被試設計主要採用 ABAB 設計。
18. 實驗研究的結果分析具有如下基本特徵：(1) 以定量分析為主要手段，主要依靠數學推演進行；(2) 數據變異可以分解；(3) 分析採取比較模式；(4) 分析可以進行推論，即分析的結果必須能由樣本向總體進行推論。主要的統計分析手段有 Z 檢驗、t 檢驗、方差分析等。
19. 實驗研究的**內部效度**指為了判明自變量與因變量之間的關係，實驗本身所必須達到的正確程度。實驗研究的外部效度指實驗結果與結論能否推廣到其他相似情境。內部效度的提高一般可以促進外部效度的增強，但是有時二者之間也不能取得完全的一致。
20. 描述研究、相關研究和實驗研究在對變量的控制、研究的目的與使用的方法上存在一定的區別。但是三者又互為基礎，相互促進，表現出密切的聯繫。
21. 描述研究、相關研究、實驗研究在發展上呈現出融合的趨勢，主要體現在：(1) 研究進程中的結合；(2) 研究結果的綜合使用兩方面。

建議參考資料

1. 王重鳴 (1990)：心理學研究方法。北京市：人民教育出版社。
2. 吳明清 (1996)：教育研究：基本觀念與方法之分析。台北市：五南圖書出版有限公司。
3. 陰國恩 (1996)：心理與教育科學研究方法。天津市：南開大學出版社。
4. 舒　華 (1994)：心理與教育研究中的多因素實驗設計。北京市：北京師範大學出版社。
5. Campbell, D. T., & Stanley, J. C. (1963). Experimental and quasi-experimental designs for research on teaching. In N. L. Gage (Ed.), *Handbook of research on teaching*. Chicago: Rand McNally.
6. Cook, T. D., & Campbell, D. T. (1979). *Quasi-experimental: design and analysis issues for field settings*. Chicago: Rand McNally.
7. Cozby, P. C. (1989). *Methods in behavioral research*. Mountain view, CA: Mayfield.
8. Kenny, D. A. (1979). *Correlation and causality*. New York: Wiley.
9. Mulaik, S. A. & Brett, J. M. (1982). *Causal analysis: assumptions, models, and data*. Beverly Hills, CA: Sage.
10. Wiersma, W. (1995). *Research methods in education: An introduction* (6th ed.). Boston: Allyn & Bacon.

第八章

評價研究與行動研究

本章內容細目

第一節 評價研究的界定與特點及類型
一、評價研究的界定 235
二、評價研究的特點 236
三、評價研究的類型 237
　(一) 形成性評價與終結性評價
　(二) 內部評價與外部評價
　(三) 定性評價與定量評價

第二節 評價研究的模式與程序及結果分析
一、評價研究的基本模式 240
　(一) 目標定向評價模式
　(二) 管理定向評價模式
　(三) 客戶定向評價模式
二、評價研究的基本程序 244
　(一) 確立評價研究目的和服務對象
　(二) 確定評價研究的關鍵變量及觀測指標
　(三) 選擇研究設計
　(四) 收集研究資料
　(五) 研究結果的分析、解釋及報告
三、評價研究資料的分析與解釋 248

(一) 資料分析與解釋前的注意事項
(二) 資料分析的方法
(三) 分析結果的解釋
四、評價研究應用的有關問題 250

第三節 行動研究的界定與特徵
一、行動研究的緣起 251
二、行動研究的界定 252
三、行動研究的特徵 253

第四節 行動研究的一般程序與方法
一、行動研究的一般程序 256
二、行動研究的運用要點 257
三、行動研究的適用範圍與運用條件 257
　(一) 行動研究的適用範圍
　(二) 行動研究的運用條件
四、行動研究應用實例 259

本章摘要

建議參考資料

科學研究是一個螺旋式上升的過程。一種理論的提出和完善或一項研究成果最終能夠應用於實際，是研究者不斷接受反饋信息，對其進行反復修正、完善的結果。同樣，在心理和教育科學研究領域中，對於一項研究成果，它的價值如何、哪些方面有待於改進、在實際中能否應用和推廣等，都需要有專門人員對其進行考察、分析，最後得出科學客觀的解釋和結論。評價研究由此產生。評價研究能夠反饋大量的科學評估信息，使人們能夠了解有關研究成果的價值，從而對已有工作中存在的不足進行改進，並為他們的有關決策提供參考。與一般的心理與教育科學研究相比，評價研究在研究目的、研究者、研究物件、研究結果及評價標準等方向存在明顯的差別。儘管評價研究所遵循的基本程式大致一樣，但隨著不斷的發展，目前在評價研究領域已湧現出為數衆多的評價模式，如目標定向評價模式、管理定向評價模式、客戶定向評價模式等。

當今，人們還越來越重視將科研成果應用於實際。在心理與教育科學研究領域中，理論成果的應用問題同樣受到普遍關注。行動研究的出現，解決了心理與教育學界的理論與實踐脫節的問題。在行動研究中，教育實際工作者既是研究者，又是實踐者。他們有豐富的實踐經驗，在與專業研究者的合作過程中，發揮自身的主動性、創造性，從而不但解決了實際工作中遇到的問題和困難，而且提高了自身的素質。對於專業研究者而言，他們通過與教育實踐者的合作，掌握了第一手的資料，更深刻而全面地了解教育實際，從而使研究結果更易於應用和推廣。與其他研究類型相比，行動研究具有以解決實際問題為目的、研究和實踐動態結合、重視運用反饋資訊等重要特徵。在運用範圍上，行動研究比較適用於小規模的教育實踐活動，並可用於補救某些教育措施。行動研究的應用者即實際工作者除應具備心理與教育科學的基本理論與研究方法的知識外，還應具備對工作熱情、負責的態度。

本章中，我們將對評價研究和行動研究進行討論，著重探討下述問題：

1. 評價研究的界定、特點與類型。
2. 評價研究的模式、程序與結果分析。
3. 行動研究的界定與特徵。
4. 行動研究的一般程序、方法與應用實例。

第一節　評價研究的界定與特點及類型

本節首先探討評價研究的概念界定，然後通過與一般的心理與教育科學研究的對比，說明評價研究的特點，最後討論評價研究的具體類型。

一、評價研究的界定

評價研究在心理與教育領域的開展可以追溯到 20 世紀 30 年代，自那時起，許多研究者都從各自的理論框架與研究視角出發，對評價研究進行了不同角度的探討，並對其界定提出了自己的看法。綜合各家的眾多定義，**評價研究 (或評鑑研究)** (evaluation research) 的界定大體可分為以下四種主要觀點：

1. 測量觀　這種觀點認為，評價研究是一種測量定向的研究活動，即通過測量來評鑑對象自身價值的過程。如根據學生在標準化測驗中的得分來判斷心理與教育方案或研究成果的使用價值。

2. 專家評定觀　這種觀點認為，評價研究是一種具有較高專業水準的評鑑活動，即應由有關專家對方案或產品做出價值判斷，譬如邀請有關專家來鑑定教育軟件、審定教材，評議課堂教學等，最後得出評價結論。

3. 比較觀　比較觀主張，評價研究是將方案或產品的使用結果與預定目標進行對比，依照符合程度來評判其價值的過程。這類研究者首先對評價目標下操作定義，然後採用各種測查方法，獲取方案或產品的使用信息，繼而與預定目標進行比較。

4. 決策觀　在決策觀看來，評價研究是在收集各種重要信息的基礎上判定方案或產品的價值，為人們的有效決策提供服務的過程。這類評價者一般是先廣泛收集各類信息，然後詳細提出一種或多種方案的優缺點，繼而與決策者緊密合作，以便作出決策或選擇出富有價值的方案。

上述各種定義，雖然側重點不同，但從中我們可看出，它們關注的焦點是評判一項已經完成的心理與教育科學研究成果的價值如何，哪些方面有待改進及達到目標的程度等等。也就是說，**評價研究**就是按照一定的標準，運用各種研究方法，收集有關資料，對業已完成的有關心理與教育科學研究成果（如課程、教法、教育軟件等）的價值進行科學的評判，其目的在於確定目標的實現情況、了解已有工作存在的不足、為有關決策提供參考。

評價研究適用於以應用為目的、對有關心理與教育科學研究成果進行評估的有關課題。評價研究的意義在於，它能夠提供大量科學評估信息，使人們能夠及時確切地了解到有關方案或產品的價值。

二、評價研究的特點

評價研究與我們通常所提及的一般的心理與教育科學研究，存在許多明顯的區別。為更好地說明評價研究的特點，下面我們從研究目的、研究者、研究對象、研究結果及評價標準等五個方面，將評價研究與一般的心理與教育科學研究作一對比。

1. 從研究目的的角度看 一般研究主要是一種探求普遍性規律的過程，而評價研究則側重說明某種特殊產品的價值。換言之，前者旨在揭示變量之間的關係，而後者則旨在按照一種或多種價值尺度來描述某一特殊事件及其背景。

2. 從研究者的動機角度看 一般研究是通過提出某種創新性結論來滿足研究者的求知欲，受探索真理的動機所驅動；而評價研究則是通過評判事物的價值來解決某一實際問題，受關注現實的動機所驅動。

3. 從研究對象特徵與課題來源角度看 一般研究旨在發現有關研究對象的某種科學"知識"，並且研究對象本身具有較高水平的跨時間、跨地域的普遍性；而評價研究則意在評判研究對象的"價值"，且研究對象往往不具有較大的跨時間、跨地域的普遍性。如一項以某個英語詞彙學習軟件為對象的評價研究，在時間、內容和地域上都不具有普遍性。

4. 從研究結果的角度看 一般研究的結果重視外部推廣性，而且具有較高的可重復性和可驗證性；而評價研究則並不關注外部推廣性，往往適用於某一特定的方案或產品，並且由於研究背景的多變性和操作的複雜性，評價研究常常難以重復或驗證。

　　5. 從評價標準的角度看　一般研究的評價標準大體上有兩個方面，即通常所說的內部效度和外部效度；而評價研究的評價標準則有如下五個方面：(1) 準確性，即獲取的信息是否準確如實地反映了客觀現實；(2) 可信度，即所獲信息的可信程度如何；(3) 功用性，即研究結果在實際中的應用程度如何；(4) 可行性，即研究是否在現實可行、費用大小及具體操作的難度等等；(5) 倫理性，即研究是否合乎倫理與法律規範，能否保護有關人員的權利等。

三、評價研究的類型

　　從不同的角度或側面可以將評價研究劃分為不同的類型。從評價的時間維度，可劃分為形成性評價和終結性評價；從評價者來源的維度，可劃分為內在評價與外在評價；從研究方法的維度，可劃分為定性評價與定量評價。

（一）　形成性評價和終結性評價

　　斯庫溫 (Scriven, 1967) 首次將評價研究劃分為形成性評價和終結性評價。**形成性評價**（或**形成性評量**）(formative evaluation) 實施於方案或產品的形成過程之中，旨在為研究者改進方案或產品提供有效的評價性信息。譬如，在某一教程的形成過程中，形成性評價可能大致包括：請有關專家審核內容、進行小樣本被試的試用或在若干學校進行現場教學考察等。每一步的評價結果將同步反饋給教程開發者，以便及時修訂。**終結性評價**（或**總結性評量**）(summative evaluation) 則實施於方案或產品成形之後，目的在於對有關方案或產品的價值作出評估。如在某一教育軟件完成之後，評價者將對軟件內容、性能、效果及適用對象等進行評估，並向廣大教育實踐單位提供結果。

　　當然，在實際的心理與教育科學研究中，上述兩種評價絕非截然對立，而只是側重點不同。從二者在一項方案形成過程中的關係來看，在方案或產品成形的初期，形成性評價的作用大於終結性評價。隨著方案成形過程的發展，前者的作用漸降，後者的作用漸升。但在方案成形的後期，形成性評價與終結性評價的劃分取決於方案或產品開發者的需要。具體而言，如果開發者欲作進一步改進，則評價者適時提供的某些評價性信息便是形成性評價，但若開發者已無法改進時，這時的評價則是終結性評價。

(二) 內部評價與外部評價

從方案（產品）評價者的來源看，若評價者是與方案（產品）開發密切相關的人員，則將該研究稱為**內部評價**(internal evaluation)；若評價者是與開發無關的人士，則將這種研究稱為**外部評價**(external evaluation)。

內部評價和外部評價有不同的適用條件。當經濟條件不寬裕，因時間緊迫來不及或無力聘請其他專家時，多用內部評價。此外，由於內部評價者熟悉方案（產品）開發的起因、程序及運作過程，所以形成性評價更適合由內部評價來承擔。當經濟條件許可，時間也較寬裕，且內部人員不能勝任時，一般進行外部評價。

內部和外部評價都有各自的優缺點。內部評價的優點在於，評價者本人更了解方案（產品）的開發過程，更熟悉某些細節信息；評價結果的反饋更直接、快捷；所需費用較小。但不足之處表現為，評價易受評價者自身偏見的影響；評價者容易囿於某些自己熟諳的細節信息，忽略關鍵性信息。

外部評價的優點在於方案（產品）的成敗與評價者自身並無直接關係，評價者更可能保持公正無私的評價立場，特別是當方案（產品）具有爭議性時，這一特點尤顯重要；外部評價常帶來新的觀點或豐富的經驗，易於發現內部評價熟視無睹的問題。但不足之處在於，外部評價的質量水平在短期內無法論證；在評價初期，外部評價對方案（產品）不夠熟悉，因而可能延長評價周期；而且信息反饋不如內部評價那麼及時和直接；外部評價的費用支出也較大。

由於內部評價與外部評價各有自己的優點與不足，因此，在心理與教育科學研究工作中，應努力將二者很好結合起來，使外部評價與內部評價通力配合，即在外部評價的諮詢或指導下，由內部評價廣泛收集所需的細節與背景信息，這樣既開拓了內部評價者的視野、豐富了其評價經驗，同時又可促進評價結果的公平性與可信度。

(三) 定性評價與定量評價

研究者依據所採用的主要研究方法，將評價研究劃分為定性評價和定量評價。

定性評價 (qualitative evaluation) 是運用定性研究的方法來進行心理與教育評價。該評價通常在諸如學校、社區等自然情境下進行，主張研究者採用多重收集資料的方法，尤其是運用參與觀察和訪談法，強調對評價對象進行深入細緻的描述，重視資料的真實性、豐富性和深刻性。此外，定性評價更強調評價操作的過程而非結果；在資料分析時多採用歸納法。

定量評價 (quantitative evaluation) 是運用定量研究的方法開展心理或教育方面的評價活動。該評價主張建立和驗證某種假設，注重實驗設計和統計分析方法的運用，強調測量的標準化、精確化和可靠性，側重於收集適合統計檢驗的數據。

定量評價與定性評價並非互不相容，而是同一連續體上的兩端，共同在評價研究中發揮著相得益彰的作用，定性評價能夠挖掘出定量評價難以發現的有價值的信息，而定量評價則能提供簡約化的結論及可供比較的證據。例如，在一項評價幫助孕婦戒毒方案的研究中，評價者把被試分成實驗組和控制組。結果顯示，雖然方案發揮了一定作用，但療效遠低於預期目標。為了進一步探究原因，評價研究者在深入訪談中發現，醫務人員在諮詢中忽略了某些方面，因而導致干預對象方案的接受程度下降，影響了方案的效用。不難發現，若僅僅採用定量研究方法來收集數據，則上述訪談中的有價值信息將無從獲取，研究者將難以客觀地解釋研究結果，得出符合實際的結論。這一評價案例說明在實際的心理與教育科學研究中，定量評價與定性評價相結合是十分必要的。

第二節　評價研究的模式與程序及結果分析

上節中，我們討論了評價研究的界定、特點與類型。本節則主要介紹評價研究的基本模式與程序以及如何對評價研究的資料進行分析與解釋。

一、評價研究的基本模式

目前,在評價研究領域中存在著為數眾多的評價模式,下面我們介紹其中比較重要的三種模式。

(一) 目標定向評價模式

目標定向評價模式 (objectives-oriented evaluation model) 是評價領域中最早的研究模式。該模式強調評價者應詳細設定某一心理與教育活動的特定目標,注重檢測目標實現的效果和水平,主張評價信息有助於重構活動目標。該評價模式興起於 20 世紀 30 年代,泰勒 (Tyler, 1935) 做出了開創性貢獻。60 年代末,在泰勒理論的基礎上又衍生出幾種新的模式。其中哈蒙德提出的模式最為著名 (Hammond, 1973),他提出了一個**三維評價結構** (three-dimension evaluation model) (見圖 8-1)。

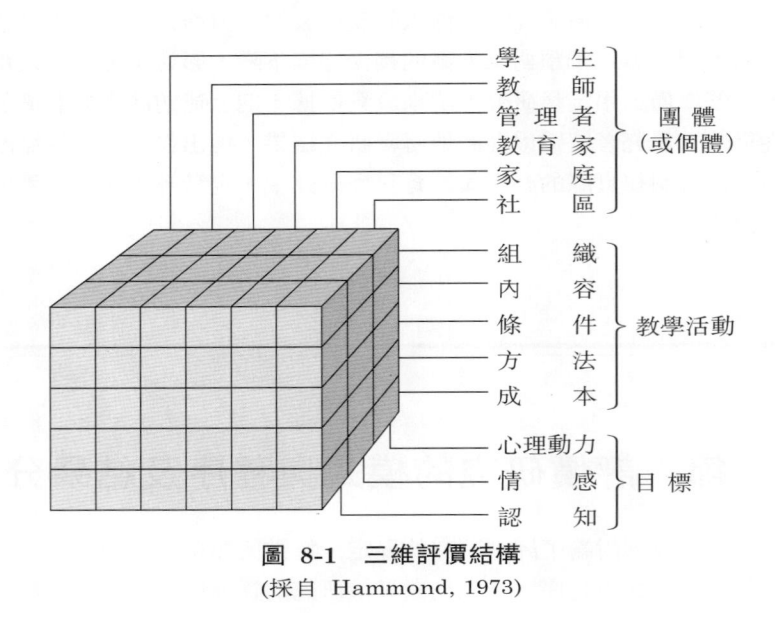

圖 8-1 三維評價結構
(採自 Hammond, 1973)

從圖 8-1 中可看出以教學為例，這一評價對象包括了教學活動、教學活動中的團體或個體，教學活動目標三個基本維度，其中，教學活動作為評價對象包括如下五個方面：(1) 組織：即日程安排、課程順序及學校各級單位等；(2) 內容：即教學活動內容；(3) 條件：即教室、設施和器材等；(4) 方法：即包括教學活動、互動類型（如師生互動、媒體-學生互動等）及教學理論等；(5) 成本：即購買、維護設施的費用及員工薪水等。

對教學活動中團體（或個體）的評價有如下幾個方面：(1) 學生特點：年齡、年級、性別、家庭背景、社會階層、身心健康、成就、能力和興趣等等；(2) 教師、管理者與教育專家特點：年齡、性別、種族、健康、人格、教育背景及工作經歷等等；(3) 家庭特點：家庭語言或文化、家庭類型與氣氛、婚姻狀況、收入及教育水平等等；(4) 社區特點：地理背景、歷史、人口統計學資料、經濟、社會和政治特徵等等。

對教學活動中的目標評價包括有：(1) 認知目標：即知識和智力、技能等；(2) 情感目標：即興趣、態度以及情感等；(3) 心理動力目標：即身體技能、身心協調等。

在圖 8-1 中，每個單元都代表著一個評價問題類型，而每個評價問題類型又可衍生出若干個不同的具體問題。譬如，評價者可以考察一個由內容（教學活動維度）、教師（團體維度）和情感（目標維度）組合而成的單元，即一個評價問題類型。該問題類型又可具體表述為：若教師以此內容進行教學，實現情感目標的程度如何？教師如何看待此方案所提出的教學內容和情感目標？方案中的教學內容是否足以促使教師實現情感目標？

該模型是一個頗具啟發價值的評價工具，有助於評價者具體分析教學活動在實現其目標中的成敗原因。同時，該模型還提出如下評價步驟：(1) 界定方案；(2) 給變量下定義；(3) 陳述目標；(4) 評價行為；(5) 分析結果；(6) 結果與目標之比較。

總體來說，以三維評價結構為代表的目標定向評價模式的優點表現為：該模型通俗易懂，便於操作；能為教育者實現目標提供充分的評價信息；可促進評價技術及有關工具的發展等。其缺點為：缺乏判斷目標與行為之間差異性的統一標準；較忽略評價背景等。

(二) 管理定向評價模式

　　管理定向評價模式旨在為心理與教育決策者提供服務。該模式強調，首先要明確決策者或管理者的需要，並滿足其需要；其次，準確、可靠的評價信息是形成良好決策的必要前提之一；最後，該模式主張對決策形成過程進行系統性評價。

　　斯達夫比姆 (Stufflebeam, 1971) 和阿爾金 (Alkin, 1969) 在 20 世紀 60 年代中期提出了**管理定向評價模式** (management-oriented evaluation model)。他們認為，決策是一個包括情景 (context)、輸入 (input)，過程 (prosess) 和結果 (product) 的系統過程，因此提出了一個著名的四維評價模式，即 **CIPP 模式** (CIPP model)。該模式根據決策過程的逐步發展，提出了如下四種不同的評價活動。

1. 情景評價　旨在幫助決策者規劃方案藍圖，主要任務是為其提供有關社會需要方面的信息，以利於決策者界定方案目標。

2. 輸入評價　旨在為決策者的方案實施提供服務。評價者需提供如下信息：方案實施的進展如何；哪些因素阻礙了方案的成功；哪些方面需要改進等等。上述信息有助於決策者方案的監控和調整。

3. 過程評價　旨在鑑別或預測方案設計和實施過程中的不足，並對實施程序上的事件和活動作出記錄與評判，為方案的決策提供信息。

4. 結果評價　旨在提供方案的終結性評價信息，並為下一輪方案提供形成性評價信息。評價者提供的信息包括：方案實施的最終結果；在多大程度上滿足了應用者的需要；方案完成之後還需做哪些工作。

　　上述模式是一個基於決策過程的評價模式。但在決策的每一階段，評價者應遵循下面的步驟：(1) 明確焦點問題：它包括辨明決策服務對象的主要層次 (如地方、省或國家)、確立衡量每一決策的標準、闡明評價者須遵守的原則等；(2) 資料收集：它包括確定資料來源及收集資料的工具和方法、制定取樣程序及資料收集的日程表；(3) 加工資料：它包括系統地整理資料與確定分析手段；(4) 結果報告：它包括明確評價報告的閱讀對象、確定呈現結果的手段與評價報告的格式；(5) 評價管理：它包括總結評價進度表、確立滿足員工合理要求的計畫、規劃整個評價過程的經費開支。

管理定向評價模式的優點是：有助於拓展教育決策者發現問題的思路，並為之提供及時有效的評價信息；強調決策者適時反饋信息。其不足之處在於：評價有時很難對某些重要問題作出有效反應；或可能因程序監控不當而導致時間或經費的浪費。

(三) 客戶定向評價模式

客戶定向評價模式 (consumer-oriented evaluation model) 是一種指向教育客戶利益和需要的評價模式。它的產生有以下兩方面原因：一方面，現代教育產品 (如教育軟件、媒體、教程及程序等) 的迅猛發展及其社會效益促進了客戶定向評價模式的產生；另一方面，面對形形色色的教育產品，廣大教育者和學生往往感到困惑而不知作何選擇。

總體而言，客戶定向評價模式具有指向應用，服務實際的鮮明功能。它強調要盡量明確用戶的需求及對產品的意見，要維護廣大客戶利益，為他們選擇物美價廉的教育產品提供終結性評價信息，同時也要間接為開發者改進產品提供形成性評價信息。產品檢核表及評價報告是該模式的重要載體。

美國早在 60 年代便成立了一個獨立的服務機構——教育產品信息交流部。該部定期發表產品簡報和評價報告，為廣大教育客戶使用產品提供參考依據。此間墨里塞和斯蒂文開發出了有影響的《課程材料分析系統》(Morrisett & Stevens, 1967)，它包括如下幾個方面：

1. 描述產品特徵　媒體、材料、產品製作時間、風格、成本、功效及課程特徵。

2. 分析產品目標　分析產品的一般目標、特定目標和行為目標。

3. 關注對象特點　學生、教師特徵及其要求、學校和社區特徵、現有課程及課程組織。

4. 分析產品內容　認知結構訓練、所教技能及情感內容。

5. 考慮產品理論成分　產品使用時應結合的教學理論和教學策略。

6. 形成總體結論　綜合考慮有關定性研究資料、評價報告、客戶意見及外行的評價等。

客戶定向評價模式的優點是：為廣大教育客戶提供了了解產品價值的評價信息及產品選擇的參考依據，具有捍衛客戶權益的功能；對教育產品廠家起到了間接監督的作用，有助於開發者改進產品。其不足之處是：評價功能會給產品帶來某種風險，在某種程度上限制了開發者的積極性和創造性。

二、評價研究的基本程序

同其他研究類型和方法一樣，評價研究也包括從確立研究目的到收集資料、再到撰寫評價報告等一系列複雜有序的研究活動。

（一） 確立評價研究目的和服務對象

開展一項評價研究，首先要明確評價目的，即研究者通過評價應該回答或解決的實際問題。評價目的的確立，直接影響被試的選取、變量的選擇及資料收集方法等。如"中學生元認知能力培養方案的評價研究"與"矯治大學生考試焦慮方案的評價研究"，二者由於各自研究目的不同，其被試變量與指標的選擇等也就不同。評價者應該用可操作的語言盡量詳細、準確、清晰地表述實際問題。

確立評價研究的問題，一般要經過如下兩個階段：

1. 廣泛收集階段 即廣開問題渠道，全方位收集資料，不因好惡或偏見而取捨問題，問題來源大致有如下方面：(1) 方案或產品的出資人（包括客戶、發起人、參與者、贊助者等）關心的問題；(2) 心理與教育研究及其評價文獻中所提出的問題；(3) 專家、顧問的觀點和問題；(4) 評價者的思考與判斷。評價者往往從上述問題來源獲取若干亟待研究的問題，如該方案是否達到基金會預期的目標；目標變量發生變化的證據是否充足等等。

2. 匯總和精選階段 問題的精選既取決於實際需要，又取決於評價者敏銳的洞察力和概括力。一般應注重從如下角度予以考慮：(1) 這是否是用戶所關心和感興趣的問題；(2) 該問題能否提供有價值的信息；(3) 人們對該問題的興趣是持久的還是暫時的；(4) 該問題是否影響了該方案（產品）的應用過程；(5) 從經濟、時間、人力資源及已有技術和方法來看，該問題能否得到解決。

此外，研究者還需要明確評價研究的服務對象，即評價報告的讀者或使用評價結果的用戶。這是評價研究初期務必解決的又一重要問題。評價研究的服務對象不同，其評價問題也隨之不同。一項評價研究，要先考慮回答主要用戶所提出的問題。一般來說，評價方案或產品的資助者和客戶通常是評價研究的主要服務對象。此外，其他可能的用戶還有：各類基金會；各省、市、區、縣的教育主管部門與研究機構；各種專業委員會；教師、學生、學生家長等等。

(二) 確定評價研究的關鍵變量及觀測指標

在確定了評價研究的目的之後，隨後就應據此目的來確定關鍵變量。根據研究的需要，**關鍵變量** (key variable) 可分為因變量、自變量及背景變量等，同時要對上述變量下操作定義，以便確立科學可行的觀測指標。這些指標既可以是主觀的（如滿意度等），也可以是客觀的（如就業人數、學習成績等）；既可以是定性的，也可以是定量的。

因變量即評價者在研究中主要測查的效果或目標變量。具體來說，當某種心理、教育方案（產品）付諸評價後，其資助者或方案主創人員總是期望其達到某種效果，這一效果是評價研究應加以測查的因變量。譬如，梅耶和伯迦特 (Meyer & Borgatta, 1959) 對某項精神病治療方案的效果進行評價研究時，設計了一套測量方案療效的具體指標，包括病人實現經濟獨立；面對現實；重建社會關係網絡；不需繼續治療等。

自變量即方案，如為了評價一項"提高學生思維品質"的方案，將學生分為實驗組和控制組，是否參與實驗便是評價中的自變量；再如，評價某一教育軟件的效果，不同的使用方案便是自變量。

背景變量 (contextual variable) 即方案或產品使用過程中潛含於評價背景中的某些變量。例如，我們要評價一項培訓失業人員使之再就業的教育方案。因變量應當是培訓之後的再就業率。但是在測量受訓人員再就業率的同時，還有一個關鍵變量，即整個社會失業人員的再就業率。如果近期國家實施了多項鼓勵失業人員再就業的政策，使整個社會的再就業率得到了大幅度提高，即便受訓人員的再就業率有了很大提高，也很難確定培訓方案的價值大小。也就是說，國家的就業優惠政策充當了該研究的背景變量，混淆了培訓方案產生的效果。可見，重視和測量背景變量也是至關重要的。

（三） 選擇研究設計

本書第七章所探討的真實驗設計和準實驗設計的方法大都能適用於評價研究。

在各種真實驗設計方法中，最常用於評價研究的是被試間設計。所謂**被試間設計** (between-subjects design) 是指每個被試只接受一種自變量水平的實驗處理，即不同的被試接受不同的自變量水平的實驗處理。例如，我們要對一套矯正大學生社交焦慮的方案作出評價，首先需要定出測量社交焦慮指標，選出適於參加矯正的大學生群體。最簡單的設計是把該群體隨機分為實驗組和控制組。對實驗組被試實施矯正方案，對控制組被試則不做任何干預。實驗中應當注意避免實驗組對控制組的"污染"。假如矯正方案是通過團體形式來實施，則需對實驗條件做更具體的規定。如團體的規模有多大；每次活動多長時間；諮詢後是否布置行為矯正作業；被試在諮詢中的表現如何等。應當把現場信息全部記錄下來，如條件許可，最好採用錄像的方法。矯正實驗結束之後，再測量兩個組的社交焦慮程度，檢驗差異是否顯著。

評價研究是在複雜多變的實際生活中展開的，所以真實驗設計往往很難實現。在這種情況下，可運用準實驗設計。例如，研究者欲對某種新的外語教學法進行評價。在實際中，我們幾乎不可能隨機抽取和分配被試，只能利用現成的自然班。評價者可以在同一年級，選取兩個在外語水平、智商、民族、性別上對等的班級，隨機確定實驗班和控制班，學期結束時可比較兩個班的期末外語成績。這是一種**不相等控制組前後測設計**。

此外，**時間序列設計**也是一種常用的準實驗設計方法。例如，我國某大城市為了限制機動車闖紅燈，採取了在主要交通路口設置攝像機的辦法來取締並重罰違規者。評價者收集了此方案實施前後一段時期此類交通違規的報告，發現方案實施後違規事件確實有所下降。由於此類事件發生率在這段時間內波動幅度較大，還不能斷定是該方案減少了此類違規事件。於是，研究者又比較了鄰近四個省會城市的時間序列統計資料，這四個城市均未實行這種方案。比較結果表現，這四個城市並未出現此類違規事件下降的趨勢。這一比較使人更加確信，該方案的確有助於減少此類交通違規現象。

(四) 收集研究資料

研究資料的收集是評價研究的重要步驟之一。一般來說，需要考慮的問題包括抽樣、收集方法及收集時間。

評價研究同樣離不開科學的抽樣，不能因為評價研究的對象及其結果具有特殊性而忽略了抽樣的重要性。當然，如果被試量不大，並且條件許可的話，可以對所有的相關群體進行研究。另外，是否需要抽樣及樣本含量的大小也與收集數據的方法密切相關。例如，對於100人左右的被試群體，若採用問卷法，只要條件許可，則無需抽樣，可對所有的被試進行測查。但若採用訪談法，則一般需要先抽樣，再訪談。

評價研究對收集資料的方法並沒有特別的限制和要求。雖然在研究設計階段已初步確定了資料的收集方法，但是在實際操作前再次審核和思考仍是很必要的。主要應考慮如下一些問題：欲收集的資料能否反映評價對象的整體特徵；資料收集程序是否合乎倫理和法律；將所得資料與收集時的花費相比，採用此種方法是否值得；採用這種收集方法是否能及時獲取資料，而且不致影響整個研究的過程；所得資料可靠性如何等。

與一般研究相比，評價研究對資料收集的時間要求較高。例如，如果形成性評價的資料在方案完成之後才收集到，則這些資料只能做為終結性評價的參考資料。因此，"及時性"是對評價研究資料收集的基本要求。此外，研究者還應考慮如下幾個問題：何時需要資料；何時可以收集到所需資料；何時收集最方便。總之，收集資料必須根據實際情況做出周密而合理的安排。

(五) 研究結果的分析、解釋及報告

資料收集完畢之後，下一步的任務就是分析、解釋結果以及撰寫評價報告了。資料分析應採用定性和定量相結合的方法，對不同資料應根據研究目的和資料特點選擇相應的分析方法。對於同一分析結果，由於評價者的價值觀、個人的期望和經驗的不同，可能做出不盡相同甚至完全相反的解釋。因此如果條件許可，應邀請評價研究的主要用戶等有關人員，一起商討結果的解釋。解釋時，應注意從多種角度考察不同的或相反的解釋，避免草率下結論。另外，在作評價解釋時既要說明解釋的結果，更要說明解釋所依據的標準。因為解釋其實就是做出價值判斷，它是整個評價研究的核心，所以一定

要謹慎待之。

　　評價研究的最後一步工作就是寫出評價報告。在計畫呈現一份評價報告時一般要考慮的因素有：報告的聽眾或讀者；報告應回答的問題；報告的場合與形式等。對某些研究問題，可能需要定期報告，有些則只需一次性報告即可。在某些場合中，需要技術性較強的正式論文，有些場合則可能需要非正式的備忘錄、口頭報告或會議報告等。

三、評價研究資料的分析與解釋

　　在評價研究過程中，通過各種方式收集到的資料，需要評價者進行科學系統的分析和富有意義的解釋。資料分析的目的在於濃縮和整合信息，挖掘出資料背後的意義，而解釋的目的則在於把分析結果與價值標準相對照，以便得出結論，做出判斷或提供建議。

（一）　資料分析與解釋前的注意事項

　　一般而言，在資料收集的同時甚至之前，評價者便應考慮分析與解釋的方法，此間，評價者應注意考慮如下問題：首先，從評價研究的目的與資料收集的方法出發，慎重選取資料分析與解釋的方法；其次，應注意從讀者的角度來考慮，分析與解釋方法的可信度如何，是否易於理解；再次，對定量資料而言，適宜使用何種量表來對觀察結果進行量化處理，哪些分析方法適合此類量表；對定性資料而言，應如何記錄觀察結果。

（二）　資料分析的方法

　　評價研究的資料包括定性與定量兩類。兩類資料的區別在於：前者一般運用描述性的自然語言來記錄觀察結果；而後者則用數字來記錄。下面我們簡要介紹一下兩類資料的分析方法。

　　1. 定性資料的分析方法　　資料的性質和分析者的理論框架是進行定性資料分析的必要前提。定性資料的分析方法既包括定性描述，又包括對敘述成分的定量分析。從分析的時間維度看，可將定性資料分析劃分為現場分析和事後分析。

現場分析 (field analysis) 指分析者在現場觀察中，一邊收集資料一邊分析的過程。分析者對已有的資料進行反思和加工，隨時寫下靈感和見解，同時考慮下一步的觀察目標。在資料分析的連續過程中，評價者收集到了大量有效的證據或事實，從而得出結論。具體而言，現場分析包括如下步驟：(1) 形成印象，並記入現場筆記；(2) 確定主題，用精短易懂的語句記入備忘錄；(3) 提出假設，把現場觀察中形成的動態假設作為進一步觀察的焦點問題。對得到支持性證據的假設需進一步研究，對沒有得到支持的假設則需做出標記，同時在旁邊列出反駁性證據；(4) 驗證假設，對已經獲得初步支持證據的假設，需要通過評價研究的被試來檢驗其真偽，若得到證實，則可將假設變為初步的結論；(5) 推廣結論，根據評價對象的特點，將分析的結論放在更廣闊的背景上進行描述。

與現場分析相比，**事後分析** (ex post analysis) 指分析者離開觀察現場後，對收集到的大量觀察資料進行的系統分析。此時應遵循如下步驟：(1) 確認資料是否全面、可靠；(2) 歸整資料並做分類編碼；(3) 探尋原因、關係與結果；(4) 從以下角度審核分析結論的有效性，如考慮矛盾性結果的解釋，研究設計是否有漏洞，有無評價者效應等。

2. 定量資料的分析方法　評價研究中定量資料的分析方法與一般研究的定量分析法沒有實質區別，本書有關章節（見第六章第三節）已做過論述，在此不再贅述。

（三）　分析結果的解釋

結果的解釋是評價者運用價值判斷和概括力，旨在形成有充分依據的結論。具體而言，結果的解釋包括兩種成份：其一是評價標準，即資助單位的期待標準或以往計畫所達到的標準；其二是判斷結果，即評價者將產品或方案的效果與評價標準對照之後所得出的評判結論。

評價者近年來正在努力開發系統的解釋方法。下列一些解釋要點是在評價實踐中應當重視的：(1) 確定評價目標是否達到；(2) 確定該方案或產品是否有違反法律或道德原則；(3) 確定方案或產品效果的價值及其對社會需求的滿足度；(4) 請其他評審小組檢查資料分析，提出其判斷結果；(5) 將自己的結果解釋與其他團體的結論進行比較，妥善處理矛盾性證據，並不強求一致；(6) 將關鍵變量上所得的實際結果與預期水平作比較；(7) 依照評價程序來解釋結果;(8) 掌握統計顯著性與實際顯著性的差異處。

評價者在解釋分析結果時可能會犯多種多樣的錯誤。其中最常犯的錯誤之一就是根據相關資料得出因果結論。例如,一項研究結果顯示:教室中教學輔助設備的數量與學生的學習成績呈負相關。有的評價者從這一結果中得出結論;教學輔助設備是毫無價值的。這些評價者忽略了一個重要的背景變量,即教學輔助設備可能安放在成績較差的班級裏,學生成績越差,學校為他們提供的輔助設備也越多。另一個常犯的錯誤就是將統計上的顯著性與現實意義相混淆。例如,研究結果發現,從統計顯著性上看,某教育方案顯著地提高了學生的考試成績。若因此得出"方案是成功的、有價值的"結論則失之草率,雖然統計上的顯著差異是千真萬確的事實,但方案是否成功,是否有推廣價值,則涉及到成本效益等諸多複雜的現實因素。究竟提高多少分才能稱方案為"成功"的確不是僅僅由統計顯著性就能決定的。可見,評價研究結果的解釋需考慮多方面的因素,評價者在做解釋時一定要謹慎。

目前,大多數評價者已認識到:孤立地解釋和概括結果會缺乏創見和新意,甚至會產生謬誤,因此,結果的解釋應是多渠道的、全方位的。一個切實可行的多側面結果解釋方法是舉行投資者與評價者聯席討論會,就評價中的資料收集程序、方法及結論等展開廣泛而深入的交流。另外,還可請其他團體從各自角度提出評價報告,以匯總解釋意見,或舉行評審會來檢驗評價結論的依據。

四、評價研究應用的有關問題

評價研究者針對各類用戶所關心的實際問題,從設計、收集資料、結果的分析與解釋,到最終寫出評價報告,付出了大量艱辛的勞動,目的就在於能對用戶的問題做出科學、負責的回答。但評價結果有時卻可能不為大眾所接受。一般而言,評價研究結果難以被人接受,其價值得不到認可的原因大體有以下三個方面:其一是評價研究結果的呈現方式不當,語言表述過於晦澀,理論色彩太濃,一般人難以接受和理解;其二是研究結論與大眾普遍認可的觀點相抵觸。比方說,70 年代,美國政府曾設立了一個特別全國委員會專門研究淫穢物品的社會影響問題。委員會的有關專家經過多方調查,深入分析最後得出了該評價研究的結論;淫穢物品並沒有造成那些常常歸咎於它的反面社會後果。這一戲劇性的結論立刻遭到許多人的懷疑，就連總統也認為是委員會的研究出了差錯；其三是研究結論可能會觸犯某些人或某個集團的利益。例如，對某方案的評價研究結果顯示，該方案並不能達到預想的效益。由於這一結論嚴重地影響了方案開發者的聲譽和經濟利益，因此可能遭到其研製者的強烈反對。因此，作為一名富有社會責任感並且尊重科學事實的評價者，除了應具備紮實的研究功底外，還必須有足夠的勇氣去面對可能遭到的誤解或誹謗，並承擔一定的社會風險。

此外，在評價研究過程中也隨時可能遇到一些意想不到的問題。首先，這些問題可能來自評價活動本身。當被試得知自己在被人評價，尤其是被一個完全陌生的人評價時，可能會產生不安全感。因此，評價者對被試的情緒變化必須格外敏感，同時應充分考慮這一因素對評價結果可能產生的影響，並與被試多方溝通，盡可能緩解或消除他們的緊張和焦慮情緒。無論出現什麼意外情況，評價者都應保持鎮靜。其次，評價研究的問題可能來自評價結果產生的功利效應。評價結果常常與某些人的利益密切相關。每個人都希望自己的方案能勝過對手的方案。譬如，有的管理者希望評價結果能支持他們的某項決策，如解雇某個員工或產品革新等。因此，評價者要盡一切努力，從多渠道收集信息，以便獲取大量真實而可靠的資料。

第三節　行動研究的界定與特徵

行動研究是因解決理論成果難以應用的問題而出現的一種研究類型。為此，本節首先簡要介紹和分析行動研究的緣起，然而具體探討行動研究的界定與特徵。

一、行動研究的緣起

行動研究最早出現於 20 世紀 30、40 年代的美國。柯利爾 (Coller,

1933～1945）為改善印第安人與非印第安人的關係，他邀請了一些印第安人加入研究小組，參與研究。這種合作方式被柯利爾稱為行動研究。隨後，首先對行動研究進行較深入探討的學者是美國的社會心理學家勒溫 (Lewin, 1946)。通過一系列研究，勒溫開始將"行動研究"一詞術語化，並對"行動研究"本身作了進一步闡述。他認為行動研究主要包括如下幾個環節：發現問題、分析問題、制訂計畫、實施計畫、在實施過程中對計畫作出評價、根據實際情況不斷調整計畫。整個過程循環往復，使研究螺旋式前進。

　　行動研究的出現，恰好有助於解決心理與教育學界一個難題：研究成果的應用問題。造成"成果應用難"的原因之一就是研究者與實際應用者之間的脫節：從事理論研究的人對實際情況的了解有限，得到的一些研究成果難以在實踐中應用；而實際經驗豐富的基層學校領導和教師又難以對專業化的研究成果形成較深刻的理解，因此也就無法將其轉化、運用到實際工作中。行動研究是實際工作者親自參與研究全過程的一種研究方式，從根本上解決了這種研究與應用脫節的問題。由於行動研究以實際問題為出發點，因此從20世紀50年代開始，行動研究的思想便被引入到心理與教育科學研究領域，為這些學科開闢了更廣泛的研究領域，提供了更豐富的研究方式。

二、行動研究的界定

　　近十幾年來，越來越多的研究者將興趣投向了行動研究，然而對行動研究的界定，時至今日仍是眾說紛紜。

　　在《國際教育百科全書》(Corsini, 1984) 這本書中，行動研究被定義為："由社會情境（教育情境）的參與者，為提高對所從事的社會或教育實踐的理性認識，為加深對實踐活動及其依賴的背景的理解，所進行的反思研究"。溫特 (Winter, 1989) 在他的《從經驗中學習——行動研究的原則和實踐》一書中指出，行動研究是對職業經驗（實際經驗）進行研究的一種方式，它將實踐和對實踐的分析同時納入一個連續發展的過程中，並由研究人員和實際工作者合作進行。

　　概括眾多研究者從不同角度的界定，我們可以將對**行動研究** (action research) 的理解歸納為以下三類：

1. 行動研究是研究者為解決實際工作中遇到的問題而進行的研究　持這種觀點的研究者比較重視發現問題和確認問題的過程，重視收集對評價工作有幫助的教師、學生的文字及聲像資料。他們認為對課程和課程編製的研究不是理論問題，而是實踐問題；要檢驗理論的正確性不是去檢驗其"科學性"的多少，而是要看它是否是從實踐中產生的。

2. 行動研究是研究者為提高其行動的科學性而進行的研究，即研究者用科學的方法對實際問題進行研究　持此種觀點的研究者主張教師用統計、測量等科學方法對問題進行研究，驗證假設，從而把科學的研究方法與解決實際問題相結合。

3. 行動研究是實際工作者對自己的實踐所進行的反思性、批判性研究　持此類觀點的人認為教師、實際工作者可以通過行動研究引發自己對實踐工作的思考，從而使自己的實踐行動得到改進和提高。

這三種界定各有側重，或強調行動研究的目標——解決實際問題、對行動的改進，或強調研究過程——研究過程的科學性等特點。基於上述分析，我們可以認為：行動研究以解決教育實際問題為出發點，通過分析問題、收集資料、制訂計畫和實施計畫等過程，並在實施過程中根據持續評價和即時反饋，不斷調整計畫，以達到解決問題的目的。在這個過程中，實際工作者通過對自己的教育行為的反思和與專業研究者的交流，使自身的業務水平得到提高。可以說，行動研究為實踐工作者發揮自身的主動性和創造性提供了可能，並為其業務水平和理論素質的提高創造了良好的機會。

三、行動研究的特徵

行動研究作為一種重要的研究類型，具有如下四方面的顯著特徵：

1. 具有"為行動而研究"的特徵，即以改進和提高行動質量為主要目標之一。改進和提高行動的質量，在教育實踐工作中不僅表現為研究者能夠解決實踐工作中遇到的問題，而且還表現為教育實踐工作者通過參與行動研究和對自己的實踐行動的反思，從而大幅提高自己在教育教學工作中的能力和水平。

2. 具有"對行動而研究"的特徵，也就是以解決實際問題為主要目標之一。雖然傳統的教育研究也以解決實際問題為目標，但由於它的研究過程是一個較孤立的、靜態的過程，因此它所能解決的問題及解決問題的效果都比較有限。一般教育研究過程如圖 8-2 所示。

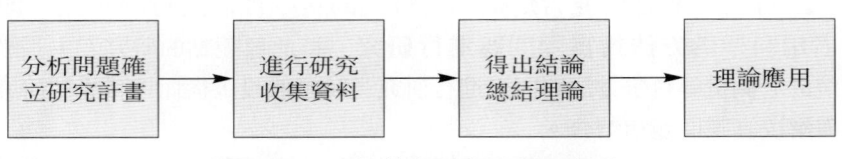

```
┌──────────┐    ┌──────────┐    ┌──────────┐    ┌──────────┐
│分析問題確│───▶│進行研究  │───▶│得出結論  │───▶│理論應用  │
│立研究計畫│    │收集資料  │    │總結理論  │    │          │
└──────────┘    └──────────┘    └──────────┘    └──────────┘
```

圖 8-2　一般教育研究過程示意圖

這種靜態的、單方向的研究過程所對應的研究對象是教育實踐——一個受多因素影響、複雜多變的情境。因此，借助這種研究得出的理論在應用的過程中會受到很多因素的影響，其價值難以體現。

而行動研究的過程可用圖 8-3 來表示：

可見，行動研究的過程是動態的，表現為螺旋狀的過程。研究者在確立初步研究目標的基礎上，形成普通研究計畫，然後再通過行動中的研究收集資料，分析結果，得出結論。在對結論進行評析的基礎上，及時調整研究計畫，通過進一步的研究探討並解決問題。

3. 具有"在行動中研究"的特徵，即教育實踐者既是研究者又是實踐者，這一特徵克服了傳統的教育研究中研究者與實踐者相互分離的問題。在研究過程中，教育實踐研究者不僅可以根據自己豐富的教育教學實際經驗，不斷發現問題、提出問題，而且又能發揮自身的主動性、創造性，通過自我反省、自我批評以及與合作者的交流去解決問題。同樣，對於專業研究者也是如此。研究者通過與教師的合作、交流，可掌握第一手的資料，對教育實際有更深刻、更全面的了解，從而使研究結果更易於應用和推廣。

4. 具有"邊研究、邊行動、邊反饋"的特徵，即在行動研究中，實施計畫的過程同時也是對行動進行持續評價的過程，一旦出現正反饋即肯定的結果，就會立即將其應用到教育實踐中去，從而對全局產生良好的影響。

綜上所述，行動研究的主要特徵是以提高行動質量、解決實際問題為主

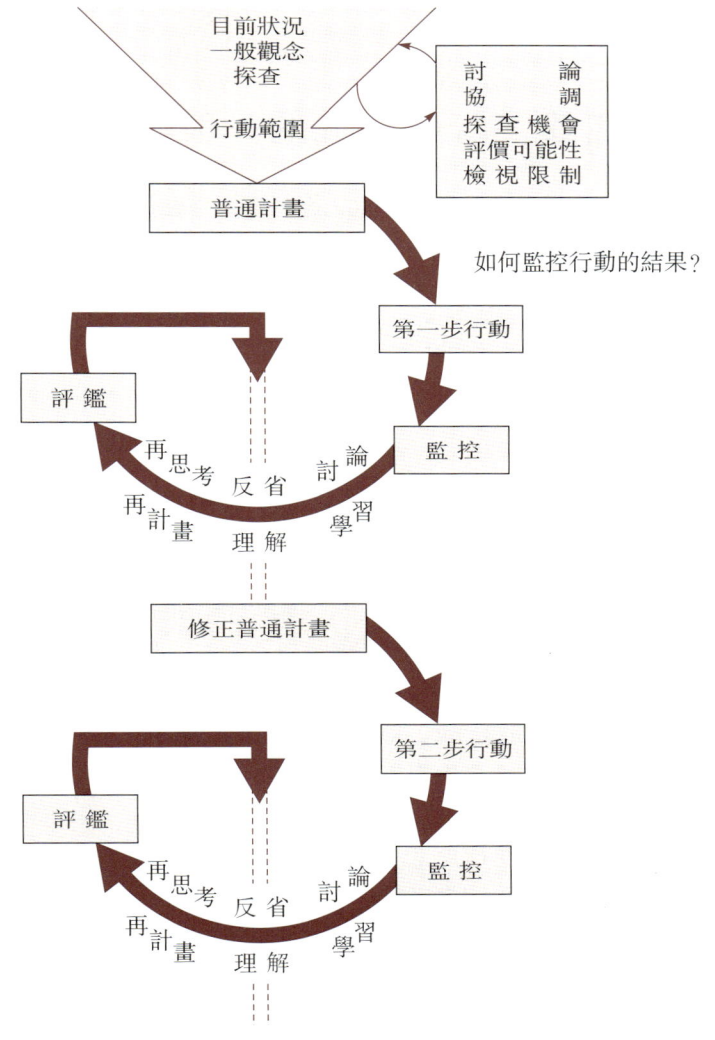

第八章 評價研究與行動研究 **255**

圖 8-3 行動研究過程示意圖
(採自 胡夢鯨、張世平，1988，125 頁)

要目標，將研究過程和實踐過程相結合，並重視對反饋信息的運用。因此，行動研究是一個發現問題和解決問題相交織、可變性和適應性相滲透、持續評價和即時反饋相結合、研究過程和實踐過程相統一的螺旋式前進的過程。

第四節　行動研究的一般程序與方法

在介紹行動研究的界定與特徵之後,接下來應探討如何開展行動研究的問題,包括行動研究的一般程序、運用要點、適用範圍與運用條件等。這些都是本節涉及的內容。此外,為了便於更好地理解,本節還舉一應用實例加以說明。

一、行動研究的一般程序

行動研究的一般程序主要包括以下幾個步驟:

1. 分析問題、收集資料、明確問題　在這一階段,需要對實際發生的問題做深入的思考,根據收集的資料對問題作出進一步的確認。

2. 制訂計畫　在進行了大量調查研究和深入思考的基礎上,根據自己對問題的理解和已具備的理論知識,對研究過程作一個詳細的計畫。

3. 根據計畫採取行動,並在行動中進行評價　注意根據評價和反饋對行動做適時調整,一旦出現正反饋信息就將其立即應用到教育實踐中,以產生良好的影響。

4. 對整個過程進行反思和進一步調整,計畫下一研究過程　由於教育實踐是一個受較多因素影響的複雜的過程,因此需要對行動的過程和結果、行動的背景和影響因素做全面的考察。在反思的過程中,注意對自己的實踐和行動作批判性的思考,通過思考提高行動的質量。最後,注意對所有研究資料作必要的整理,為研究的下一個循環和下一個研究做積累。

從上述步驟可見,資料的收集、整理工作實際上貫穿了整個研究過程,因此許多研究者把這一步工作放到了行動研究的不同階段加以強調。需要指出的是,對於這個程序,我們要以一種動態的眼光來靈活看待,理解每一個步驟在整個研究中的位置並不是固定的、僵化的,研究者需要根據實際情況做適當調整。如果忽略了這種靈活性，行動研究的精髓也就喪失殆盡了。

二、行動研究的運用要點

開展行動研究時，研究者可以根據研究需要選擇恰當的研究方法，或綜合運用多種研究方法。在方法運用方面，應特別注意以下兩個方面：

1. 在制訂計畫的過程中，要考慮以下的問題，並應將它們逐一列出，包括：教育實際中出現了什麼問題？與該問題對應的有關理論有哪些？應該改變哪些方面？改變的可能性有多大？哪些人將會受到影響？就該問題，應該和誰商討？就這些問題列出清單，可以幫助研究者進一步確認問題，為下一步收集資料的工作奠定基礎，提供線索。

2. 在收集資料的過程中，要注意將收集到的資料以文字或聲像形式加以保存，不能僅靠研究者自己的記憶。收集資料時應注意的問題包括：(1) 收集與問題發生情境有關的一切材料；(2) 將自己的觀點、想法仔細記錄下來，同時還要記錄與他人討論的情況以及討論後自己的心得、體會；(3) 設計調查問卷，問題形式可以是開放式的或封閉式的；(4) 針對該問題，與有關人員進行交流，了解各種觀點和看法；(5) 在交談和會議討論過程中使用錄音機進行錄音，以便記錄和事後反復收聽，從而可對該過程作出分析、說明；(6) 將會議記錄和交談記錄交給相關人員查閱，請他們對記錄進行確認或修正；(7) 對一個問題使用多種方法進行研究等。一般而言，在一個行動研究中至少選用三種方法，以便進行分析、比較。由於每一種方法都有其局限，多種方法並用可以互相取長補短，最終得到一個較為滿意的結果。

行動研究中可採取觀察、訪談、問卷等各種方法，讀者可以參見本書其他有關章節。

三、行動研究的適用範圍與運用條件

（一） 行動研究的適用範圍

由於行動研究的出發點就是要解決實際出現的問題，因此它比較適用於解決心理與教育和教學過程中出現的實際問題。

行動研究的靈活性較大，不對研究條件進行嚴格控制，對研究的外部效度不做過高要求，因而它更適用於小規模的教育實踐活動。

同時，由於行動研究不像大多數理論研究那樣需要對實驗過程進行嚴格的控制，對各種因素要做事先的、全面的考慮，行動研究可以根據實際情況邊計畫、邊執行、邊修改。因此，行動研究可以作為某些教育措施的補救手段，對某些問題進行再研究。

由於行動研究是由實際工作者參與的研究，他們或可獨立進行、或與同事交流、還可與專業研究者合作，通過自己的思考和實踐，在自己慣常的工作環境中，以一種新的身份、從新的角度對問題進行深入考察和有效解決，這對提高實際工作者的理論水平、業務素質將是一種很好的手段。同時，由於專業研究者與教師的合作，彌補了專業研究者實際經驗的不足，也幫助了專業研究者的學習和研究水平的提高。

綜上所述，行動研究可用於小規模的心理與教育實踐活動；適用於解決教育實踐中出現的問題；可作為某些問題的教育補救措施；還可用於提高教師和專業研究者的業務水平等。

(二) 行動研究的運用條件

行動研究除了有一定的適用範圍之外，還有相應的運用條件。它對研究的應用者即實際工作者，提出了一定要求。

首先，實際工作者對心理與教育科學的基本理論、基本研究方法要有一定的了解。實際工作者只有具備了一定的心理與教育理論水平，才能對實際問題有足夠的認識。教師在具備一定理論知識基礎後，便易於及時、深入地發現教育實際中存在的問題。

此外，教師、實際工作者對工作的熱情和負責任的態度是更為重要的條件。只有教師、實際工作者對工作保持高度的敏感，才能在細微中發現重大問題；而對工作的熱心、責任心又能幫助激發教師和工作者的主動性、創造性，這些都是進行行動研究的研究者所必須具備的素質。在行動研究中，教師同時擔當了研究者和實踐者的角色，這個雙重角色的身份要求教師有足夠的時間和精力，最大限度地發揮主動性和創造性。從發現問題、制定計畫，到實施計畫、評價反饋，直至最後環節的反思和批判，每一步都要凝聚教師的積極思考和行動。

雖然行動研究為解決心理與教育實際問題提供了一種良好的形式，但要通過廣大教師的重視和參與，將其應用於解決實際問題，才能讓其真正發揮效力。對行動研究的進一步探討和應用，需要專業研究者和實際工作者的攜手努力。

四、行動研究應用實例

行動研究可以被廣泛地應用於對幼兒、青少年和成人的教育活動中，解決教育實際中存在的各種問題。由於篇幅所限，在此我們僅舉一例加以說明。

某幼兒園教師經自己的實際觀察和查閱有關理論材料後發現，幼兒的友好行為與其同情心有很大程度的正相關關係。為了增加幼兒友好行為的出現頻率，該教師計畫通過培養幼兒的同情心來達到增加其友好行為的目的。教師將他所在班的 20 名幼兒作為實驗對象，以給幼兒講故事等方法作為實驗干預手段，針對幼兒的同情心進行單組前後測實驗對比。具體研究過程如下：

1. 在實驗干預前，對幼兒的同情心進行前測。教師選取某標準化量表對幼兒的同情心進行測評。

2. 對幼兒進行兩週的實驗干預，教師每天給幼兒講一個有關故事進行情感教育，並讓幼兒就故事內容進行角色扮演的遊戲。

3. 第三週用同一量表對幼兒的同情心進行第二次測定。

4. 對實驗前後的測定結果選用恰當的統計分析進行比較。

5. 兩週後再次測定幼兒的同情心狀況，若有必要（如此時發現幼兒的同情心狀況又恢復到實驗處理前的水平），對實驗處理方法進行改進，如帶領幼兒參觀有關展覽、聽榜樣人物講述自己的事蹟等，重復上述有關步驟並進行下一循環的研究。（王堅紅，1991，pp.185～186）

上述這個實驗也可做分組的處理，如教師可將班上 20 名幼兒隨機分成兩組，每組 10 名幼兒。進行實驗處理前對所有的幼兒用同樣的工具進行同情心的測定；然後將第一組幼兒作為對照組，不做任何實驗處理，而對第二組幼兒進行實驗干預。進行為期兩週的實驗後，對全體幼兒用同樣的工具進行第二次測評,將兩組幼兒兩週前後的得分進行組間比較和組內比較,即對第一組幼兒兩週前後的得分情況和第二組幼兒兩週前後的得分情況進行自身的對比,對兩組幼兒兩週前的得分和兩週後的得分做相互的比較。對這種實驗處理需做說明的是,教師要給予全體幼兒同樣的受教育訓練的機會。如在這個實驗結束後,若訓練結果明顯,則可將實驗處理進一步應用到第一組幼兒身上;若結果並不明顯,也應盡量對全體幼兒進行同樣有益的教育,同樣要給第二組幼兒講故事、做遊戲等。

本 章 摘 要

1. **評價研究**是按照一定的標準,運用各種研究方法,收集有關資料,對已完成的心理與教育研究成果的價值進行科學評判的研究類型。
2. 評價研究的特點:側重描述某一特定方案的價值;要求評價者具備多學科專業素質;研究對象在時間、地域上不具有較大的普遍性;研究結果的外部推廣性不及一般研究;評價標準不同於一般研究。
3. 評價研究的類型根據不同維度可劃分為:**形成性評價**與**終結性評價**;**內部評價**與**外部評價**;**定性評價**與**定量評價**。
4. 評價研究的基本模式有:**目標定向評價模式**;**管理定向評價模式**;**客戶定向評價模式**。
5. 評價研究的基本程序是:(1) 確立評價研究目的和服務對象;(2) 確定評價研究的關鍵變量及觀測指標;(3) 選擇研究設計;(4) 收集研究資料;(5) 研究結果的分析與解釋及報告。
6. 分析與解釋評價研究的資料時要考慮到多方面因素,力求做到科學、客觀。
7. **行動研究**是通過專業研究者與實際工作者的合作,以收集資料、確定問題、制定並實施計畫、在實施過程中評價並調整計畫,最後達到解決實際問題的目的的研究類型。

8. 行動研究的主要特徵是：以改進和提高行動質量為目標；以解決實際問題為目的，研究和實踐相結合的動態過程；教育實踐者既是研究者又是實踐者；重視運用反饋信息。
9. 行動研究既能提高教育實踐者的教育水平，又能使專業研究者的研究更加貼近實踐。
10. 行動研究的一般程序為：(1) 分析問題、收集資料、明確問題；(2) 制定計畫；(3) 根據計畫採取行動，並在行動中進行評價；(4) 對整個過程進行反思和進一步調整，計畫下一研究過程。
11. 在行動研究中，研究者可根據研究需要選擇恰當的研究方法或綜合運用多種研究方法。
12. 行動研究可以解決教育實際問題；適用於小規模的教育實踐活動；可以補救某些教育措施；有助於提高教育實踐者和專業研究者的水平。
13. 行動研究對實際工作者的要求是：具備基本理論與研究方法的知識；具備對工作熱情、負責的態度。

建議參考資料

1. 王鑒君 (1997)：行動研究淺說。上海教育科研，6 期，42～45 頁。
2. 鄭金洲 (1997)：行動研究：一種日益受到關注的研究方法。上海高教研究，1 期，23～27 頁。
3. 程江平 (1996)：教育實驗研究與行動研究的比較。教育研究，6 期，42～45 頁。
4. Blain, R. W., & James R. S. (1987): *Educational evaluation.* New York: Longman.
5. Cunningham, J. B. (1993): *Action research and organizational development.* Westport, CT: Praeger.
6. Gentile, J. R. (1994): In action research: A superior and cheaper alternative for educational researchers. *Educational researcher*, Vol, 22, No. 5, 30 31,32.

7. Kenneth, D. B. (1982): *Method of social research* (2nd ed.). New York: Free Press.
8. Noel Entuistle (Ed.) (1990). *Handbook of educational ideas and practices*. London: Routledge.
9. Perciral Fred, Ellington Henry, & Phil Race (1993): *Handbook of educational technology* (3rd ed.). London: Kogan Page.

第九章

跨文化研究

本章內容細目

第一節　跨文化研究概述
一、跨文化研究的興起　265
二、跨文化研究的特點　267
三、跨文化研究的特殊價值　268
　　(一) 建立更完善的理論體系
　　(二) 提供更有效的研究方法
　　(三) 了解種族文化間的差異

第二節　跨文化研究的方法論
一、跨文化研究的兩種策略　271
二、文化差異的確認　272
三、跨文化可比性　272
四、文化公平性　274
五、跨文化研究的抽樣　275
六、跨文化研究的局限性　276

第三節　跨文化研究的基本程序與方法
一、跨文化研究的基本程序　278
　　(一) 確定研究課題與提出研究假設
　　(二) 確定測量內容
　　(三) 抽取研究樣本
　　(四) 統計分析數據
　　(五) 檢驗研究假設
二、跨文化研究的主要研究方法　279
　　(一) 心理人類學方法
　　(二) 實驗法
　　(三) 跨文化調查
　　(四) 心理與教育測驗的跨文化修訂與應用
三、生態文化背景指標的確定方法　283

第四節　跨文化研究結果的解釋
一、跨文化研究結果解釋的原則與方法　284
　　(一) 跨文化研究結果解釋的原則
　　(二) 跨文化研究結果解釋的方法與要點
二、跨文化研究結果解釋的實例　286

本章摘要

建議參考資料

近年來，隨著科學研究的不斷深入、理論的發展以及世界各國研究者之間的交流、合作的日益增多，人們越來越重視不同社會文化背景對心理過程的影響，努力尋求不同社會文化背景下的特殊心理現象和在各種背景下普遍、一致的心理規律。目前，跨文化研究逐漸興起，成為心理與教育科學研究的重要趨勢之一。

跨文化研究 (cross-cultural study) 又稱為**跨文化比較研究** (cross-cultural comparison study)，其基本目標是以世界上各種不同文化為樣本，對研究資料進行比較研究，以揭示人類行為的共同性和差異性及其與社會文化背景的關係。

作為心理與教育科學研究的一種研究類型，它最初肇始於人類學研究，近年來才逐漸受到社會和行為科學家的注意，並發展成為心理與教育科學研究的重要類型之一。從總體上看，跨文化研究的主要任務是檢驗現有的心理與教育科學理論，比較、分析和研究不同文化背景和種族對心理與教育現象和行為表現的不同影響，以求得人類心理發展的普遍性與特殊性的規律。從意義上看，跨文化研究對於建立更完善的心理與教育科學的理論體系，提供一種更有效的研究方法，深入了解和解釋人類種系或文化的差異等具有重要價值。此外，跨文化研究還可促進各國、各地區的心理與教育研究者之間的合作與交流，加深對已有研究成果的科學性和適用性的理解與認識，從而既提高各自的研究水平，又增強研究成果的應用水平。

跨文化研究的一個顯著特點就是要在不同的文化間進行比較研究。為此就需要對不同的文化進行分析，需要對跨文化研究本身的方法論問題和思路及其相關問題進行分析，然後根據所要研究的問題及欲達到的目標以及跨文化研究的要求開展研究工作；而不能簡單地在不同文化中進行某一表面相同的研究，即以為是"跨文化研究"。實際上，跨文化研究中最應該避免的就是只有"跨"而無關"文化"的研究。例如，如果只是將不同文化背景中的個體行為和教育行為簡單對比，而沒有去探討文化的差異及其與心理、教育行為等差異的關係，那麼就稱不上合格的跨文化研究。這應當是每一個跨文化研究者需要注意的問題。

本章將就如下問題進行討論：

1. 跨文化研究的特點與特殊價值。

2. 跨文化研究中應注意的方法論問題。
3. 跨文化研究的基本程序與方法。
4. 跨文化研究結果的解釋。

第一節　跨文化研究概述

如前所述，跨文化研究原本並不是心理與教育科學的研究類型。那麼跨文化研究是如何在心理與教育科學研究領域中興起的呢？具有哪些特點？有什麼價值和意義？本節將對這些問題作一概括性的敘述和探討。

一、跨文化研究的興起

跨文化研究在許多學科中（包括哲學、生物學和人類學等）都可以尋找到它的歷史踪跡。亞里士多德從氣質和能力方面研究了民族差異並首先提出氣候理論，把北歐未開化人的智力欠缺歸因於寒冷；笛卡爾則對民族之間的差異作出了自己的解釋，他說："我們旅行時注意到，其他人種與我們觀點的相異不是由於他們未開化，相反，他們當中許多人比我們能更好地闡述其理由。我在法國、德國見到一位長期在中國生活的歐洲人，他從嬰兒時到成人一直都具有與中國人同樣的心理，跟法國、德國當地人完全不同，對此我認真作了分析。"達爾文（Charles Robert Darwin, 1809～1882）的進化論思想促進了人類心理發展的跨文化研究，並影響了像高爾頓（Francis Galton, 1822～1911）等人的理論和方法。19 世紀科學家的一個普遍觀念就是將文化與發展聯繫起來，認為兒童和"原始人"都表現出人類歷史演化早期階段的許多特點。

人類學家對於跨文化研究在心理與教育領域內開展做出了重要貢獻。首先，人類學家系統地介紹了兒童發生學的知識，尤其是人類學的分支——人種史提供了世界各國兒童的文化資料，擴大了我們的視野；其次，從文化視角觀察個性和認知最先是由人類學家完成的。例如 20 世紀前半葉，人類學家認為個性是文化的延伸，這種觀點更接近於心理學的研究範疇，促進了個性的研究向縱深發展。這方面研究的著名專家有米德 (Margaret Mead, 1901～1978)，她研究了兒童撫養模式對性別角色社會化的影響；本尼迪克特 (Ruth Benedict, 1887～1948)，她研究了文化習俗、信仰和知識代代相傳的機理。另外，人類學家還首先將心理學與文化聯繫起來進行研究。

從近代科學心理學誕生之日起，有關不同社會文化背景對心理過程的影響，不同社會文化背景中的個體心理、行為表現的共同性與差異性等問題，就引起了心理學家的興趣。科學心理學的創始人馮特在 20 世紀初就對不同民族的語言、藝術、神話、宗教以及社會風俗習慣等進行了長達二十餘年的研究，並出版了十卷集的《民族心理學》(1900～1920)。馮特認為，民族心理學的研究成果，為研究複雜心理過程的普通心理學提供了極其重要的輔助手段。

隨著科學研究的深入，人們日益認識到跨文化研究的特殊價值，在心理與教育科學各領域中有關跨文化的研究不斷增多，內容涉及感知、記憶、認知方式、語言、價值觀念、社會行為等眾多方面。從研究重心的演變來看，在跨文化研究的早期，人們主要側重探討不同文化環境、不同民族間的心理與教育現象的差異。現在，由於通訊媒介的現代化，信息傳播的作用日益擴大，各文化與民族間的交流大大加強，研究者們也十分重視研究跨越不同文化環境的共同原理。在跨文化研究方法方面，早期對跨文化研究方法探討很少，因此研究的科學性水平不太高。自 60、70 年代以來，學者們對跨文化研究方法問題進行了大量的專門探討，使跨文化研究方法日趨完善，研究的科學性水平有了顯著的提高，取得了巨大的成果。目前，計算機在心理與教育科學研究各個領域的廣泛應用和現代化研究工具、手段的不斷改進與完善，極大地提高了跨文化研究的水平。

近年來，跨文化心理學方面的論著大量出版，研究隊伍不斷擴大，各種跨文化的研究機構和國際性、地區性組織相繼成立，國際跨文化心理學會、比較教育學會等機構及有關學術活動明顯增多，研究者們之間的交流、合作大大增強，在研究方向上出現了重視跨文化研究的應用性，強調理論研究與實際應用相結合的新趨勢。

二、跨文化研究的特點

　　跨文化研究的基本目標是以全世界各種不同文化為樣本，對其資料作比較研究，以驗證人類行為的有關假設。跨文化研究的產生是由於人們已經認識到，過去那種僅以一兩種文化為背景進行的心理與教育科學研究及其結論的外部效度不高，用其結論解釋全人類的行為是不恰當的。為了克服這一缺陷，就需要通過比較各種不同文化背景中人類的行為方式，來檢驗在單一文化背景中建立的心理與教育理論的適用性。因此，跨文化研究不僅要求心理與教育科學研究從實驗室走向自然、真實的社會生活情景，更要求心理與教育研究者超出特定國家和文化的限制，使心理與教育科學研究走向世界和全人類文化。

　　一般而言，凡是涉及到兩個或兩個以上不同文化群體的心理與教育科學研究，都可以看作是跨文化研究，即通過比較不同文化群體的心理和行為，以揭示人類心理行為與教育行為的共同性和差異性及其與社會文化背景的關係。跨文化研究既可以是全世界、全人類的比較研究，也可以是國與國間、地區與地區間，甚至本國內不同民族文化間的比較研究。具體來看，跨文化研究具有以下特點。

　　1. 就其實質而言，跨文化研究是一種比較研究　但這種比較並非只是將不同文化背景中的個體的心理、行為特點和價值觀等進行簡單的對比(這樣就可能只有"跨"或"比較"，而無"文化")，而是試圖探討文化的差異及其與心理、行為和價值觀等差異的關係。心理與教育科學研究一般將社會文化視為恆常條件，研究個人行為的差異；而跨文化研究卻把同一文化背景中的個人行為的差異當作恆常條件，將文化模式作為變量以研究不同文化中的行為差異，從而探討某一文化背景中關於人類行為的假設是否適合於不同文化，即了解某項行為原則是否普遍適合於所有文化。

　　2. 跨文化研究擴大了自變量及其變化的範圍　例如，幼兒的斷奶時間在同一文化內是基本確定的，或者變化的幅度不大，但在不同的文化中它的變化卻很大，有的文化中嬰兒出生後幾個月就斷奶，而有的文化中幼兒斷奶的時間則遲至五、六歲。同一文化內的研究是很難把斷奶時間作為自變量的，一因其變化幅度太小，二因研究者不能任意操縱它的長短。但跨文化研究就可能通過挑選不同文化中的樣本來系統控制嬰幼兒的斷奶時間，以觀察它對嬰幼兒心理行為的影響。因此，跨文化研究避免了單一文化的狹窄範圍的限制，使研究者能夠發現更多、更廣的人類行為的變化幅度，開闢了許多新的研究領域。

3. 跨文化研究提高了心理與教育科學研究的外部效度 跨文化研究力圖從人們超越地理環境的各種歷史活動中，去發現和把握各種不同文化的形態差異，使得心理與教育科學研究更具有普遍意義。也就是說，跨文化研究提高了心理與教育科學研究的外部效度，使得心理與教育科學研究的結果具有更可靠的推廣性和解釋性。

4. 跨文化研究最為重要的特點是為心理與教育科學研究提供了一種類似實驗的方法 心理與教育科學研究者及其他社會科學家在研究人類的行為時，面臨最大的問題是不能像自然科學家那樣，直接地對研究對象進行實驗，這是研究"人"的科學在方法上的困境。跨文化研究可以把用作比較的民族和文化的相同部分的文化當作控制群，而進行其相異部分的研究分析，從而可求得文化變量的不同影響。因此，跨文化研究在一定程度上可以克服不能對人群進行實驗研究的困難，為心理與教育科學研究方法中的一種重要方法。

三、跨文化研究的特殊價值

跨文化研究對於心理與教育科學的發展與完善，具有特殊的價值和重要意義。這主要表現在以下幾個方面：

（一） 建立更完善的理論體系

目前，心理與教育科學中的許多理論，都是以某一特定的民族為研究對象，以在特定的文化背景中進行的研究所取得的成果為依據提出的，因此這些理論可能並不適用於不同的民族或不同文化背景中的人群。這一問題從科學心理學誕生開始，就受到心理學家的注意和研究。但由於研究方法和方法論不完備等因素的限制，長期以來，跨文化研究的進展一直比較緩慢。隨著人類學研究方法的引入和研究者對於影響人類行為的文化背景、種族因素的日趨重視，跨文化研究方迅速發展、活躍起來。著名的瑞士發展心理學家皮亞傑 (Jean Piaget, 1896～1980) 曾指出："在我們這種以一定文化、一定語言為特點的環境中形成的心理學，如果不以必要的跨文化資料加以參校，就基本上是一種猜想"。只有通過大量跨文化研究，才能揭示某種心理規律是否只是在某些特殊的文化環境中才有效，或是為世界上眾多不同文化環境中的民族所普遍共有。

跨文化研究的主要目的在於揭示不同文化背景中，人的心理現象或教育現象的關係 (這種關係可能表現為差異性或共同性)。也就是說，考察心理與教育科學理論能普遍適用於不同的文化背景，或僅能適用於特定的文化背景，跨文化研究可以檢驗現有的心理與教育科學理論，修正在單一民族、文化背景中建立起來的理論的局限性，使我們獲得心理現象和教育現象的本質及其發展規律的全面認識，在此基礎上建立起更為完善的、更為合理的心理與教育科學理論體系。

跨文化研究還可以深入探討心理與教育科學中的理論問題，如遺傳與環境的關係及其對人的心理發展的影響。關於遺傳與環境對人的心理發展的影響這一問題，長期以來心理與教育界爭論不已，或片面強調環境的作用或片面強調遺傳的作用，往往各執一端。儘管目前更多的心理與教育科學研究工作者認為，心理發展是遺傳與環境相互作用的結果，但對於這一相互作用的過程、機制和影響因素的了解仍然不多。跨文化研究通過對不同文化背景中心理發展的比較考察，將有助於揭示文化這一環境因素對人的心理發展的影響作用及規律。

(二) 提供更有效的研究方法

正如前文所述，跨文化研究最重要的特點是為心理與教育科學研究提供了一種有效的研究方法，這也正是跨文化研究最重要的特殊價值之一。

跨文化研究採取不同文化背景交叉比較的研究策略，考察不同文化背景中心理現象和教育現象的共同性和差異性，從而分析文化變量對於不同文化背景中心理與教育發展的影響。這種策略在一定程度上克服了心理與教育科學研究對象不易控制的困難，使研究者擺脫了某一特定的文化的局限，將心理現象與教育現象置於更為廣闊和實際的背景中加以研究，有利於心理與教育科學體系的完善。

跨文化研究作為一種較新的研究思路，拓廣了心理與教育科學研究的方法領域，使研究的人為性有所減少。從廣義上講，跨文化研究是一種自然背景下的研究，是和心理與教育科學研究中的生態化趨勢相一致的。

(三) 了解種族文化間的差異

跨文化研究可以對心理與教育科學研究中的與文化或制度有關的現象進行解釋，尤其是心理與教育測驗中的種族或文化的差異。任何心理測驗工具都存在文化偏向（註 9-1），這種偏向往往有利於某一些民族的被試，而不利於另一些民族的被試。但是任何測驗都不能排除文化偏向，因為如果排除了與文化有關的材料，測驗就脫離了具體的內容，因而也就沒有實際價值了。所以，將依據某一特定文化背景或種族編製的心理與教育測驗工具，運用於不同的文化背景或種族中，必定造成結果的差異，而且這種差異不能按照通常的解釋原則或方法進行解釋。例如，美國曾對大量的應徵入伍者進行智力測驗（主要是 α 測驗和 β 測驗），結果發現黑人平均得分比白人低 10～20 分。這一結果並不能說明黑人的智力天生低於白人，而只能說明在以白人的文化背景編製的測驗上，黑人比白人低 10～20 分，這種差異可能是由於文化背景以及社會地位等因素造成的，可見，跨文化研究的成果對於消除種族歧視和民族沙文主義是具有積極意義的。

總之，跨文化研究極大地豐富了心理與教育科學的研究成果，對於解釋人類的心理、行為的起源及其發展過程，明確影響個體心理發展和知識傳遞的各種因素及其需要程度，探討心理發展的規律及其適用範圍，建立和完善心理與教育科學理論等都具有重要意義。對心理與教育科學研究者來說，跨文化研究促使各國、各地區的研究者在科研中相互合作、交流和取長補短，並在有關研究結果的相互比較過程中，加深對自己研究結果的科學性、適用性的理解和認識，從而提高各自的研究和理論水平，增強研究的應用性。

註 9-1：**文化偏向**（或**文化性偏頗**）(cultural bias) 是指根據某一文化或以某一語文環境下的人為對象所編製的智力測驗，用於另一文化或語文環境時，所得結果將因文化差異的影響而喪失原測驗的效度。此種因文化因素導致測驗結果差異的現象，稱之為文化偏向。

第二節　跨文化研究的方法論

雖然跨文化研究和其他心理與教育科學研究方法都有著共同的方法論基礎，但它也有著一些特有的問題，值得心理與教育科學研究者重視、了解和掌握，以保證跨文化研究的科學性。

一、跨文化研究的兩種策略

跨文化研究的一個基本的方法論問題，就是研究的重點是放在某種心理現象或教育現象的跨文化普遍性上，還是放在該心理現象或教育現象的跨文化特殊性上。如果研究的重點在普遍性上，那麼這個研究採用的是**文化普遍性策略** (etic strategy)。這種策略，關注整個人類對世界的理解、他們行為思想的共同規則和對事件的解釋，並以它作為跨文化比較的基礎，運用一種文化的指標和概念來分析另一種文化背景的心理問題；如果研究的重點在特殊性上，那麼這個研究採用的就是**文化特殊性策略** (emic strategy)。這種策略關注某一特定文化中的人對世界的共同理解、他們行為和思想的共同規則和對事件的解釋，並以本地文化中的概念和理論框架為依據，採用本地慣用的方法、工具和研究材料，探討某種心理與教育現象在本地文化中的具體特徵和表現。一般來說，人類學家強調文化的獨特性，因而多採用"文化特殊性策略"；而跨文化心理與教育科學研究者則注重確認不同文化中的普遍的行為現象，因而更常用"文化普遍性策略"。

一般來說，跨文化研究的文化普遍性策略和文化特殊性策略各有其優越性和局限性。文化普遍性策略可以把握研究現象的普遍性和規律性，但往往會忽視該現象的文化特殊性和具體表現；而文化特殊性策略能夠把握某現象的文化特殊性和具體表現，但卻不能通過比較揭示該現象的跨文化普遍性和規律性。最好的辦法是把這兩種策略整合起來，形成**獲得式文化普遍性策略** (derived etic strategy)。這種策略既沒有喪失文化普遍性策略的普遍性特徵，又不會損害文化特殊性策略的本地特徵。這種策略的獲得需要以前兩種策略為基礎，在不同文化背景和種族中採用文化特殊性策略和文化普遍性策略，再把兩種策略在不同文化背景中獲得的結果加以比較，從中找出共同的特徵和可比較的特徵，最後得到獲得式文化普遍性策略。如在對中美兩國兒童的數學能力進行考察，我們可以採用統一的數學能力測驗考察兒童數學能力的差異，並對其社會文化環境因素進行考察。此時，統一的測驗遵循的是文化普遍性策略，而對社會文化環境因素的考察則遵循文化特殊性策略。

二、文化差異的確認

跨文化研究是通過比較，區分心理與教育現象的文化普遍性和特殊性的研究形式。文化的特殊性實質上就是**文化差異** (cultural difference)。

跨文化研究中文化差異的確認是一個十分重要的問題。研究者應特別注意，當觀察到兩個或多個群體之間有某些差異時，不能簡單地將這種差異歸結為群體間在文化上而非其他變量上的差異。也就是說，研究者在考察來自不同文化背景中的成員的某種心理特徵或行為表現時，不能因為發現同一文化組內成員間無顯著差異，而不同文化組間存在顯著差異，就認為存在文化差異。因為這種差異不一定就是群體間在文化變量上的差異造成的，而可能是其他無關變量帶來的，例如年齡、種族、社會地位等，這些變量都可能混入文化變量，造成結果的差異。

確認文化差異的方法之一是採用嚴格的實驗設計，分離控制無關變量。當然，即使在控制了大部分明顯的無關變量時，仍需注意是否已經控制了所有的無關變量，因為可能混入文化變量的無關變量很多而且關係複雜，我們對於其中的一些變量可能還不完全了解或知之甚少，無法進行測量，因而分離或控制的方法也不能夠完全排除無關變量對確認文化差異的可能影響。

三、跨文化可比性

在跨文化研究中有一種廣泛應用的方法考察文化差異問題，即考察不同文化環境中存在的各種有價值的心理學與教育學概念和資料，並將其與心理學、教育學理論聯繫起來，這種比較方法的中心問題是跨文化的可比性。文化的對等性 (即從不同的文化中收集到的數據資料及其處理方法應具有文化的等值性) 是可比性的必要前提。馬爾帕斯和布汀格 (Malpass & Poortinga, 1980) 曾區分出三種文化等值性，即 (1) **機能等值** (function equivalence)，指不同文化背景中的人對同一問題的行為反應表現出相同的心理機能；(2) **概念等值** (conception equivalence)，指不同文化背景中的人對特定刺激的意義有共同的理解；(3) **測量等值** (measurement equivalence)，指從不同文化背景中所獲得的數據資料所反映的特徵顯示出可比性。在進行跨文化研究時，應努力滿足跨文化可比性要求的有關必要條件，如所研究現象的對等性、分類系統的機能對等性、所選樣本的可比性、測驗的可比性、任務的可比性、人物的可比性、程序處理的可比性、動機的可比性和語言的可比性等。這些條件也是評價跨文化研究方法的重要標準。

在跨文化研究過程中，因為文化差異的客觀存在，要做到完全意義上的跨文化可比性和文化上的絕對對等性是不可能的。為此，我們需要在跨文化研究中採取一系列的措施，盡可能達到可比性的要求。一般，提高跨文化研究可比性程度的方法有：(1) 使指標、研究項目和任務多樣化。這種多樣化能夠提高研究的信度，並且通過比較被試在不同指標和研究任務上的操作情況來把握研究項目和任務的可比性；(2) 採用現場研究。有研究表明，在自然的生活、工作環境中研究被試，被試的反應將更加真實，並有助於提高被試動機的跨文化可比性；(3) 訓練本地研究助手和翻譯。在每一個被試取樣點，都應當在當地挑選適當的助手和翻譯，如當地的研究人員、行政管理人員等，並加以一定的培訓。吸收經過訓練的當地研究助手和翻譯等一同參加研究，將會提高跨文化研究的語言可比性、動機可比性以及行為現象的機能等值性等等；(4) 在解釋研究結果時，不只是採用一個外在的標準，而應把所有各組被試的研究結果也作為標準，並參照被試當地的文化背景和種族的有關材料來作出合理的解釋。這將有利於跨文化比較研究的可比性和研究結果的可靠性。應當指出，上述提高跨文化研究可比性的方法在實際的跨文化研究中往往需要綜合運用，以提高跨文化研究的可比性程度。總之，在跨文化研究中，如果要保證跨文化研究成果的科學性，就必要保證所採用的研究方法在不同的文化背景和種族中都同樣有效。因此，研究者在跨文化研究中必須特別注意那些可能影響不同文化間可比性的變量。

四、文化公平性

　　跨文化研究中的另一個方法論問題是文化公平性問題。**文化公平性** (cultural fair) 則是指研究的問題對所有不同社會文化中的成員而言，都是適當和理解一致的，所有題目的難易程度對所有不同文化的成員而言，也都是公平的。心理與教育科學的跨文化研究中，經常使用心理與教育測驗，為提高文化公平性，需要注意和解決的問題如下：

　　首先就是文化障礙（註 9-2），文化障礙的主要表現是語言障礙，由於多數測驗均依賴口頭表達和文字描述，例如，比奈智力測驗、艾森克個性測驗等。當這些測驗用於其他文化的被試時，往往需要準確的語言翻譯。對於這種文字的翻譯問題雖可以通過正反兩次翻譯來解決（即先將原版測驗翻譯成所測被試文化中通用的文字，然後讓被試文化中精通原版語言的人再把這個譯版測驗翻譯回原版的語言，最後將其與原版對照修改），但是，由於有的文化根本沒有文字，或者有的文化雖然有文字，但會使用者只是極少數受過良好教育的人，因此對於依靠文字的測驗來說，這種文字上的問題是一個十分重要的問題。

　　其次，心理與教育測驗的編製雖然依據一定的心理學和測量學的理論，但無論是智力測驗、人格測驗，還是成就測驗，其理論和內容都存在著顯著的文化偏向。即使是有較好的預測效度、被公認為比較理想的文化公平測驗的瑞文推理測驗，在應用中也發現其存在文化偏向問題。因為該測驗是運用各種抽象圖形編製而成的，要求被試抽象出圖形中的關係，但是對於文盲、受教育較少的被試或某些文化中的個體，由於他們接觸抽象的幾何圖形的機會較少，因而在測驗成績上可能低於受教育程度較高或經常接觸圖形的文化中的個體。這反映了瑞文推理測驗中仍然包含有一定的文化因素，如被試的受教育程度和文化環境等。

　　經過幾十年的努力，心理與教育研究者發現，在跨文化研究中實現絕對的文化公平是不可能的。因為個體的一切心理行為及其表現都滲透著文化的影響。排除了文化因素，測驗就缺乏了具體的內容，因而就不能測量任何心

註 9-2：**文化障礙** (cultural obstacle)：由於個體的文化背景不同，因而個體對另一種文化的現象進行理解時也會存在困難，無法理解或體會這種現象在特定文化背景中的真正含義。

理活動與行為表現。從這個意義上說，絕對的文化公平測驗是不可能的。當然，對於不同性質的測驗，其文化公平程度也是不同的，例如智力測驗的文化公平性較人格測驗的文化公平性程度要高。

跨文化研究（尤其是跨文化的心理與教育測驗）的文化障礙和文化偏向是較難避免的問題。因此，研究者應採取各種措施以減少文化障礙和文化偏向的影響，具體的方法為：(1) 在選擇測驗工具時，應根據研究需要選用圖形測驗及其他文化公平性程度高的測驗，以減少不必要的文化障礙；(2) 在測驗的編制與修訂上應注意文化問題，尤其是修訂異質文化的測驗，不僅要運用翻譯技術，而且還要綜合運用項目反應理論和**內部結構一致性**（註 9-3）等方法檢驗，使其內容適合所要應用的文化中的個體經驗與習慣；(3) 在施測程序方面，要嚴格控制施測環境與程序，排除無關變量的干擾，保證測驗結果的可比性；(4) 在測驗結果的解釋上，要結合文化背景進行解釋，不可以用一種文化中的常模去解釋另一種文化中的個體的測驗結果；(5) 在現場研究中應用測驗方法可能比應用實驗室研究方法更為有利。

五、跨文化研究的抽樣

跨文化研究的特點，是比較分析各種不同民族的資料，因此在跨文化研究過程中，首先面臨的問題是如何選取符合統計學抽樣標準的樣本。

1. 被試的選取　跨文化研究中的抽樣，首先涉及抽樣同質性的問題。在實際的研究中，抽樣過程往往要受到許多不可控制的因素的影響，所以選取有代表性的樣本困難度較大。在跨文化研究中，保證不同文化間的抽樣同質性是十分重要的。但由於不同國家、不同地區、不同種族間人口統計學上的特徵可能有很大的差異，因而抽樣同質性的實現也有相當的困難。為此，研究者應盡力採用各種有效措施，努力減少抽樣代表性對研究結果的可能影響。例如，運用實驗法時最好選用**分層隨機抽樣**方法，這樣既可以獲得某一文化中的被試的整體情況，又可以避免抽樣偏差混入文化差異。假如選取兒

註 9-3：**內部結構一致性**（internal consistency）：衡量測驗信度的指標之一，構成測驗的每個項目和總體測查目標一致的檢驗，所有項目都對整個測驗作出貢獻，即項目間同質度較高。

童或老年人作為被試，則他們都具有特異性，因為兒童被試的特徵不穩定，而老年人被試受文化傳統的影響又過多。即使是採用年齡配對抽樣的方法，也可能受成熟、個別差異等因素的影響。選取成年人被試也同樣存在著上述這些問題。因此，分層隨機抽樣的方法是比較適宜的。

2. 民族或文化樣本選取　　如果運用心理人類學方法，還會涉及到民族或文化樣本選取問題。解決這一問題的最合理的方法，最好是先有一個包括全世界古今中外的民族清單或大全，然後以這個清單或大全為總體進行隨機抽樣，抽出所需要的樣本。但是，在實際的跨文化研究抽樣中，這個清單或大全並不容易做到真正的完整，不可能囊括世界上古今中外的一切民族，更有甚者，有時抽取出來的樣本民族也許只知其名，而實際上並無可利用的民族材料。當前，在運用心理人類學方法進行跨文化研究中，常根據《民族誌圖表》(Murdock, 1962) 進行隨機抽樣。因為"民族誌圖表"在一定程度上給跨文化研究者提供了合理的抽樣群體，而且表中所列的樣本民族都可以找到比較完整詳實的民族誌資料。因此，跨文化研究者可以把民族當作總體並從中隨機抽出他所需要的樣本進行研究。

總之，在跨文化研究中一般採用隨機抽樣或分層隨機抽樣的方法。有時使用大樣本，有時則按照明確規定的標準嚴格選取相對較小的樣本。究竟採取哪種抽樣方法，要根據研究的目的、經費、時間等具體情況而定。

六、跨文化研究的局限性

需要說明的是，由於跨文化研究擺脫了某一特定的文化和種族的局限，使研究的範圍更為廣闊和更接近於自然實際，而這種自然實際的複雜性和文化、種族的多樣性也給跨文化研究的實施帶來了困難，使跨文化研究在應用中存在著局限性。

1. 從方法論上來講，跨文化研究中，難以絕對保證研究對象的可比性和研究材料與工具的文化公平性。我們知道，可比性的前提是文化上的對等性，即從不同文化中收集的數據資料及其處理方法應具有文化的等值性。而這種等值性在實際的跨文化研究中是難以做到的，甚至是不可能做到絕對等值，而只能是大致或者類似的等值，這勢必要影響研究的真實性與可靠性；儘管跨文化研究的一個重要目的是為了避免文化偏見對心理與教育科學研究的干擾，而且常常在世界範圍內將各種差異很大的文化作各種比較，但卻不能說運用跨文化研究方法就能夠避免文化偏見或種族中心主義。因為任何研究材料和工具都不可避免地會打上文化的"烙印"，而不帶某一文化或種族"烙印"的研究材料和工具是根本不存在的。因此，要達到同等的"公平"是不可能的，我們只能在跨文化研究中將文化偏見降低至最低限度。也正是由於不能做到真正的公平，在客觀上要選取條件完全相等的被試也是難以做到的。

2. 跨文化研究樣本的選取由於受到現有資料的限制、文化來源的影響以及文化單位大小的限制，使得跨文化研究難以簡單比較，統計差異也難以解釋。此外，文化資料的客觀性、準確程度以及分類標準的客觀性等也常難以保證。這些問題都有待於研究者加以重視和解決。

3. 多數跨文化研究花費高、代價大，組織和實施費時費力。

當然，跨文化研究雖然在方法論上仍然存在著許多問題，但這些問題並不妨礙跨文化研究的進行。心理與教育科學的跨文化研究已經取得了許多重要成果，研究者們也正在努力解決上述問題，使跨文化研究從理論到方法進一步完善起來。

第三節　跨文化研究的基本程序與方法

一般來說，跨文化研究的主要任務是檢驗現有的心理與教育科學理論，比較、分析和研究不同文化背景和種族對心理與教育現象和行為表現的不同影響，以求得人類心理發展的普遍性與特殊性規律。這一特點決定了跨文化研究的基本程序與方法。

一、跨文化研究的基本程序

　　一般而言,跨文化研究的基本程序是研究者對某一心理現象或行為表現提出研究假設,然後分別在不同的文化背景、不同的種族中進行檢驗。具體來說,進行跨文化研究的基本程序和步驟如下:

(一) 確定研究課題與提出研究假設

　　選擇和確定跨文化研究的課題和提出合理的研究假設是整個跨文化研究過程中最重要的工作之一。除本書第三章闡述的確定研究問題、選擇研究課題的一般方法和工作內容外,確定跨文化研究的課題時,還需要解決應對哪些文化進行比較分析、各文化中的個體可能存在何種差異、研究的理論背景與框架是什麼等一些特殊的問題。

(二) 確定測量內容

　　在跨文化研究中,選擇恰當的測量內容是十分重要的,它直接關係到研究的質量。例如,心理測量中的態度量表常因有些測量項目不能真實地反映出所有測查的態度而受到批評。而在某一文化中被視為攻擊性表現的一種行為,在另一文化中可能只是武斷或過分自信。這其中所涉及的就是不同文化間可比性的另一個問題,即不同文化對同一種行為表現有不同的理解,或者說同一種行為表現在不同文化中具有不同的含義和解釋。因此,在跨文化研究中,一定要針對該文化背景中被試的實際情況對有關研究項目進行相應的修訂。

　　已有的跨文化研究表明,要求被試對其行為表現進行回答比要求被試回答態度、價值觀或人格特徵等方面的問題更能反映被試的心理結構。也就是說,要求被試作出回答的內容越是針對一些可觀察可測量的行為表現,研究的效度就越高。

(三) 抽取研究樣本

　　跨文化研究的抽樣主要涉及抽樣的同質性問題。一般而言,在跨文化研究中主要採用隨機抽樣或分層隨機抽樣的方法,有關內容請參見第五章。

（四） 統計分析數據

對數據進行統計分析的方法很多，一項具體的跨文化研究究竟採用哪一種方法，主要取決於其研究設計。同時，不同的統計分析方法也相應適用於不同的研究目的。例如，因素分析可用於對來自不同文化、通過不同方式組合的變量進行分組，也可以用於區分不同的文化類型；方差分析適用於能夠較好地控制各種變量的控制研究；在抽樣受到限制而難以保證樣本的同質性時，可應用非參數統計方法；在等距測量的假設未被滿足時，可使用命名量表和順序量表。

（五） 檢驗研究假設

在跨文化研究中用所收集的結果通過統計分析去驗證研究假設時，應當特別注意研究結果的差異性，對其解釋也要合理、恰當。

需要指出的是，心理與教育的跨文化研究一般都以文化因素為自變量，以心理或行為表現的指標為因變量。因此，有必要對文化的含義進行界定。在心理與教育跨文化研究中，文化的含義是十分廣泛的，它可以是各種物質成分，如工具、道路、大樓、美術作品等；也可以是各種組織機構，如政府系統、學校、軍隊等；還可以是各種主觀成分，如信仰、愛好、價值觀等。也就是說，文化因素不僅包括歷史遺產、地理環境、經濟條件，而且還包括教育條件、語言因素、風俗習慣等眾多內容。因此，在跨文化研究中要特別注意明確界定文化因素和適當控制其他有關因素。

二、跨文化研究的主要研究方法

由於跨文化研究的目的和特點，決定了心理與教育科學研究方法可用於進行跨文化研究。其中，進行心理與教育跨文化研究最常用的研究方法是心理人類學方法、實驗法、跨文化調查和心理與教育測驗的跨文化修訂與應用。

（一） 心理人類學方法

心理與教育科學研究中的跨文化研究方法是從人類學中引入的，後來逐步發展成為心理人類學方法。

心理人類學 (psychological anthropology) 是文化人類學的一個分支，要求研究者選取不同文化或心理行為特徵作為研究變量，然後依據一定的標準從人類關係區域檔案 (註 9-4) 中選取適當的文化或民族樣本，通過收集統計和分析研究數據資料，檢驗理論假設。因此，心理人類學方法的最大優點就是能夠充分利用代表總體樣本的數據庫──人類關係區域檔案，來研究和揭示各人種的風俗習慣和信仰等文化因素與心理或行為表現的關係。如果控制精確，甚至可以找出它們之間的因果關係，它排除了研究者的任意性和偏見性，因而具有很大的客觀性。其不足之處在於，這種研究方法不是對個體進行有關的直接測量，而是根據研究者的有限觀察數據進行分析，並且根據個體與文化的邏輯關係進行推理得出結論。因此，這種研究方法很難用於有關個體的研究。

（二） 實驗法

　　心理與教育跨文化研究中也常使用**實驗法** (experimental method)。一般來講，由於多數跨文化研究是在現場進行的，因而存在著變量的控制和被試的選取等諸多困難，所以跨文化研究者較少採用嚴格控制變量和隨機抽樣的真實驗設計，而較多採用有一定變量控制和非隨機抽樣的準實驗設計。如有的研究者提出了跨文化心理研究中最常用的一種準實驗設計，即把文化背景變量作為自變量，把心理行為變量作為因變量，通過挑選不同的文化取樣來使自變量發生系統的變化，從而發現作為因變量的心理行為變量隨自變量的變化而改變的規律性關係。

　　跨文化研究者常常在準實驗設計中，通過挑選文化樣本來處理文化背景變量。而這種挑選主要是參照以往的人類學研究資料，例如人類關係區域檔案、民族誌圖表等來進行。在這些資料中，對世界上不同的種族和民族的許多文化背景變量有系統的描述和記錄，依據一定的標準就可以從中選出適

註 9-4：人類關係區域檔案 (Human Relations Area Files，簡稱 HRAF) 於 1949 年成立，最初是由 20 個大學共同支持，成為一個獨立於耶魯大學之外的財團法人，從事人類文化行為資料之系統化累積。其資料最初是編印成冊，供給 20 所支持的大學。後來因參加的成員與日俱增，且普及於全世界各重要研究機構，累積的資料也逐年劇增，所以有顯微影片形式的發行。這對於從事文化比較研究的學者而言，幫助很大，因學者可以較容易地從檔案中理出所需要的樣本資料，而免去在無數民族誌中鑽尋的功夫。

當的文化樣本，使所要研究的文化自變量得到較好的確定。

跨文化研究中的實驗法大多屬於**自然實驗法** (natural experiment)，即在實際的自然社會條件下，研究者根據研究目的創設一定的情境，引發或改變被試的心理活動和行為表現，以考察不同文化背景中的被試在心理和行為表現上的共同性和差異性。當然，也可以採用**實驗室實驗法** (laboratory experiment)，但自然實驗更能揭示在真實的不同文化背景中形成的心理或行為特徵。

實驗法可用於研究不同文化背景中的個體和群體，而且比較可靠。但是它不能解釋心理或行為共同性和差異性的原因，同時實驗結果受取樣的代表性的影響也較大。

(三) 跨文化調查

在多數情況下，**跨文化調查** (cross-cultural survey) 最初往往始於一兩個國家中少數幾個研究者的需要和設想，而後才逐漸發展成幾個國家的同行間的合作研究。在參與調查的研究人員方面，要求每個國家都組成專門的研究小組。在進行跨文化調查過程中，需要注意以下這些可能出現的問題：

1. 抽樣　跨文化調查通常要求隨機抽樣或分層隨機抽樣。但是，由於在不同的國家間，人口統計學上的特徵可能有很大差異，因此不同國家間的抽樣標準常常難以保持一致。

2. 研究工具　在跨文化調查研究中，應盡力編製適合於所有參與調查國家的測量工具，編製時要注意利用多種資料來源。

3. 項目同質性　研究項目的同質性是指調查測量項目在不同文化中使用時的含義同質、翻譯同質、被試對其熟悉程度同質以及與文化背景相關程度同質等。由於這些同質性在跨文化調查中往往難以保證，因此這些測驗經常只能作為不同文化間進行比較的基點，而不能用作揭示能力或態度上的絕對差異。

4. 施測　在施測過程中，研究者應意識到參與研究的不同國家對研究提供的條件、支持可能是不同的。

5. 結果的呈現方式　調查所收集的數據結果可能採取分數形式、民族特有的表達形式、表格形式以及相關係數形式等加以呈現。

6. 研究結果的分析與解釋 在對數據結果進行分析說明時，要注意把文化因素當作一種特定的變量來考慮，注意差異的來源。

(四) 心理與教育測驗的跨文化修訂與應用

在跨文化研究中，研究者經常探討的一個問題是，如何將在一個國家普遍應用的許多著名的測驗或量表，用於其他國家的心理與教育研究工作中。例如，人格測驗中的羅夏墨跡測驗、明尼蘇達多相人格測驗、艾森克人格問卷等，能力測驗中的比奈智力測驗、韋克斯勒智力測驗、瑞文推理測驗等，都在許多國家得到修訂和應用。在進行這類測驗的跨文化應用研究時，應特別注意以下幾個方面：

1. 翻譯 心理與教育測驗的跨文化應用一般採用翻譯——**回譯法** (back-translation)，即首先由研究者將原文譯成本國文字，而後再由他人將譯文獨立地翻譯回原文語言，以此檢驗並保證該測驗或量表在不同文化背景下使用的同質性。同一測驗或量表在不同的文化中使用時，由於不同文化背景中的被試對於測量內容和用語的熟悉程度可能與在原文背景下的使用情況存在差異，因而某些項目的含義可能較難以翻譯等，這些都可能導致難以完全達到同質性。

2. 項目間的相關 項目間的相關要求必須在整個測驗的總體布局上對每個項目加以考慮。例如，項目的難度可能受排列順序的影響，而某種排列順序對於某一文化背景的被試可能適合，但對於另一文化背景下的被試則可能不太適合。此外，對於那些包含幾個子測驗或子量表的測驗或量表，子測驗或子量表項目的內容和順序安排也難以保證對不同文化背景的被試都同樣適合。

3. 常模 在考慮常模時，應注意編制測驗時所採用的人群與實際施測的文化背景中的人群之間的同質性。一般而言，不能以一種文化中的常模去解釋另一種文化中的個體的測驗結果。即使測驗的編制和施測都在同一文化背景中，也應注意最新的常模是何時制訂的。如果在修訂測驗的過程中發現某些項目在該文化背景下區分度不高而需要刪除的話，那麼在該文化背景中亦不應採用這些項目進行實際施測，否則測驗就不能揭示出差異來。

4. 取樣同質性 在使用任何測驗的過程中，如果要進行比較，那麼抽樣是否同質（可比）就是需要考慮的重要方面。尤其是在使用測驗進行臨床診斷時更應注意這一問題。

5. 測量的類型　　所採取的測量類型由測驗手冊、計分方式、量表的用途或測量的相對位置等預先決定。

6. 結果的分析、解釋　　對結果的分析和解釋受以上列舉的問題的制約，即也要考慮對等性的問題。

當然，不僅跨文化的心理測量需要重視上述六個方面的問題，心理與教育科學的跨文化研究的其他方面也同樣要注意考慮上述問題。

三、生態文化背景指標的確定方法

進行跨文化研究時，其自變量的指標及其確定方法是一個較難解決的問題。一般地，為了更好地使理論模式操作化，更好地提出和檢驗假設，跨文化研究必須對生態文化背景變量建立定量化的指標。這裏我們將簡要介紹生態環境指標、生產方式指標、社會結構指標、社會化指標和現代化影響指標五個方面的指標，以及確定這些指標的方法。

1. 生態環境指標　　即生態環境的惡劣和艱難程度。艱難程度高的生態環境使人的生活艱辛、困難，反之則使人生活容易、舒適。確定這類指標一般根據地形、氣候（主要是氣溫和降雨量）、土壤和生物資源等生態因素進行綜合分析，按從艱難到容易劃分出等級來。

2. 生產方式指標　　即獲得生活必需品的主要手段、策略或方式。這個變量是一個分類變量，它不僅與食物貯存的程度有關，而且與居住模式（定居或非定居）、人口規模和社會化實踐有著密切關係。因此，確定生產方式指標一般根據有關生存策略的分類、有關食物貯存程度的評級方法及本國、本民族實際情況綜合加以評定。

3. 社會結構指標　　主要是指家庭、社區等社會結構和人際聯繫的緊密程度。一般地，社會結構的緊密度常用家庭組織、政治分層和社會分化等三個指標衡量。

4. 社會化指標　　許多研究表明，社會化指標與社會化取向（個體——

集體)和社會化措施(寬鬆──嚴厲)存在著顯著的相關,所以研究者常將這社會化取向和社會化措施這兩個指標合起來確定被試的社會化指標。

5. 現代化影響指標 即非傳統的社會影響。通常,現代化影響指標往往用被試所受的正規教育、所在地區和所擁有的信息媒介等來衡量,因為這些因素與現代化影響有密切關係。一個人所受的正規教育越多,所在地區屬於城市而不是鄉村,所擁有的信息媒介(如書籍、報刊雜誌和視聽電器等)越多,那麼他所受的現代化影響就會越多。

第四節 跨文化研究結果的解釋

跨文化研究的目的通常在於發現不同的文化或文化的某些方面對於心理與教育現象的影響作用。為此,研究者必須充分證明結果的差異不是由其他非文化因素如年齡和社會地位等的作用所造成,進而才能確認文化的主要作用,這實質上涉及到對研究數據結果如何進行解釋的問題。

一、跨文化研究結果解釋的原則與方法

研究結果的解釋對於心理與教育科學的跨文化研究是極其重要的。因為科學而合理的結果解釋不僅能夠揭示變量之間的相互關係,檢驗研究假設的真偽,而且能夠確認文化因素的作用,達到跨文化研究的目的。

(一) 跨文化研究結果解釋的原則

跨文化研究結果解釋除遵循心理與教育科學研究結果解釋的一般原則之外,由跨文化研究本身特點所決定,其研究結果的解釋還應注意下列原則:

1. 聯繫性原則 由於文化因素的廣泛含義,它必然與其他研究變量存在著千絲萬縷的聯繫。也就是說,不同文化對相應的個體或群體的影響會有

十分顯著的差異，同時，某一文化對於同在其內的不同個體或群體的影響也是不相同的，而且這種差異也可能同樣顯著。因此，在解釋跨文化研究結果時，應對某一文化因素的方方面面及其與其他研究變量和因素的關係作出綜合考慮與分析，要特別注意區分這兩種差異的不同來源，用聯繫的觀點把握跨文化研究結果並做出合理的解釋。

2. 可比性原則　跨文化研究的顯著特點在於它的比較性，即我們上述的文化等值性問題。實際上，文化等值性在研究結果的解釋上也應當格外重視。由於絕對的文化等值性是不可能的，因此，在進行跨文化研究結果的解釋時，要充分考慮文化等值性程度和結果的可比較程度，並根據研究目的、研究類型等小心地作出解釋。

3. 動態性原則　動態性原則要求在進行跨文化研究結果解釋時，應注意在研究文化因素現狀的同時，適當追溯該文化發展的歷史淵源，辨別所比較的文化是否同出一源，並且展望其發展趨勢，從而看清文化發展的來龍去脈，即從縱向上認識文化發展的規律，這將有利於我們對跨文化研究結果作出合理的解釋。

（二） 跨文化研究結果解釋的方法與要點

在實際研究中，通常綜合運用演繹法、歸納法和因果推論法等方法對跨文化研究結果進行解釋。此外，跨文化研究結果解釋還常採用**比較法**(comparative method)，即依據一定的標準，對不同的文化因素與其他研究變量間的交互作用和相互關係進行比較分析，以揭示出文化與社會條件、個體能力及個體其他心理特點間的複雜關係，對研究結果作出科學的解釋。這種比較法既可以對研究結果進行橫向比較解釋，又可以進行縱向比較解釋，有利於我們全面客觀地把握研究結果。但是，在使用比較法時，應特別注意研究結果的可比性問題。

由於跨文化研究的特點及其複雜性，我們在使用跨文化研究結果解釋方法對研究結果進行分析說明時應注意下列問題：

1. 在對數據結果進行分析說明時，應把文化因素當作一種特定的變量來考慮，這樣才能對不同文化間的差異有較明確的認識。

2. 在分析結果時，研究測量的內容是應加以考慮的重點之一。一般而言，為某一特殊群體設置的研究和測量，其測查內容應能反映被試群體的特徵。但是，如果研究測查內容只考慮到該文化背景下的相似群體，那麼研究就難以推廣和應用。

3. 由於對研究結果的分析和解釋往往受到跨文化研究過程中翻譯、抽樣、測量工具、項目的同質性、施測過程與步驟、結果的呈現方式、常模、測量的類型、統計方法、指導語及主試被試間的相互關係等因素的影響和制約，因此，在對研究結果進行解釋時，應充分考慮到這些因素對研究結果的可能影響。例如，在進行跨文化調查結果解釋時，應當考慮比較一下不同文化所使用的測量方法間的異同；在得出成績的等級順序時，必須得考慮最高分與最低分所代表的含義，在其中，項目的非同質性可能是影響結果的重要因素之一；在包含有多種項目的量表調查中，由於調查的內容非常豐富，因此往往能夠提供大量的數據資料和結果，其中的某些數據研究者可能會使用不上等等。又如在進行跨文化修訂結果解釋時，對結果是否存在文化差異這一問題應採取審慎的態度。因為修訂包括項目的增減、順序的調整、表達方式的變化等，所以修訂後的測驗與原始測驗之間存在一定的差異，結果可能會受到這種測驗差異的影響。至於研究的最後結論，對於該課題已有的知識體系來說，可能是提供支持性的證據，也可能是反對性意見。

二、跨文化研究結果解釋的實例

下面我們簡要介紹兩項跨文化研究的實例，重點放在如何對跨文化研究結果進行解釋上，以供讀者參考和借鑒。

在一項"智力概念的跨文化比較研究"中（鄭雪，陳中永，1995），研究者通過對八個樣本組（粗耕組、精耕組、捕漁組、游牧組、狩獵組、林業組、工業組和商業組）被試採用結構或半結構訪談法，研究了每個被試熟悉的最聰明的人的突出表現，了解聰明人在持家、工作、學習、社交、領導、買賣、宗教和文藝等八個方面的表現，在感知、記憶、想象、思維、動作和言語等智力因子上的表現，與普通人進行了比較，並將被試對聰明人智力因子的評價與被試的年齡、性別、學業和所在地區等人口學因素進行了列聯表相關分析。研究者在充分考慮了研究過程、被試地區差異等因素後，認為各被試組對聰明人突出表現的看法具有顯著性的組間差異，但這種差異不是全或無的差異，而是在某些類別上側重點的不同；除宗教迷信外，在生活的各個方面聰明人一般比普通人強；除了社交、商品交易方面外，被試對聰明人的評價都存在著顯著的組間差異；被試對聰明人智力因子的評價與其年齡、性別無明顯相關，與地區有顯著相關，與學業的有些方面有顯著相關。

研究者根據該研究結果和已有相關研究結果，詳細分析了文化因素的作用，他們認為人們在適應地區環境和文化的過程中形成了不同的智力，因而智力除具有普遍性外，還具有特殊性。例如，精耕組、粗耕組、捕漁組、游牧組以及狩獵組的被試均看重聰明人的工作能力，而不看重思維能力，這與被試較艱難的生態環境和生存策略顯著相關，因為無論種田、捕漁、還是放牧、狩獵，都是勞動者直接作用於勞動對象。所以，一個人是否"聰明"就是看他能幹不能幹，即工作能力強弱。相對而言，工業、林業和商業組被試則看重一些具有抽象性的突出表現，如林業組對領導才能，工業組對學習能力，商業組對思維能力都有較高的選擇比例。這與工業、林業、商業的組織化、社會化和生產勞動的科技化有著直接的關係。這樣，研究者對研究結果作出了比較合理的解釋。

在一項"場依存和場獨立認知方式與生態文化因素的關係"的研究中，研究者維特金 (Witkin, 1971) 的場依存-場獨立認知方式的概念和測試方法用於中國不同地區、不同生態文化背景下的成人被試。通過對結果進行相關分析，並綜合考慮了研究過程及其各個環節後，研究者對研究結果作出了比較科學的解釋，即場依存-場獨立認知方式確與生態文化因素有密切關係。一般來說，在狩獵和城市工商業的生態環境和生存策略的作用下，個體傾向於場獨立的認知方式，而在游牧的和農耕的生態環境和生存策略的作用下，個體則傾向於場依存的認知方式；緊密的社會結構、強調服從的社會過程與個體的場依存認知方式相關；受現代化影響較多的個體傾向於場依存的認知方式，而受現代化影響較少的個體傾向於場依存的認知方式。

在 80 年代初，由美國密執安大學的斯蒂文森 (Stevenson, 1985) 領導的小學兒童學業成績的比較研究，也是跨文化研究中一個較有代表性的例子。參加這一研究的心理學家來自中國、美國和日本三國，被試樣本取自北京、台北、芝加哥和仙台四個城市。來自不同國家的心理學家一起製定了統一的數學、語文閱讀的標準化測驗試題和認知作業任務，分別對這四個地區兒童的數學、語文的學業成績和認知發展水平進行了評估。結果表明，中國和日本的兒童的學業成績顯著高於美國兒童，但這種差異並非由認知發展水平導致，而是由於不同文化背景下，父母對自己孩子的學習成績的期望、教養態度及兒童本身的學習動機、學校課堂教學實踐等方面的差異造成的。這一研究有助於了解各國學校教育、家庭教育的長處與弊端，並為教育行政部門改革學校教育提供了依據。

本 章 摘 要

1. **跨文化研究**又稱**文化比較研究**，最初肇始於人類學研究，現已發展成為心理與教育科學研究的重要研究形式和方法之一。
2. 跨文化研究的基本目標是以各種不同文化為樣本，通過對其資料作比較研究，以驗證關於人類行為的普遍性與特殊性的假設。
3. 跨文化研究具有其他研究形式與方法所不具備的特點，即它是一種比較研究，擴大了自變量及其變化範圍，提高了心理與教育科學研究的外部效度，並為心理與教育科學研究提供了類似實驗的方法。
4. 跨文化研究對於心理與教育科學研究的發展與完善具有特殊的價值，主要表現在：(1) 檢驗、修正並完善心理與教育科學理論；(2) 為心理與教育科學研究提供了一種有效的研究方法；(3) 可以了解種族文化間的差異。
5. 跨文化研究可採用將研究的重點放在心理或行為的跨文化普遍性上的**文化普遍性策略**和將研究重點放在跨文化特殊性上的**文化特殊性策略**。這兩種策略各有其優越性和局限性。
6. 在跨文化研究中，由於文化差異的客觀存在，要做到完全意義上的跨文化可比性和文化上的絕對對等性是不可能的。為此，只能採取一系列措施，以盡可能達到可比性的要求。
7. 心理與教育測驗的編製雖然依據一定的心理學及測量學理論，但其理論和內容都存在著顯著的**文化偏向**。因此，在跨文化研究中，在選擇測驗工具時，應注意選擇**文化公平性**程度較高的測驗。

8. 跨文化研究的抽樣應保證不同文化間的樣本的同質性。但由於**文化差異**的存在，在跨文化研究中，經常根據《民族誌圖表》進行取樣。常用的方法是隨機抽樣或分層隨機抽樣。

9. 跨文化研究對心理與教育科學研究具有十分重要的意義，但它存在研究對象的可比性、研究材料與工具的文化公平性、花費高、代價大、組織和實施費時費力等困難。

10. 跨文化研究的一般程序包括：(1) 確定研究課題與提出研究假設；(2) 確定測量內容；(3) 抽取研究樣本；(4) 統計分析數據；(5) 檢驗研究假設。

11. 跨文化研究中，最常用的研究方法是**心理人類學方法**、**實驗法**、**跨文化調查**和心理與教育測驗的修訂與應用。

12. 跨文化研究中必須對生態文化背景變量建立定量化的指標。主要有：生態環境指標、生產方式指標、社會結構指標、社會化指標和現代化影響指標。這些指標各有其確定的方法。

13. 跨文化研究的結果解釋除應遵循心理與教育科學研究結果解釋的一般原則外，還應注意聯繫性原則、可比性原則和動態性原則。

建議參考資料

1. 王宏印 (1993)：跨文化心理學。西安市：陝西師範大學出版社。
2. 陳中永、鄭　雪 (1995)：中國多民族認知活動方式的跨文化研究。瀋陽市：遼寧民族出版社。
3. 楊中芳、高尚仁 (1991)：中國人中國心──人格與社會篇。台北市：遠流出版事業股份有限公司。
4. 鄭　雪 (1994)：跨文化智力心理學研究。廣州市：廣州出版社。
5. Berry, J. W., Poortinga, Y. H., Segall, M. H., & Dasen, P. R. (1992). *Cross-*

cultural psychology: Research and applications. New York: Cambridge University Press.

6. Bleichrodt, N., & Drenth, P. J. D. (Eds.) (1991). *Contemporary issues in cross-cultural psychology.* Amsterdam: Swets & Zeitlinger.

7. Brislin, R. W. (Ed.) (1990). *Applied cross-cultural psychology.* Newbury Park, CA: Sage Publications.

8. Headland, T. N., Pike, K. L., & Harris, M. (Eds.) (1990). *Emics and etics: The insider/outsider debate.* Newbury Park, CA: Sage Publications.

9. Kagitcibasi, C. (Ed.) (1987). *Growth and progress in cross-cultural psychology.* Berwyn, PA: Swets North America.

10. Segall, M. H., Dasen, P. R., Berry, J. W., & Poortinga, Y. H. (1990). *Human behavior in global perspective: An introduction to cross-cultural psychology.* New York: Pergamon Press.

11. Van-de-Vijyer, F. J. R., & Hutschemaekers, G. J. M. (Eds.) (1990). *The investigation of culture: Current issues in cultural psychology.* Tilburg, Netherlands: Tilburg University Press.

第十章

個案研究

本章內容細目

第一節　個案研究概述
一、個案研究的界定與特點　293
二、個案研究的作用　294

第二節　個案研究的設計與實施
一、個案研究的設計　296
二、個案研究的實施要點　298
　㈠ 資料的收集
　㈡ 資料的分析與解釋
　㈢ 報告的撰寫
三、臨床個案研究的程序　301
四、個案研究的具體設計方法　304
　㈠ 單個被試設計
　㈡ 個別被試設計

第三節　個案研究的統計分析
一、常規統計方法的局限性　309
二、個體水平的統計分析　310
三、個案研究統計分析舉例　311

第四節　個案研究的評價
一、個案研究的優點　313
二、個案研究的局限性　314

本章摘要

建議參考資料

心理現象與教育現象的普遍性與特殊性問題，歷來都是心理與教育科學研究領域的一對矛盾。在第九章，我們已經從文化背景的角度出發，討論了不同文化背景下心理現象和教育現象的普遍性與特殊性問題，這些討論大多建立在某些總體的基礎上，追求一般性的結論，較少涉及個體差異的研究及其方法。

隨著心理與教育科學研究的不斷深入，研究者不僅重視普遍性的研究，而且日益關注個體的發展，開始探索導致個體發展的獨特性的影響因素及個體可能的發展趨勢。確切地講，某些既有特殊意義的個案研究的確為深入認識事物的本質作出了顯著的貢獻。例如，艾賓浩斯關於記憶的基本原理和規律的研究；弗洛伊德對臨床個案的心理觀察與治療而進行的精神分析研究；皮亞杰通過各項任務對兒童認知能力發展的研究等，都是使用個案研究成功地揭示了事物內在的規律。斯金納 (Burrhus Frederick Skinner, 1904～1990) 在 1953 年也曾說過：根據平均數所得出的預見，對研究一個特定個體的價值很小或毫無價值……一門科學只有當它的規律是針對個體的時候，它才有助於研究這一個體。一門只關心團體的行為科學，對我們理解特定的個案大概是不會有幫助的。

心理與教育科學研究領域的個案研究，正是在這一背景下發展起來的一種充分考慮到個體之間的差異、針對少數被試進行研究的方法。通過這一方法既能獲得個體心理特徵、發展狀況的全貌，又能借助"解剖麻雀"的方法由有代表性的個案推知一般的規律。個案研究是定性研究與定量研究相結合的方法，它對於揭示個別差異，從另一個角度探討普遍性與特殊性的關係起到了積極的作用。

本章中，我們就下述問題進行討論：

1. 個案研究的特點、類型、程序及應用。
2. 個案研究的設計及實施中的有關問題。
3. 個案研究的統計分析。
4. 個案研究的優越性與局限性。

第一節　個案研究概述

個案研究也是心理與教育科學研究中運用較廣泛的一種研究方法，它強調對研究對象分析的深度，對揭示事物的內在規律具有特殊的價值。

一、個案研究的界定與特點

個案研究 (case study) 是選定一個人或一些研究對象如一個家庭或學校，也可為一個工廠或社區，採用多種研究方法對個案的某些方面進行深入研究的方法，也稱**個案法** (或**個案研究法**) (case study method)。根據研究目的的指向性，可以將個案研究分為以個體為中心的個案研究和以群體為中心的個案研究。

在以個體為中心的個案研究中，研究者所關心的是被研究的個體的發展狀況，通過對個體目前心理狀況、發展水平的全面描述及既往歷史資料的追溯，尋求心理現象或變量之間的關係（包括因果關係），從而達到理解個體發展現狀、指導個體正常發展的目的。這一類型的研究常見於心理諮詢、心理治療及個體心理發展研究領域，其被試量較小，一般只有一個研究對象。

在以群體為中心的個案研究中，研究者所關注的是群體的狀況，雖然實際研究的被試也可能只有少數幾個。這一類型的研究通常需要從所要研究的群體中隨機抽取出具有代表性的少數個體，然後對其進行深入、全面的分析研究，據此推知群體的狀況。這種"群體-個體-群體"的個案研究模式，通常在兩種情形下採用，即需要通過對典型個體的研究以彌補大規模的群體研究的不足或由於時間、經費等客觀條件的限制只能對群體中的少數被試進行研究。

一般而言，個案研究具有如下特點：

1. 原則的全面性和整合性　個案研究的分析單位既可以是個人、社會機構或社會團體等實體（如班級中的學生、某一學校的校長、某一教師、一所學校、醫院、工廠、家庭、某一學術組織、群眾團體等等），又可以是某些事件、現象（如某一教學方法、某一程序或某一概念等）。但無論以什麼為分析單位，研究者都必須採用多種方法收集該現象的各方面的信息，並將這些信息進行綜合加工，使之構成一個可識別的整體，而非割裂的資料。因此，全面性和整合性既是個案研究必須遵循的重要原則，又是個案研究的重要特點。

2. 研究方法的多樣性和綜合性　個案研究是定性研究與定量研究相結合的研究方法，因此，研究方法的多樣性和綜合性是個案研究的另一重要特點。個案研究是對研究對象進行深入而全面的研究，因而需要採用多種方法收集有關被試的多方面的信息資料，並採用定性和定量的方法來分析信息資料。從心理與教育科學研究的發展趨勢來看，定性研究與定量研究在分別向縱深發展的同時，也在不斷地進行綜合，個案研究正是這一趨勢的表現之一。在本章第三節中將要介紹的個體水平的統計分析方法，就是在充分考慮到個別差異的基礎上，對群體水平的統計分析方法進行改進而發展起來的。

3. 分析的深入性　個案研究的本質特點並非研究對象數目很少，而是對所選取的研究對象（包括被試和所研究的變量）及其發展或相互關係進行深入的考察。因此，深入性是其又一主要特點。個案研究並非只是研究少數幾個研究對象，雖然從表面上看，許多個案研究的被試量確實較小。但事實上，個案研究對變量關係的考察，尤其是對因果關係的確認才是其本質特徵和目的。由於個案研究採用了多種研究方法來收集研究對象各方面的信息，因而可能為變量間因果關係的探討提供多方面的重要依據。這種對研究對象的深度考察是其他類型的研究難以實現的。當然，這一目的的達成，還有賴於個案研究的各個環節，尤其是高質量的數據收集和統計分析工作。

二、個案研究的作用

個案研究是對心理與教育現象進行研究最直接的一種方法，在心理與教育科學研究領域中應用非常廣泛。它可對一個人的心理發展過程進行較系統且較全面的研究；也可對一個人某一心理側面的發展進行考察；還可對不同個體的某一相同的心理側面進行研究。如採取觀察、訪談、問卷、測驗等方法收集某一被試的家庭情況、社會地位與交往狀況、教育與職業經歷、智力表現與學業成就等有關的目前和歷史資料、通過綜合分析，以探討其心理活動狀況和發展變化過程及其原因，或驗證影響其發展變化的因素，找出其發展變化的規律。

在個案研究發展的早期，它主要用於研究某些有問題的個體或組織，如對學校中學習困難兒童、有心理或行為障礙的兒童進行研究，對一個離異家庭或再婚家庭及其成員進行研究，對一個運營不良的企業或群體進行研究等等。現在，個案研究的應用範圍已擴大到對正常的或優秀的兒童、正常的家庭、有成效的企業或群體等進行研究。也就是說，幾乎所有的個體與群體都可以用個案研究進行研究。

個案研究在臨床心理學、諮詢心理學和個體發展研究、教育教學等領域的研究中均有重要作用。

臨床心理學涉及到人類身心問題的許多方面。臨床心理學家首先運用有關理論和技術手段，全面理解臨床個案的身心狀況，作出診斷；然後根據診斷結果，採用適當的治療措施，進行治療或矯正。臨床個案法對臨床心理學研究與應用中的診斷方法作了補充，使其發展至心理健康諮詢及社會的其他領域，如法院、監獄、社會服務機構等，特別是醫院和學校等領域。

在諮詢心理學的領域，由於諮詢師所面對的大多為有各種不同需要的個體，因此個案研究常常被用於諸如心理測量、心理輔導和職業指導等方面。

在個體發展領域，個案研究的作用主要包括：(1) 在醫學和精神病學方面，對於需要關注的個體進行詳細的描述；(2) 用個案說明某種抽象的理論或觀點；(3) 說明如何應用一種特殊的測驗或治療方法及其效果；(4) 在較大的群體中，發現或描述總體的趨向；(5) 收集個案信息，如建立資料庫，為以後的分析奠定基礎；(6) 收集個案研究材料以證實理論和假設。

在教育教學研究領域，個案法經常被用來收集資料，總結經驗，發現規律，或檢驗假設。如要了解某位經驗豐富的小學校長的工作情況，研究者可採用參與觀察和深入訪談的方式，詳細觀察該校長工作的一舉一動，並記錄下他與員工、學生、家長、朋友相處的情況，甚至可以參與到校長的日常生活中，如陪他購買家具、參加家庭會議等，並對他與教師或學生的會談進行錄音。通過對這些生動資料進行整理和分析，就可以較為全面地了解該校長的職業生活、工作特點、要求，以及周圍人對他的評價。此種研究結果對於小學教學活動的組織，特別是校長的工作自然具有重要的借鑑意義。

第二節　個案研究的設計與實施

　　從前面的介紹可以發現，個案研究的特點、作用及研究對象都具有獨特性，因而個案研究的設計與實施也與其他研究有相異之處。下面我們就個案研究的設計、實施要點、程序以及具體方法等問題作一具體闡釋。

一、個案研究的設計

　　與其他研究類型相比，個案研究的靈活性較強，它往往不拘泥於固定的研究程序和方法，甚至研究的主題也可以因研究的某些發現而改變。它要求研究者對所研究的個案及其情境具有高度的敏感性和開放性，能夠及時捕捉預期之外的有價值信息。儘管如此，大量經驗也表明，合理的研究設計仍然是個案研究成功的保證。周密的組織與計畫可以幫助研究者合理、有效地利用時間、人力、物力，獲得必要的支持與合作，使研究得以順利進行並取得有意義的結果。因此，研究者通常需要在查閱有關文獻和初步調查研究的基礎上進行研究設計，具體而言，它主要包括以下幾個方面：

　　1. 研究問題的界定　研究問題即研究所要解決的問題，如探明某種現象的來龍去脈或揭示事物之間的某種關係等等，它是整個研究的核心，指導著資料的收集、分析與解釋。主題在個案研究的開始階段往往不十分明確，隨著研究的展開，它才逐漸明朗起來。因此研究者通常先提出一系列較為靈活的問題或假設，在研究過程中，通過深入的思考、探索和修正，使之盡快確定下來，以便指導以後的工作。

　　2. 對個案的界定　研究者選擇個案時，通常有兩種情況，其一是對個案本身感興趣，想要深入地了解與之有關的問題，這類研究被稱為**內在性個案研究** (intrinsic case study)；其二是通過對該個案的研究探索某種一般性的問題或將結論推廣至其他的個案，這類研究被稱為**工具性個案研究** (instrumental case study)。無論出於哪種情況，研究者都應該在研究設計時對個案的概念作出清晰地界定,並指出選擇它的原因。

3. 研究方法的選擇　選擇研究方法,包括:確定資料的主要來源,資料的收集、記錄、存儲的方法、徵得研究對象或有關部門的允許、支持與合作的方式、配置所需的研究器材、制定研究人力、物力、時間的分配方案,以及如何建立編碼系統、如何分析與解釋數據等。這裏要特別注意的一個問題是,如何避免由研究者的能力、興趣、觀點、態度等帶來的主觀性和片面性。常用的方法是從多角度考慮問題,主要包括以下幾個方面:(1) 注意收集來自不同渠道的資料,考查在不同時間、空間,某一現象是否保持一致,以確保在不同情境下觀察和報告的東西具有相同的意義;(2) 由不同的研究者觀察同一場景或現象,由於不同的研究者往往會依據不同的理論基礎,作出不同的描述和解釋,因此有助於讀者更真實、全面地理解個案,並據此作出自己的選擇、推理或解釋;(3) 通過使用多種方法(觀察、訪談、文獻查閱等)進行研究,排除或抵消由單一方法帶來的誤差。進行研究設計時應注意考慮運用上述方法,以保證研究的效度。

4. 結果呈現的方式　結果呈現的方式,包括:預期得到的結果,其代表性、概括水平如何,向什麼人呈現結果,其能力水平、背景如何,以何種方式呈現結果等等。結果呈現是研究設計中不可缺少的一部分,不僅直接關係到經費的申請以及能否得到有關的支持,同時與資料的收集、分析、解釋等環節也有密切的聯繫。

通常可以採用撰寫計畫書的形式進行研究設計,良好的研究計畫應具備以下特點:形式上,可讀性強、系統、連貫,富於吸引力;內容上,概念界定清楚,涉及研究的各個層面、方法適當、可行、可操作性強、資源分配合理,並有保證研究效度的措施。

當然,對於個案研究而言,研究設計一方面起到組織、指導的作用,另一方面,它也不是一成不變的,需要在研究中不斷得到修正和完善。而且,不同的研究領域或具體的研究問題在研究設計上的側重點也會有所不同,有時還可能會有一些特殊的要求,例如個案研究應用於臨床心理學領域時,研究者在設計階段除了需要考慮信息的收集、整合、分析診斷,還需要考慮實施矯正、跟踪研究及隨訪等問題,這一點下文還會談到。因此,對於從事個案研究的研究者來說,在長期的實踐中不斷積累經驗,培養所謂的"臨床智慧"是非常重要的。

二、個案研究的實施要點

在研究設計的指導下，研究者可以逐步展開研究工作。當然，整個研究過程並沒有嚴格的先後順序，經常會出現交錯或反復的現象。例如，在實際個案研究工作中，研究者可能並不是收集全所有的資料再進行分析和解釋，而是邊收集，邊分析、邊解釋，並進而以此指導下一步該採取什麼方式、收集什麼資料。下面，我們將分別介紹個案研究實施中幾個較為重要的環節及要點。

（一）資料的收集

資料的收集是對個案進行深入分析的前提，運用合理的方法收集個案資料，並將收集的資料真實準確地記錄整理出來，亦是研究的重要一環。

1. 資料的來源與收集方法 準確、有效地收集資料是對資料進行分析、解釋以及作出合理結論的基礎和保證。因此在開展個案研究時首先應考慮資料的來源與收集方法。個案資料的來源主要有下述幾個方面：

（1）**測量或測驗**：心理與教育測驗是獲取被試在心理狀態與過程、發展水平等方面資料的最為直接、迅捷的渠道之一。迄今為止，心理與教育測驗已發展出數以千計的種類，廣泛地應用於心理與教育科學研究與實踐的各個方面。心理測驗的形式多種多樣，諸如量表、問卷、操作等等，其記錄方式也有傳統的紙筆方式、計算機輔助測驗等。就測量的內容而言，主要包括認知、人格和社會性等幾方面。在使用心理測驗時須遵循有關的要求，如標準化等。

（2）**自陳**：自陳是指個體對其生活、發展的經歷的描述。自傳、日記即是自陳的資料。從自陳中可以了解許多從外部觀察難於或不能了解的信息，對於正確把握個體的發展狀況、理解個體的心理體驗、了解個體自己對有關問題的感受與歸因，具有重要意義。在自陳的資料中，自傳提供了個人、種族或團體的生活史，有助於個案研究、有助於了解對研究有對立情緒的人的情況、有助於治療。不為出版而寫的日記，可以顯示出在為出版而寫的日記和自傳中不常顯露的興趣、需要、緊張和情緒等方面的信息。但是，自陳往往受到主觀因素的影響，有時還可能因遺忘等原因產生對實際情況的歪曲。因此，自陳的資料需要結合其他來源的信息綜合分析。

(3) **他人描述和檔案**：他人描述包括被試的親戚、同事、朋友、鄰居以及其他認識被試的人對被試的描述。他人描述的正確性及深度與其同被試的熟悉度有關，在整合個體的有關資料時應考慮到這個因素。檔案包括被試的病歷、存於所在單位的人事檔案和有關個人的官方記錄以及其他類型的正式記錄。雖然由他人作出的對某一個體的描述，與自陳相比更為客觀，但它仍難以了解被試的心理過程和狀態。

(4) **作品分析**：這裏所謂的作品，包括由被試獨立或參與操作的正式出版或未出版的任何產品，既可以是文學藝術方面的，也可以是科學技術方面的；既可以是書面的、文字的，也可以是製作物或產品；既可以是公開的，也可以是非公開的。對作品進行分析時，既要考慮到作品本身，也要考慮其產生時的背景、動機甚至製作過程。例如，對某一被試的日記進行分析，既要分析其內容，又要從字跡本身來分析，也就是說，除了要考察日記的內容所表達的信息，還要從字跡的疏密、筆壓等方面來考察其性格與心境等。

針對上述資料來源，個案研究常用的資料收集方法有觀察法、訪談法、測驗法和作品分析法等。這些方法在其他章節已有所論述，這裏不再重復。就個案研究而言，使用上述方法時需要注意：

第一，為了保證全面、有效地收集資料，研究者應根據研究主題與個案的特點和要求，選擇適當的方法並作出詳細的計畫，例如需要收集哪些類型的資料，採用什麼觀察方式，觀察的時間、地點、情境、內容，與什麼人、以什麼方式進行訪談等。

第二，除了收集個案本身的資料外，還應注重收集事件、行為的環境方面的信息，以便在分析、解釋以及讀者在閱讀研究報告時能夠更好地理解事件、行為發生的原因，把握個案的複雜性。各環境因素的重要性因研究問題的不同而有所不同。例如，研究某一多動症兒童的問題，家庭環境、文化背景則比較重要；對某企業的運作進行評價時，社會、經濟環境則更為重要。

第三，經常檢查收集的資料與研究問題是否相符，及時調整收集方式和內容，並對預期之外的與個案或主題有關的信息保持敏感。

2. 資料的錄入與整理　　錄音、錄像等現代化設備的應用使資料的記錄工作更為省時、簡便、準確。然而在有些研究情境下，使用這些設備，可能會影響研究的真實性與自然性，這時研究者迅速、準確的現場記錄或事後的回憶記錄仍是重要的記錄方式。

以這些方式記錄的原始資料通常需要經過整理才能用於分析和解釋。由於個案研究往往會收集到大量信息，因此原始資料的整理是一項非常費時、費力、需要技術和耐心的工作，包括將錄音、錄像資料轉換成文字資料，把速寫、簡寫的記錄還原為完整、詳細的描述，以及根據研究設計的要求，按照一定的編碼系統對這些文字資料進行編碼。編碼是一項非常重要的工作，一方面，它便於將資料錄入計算機，進行存儲和管理；另一方面，它為研究者提供了一種數據分析的方法。資料編碼方法詳見第十六章。

(二) 資料的分析與解釋

資料的分析與解釋是挖掘事件、行為、現象等所包含的意義，揭示其間的聯繫，發現其中規律的過程。對個案研究而言，資料的分析與解釋從資料收集的那一刻就開始了，從觀察個案時獲得最初的印象，直到最後將各種印象整合在一起並作出結論。在這一過程之中，研究者需要進行詳盡的觀察、深入的思考、不斷的反思和質疑。

個案研究中主要有兩種進行分析和解釋的方法，其一是針對描述性的資料直接解釋某一事件或現象，這時研究者給自己提出的問題是"這意味著什麼？"通過分析，探明它的意義，使它成為可以被人理解的論點，這是一種偏於定性的方法；其二是整合重復發生的事件，將之作為一類現象來分析，以期發現在特定條件下保持不變的事項，或總結出現象背後的規律，這是一種偏於定量的方法。經過編碼的資料更易於在變量之間進行比較，發現變量間的聯繫，從而使分析過程變得更為簡便。上述兩種方法經常結合使用。

對資料進行分析與解釋時，需要注意以下幾個問題：

1. 資料的篩選　在個案研究中，研究者通常會面臨龐大的信息量，對所有資料進行分析往往是不可能的，而且並非所有的資料都有價值，因此，研究者應根據研究主題的要求對資料進行縝密篩選，選擇與問題關係密切的資料進行分析。

2. 選擇分析方法　個案研究資料的分析與解釋通常兼具定性、定量的特色，在具體選擇分析方法時，需要考慮：

(1) 研究的性質：對內在性個案研究通常傾向於用定性的方法，對工具性個案研究則傾向於用定量的方法。

(2) 資料的特徵：對於描述性的資料傾向於用定性的方法，對經過編碼的資料傾向於用定量的方法。

(3) 時間安排：時間緊迫時傾向於用定性的方法，時間允許時，則可以對較為重要的資料進行編碼，採用定量的方法。

3. 從多種角度考慮問題 為了避免主觀性，研究者需要綜合考慮來自不同角度的信息，對其中的矛盾之處應尤為重視，並採取其他方法進行檢驗。研究者需要不斷質疑先前的印象和假設，並嘗試從不同角度對同一現象作出解釋，給讀者留下判斷、選擇的餘地。

(三) 報告的撰寫

研究者通常以研究報告的形式呈現自己的結果。研究報告的具體撰寫方法詳見第十八章。

三、臨床個案研究的程序

以上講述的是個案研究的設計與實施要點，然而在不同的研究領域或針對具體的研究問題，研究設計與實施還有一些特殊之處。由於個案研究在臨床心理學領域應用甚廣，我們就其實施中的一些特殊問題加以專門討論。

1. 研究對象的識別與確定 在臨床心理學中，個案研究的第一個步驟是在某一群體中識別某一或某些方面有問題或有特殊需要的個體，並確定研究對象。研究對象的識別與確定，可依據對群體中各個成員直接的視察，可依據教師、家長或同伴的提名，也可由一些特定的心理與教育測驗作出。這些研究對象通常是有別於團體中其他成員的個體，或智力落後，或有社會交往障礙，或情緒不穩，或存在學習障礙，或有生理缺陷或殘障，也可以是表現超群或有特殊才能的個體。

2. 有關個案的資料的收集 個案研究的第二個步驟是，通過各種方法或渠道收集已確定的研究對象的有關資料。由於造成研究對象目前發展狀況或問題的因素可能是多方面的，因此需要採用多種方法，從多個信息來源獲取不同類型的資料。例如，要對某一特定的兒童進行個案研究，至少需要收集下述資料：(1) 身體狀況；(2) 家庭背景；(3) 學校環境；(4) 日常活動類型及安排；(5) 語言、動作、認知等不同發展領域的技能；(6) 交往狀況（包括與同伴、父母和教師的交往）；(7) 在學校中的行為表現；(8) 觀看電視的習慣及其他娛樂方式；(9) 自我概念指標；(10) 應對方式和對挫折的反應；(11) 對日常活動、新活動及意外事件的處理方法；(12) 對材料或工具的使用技巧。為了收集這些資料，研究者需要在盡可能多的情境和活動領域進行觀測。如果被試是有特殊需要的個體，還應收集一些其他來源和方面的信息，如 (1) 兒童過去由醫生或專家作出的檢查或治療報告；(2) 兒童接受的測驗或評估的結果；(3) 曾與被試相處的個體（如保姆、其他教師等）的意見；(4) 與父母或他人訪談時的記錄，如飲食和睡眠習慣、喜愛的活動、兒童的恐懼等。

　　但是，需要注意的是，正是因為影響個體心理發展因素的多樣性與複雜性，研究者沒有必要也不可能收集影響被試心理發展或造成被試目前問題的所有可能信息，即使能夠全部收集，也難以對其進行整合處理。所以，在收集有關個案的資料前，必須先有一定的假設，即可能是哪些方面的因素導致了被試目前的狀況；在收集資料時，需要根據假設信息來源的方向或渠道以及候選資料的可能價值進行判斷。由於在這一階段收集的資料是進行資料整合的基礎，也是診斷及治療方案設計的依據，因此，所收集資料的真實性是尤其重要的。

　　3. 個案資料的整合與診斷　　個案研究的第三個步驟是，依據收集到的有關資料，進行資料的整合，並作出合乎邏輯的診斷。這個過程實質上是分析收集到的資料並推論有關變量的因果關係的假設過程。在這一過程中，研究者要對被試的心理發展的現狀進行描述或問題的嚴重程度進行判斷，並要對其成因進行探索，最終作出有效的診斷，以作為設計矯治或調整方案的基礎。

　　正確的診斷並非資料的簡單疊加過程，而是需要在綜合的層次上對資料進行思維加工。只有收集的數據具有可靠性、有效性、客觀性，並且滿足被試個體的特殊性要求，才能確保診斷的正確性和針對性。因此，正如前面所提到的，精心地設計數據收集方案並認真實施，取得高質量的數據是個案研究，尤其是臨床個案研究取得成效的關鍵所在。診斷作為個案研究的一個重要環節，需要探求綜合的或錯綜複雜的因果問題。例如，與學習困難有關的因素，可能是生理上的、智力上的、教育上的、情緒上的、社會環境上的；影響兒童行為的因素，可能是遺傳的、生理的、家庭的、經濟的、文化的、社會的以及教育的等等。如果不加以分析，對所有因素一視同仁，就可能僅僅看到次要的或只起一部分作用的原因。因此，必須透過現象，深入調查分析，才能找到導致問題產生和發展的基本的或首要的原因。

與個案研究方法相比，傳統針對群體的實驗設計在許多情況下無法使診斷和矯治聯繫起來。究其原因，主要在於個別差異的存在致使每一個體具有與其他個體相區別的特點，由樣本推論總體的實驗設計所得出的結論缺乏在特定個體身上應用的針對性。當然，單一的個案研究也無法組成概括化的基礎，但概括性的結論可以透過許多個案研究達到進一步的確認。

4. 矯治或調整的實施 個案研究中的矯治既是對問題或障礙的治療或調整，又是對診斷的假設關係的檢驗。因此，在矯治或調整過程中，應隨時檢查其效果，並據此校正診斷和治療方案。從實施矯治時的著眼點、重點劃分，可以將其分為針對被試本身的矯治和對被試環境的改善兩大類。如果診斷表明，被試的問題並非源於被試本身而是由外部環境造成的，那麼，矯治的重點就不應是被試，而應該是被試的外部環境，如父母對兒童的態度、教育方式、教師的教學方法、同伴的行為等。當然，有些表現在個體身上的問題可能是由更大的社會環境因素造成的，在這種情況下，對個體的問題或障礙的矯治的難度就增加了。

針對被試本身的矯治主要是通過心理治療方法或技術實現的。心理治療既有個體諮詢或治療，也有團體形式的諮詢與治療。在個體治療中可採用自助心理治療 (註 10-1) 以及一些特定的治療技術 (如精神分析療法、關係療法、當事人中心療法、存在主義療法等等)。

5. 跟踪研究或隨訪 跟踪研究或隨訪是確定臨床個案研究的成效的重要環節。通過對矯治或調整後的跟踪，可以了解矯治方案和實施的有效性及其持續性，有助於理論假設的驗證，還可能發現新的問題，開始新的研究。

註 10-1：**自助心理治療** (ambulatory psychotherapy) 指由當事人自己根據所了解的心理治療知識，改善生活習慣，從而達到健康生活目的的一種心理治療取向。

因此，跟踪研究或隨訪既是某一個案研究的終點，又可能是另一個案研究的起點。

四、個案研究的具體設計方法

進行個案研究的設計時，除了上述的一般設計內容、實施要點外，還有許多具體的設計方法，而且大量新的設計方法仍在不斷湧現。下面簡單介紹其中兩種較具特色的方法。

(一) 單個被試設計

由於大多數個案研究的被試量較小，因此它可以採用單個被試設計。**單個被試設計**(或單受試者設計)(single-subject design)是研究設計的一種形式，它所涉及的被試通常只採用單一個體(人或動物)，其基本方法是將被試置於無處理和有處理兩種情境下，在這兩種情境下都對因變量進行多次測量，通過考察因變量的變化，作出有關個體行為的較為嚴格的因果推論。這種研究設計一般應用於不要求或不能採用較多被試或不能施以隨機抽樣的情境，如不同的教學方式對某一特定個體的效果，矯正患有學校恐懼症的兒童，對孤獨症兒童的治療等。單個被試設計具有較高的內部效度，具有如下幾個重要特點：

1. 強調測量的可靠性 單個被試設計通常要採用多種數據收集方法進行觀測。因此，觀測條件的標準化是十分重要的。這裏所指的觀測條件既包括觀測進行的時間、地點，也包括觀測者的訓練、觀測者之間的一致性與偏差，更重要的是對所觀測的行為的操作定義。當研究從一個情境轉移到另外一個情境時，測量的一致性尤為重要。鑑於準確的測量在單個被試設計中的重要性，研究者通常需要報告數據收集的所有方面，以便合理地估計研究的效度。

2. 對被試或變量進行反復測量 單個被試設計的顯著特徵之一是研究中某一變量或行為的某一方面被反復測量，這與在處理前後只對被試各進行一次測量的群體研究是不同的。反復的測量可以對所研究的行為進行清晰而且可靠的描述。

3. 詳細描述研究情境　單個被試設計通常需要對觀測行為的情境進行明確、詳細的描述，以確保研究的內在效度和將研究的結果應用到其他個體的外部效度。

4. 採用基線與處理情境　實施單個被試設計主要採用基線測量方法以避免觀測的時間和觀測次數對結果解釋和內部效度的可能影響。所謂**基線** (base line) 就是在單個被試設計的第一階段，在自然（無處理）情境下對目標行為進行反復測量，直至目標行為表現出穩定的特性。當然，處理階段也須持續到目標行為從改變到表現出穩定性時為止。只有這樣才能確定觀測的變異是來自自然變異還是來自於處理。

5. 在處理階段只改變一個變量　在單個被試設計中，在處理階段只改變一個變量，並對這一改變進行準確的描述。如果兩個或以上的變量同時發生改變，研究者通常難於確定究竟是哪個或哪些改變導致了行為的變化。

　　單個被試設計的形式是多種多樣的，主要有：A-B 設計、A-B-A 設計、A-B-A-B 設計和多基線設計（見圖 10-1），它們在臨床心理學和教育心理學等領域得到廣泛的應用，分別介紹如下：

　　A-B 設計 (A-B design)：也稱為**簡單時間序列設計** (simple time series design)，是一種最基本的準實驗的單個被試設計。它要求在控制的基線階段 A 觀察數次，待資料的水準與趨向都呈穩定後，才開始實施實驗處理。在實驗處理階段 B 立刻重復對目標行為的評價。

　　A-B-A 設計 (A-B-A design)：是能夠研究因果關係的單個被試研究設計中最簡單的一種，用以觀察某種實驗變量對受試行為所產生的影響，也稱**反轉設計**（或逆向設計）(reversal design)。此種設計分為三段進行，ABA 三個字母即代表三階段的實驗情境。首先，在基線階段（不施予任何特殊實驗處理的情況下），觀測受試在某種行為上表現的反應，作為以後比較的基礎。此階段即稱為狀況 A。第二階段，對受試施予某種特殊處理（實驗變量，如口吃幼兒說話正常時即給予獎品），並觀測個體反應較前改變的情形，此階段稱為狀況 B。第三階段時撤消第二階段加諸受試的特殊處理，恢復到第一階段 A 狀況，並觀測個體反應是否又恢復到原來 A 段的情形。假如發現個體的反應確實隨 ABA 的設計而有所改變，即可推知 B 段的實驗變量確實對個體行為產生了作用。

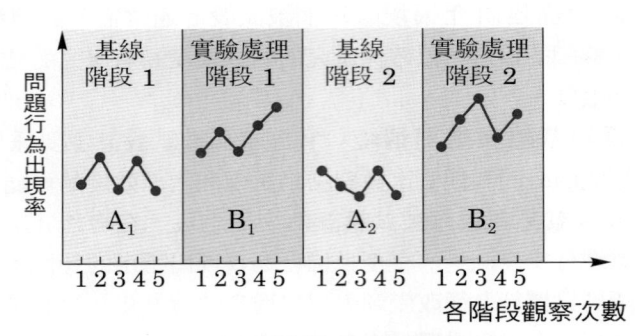

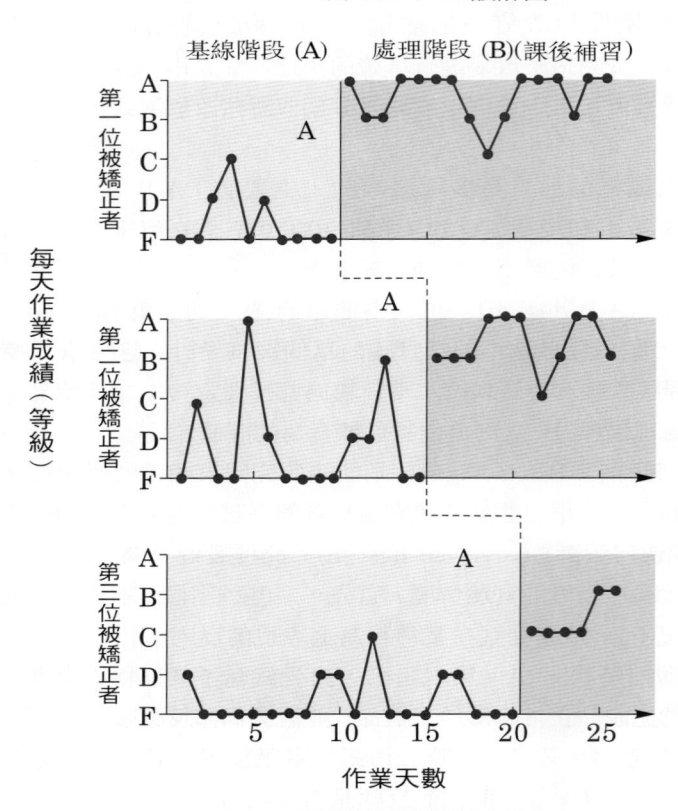

圖 10-1　A-B-A-B 設計與多基線設計示意圖
(改編自 Miltenberger, 1997)

呈現穩定時，研究者才引進基線階段 (A_2)。

A-B-A-B 設計 (A-B-A-B design)：即相等時間系列設計，是行為改變研究中最常用的單個被試設計。其最重要的特點在於直接複製效果，即最後兩個階段 (A_2-B_2) 以相同的被試與相同的行為對前兩個階段 (A_1-B_1) 進行複製。

多基線設計 (multiple-baseline design)：係實驗設計時先測完數種基線的辦法。例如採用不同的教學方法，分組練習電腦英文輸入，開始練習之前，先測定受試者兩種能力，一為英文能力，一為每分鐘能打字數。兩種能力用分數所表示的成績，即可視為每個人的兩條基線。有了基線，以後訓練成效如何，始可鑑定。一個典型的多基線設計中，研究者要收集至少三種以上的基線資料。其具體形式包括：

(1) **跨行為多基準線設計**：在跨行為多基線設計中，研究者要找出至少三種類似而功能獨立的目標行為，對目標系統而依次地實施跨行為的實驗處理，知道所有目標均已實施相同的實驗為止。

(2) **跨情境多基線設計**：在跨情境多基線設計中，研究者依次在表現相同的至少三種以上的情境中實施實驗處理，直到在所有的情境中的行為均達到標準水平。

(3) **跨個體多基線設計**：在跨個體多基線設計中，研究者依次針對在類似情境中表現相同目標行為至少三個以上的個人實施實驗處理，直到所有被試都接受了相同的實驗處理為止。跨個體多基線設計不同於跨行為和跨情境多基線設計，因為在跨行為或跨情境多基線設計中，因變量是被試內（或組內）的，而在跨個體多基線設計中，因變量是被試間的。

多基線設計運用了 A-B 設計的邏輯，但並不限於一個被試、一種行為或一種情境。在引入自變量之前不同的被試具有不同的基線期，如圖 10-1 (b) 所示，這是一個跨個體多基線設計。從圖中可以看出，三位被矯正者的作業成績在基線階段 (A) 中存在一定的差異，經過處理階段 (B)（課後補習）之後，這三位被矯正者的作業成績間盡管仍存在差異，但他們的作業成績都得到了一定的提高。相對而言，多基線設計比反轉設計更符合應用情境的實際需求，因為許多心理行為在功能上是不易反轉和重復的，多基線設計可以同時評定若干目標行為，較能達到自然環境中的目標。

（二） 個別被試設計

個別被試設計 (individual subject design) 是近年來在記憶研究領域出現的一種研究方法。隨著認知科學的確立與發展，人們逐漸認識到傳統方法把個體記憶中最富個別差異的記憶策略和先前知識背景等排除在研究之外的局限性，而強調應重視研究記憶的個體差異、特殊案例、日常生活中記憶現象。個別被試設計正是在此基礎上發展出來的，它捨棄了傳統的對大量被試進行實驗，然後求取其反應時、正確率等平均數的模式，而採取在嚴格的實驗室控制條件下，在一段時間內對單一被試的記憶行為進行集中深入分析的方法，收集個體的反應時、錯誤率等傳統資料，並對被試內省報告（包括大聲思維、事後內省口語報告）材料進行編碼分析，設法揭示被試在記憶過程中（如編碼過程）所運用的知識等信息。例如，埃里克森等人運用個別被試設計對數字記憶廣度、國際象棋位置記憶、餐廳侍者記菜單、演員記台詞等進行了系統的研究，通過被試對輸入信息的編碼或提取過程的內省報告，研究者對被試在完成記憶任務中所利用的知識內容和結構作出假設，然後再分析反應時和正確率等資料，進而對假設進行檢驗。這樣不僅可以取得定性的資料，又可以進行定量的數據分析，而且還增強了對研究結果進行因果推論的可能性及其可靠性。

從上述研究設計中，我們可以看出：(1) 個體差異是心理與教育科學中普遍存在的事實，個案研究（包括單個被試設計）對於揭示心理與教育現象的特殊性與普遍性具有特殊的價值；(2) 研究方法的發展並非是對已有方法的否定，而是對其進行揚棄，存其合理之處，棄其不足。例如，記憶研究中個別被試設計所使用的事後內省口語報告法（註 10-2），就是對傳統的內省法的發展，同時還吸取了實驗法的控制特點；(3) 在設計個案研究時，必須根據被試的特點、研究問題的性質、研究目的等多方面的情況進行設計，才能使個案研究具有"個人色彩"，也才能達到研究目的。

可以看出，單個被試設計主要以行為主義的理論為指導，研究對象往往

註 10-2：事後內省口語報告法 (posteriorly introspective verbal report)：在被試的活動或事情結束之後，要求被試將當時的心理活動報告出來，然後通過分析報告資料得出某種心理學結論。與傳統的內省法相比，事後內省口語報告法更為強調嚴格的實驗方法和豐富的現實現象間的緊密結合，更為強調被試、問題的獨特性。

是出現行為問題的被試，必須按照嚴格的行為改變程序和技術來控制被試行為，以檢驗矯正方法的效果。個別被試設計則更多受到認知心理學的影響，目前一般用於對記憶中個體差異的研究，被試一般從正常人群甚至優秀人群中選取，目的是獲得對資訊內部加工機制的更為深入的認識。

第三節　個案研究的統計分析

　　個案研究因研究目的、方法、取樣、變量分布等方面的特殊性，其結果常常不能按常規的統計分析方法進行處理，而需採用個體水平的統計分析方法。本節中我們將側重從理論上分析常規統計方法的假設前提，並在此基礎上闡明個案研究統計分析方法的前提、特點、思路，再輔以實際應用說明。有關個案研究統計分析的詳細公式、內容請參見有關專著和統計學書籍。

一、常規統計方法的局限性

　　心理與教育科學研究中的常規統計方法的基本假定是，在大量觀測下心理與行為特徵呈正態分布（或常態分配），這一假定對於個體之間量的差異（等比變量或等距變量）大多可以成立，但對於個體之間質的差異（命名變量）卻並非能自動成立。從類型學的角度來看，群體中不同類型的分布大多是非正態的。人的血型分布如此，氣質與性格類型亦如此。實際上，心理與教育科學研究中許多變量的分布是非正態的。例如，某些社會學變量（社會經濟地位、文化程度、家庭規模等）呈偏態分布，某些社會態度變量呈雙峰分布。

　　因此，在個體間只存在量的差異的研究中，可以採用正態分布的假設，通過隨機抽樣，以樣本的統計分析推斷總體；但在個體間存在著與研究內容有關的質的差異的研究和只有少數幾個被試的研究中，樣本及總體分布的正態假設一般是不能自動成立的，至少，是需要通過檢驗來加以證實的。也就是說，只有當研究者能夠從心理與教育科學理論上假設所有被試具有相同的反應類型（即其反應或測量的變量屬於同一類型），對具有同一反應類型的被試進行群體水平（樣本）的統計分析才具有可比性，才是合理的。否則，就需要在個體水平上確定被試的反應類型。

可見，常規的心理與教育科學研究的統計分析是以概率統計學為出發點的，並以心理、行為特徵的正態分布假設和隨機抽樣為基礎。從這一前提出發，可能使研究者看不到個體之間質的差異。將個體間的心理、行為特徵的差異視為服從正態分布的量的不同，只是為了提高研究結果的"精確"程度而盡量控制、"消除"被試間量的差異。顯然，這一思路對研究設計與統計分析可能產生不利影響。因此，在個案研究中，個體水平的統計分析具有與常規的群體水平的統計分析不同的特點和方法。

許多心理與教育科學研究者認為，以個體為中心的研究是有用的，是能夠重復的。以個體為中心和以群體為中心的個案研究，兩者都必須考慮處理總體、抽樣和重復研究的問題和方法。這兩種個案研究方法在心理與教育科學研究過程中有著密切的聯繫。對於臨床心理學中的矯治研究，如果沒有利用以個體為中心的個案研究，就不可能取得重大的進展。

二、個體水平的統計分析

為了克服傳統的數理統計思想對心理與教育科學研究的局限，彌補其在個別差異及其控制的思想方法上的不足，有研究者提出了解決個別差異的新方法，即**個體水平的統計分析** (statistic analysis at single subject level)（張蜀林，1996）；相應地，可以把對樣本的統計分析稱為**群體水平的統計分析** (statistic analysis at group level)。個體水平的統計分析是以被試為單位進行統計分析，以確定各個被試反應量的、質（反應類型）的特點。首先在一定的理論指導下通過統計方法對被試進行質的區分和歸類，然後再對同類型的被試進行樣本群體水平的統計分析。運用這種方法可以將不同被試的質性差異從資料中分離出來，不僅可以從統計上核對和驗證理論，也有利於更好地控制個體差異對其他研究變量的影響。

應用個體水平的統計分析的基本前提包括：

1. 個體差異的存在是心理與教育現象的普遍特點，不同的被試之間可能存在著量的差異，也可能存在著質的不同；不同質的被試不具有可比性。
　　2. 在個體間質的差異與研究課題有關時，樣本及總體分布的正態假設一般是不能自動成立的，至少需要通過檢驗來加以證實。
　　3. 一般而言，對於個體之間質的差異是否與研究課題有關，應予以解釋並檢驗。

　　在上述前提下，進行個體水平的統計分析所需的基本假設是：採用被試內設計；在短時間內，在實驗處理間沒有（或控制了）相互影響的條件下，被試的自身特點（如認知特點）是穩定的；在同一被試身上多次觀測的誤差為正態分布；各次實驗的數據間是近似獨立的。此外，對正態、獨立性假設是否滿足應進行檢驗。
　　個體水平的統計分析的基本步驟是：(1) 個別差異的理論分析，個體水平的質與量的確定；(2) 假設條件的檢驗及必要時對數據的變換；(3) 對各種不同反應類型的被試分別進行群體水平的統計分析；(4) 對各種不同反應類型的被試分別得出結論。

三、個案研究統計分析舉例

　　在前人對於時間和空間關係的研究中，發現存在三種截然不同的結果：Kappa 效應（註 10-3）、Kappa 效應的逆效應和無效應。張蜀林等認為這種研究結果上的混亂是因為存在個體差異。為了克服個體差異對研究結果的影響，張蜀林等在研究中運用了個體水平的統計分析方法，取得了較好的結果，具體實施程式按照下述步驟進行：
　　我們可以將 Kappa 效應中的個體差異劃分為兩種基本形式：**質的差異**（qualitative difference），指被試具有的不同反應類型，即被試是否會表現出 Kappa 效應；**量的差異**（quantitative difference）則指被試間因實驗條件不同表現出的差異。量的差異主要表現為**相對個體差異**（relatively in-

---

註 10-3：**Kappa 效應**（Kappa effect）：相繼呈現的刺激之間的空間距離的大小影響了被試對於時間距離知覺的長短現象。

dividual difference)，指與其他被試相比，被試的再現時距所具有穩定的高估或低估傾向，可以分解為三個部分：性別引起的部分（性別因素）、經驗引起的部分（經驗因素）、其他被試差異引起的部分（獨特性因素）。

為此，在進行統計分析時，我們首先應區別不同的反應類型，在去除因反應類型差異基礎上，進一步對相對個體差異的影響進行分析。其步驟為：

(1) 建立如下的回歸方程，確定質的差異：

$$Y = T + S + T*S$$

式中 Y 表示再現時距，T 表示刺激時距，S 表示刺激大小，$T*S$ 表示刺激時距與刺激大小的交互作用。

如果刺激大小（S）或刺激時距與刺激大小的交互作用（$T*S$）顯著，則被試為 Kappa 效應型，即時間認知受刺激空間特徵影響；如果不顯著，則為非 Kappa 效應型，即時間認知不受刺激空間特徵影響。

(2) 在確定分組的基礎上，對同類被試進行群體水平的分析，以考察相對個體差異。我們可以採用一系列二維表示相對個體差異的不同部分。如可用 (01) 和 (10) 分別表示不同的性別與經驗的有無，因此男性有經驗者可表示為 (10) (10)，而女性無經驗者可表示為 (01) (01)；同樣，我們也可用一些多維變量如 (001)、(010)、(100) 分別表示不同的被試，以引入獨特性因素。將這些控制變量再引入上述回歸方程，由此即可分析對同一類型被試組不同來源的個體差異。

應該注意的是，在運用個體水平的回歸分析方法時還應對數據取樣的獨立性、數據的正態性及方差齊性等假設條件進行檢驗。如果假設條件沒有得到滿足，需要結合殘差分析結果對數據進行適當的變換。當然，這是回歸分析方法本身的要求，並非個體水平的統計分析的根本特點。

第四節　個案研究的評價

個案研究在教育與心理領域得到廣泛運用，而且也是極具價值的一種研究方法，但同其他任何研究方法一樣。個案研究既有其方法學上的優勢也有其局限性。

一、個案研究的優點

個案研究已被廣泛地應用於心理與教育科學研究的各個領域，並在研究和實踐中發揮了積極的作用，重新受到了研究者的重視。從總體上看，個案研究具有下述優點：

1. 個案研究是對個體進行深入研究，揭示個別差異的有效研究方法。通過個案研究，可以獲得個體心理特徵、發展狀況的全貌，並能分析有關個體的心理現象產生的原因、背景及過程，這是群體水平的研究類型或方法難以實現的。同時，個案研究還能檢驗由群體水平的研究所獲結論，為其提供可靠的例證。因此，儘管從表面上看，個案研究更多地是關注個體，但它也有助於心理現象的普遍性與特殊性問題的探討。

2. 個案研究將定性研究和定量研究綜合起來。在研究設計、數據收集和統計分析等方面，個案研究既注重被試或現象的質的方面，又注重其量的方面；既注重全面收集數據，又注重深入了解對個體具有重要含義的資料，為建立合理的變量關係的假設和因果關係的推論奠定了基礎。

3. 個案研究在實踐中，尤其是在有關個體的臨床矯治與發展指導研究中具有十分重要的價值。由於基於抽樣技術的群體研究注重數量統計和平均數的應用，因而對研究一個特定的個體的價值很小或毫無價值，但個案研究依據對個體的深入分析，則可以準確把握個體的心理狀態、發展水平，並能正確找出其成因與影響因素，作出正確的診斷，從而有效地進行臨床矯治與個體發展指導。

二、個案研究的局限性

　　個案研究對於心理與教育科學研究、對於有關個體的研究和實踐極具價值，但利弊相隨，個案研究本身也存在一些有待深入探討的問題，這些問題限制了個案研究的應用範圍。因此，研究者在選擇研究類型和方法時，應該根據研究問題的特點、研究目的、主客觀條件進行分析，考慮各種方法的適用條件、合理選擇。概括而言，個案研究主要存在如下幾個方面的問題：

　　1. 被試代表性問題　以個體為中心的個案研究由於其研究的被試是特定的，並不存在抽樣問題，因而也沒有代表性問題。對於以群體為中心的個案研究，在抽樣時就需考慮代表性問題。因為以群體為中心的個案研究的質量直接取決於被試的典型性、一般性。一般而言，個案研究的被試量較小，究竟選取多少被試才能夠代表總體，選出的樣本能否代表其抽樣的總體，都是研究者需要考慮的問題。但是，如果對總體和樣本的特點沒有全面、深入的了解，要做到這一點是非常困難的。

　　2. 資料的準確性問題　個案研究採用多種方法通過多種渠道來收集數據、資料。從不同的方法和渠道獲得的資料的準確性是不同的，因此，在進行信息的整合時就必須對資料的可靠性、準確性進行分析。一般來說，經由對研究對象的觀察、測驗、問卷、訪談等方法直接獲得的數據的可靠性較高，而由他人提供的資料的可靠性和準確性則需要參照其他來源的資料才能作為診斷、矯治的依據。在個案研究的實際實施中，由某些渠道獲取的資料可能會與真實的情況有所偏離或歪曲，例如，由於時間久遠等因素，即使被試自己也可能遺忘許多有價值的事實，遑論他人的回憶；當某些問題涉及個人隱私時，被試可能出於自我價值保護的考慮，使研究者不易取得真實的客觀資料，這些都是研究者應當高度重視的問題。此外，在收集個人生活史資料時，由於個人生活的漫長、複雜的特點，可能使資料收集花費許多時間。

　　3. 數據的統計分析問題　目前心理與教育科學研究中使用的統計分析方法大多是在總體與抽樣、正態分布等假設基礎上發展起來的，這些方法對於個案研究不盡適用，因此研究者發展出一些適用於個案研究的統計分析方法，本章對其部分思想、思路作了簡要介紹。但是，儘管研究者已發展出一些特定的統計分析方法，它們仍遠遠不能滿足個案研究的要求。這也是個案研究方法繼續發展的一個努力方向。

本 章 摘 要

1. **個案研究**是選定一個或一些研究對象，採用多種研究方法對其心理的某些方面進行深入探討的研究方法。個案研究是對研究對象進行研究的最直接的一種方法，在心理與教育科學研究領域中應用廣泛。
2. 根據研究目的的指向性，可以將個案研究分為以個體為中心的個案研究和以群體為中心的個案研究。
3. 個案研究具有原則的全面性和整合性、研究方法的多樣性和綜合性、分析的深入性等方面的特點。
4. 個案研究設計應包括四個部分：研究問題的界定、對個案的界定、研究方法的選擇和結果呈現的方式。
5. 個案研究中主要有兩種分析和解釋資料的方法，其一是針對描述性的資料直接解釋某一事件或現象，這是一種偏於定性的方法；其二是整合重復發生的事件，將之作為一類現象來分析，這是一種偏於定量的方法，兩種方法經常結合起來使用。
6. 研究報告對讀者而言，是幫助他建構知識體系，挖掘意義並得出自己的結論的過程。研究者應嘗試從不同角度對現象作出解釋，並在提出自己觀點的同時指出個案的複雜性，給讀者留下推理、判斷和選擇的餘地。
7. 較多地應用於臨床心理學中的個案研究的程序和內容包括：(1) 研究對象的識別與確定；(2) 有關個案資料的收集；(3) 個案資料的整合與診斷；(4) 矯治或調整的實施；(5) 跟蹤研究或隨訪。
8. **單個被試設計**是個案研究經常採用的研究設計的一種形式，它所涉及的被試通常只有一個，將被試置於無處理和有處理兩種情境下，對因變量進行多次測量，通過考察因變量的變化，作出有關個體行為的較為嚴格的因果推論。這種研究設計一般應用於不要求或不能採用較多被試或不能隨機抽樣的情境。
9. 單個被試設計具有如下五個重要特點：(1) 強調測量的可靠性；(2) 對被試或變量進行反復測量；(3) 詳細描述研究情境；(4) 採用基線與處理情境；(5) 在處理階段只改變一個變量。
10. 個別被試設計克服了其他個案研究的不足、難以重復研究等弱點，採用實驗室控制手段，創設一定的實驗情境，從而對被試的內省報告進行編碼、分析，這樣不僅有定性的資料，又有定量的數據分析，增強了根據結果進行因果推論的可能性及其可靠性。
11. 以正態分布假設為基礎、以大樣本隨機化抽樣為前提、由樣本推斷總體的統計分析思想和方法對於揭示心理與教育現象的一般性和總體規律起著極為重要的作用。但是，在進行統計分析之前，應對個體間是否在所研究的問題或變量上具有最低限度的可比性進行檢驗。
12. 進行**個體水平的統計分析**所需的基本假設是：採用被試內設計，在短時間內，在實驗處理間沒有（或控制了）相互影響的條件下，被試的自身特點（如認知特點）是穩定的；在同一被試身上多次觀測的誤差為正態分布；各次實驗的數據間是近似獨立的。此外，對正態、獨立性假設是否滿足應進行檢驗。
13. 個案研究已被廣泛地應用於心理與教育科學研究的各個領域，並發揮了積極的作用。個案研究有助於對個體進行深入研究，揭示個別差異；是定性研究方法和定量研究方法相結合的方法；有助於有效地進行臨床矯治與個體發展指導。
14. 個案研究的高質量完成需要解決被試的代表性、資料的準確性以及數據的統計分析等方面的問題。

建議參考資料

1. 王學仁、王桂松 (1990)：實用多元統計分析。上海市：上海科技出版社。
2. 王重鳴 (1990)：心理學研究方法。北京市：人民教育出版社。
3. 王登峰、陳仲庚 (1992)：個人化設計在臨床研究中的應用——從個體角度研究個體差異。心理學報，3 期，314～321 頁。
4. 胡佩誠等 (譯，2000)：行為矯正的原理與方法。北京市：中國輕工業出版社。
5. 張蜀林 (1996)：論個體水平的統計分析。心理學動態，4 卷，1 期，18～23 頁。
6. 黃文勝 (1994)：單個被試研究方法。應用心理學，9 卷，3 期，60～64 頁。
7. Anderson, N. H. (1981). *Method of information integration theory*. New York: Academic Press.
8. Colley, A. M., & Beech, J. R. (1989). *Acquisition and performance of cognitive skills*. New York: John Wiley & Sons.
9. Hendrick, C., & Clark, S. (1990). *Review of personality and social psychology* (Vol. 11): *Research methods in personality and social psychology*. Beverly Hills, CA: Sage.
10. Irwin, D. M., & Bushnell, M. N. (1980). *Observational strategies for child study*. New York: Holt, Rineheart and Winston.
11. McMillan, J. H., & Sally, S. (1989). *Research in education: A conceptual introduction* (2nd ed.). Glenview, IL: Scott, Forsman and Company.
12. Stake, R. E. (1995). *The art of case study research*. Sage Publications, Inc.

第四編

收集研究資料的具體方法

在實際研究中,心理與教育科學研究者在確定了研究的問題與思路後,將面臨另一個重要的問題就是如何獲得所需要的信息,也就是說,研究者將採用何種手段來收集有關研究對象的資料,並從中發現規律或對所研究的心理與教育現象做出合理、可靠的解釋。因此,本編將要介紹的研究資料的收集方法是心理與教育科學研究方法的重要組成部分。

本編將著重介紹心理與教育科學研究中應用最多的幾種方法,包括歷史研究法、觀察法、訪談法、測驗法、問卷法等,對這些方法的介紹都將獨立成章。此外,對研究中經常使用的一些儀器和設備,也會予以介紹。

歷史研究法是一個基於與研究主題相關的史料,對過去描述、分析和解釋的系統過程。從時間上來看,既可涉及一年前的材料,也可上溯至若干世紀之前,有著時間上的廣延性。歷史研究法要求研究者從大量文獻中去"發掘"與研究主題相關的材料。研究者要對龐雜的史料鑒別、分析、概括、提煉、抽象和提升,並賦予創造性的解釋,這往往反映出研究者的價值判斷和興趣偏向。因而,在某種程度上,歷史研究是主觀的,需要有藝術的眼光和手法。

一般而言,"觀察"是仔細地檢視,在研究法中是指研究者通過感官或借助於一定的科學儀器,在一定時間內有目的、有計畫地考察和描述客觀對象(如人的各種心理活動、行為表現等),收集研究資料。它強調親身經歷,而非僅僅用眼睛觀察。觀察法是進行心理、教育科學研究最基本、最普遍的方法之一,是收集心理、教育活動數據和資料的基本途徑。隨著現代科學技術的發展和心理、教育科學研究的深入,目前,心理與教育科學研究中所採用的觀察法,與科學發展早期僅僅依靠人的感官進行的觀察相比,無論是在內容、範圍上，還是在設計和實施上，都有了很大的發展。

　　同觀察法一樣，訪談法也是心理和教育科學研究中廣泛使用的基本方法之一。訪談法是研究者通過口頭的談話方式收集研究資料的方法。訪談法由於其靈活性、深入性、直接性，可以獲得較其他方法更為全面、真實的數據和資料，而且訪談員與訪談對象的面對面的互動過程，能夠充分發揮研究者的主動性和創造性。當然，訪談法也有缺陷，其中訪談人員的素質是其有效性能否充分發揮的關鍵。

　　問卷法是心理與教育科學研究最常使用的方法之一。問卷法具有其他方法所不具備的特殊價值。但其優勢的發揮還有賴於對問卷的設計與實施中有關原則與程序的遵循，也就是說，在研究中運用問卷法必須遵照一系列的規範，要考慮到影響問卷的回收率、有效性的各種因素，並採取適當的對策，才能有助於研究問題的解決。當然，問卷法也有其局限性。

　　從某種意義上說，測驗法是問卷法的一種更嚴格的變式，它是用一套標準化的題目，按照規定的程序，通過測量的方法來收集數據資料。測驗法具有間接性、相對性和客觀性的特點。當然，測驗法也有其弱點，如難以揭示變量之間的因果關係，操作困難等。特別是在今天測驗法得到廣泛的應用，其中的某些副作用應引起人們的某些重視。

　　尺有所短，寸有所長；因此沒有理由認為某一種方法必然會優於其他方法。最好的研究方法必須視研究者能否於各種方法間取得截長補短的功效，為達此一目的，本編將具體詳細地介紹上述各研究方法的特點和運用方法，以便讀者能夠將其靈活運用到心理與教育科學研究的實踐中。

第十一章

歷史研究法

本章內容細目

第一節 歷史研究法的性質
一、歷史研究法的概念 323
二、歷史研究法的作用 324
三、歷史研究法的特點 326
四、歷史研究的基本原則與要求 327
五、歷史研究的基本步驟 328

第二節 問題界定與史料收集
一、問題界定 329
二、史料的種類 330
　(一) 直接史料
　(二) 間接史料
三、史料的來源 331
　(一) 文件與檔案
　(二) 大眾傳媒與圖書資料
　(三) 遺物或遺跡
　(四) 口頭證明

第三節 史料鑑別與分析
一、史料鑑別 333
　(一) 史料鑑別的必要性
　(二) 外部考證
　(三) 內部考證
二、史料分析 336
　(一) 理論分析
　(二) 內容分析

第四節 歷史研究應注意的事項
一、研究問題 344
二、史料品質 345
三、史料分析 346
四、撰寫報告 347
五、歷史研究法的可能限制 348
　(一) 歷史研究法本身的限制
　(二) 歷史研究法在心理與教育研究應用中的限制

本章摘要

建議參考資料

歷史研究法是心理與教育科學研究方法的一大類別，將過去發生過的心理與教育現象、事件及其記載為研究對象，遵循系統且嚴謹的程序，探討心理與教育現象的因、果或趨勢的一種方法。它不僅是一種收集研究資料的方法，而且也是一個解決待答問題或檢驗研究的完整研究過程，在心理與教育科學研究中發揮著獨特的作用。本章重點介紹歷史研究法的特點與步驟，同時說明對歷史資料的分析方法。

與觀察法、訪談法、問卷法等方法不同，歷史研究法有其獨特的特點，這種方法的特點主要表現在三個方面：(1) 從研究資料的收集過程看，歷史研究法是以"發掘"為主；(2) 從研究資料的形態而言，歷史研究法所面對的資料是靜態的、固定的；(3) 從研究方式看，歷史研究法是一種綜合性的研究方法。因此，它對研究者的理論思維有較高的要求，要求研究者必須以發展的、相互聯繫的觀點來分析史料，切忌帶有先入為主的偏見，更不可隨意將當代的觀點、術語等強加給歷史。

問題的界定與史料的收集是歷史研究法的基礎。在問題界定時必須以史實為基礎，對所研究的假設進行準確、深入地剖析。而在問題確定之後，收集相關的史料就成為關鍵。通常研究的史料主要包括兩類，一是直接史料，一是間接史料。而史料的來源通常包括文件與檔案、大眾傳媒與圖書資料、遺物與遺跡等。

對於收集到的史料，在認真鑑別的基礎上，史料分析就成為歷史研究的關鍵。史料分析一般包括兩種類型，一是理論分析，即通過分析、抽象、概括等理論思維對史料進行理論加工；二是內容分析，即對史料的量化分析過程。其中，內容分析在心理與教育科學研究中受到廣泛的重視，這主要是受心理學研究的定量化要求的影響。

歷史研究法是一種非常有價值的研究方法，但是這種方法比較複雜，因此，研究者還很少採用，應當引起重視。

本章旨在使讀者通過閱讀了解以下問題：

1. 歷史研究法的概念與特徵。
2. 歷史研究法中研究問題應如何確定。
3. 歷史資料的收集方法與注意問題。
4. 歷史資料應如何鑑別。

5. 歷史資料的分析方法與步驟。
6. 歷史研究法應注意的問題。

第一節　歷史研究法的性質

　　歷史研究法作為心理與教育科學研究中的一種方法，有別與觀察法、訪談法、問卷法等方法，其獨特之處可以從以下各方面來認識。

一、歷史研究法的概念

　　心理與教育科學研究中的**歷史研究法** (historical method) 是指以已經發生過的心理與教育現象、事件及其記載為研究對象，遵循系統且嚴謹的程序，探討心理與教育現象的因、果或趨勢的一種方法。

　　無論是作為社會現象的教育，還是作為個體現象的心理，都有其發生和發展的過程。就教育而言，它是對文化的繼承、傳遞和延續，教育活動的發展與人類歷史並進，今日的教育是由昨日的教育演變發展而來的，而今日的教育又是明日之教育的前奏。因此，研究教育現象不僅要了解今天，還要審視昨天，唯有如此，才有可能更好地把握明天。在教育研究與探索中，是從過去教育的方略，分析研究人類行為演變的經過，從而增進對現代人行為的了解，並進而提供線索以對未來變化的預測，則為教育的**歷史研究** (historical research)。就心理而言，它是個體發展的重要內容。作為一個有認識和思考能力並掌握一定社會規範的社會成員，是由一個初生時不知、不識的弱小個體發展而來的。今日的"我"就是昨日的"我"的昇華與寫照，同時也是明日的"我"的"胚芽"。因此，研究個體心理發展，要認識現狀，預測未來，了解過去是有必要的。也正因如此，歷史研究法在心理與教育研究中大有用武之地。

　　然而，與其他研究方法相比，歷史研究法在心理與教育科學研究中尚未得到足夠重視，許多人對歷史研究的看法尚有偏頗之處，無法體認歷史研究法也是揭示心理與教育現象本質、規律的一種科學方法，因而，也就更談不上認識歷史研究法的現實意義和價值。其根本原因在於對歷史研究法的了解不夠，認識不足。

二、歷史研究法的作用

　　歷史研究不僅是一種收集研究資料的方法，而且也是一個解決待答問題或檢驗假設的完整研究過程，在心理與教育科學研究中發揮著獨特的作用，主要作用表現在如下幾方面：

　　1. 歷史研究是提出研究課題、形成研究假設的重要途徑　心理與教育科學研究的課題固然可以從現實需要中選取、確立，然而，歷史文獻也是課題選擇的重要源泉。這是因為人類獲取知識、認識真理是一個連續不斷積累和發展的過程，儘管科學研究貴在創新，但是，"新"是相對於"舊"而言的，人類認識的發展是一個"破舊立新"的過程。從心理與教育科學研究看，既往研究成果也可以謂之史料，由於當時認知水平、知識積累程度以及研究條件等多種因素的限制，有許多"舊"處待"破"。比如，文獻研究中經常會發現許多研究在方法學上存在嚴重問題，抽樣偏差、變量控制不嚴格、統計分析不恰當等都是常見的毛病。文獻探究經常還會發現針對同一問題有不同研究結論，甚至是相互矛盾的結論等等。實質上，歷史研究過程中發現的問題，也就是新的研究課題。

　　2. 歷史研究對當前新的研究有重要指導作用　心理與教育科學研究中的歷史研究，最重要的形式是文獻研究，不僅是文獻的閱覽，也包括文獻的探討，即回顧、整理、檢討、評價等。在文獻探究中，研究者從中可以了解心理與教育科學研究的動向，從而為確立研究方向提供參考。不僅如此，研讀具體的研究報告，還會對當前研究設計、方法選擇等有新啟發，避免重復，少走彎路。新的研究結果與文獻中同一研究課題的研究結果做比較，有助於更深入、更全面地認識研究問題。

　　3. 運用歷史研究法可以對一些特殊問題進行研究　所謂"特殊問題"，主要是指比較適用於歷史研究法的研究問題，包括有：(1) 大時間跨度問題。例如，研究中國文字的演變過程，從最早有文字記載的甲骨文到今日使用的字體，其間經歷了數千年。很顯然，只有通過歷史的考證與比較，才有可能發現中國漢字演變過程中經歷的階段，變化的趨勢；再比如，研究歐美師範教育制度的變遷，從最初設立專門培養師資的師範院校，到逐步減少專門的師範院校，其間也經歷了相當長時間，對這種時間跨度大的課題，唯有歷史研究法才可能有所作為。(2) 倫理性問題。心理與教育科學研究的對象是人，因此，心理與教育科學研究必須遵循的最重要原則之一便是倫理原則。這使得心理與教育研究對一些問題的探討，只有借助於對一些特殊的歷史事件分析來進行。例如，研究缺碘對兒童智力發展的影響，為檢驗這種影響，無法以實際控制兒童碘的攝入量來觀察缺碘的影響。只有尋找有關此類現象的記載，從中探討二者之間的聯繫。再比如，研究環境刺激剝奪對兒童早期發展的影響，同樣，出於倫理上的考慮，是絕不允許研究者人為製造刺激剝奪的環境條件，觀察其對嬰兒發展的影響。但研究者可以通過搜索曾發生過的此類事件來研究這一問題。例如，歷史上有關"狼孩"的報導與記載就是研究的重要素材。(3) 不可重復的問題。無論是為了了解現狀的描述研究，還是以預測為目的的實驗研究，均具有可重復性。尤其是實驗研究，可重復性還是檢驗研究質量的重要指標之一。然而，在心理與教育科學研究中，還有許多問題是不可重復的，例如，研究美國經濟大蕭條、海灣戰爭等重大歷史事件對人的心理與行為的影響。今天不可能為了研究而"重演"這些事件，只能根據各種的記載甚至傳說等史料來加以研究。

4. 歷史研究可以擴大視野，提高研究者的專業理論水平　就心理學的發展歷史而言，它實質上反應了人類關於心理現象的認識發展。今日心理學中的概念、理論乃至流派，都是從古代心理學到近、現代心理學的發展過程中，浪裏淘沙，逐漸積澱而成的。因此，歷史研究不僅使研究者得知其流，也知其源。就教育科學的發展史看，主要反映了教育制度、教育思想的演變與發展，一種制度對另一種制度的揚棄與超越，一種思想對另一種思想的批判與繼承，實質上都反映了教育科學發展過程中的縱向聯繫。因此，研究教育的發展史可鑑古而知今，繼往開來。由此而言，歷史研究不僅可以豐富知識，擴大視野，而且在比較、分析、綜合、評價的過程中可以增強理論思維。歷史研究法之所以表現出上述作用，是由其特點所決定的。

三、歷史研究法的特點

與心理與教育研究中的觀察法、訪談法等方法相比，歷史研究法有如下一些特點：

1. 歷史研究以發掘資料為主 從收集研究資料的過程看，歷史研究法是以"發掘"為主，而其他方法則是以"製造"為主。歷史研究是指向過去的，研究所需資料、事實業已存在，研究者的任務就是依照研究目的，通過各種途徑去尋找這些資料，然後加以整理分析。例如，研究某位歷史人物的生活歷程，傳記作家的首要任務就是通過訪談有關人員、查閱該人的檔案記錄、日記、信件等，了解曾經發生在該人身上的重要事件。而以當前狀況為主的觀察、問卷、測量、實驗等研究方法，要麼是設計一個標準去評量對象的行為活動以獲得數據，或人為設置問題、設置情境來引發被試的活動，從而取得所需數據。因此，從一定意義上講，這些研究方法是依照一定模式在"製造"數據和資料。

2. 歷史研究收集的資料是靜態的 從收集到的資料的形態來看，歷史研究收集到的資料是靜態的、固定的、不可變更的，而其他研究方法收集到的資料具有相對的動態性。歷史是已發生過的"往事"，是什麼樣就是什麼樣，不會以後人的意志為轉移。例如，中外歷史上出現過的多種形態的教育制度、政策，發生過的重要事件，眾多教育家及其思想，都是定型的材料且是不可變更的。而用實驗、觀察、調查等方法收集到的數據在一定程度上是研究者具體決定的，諸如樣本來源、取樣大小、測量工具的選擇等，如果一次研究採集的數據不合目的，通常還可再做補充。因此，這些數據具有相對的動態性。

3. 歷史研究可以進行綜合性分析 對於收集到的資料，根據歷史研究的目的，即可以進行定性分析，如分析與綜合、抽象與概括等。也可以將定性和定量相結合進行分析，如下文要介紹的內容分析，即可以進行橫向比較，也可以進行縱向分析，如某種流派的產生、發展。

四、歷史研究的基本原則與要求

運用歷史研究法進行心理與教育科學研究，除了應遵循心理與教育科學研究的一般原則外，由於歷史研究的上述特點，還有一些特殊的要求予以強調。主要包括如下幾點：

1. 歷史研究的研究者須具有較高的理論思維能力 歷史研究是以理論研究為主，因此對研究者的理論思維有較高的要求。例如，弗洛伊德是一位廣為人知的偉大人物，儘管他創立的精神分析學派對心理學的發展產生了眾大影響，然而對他的爭議也從未停止過，支持、稱讚、崇拜者有之，懷疑、斥責、反對者有之，歪曲本意、全面反對者有之，信以為真、盲目崇拜者有之 (車文博，1996)。如何對內容龐雜、分支繁多、見解奇特的精神分析學派進行全面、客觀的認識、分析、評價，其客觀的要求就是以歷史的眼光去審視，以客觀的態度去剖析，以精深的思維去定位。而這一切又都必須以較好的專業素養、高水平的理論思維為前提。

2. 歷史研究必須以發展的、相互聯繫的觀點來分析史料 例如，馮特是心理學中里程碑式的人物，研究他的心理學思想對認識科學心理學的誕生有著重要意義。然而，如果看不到他那個時代自然科學取得的成就，僅就其思想而論，是無法正確認識他創造心理學實驗室、提出實驗心理學的歷史功績。因為在哲學上，他是新康德主義，他的心理學體系是唯心主義大雜燴 (李漢松，1988)。只有將其置於特定的歷史背景中去考查才有可能充分認識到他對科學發展的積極推動作用。

3. 歷史研究切忌先入為主 求得真事實是保證歷史研究結果客觀可靠的重要前提。因此，要避免用某種理論框架或模式去套心理與教育史事，否則，歷史研究的結果就是一種偏見。例如，波林 (Edwin Garrigues Boring, 1886～1968) 在 1929 年撰寫《實驗心理學史》一書時，他是按馮特實驗心理學的模式去搜集資料，編纂歷史著作的，因此，弗洛伊德的精神分析以及應該載入史冊的其他人物和事件均被排除在外，儘管波林在 1960 年的修訂版中對此作了彌補和改正，但已被定型的《實驗心理學史》框架所限，仍然無法給弗洛伊德應有的地位，只是將精神分析與吳偉士 (Robert

Sessions Woodworth, 1869～1962) 的動力心理學、麥獨孤 (William McDougall, 1871～1938) 的目的心理學拼湊成"動力心理學"，讀起來讓人有名不副實、削足適履之感。

4. 歷史研究不可隨意將當代的概念、觀點、術語等強加在歷史上 如"啟發式教學"是現代的教育名詞，現代的觀點，雖然《論語》中有"不憤，不啟；不悱，不發；舉一隅，不以三隅反，則不復也"(論語·述而)的說法，但是只評這一條史料是否足以證明中國早有啟發式教學？除非有更多的史料，以及史料歸納出的內涵與現代概念的內涵相通，否則，實不宜輕下斷論。

五、歷史研究的基本步驟

不同的研究者在針對不同的研究對象進行歷史研究的過程中會有不同的做法，但其基本步驟有共同之處。一般說來，對任何課題進行歷史研究，都始於問題界定，以形成結論為終結，其間包括收集史料、鑑別史料、綜合史料、分析解釋及形成結論幾大步驟（如圖 11-1 所示)。在具體研究過程中，這幾個步驟雖然可以反復、交叉進行，但一般不宜缺少其中任何一個環節。本章以下各節將對歷史研究的幾個重要環節予以介紹。

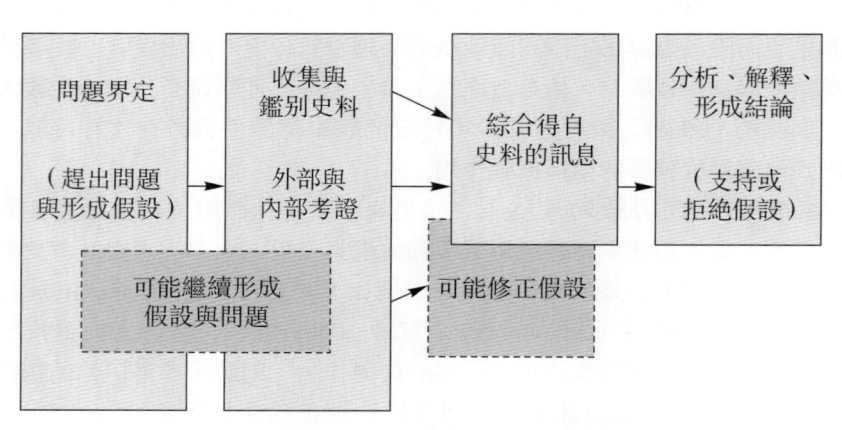

圖 11-1　歷史研究的步驟
(採自 Wiersma, 1986)

第二節　問題界定與史料收集

　　科學研究是從問題開始，問題推動研究、指導研究；豐富的資料可以幫助研究者把握研究的主導方向，從而提高研究的效率與可靠性。所以下面先要討論歷史研究基本步驟中的問題界定與史料收集。

一、問題界定

　　如同其他類型的心理與教育科學研究，歷史研究同樣是以界定問題或提出問題，形成假設為起點。由於歷史研究法的特殊性，較之其他研究的界定問題，有幾點應予以特別注意。

　　1. 提出問題，形成研究假設，必須以史實為研究依據　研究問題或假設涉及的具體內容諸如人物、理論、觀點、事件、制度等，都必須是歷史上曾經出現或發生過的。否則，歷史研究就無從談起。例如，研究美國教育歷史有這樣的假設："19 世紀美國教育家對歐洲學校制度的考察，對美國教育實踐有重要影響"。針對這條假設，它的史實依據就是 19 世紀美國教育家曾對歐洲的教育進行考察，如果歷史上沒有此事件，或美國教育家對歐洲教育的考察不是在 19 世紀，那麼，此項研究就不能成立。相對來講，其他類型研究的假設則可以是設想的。例如，在漢字認知研究中，可以假設漢字認知過程是圖形編碼，也可以假設是聲音編碼，還可以假設是語意編碼。研究者的任務就是去檢驗哪種假設是存在的。

　　2. 在歷史研究中，研究假設通常不是數量的表達，而多為質的剖析　在歷史研究中，研究假設是對事物特徵、起因、環境影響及研究過程中出現的現象的推測。例如"美國 90 年代的教育改革既是 80 年代教育改革基本目標和思想的延續，也是對這一時期確立的某些改革政策的調整，還是在反思十數年來教育改革歷程的基礎上，對美國新世紀教育發展方向的認定"。

3. 在歷史研究中，問題界定時常犯的毛病是過於寬泛或模糊　若題目失之過寬，則容易造成史料不足，產生掛一漏萬的結果。為此，要參照一定的範疇來界定問題。例如，對教育運動或教育事件的研究，可以考慮：事件發生在何處？何時發生？涉及哪些人？有些什麼樣的活動？藉此，可以修改、調整題目的大小，使之寬狹適中，比如，涉及的人、物可以增加或減少，空間範圍可以擴大或縮小，時間跨度可以延長或縮短，人之活動範疇可以增廣或縮小。

二、史料的種類

所謂**史料** (sources)，對心理與教育研究而言，主要是指以文字或非文字形式保存下來的，對於探討心理與教育規律有一定歷史價值和資料價值的事實材料。史料種類繁多，並有各種不同的分類，但最常見的分類是依內容性質的分類，即直接史料與間接史料。

（一）　直接史料

直接史料 (或**原始資料**) (primary sources) 是指歷史事件當事人 (或參與者) 與直接觀察者所提供的報告，或留下的各種記錄以及使用過的物體。此種資料與已經發生的事實有直接聯繫，能夠比較好地反映事件的原貌，同時，相對與間接史料，也更為可靠。直接史料包括如下幾種：

1. 當事人直接的觀察與回憶　例如 "南京大屠殺" 倖存者的回憶，便是日本人屠殺中國人的罪行的直接證據，也是這段歷史的真實記載。此類資料最為珍貴，最有價值。

2. 同時代人的記載　例如，傳記作家在撰寫某人的傳記之前，要對傳記人物的同事、朋友、家人等進行訪問，訪談對象所報告的發生在他與傳記人物之間的事件就屬於直接史料。

3. 一切與事實有直接關係的史料，如遺物　如探討我國 "新教育" 的建立與發展，清末民初所遺留下來的當年的 "學堂"、照片等物，均屬直接史料。

直接史料是歷史研究中最重要的資料，它直接影響到歷史研究結論的可靠性。然而，直接史料往往又是不易搜集的。

(二) 間接史料

間接史料(或**次級資料**) (secondary sources)，是指由非直接參與或非直接觀察到事件發生的人所做的報導，或他所留下來的文件記錄，由於此類史料來自於非直接觀察或參與者，因此，其可靠程度較低，甚至在轉述、傳達過程中還會出現曲解或更改。

在心理與教育科學研究中有大量間接史料，如各個時期人們撰寫的教育史、教育思想史等，都是在對有關資料編纂、加工的基礎上寫成的。

直接史料與間接史料的劃分是相對的，例如，一般教育史教科書都屬於間接史料或轉手資料，但如果要研究 20 世紀以來教育史教科書的演進，則這些間接史料就變成了直接史料。此外，有時直接史料與間接史料會產生混淆，例如一篇報告中可能包括報告撰寫者直接觀察的描述，也可能包括他人對報告撰寫者的描述。因此在歷史研究過程中，要對具體問題具體分析。

三、史料的來源

史料的具體形態是多種多樣的，其分布也是非常廣泛的。但概括起來，其主要來源有如下幾方面：

(一) 文件與檔案

人類的思想、活動以及社會現象，經語言或文字形式加以保存，即成為**文件** (document)；若有系統的整理並保存文件，即成為**檔案** (archives) (吳明清，1998)。教育方面的文件與檔案是非常豐富的，它包括有：

1. 政府機關的文件與檔案　政府機關保存和發行的所有文字材料，都是可供研究的文件。就教育研究而言，比較重要的文件有國家或地方頒布的教育法規、管理條例、教育年鑑、重要的會議記錄、公報、下級向上級主管部門上報的各種報表、各教育行政單位的工作總結、人事任命通知、教育發展規劃等。

此外，各類學校保存的資料也是很有價值的，如學生學籍管理登記表、成績單、校刊、校報、學生大事記、教職員工的人事檔案、學生守則、課程設置、教學安排、各種考試比賽結果、師生的創作等。

一般來講，上述資料保存都是比較完好的，也較易查找。目前，中國已經初步形成了一個龐大的縱橫交錯的檔案館網絡，中央級檔案館有三個，即中央檔案館、中國第一歷史檔案館、中國第二歷史檔案館。中央各大部委、各級教育行政部門、各高校等都設有檔案館，有專人負責檔案管理工作。因此，利用檔案館查找資料是比較便利的。此外，大型圖書館、博物館、紀念館等也都保存不同程度的各種文件與檔案。因此，文件與檔案可以作為歷史研究資料的重要來源。

2. 個人檔案　除政府的公文性文件、檔案之外，個人的檔案材料也是史料的重要來源，主要包括私人信函、讀書札記、日記、傳記、自傳、演講記錄、供職記錄、重要生活事件的記錄，還包括藝術作品在內的各種作品。這些資料往往比較分散，只有少數建有紀念館、博物館的人，他們的個人文件、檔案材料比較齊全，保存比較完好。

(二)　大眾傳媒與圖書資料

記錄和反映史實的不僅有文件檔案，報紙、雜誌、廣播稿、電視節目以及電影等媒體的許多內容也都涉及到史實的記載，因此，也是史料的重要來源。例如，報紙廣播電視中的新聞內容都是對重要歷史事件的記載。此外，專著、教材、文集、史書、叢書、地方誌、工具書等各種圖書資料中也蘊含有豐富的、有歷史價值的信息，也可從中搜集所需資料。例如，研究中國古代心理學史，主要就是對保存下來的一些思想家、教育家的著作進行研究。

(三)　遺物或遺跡

遺物 (relics) 或**遺跡** (remains) 均是過去留下來的東西，而且不是為了傳遞有關信息而刻意製造的。如果説，上述兩種來源所獲得的資料均有人的主觀加工之痕跡，那麼，遺物或遺跡則是直接傳下來的真實物體，是非常實在、客觀的。因此，遺物或遺跡之類的有形之物通常比記錄更為可信。然而，對遺物或遺跡的考察是不可孤立進行的，還必須與記錄相結合。例如，在學校裏找到一件過去用來懲罰學生的東西，可以對它的大小、形狀、材質等物理特徵進行描述，但是，要解釋它是什麼，以及這東西如何、何時、為何而用，則需在過去的有關記錄中找線索。

(四) 口頭證明

口頭證明(或口頭證詞) (oral testimony) 指的是事件的目擊者和參與者的口頭敘述，主要是通過個人訪談而獲得的。當目擊者或參與者敘述自己的親身經歷時，要立即記錄下來。訪問的對象可以包括行政人員、教師、學生、家長和一般市民等。

第三節 史料鑑別與分析

史料鑑別與分析也是歷史研究的重要步驟，因為史料鑑別是對收集的資料進行質量審核與評價；審核史料的完整性、齊備性與合理性；評價史料的可靠性及其程度。之後才可進一步分析和解釋史料，從而獲得對事物本質規律的認識。

一、史料鑑別

如前文所述，歷史研究的資料是"發掘"而來的，研究者不是資料的直接"製造者"，所以，歷史研究可謂是取他山之"石"來攻心理與教育規律之"玉"。"玉"可否被攻破，一個重要的前提是他山之"石"的質量，即史料的真偽與可信與否。辨別史料之真偽與可信程度的過程即為史料鑑別。

(一) 史料鑑別的必要性

如果説史料收集是歷史研究的必要條件，即有之未必然，無之則不然，那麼史料鑑別則是歷史研究的根本保證。沒有真實可靠的資料，就無法得到真實、可靠的結果。然而，由於種種原因，研究者所收集到的史料並非都是真實可靠的,因此,必須進行鑑別,去粗取精,去偽存真,為史料分析奠定一個真實可靠的基礎。

導致史料失實的可能原因有:

1. 史料記載者因金錢的好處、黨派的利益、民族的自尊等原因而使記載失諸偏見。
2. 史料記載者的知識素養與文字能力所限,無法將複雜曲折的事實清楚而正確的表達出來。
3. 史料記載者在事件中所扮演的角色使之記載失之於選擇性,如若為了事件中的受益者,則會極力為其行為變化,行歌功頌德之能事。若為受害者則會以激烈的言辭針砭時弊。
4. 後人傳抄、翻譯過程中疏於校勘,造成文字上的衍、脫、訛、倒等錯誤。
5. 後人在引用評述史料時,斷章取義,或曲解、潤飾等做法使史料受到"污染"。
6. 處於政治的、經濟的、個人情感的諸多原因,後人偽造史實。

不管出於何種原因,史料失實的現象是存在的,因此,史料鑑別是歷史研究不可或缺的重要一環。史料鑑別主要有兩種,即外部考證與內部考證。

(二) 外部考證

史料的外部考證旨在判定其真偽或完整性,涉及的主要問題有:(1) 真正的作者是誰;(2) 出自何年代;(3) 在什麼地方完成的;(4) 寫作或創作的背景是什麼;(5) 是原版還是修訂版。

史料辨偽是我國西漢以來學者治史的一種傳統方法,經過長期的經驗積累,到了明代,胡應麟在《四部正訛》中將其歸納成系統性的知識,後經梁啟超發揮,提出了鑑別偽書的十二條公例,特錄於下:

1. 其書前代從未著錄或絕無人徵引而忽然出現者,十有九皆偽;
2. 其書雖前代有著錄,然久經散佚,乃忽有一異本突出,篇數與內容等與舊本完全不同者,十有九皆偽;

3. 其書不問有無舊本，但今本來歷不明者，即不可輕信；
4. 其書之緒，從他方面可以考見，而因以證明今本題某人就撰為不確者；
5. 其書原本，經前人稱引，確有佐證，而今本與之歧異者，則今本必偽；
6. 其書題某人撰，而書中所載事跡在本人後者，則其書或全偽或部分偽；
7. 其書雖真，然一部分經後人竄亂之跡即確鑿有據，則對其書之全體須慎加鑑別；
8. 書中所言確與已知事實相反者，則其書必偽；
9. 兩書同載一事絕對矛盾者，則必有一偽或兩俱偽；
10. 有文體之時代特徵可以斷偽；
11. 書中所言時代狀態與情理相去懸絕者，即可斷偽；
12. 書中所表現之思想與其時代不相銜接者，即可斷為偽。
（梁啟超，1975，85～87頁）

此外，隨著科學技術的發展，辨偽證真的手段不斷得到改進，新方法、新技術不斷湧現。例如，利用放射性同位素的衰變規律來測定出土文物的產生年代，既客觀又準確。

（三） 內部考證

史料的內部考證旨在確定史料本身的意義，評判其正確性與可信程度。外部考證著重依據史料的形式而進行，而內部考證則主要是對其具體內容進行分析判斷。例如，我們要研究蔡元培的教育思想，收集到他的幾篇演講稿作為材料進行分析，經過外部考證，確認演講稿係出自蔡元培之口，然而，這是不夠的，還要就講稿的具體內容進行分析，以辨明講稿內容是蔡元培一貫主張的教育思想，還是與特定時機、場合、情緒狀態下的即席之言，易言之，這些講稿可否代表蔡元培的教育思想，或在多大程度上反映的是蔡元培的教育思想。再比如，在"文化大革命"期間，有一些心理學家也寫了批判心理學的文章，這些文章是確實存在的，然而，其內容很有可能是迫於政治形式之壓力的違心之作，由此可見，對史料進行內部考證是很有必要的。內部考證主要涉及以下幾個問題：

1. 確定史料本身的意義 要進行內部考證，首先要能辨認史料中的文字符號。例如，在河南安陽殷墟發掘出大量甲骨文，研究者需要了解每個甲骨文是什麼意思？相當於今天的哪個漢字？然後才有可能根據甲骨文的記載研究那個時代的歷史。只有"讀"懂了史料，才可能對其進行內部考證。

2. 區分史料的字面意義與真實意義 在許多古老的史料中，由於陌生的和已經廢除的詞語以及所關聯的奇怪制度和風俗習慣，使人難以決定他們的真實意義。在現代史學中，我們不難發現修辭學和文學上的技巧，如寓言、象徵手法、反語法、諷刺文學、俏皮話、隱喻法、誇張法等等，所運用的詞語的字面意義與其真實意義並不相同。因此，為了決定史料的真實性、正確性，區分字面意義與其真實意義，對它們進行內部考證是必要的。

3. 對史料品質的評判 史料的品質主要是指它的客觀性與公正性，即有無偏見、歪曲、篡改等跡象，準確性與全面性，即有無遺漏、誤差，內部一致性，即有無自相矛盾之處。

外部考證與內部考證是針對鑑別目的而言的，與研究史料的特定程序無關。外部考證與內部考證並沒有先後順序之分，可以先外部考證，然後內部考證，反之亦可，兩個過程同時進行也可以。外部考證為了探求原作者的根源，有時也通過研究文獻的內部引用它的內部證據。內部考證在決定文獻內容的正確性時，也可以運用有關原著者、撰寫的時間地點等外部證據。

二、史料分析

收集鑑別史料是歷史研究的基礎工作，對史料進行加工、整理，從中獲取對事物本質規律的認識，才是研究的目的。對史料的分析方法主要有兩種類型，一種為定性的理論分析，另一種為定性、定量相結合的內容分析。

（一） 理論分析

理論分析 (theoritical analysis) 是一種思辨方法，主要是通過分析、綜合、抽象、概括等理論思維對史料進行理論加工。理論分析可以達到以下三個目的：

1. 整理、排列史料，理清發展線索　經過考證的史料未必是有組織的材料，往往是零散的、不連貫的，對史料的最初級的分析，就是使之條理化。可以按年代先後順序來組織材料，也可以按研究的主題來組織材料。例如，研究蒙台梭利 (Maria Montessori, 1870～1952) 的兒童心理學思想，收集到的史料不僅有她讀書求學的檔案，還有她創辦的學校、幼兒園以及她的著作。得到各部分史料的先後順序與她的人生經歷的時間順序並非一致，待史料收集、考證之後，就可以按時間順序把新的史料連貫起來，然後再做進一步分析。例如按她從事的教育活動的情況，可以把她的兒童心理學思想劃分為三個階段 (朱智賢、林崇德，1988)：即蒙台梭利初期的教育活動，主要是在廣泛學習的基礎上開展教育事業，並創立蒙台梭利教育體系；蒙台梭利中期的教育活動主要是進一步觀察、了解兒童，宣傳"教育必須適應兒童的天性"；蒙台梭利後期的教育活動主要是呼籲"通過教育的改造，促進世界和平"。

2. 由具體到抽象，歸類概括　研究者所得到的史料都是個別的、具體的，史料分析的第二個層次就是對個別的、具體的史料進行分析、綜合，找出它們的相同點和不同點，進行歸類。例如，美國著名社會學家托馬斯和茲那尼茨基 (Thomas & Znaniecki, 1918) 進行的對農民信件分類學研究就是一例 (楊小微、劉已華，1994)。兩位研究者對在美的波蘭移民及他們在波蘭的親屬寫的大量的信件進行研究，最後把信件歸為五類，即：(1) 儀式信，操辦婚喪嫁娶時發出，通常是邀請所有家庭成員出席；(2) 通告信，在成員一時無法會面的情況下，提供關於缺席成員生活情況的詳細信息；(3) 動感情的信，其任務是激活個人的感情，加強家庭的團結；(4) 文學信，在舉行儀式時，用撰寫詩文的方法，代替音樂演出和詩歌朗誦；(5) 事務信，對事物進行歸類，也是對事物本質認識的結果表現，對史料進行歸類，意味著研究者對史料的認識已經由具體上升到了抽象水平。

3. 由抽象到具體，把握規律　歷史的根本特點在於它的發展性，因為時間是永恒的，因此，任何歷史事件都不是孤立的、靜止的，它不僅有前奏，還有結束後的後續。用相互聯繫的發展的觀點去分析歷史事件，從中得出規律性，乃是歷史研究中史料分析的最高級水平。以朱智賢、林崇德所著《兒童心理學史》(1988) 為例，該書以三個層次來組織史料，從中探索兒童心理學發展規律：

第一個層次,從四個方面來闡述各個兒童心理學家的思想,即 (1) 關於心理發展條件的認識;(2) 關於心理發展動力的認識;(3) 關於教育與發展關係的認識;(4) 關於發展的年齡特徵與個體差異的認識。

　　第二個層次,兒童心理學發展的階段,即:(1) 19 世紀後期之前為準備時期,在近代社會發展、近代自然科學發展、近代教育發展推動下,經過許多科學家對兒童研究的促進,終於在 19 世紀後期誕生了科學兒童心理學;(2) 從 1882 年德國人普萊爾發表《兒童心理》到第一次世界大戰,為兒童心理學的形成時期。在這期間,自然科學的實驗方法,強調精確的定量分析的思想,對兒童心理學家也產生了一定的影響,他們變思辨為實驗,對各種兒童心理發展的事實,進行科學考察;(3) 兩次世界大戰期間,為兒童心理學分化和發展時期。一方面,不同觀點、不同風格的兒童心理學流派、理論不斷湧現,著作大量出版,另一方面是研究機構的建立。課程設置。這都標明兒童心理學已逐步達到比較成熟的階段;(4) 二次世界大戰以後為兒童心理學演變、增新時期。因為二次世界大戰以後,科學技術突飛猛進,新的技術、新的手段不斷被兒童心理學所採納,科學的發展趨勢由強調分析轉向綜合,自然科學、社會科學開始融合,致使兒童心理學中各種理論觀點開始相互吸收,提出新的更全面的看法。

　　第三個層次,兒童心理學發展的內在機制。兒童心理學何以產生、何以表現出既聯繫又不同的階段?向前發展的根本動因是什麼?著者在解決這些問題時,既不贊同"偉人決定論",也不贊同"時代精神決定論",而是把兒童心理學發展的規律總結為:(1) 社會存在決定社會意識,社會意識對社會存在有重大反作用;(2) 事物是普遍聯繫的 (申繼亮,1990)。

(二) 內容分析

　　內容分析最初為傳播學中應用的一種研究方法,後來廣泛應用到其他社會科學研究之中,在心理與教育領域也有廣泛應用,例如對教科書難度的分析、對學生作業錯誤形式的分析、對各級各類考試題目的分析等。對史料進行內容分析,僅是這種分析方法在心理與教育研究中應用的一種。

　　在歷史研究中,**內容分析** (content analysis) 就是對收集到的且已經考證過的史料進行量化的過程,主要在解釋某特定時間某現象的狀態,或在某段期間內,該現象的發展情形。實施內容分析有如下幾種設計模式 (李秉德、檀仁梅，1986)：

1. 第一種模式：A-X-T 模式　分析同一資料來源比較不同時間的抽取樣本，以觀察發展趨勢。圖 11-2 中 A 代表同一資料來源，X 代表同一內容變量 (分析類目)，T 代表從不同時期中抽取樣本。這種模式適用於**趨勢分析** (或**趨向分析**) (trend analysis)，即對一變項，在連續不同時間重復測量，然後再加以統計分析，從而觀察是否循一定方向有所改變的趨向，例如，研究某學者學術思想發展過程，就可採用這種分析模式，選取他不同時期的代表作作為分析資料，分析比較他的某種觀點的演變過程。

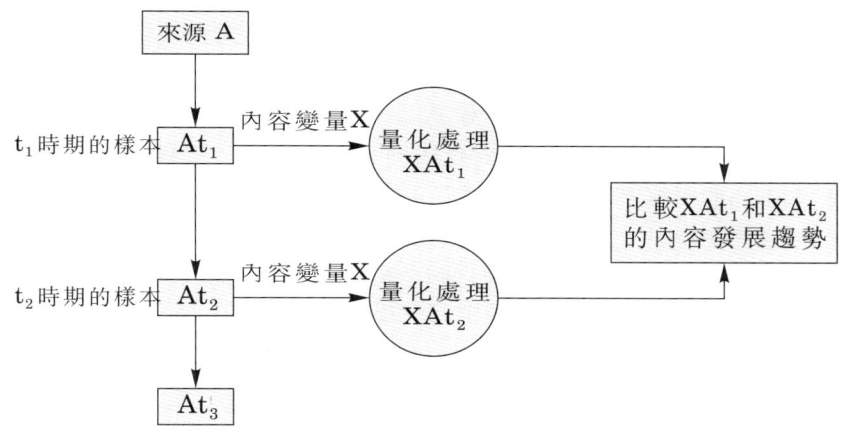

圖 11-2　A-X-T 模式
(採自 李秉德、檀仁梅，1986)

2. 第二種模式：A-X-S 模式　分析同一資料來源，比較在不同情境下的資料內容，以推論變化因素。圖 11-3 中，A 代表同一資料來源，X 代表同一內容變量 (分析類目)，S 代表對象在不同情景時所顯示的資料內容。這種模式適用於**意向分析** (intentional analysis)，即對一個資料的來源進行分析，比較這一資料在不同情境下的內容，以推論其變化的因素。例如，研究某位優秀教師因材施教的能力就可採用這種分析模式。選取該位教師在水平不同的班級講授同一內容的教學活動作為分析資料，比較分析他的

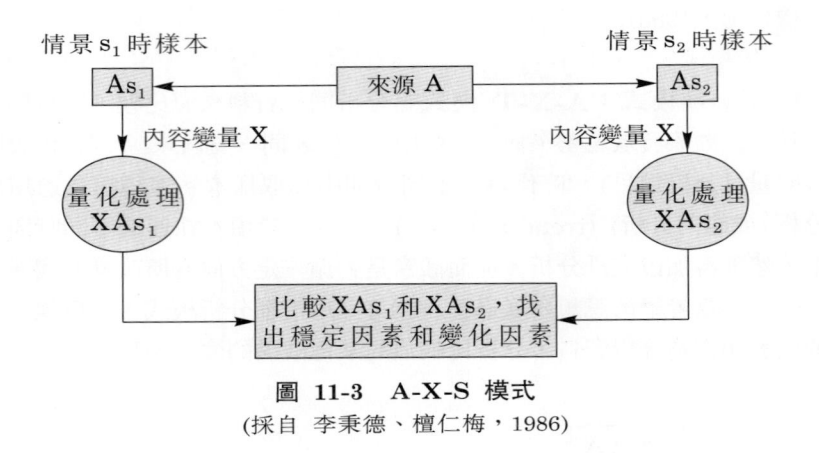

[圖 11-3 A-X-S 模式]
(採自 李秉德、檀仁梅，1986)

教學模式、教學策略的異同。

3. 第三種模式：A-X-Y 模式 分析同一資料來源比較不同資料內容的相互關係。圖 11-4 中，A 代表同一對象，同一資料來源，X、Y 代表兩個不同的內容變量。這種模式比較適應於**意向分析**。例如，為研究某學者的學術思想特點，可以選擇該學者在對不同領域或不同的議題所發表的文章做樣本，通過內容分析，研究它們之間的關係，從而判斷該學者的主導思想，甚至立場和觀點的穩定性。

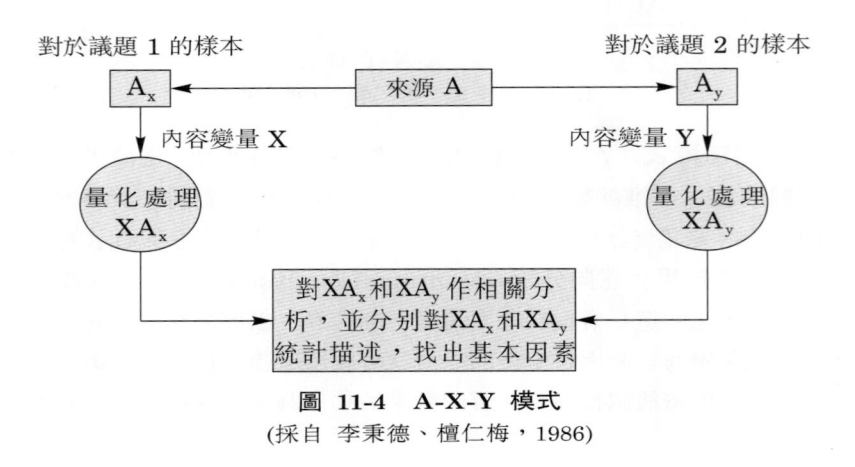

[圖 11-4 A-X-Y 模式]
(採自 李秉德、檀仁梅，1986)

4. 第四種模式：A-B-X 模式　分析兩種不同來源的資料，主要在於比較因資料內容的差異而推論不同來源資料之相關性。在圖 11-5 中，A 和 B 分別代表兩種不同的資料來源，X 代表同一個內容變量。這種模式適用於**比較分析** (comparative analysis)，即把當時與其他時間變項的相似性與差異性作質的比較分析，此種分析可以標示一致的趨勢、一系列獨特的情境或開展新的方向。例如，為了比較分析小學使用的兩套教學實驗教材之異同，以應用題為分析內容，可以對兩套教材中應用題數量、內容、結構、難度等進行對比分析。

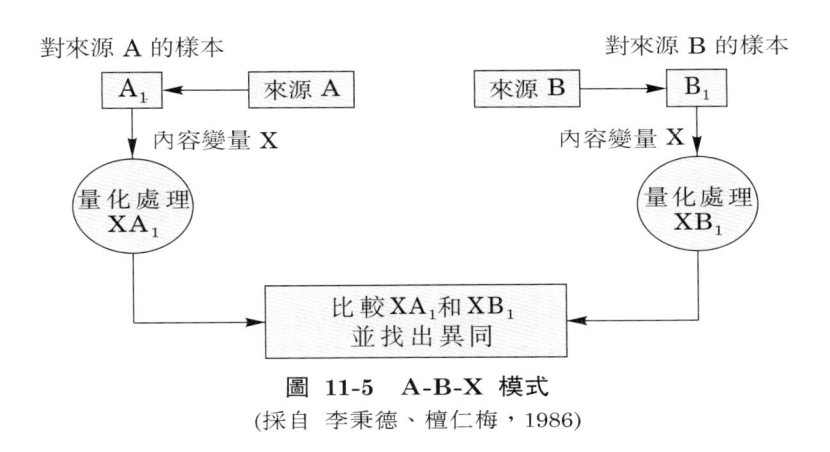

圖 11-5　A-B-X 模式
(採自　李秉德、檀仁梅，1986)

在上述各種模式中，均涉及到資料來源、內容變量、量化處理以及分析比較兩個環節。具體來講，這也是實施內容分析的基本要領。

實施內容分析，依據研究的程度，可分為五個工作步驟：

1. 內容抽樣　在心理與教育的歷史研究中，資料來源豐富，如有大量的文件、檔案、圖書資料等可供利用。但對於一項課題而言，研究的內容、研究的能力等都是有限的，不可能對所有相關的資料進行全面的分析，研究者就需要依據研究目的限定資料的取樣範圍，並確定哪個範圍的資料最能反映研究對象的特徵。如果面臨許多同等重要的資料但不能全部選取，那麼可採取隨機抽樣或間隔抽樣的辦法。如果資料的重要程度不同，當然首先選取對研究目的最直接、最重要的材料。

在確定抽樣範圍之後，就可以實施抽樣，具體方式有：

(1) **來源抽樣**：這是指對資料來源的取樣。例如，比較中美四年級數學教材之異同，無論是在中國還是在美國，都有多種版本的四年級數學教材，選取哪些版本的教材作為分析資料，即為**來源抽樣** (original sampling)。

(2) **日期抽樣**：這是指選擇哪一段時間的資料進行分析。例如，對高考試卷進行內容分析，從以往的考試中選取試卷作樣本，就要決定選取方法，是間隔一年取一次，還是間隔三年取一次。按確定的時間間隔取樣即為**日期抽樣** (date sampling)。

(3) **分析單位抽樣**：即確定抽取資料的單元，這可能是一部書、一篇文章、文章的一段或一頁。按照確定抽取資料的單元取樣即稱為**分析單位抽樣** (analytic unit sampling)。

2. 界定分析類目　分析類目 (或分析類別) (categories)，是研究資料量化的"轉換器"。通常類目的形成有兩種方法，一是依據傳統的理論或以往的經驗，或對某個問題已有的研究成果發展而成；二是有研究者根據假設自行設計而成。在確定類目時，要注意以下幾點：

(1) **分類要窮盡**：指的是要使列舉的類別能涵蓋分類的全部特徵，做到所有的分析單位都可歸入相應的類目，不能出現某些分析單元無處可放的現象。有時，有的不尋常項目既不屬於某一類目，又數量太少難以成為一類，設計時可使用"其他"作為一個類目，以保證其有處可歸。

(2) **類目要互斥**：每個類目的意義應有明確的限定範圍，使列舉的類目互不重疊，避免出現對分析單元的判斷既可放入這一類目，又可放入另一類目的現象。

(3) **類目要獨立**：使列舉的類目之間物無相互依存或相互影響的關係。

(4) **類目包含的範圍要適中**：類目劃分過細，就會小而分散，會給判定分析的類目屬性帶來困難；類目劃分過大，就會粗而籠統，丟失信息，難以發現差別。

(5) **類目要先確定**：發現類目必須在進行具體評判記錄前事先確定，不能一邊分析，一邊適應性地修改、補充。

3. 決定分析單位　分析單位 (unit of analysis) 也稱為**記錄單位** (recording unit)，是研究者在進行內容分析時，用來檢視資料的最小範圍。內容分析常用的分析單位有如下五種：

(1) **單詞**：內容分析的最小研究單位，以單字（詞）為分析單位的好處在於它是離散的，有明確的疆界，比較容易認定。其局限在於以單字為研究單位，工作量較大，出現多義字時難以判定。

(2) **主題**：主題是一種較為概括的意義單位。要闡釋一個主題可能僅用幾個詞或部分句子，也可能需要許多段落或文章或幾卷書。因此，界定主題的疆界是比較困難的，且容易流於主觀。

(3) **人物**：以人物作為分析單位，限於如小說、戲劇、電視劇、電影腳本或任何其他有人物表的資料。很顯然，以人為分析單位的疆界比以主題為分析單位的疆界容易界定，但它的使用範圍是有限的。

(4) **句子或段落**：界限易於識別是以句子或段落為分析單位的優點，但也常會為一個句子或段落包含多個主題且主題間又不是互斥的，而給評判工作帶來困難。

(5) **項目**：當用於分析的資料比較多時，單字、句子、段落這種小分析單位可能不適用，此時可以以項目為分析單位。項目可以是整篇文章、整部電影、整部書等。但是，以項目為分析單位，不僅粗略，而且易於造成主題混淆。

4. 決定分析範圍　對任何一定的記錄單位（如一個詞）來說，若不考慮這個單位的語境，就難於或不可能說明該單位屬於什麼類別。因此，應該決定分析的範圍。所謂分析的範圍是指資料中足以顯示分析單位的意義的範圍。例如，要了解一個單字的意義，必須將單個的字置於一個語境中，從上下文關係來認知這個字的意義。語境可以是一句話，也可能是一個段落。若語境為一個句子，那麼句子就是分析範圍，若分析範圍不同，分析的結果就有可能有異。因此，無論採用何種分析單位，都要採用一個能包括分析單位的分析範圍。

5. 評判記錄　在上述幾項工作完成之後，接下來的工作就是認真研讀分析材料，並按上述幾步的規定，對資料的類目歸屬進行判定，在評判過程中要注意以下幾點：

(1) 評判開始之前要完成評判記錄表，並對記錄符號給予明確的規定。

(2) 評判須依照事先製訂的分析類目進行，即只記錄各類目的有或無、強或弱、大或小、長或短等，避免進行分析類目之外的主觀評判。

(3) 應在取得比較理想的評判信度之後再進行正式評判。

對評判結果的記錄方式或用以量化資料的方法，主要有以下幾種：
(1) 簡單的二元編碼，即各類目之有或無的標記。
(2) 各類目在資料中出現的次數。
(3) 各類目在資料中占有的空間或篇幅。
(4) 強度或深度。如影視片的分級。

將上述各種記錄方式轉化為數字型資料，即可進行量化分析。例如，二元編碼中類目出現，計為"1"，類目沒有出現，計為"0"。

儘管內容分析的結果將文字型的、描述型的資料轉化為數字，以達到對材料進行數量分析的目的，然而，從中不難看出，以理論思維為基礎的定性分析也是至關重要的。類目的編制，是內容分析中最關鍵的一環，而類目的編制又是以定性分析為主的。

第四節　歷史研究應注意的事項

歷史研究不僅是一種方法，而且也是一種過程，在這一過程中有諸多限制，妨礙歷史研究的品質。了解歷史研究的限制，將有助於更有效地運用歷史研究法。

歷史研究應注意的事項主要包括如下幾個方面：

一、研究問題

這裡所說的研究問題是指研究的選題，對於研究問題的確定是開展研究的第一步。俗話說："萬事開頭難"，因此，對於研究問題我們必須慎之又慎。具體來講，有以下幾點需要注意：

1. 問題是否過大？涉及範圍是否過廣？　其範圍可以涉及心理與教

育領域的各個層面。在選擇研究的問題時，常常會出現問題選擇過大，範圍涉及過廣的情況。這對於開展一個研究來說，可以說是"出師不利"，是會阻礙研究的進一步開展的。比如，將選題定為"中國文化與教育的關係"，就顯得範圍過於寬泛，難以進一步展開研究。所以，這是開展歷史研究所要注意的第一個事項。

2. 題目表述是否明確？ 選題確定以後，怎樣表述你所選擇的題目就成為一個非常具體，同時也是非常重要的問題。問題表述清楚與否，會直接影響到讀者對你所進行的研究的第一印象，更容易影響整個研究的質量。比如上述例子"中國文化與教育的關係"，也存在表述不清的問題。

3. 問題能否解決？(所需史料能否搜集到？) 這裡涉及的是研究開展的可能性問題。大凡從事心理與教育的歷史研究時，須先提出研究的待答問題或假設，據以收集相關的資料，然後就所搜集的史料加以鑑定，進而分析、解釋，並提出研究結論。因此，對於歷史研究法來說，史料的收集比研究設計更為重要。

二、史料品質

歷史研究主要依靠的是史料，因此，對於研究中所使用的各種史料，我們也必須認真對待。主要有以下幾點須認真考慮：

1. 間接史料是否過多？直接史料是否過少？ 直接史料是歷史事件的直接證據，既珍貴，又有價值，但收集不易；間接史料雖收集要易於直接史料，但是間接證據，其權威性自不如直接史料。因此，在研究所用到的史料中，兩種不同史料的比例要謹慎把握，絕不可貪圖省事，以致於間接史料太多，直接史料過少，影響到研究的可靠性和權威性。

2. 史料數量是否充分？ 進行歷史研究如果沒有翔實充分的史料的支持，那絕對是難以使人信服的。所以，在強調質量的同時，也要注意，史料在數量上必須充分。

3. 史料記載是否有偏差？有偏見？ 歷史資料卷帙浩繁，各個史家所治之史又帶有各人所處時代的深刻烙印，因此，對同一歷史事件的描述出現偏差，帶有不同的偏見是十分正常的。研究者在使用不同的史料時，一定要以歷史的觀點、歷史的眼光來看待各種史料,不能輕信一家之言。

  4. 史料是否齊全?完整? 歷史研究中依據的史料往往是過去的片斷資料,由此而獲得的知識當然也難求其完整。誠如高夏克所言:

> 爲觀察者所記得的,僅爲過去的部分;僅是被記得的部分記載下來;被記載下來的,僅有部分留存著;留存著的僅有部分,引起史學家的注意;引起他們注意的僅有部分,是可信賴的;可信賴的僅有部分,被掌握;被掌握的僅有部份,可能爲史學家所細述或敍述。(Gottschalk, 1969, pp45～46)

  正因為如此,我們更應該盡量將史料搜集齊全、完整,以避免在知識和研究上的不完整。

  5. 史料是否有代表性? 在史料的各種品質中,其代表性應該是首當其衝的,如果失去了代表性,史料即使再充分,可信度再高,也不足以說明研究者想要說明的問題。也就是說,史料選擇的範圍一定要圍繞所研究的問題,不能漫無邊際、毫無目的地收集史料。否則,浪費人力、物力和大量的時間,于所研究的問題毫無益處。

  6. 史料鑑別過程是否嚴謹?所用鑑別依據是否客觀、可信? 歷史研究的方法中,除去史料收集之外,要屬史料的鑑別最為重要。研究所用史料,就時間而言,皆為前人的記錄,而非研究者目擊的結果,故對於資料的來源及內容,必須審慎評鑑後,始可據以分析解釋。鑑別過程既要嚴謹,鑑別所用的依據更要客觀、可信,否則再嚴謹的鑑別也是無用的。

三、史料分析

  研究所用的史料選好之後,下一個步驟就是對這些史料進行分析,將研究進一步深入下去。關於分析的具體技巧此處不再贅述,僅有以下幾個事項需要注意:

  1. 史料分析是否過度簡化? 對史料進行分析要掌握適度的原則,既不能分析得過於繁複,也不能分析得過於簡化。這樣都不利於研究的深入開展。尤其是後者,如果分析得過於簡化,對史料挖掘不夠,那就既對不起收集史料時所做的辛苦工作，又無法完成研究開始時所定下的任務，有害而無益。

2. 結論概括是否過度？是否超越史料可說明的範圍？ 研究者常犯的另一個錯誤，就是在進行結論的時候以偏概全，超越了已經分析的史料所能說明的範圍。具體問題具體分析的原則，實事求是的原則，在這裡應該得到貫徹實施。

3. 史料分析過程是否獨立、客觀？有無主觀之影響？ 這是科學研究的客觀性原則在歷史研究中的體現，此處就不再贅述。

4. 對史料的分析，是否做到由表及裏？ 這是對研究在深度上的要求，即對史料的分析不能停留於表面，要由表及裏，透過表面抓住問題的本質。在確定研究範圍的同時，也要使研究具有一定的深度，這樣才能使一個研究具有學術價值，更有分量。

四、撰寫報告

這是在研究即將結束的時候，將研究的過程、結束形成文字，以利保存和他人閱讀的必要過程，是一個研究所必不可少的程序之一。雖然說報告的撰寫是一個做文字工作的過程，但是，亦有需要注意之處，說明如下：

1. 內容是否條理清晰，線索明朗？ 對於研究過程和結果的表述，應當以說明文的形式，條理清晰地進行，而非記敘文或是議論文的形式。這不僅是為了記錄的方便，更是為了他人閱讀的方便。

2. 內容是否全面且主題突出？ 報告的內容應當全面，同時突出主題，這樣才能全面記錄研究者所做過的每一項工作，不至於遺漏；才能使讀者能夠比較容易抓住報告的重點，不至於看完了全文卻仍是一片茫然。

3. 史料與作者的評價、見解是否分明？ 也就是說，報告的撰寫者論點一定要明確，不能含糊其辭；見解一定要分明，甚至是獨特突出的，讓讀者能夠容易把握。否則，這樣的一篇報告只能說是不成功的，最多只能說成功了一半。

4. 語言陳述是否客觀？ 這同樣也是科學研究的客觀性原則在報告撰寫過程中的體現，不再贅述。

5. 對生僻內容有無註釋？　由於歷史資料的歷史性特點，報告中的引用部分常常會出現一些現代漢語已經廢止不用的，比較生僻難懂的字、詞或句子，這時就需要撰寫者仔細、認真地加以註釋，否則必然會影響報告的可讀性。

　　6. 文體是否規範？　雖然是使用歷史研究的方法，但仍然需要注意遵循一般的科學研究報告的文體格式和規範，這是對自己和讀者負責的一種表現，也是研究者嚴謹的科學態度的一種體現。

五、歷史研究法的可能限制

　　必須承認，作為一種心理與教育科學研究的方法，歷史研究法在對史料的研究方面起著不可替代的作用。但是，任何一種研究方法都有其適用的範圍及限度，歷史研究法也不能例外。

（一）　歷史研究法本身的限制

　　就本身的限制而言，歷史研究法主要表現在以下四項：

　　1. 研究的成敗在很大程度上受制於所依賴史料的充分與否。如果研究者缺乏充足而可信的史料，或者研究所應用的史料並不充分而有力，那麼進一步的歷史研究就難以開展下去。由此可知，史料是歷史研究成敗的關鍵因素之一。然而，史料相對於真實的歷史來說總是不完全的，而且這種記錄的真實性也是值得懷疑的。史料的這種特性，許冠三 (1959) 認為原因有三：一是所存遺跡和供證的殘缺不全；二是供證的內容乃是改進與選擇的結果；三是資料搜求必有限制。由此可知，史料對歷史研究的影響和限制是無法避免的。比如在中國教育史的研究中，如果想研究學校制度，就會發現，自隋唐以來，朝廷多重科舉而輕學校，以致選舉志中對地方州縣學校及私學的記載相對較少，往往是鳳毛麟角，雖然費盡心力去搜集，但卻難有收穫。

　　2. 歷史研究的物件是已經發生過的事件，因此研究者無法對歷史事件加以操縱和控制，這一點與實證研究存在很大的差別。再加上史料應用時所受的種種限制，使其在處理研究物件時，較其研究方法遭遇到更多的困難。

　　3. 歷史研究的結果只能望為我們提供借鑑，但是無法用來直接預測未來。有部份歷史學家希望能模仿自然科學而建立歷史的因果法則，但是馮瑞特 (Von Wright, 1974) 指出，歷史是屬於準因果論的說明，而非因果論的說明。所以只能供未來行事的參考，卻不能作為預測未來的依據。如果心理與教育研究工作者要根據史料中的發現來作為預測的根據，筆者認為是不恰當的。

4. 總的來說，歷史研究法所費的人力、物力、財力和時間一般都要比實證研究多。因為史料的收集、整理、考證和閱讀，需要許多人花費較長的時間和精力，才有可能獲得較為可靠的結論，所以研究能否按計畫完成，能否具體地達到預期的結果，完全受制於史料，相對來說沒有固定的期限。這也是制約一般研究者採用歷史研究法的原因之一。

（二） 歷史研究法在心理與教育研究應用中的限制

這主要是研究者的能力而言，應當注意的一些限制。在研究者的能力方面，第一，如果研究者學識不足，則在理解與解釋史料，尤其是年代比較久遠的史料上會有所困難。第二，如果研究者接受的歷史學的一般訓練不足，則會欠缺對史料的考證能力，甚至會因為通史素養的缺乏，以致對研究朝代的時空背景缺少概括的認識，從而無法順利開展歷史研究方法。第三，如果由於缺乏上述能力與素養，致無法有效利用直接史料，而轉向間接史料的應用，結果往往是結論的可靠性會受到歷史學者的質疑。如欲改善這種現象，必須先加強教育研究者國學及史學的訓練才行。

本 章 摘 要

1. 心理與教育科學研究中的**歷史研究法**是指以已經發生過的心理與教育現象、事件及其記載為研究對象，遵循系統且嚴謹的程序，探討心理與教育現象的因、果或趨勢的一種方法。

2. **歷史研究**不僅是一種收集研究資料的方法，而且也是一個解決問題或檢驗研究的完整研究過程，在心理與教育科學研究中發揮著獨特的作用。
3. 從研究資料的收集過程看，歷史研究是以"發掘"為主；從研究資料的形態而言，歷史研究所面對的資料是靜態的、固定的；從研究方式看，歷史研究是一種綜合研究。
4. 歷史研究必須以發展的、相互聯繫的觀點來分析史料；切忌先入為主，更要避免用某種理論框架或模式去套心理與教育史事，否則，歷史研究的結果就是一種偏見；不可隨意將當代的概念、觀點、術語等強加在過去的歷史上。
5. 一般說來，對任何課題進行歷史研究，都始於問題界定，以形成結論為終結，其間包括收集史料、鑑別史料、綜合史料、分析解釋及形成結論幾大步驟。在具體研究過程中，這幾個步驟雖然可以反復、交叉進行，但一般不宜缺少其中任何一個環節。
6. 所謂**史料**，對心理與教育科學研究而言，主要是指以文字或非文字形式保存下來的對於探討心理與教育規律有一定歷史價值和資料價值的事實材料。史料種類繁多，並有各種不同的分類，但最常見的分類是依內容性質的分類，即直接史料與間接史料。
7. **直接史料**是指歷史事件的當事人（或參與者）與直接觀察者所提供的報告，或留下的各種記錄以及使用過的物體。此種資料與已經發生的事實有直接聯繫，能夠比較好地反映事件的原貌，同時，相對與間接史料，也更為可靠。
8. **間接史料**是指由非直接參與或非直接觀察到事件發生的人所做的報導，或他所留下來的文件記錄，由於此類史料來自於非直接觀察或非直接參與者，因此，其可靠程度較低，甚至在轉述、傳達過程中還會出現曲解或更改。
9. 史料的來源包括：**文件**與**檔案**；大眾傳媒與圖書資料；**遺物**或**遺跡**；口頭證明。
10. 不管出於何種原因，史料失實的現實是客觀存在的，因此，史料鑒別是歷史研究不可或缺的重要一環。所謂史料鑒別是指辨別史料真偽與可信程度的過程，它主要有兩種，即外部考證與內部考證。
11. 收集鑒別史料是歷史研究的基礎工作，對史料進行加工、整理，從中獲取對事物本質規律的認識，才是研究的目的。對史料的分析方法主要有兩種類型，一種為定性的**理論分析**，另一種為定性、定量相結合的**內容分析**。

12. 在心理與教育的歷史研究中，資料來源是很豐富的，如有大量的文件、檔案、圖書資料等可供利用。但對於一項課題而言，就需要依據研究目的來限定資料的取樣範圍，並確定那個範圍的資料最能反映研究對象的特徵。如果資料的重要程度不同，當然首先選取對研究目的最直接、最重要的材料，這就是內容抽樣。通常，內容抽樣的具體方式有：**來源抽樣；日期抽樣；分析單位抽樣**。

13. **分析類目**是研究資料量化的"轉換器"。通常類目的形成有兩種辦法，一是依據傳統的理論或以往的經驗，或對某個問題已有的研究成果發展而成；二是有研究者根據假設自行設計而成。在確定類目時，要注意以下幾點：分類要窮盡；類目要互斥；類目要獨立；類目包含的範圍要適中；類目要先確定。

14. **分析單位**也叫**記錄單位**，是研究者在進行內容分析時，用來檢視資料的最小範圍。內容分析常用的分析單位有如下五種：單詞；主題；人物；句子或段落；項目。

15. 歷史研究不僅是一種方法而且也是一種過程，此一過程中在研究問題、史料品質、史料分析、撰寫報告等步驟都存在需要注意的問題。

16. 歷史研究法本身及其應用到教育研究上也會存在一些限制，除歷史研究法本身的限制以外，加強研究者國學及史學的訓練亦是減少限制的首要工作。

建議參考資料

1. 王文科 (1998)：教育研究法。台北市：五南圖書出版有限公司。
2. 申繼亮 (1990)：建設有中國特色的辨證唯物主義心理學：讀《兒童心理學史》。中國教育學刊，1 期，56～68。
3. 朱智賢、林崇德 (1988)。兒童心理學史。北京市：北京師範大學出版社。
4. 車文博 (1996)：西方心理學史。台北市：東華書局 (繁體字版)。杭州市：浙江教育出版社 (1998) (簡體字版)。
5. 吳明清 (1996)：教育研究：基本觀念與方法之分析。台北市：五南圖書出版有限公司。
6. 李漢松 (1988)：西方心理學史。北京市：北京師範大學出版社。
7. 李秉德、檀仁梅 (主編) (1986)：教育科學研究方法。北京市：人民教育出版社。
8. 波　林 (高覺敷譯，1982)：實驗心理學史。北京市：商務印書館。
9. 梁啟超 (1965)：中國歷史研究方法。台北市：台灣商務印書館。
10. 楊小微、劉衛華 (主編) (1994)：教育研究的理論與方法。武漢市：湖北教育出版社。
11. Barzun, J., & Graff, H. F. (1997). *The modern researcher* (2nd ed.). New York: Harcourt Brace Jovanovich.
12. Garraghan, G. J. (1946). *A guide to historical method.* New York: Fordham University Press.
13. Hochett, H. C. (1955). *The critical method in historical research and writing.* New York: Macmillan.

第十二章

觀 察 法

本章內容細目

第一節　觀察法的性質
一、觀察法的概念　355
二、觀察法的特點　356
三、觀察法的適用條件　357
四、觀察法的作用　358
五、觀察法的評價　359
　(一) 觀察法的優點
　(二) 觀察法的局限

第二節　觀察法的類型
一、依據觀察的情境條件分類　361
　(一) 自然情境中的觀察
　(二) 人為情境中的觀察
二、依據觀察的實施程序分類　362
　(一) 結構觀察
　(二) 無結構觀察
三、依據觀察者的角色分類　365
　(一) 完全觀察者
　(二) 參與的觀察者
　(三) 觀察的參與者
　(四) 完全參與者
四、依據觀察的媒介分類　367
　(一) 直接觀察
　(二) 間接觀察

第三節　觀察法的基本程序
一、觀察法的準備階段　368
　(一) 明確觀察目的
　(二) 確定觀察內容
　(三) 選擇觀察對象與場所
　(四) 培訓觀察人員
　(五) 做好記錄準備工作
　(六) 制訂實施計畫
二、觀察的實施階段　375
　(一) 進入觀察現場
　(二) 培育友善關係
　(三) 觀察與記錄
　(四) 處理觀察中的突發事件
三、觀察結果的整理分析階段　378
　(一) 定性資料與定量資料
　(二) 言語行為與非言語行為
　(三) 高推論行為與低推論行為
四、觀察誤差　379
　(一) 觀察中的隨機誤差
　(二) 觀察中的系統誤差

本章摘要

建議參考資料

科學研究離不開觀察。和心理與教育科學研究的其他方法一樣，觀察是收集科學事實及心理與教育活動、現象資料的基本途徑，也是發展和檢驗心理與教育科學理論的實踐基礎。

觀察法在心理與教育科學研究中有久遠的歷史。19 世紀末與 20 世紀初，研究兒童青少年心理發展的主要方法就是觀察法。當時湧現的一批兒童心理學的經典之作，如達爾文的《一個嬰兒的傳略》、普萊爾的《兒童心理》，其材料的收集，皆主要來自觀察的積累。許多著名的心理學家、教育學家都用觀察法來研究兒童，如皮亞杰通過詳細觀察與記錄，深入分析了兒童認知發展的規律和特點，我國著名兒童心理學家陳鶴琴用日記的方式記錄其子陳一鳴的發展過程，寫出了著名 1923 年出版的《兒童心理研究》一書。可見，觀察法是進行科學研究必不可少的一種方法。

但是，研究者逐漸發現，受觀察技術手段的限制，若僅靠目察耳聞的觀察，難以準確描述觀察對象的行為活動。因此，導致觀察法長期不受重視，並且一直沒有突破性進展。觀察法的重要特點就在於強調"自然發生"的條件下，對觀察對象不加任何干預的控制。較其他的研究方法，觀察法的這種特點更為切合心理與教育科學研究的特殊要求。正因如此，隨著生態化運動(注重生物之間的活動及生物與周圍環境之間相互關係的活動) 的興起，觀察法又重新受到研究者的重視，並成為心理與教育科學研究方法發展趨勢中一個引人注目的方面。特別是錄音、錄像等現代化技術設備和手段的引入、觀察記錄技術的改進、統計分析技術的進步，直接促進觀察研究科學水平的實質性提高。研究者越來越多地運用"參與觀察"，直接參與到被研究者的學習、工作生活場景中去，系統收集第一手材料，極大地拓展和深化了心理與教育科學研究範圍。實踐證明，將觀察法與訪談法、問卷法等方法結合使用，能夠較為可靠地收集更為豐富、完整和深層的材料。

本章旨在使讀者閱讀之後，對以下問題有所了解：

1. 觀察法的概念、特點、作用及評價。
2. 觀察法的類型。
3. 實施觀察的基本步驟。
4. 在觀察研究中應該防止的誤差。

第一節　觀察法的性質

在心理與教育科學研究中，觀察法作為收集心理活動、教育活動資料和數據的一種基本途徑，具有獨特的特點，並適用於特定的情境中，本節將重點介紹觀察法的概念、特點、適用條件及作用。

一、觀察法的概念

觀察 (observing) 是一種心理現象，是有意知覺的高級形式。它是指人們有意識、有目的、有系統的且持續較長時間的知覺活動。觀察前，要明確目的或任務，要進行知識準備，擬定觀察計畫；觀察時，觀察者要有正確的觀點作指導；仔細觀察對象，並作適當記錄；觀察後，進行整理和總結。可見，觀察是一種思維的知覺。由觀察所獲得的知覺映象比一般知覺的映象更鮮明、更細緻、更完整。因此，觀察屬於認識論（註 12-1）範疇。

觀察法 (observational method) 是指收集資料數據的方法和措施，屬於技術範疇。具體而言，觀察法是指人們根據一定的目的、要求，在一定時間內，通過感官或借助於一定的科學儀器收集被試者在一定條件下言行的變化，作出詳細的記錄，然後進行分析處理，從而判斷被試者心理活動的一種方法。例如，通過課堂觀察教師提問及學生回答情況，了解師生互動模式。

在心理與教育科學研究中，觀察法很早就被廣泛採用為一種研究方法。例如，達爾文對其兒子的行為發展進行了較系統的觀察和記錄。觀察的內容從最初的反射活動、恐懼和憤怒直至推理、道德等複雜的行為，最後整理寫成《一個嬰兒的傳略》(Darwin, 1876)，成為兒童心理研究的寶貴資料。再比如，德國心理學家普萊爾對自己孩子從出生至三歲的發展作了全面系統的觀察、記錄。他每天至少進行三次觀察（早、中、晚），幾乎每天如此。

註 12-1：認識論 (或知識論) (epistemology) 是專門研究人類認識的對象和來源、認識的本質、認識的能力、認識的形式、認識的過程和規律，以及認識的檢驗的哲學學說。

將觀察的全部資料經整理後寫成兒童心理學的名著《兒童心理》(Pryer, 1882)。一個完善的觀察要求研究者必須注意到：明確目的，了解意義；情境自然，客觀進行；善於記錄，便於整理；正確的理解和說明被試的各種外部表現的實際意義，對他們的心理活動作出確切的、科學的、本質的解釋。在觀察的過程中，隨著科學技術的進步，觀察記錄手段不斷改進，照相機、錄音機、攝像機等的引入，觀察的準確性、客觀性日益普及提高，能更精確地研究被試的心理特徵。觀察法已成為心理與教育研究最基本的方法之一。

二、觀察法的特點

觀察在我們的日常生活中隨時隨處可見，其中有些是出於有意的或較有系統的，有些則屬無意的或無系統的觀察。作為心理與教育科學研究中收集資料最常用的方法——觀察法與日常生活中的觀察是有別的，其具有如下一些特點：

1. 具有明確的目的性 與日常生活中的觀察活動相比，心理與教育科學研究中的觀察具有較明確的目的性。人們在日常生活中隨時隨處都在觀察，但對觀察什麼、觀察所獲得的信息和資料作何用途等問題常常缺乏清晰的意識，其結果往往是無意識地經驗積累。而心理與教育科學研究中的觀察法則不相同。它是針對待答問題或研究假設而進行的活動，表現出明確的指向性和選擇性。

2. 具有系統的規律性 與日常生活中的觀察活動相比，心理與教育科學研究中的觀察具有系統的規則。日常生活中，人們觀察自己周圍的人、事、物時，一般沒有認真考慮觀察的方式、方法、程序，可以說，這種觀察活動基本上是無"約束"的活動。例如，出門觀光，對一些景物有興趣就多看一會，看得仔細一些；沒有興趣就走馬觀花，一略而過。而心理與教育科學研究中的觀察活動則不然，它必遵循一定的"章程"來進行。對於"看什麼"、"在哪兒看"、"什麼時間看"以及"如何看"等事先都有明確的規定，觀察者必須依據這樣一些規定來行事。

3. 具有研究的價值性 與日常生活中的觀察相比，心理與教育科學研究中的觀察具有較系統的記錄。在日常生活中，人們的觀察往往就是為了

"看看"，看過之後基本上就了事。而在心理與教育科學研究中，觀察活動不僅要針對一定的目的，遵循一定的程序進行，而且還要記錄觀察的結果，而記錄觀察結果服務於研究目的，因此記錄什麼、如何記錄、記錄下來以後如何處理等事先都有明確的規定，避免主觀和偏見。唯其如此，觀察結果方可作為研究資料之用。

4. 具有真實的自然性　與實驗研究相比，心理與教育科學研究中的觀察結果更具自然性。在心理與教育科學研究中，為了獲得有關被試反應的信息，研究者經常人為地提供一些刺激，如設置一定的情境、呈現各種刺激物，來引發被試的反應，因此所獲得的結果具有人為性。而觀察則是在自然條件下進行的，即對觀察對象不加任何干預和控制的狀態下進行的。因此，所得觀察結果反映了被觀察者真實自然的行為，是心理與教育科學研究的第一手材料。

5. 具有動態的歷時性　與測驗法、問卷法等方法相比，觀察法所獲得的結果更具歷時性。測驗法、問卷法等方法所獲得的資料數據多為被試活動的結果，較少反映心理與教育現象發生、發展的變化過程。而觀察法的實施是離不開時間維度的，即有一個持續的過程，因此所得到的信息是對心理與教育現象動態變化過程的記錄，具有連貫性。

6. 具有復查的驗證性　與日常生活中的觀察相比，心理與教育科學研究中的觀察結果具有一定的信度和效度。日常生活中的觀察，其結果與觀察者對同一觀察對象的好惡、親疏密切相關。對同一觀察對象，可能會因為不同觀察者所持態度不同而觀察結果各異，就是所謂的"仁者見仁，智者見智"。而科學研究中的觀察，不僅有觀察規範、程序的要求，而且對觀察者的態度傾向也有所規定，即必須客觀中立，保證觀察結果真實、可靠。換言之，觀察結果是可以重復查證的。

三、觀察法的適用條件

在心理與教育科學研究中，與其他研究方法相比，觀察法在下列兩種情況下，更能發揮作用。

1. 當研究對象的言語表達能力不佳或有言語障礙時，使用觀察法更為適宜。比較典型的是關於嬰兒心理的研究。由於嬰兒既不能理解成人的指示語，又不會報告自我的情況，同時也不會用動作來回答主試提供的問題，常用的測驗法、問卷法、訪談法等根本無法運用，相比之下，只有觀察法比較適宜。例如，研究者由觀察發現，嬰兒對不同形狀的圖形的注意時間是不一樣的，由此推斷嬰兒已具備分辨不同形狀的能力 (Liebert, 1981)。

2. 在研究過程中，需要保持研究對象在自然狀態下的行為表現，採用觀察法比較適宜。例如，研究課堂內師生互動的模式與特點，研究者不能直接介入或干擾師生的活動，很顯然，測驗法、問卷法、訪談法等方法必須在課堂結束之後才可使用，而被試事後的回憶往往缺乏全面性，主觀因素干擾較大，所報告的結果也欠準確。比較而言，通過觀察，尤其是輔以攝像記錄的觀察，既可獲得比較自然、真實的系統資料，又不干擾師生的課堂活動。

四、觀察法的作用

嚴格意義上講，科學研究的過程，就是觀察的過程，只是觀察的時機、條件、要求不同而已。一般而言，科學研究中的觀察分為兩種情況，一種情況是在保持觀察對象處於自然狀態的情況下進行觀察，即自然觀察，另一種情況是在人為的情況下進行觀察，即現場觀察與實驗室觀察。無論在哪一種情況下進行觀察，觀察法都發揮著特殊的作用。

1. 收集事實資料，用於解決待答問題或檢驗研究假設 心理與教育科學研究過程，實質上就是解決問題的過程，而觀察法如同測驗法、問卷法、訪談法等其他方法一樣，也是為解決問題提供事實依據的重要手段。正如愛因斯坦所言："理論所以能夠成立，其根源就在於它同大量的單一觀察關聯著，而理論的'真理性'也正在此"。

2. 接觸實際、發現問題、提出問題 問題是心理與教育科學研究的靈魂，沒有問題就沒有科學研究活動，沒有好的問題，就得不到有價值、有意義的研究成果。而要發現問題、提出問題，敏銳的觀察力則是關鍵性的前提條件，在科學實驗中仔細觀察，在實踐活動中用心觀察，都將成為問題的源泉。

3. 豐富研究者感性認識，提高科研素養 儘管觀察是一種感性認識活動，但它並不是與觀察者的理性活動相分離的；相反，兩者卻是相輔相成的，通過感性認識，獲得豐富的事實材料，為研究者的理性思維提供了原材料，通過對原材料的分析、歸納提煉，有助於發現規律，形成理論。例如，在心理學研究領域，許多重要理論，如皮亞杰的認知發展理論，弗洛伊德的精神分析理論，艾斯沃斯的依戀理論等都是心理學家們對研究對象長期、深入觀察的基礎上提煉出來的。另一方面，觀察活動也是理論見諸於實踐的重要途徑，在觀察過程中，觀察者嘗試去認識、剖析所遇到的形形色色問題和現象，這將有助於加深觀察者對理論知識的認識和理解，從而促進觀察者理論素養的提高。

五、觀察法的評價

雖然觀察法是重要的科學研究方法，但並不是唯一的方法。在心理與教育科學研究中尚有訪談法、問卷法、測驗法等，若把觀察法與其他各種方法作一比較，我們可以對觀察法的優點與局限先有一些了解。

（一） 觀察法的優點

與其他研究方法相比，觀察法有如下的優點：

1. 自然性　觀察研究涉及的行為活動多發生或出現在自然情境中，因此，比較真實、典型，並具有一定的代表性，例如在單向透視窗觀察兒童遊戲，可以得到兒童在不被打擾的情況下最自然的活動，由此觀察所得到的資料其自然性是其他方法無法達到的。

2. 直接性　觀察者能直接觀察所要研究的行為，這樣不僅減少或避免了被觀察者因對研究問題敏感而有所顧忌或是害羞而有所保留，以致陳述其行為時產生偏差，而且資料獲得還很及時，分析時還能兼顧到當時特殊的情境和氣氛。

3. 全面性　觀察法不僅可用於研究被觀察者的非言語行為，也可以研究言語行為；不僅可以研究智力問題，也可以研究非智力問題；不僅可以研究一般人群，也可以研究特殊人群（如聾、啞、精神疾患者等）。

4. 歷時性　觀察法可以持續對同一現象或同一團體進行較長時間的研

究，這對了解和把握心理與教育現象發生、發展的過程及發展趨勢是非常有幫助的。

5. 結合性 觀察法既可以單獨使用，也可與其他方法如測驗法、問卷法等配合使用，尤其在實驗法、訪談法無法取得被試配合時，觀察法可以起到補充作用。

(二) 觀察法的局限

觀察法也有自身的一些局限，主要表現為：

1. 被動 觀察法的自然性，既是它的優點，同時也是它的局限性。在很多情況下，觀察者不能控制或改變環境變量以引發所要研究的行為，只能被動等待，缺乏自主性。因為要真正遇到所欲觀察的事件，有時是可遇不可求的，例如若要研究兒童的侵略行為，可能等好幾天也看不到兒童們真正打架事件。

2. 樣本含量小 由於觀察者的時間、心理以及生理各種因素的局限，決定了每次觀察的人數是非常有限的。此外，觀察法比較費時，也決定了不可能進行大樣本研究。小樣本自然會降低研究結果的代表性，普及推論的範圍也很有限。

3. 不易量化 觀察內容不管是言語的，還是非言語的，如動作、表情等，較之問卷法、測量法、實驗法等，其結果不易量化。

儘管觀察法有上述的局限，但觀察法本身依其設計與施行方法的不同，分為幾種型式，而每種型式各適合於不同類型的研究，能採集資料的種類與性質亦大有不同，因此它仍然不失為心理與教育科學研究收集資料的主要途徑之一。了解觀察法的這些優缺點，對正確選擇和應用觀察法是很有參考價值的。

第二節　觀察法的類型

由於觀察的目的不同，可以分為各種不同的觀察法，如參與觀察和非參與觀察、直接觀察和間接觀察、定性觀察和定量觀察等。依據不同的標準，觀察法可以劃分為如下幾種類型。

一、依據觀察的情境條件分類

應用觀察法收集資料，通常都是在行為或活動發生的場所進行。依據觀察者取得觀察數據是在自然條件下取得還是在人為干預和控制條件下取得，觀察活動可以分為自然情境中的觀察與人為情境中的觀察。

(一) 自然情境中的觀察

自然情境中的觀察，稱之為**自然觀察**（naturalistic observation）。觀察活動是在充分保持觀察行為或活動發生的自然狀態下進行的。也就是說，在觀察實施之前、之中，觀察者都沒有操縱情境變量，也沒有干預或控制觀察對象的行為或活動內容，只是將其自然發生的行為活動如實地記錄下來，以供事後研究分析之用。例如，觀察大城市的交通狀況，可以隨機選取一個路段，記錄單位時間內通過的步行者人數、騎自行車的人數、各種機動車輛數，依此估算交通流量。很顯然，自然觀察的主要優點是獲得的資料具有很強的真實性。但自然觀察也有其局限性：(1) 所要觀察的行為內容或現象是可遇不可求的，只能被動等待它們的出現。例如，要觀察中學生打架行為，絕不允許為觀察此種行為而誘導學生去打架。因此，自然觀察常常是非常耗時的；(2) 觀察到的行為都是外在的，如不了解更為深層的、內在的過程與原因，容易導致錯誤推斷。例如，觀察者在某節課中看到一名小學生上課不專心聽課，總是出現紀律問題，就認為該生是注意缺失症患兒。很顯然，這種判斷是欠妥當的，因為分心（off-task）現象並不僅是注意缺失造成的，還有多種原因可能導致學生分心，如已經掌握教師講解的內容、教師講解枯燥乏味、教師忽視該生等；(3) 由於觀察對象的行為活動複雜多變，記錄工作難度大。

(二) 人為情境中的觀察

人為情境，顧名思義，觀察者改變觀察對象所處情境，人為創設一種情境。根據觀察者對情境的改變和控制程度，人為情境中的觀察最常用者為實驗觀察。

實驗觀察 (laboratory observation) 指在實驗室中研究者根據研究需要創設特定情境選取樣本，較周嚴地控制無關變量，操縱或改變自變量，準確測量記錄被試的反應，因具有實驗性質故稱為實驗觀察。觀察活動可以按預先設計的程序進行，並且可以重復。因此，在解釋因果關係，探討心理與教育現象內在本質方面，實驗觀察是非常有效的。例如：要觀察幼兒遊戲，可作如下之安排：(1) 設計遊戲情境：如場地、幼兒人數、年齡、性別、玩具等等，均可事先設計；(2) 設計觀察方式：為避免對兒童活動發生干擾，可採單向透視窗的設計。實驗觀察帶有控制性質，故而也稱**控制觀察** (controlled observation)。

實驗觀察與自然觀察的顯著區別在於：採用實驗觀察時，研究者需要改變和控制被觀察對象，而採用自然觀察時則不須這樣。因而，使用實驗觀察可以把各種偶然、次要的因素加以排除，使被觀察對象的本來面目顯露得更加清楚，還可重復進行，能多次再現被研究的各種心理現象，以便對其進行反復觀察；可以有各種變換和組合，以便分別深入考察被研究對象各方面的心理特性，使觀察者獲得更全面更精確的事實和資料。但凡事有利必有弊，實驗觀察所得結果的人為性直接影響到研究結果的外在效度。

二、依據觀察的實施程序分類

在觀察研究中，觀察什麼和如何記錄是兩個至關重要的問題，決定觀察活動的實施過程。依據對這兩個問題的規定性，可以把觀察分為結構觀察和無結構觀察。

(一) 結構觀察

結構觀察 (structured observation) 就是在觀察活動開始之前，觀察者嚴格地界定研究的問題，依照一定的步驟與項目進行觀察，同時亦採用準確的工具以進行記錄，可以說是觀察法中最嚴格的一種。一般而言，結構觀察能獲得大量確定和詳實的觀察資料，並可對觀察資料進行定量分析和對比研究，但缺乏彈性，也比較費時。結構觀察的形式有多種，並往往因研究的目的、任務不同而異，但最基本的形式有如下幾種：

1. 行為事件取樣觀察 個體的行為是多種多樣的，從中選取有代表性的、並與研究目的有直接聯繫的行為進行觀察，記錄其發生和變化過程，即稱為**行為事件取樣觀察** (event sampling observation)。在進行行為事件取樣觀察時，必須注意：首先明確界定行為事件的性質、特徵，給出操作定義；其次，選擇好觀察的角度，必須可以清楚地看到個體的活動，聽清個體的話語；第三，確定記錄的信息，可以事先對所觀察的行為事件進行歸類，製成便於使用的表格。例如，觀察幼兒的爭執行為，可以採取行為事件取樣觀察，即只對幼兒的爭執行為進行觀察記錄，可以事先確定要記錄的項目，如：(1) 每次爭執參與者的姓名、性別、年齡；(2) 爭執持續時間；(3) 爭執發生時兒童在幹什麼；(4) 他們爭執什麼；(5) 每個參與者的角色，引發爭吵者、主要侵犯者、報復者、反對者或被動接受者；(6) 伴隨爭吵的特殊預期和動作；(7) 結局如何；(8) 後果：高興或憤怒不滿。根據上述項目，記錄某種行為是否發生，或有何特徵。

行為事件取樣觀察的價值在於研究內容明確，觀察到的內容較真實、自然。但被動等待，不易定量分析是其明顯的局限性。

2. 時間取樣觀察 時間取樣觀察 (time sampling observation) 即以觀察的時間為母體，從中選取若干時段，作為觀察時間，在觀察時間內主要記錄：(1) 行為是否出現或發生；(2) 該行為發生或出現的頻率；(3) 該行為持續的時間。由於上述信息的收集是在特定的時間內進行的，因此，時間取樣觀察必須：(1) 選擇經常發生的、外顯的行為為觀察對象；(2) 明確界定要觀察的行為，確定觀察的人數、次數與時間間隔；(3) 做好記錄準備。例如，要觀察小學生擾亂課堂的行為，觀察者可以選取不同年級、不同班級的學生進行實地觀察，在觀察之前，界定"擾亂行為"，比如：
  侵犯他人：投擲、推撞、拍、擰、戳等
  擾亂他人：搶他人東西、破壞他人東西等
  叫嚷：哭鬧、尖叫、吹口哨等
  噪聲：敲桌子、摔東西、鼓掌等
  亂動：離開座位、跪在椅子上等
根據"擾亂行為"的操作定義，製成記錄表格，每 3 分鐘環視教室一次，記錄有上述行為的學生的姓名、行為持續的時間以及行為是如何結束的。

  在不干擾被試正常活動的情況下，時間取樣觀察短時間內可以獲得大量信息。但由於觀察活動不是連續進行的，因此，其結果往往缺乏系統性。

  3. 等級量表觀察 個體的言行表現還有強度之分。例如，同樣是高興的心情，高興的強度不一樣，其面部表情就不一樣。因此，在結構觀察中，除了明確界定觀察的項目，更有必要對每個行為項目的品質等級予以觀察、記錄，以便獲得較詳實的信息，這就是**等級量表觀察** (rating scale observation)。其具體操作是，在觀察之前，先列出欲觀察的行為項目及其品質等級，在觀察過程中，觀察者據此表判斷、記錄觀察對象行為表現的品質等級。例如，某學生在課堂裡注意力的專注情形：

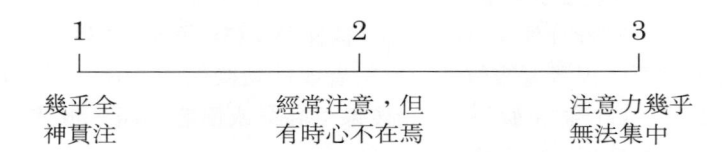

```
     1                2                 3
     |_____|_____|
  幾乎全          經常注意，但        注意力幾乎
  神貫注          有時心不在焉        無法集中
```

  採用等級量表觀察的優點在於記錄簡單、觀察內容更為具體，觀察結果較易量化處理。其不足在於觀察的同時觀察者要迅速做出評價，容易受觀察者主觀偏見的影響，而且不同觀察者在理解和掌握表示等級的詞時容易出現不一致現象，從而影響評定的客觀性。

  除上述三種觀察方式外，實驗觀察也屬於結構觀察，本書第七章已對實驗研究作過交待，在此不再贅述。

(二) 無結構觀察

  無結構觀察 (unstructured observation) 是相對於結構觀察而言的。

這種觀察只有一個總的觀察目標和方向，或一個大致的觀察內容和範圍，但缺乏明確的觀察項目和具體的固定記錄方式，最為典型的無結構觀察就是有關兒童心理發展的觀察日記，即以觀察日記的方式，對兒童自然發展進行了描述。在觀察時，一般沒有預先設定觀察範圍及計分標準。茲舉一例加以說明。下面一段觀察日記節選自陳鶴琴的《陳鶴琴教育文集》(1983)：

第 1 月
第 1 星期
第 1 天
(1) 這個小孩是在 1920 年 12 月 26 日凌晨 2 點 9 分生的。
(2) 生後 2 秒鐘就大哭，一直哭到 2 點 19 分，共持續地哭了 10 分鐘，以後就是間斷地哭了。
(3) 生後 45 分鐘就打哈欠。
(4) 生後 2 點 44 分，又打哈欠，以後再打哈欠 6 次。
(5) 生後的 12 點鐘，生殖器已能舉起，這大概是膀胱盛滿尿液的緣故，隨即就小便了。
(6) 同時大便是一種灰黑色的流汁。
(7) 用手扇他的臉，他的皺眉肌就皺縮起來。
(8) 用手指觸他的上唇，上唇就動。
(9) 打噴嚏兩次。
(10) 眼睛閉著的時候，用燈光照他，他的眼皮就能皺縮。
(11) 兩腿向內彎曲如弓形。
(12) 頭顱是很軟的，皮膚淡紅色，四肢能活動。
(13) 這一天除哭之外，完全是睡眠。(陳鶴琴，1983，62 頁)

由此可見，無結構觀察比較靈活，適應性強，且簡便易行。但存在的問題是：(1) 花費時間、精力較多；(2) 觀察難免帶有選擇性，無法排除觀察者的好惡主觀影響；(3) 所得資料較零散。

三、依據觀察者的角色分類

在觀察過程中，觀察者可以扮演不同的角色。依據觀察者參與被觀察對象的活動程度，可以把觀察法分為如下幾種：

(一) 完全觀察者

完全觀察者(或**局外觀察者**) (complete observer)，即觀察者居於旁觀者的地位，只觀察而不參與被觀察者的任何活動，觀察者與被觀察者之間不存在直接的交互作用。觀察時，觀察者與被觀察者之間的間隔狀態又分為兩種情況，一是被觀察者不知道有人在觀察他們的活動，例如，借助單向透視窗觀察室內幼兒自發遊戲活動；二是被觀察者清楚地知道有人在觀察他們的活動，例如，研究者在課堂裏觀察師生互動模式。由於觀察者沒有參與觀察對象的活動，因此，觀察時容易保持客觀的態度。但由於只是看到行為或活動的外部表現，因此難於了解行為動機和活動的真實原因。此外，如果被觀察者知道他們被觀察，很可能存有戒心與防備，使得行為表現不自然，不真實，從而影響到觀察結果的客觀性與可靠性。

(二) 參與的觀察者

參與的觀察者 (observer as participant) 與完全觀察者相比，研究人員不僅是觀察者，還在一定程度上參與到被觀察者的行為活動之中，即觀察者不但完全暴露自己的身份，而且與被觀察者有直接的接觸、交往。例如，研究優秀教師的教學經驗，研究者可以到該教師任教的課堂中去聽課，觀察課下師生互動的方式、內容，也可以對這位教師進行詢問、訪談，藉此來獲取資料。參與觀察者能在一定程度上為被觀察者所接納，因此可以獲得較為豐富、詳實的資料。但被接納的程度是有限的，仍無法獲取有關個人的、較隱秘的資料。

(三) 觀察的參與者

觀察的參與者 (participant as observer) 與參與的觀察者相比，研究人員涉入觀察對象活動的程度更深，被接納的程度更高。在一定程度上，觀察者已成為研究團體的一員。例如，研究小學兒童品德發展的心理學家，為獲取真實、具體的第一手材料，深入到學校中去，親自擔任品德課的教學工作。在教學中，通過與學生的互動來觀察、記錄小學生品德發展的過程與特點。觀察的參與者投入較深，因而有可能得到豐富的感性認識，掌握真實、全面的資料，這對於解釋心理與教育現象的實質是極有幫助的。

(四) 完全參與者

完全參與者 (complete participant) 指隱蔽自己的真實身份及參與的目的，最大限度地加入到研究團體的活動中，盡可能做到與被觀察者自然交往，使其將自己視為團體中的一員。例如，研究宗教心理學的人員，可以以教徒的身份參加各種宗教活動，從中觀察和記錄有關情況。完全參與者極大限度地捲入到觀察對象的活動中，可以消除觀察者與被觀察者間的隔閡，獲得真實且深入的資料。但因參與程度過深，觀察者容易產生情感反應，致使觀察結果失諸客觀。

四、依據觀察的媒介分類

觀察是一種認識活動，依據是否借助媒介，可以把觀察分為直接觀察與間接觀察。

(一) 直接觀察

直接觀察 (direct observation) 有三個要點，其一，觀察者身臨其境；其二，憑藉觀察者的感知器官進行觀察；其三，以觀察對象的心理活動和行為表現為觀察內容。例如，深入到幼兒園的幼兒社會行為觀察、深入到課堂的教室活動觀察等都屬於直接觀察。由於觀察者與觀察對象之間不存在任何中介物，所以直接觀察的優點表現為直觀、生動、具體、真實。但是，直接觀察也有其局限所在：其一，涉及社會禁忌或個人隱私行為無法直接觀察；其二，觀察者的在場可能引起觀察對象行為的改變，以致觀察結果不真實；其三，由於個人的注意有限，研究者在觀察時不可能同時注意到同時發生的許多行為和事件，從而影響觀察結果的全面性。

(二) 間接觀察

間接觀察 (indirect observation) 是指觀察者利用一定的中介物，記錄觀察對象的各種心理活動和行為表現以收集研究資料的一種方法。其目的是為了克服直接觀察的局限性。中介物或媒介可以分為兩種，一種是儀器設備類，如錄音機、攝像機等。研究種族偏見問題時，借助隱蔽的攝像機記錄不同膚色人在一起活動時的行為表現與面部表情變化,攝像機就是觀察的中介物。另一種是與欲研究的問題密切相關的現象或行為表現。以這些可觀察的現象或行為表現為中介,進而推斷與之相關的行為活動。例如,研究大學生閱讀偏好時,可以通過觀察圖書館書籍借用的次數來了解哪些書籍是最受學生歡迎的。很顯然,間接觀察擴展了觀察活動的廣度。

以上各種觀察類型以不同標準分類,各有其基本特性、適用條件和局限性,但相互之間又有重疊,如無結構觀察既可以是非參與觀察,也可以是參與觀察。心理與教育科學研究中,根據課題研究的需要及觀察的可行性,可以綜合應用不同類型的觀察,從而獲得最有價值的觀察材料。

第三節 觀察法的基本程序

作為科學研究方法,觀察應具備概括性與系統性,為此,觀察法必須依照一定的程序來實施。根據觀察的過程,可以分為三大階段,即觀察法的準備階段、觀察法的實施階段和觀察結果的整理分析階段。每一階段又包括若干個步驟或環節。下面分述之。

一、觀察法的準備階段

為科學研究而進行的觀察是一項複雜的、有特定要求的活動。因此,要圓滿完成一項觀察活動,必須做好觀察的準備工作。觀察法的準備工作主要包括以下幾項內容。

(一) 明確觀察目的

從本質上來看,觀察僅是科學研究收集資料的一種手段,是為解決問題服務的。因此,在心理與教育科學研究中,研究者要有效地運用觀察法,事先必須明確"為何而觀察",即通過觀察收集而來的資料是用於解答什麼問題或檢驗何種研究假設。

　　明確觀察目的，也就是要理解和把握研究問題的性質與內容。只有針對問題的性質與內容選取的觀察方式、方法，才可能是最適宜的、最有效的。因此，在觀察的準備階段，觀察者應通過閱讀有關文獻，或與有關專家、同行交流等方式，了解研究問題的背景，以期對所要研究的問題有更全面、更深入的認識和把握。

(二) 確定觀察內容

　　在明確了觀察目的之後，緊接著就是確定觀察內容，即從哪些方面進行觀察記錄。為此，要依次列出觀察細目。羅列觀察細目的基本參照就是待答問題或研究假設中涉及到的各種變量。

　　在羅列觀察細目的同時，還要給出每個觀察細目的操作定義。表 12-1 就是觀察 3～6 歲兒童相互作用的社會過程時所確定的觀察內容（細目）及操作定義。

　　由表 12-1 可見，研究者把兒童相互作用的社會過程分為六個項目進行觀察，並分別給出了每個項目的操作定義，使抽象概念變為可觀察、記錄的行為表現。

(三) 選擇觀察對象與場所

　　前面談到觀察法的局限時已經提及觀察法的樣本量是比較小的，因此，選擇觀察對象顯得更為重要。為了保證觀察樣本的代表性，要特別注意鑑別有特殊問題的個體。例如，觀察幼兒的同伴交往行為，就要注意鑑別自閉症患兒；觀察小學生上課不專注行為，就要留意鑑別注意缺失症患兒。

　　此外，一旦選定了觀察對象，要盡可能詳盡地收集每個觀察對象的背景資料。例如，身體發育狀況、智力水平、氣質特性、父母職業、受教育水平等，為分析觀察到的行為表現提供背景。為避免先入為主，在收集觀察對象的背景資料時，可請參與課題研究但不執行觀察任務的人員去完成，或者在觀察結束之後進行。

　　選擇觀察場地的原則是，所選場所應該是觀察對象的行為最可能、最真實、最自然發生或出現的場所。在確定場所的同時，還要考慮觀察時觀察者應處的位置，如能看清、聽見觀察對象的言行，又盡量不干擾觀察對象活動

表 12-1　兒童相互作用的社會過程

過　　程	定　　義	例　　子
1. 溝通的清晰性與緊密性	在澄清信號的要求之後有適當的反應	A："把它給我" B："哪一個？" A："那個黃的"
2. 信息交流	提出問題要求回答	"你住在哪兒？"
3. 建立共同場所	找事一起做以求發現共同點	"我們玩積木吧！" "我喜歡娃娃家，你呢？"
4. 情感自我表現	一個兒童關於情感的問題涉及到另一個兒童的情感響應	"真的，我也害怕黑暗"
5. 積極的相互作用	對他人的積極行為作出反應，給予強化	A："你知道×××嗎？" B："不知道，你告訴我，我就告訴你×××。"
6. 解決衝突	同伴之間衝突的解決	A："我要綠積木" B："不，我在玩" A："我想要" B："好，我們一起玩"

(採自　周宗奎，1995)

的位置是比較理想的。

（四）　培訓觀察人員

　　為保證觀察結果的準確性與一致性，觀察之前必須對觀察者進行培訓。培訓的內容與方式主要包括如下幾方面：

　　1. 為觀察者提供課題研究的基本材料，使其了解觀察的目的、內容、方式、對象、場地等情況，提高觀察者的心理準備。

2. 採用類似有待觀察情境的錄像帶進行觀察練習，通過練習，要達到四個目的：其一，熟悉觀察的情境；其二，區分目標行為與非目標行為，掌握觀察項目的操作定義；其三，闡釋記錄；其四，增強觀察者的角色意識。

3. 選擇類似有待觀察的情境，進行實地觀察練習。除了強化上述目的之外，實地觀察練習的最主要目的是去發現觀察中出現的問題，例如，不同觀察者觀察記錄的情況不一致等。經由對所發現問題的分析、討論，探究原因，以提高觀察者對觀察要領的把握程度。

4. 檢驗觀察者的觀察效果。檢驗的主要方法就是計算觀察者信度。求取觀察者信度的方法主要有：

(1) 計算同一觀察者在不同時間對同一行為觀察結果的一致性程度。
(2) 計算不同觀察者在同一時間對同一行為觀察結果的一致性程度。
(3) 計算不同觀察者在不同時間對同一行為觀察結果的一致性程度。

不管用哪種方法獲取觀察者信度，有兩個問題必須明確。一個問題是要確定信度單元，即用哪些項目來作一致性檢驗。另一個問題是要確定計算信度的時距。觀察者信度可以按觀察者的時間間隔分段計算，也可以把所有的時間總和在一起計算。具體怎樣計算依研究要求而定。一般說來，在不同時間有不同考慮的情況下，不宜把不同時距的觀察數據合起來計算。總之，不論單元或時距，聯合計算越少，信度估計的準確性越高。

一般情況下，計算觀察者之間一致程度的方法為：

$$觀察者信度 = \frac{觀察者看法一致的次數}{一致次數 + 不一致次數}$$

茲舉一例說明計算觀察者信度的方法。表 12-2、12-3 是作者設想的兩位觀察者對幼兒友好行為的觀察結果。

由表 12-2、表 12-3 可見，兩位觀察者同時記錄行為發生的次數為 12 次 (用 A 表示)，第一位觀察者記錄行為發生但第二位觀察者沒有記錄行為發生的次數為 2 次 (用 B 表示)，第二位觀察者記錄了行為發生但第一位觀察者沒有記錄行為發生的次數為 2 次 (用 C 表示)，則觀察者信度為

$$觀察者信度 = \frac{A}{A+B+C} = \frac{12}{12+2+2} = \frac{12}{16} = 0.75$$

表 12-2　第一位觀察者對幼兒友好行為觀察結果

時距＼時間間隔(秒)	0～10	11～20	21～30	31～40	41～50	51～60
第 1 分鐘	√		√	√		√
第 2 分鐘	√	√	√		√	√
第 3 分鐘		√	√	√		√

(注："√" 表示行為發生，以下同)

表 12-3　第二位觀察者對幼兒友好行為觀察結果

時距＼時間間隔(秒)	0～10	11～20	21～30	31～40	41～50	51～60
第 1 分鐘	√	√	√	√		√
第 2 分鐘	√	√	√	√	√	√
第 3 分鐘		√				

　　一般情況下，觀察者信度大於 0.8，觀察結果才具有可靠性。因此，在對觀察者進行培訓時，若實地觀察練習結果的信度在 0.8 左右，就表明觀察者已掌握了觀察要領。

　　5. 消除觀察者效應　觀察者效應 (observer effect) 是指由於觀察者不恰當的行為，如未能正確地使用觀察表，或觀察者的偏見等問題，導致觀察的結果反映的不是自然發生的行為，而是反常的行為。常見的觀察者效應包括：觀察者對被觀察者的影響、觀察者偏見、評定偏差以及混淆等。為消除觀察者效應，在訓練觀察者時應採取如下的措施：

　　(1) 盡可能制訂非強制性觀察情境，供觀察者進行觀察。
　　(2) 向觀察者解釋共同的評定誤差，並制訂觀察時間表，以減少誤差。
　　(3) 觀察的任務盡量客觀，觀察者不要做評價、解釋或高層次的推論。
　　(4) 有關研究者的假設，研究設計等資料，以及被觀察者特徵的資料，盡量不讓觀察者知道。

(5) 強調在填寫觀察時間表時，不追求記錄的速度或數量多少，而要重視準確數的記錄。

(6) 訓練觀察者達到可信賴與客觀的層次，並審核可能造成的誤差，若有必要，應再次進行訓練以避免觀察者展現其意圖。

(五) 做好記錄準備工作

觀察過程中，記錄是至關重要的一個環節。記錄是否全面、準確，直接關係到觀察法所收集資料的價值。因此，在正式開始觀察之前，必須重視做好記錄準備工作。

記錄準備工作主要包括兩種情況：一種情況是記錄表格。為了迅速、準確記錄觀察到的行為表現，事先編製記錄表格是非常重要的。常見的記錄表格形式為**行為核查表**（或**行為檢核表**）(behavior check list)，即表格上預先列有各種行為活動，觀察者用來在實際情境中逐項檢核或登記，然後整理統計，藉以了解在什麼時機最常出現何種行為。編製行為核查表要注意：把要觀察的項目詳盡羅列出來，使之包括所需要的一切信息；按一定的邏輯關係或時間順序排列所要觀察的行為，使行為核查表結構清晰；注意行為核查表的版面設計，並規定記錄符號，如劃"√"、"×"、"○"等。根據觀察的內容，可以把行為核查表設計為不同的結構形式。表 12-4，12-5 是常見的幾種形式。

另一種情況是準備好記錄用的儀器設備，例如錄音機、照相機、攝像機等。此時，不僅要檢查它們的性能狀態，而且還要核查是否備好了儀器設備所需的材料，如電池、膠卷、錄音帶、錄像帶等。同時，還要考慮放置這些儀器設備的位置。

是準備觀察記錄表格，還是準備儀器設備，抑或二者兼而有之，這要視觀察研究的需要而定。

(六) 制訂實施計畫

在完成上述幾項觀察準備工作的同時，還要考慮制訂實施計畫，即具體工作安排，包括觀察的日程、觀察人員、輔助人員、工具、觀察場地、觀察對象及人數、觀察與記錄的方式、應特別注意的問題等。這些內容均應以書面形式呈予參與觀察工作的各位成員。

表 12-4　五歲幼兒友好行為核查表

時間間隔 時　距	0～10	11～20	21～30	31～40	41～50	51～60
第 1 分鐘	1 2 3 4 5 6 7	1 2 3 4 5 6 7	1 2 3 4 5 6 7	1 2 3 4 5 6 7	1 2 3 4 5 6 7	1 2 3 4 5 6 7
第 2 分鐘	1 2 3 4 5 6 7	1 2 3 4 5 6 7	1 2 3 4 5 6 7	1 2 3 4 5 6 7	1 2 3 4 5 6 7	1 2 3 4 5 6 7
第 3 分鐘	1 2 3 4 5 6 7	1 2 3 4 5 6 7	1 2 3 4 5 6 7	1 2 3 4 5 6 7	1 2 3 4 5 6 7	1 2 3 4 5 6 7

註：1. 本表為作者設想的表格。
　　2. 表註數字表示的行為是：
　　　1＝分享，2＝謙讓，3＝幫助，4＝撫慰，5＝關心，6＝同情，7＝禮貌
　　3. 若行為發生，用圓圈將該行為的數字代碼圈起來。

(採自朱智賢等，1991)

表 12-5　嬰兒行為核查表

行為表現 姓名	認識手 (天)	認識腳 (天)	爬 (週)	單獨站立 (週)	獨自走 (月)	呀呀學語 (週)	單詞句 (月)	客體概念 形成 (月)
王　　佳								
李燕瑩								
單偉力								
苗小莉								
劉　冰								
沙　朗								
林　鶯								
何可可								
平　均								

(採自董奇，1992)

二、觀察的實施階段

在觀察準備工作結束之後，就可以進入實施階段。實施階段主要包括如下幾項內容：

(一) 進入觀察現場

觀察者進入觀察現場時有兩種不同的情形。情形之一，被觀察者不知曉觀察者的真實身份，如前文所述及的"完全參與者"。在這種情形下，觀察者進入觀察情境的前提條件是，他必須通過一定的活動或履行一定的手續使自己成為研究團體的一員。情形之二，被觀察者知曉觀察者的身份。在這種情形之下，觀察者在觀察現場的出現，勢必在一定程度上干擾研究團體的活動，使之產生"不自在"或防禦心態，造成觀察者進入觀察情境的障礙。為此，觀察者要採取一些措施，以爭取獲准進入觀察情境。林崇德關於開展教育科學研究人力資源配置的論述，對於獲准進入觀察場所是有藉鑒意義的。他曾建議，開展教育科學研究需要依靠三股力量的結合，即"有權之士"、"有識之士"、"有志之士"（林崇德，1992）。有權之士是指各級教育行政領導，他們在精神上、財力上、研究條件等多方面支持研究者。有識之士是指心理與教育科學理論工作者，他們是教育科學研究的中堅力量。有識之士必須具備知識（專業知識和業務修養）、膽識（研究設計和各種決策）、見識（組織能力和團結精神）。有志之士是指在教學第一線的、事業心強，有志於教學改革、創新的教師。他們不僅可以充當教育科學研究的被試，也可以成為教育科學研究的主試。他們是貫徹、執行教育實驗方案、提供信息資料的主要人員。同樣，在觀察研究中，觀察者多為有識之士，應重視和依靠有權之士、有志之士。

當然，在獲准進入觀察現場方面，重視人際關係的作用是必要的，但切不可"以權壓人"，必須讓被觀察者在一定程度上從心理上接納觀察者。因此，除溝通關係外，還應注意向被觀察者說明此項研究的意義、價值及他們在研究中扮演的角色、所起的作用，以爭取認同和支持。

(二) 培育友善關係

　　由於觀察常常涉及到個人的某些隱私，或者由於對研究人員觀察目的的猜疑，被觀察者常常會產生心理防禦，甚至不合作、不友善的態度，從而影響觀察活動的進行，影響觀察結果的真實性。因此，進入觀察現場之後，與被觀察者建立友善關係是不容忽視的問題。例如，在人類學的參與觀察研究中，為建立友善關係，觀察者須學習該研究民族或社區的語言，與被研究者生活在一起，尊重、適應其生活習慣（或習俗），參與各種活動（如慶典、儀式活動），提供適當的服務，逐漸消除觀察對象的心理疑慮，最終認同觀察者。在心理與教育科學研究中，欲培育友善關係，首先要注意觀察研究對象的年齡特徵，依照被觀察者的年齡特徵，採取相應的溝通方式，例如，對待中學生，就要考慮到他們青春期的生理、心理特點，要學會關注他們的意見、觀點，且不可以"權威"成人對小孩的方式去對待他們。其次，積極參加被觀察者的各種活動，在活動中加強心理、情感上的溝通、理解。第三，適當給予被觀察者指導，例如，觀察中學生，要傾聽他們的煩惱，給他們解答青春期常見問題，提供學習方法指導等，從而逐步建立互相信賴的關係。

　　觀察者與被觀察者之間良好的關係，將有助於觀察者深入到研究團體的活動中去，在活動過程中獲取"外人"得不到的資料，這對於認識、分析心理與教育現象的本質、內在過程，無疑是非常重要的。

(三) 觀察與記錄

　　觀察與記錄可以同時進行，也可以先觀察後記錄，這取決於觀察法的類型。不管哪一種情況，觀察與記錄都是整個觀察研究最為核心的環節。觀察是進行記錄的前提，記錄是對觀察結果的保存。二者都直接影響觀察的質與量。不管何種類型的觀察，觀察者在進行觀察時都應力求做到：

1. 觀察的專注性　　所觀察行為的發生具有隨機性，可能出現於任何一個時刻。因此，觀察者只有專注於觀察情境，才不會遺漏有用的信息。

2. 觀察的敏銳性　　觀察者所面對的觀察情境，經常是目標行為與非目標行為混雜出現。要及時捕捉到任何一點有用信息，必須對目標行為保持高度的敏感性，這樣才不會遺漏信息或判斷錯誤。

3. 觀察的客觀性　　觀察既是一種心理過程，同時也伴隨有各種情感活動，體現在對觀察對象的態度特徵上。科學的觀察要求觀察者在觀察過程中必須是"中立"的，既不可"趨"，也不可"避"，這樣才能保證觀察結果不失諸主觀。

觀察中的記錄也是一項重要的活動，是觀察法的重要組成部分，是取得觀察結果和結論的憑據。如何進行記錄，取決於觀察法的類型。例如，在一般的無結構觀察中，對記錄就沒有特殊的規定，比如，日記法，一般是盡可能詳細地記錄所觀察到的兒童發展情況。這種記錄格式並不複雜，但記錄的任務是繁重的，重要的細節不能遺漏，為此，可以借助於一些輔助手段，如錄音、照相、錄像等。在結構式觀察中，可運用事先編製的行為核查表，進行記錄。概括起來，記錄的方法主要有以下幾種：

1. 連續記錄法　　即在一段時間內連續記錄被觀察對象的行為。連續記錄時可以用手記，也可以用錄音機、錄像機等設備，將觀察到的情況實錄下來，然後再作書面整理。進行人工書面連續記錄時，應注意把對事實的客觀描述與記錄者的主觀解釋區分開來。

2. 頻率記錄法　　即記錄行為出現的頻率。觀察者可以按照預先的規定將觀察行為系統分類及明確定義，在觀察現場立即對所觀察到的行為做出判斷，記入事先製訂好的記錄表格內。

3. 等級記錄法　　即運用預先制訂的等級評定量表，對所觀察到的特性進行評定。為增加評定的客觀性，可以由多個觀察者同時對某一特性進行評定，取其平均數。

不管何種類型的觀察，記錄工作都要注意下列要點：

1. 及時　　如果允許在現場觀察過程中記錄，就不要拖延至觀察結束以後。如果必須離開觀察現場記錄，最好不要等觀察結束後做了別的事情再進行記錄。之所以要求觀察者的記錄工作要及時，主要是因為會有遺忘發生，從而致使記錄的結果不真實或不周全。

2. 宜多不宜少　　在觀察過程中，觀察者會遇到許多無法判斷的行為，不知該行為是應屬於目標行為還是非目標行為，也不知道該行為對當前進行的研究有無價值。在這種情形下，最好是把這種行為記錄下來，它是何時發生的，如何發生的，持續時間長短，如何結束的，以備事後分析之用。

3. 詳細、明確 觀察記錄越詳細，越有利於事後分析，並可減少分析過程中因資料不詳而產生的主觀推斷。與此同時，在記錄用語上，盡量不要使用推斷的或虛擬的詞彙、語句，如"可能是"、"也許"等。如果觀察者對觀察到的行為有所評論、推斷，必須區分哪些記錄是客觀發生的事件，哪些記錄是觀察者的推論，以免影響事後分析的準確性與可靠性。

(四) 處理觀察中的突發事件

由於絕大部分觀察研究都是在非控制的自然狀態下進行，因此，尤其是在持續時間較長的觀察中，難免會出現一些突發事件，如教育觀察研究中，因被觀察者搬家、轉學等緣故而導致被試流失；再比如，在觀察期間，被研究團體中發生重要事件，例如變換任課教師，對觀察對象的行為產生影響。面臨突發事件時，要對事件的性質及產生的影響詳細記錄並予以評定，以決定觀察是否繼續，並考慮補救的措施。

三、觀察結果的整理分析階段

原始觀察記錄往往是龐雜的，只有經過整理分析之後，才可發現其中的規律性。比較而言，結構觀察的結果較無結構觀察的結果更容易整理歸類。不管何種類型的觀察結果，在對其進行整理歸類時，可以參照如下幾種分類辦法。

(一) 定性資料與定量資料

根據觀察結果是否可以作量化處理，可以把觀察結果區分為定性資料與定量資料。**定性資料** (qualitative data) 多為描述性的（或敘述性的），如圖片、對某種活動儀式、場面的描述等，對定性研究資料的分析宜採用歸納法，從紛繁複雜的原始材料中歸納、抽象出其中蘊含的關係和規律，從而形成抽象理論。對定性資料的分析，不僅要揭示其結果表示的"意義"，而且還要注重對事件過程的分析。**定量資料** (quantitative data) 可以是行為類別發生的頻次與持續事件，也可以是行為品質等級評定的結果。根據研究假設，可對它們進行相應的統計分析。

(二) 言語行爲與非言語行爲

根據觀察記錄的來源，可以把觀察項目區分爲言語的與非言語的。**言語行爲** (或語文行爲) (verbal behavior) 主要通過聽覺收集，**非言語行爲** (或非語文行爲) (nonverbal behavior) 主要通過視覺獲得。目前，一般是運用錄音設備來收集言語資料，因此，整理工作的第一步是謄寫錄音，把錄音變成書面文字。在對言語行爲進行分析時，不僅要考慮言語的具體內容，而且還要注意言語的語氣、聲調傳遞的信息，注意與語言活動相伴隨的非言語行爲。非言語行爲主要是指面部表情、身體姿勢、動作等。在對這些行爲進行分析時，最關鍵的問題是要弄清楚各自代表的意義。

(三) 高推論行爲與低推論行爲

根據所記錄的行爲的性質，可以把觀察記錄項目區分爲高推論行爲與低推論行爲。**低推論行爲** (low inference behavior) 即觀察時可直接判斷其性質與含義的行爲，例如，考試中學生是否有抄襲作弊之行爲，即屬之。**高推論行爲** (high inference behavior) 是須經觀察者主觀推斷方能判斷的行爲，多爲抽象的概念，例如，親社會行爲是一組行爲的統稱，諸如幫助、分享、撫慰等。因此，觀察記錄高推論行爲必須依據其操作定義來進行。

本節簡要敍述了觀察的基本程序，只能幫助讀者了解觀察的一些要領，要很好掌握觀察這門技術，還需在實際研究中反復實踐。

四、觀察誤差

儘管科學觀察是遵循一定程序進行的，但是觀察誤差還是難免的。所謂**觀察誤差** (observational error) 是指在觀察中與目的無關的變因所產生的不準確或不一致的效應。根據誤差的來源，可以把觀察誤差分爲：觀察中的隨機誤差與系統誤差兩種。

(一) 觀察中的隨機誤差

隨機誤差 (random error)，又稱**可變誤差** (或變誤) (variable error)。

這是與測量目的無關的偶然因素引起而又不易控制的誤差。它的大小和方向變化完全是隨機的、無規律可循的，如令 10 人使用同一把鋼尺來測量同一黑板的長度，而要求的精確度為百分之一公分時，其所得結果絕難完全相同。此類無法控制的誤差就是可變誤差。隨機誤差主要來自如下幾方面：

1. 被觀察者的身心狀態 被觀察者生病、失眠等都會影響觀察期間的行為表現，使觀察結果前後並不一致，而這些因素的出現是無法預料和控制的。一旦出現這種情況，在分析、整理結果時應給予特別注意，是與常態下觀察記錄相比較，抑或是剔除，這要視研究的具體情況而定。

2. 觀察者的專注性 一般的觀察活動都要持續一定的時間。在觀察期間，要求觀察者要全神貫注。然而，由於生理的、心理的、社會的等因素的影響，不同時期、不同情緒下，觀察者的注意專注程度是變化的。當注意專注程度降低時。分心走神很可能會遺漏必要的信息，使觀察記錄不周全，導致隨機誤差。

3. 觀察中意外事件的干擾 在觀察過程中，會發生各種無法預料的干擾事件，影響觀察對象的活動，如教室突然停電、觀察現場突然出現來訪者、天氣突變等都會在一定程度上干擾觀察對象的行為，導致隨機誤差。

(二) 觀察中的系統誤差

系統誤差 (systematic error) 一般又稱為**常定誤差** (或常誤) (constant error)，這是由與觀察目的無關的因素引起的一種恆定而有規律的效應，穩定地存在於每次觀察之中。系統誤差主要來自如下幾方面。

1. 觀察設計缺陷 觀察設計的缺陷會直接導致系統誤差。比如，被試抽樣不當、觀察事件抽樣不當、行為事件抽樣不當等均會直接影響到觀察結果的效度。例如，研究者要觀察課堂中師生互動情況，選擇的觀察事件是以學生自學為主的復習課，如此情形，就無法觀察到真實、典型的師生互動模式。再比如，觀察記錄表格的設計不當，會直接影響到記錄效果。

2. 被觀察者的反應 當被觀察者知道他們被觀察時，其行為會有所改變，或者變得更好，或者變得更糟。對此可以考慮兩種解決辦法：其一，注意培育與被觀察者之間的友善關係。隨著時間推移，逐步消除其防禦心理；

其二，在觀察開始時，就設法隱蔽觀察者身份。

3. 觀察者的行為特徵 不同觀察者，由於性格上的差異及要求嚴格程度不一，因此，在對同一行為進行判斷時，判斷標準也會寬嚴不一，有些觀察者嚴謹有餘，有些觀察者喜歡趨中，還有些觀察者寬大或慷慨不吝。觀察者個人風格的差異勢必造成系統誤差。

4. 觀察者的期望與偏見 先入為主使得觀察者在觀察過程中表現出一種穩定的主觀傾向，例如，對獨生子女的性格特徵進行觀察，若觀察者認為獨生子女較非獨生子女有更多缺點，觀察時就容易對獨生子女的性格弱點更敏感。此外，觀察者總是希望自己的觀察結果支持研究假設，可想而知，帶著這種主觀願望去觀察，常可能影響觀察的質量。

5. 觀察者的練習與經驗 以觀察作為一種技術，有熟練與不熟練之分。若觀察者在以往的研究中從事過觀察活動，有經驗積累，必然有助於完成新的觀察任務。而那些新手觀察者，即使在觀察準備階段經過練習準備，但畢竟缺少"實踐"經驗，其觀察結果將有異於熟練觀察者。

6. 觀察情境的影響 觀察情境中穩定的無關變量的影響，直接導致觀察結果的偏差。例如，假如觀察小學某年級新生課餘時間同伴交往情況，若老師總是出現在現場，那麼，老師的出現將導致觀察的系統誤差。

本 章 摘 要

1. **觀察法**是指根據一定的目的、要求，在一定時間內，通過感官或借助於一定的科學儀器收集事實資料的一種方法，屬於技術範疇，是心理與教育科學研究中最常用的收集資料的方法。
2. 觀察法有明確的目的性、系統的規則和記錄，同時還具有一定的信度與效度。較之其他研究方法，觀察結果更具自然性和歷時性。正因這些特點，觀察法在兩種情況下更能發揮作用：其一，研究對象言語欠發達或有言語障礙；其二，在研究過程中需要保持研究對象行為的自然狀態。

3. 從嚴格意義上說，科學研究的過程就是觀察的過程。正因如此，觀察法具有收集事實材料、檢驗研究假設、發現並提出問題以及提高研究者科研素養等重要且特殊作用。
4. 較之其他研究方法，觀察法具有自然性、直接性、全面性、歷時性、結合性等優點，但同時也有被動等待觀察時機、樣本含量小、觀察結果不易量化等局限。
5. 在心理與教育科學研究中，觀察有多種形式。根據觀察的情境條件可分為自然情境中的觀察稱為**自然觀察**、人為情境中的觀察稱為**實驗觀察**；據其實施程序，可分為**結構觀察**、**無結構觀察**；依據觀察者的角色，可分為**完全觀察者**、**參與的觀察者**、**觀察的參與者**、**完全參與者**；依據認識活動是否借助媒介，可分為**直接觀察**、**間接觀察**。
6. **結構觀察**，即在觀察活動開始之前，已明確規定了觀察的內容細目和記錄方式，主要包括**行為事件取樣觀察、時間取樣觀察、等級量表觀察、實驗室觀察**四種。與之相對的是**無結構觀察**，即事先只有一個總的觀察目標或方向，或一個大致的觀察內容和範圍。其中，最為典型的是有關兒童心理發展的觀察日記。
7. 心理與教育科學研究中的觀察可以分為三大階段，即觀察的準備階段、觀察的實施階段和觀察結果的整理分析階段，每一階段又包括若干步驟或環節。
8. 在觀察的三個階段中，準備階段的工作顯得尤為重要。準備階段包括明確觀察目的、確定觀察內容、選擇觀察對象與場所、培訓觀察人員、做好記錄準備工作、製訂實施計畫等六個步驟與內容。
9. 觀察中的誤差有**隨機誤差**和**系統誤差**兩種。前者又稱**可變誤差**，是由與測量目的無關的偶然因素引起，且又不易控制，其大小和方向變化完全是隨機的、無規律可尋的。後者又稱**常定誤差**，是由與觀察目的無關的因素引起的一種恆定而有規律的效應，穩定存在於每次觀察中。

建議參考資料

1. 王文科 (1998)：教育研究法。台北市：五南圖書出版公司。
2. 王堅紅 (1991)：學前兒童發展與教育科學研究方法。北京市：人民教育出版社。
3. 朱智賢、林崇德、董奇、申繼亮 (1991)：發展心理學研究方法。北京市：北京師範大學出版社。
4. 吳明清 (1996)：教育研究：基本觀念與方法之分析。台北市：五南圖書出版公司。
5. 陳鶴琴 (1983)：陳鶴琴教育文集。北京市：北京出版社。
6. 董 奇 (1992)：心理與教育研究方法。廣州市：廣東教育出版社。
7. Best, J. W., & Kahn, J. V. (1993). *Research in education* (7th ed.). Boston: Allyn & Bacon.
8. Birg, W. R., & Gall, M. D. (1989). *Educational research: An introduction* (5th ed.). New York: Longman.
9. Crabtree, B. F., & Miller, W. L. (1992). *Doing qualitative research*. Newbury Park, CA: Sage.
10. Gay, L. R. (1992). *Educational research: Competencies for analysis and application* (4th ed.). New York: Merrill.
11. Patton, M. Q. (1990). *Qualitative evaluation and research methods*. Newbury Park, CA: Sage.
12. Wiersma, W. (1995). *Research methods in education: An introduction*. Boston: Allyn & Bacon.

第十三章

訪 談 法

本章內容細目

第一節 訪談法的性質
一、訪談法的概念 387
二、訪談法的特點 387
三、訪談法的適用條件 389
四、訪談法的作用 390

第二節 訪談法的類型
一、依據訪談問題設計要求分類 391
　(一) 結構訪談
　(二) 非結構訪談
　(三) 半結構訪談
二、依據訪談人數分類 395
　(一) 個別訪談
　(二) 團體訪談
三、依據訪談時間或次數分類 396
　(一) 一次性訪談
　(二) 重復性訪談
四、依據訪談溝通方式分類 396
　(一) 直接訪談
　(二) 間接訪談

第三節 訪談法的程序與要領

一、訪談的準備階段 399
　(一) 明確訪談目的
　(二) 確定訪談維度
　(三) 編製訪談表
　(四) 選擇與訓練訪談員
　(五) 選取訪談對象
　(六) 準備輔助工具及排定訪談行程
二、訪談的實施階段 407
　(一) 初步接觸
　(二) 進行提問
　(三) 注意記錄
　(四) 結束訪談
三、訪談結果的整理分析 412
四、訪談過程中應注意的事項 413
五、訪談法的評價 415
　(一) 訪談法的優點
　(二) 訪談法的缺點

本章摘要

建議參考資料

作為心理與教育科學研究對象的人，不但具有生理層面，同時具有心理層面和社會層面。特別是個體的心理活動和現象，更體現出多序列、多測度的特點。這顯然是和以物為研究對象的自然科學完全不同的。為此，就需要發展和採用一些有別於自然科學的特殊的研究手段和方法，以適應於心理與教育科學研究的特殊性。訪談法正是其中之一。

較之問卷法、觀察法等心理與教育科學研究常用的方法而言，訪談法更為靈活和主動。它適用的人群廣，既可以用於成人，也可用於兒童，適用於包括文盲在內的各種類型的人。它適用的問題也非常廣泛，從個體的態度、知覺、意見到個性和情感特點，有廣泛的適應性。因而，訪談法獲得有關研究對象的心理活動情況和心理特徵方面的信息，往往更為豐富、更有價值和更深層。正因如此，訪談法也比觀察法更複雜、更難掌握。

在心理與教育科學各領域的研究中，訪談法有廣泛的用途。不少研究者以訪談為主要的研究工具，輔以其他研究方法，在各自的研究領域取得重大成果。但是，值得注意的是，目前在我國的心理與教育科學研究中，不僅訪談法應用得少，而且應用的科學水平也偏低，普遍存在一種輕視訪談法的傾向，認為訪談法不如實驗法"嚴格"、"科學"。這反應出一些研究者對心理與教育研究對象的特殊性、對訪談這種研究方法的特殊價值缺乏必要的認識。當然，要實現訪談法在心理與教育科學研究中的特殊意義和價值，一個重要的前提是，訪談法要建立在心理測量理論和嚴格方法設計原則的基礎之上，並在研究當中得到正確的應用。因此，本章將重點介紹訪談法的類型、程序與要領，旨在使讀者閱讀之後能對以下問題有所了解和認識：

1. 訪談法的特點及訪談研究的適用條件。
2. 訪談法的類型，不同類型的訪談研究有哪些區別。
3. 如何設計訪談表以及應注意的問題。
4. 選擇訪談人員的具體要求，培訓訪談人員有哪些重點。
5. 訪談過程中應注意的事項。
6. 訪談法的優缺點。

第一節　訪談法的性質

訪談法是在心理發展與教育等社會科學領域常用的一種定性研究方法。也是進一步獲取深入的資料與數據的重要方法之一。訪談法作為一種研究訪談，有其獨特的使用範圍、特點和作用，對研究者也有一定的要求。

一、訪談法的概念

訪談法 (interviewing) 是研究者通過與研究對象有目的的交談收集研究資料的一種方法。所以，也稱訪談為有目的的談話。需要指出的是，本章所討論的訪談是指研究訪談，以區別用於人事決策和評價的"人事訪談"，也不同於心理治療的"精神病學訪談"。**研究訪談** (research interview) 旨在採集與課題有關的信息。

在心理與教育科學研究中，訪談法有著廣泛的用途。例如，皮亞杰、弗洛伊德等心理學家均是以訪談法為研究工具，輔以其他方法，在各自的研究領域中取得了重大成果。然而，就目前的情形看，人們對訪談法的認識還有偏頗之處，諸如認為訪談法不"嚴格"、不"科學"，致使訪談法在心理與教育科學研究中沒有得到應有的重視。究其原因，其一，對訪談法本身認識不夠，未將訪談法與日常生活中一般的談話，甚至"談天"作嚴格區分；其二，缺乏使用訪談法的直接經驗；其三，對心理與教育研究對象的特殊性缺乏深刻認識。作為心理與教育研究對象的人，不僅有客觀的、可觀察的外在行為表現，而且更主要的是他（她）有一個豐富的、內在的、複雜的主觀世界，有特定的情感、態度、價值取向等。要研究這些現象，僅靠觀察外在行為表現是不夠的，還要採用一些特殊的方法手段，訪談法便是其中的一種。

二、訪談法的特點

作為心理與教育研究收集資料的重要方法，訪談法具有如下一些特點：

1. 目的性與規範性　訪談法作為一種研究方法，如同其他科學研究方法一樣，它具有目的性和一系列的操作規範。眾所周知，日常生活中的談話具有較大隨意性，對於談什麼，怎麼談，為什麼談等都不十分明確，比如，人們所說的"聊天"，談話者可以是兩個人，也可以是多個人，人數不定，討論的內容可以涉及天文地理、古今中外，也可以涉及生活瑣事，討論的內容、主題變換不定，談話進程完全取決於談話者的興趣、聯想。而心理與教育科學研究中的訪談，是為回答某些問題或檢驗研究假設而談的。對訪談的人數、談話的內容、談話的程序等都有明確的規定。

2. 交互性　與觀察法、問卷法等研究方法相比，訪談法的顯著特點是訪談者與被訪談者的直接交互作用。在觀察法中，觀察者時時刻刻要注意的是，儘量控制自己的活動，以免對被觀察者的行為產生影響。而訪談過程則是以訪談者與被訪談者之間問與答的形式進行的。談話雙方的心理特徵、態度、期望、動機、知覺和行為等相互作用、相互影響。這種交互作用可用圖 13-1 表示。

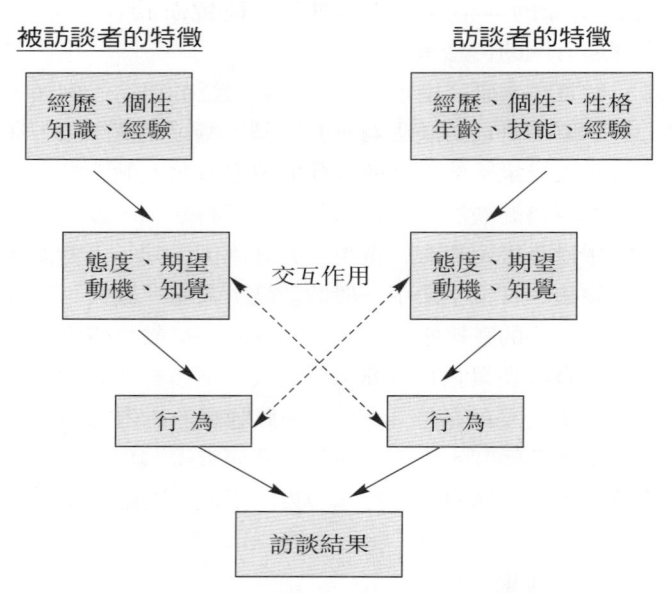

圖 13-1　訪談過程談話雙方的交互作用
(採自　王重鳴，1990)

3. 靈活性　與觀察法、問卷法、測量法等方法相比。訪談法具有靈活性。在觀察法中，觀察者具有一定的被動性，在很多情形下，只能等待觀察行為的出現，不僅如此，觀察者往往只能獲取"是什麼"和"怎麼樣"之類的外在信息，而無從了解被觀察者的內在動機、態度情感。在問卷法、測量法中，研究對象只就研究者所呈現的確定的問題進行回答，因此，對於研究對象為什麼如此作答，研究者也往往是無從知曉。而訪談法則不然，研究者可以對感興趣的行為表現、活動結果"刨根問底"。例如，小學生在計算中經常出現錯誤，如 $15-8=13$，僅從卷面，無從知道為什麼錯，若在實施測驗過程中，研究者及時詢問兒童，便可得知。原來兒童認為，"5 比 8 小，5 不能減 8，用 8 減 5 得 3"。了解兒童的想法，就可弄清楚錯誤的原因。

三、訪談法的適用條件

在心理與教育科學研究中，各種研究方法不僅有其特定的特點，而且也有適用的必要條件。就訪談法而言，主要包括如下幾個方面：

1. 被訪談者的語言表達能力　研究者（訪談者）想要獲取的資料主要來自與被訪談者的交談，所取得的資料是否全面、準確、詳盡，是否有組織，都取決於被訪談者的語言表述能力。因此，對於低幼兒童、有言語障礙者等人員不適宜採用訪談法。

2. 被訪談者的感知理解能力　被訪談者的語言表達必須圍繞訪問者提出的問題來組織，否則就會答非所問。要回答確切，前提條件就是被訪談者能正確理解訪問者提出的問題或呈示的刺激材料。換言之，被訪談者必須具有一定的感知理解能力。因此，對於有智能障礙者、聽覺障礙者，甚至是嚴重精神疾患者（如老年痴呆）等，都不宜採用訪談法。

3. 訪談資料的可及性　這是針對訪談的具體內容而言的。訪談者要想從被訪談者那裏獲取所需資料，一個基本的前提條件就是對於訪談問題，被訪談者"有話可言"。通常有兩種情況會造成被訪談者"無話可談"。其一，訪談事件是被訪談者未經歷過的，對訪談內容缺乏了解。例如，研究個體應對（coping）方式，在訪談中要問及個體經歷過的一些壓力事件以及個體在事件過程中的行為、認知、情感的變化。然而，個體並非曾經遭遇過某種壓力事件，如訪談中提出這樣的問題"在過去一周內，你遭遇了哪些壓力事件？你是如何處理的？"，就很可能使許多被訪談者無法提供研究所需材料，因為他們會說"我沒有遭遇壓力事件"。其二，被訪談者對有關事件的遺忘，致使其無法提供研究者所需資料。例如"在幼兒時，父母是否懲罰過你？"，"讀小學時，你受老師表揚過多少次？"。

四、訪談法的作用

　　概括地講，訪談法的根本作用在於採集與課題有關的信息，通過訪談，可以從被訪談者那裏獲取三種信息：(1) 有關事件的描述。可以是被訪談者親身經歷的事件，例如，文革時期上山下鄉的"知青"講述他們當年的生活經歷；也可以是被訪談者目擊的事件，例如，公安局破案，經常需要訪問在場目擊者。事件可以是最近發生的，也可以是過去發生的。通過被訪談者的描述，研究者可從中了解事件發生的時間、地點、人物、經過、結局等方面的情況。(2) 被訪談者對某種現象、某個問題的態度、看法及建議。例如，當前教育領域中存在諸多問題，比如課程設置問題、教材內容問題、教師培養與進修問題、考試、考評問題等，研究者可就此問題訪問各界人士，了解他們對這些問題的看法及改革意見。(3) 被訪談者本人的情況，諸如學歷、職業、興趣、愛好、個性特點、主要經歷乃至社會關係等。所獲取的這些資料，在研究中可以發揮三種可能的作用：

　　1. 可以初步了解特定研究題材的重要變量 (變項) 與內容，作為進一步形成研究假設的基礎。例如，研究專家型教師的特徵，通過訪談衆多公認的名師，從中可以了解他們的知識結構特徵，對待工作、對待學生的情感特徵和課堂教學的行為特徵等，進而可以提出有關專家型教師與新手教師之間差異的假說。

　　2. 可以作為特定研究的主要資料，用來回答問題，或驗證研究假設。例如，研究者要了解青少年在學習之餘的活動內容，隨機選取青少年為調查對象，並為每人配發一尋呼機 (呼叫器)。研究者隨機傳呼某些被試，詢問他們收到傳呼時正在做什麼？經過一段的追踪隨訪，對青少年課餘活動有一個基本的了解和認識。

3. 可以用來佐證其他資料的有效程度。例如，課堂觀察發現某位小學生有多動之嫌，為了準確判斷，研究者可以通過訪問該生的課任老師、家長及其同學，了解他（她）平時的行為表現，以鑑別其行為是純屬偶然，還是典型表現。在此，從教師、家長、同學那裏訪問而得的資料，能對課堂觀察結果起到檢驗與佐證的作用。

第二節　訪談法的類型

訪談法的類型是多種多樣的，不同類型的訪談法在程序、功能、適應的對象等方面也有一定的區別。根據不同的分類標準，訪談法可分為多種不同的類型。

一、依據訪談問題設計要求分類

訪談是一個互動的過程，其基本形式為"問"與"答"。根據研究的需要，對於"問什麼"、"如何問"和"答什麼"、"如何答"可作不同的限定。依據對"問"與"答"的限定情況，可以把訪談法分為結構訪談、非結構訪談和半結構訪談。

（一）　結構訪談

結構訪談(或**結構式訪問**) (structured interview) 對"問"與"答"都做了具體的限定。即在訪談之前，研究者就擬定好了訪談的問題、題目的排列順序以及回答各個問題的備選答案，實際上也就是一份問卷，因此，有人稱訪談為**口頭式問卷** (oral questionnaire)。在訪談時，訪談者只需按事先擬定的問題依次發問，同時為訪談對象提供備選答案。訪談者不僅不可以改變問題的順序，也不可以改變題目與答案用語，因此，有人稱結構訪談為**標**

準化訪談 (standardized interview)。下面是作者研究老年人日常活動能力時採用的結構訪談問卷 (部分題目)。

	不需要幫助	有時需要幫助	總要幫助
1. 在室內走動			
2. 吃飯			
3. 坐下、站起來			
4. 穿衣			
5. 上廁所			

由此可見，結構訪談的突出特點是問題與答案的確定性。因此，訪談結果便於量化分析。其不足之處在於訪談過程的"刻板性"，訪談雙方均不可逾越雷池，無法發揮積極性和主動性。

(二) 非結構訪談

非結構訪談 (或非結構式訪問) (unstructured interview) 對於"問"與"答"均沒有做明確的限定。訪談之前，研究者只是確定訪談的主題或方向，沒有擬定要訪談的具體問題。訪談時，**訪談者** (或訪員) (interviewer) (指訪談過程中擔任主訪者或提出問題者) 可以根據具體情況靈活處理。例如在電視節目評價研究中，研究者想了解小學生對某個節目的喜愛程度以及喜愛與不喜愛的原因。訪談之前，研究者先播放一段待評價的電視節目，隨後就可以詢問小學生一些問題，至於具體詢問什麼問題，可以根據節目播放過程中和播放之後學生的表現來發問。例如，在節目播放過程中，如果有人交頭接耳，注意力偏離了電視機屏幕，那麼便可以就此發問。再比如，節目播完之後，如果學生馬上自發且饒有興致地談論節目內容，也可就他們談論的話題展開提問，至於提問的措詞用語就需要適時掌握。在回答提問時，訪談對象只需講述自己的真實想法、感受，無需考慮回答的方式與內容限制。不僅如此，在訪談過程中，訪談者根據**訪談對象** (或**受訪者**) (respondent) (指訪談過程中接受訪問的人) 回答的內容可隨時追問，刨根問底。總之，非結構訪談最突出的特點就是其靈活性。訪談者可根據具體情況，靈活採用適當方式進行訪談，訪談對象可以自由發揮，充分表述自己的觀點、想法，訪談雙方都可充分發揮其主動性和創造性。然而，事物是一分為二的，正是這種靈活性，使非結構訪談者表現出其局限性，即因訪談過程中無固定程序和用語，使其結果不易處理。尤其是難以量化分析，對不同訪談者的回答難以進行對比分析。不僅如此，相對結構訪談，非結構訪談對訪談者的基本素養和訪談技巧要求也是比較高的。

(三) 半結構訪談

如上所述，結構訪談與非結構訪談各有優缺點。在心理與教育科學研究中，為充分發揮訪談法的作用，通常將上述兩種類型的訪談相結合，即訪問內容事先不完全決定者。訪問的主題事先決定，惟內容細節可容許採訪者視情形而作彈性處理，稱為**半結構訪談**(或**半結構式訪問**) (semi-structured interview)。依據對"問"與"答"的限定，半結構訪談又分兩種類型：

1. 訪談的問題是有結構的，被訪談者回答是自由的。表 13-1 是作者在"青少年品德發展"研究的半結構訪談中採用的問卷。

表 13-1　半結構訪談例釋一

A. 自由訪談部分
指導語：請試著回憶對現在的你（或你的價值觀）確有重要影響的一件事或一次經歷，並盡可能詳細地描述出來。
B. 提問部分
1. 這件事發生的原因是什麼？ 2. 你當時的感受是什麼？現在呢？是相同還是不同？ 3. 處理這件事時，你考慮到了什麼？ 4. 事情最後怎麼樣啦？ 5. 現在回想一下，這件事是如何影響你的，使你成為現在的你？或者說，這件事為什麼在你個人發展中如此重要？ 6. 你父母是如何看待這件事以及你處理這件事的做法？你同意你父母的看法嗎？ 7. 你的朋友如何看待這件事，以及你處理這件事的做法？你同意你朋友的看法嗎？

對每位訪談對象均按此順序發問上述問題，也就是說，提問部分是確定的，至於訪談對象如何回答則無明確規定，只要是他們的回答不離題即可。

　　2. 訪談問題無結構，所提問題、提問方式和順序比較靈活、自由，但要求被訪談者按有結構的方式回答。表 13-2 是作者在應對研究的半結構訪談中採用的問卷 (部分題目)。

　　根據上述三種訪談類型的特點，在心理與教育科學研究中可以把它們結合起來使用。先通過非結構訪談進行預訪 (pilot interview)，然後在結構或半結構訪談的基礎上，對研究結果進行量化分析。之後，可再對量化分析結果進行非結構訪談研究，以求檢驗研究結果的可靠性、準確性，對研究的問題有更深入的了解和認識。

表 13-2　半結構訪談例釋二

A. 自由回憶部分
指導語： 　　請你仔細想一想上個月中對你來說最為"緊張"的事件或情景。所謂"緊張"是指對你來說感到困擾的事件。即這件事或使你感到很糟糕，或使你為處理這件事做出了很大的努力，花費了很大的精力。這件事可能與你的家庭朋友或工作有關。(間隔一會兒，主試繼續發問) 　　具體發生了什麼事？何時、何地發生的？涉及到什麼人？你做了些什麼？這件事對你來說為什麼是重要的？事情發生的原因是什麼？(引導被訪談者盡可能詳細回憶所發生的緊張事件。)
B. 回答部分
下面列舉的是人們處理各種緊張事件的多種方式，請根據你的實際情況，回答你自己處理上述緊張事件過程中使用下述策略的情況。 　　　　　　　　　　　　　　　　　使　用　　　　沒有使用 1. 批評、譴責自己 2. 盡量克制自己的情緒 3. 與別人談自己的心情感受 ……　　　　　……

(採自　申繼亮，1992)

二、依據訪談人數分類

一位訪談者不僅可以一次訪談一個人，而且也可以同時對多個人進行訪談，前者稱為個別訪談，後者稱為團體訪談。

（一） 個別訪談

個別訪談 (individual interview) 是指訪談者對每位訪談對象逐一進行的單獨訪談的方法。這種個別訪談的形式使得訪談者與訪談對象之間易於溝通，在訪談過程中，訪談雙方也便於根據具體情況靈活地處理問題。例如，正式訪談開始之前，可以就訪談對象感興趣的話題聊聊天。這種面對面的、直接的言語與非言語交流有助於在訪談雙方之間建立友好關係。在訪談過程中，可以隨時調整談話速度，對於非結構訪談而言，還可以隨時追問。個別訪談的這些特點在團體訪談中就很難體現出來。正因如此，個別訪談在個案研究以及對一些敏感問題的調查之中發揮了重要作用。

（二） 團體訪談

團體訪談 (grpup interview) 是指一名或多名訪談者同時對一組訪談對象進行訪談的方法。訪談對象大致以 10～15 人一組為宜，每一組訪談對象的背景，諸如學歷、智力水平、社會經濟地位等比較接近為宜，座位安排以圓形為佳。團體訪談的對象為一組人，相對於個別訪談而言，不僅節約訪談時間，而且由於團體中每位成員的經歷與觀點不盡相同，還可以引發出更豐富的潛在反應，獲得更為多樣、更為全面的資料。目前，團體訪談在消費與廣告心理學研究中廣為使用。然而，也必須認識到團體訪談的局限所在。首先，由於團體訪談具有相對的公開性，匿名程度低，致使一些訪談對象不願表露自己的意見和看法，即使有所表述，也易於趨向保守，或基於團體壓力順從多數人的意見；其次，團體訪談中容易出現冷場，即訪談對象均三緘其口，不願發表意見。有時卻又議論紛紛，莫衷一是，致使討論偏離訪問方向。成功的團體訪談需要有高水平的訪談者，既能夠激發大家的思維，又能夠左右局面。而這種類型的訪談者是不易選拔與訓練的；第三，團體中各人性格有異，有喜愛講話的、有沈默寡言的，前者有可能壟斷話題，後者只是個"陪襯"，在這種情況，訪談結果的代表性是值得考慮的。

　　如上所述，個別訪談與團體訪談各有優缺點，在開展具體研究時，一方面要考慮訪談問題的特徵加以選擇。例如，對於敏感性的問題、帶有隱秘性的問題，適宜採用個別訪談，而對於一些熱點問題、帶有普遍性的問題，則適宜用團體訪談。另一方面，還要考慮兩種方法相結合使用的問題。

三、依據訪談時間或次數分類

　　根據研究時間的延續情況，可以把心理與教育科學研究分為橫斷研究和縱向研究。如果研究中採用訪談法，對應這兩種類型的研究，訪談的時間和次數是不一樣的。依次可以把訪談分為一次性訪談和重復性訪談。

(一) 一次性訪談

　　一次性訪談 (once only interview) 是針對同樣的問題在一個時段內，對選取的訪談對象進行訪談，每位訪談對象只接受一次訪談。儘管一次性訪談具有較短時間之內可以獲取大量信息的優點，但也不能忽視它所獲得的結果多為靜態信息，不易了解心理與教育現象變化過程與發展趨勢的局限。

(二) 重復性訪談

　　重復性訪談 (repeated interview) 也叫做**縱向訪談** (longitudinal interview)，是指在較長時間內對同一組訪談對象進行多次訪談，即每位訪談對象要接受多次訪談。例如，研究罪犯改造問題，在罪犯服刑期間定期或不定期地對犯人進行訪談，以了解隨服刑時間的推移，他們思想認識、態度、行為等方面的變化。又如，對災害事故受害人癒後的研究，也可以採用定期或不定期隨訪了解受害人隨時間、環境等方面的變化，其適應狀況的改變。重復性訪談可以獲取動態性信息，有助於了解事物變化的內在過程和規律。但同時由於其周期長，重復性訪談的運用也常常受到限制。

四、依據訪談溝通方式分類

　　傳統意義上，訪談是面對面的交談。而現代社會由於通訊技術的飛躍發展，訪談的溝通方式已不完全是面對面的交流，借助一些中介物可以在任何距離之間進行訪談，據此，依據訪談時是否借助中介物，可以把訪談分為直接訪談和間接訪談。

（一） 直接訪談

直接訪談 (direct interview) 也可稱為**面對面訪談** (face to face interview)，這是傳統的訪談方式。由於訪談與訪談對象是面對面的直接交流，因此，較之間接訪談，其突出特點是訪談者不僅可以獲取預期的訪談結果，(即訪談對象對訪談問題的回答)，而且在訪談過程中，訪談者通過觀察訪談對象的舉止方式與表情還可獲取大量的非言語信息。這不僅有助於核實訪談對象提供的言語信息，而且還有助於對訪談結果的認識與分析，此外，由於是面對面的交流，還有助於訪談雙方的溝通，建立良好的關係，俗語言，見面三分情。

當然，直接訪談也存在值得注意的問題，諸如訪談者與訪談對象的交互影響、比較費時等。

（二） 間接訪談

間接訪談 (indirect interview) 即借助中介物對訪談對象進行非面對面的訪談。目前，間接訪談的中介物主要是電話，比較高級的是可視電話。**電話訪談** (telephone interview) 20 世紀 80 年代始於美國，由於這種方法具有下述優點，電話訪談日益受到研究者的歡迎。

1. 節約時間　因為訪談者無需到訪談對象那裏去，可以省去往返於路途上的時間。

2. 節約費用　據美國的資料顯示，電話訪談較直接訪談可以節約 1/3 至 1/2 的訪談費用 (Wiersma, 1995)。

3. 抽樣區域大　由於時間與費用的限制，直接訪談只能在相對小的區域內，如一座城市內進行訪談，而電話訪談則不然，只要是通電話的地區均可成為抽樣的區域。

此外，電話訪談也有一些限制，在應用時應予以注意。

1. 訪談時間受限制。一般情況下，大多數人在接受間接訪談時，25 分鐘之後就會感到厭煩，而接受直接訪談的人在長達 45 分鐘，甚至 1 小時的訪談中也不會感到疲倦 (Wiersma, 1995)。
2. 無法獲得非語言信息。
3. 無法呈示圖、表之類的可視性提示。
4. 不便控制研究取樣。
5. 受電話普及程度影響。

　　直接訪談與間接訪談是兩種不同的溝通方式。在心理與教育科學研究中均有其應用價值，理應優勢互補，結合使用，以提高訪談的效率與質量。

　　除上述提到的訪談分類方法之外，還可以根據訪談的地點或取樣方法把訪談分為街頭攔截訪談與入户訪談。**街頭攔截訪談** (outdoor interview) 是指在公共場合隨機攔截過往行人進行訪談調查。這種方式的拒絕率比較高，無法控制樣本特徵，訪談的問題也必須是簡潔的，時間不宜太長，但是比較快捷。**入户訪談** (indoor interview) 是指在訪談對象的家裏或辦公地點等訪談對象經常出沒的地方進行訪談。有些入户訪談是事先預約的，而有些則是臨時的直接訪問。相對來講，入户訪談可以事先了解較多的訪談對象的背景信息。

　　在心理與教育科學研究中，各種類型的訪談均有其特點和優點，要視具體研究之需要而選擇使用。

第三節　訪談法的程序與要領

　　語言是人類所特有的現象。因此，以口頭語言交流方式收集研究資料的訪談法，很早就成為研究人類行為與心理的特有手段。今天，儘管心理與教育科學研究藉鑒、移植了大量的自然科學研究方法，但訪談法在心理與教育科學的各個研究領域仍有廣泛的應用，發揮著其他研究方法無法替代的獨特作用。如何在心理與教育科學研究中有效地應用訪談法？本章著重介紹訪談法的一般程序與要領。

按照訪談法的進程，可以把訪談法區分為三個相聯繫的階段，即訪談的準備階段、訪談的實施階段和訪談結果的整理分析階段。

一、訪談的準備階段

由於受訪者與訪談者之間的關係是陌生的，因此訪談工作通常都會遇到很多困難，訪談者如何才能突破重重困難得到合作，以順利完成訪談工作，就得事先做好準備工作。訪談的準備階段有大量工作，歸納起來，主要包括如下一些方面：

（一） 明確訪談目的

明確訪談目的要考慮如下幾個方面的問題：(1) 將訪談目的轉化為具體的研究問題和研究變量。訪談目的往往比較籠統、概括，需要將其轉化為比較具體的、限定的研究問題，然後根據具體研究問題，列出涉及的變量的名稱和類別，這樣才能為組織和細化訪談維度做好充分的準備。(2) 選擇訪談類型（方式）。訪談方式常因研究目的而異。例如，關於教材改革問題，若想通過訪談了解中小學教師對此問題的基本看法，可進行非結構訪談或半結構訪談，最後對訪談結果進行歸納，把收集到的看法歸納為若干類。如果通過訪談想了解中小學教師對教材改革的態度傾向，則可選用結構訪談，對訪談結果進行量化分析。因此，明確訪談目的，有助於選擇適宜的訪談類型。(3) 調控訪談過程。口語相對於書面用語而言，有較大隨意性，訪談對象在進行陳述時，容易"觸景生情"引發聯想，而使回答偏離主題，訪談者可依賴訪談之目的，及時控制訪談進程，使之按預定目的進行。

（二） 確定訪談維度

明確了訪談目的之後，下一步就要確定訪談維度。因為只有將訪談目的具體化，才有可能把研究設想付諸實踐。確定訪談維度，就是考慮從哪些方面入手來擬定問題，構建研究問題的框架，從而保證能收集到比較周全的資料。表 13-3 是作者在"情緒理解"研究中採用的訪談提綱。第一部分是自

表 13-3　確定訪談維度例釋

A．自由談話

指導語：
　　我想請你花幾分鐘想一件最近發生的事情或一個情景，在這個事情或情景中，你感到特別高興。這個事情或情景也許與你的家庭、朋友或學校、工作等有關。請你想一下它，盡可能生動地在你的頭腦中再現這個事情或情景。好！現在我再給你一分鐘想一想。你願意談什麼，你願意怎麼說都行。

　　（一分鐘後）主試接著說：
　　現在我希望你告訴我這個事情或情景。請告訴我發生了什麼事？它是如何發生的？你的感受如何？你的感受又是如何平息、消失的？請詳細談談。

B．提問部分

1. 被試如何描述情緒？
   (1) 你怎知道你高興了？
   (2) 當你高興時，你對這種情緒是如何感受的？或者說高興這種情緒感受起來是什麼樣的？
2. 被試如何控制情緒？
   (1) 這種情緒是如何消失的？
   (2) 為使這種情緒平息、消失，你做過什麼嗎？你為什麼要這樣做？為什麼不這樣做？
   (3) 為控制這種情緒你做過什麼？
3. 被試如何表現情緒？
   (1) 你向他人表現出這種感受了嗎？
   (2) 你隱藏這種感受嗎？(如果是，繼續提問)
   (3) 你是如何隱藏這種感受的？
   (4) 你為什麼要隱藏這種感受？
   (5) 如果你不隱藏這種感受，將會怎樣？
4. 被試如何判斷他人情緒
   (1) 當其他人有這種情緒時，你有什麼感受？
   (2) 它對你有何影響？

（採自　申繼亮等，1992）

由談話，第二部分為有步驟的提問。提問是在四個維度之內進行的，即被試如何描述情緒、被試如何控制情緒、被試如何表現情緒以及判斷他人情緒，每一維度下有若干具體問題。

(三) 編製訪談表

訪談表 (interviewing schedule) 是實施訪談的依據，因此，編製訪談表是訪談準備階段至關重要的一環。訪談表不僅包括發問的問題，而且對訪談對象的回答也有所規定。編製訪談表主要包括如下幾方面的工作：

1. 設計問題形式 依據確定的訪談維度，可以編寫具體的問題。問題可以不同形式呈現。問題形式主要有如下幾類：

(1) 依據問題的結構，可以把問題分為開放式問題和封閉式問題。**開放式問題** (opening question) 不限定答案範圍和類型，訪談對象根據自己的想法來作答。例如，"小學升初中取消考試，實行就近入學，你認為這會給小學教育帶來什麼影響？" 而**封閉式問題** (closed question) 要求訪談對象在實現確定的幾個答案中進行選擇，選出自己認為最合適的答案。如，"小學升初中取消考試，實行就近入學，你認為這對小學教育產生的影響是積極的、還是消極的、或是沒有影響？"

在訪談設計中究竟是採用開放式問題還是封閉式問題，可以從以下幾個方面考慮：

① 訪談目的：如果訪談目的是要了解訪談對象對問題的判斷和態度特徵，採用封閉式問題比較適宜。如果訪談的目的是想了解訪談對象對問題的看法、見解，則採用開放式問題比較適宜。

② 研究問題的確定性：對於已有較多研究和比較確定的理論觀點的問題，訪談只是為了驗證或核實某種理論假設，採用封閉式問題較為適宜；對於了解較少，爭論較多的問題，訪談只是為了探索一些初步的答案，為深入研究奠定基礎，採用開放式問題比較適宜。

③ 訪談對象的知識經驗：如果訪談對象對訪談的問題有豐富的認識，則可採用開放式問題；如果知之不多，最好採用封閉式問題。

④ 訪談時間：如果可以進行訪談的時間有限，如電話訪談、街頭攔截訪談等，採用封閉式問題比較適宜。否則，可採用開放式問題。

⑤ 如果一項訪談研究中既有封閉式問題，又有開放式問題，則宜先進行封閉式，然後再進行開放式。

(2) 依據問題的內容，可以把問題分為直接問題和間接問題。**直接問題** (face to face question) 是對研究內容直接發問。例如，研究教師工作滿意度，就可以直接針對教師待遇問題發問。比如，"與當地其他學校相比，你的工資待遇如何？"**間接問題** (indirect question) 則是以某種理論或推論將研究目的和訪談的問題聯繫起來。例如"小明 (假想的人物) 放學後回到家中，他爸給他買了一張電影票，並告訴他是他最喜愛看的科幻片，而恰巧小明原計畫要去訪問一位科學家，為明天的口頭作文準備素材，小明將怎樣處理這件事情？為什麼？"訪談對象所報告的小明的做法，實際上反映的是他們自己的思想傾向。

一般情況下，如果訪談問題的答案有可能受到社會讚許的影響，可以考慮採用間接問題。

(3) 根據研究需要，可以選擇不同句式的問句。例如，常見的句式有：
① 證實式的句式："我覺得……，您認為呢？"或"至於您剛才所說的，我的了解是……，不知道對不對？"
② 變通式的句式："我們已經談了三個重點……是否還有其他的？"
③ 比較式句式："請比較……的異同。"
④ 挑戰性的問句式："有些人認為……，您的觀點如何？"
⑤ 假設性的句式："如果……，您認為有什麼利弊？"

2. 編寫具體訪談句式　在明確訪談目的、確定訪談維度基礎上，依據所選擇的問題形式就可以著手編寫訪談問題。儘管非結構訪談無需事先列出訪談問題，但也要有所考慮，設想一下可能的問法。對於結構訪談和半結構訪談多採用文字表達，因此，在出問題時，要注意以下幾點：

(1) 注意口語化。訪談是口頭語言，遣詞造句要注意口語表達方法、表達習慣。

(2) 語句表達越簡潔越好。語句過長，會給訪談對象造成聽知、記憶的困難，以致影響訪談對象的情緒與動機，進而影響其對問題的回答。

(3) 注意訪談對象的知識背景，盡量少用專業詞彙、術語，避免出現理解障礙。

(4) 了解訪談對象的興趣與禁忌。興趣相近，易於溝通，引發較高的興緻；觸犯禁忌，會引起衝突，影響訪談的正常進行。

(5) 每次發問，集中於某一個方面，不要涉及兩個以上的變量或問題。

(6) 問題的表述不能顯露研究者的情感和態度傾向，應使之保持中性，否則會對訪談對象的回答產生導向作用。

(7) 如果是非探索性問題，最好不問"為什麼"。

訪談問題編完之後，應通讀一遍，對晦澀語句再作潤色。

3. 選擇訪談問題的反應方式 如何對訪談問題進行作答，這也是在編製訪談表時考慮的問題，一般情況下，對非結構訪談，不限定作答方式，訪談對象可以充分表達自己的思想；對於結構訪談，則要限定被試的回答方式，主要的回答方式有如下四種，並可作量化處理：

(1) **判斷**：用在問題表述的內容比較明確時，可能是事物、行為、知識等的類屬，也可能是態度明確分類。例如：

您現在的婚姻狀況：　□ 未婚　□ 已婚(原配)　□ 離異　□ 再婚
您對小學考試實行等級制的態度：　□ 贊成　□ 不贊成　□ 無所謂

(2) **核查**：用於初步了解有關行為、知識、態度等基本情況。例如：

您認為下列那些因素對提高你的工作滿意感是重要的。
　　A. 較高的薪水　　　　E. 減少非教學任務
　　B. 較小的班級規模　　F. 工作效率更高的校長
　　C. 更多的自由時間　　G. 在決策方面有更多的參與
　　D. 更有效的教研會議　H. 更好的教學設備

(3) **評定**：用在對問題表述內容的程度或頻率的評量上。例如：

一個學生學習成績優劣，主要取決於他的努力程度。對此觀點，您：
　　□ 非常同意　□ 比較同意　□ 不太贊同　□ 不贊同

我心情抑鬱：
　　□ 經常如此　□ 有時如此　□ 很少如此　□ 極少如此

(4) 排序：用於對問題涉及多個因素的相對態度的評量。例如：

依照你的喜愛程度請對下列學科排序：
　　□ 語文　□ 數學　□ 外語　□ 物理學　□ 化學

4. 組織與編排問題　編制訪談表的最後一步工作是對訪談問題進行組織、編排，確定發問順序。為了激發訪談對象的興趣，與之建立良好關係，使訪談自然、順利進行。在編排、訪談問題時，要注意以下幾點：

(1) 由一般問題到具體問題，由大問題到小問題。

(2) 訪談初期的問題應是簡單的、易回答的問題，以說明背景，激發興趣為目的。重要問題置於訪談中期；易引起不愉快或疑慮的問題盡可能排在後面。

(3) 注意問題間的邏輯聯繫。

(四) 選擇與訓練訪談員

訪談是一種技術，更是一種藝術。因此，訪談員是決定訪談成功與否的關鍵人物。然而，在許多訪談研究中，因為費時，常需要多名訪談員共同完成。那麼具備什麼條件的人員可以作為訪談員呢？下面述及的標準是常見的選擇訪談員的參照標準。

1. 選擇訪談員的標準　儘管各項訪談研究互有差異，但對訪談員卻有一些共同的標準和要求，主要包括如下一些內容：

(1) **敏捷的口頭言語能力**：訪談是一種口頭言語活動，因此，選擇訪談員首先要考慮的一點就是言語能力。口頭言語包括聽和說兩個方面。訪談員的"說"就是發問，其基本要求必須是既正確又要流利。所謂正確，就是俗話所說的"五不"、"一要"、"三到"。五不，即不說錯、不丟添、不重復、不顛倒、不聱牙；一要，即話音響亮；三到，即眼到、口到、心到。所謂流利，就是對要說的話在正確理解意義的基礎上，發自內心、從容不迫、口齒清楚，不斷不破。訪談對象說的內容是說給訪談員聽的，因此訪談員聽的能力，不僅包括語音的分辨、語意的理解，還包括對聽到的內容的分析與概括，不僅要理解訪談對象說的表面意思，還要能聽出"弦外之音"，不僅要聽知記憶，還要在聽話過程中不斷聽析、聽評，及時判斷訪談對象所表述的內容是否扣題。

(2) **適宜的人格特徵**：訪談不僅是訪談雙方的對話過程，實際上也是一種人際互動過程。因此，選擇訪談員時還應考慮適宜人際交往的一些人格特徵。這些特徵有：①誠懇的態度，容易獲得訪談對象的信任，從而建立良好關係；②幽默的性格，能使訪談過程生動、有趣、不呆板，從而激發並維持訪談對象的應試興趣和動機；③高度的耐心，因訪談過程中訪談對象可能會因情緒激動而就某個不必要的話題喋喋不休，也可能會因其性格或表達能力的緣故而講話囉嗦、慢慢吞吞等等，這些情況，都需要訪談員耐心對待、冷靜處理；④機敏、隨機應變，可以靈活自如地處理不同情景下發生的各種突發問題，使訪談內容和主題不至於僵化。

(3) **良好的工作態度**：訪談是一種科研活動，其過程有很強的主觀性。因此，在選擇訪談員時應考慮訪談員的基本素質。主要包括：①誠實，一方面忠於訪談工作，按訪談要求辦事，不"偷工減料"；另一方面，忠於訪談的事實，客觀記錄訪談結果，既不"添枝加葉"，也不"刪繁就簡"；②負責任，一方面，對工作一絲不苟，遵守工作計畫，為完成任務能吃苦耐勞，另一方面，發揮主觀能動性，認真記錄、分析訪談過程中發生的意外情況，總結經驗，改進訪談質量。

(4) **濃厚的訪談興趣**：在生活中，並不是每個人都願意從事與人打交道的工作，而選擇訪談員時所遵循的一個基本原則，或者說充當訪談員的一個基本前提是自願。因此，在選取訪談員時，必須考慮訪談員人選的興趣。

上述四條標準是選擇訪談員時的一般參照標準。在實際訪談研究中，選擇訪談員時，除考慮上述四條標準之外，還要根據訪談對象、訪談內容等方面的特點，考慮一些特殊的標準，對訪談員做不同的選擇。這些特殊的標準主要包括：

(1) **性別**：就性別而論，女性訪談員比較能讓人接受。這是因為女性社會形象是具有同情心、善良的，容易取得他人信任。一般情況下，當訪談對象為女性時，選用女性訪談員為宜。

(2) **年齡**：就年齡而言，除了對兒童、青少年的訪談以外，對其他年齡的人員進行訪談時，訪談員的年齡不宜太小。因為年齡大的訪談員可使人產生尊重、信服的心理。

(3) **專業知識**：當研究內容專業性比較強時，訪談員最好能熟悉這方面的知識，一方面增強訪談員的信心，另一方面也可以促進訪談效果。

2. 訪談員的培訓　依照上述挑出訪談員之後，還要對他們進行一定的培訓，旨在統一要求，規範活動，從而保證訪談結果準確、可信、客觀，即有較理想的信度和效度。培訓的重點有三，即使其熟悉訪談研究背景，掌握訪談要領，積累訪談經驗。

(1) **熟悉訪談研究背景**：第一，要了解訪談的目的，即"為何訪談"，訪談所得資料旨在解決什麼問題，面臨的待答問題或待檢驗的研究假設是什麼。第二，要了解訪談對象，即對什麼樣的人群進行訪談，訪談對象的基本特徵是什麼？諸如何種年齡段的人、社會經濟地位如何等。第三，了解訪談的基本形式，是個別訪談，還是團體訪談；是直接訪談，還是間接訪談等。第四，要了解訪談的時間與地點，訪談在什麼地方進行，每次訪談大概要持續多長時間。第五，要了解訪談的內容特點，即訪談內容是簡單還是複雜，涉及的問題是比較單一還是錯綜複雜。第六，要了解訪談研究的基本要求，諸如訪談過程要客觀、對訪談結果要保密等。

(2) **掌握訪談要領**：無論是結構訪談，還是非結構訪談，訪談員都應事先熟悉訪談的內容。因為只有這樣，在訪談過程中，訪談員才能應對自如，控制訪談進程。由於結構訪談和半結構訪談對"問"與"答"的內容均有所限定，訪談員更應熟練掌握訪談內容。在培訓過程中，一般是通過集體討論的方式來掌握要領的。討論的重點包括：第一，斟酌每句問話（包括被選答案）的表述是否確切、清楚，會不會產生歧義；第二，對發生疑問的字句，在實際訪談過程中，訪談員可以解釋到什麼程度，關於解釋的統一規定是什麼？第三，訪談過程中有可能遇到什麼問題，採取什麼對策？

(3) **積累訪談經驗**：訪談作為人際互動的一種形式，不是一種機械的活動，而是有藝術、有技巧可言的一種技能。儘管訪談技能的形成與熟悉訪談的研究背景、掌握訪談內容有密切關係，然而，它與訪談實踐經驗的積累也是密不可分的。獲取訪談實踐經驗有三個途徑，或者說訪談實踐經驗可區分為三個層次。第一，研究者的示範或其他人成功訪談的範例。可通過現場演示或觀摩錄像帶的形式，為接受訓練的訪談者提供範例。第二，實習。接受訓練的訪談員兩人一組，一個扮演訪談者，一個扮演訪談對象，進行模擬訪談，然後互換角色。第三，試談。訪談者到實際中去，選取與正式訪談對象相似的人員作為訪談對象，依照正式研究的訪談表對他們進行訪談。通過試談獲取的信息，不僅可用於修訂訪談問卷，而且也可用於豐富訪談策略。

（五）選取訪談對象

選取訪談對象是否得當，關係到收集資料之成敗。按照心理與教育科學研究的抽樣要求，選取訪談對象首先要考慮研究目的。依據研究目的來確定抽樣範圍。其次，還要考慮抽樣的特殊要求，具體包括訪談對象的意願，即是否願意參與研究，訪談對象的知識經驗，即可否把自己的想法清楚表達出來。第三，要考慮研究條件，即經費是否充足、訪談員數量多少、訪談的複雜程度、耗時長短等，從而決定取樣區域與數量。

（六）準備輔助工具及排定訪談行程

在訪談之前，除準備好訪談表外，還要檢查所需輔助工具是否齊備，諸如紙張、筆，需要錄音、錄像的研究，錄音機、錄像機的功能是否完好。在上述各項準備工作就緒之後，就應通過書信或打電話的方式與訪談對象進行聯絡，確定訪談的具體日期、時間、地點。明確排定每位訪談員的行程，不僅能使訪談工作順利進行，而且可有效節省人力、物力與時間。

二、訪談的實施階段

待一切準備工作就緒以後，就可以進入訪談的實施階段。此階段主要包括如下幾個環節。

（一）初步接觸

好的開始是成功的一半。通過與訪談對象接觸，獲准訪談是訪談實施階段至關重要的一步。只有在獲准訪談的前提下，才談得上向訪談對象發問和記錄訪談對象報告的內容。而要獲准訪談，初步接觸則是關鍵。

初步接觸，即接近訪談對象，是訪談階段的第一步。在接觸訪談對象的過程中，以下三個方面是值得注意的問題。

1. 形成好的第一印象 社會心理學的研究表明，在人際交往過程中的第一印象非常重要。好的第一印象有助於人際溝通，會提高被接納的可能性。進行訪談亦是如此。給訪談對象一個好的第一印象，有助於隨後訪談的進行。因此，當訪談對象抵達訪談地點見到訪談對象時，要注意幾個方面的問題：(1) 自己的穿著打扮是否得體。科學研究講究嚴肅認真，因此，在衣著方面，既不能花俏，過於摩登，也不能邋遢，不修邊幅，而應乾淨整潔。(2) 主動、熱情稱呼對方，問候對方，並對能接受訪談表達感謝之情。(3) 態度誠懇，行為舉止文雅，例如，雙方互送物品等。有了良好的第一印象，便有了進一步溝通的基礎。

2. 取得訪談對象的信任 在訪談過程中，要獲得真實的資料，一個重要前提就是使訪談對象信任訪談者，打消各種顧慮與戒心。為取得訪談對象的信任，可以從以下幾個方面著手：

(1) **介紹自己**：簡明扼要地向訪談對象說明自己的身份，必要時可出示有效證件，如工作證、身份證等，從而消除訪談對象安全方面的顧慮。

(2) **介紹訪談研究的目的**：向訪談對象說明抽樣的選取方法；強調訪談對象的談話內容對此項科學研究的價值及重要性？通過介紹此方面的情況，旨在消除訪談對象的神秘感，激發他們的動機。

(3) **簡要說明訪談的任務要求**：向訪談對象說明將詢問哪方面的問題，並強調訪談對象的任務是根據自己的實際情況，針對問題發表自己的看法或表明自己的態度，其陳述無對錯之分，無水平高低之分。此舉意在消除訪談對象的"應試焦慮"。

(4) **簡要交待訪談結果的用途**：說明談話內容僅作科學研究之用，並強調對訪談對象報告的內容絕對保密。旨在消除訪談對象訪談時的顧慮，使之能放心大膽袒露自己的真實想法或態度。

圍繞上述幾方面簡短的交談，對順利進行正式問題的訪談將會起到積極的作用。

3. 採取策略，因應拒絕 由於種種原因，訪談對象拒絕訪談是完全有可能的，實際上，也是經常發生的。對此，一方面要採取一些措施，盡量避免拒絕，另一方面，若遭遇拒絕，要妥當處理。為了盡量避免遭遇訪談對象的拒絕，訪談者可以考慮以下幾點做法：

(1) 如果訪談前可以聯絡的，一定要通過書信或電話進行聯絡。在見到訪談對象時，提醒訪談對象，已經聯絡過，可以出示聯絡信件的複印件，以示證明。

(2) 携帶具有研究機構或學校標誌的公事包或講義夾，間接顯示訪談者的身份。

(3) 訪談者要採用正面的方式，邀請訪談對象參加訪談研究。可以説："我想進來跟您談談……，聽聽您的高見。"而不要説"我可以進來嗎？"或"我可以問您幾個問題嗎？"總之，不要讓訪談對象有説"不"而拒絕訪談的機會。

一旦遭到拒絕，訪談對象要冷靜、有耐心，想方設法弄清楚遭到拒絕的原因，針對原因，對症下藥。比如，有人説自己太忙，沒時間，則可以與其另約時間；有人説自己接受過此類調查，對此不再感興趣了，則可以強調此項研究的獨特之處，其價值、意義如何；有人説你要問的問題我從來就沒有想過，我什麼也不知道，則可以強調這不是考試，不存在會不會的問題，每個人對此問題都可發表意見。總之，遭到拒絕時，不要氣餒，不要輕易放棄任何一名訪談對象。當然，也確有無法"挽回"者，即使如此，也要有禮貌地告退。

(二) 進行提問

在獲准訪談以後，隨即就可以進行訪談。儘管訪談過程因研究課題不同而各有所異，但有一些共同的原則需要遵守。

1. 為保證研究過程、研究結果客觀、可靠，發問的內容、發問的順序均應遵照訪談表進行，而且發問的語句也應按訪談表上的原話進行。如遇確實需要解釋的字句，不可任意發揮，也應按事先確定的解釋方式加以解釋。

2. 訪談者發問的語氣、發問的方式均應保持中立，不可表露情感或態度傾向。

3. 訪談過程中，要使訪談在輕鬆、愉快、友好的氣氛中進行，使訪談對象感到舒適、無拘束，能暢所欲言。

4. 訪談過程中，不要突然打斷或中止訪談對象的話，否則容易引起不良情緒，影響其參與動機。當遇到話題內容離題或過於瑣碎、冗長時，可見機提醒，使之回到當前話題上。遇此問題，要有耐心。

　　5. 對訪談對象的回答，不要流露出批評、驚訝、贊成或不贊成的語氣與態度，避免對訪談對象進行引導，盡量保持是非判斷的態度。

　　6. 在訪談過程中，訪談對象也密切注意訪談者的反應，藉此了解他的談話引起訪談者的何種反應。為此，訪談者要保持傾聽的注意力，讓訪談對象時時感到訪談者很關注他的談話，對他的談話有興趣。這種反饋將有助於激發和維持訪談對象的談話興趣。

　　7. 在訪談過程中，訪談者要時時反省自己，以檢查自己的言行是否適宜，態度是否誠懇，訪談過程控制是否適當，從而盡可能減少無關因素對訪談結果的影響。

　　在訪談過程中，難免會出現訪談對象的回答不符合研究要求的現象，如回答不完整、不清晰、不具體，甚至答非所問。在這種情況下，要及時進行探究，以弄清問題症結所在。探究應是中性的，其方式有 (Bailey, 1987)：

　　1. 重復問題　　當訪談對象不解題意或對某問題感到舉棋不定時，可以重復發問。若題目太長，在訪談對象回答之前，常需重復發問二至三次，務使訪談對象了理解並記住題目。

　　2. 復述回答　　當訪談者不能框定自己是否正確理解了回答時，可使用復述回答這種中立的試探形式。這樣訪談者可糾正自己的理解錯誤或訪談對象的口誤，使訪談雙方均確信對回答做了正確記錄。復述回答也可以給訪談對象一個考慮機會，使其作進一步詳盡闡述。

　　3. 表示理解與興趣　　訪談者提出探測性問題，表示他已經聽到答案，並證實正確，從而激發訪談對象，繼續講下去。

　　4. 停頓　　若訪談對象的回答明顯地不周全，訪談者可以停頓下來，不置一詞，即表示訪談者知道訪談對象已開始回答，但不完全，正等待訪談對象繼續完成回答。

　　5. 提出中性問題或評論　　如"你所說的……是什麼意思？" "請您再講詳細一點"表示回答切題，但仍需要更詳盡的資料。

（三） 注意記錄

　　在訪談的全過程中，訪談者要給終全神貫注傾聽訪談對象講話。這不僅有助於調動訪談對象的積極性，而且也是獲取有價值資料的前提保證。有效地記錄訪談結果是保存資料、分析資料的基礎。因此，在訪談過程中，訪談者不僅要注意傾聽，而且也要注意記錄。

　　根據訪談的情形和訪談對象的意見，記錄可分為兩種類型，即現場記錄和事後記錄。現場記錄，即邊訪談、邊記錄，記錄方式又可分為三種形式：

　　1. 現場錄音　在徵得訪談對象同意以後，可用錄音機把訪談的全部內容錄下來，訪談結束後再謄寫、整理。現場錄音的好處在於記錄比較全面，適合於非結構訪談，訪談者可用更多的注意力去關注如何發問、追問。但在很多場合，訪談對象反對使用錄音機。

　　2. 現場筆錄　現場筆錄可以是訪談者一邊訪談、一邊記錄；也可以是兩個人同時工作，一人訪談、另一人專事記錄。現場筆錄比較適合於結構訪談，訪談者只需在事先準備好的記錄紙上將答案圈出即可。現場筆錄要注意以下幾個問題：

　　(1) **及時**：隨問、隨聽、隨記。
　　(2) **客觀**：對訪談對象的回答既不能總結概括，也不能添油加醋進行潤色，而如實逐字逐句記錄。
　　(3) **選擇**：凡與題目有關聯的答話都要記錄下來，而確定是離題的回答少記或不計。
　　(4) **全面**：不僅要記錄語言信息，而且也要記錄主要的非言語信息。
　　(5) **自然**：記錄既不能影響或中斷訪談者的問話，也不能分散訪談對象的注意力。

　　3. 現場錄像　如果條件許可，又能徵得訪談對象同意，現場錄像是比較好的記錄方法，不僅可以記錄全部的言語信息，而且也可以記錄訪談對象的非言語信息，如手勢、面部表情等，可以得到非常詳盡的資料。然而，現場錄像也有其不足之處，容易使訪談對象緊張，表現不自然。

　　事後記錄，在有些情形下，無法進行現場記錄，只有等訪談結束後再作記錄。在這種情況下，訪談一結束，應馬上進行回憶，對訪談過程中被試的回答情況、態度和反應等進行記錄和整理。

（四） 結束訪談

結束訪談是訪談活動的最後一個環節，雖不如上述幾步重要，但也有些事項值得注意。

(1) 注意表示對訪談對象的感謝。如"占用了您這麼長的時間，為我們提供了非常寶貴的資料，非常感謝！"

(2) 注意為今後的研究抽樣做鋪墊。經過訪談，雙方有所了解，可以考慮在未來的其他研究，在此將其作為被試人選。為此，在訪談結束時，應適當提及此種想法，如"希望今後再次得到您的支持和幫助。"

(3) 若訪談不能正常結束，要具體問題具體分析，靈活處置。一種情況是超時，到預定結束訪談時，若訪談對象還談意正濃，切不可中斷其談話，應適當延長訪談時間；另一種情況是提前結束，若發現訪談對象不能很好配合，態度消極，或有其他障礙，或其提供的資料沒有價值，此種情況下，可以考慮提早結束訪談。還有一種情況是突然中斷訪談。在訪談過程中，因有預料之外的緊急事情，迫使訪談不得不停止，此時，訪談對象應表示諒解，並約定重訪時間，然後馬上結束訪談。

(4) 要在訪談表上或記錄紙上寫明訪談者、訪談日期、持續時間、地點等資料，如有特殊事件，也要記錄。

三、訪談結果的整理分析

訪談結束後，隨之而來的工作便是整理、分析訪談結果。結構訪談的結果便於整理，也易於進行量化分析。非結構訪談的結果，相對而言，比較難於整理分析。然而，無論以何種形式記錄的訪談結果，最終均要整理成書面文字。

訪談結果，尤其是非結構訪談的結果，其內容為描述性的，量化分析比較困難。一般情況下，為了對訪談結果作深入分析，非常重要的一步工作就是製訂編碼（或評分）系統。用編碼系統來量化訪談結果。茲舉一例加以說明。在一項〈6～15 歲兒童對友誼特性的認知發展〉研究中，研究者使用了訪談法。訪談提綱包括如下一些問題：

1. 你在班上有幾個好朋友？有沒有最好的朋友？(如果答沒有，可提示"你再好好想一想"如果仍答沒有，則從第 6 題開始。)
2. 誰是你最好的朋友？
3. 他 (她) 為什麼是你最好的朋友？你們在一起做什麼？談什麼？
4. 你和好朋友在一起有沒有不高興的事，如鬧意見、爭吵或者打架？為什麼？這些不高興的事主要有哪些方面？發生這種事你怎麼辦？
5. 好朋友在一起有沒有比賽 (或競爭)？為什麼？
6. 你在班上有沒有一個同學和你關係最不好？(對於小學兒童可不要求說出答案，只要說出性別就可以。)
7. 為什麼你和他 (她) 最不好？
8. 如果兩個人是好朋友，他們應該是怎樣的？
9. 你和好朋友會不會一直好下去？為什麼？

訪談結束後，先對訪談中的全部錄音逐字逐句謄寫，然後閱讀所有被試的回答記錄，製訂記分手冊。最後把訪談結果概括為六個維度，藉此對全部訪談材料評分，有此項目者記 1 分，無此項目者記 0 分。編碼的六個維度是：

(1) 共同活動和遊戲　　(4) 互相愉悅和支持
(2) 個人交流　　　　　(5) 衝突解決
(3) 互相幫助和指導　　(6) 競爭和激勵

(李淑湘、陳會昌、陳英和，1997)

四、訪談過程中應注意的事項

作為收集研究資料的方法，在訪談過程中，每個環節都有值得注意的事項。在上文敘述訪談程序與要領時，已有所交待。在此，舉一實例來說明問題。該例子來自作者關於情緒理解的研究。

"情緒描述與調節"談話問卷使用說明

1. 問卷目的：用於研究從兒童至老年人如何描述、調節自己的情緒，產生情緒的原因及其發展、變化的規律等。
2. 問卷內容：

(1) 本問卷包括高興、生氣、害怕、傷心四種情緒。
(2) 本問卷分爲兩部分：
　① 自由談話部分：由訪談對象自由談論、描述某種情緒產生的原因、過程……。
　② 提問部分：由訪談者有目的地提出一系列問題（研究者所要了解的），然後讓訪談對象自由回答。
3. 使用本問卷應注意的幾個問題：
(1) 開始談話前同訪談對象隨便交談一、二分鐘，以使訪談對象保持輕鬆、愉快，消除緊張、不自然，從而保證訪談對象的合作，使談話得以順利進行。
(2) 談話前佈置好房間，談話應選一安靜房間，房間中放有書桌且書桌上放一錄音機，注意將話筒對著訪談對象，讓訪談對象聲音稍大些，以便錄音清晰，必要時可使用話筒。
(3) 談話時應注意
　① 訪談者吐字清楚、用普通話，說話應不快不慢。
　② 提問時應用重音，強調提問重點。
　③ 談話過程中不要有任何暗示。
　④ 談話時注意訪談對象是否真正理解所提問題，如不理解，可適當換個方式再提問。
　⑤ 談話過程中應讓訪談對象自由地談，不要隨便打斷。
　⑥ 談話嚴格按程序進行。
　⑦ 訪談者應先熟悉、牢記指導語，這樣在談話時就不用看著指導語念，以使談話順利進行，顯得自然。另一方面，也使訪談者有更多時間、精力觀察訪談對象，同訪談對象交談。
(4) 錄音注意事項
　① 向訪談對象說明錄音目的，消除其疑慮。
　② 錄音完後，應在磁帶上標明訪談對象編號以及四種情緒在錄音帶上的起止數目。
　③ 如一盤錄音帶上錄有一個以上訪談對象談話內容，請在磁帶上著名本磁帶上所錄訪談對象的編號，及每個訪談對象所錄內容的起止點。
　④ 妥善保存錄音磁帶。
　　　（申繼亮，1993）

五、訪談法的評價

訪談法作為心理與教育科學研究中常用的方法，要能有效地運用這種方法，必須了解它的優點與局限。

(一) 訪談法的優點

訪談法的主要優點表現在如下幾個方面：

1. 可以控制問題的呈現過程 眾所周知，觀察法的局限之一在於其被動性，觀察者只能被動等待觀察對象行為的出現。而問卷法、測驗法是以書面形式向被試呈現刺激的，多為集體作答。因此，研究者常常無法控制被試的作答過程，只能等待被試的作答結果。而訪談法則不然，訪談者可以主動控制問題的呈現，依據研究需要調整問題呈現過程。例如，根據訪談對象特徵，調節提問的語速，對於兒童、老年人可放慢語速，對於年青人，可加快語速。根據訪談對象對問題的理解程度，可決定重述問題的次數以及是否給予解釋。根據訪談對象的回答情況，可以決定提問的順序 (如第 3 題答"是"則跳至第 7 題)。

2. 可以控制訪談的進程 在觀察研究中，觀察對象的行為表現是否為研究者感興趣的研究內容，研究者無法干預引導；在問卷調查、測量研究中，被試的答案是否離題、答非所問，研究者是無可奈何的。但在訪談研究中，研究者可以及時調控被試的行為，使其偏離的話題回到主題上來。

3. 訪談對象可以重復表達自己的思想、感情 就一般情況而言，對同一問題發表意見，說比寫要輕鬆，一次說不清、不全、不準，可變換表達方式重說。不僅如此，說的過程當中，還可借助表情、語氣、手勢等非言語行為增進表達效果。

4. 可以獲得比較全面、深入、具體的資料 追問是訪談法特有的一種方式。在訪談過程中，訪談者根據訪談對象的回答情況，可以不斷追問，讓訪談對象對自己的回答作出解釋、補充、澄清，從而保證獲得的資料是全面的、深入的、具體的。

(二) 訪談法的缺點

訪談法的主要缺點表現在如下幾個方面：

1. 費用高 較大規模的訪談研究需要培訓一批訪談員，需要支付一定的培訓費。此外，研究為分散進行，交通費、訪談者的生活補貼也需要一定經費。較之其他研究，這些都是額外的費用。

2. 費時間 一方面訪談本身需用的時間比較長。另一方面，訪談者往返訪談地點也要花費相當多的時間。

3. 樣本量有限 訪談研究比較費時、費錢、費力，工作量大，因此，通常多為小樣本研究。很顯然，小樣本研究的主要局限在於抽樣誤差的概率比較高，從而影響研究結果的外在效度。

4. 干擾因素、不可控因素比較多 諸如訪談者的偏見、訪談技巧、訪談對象的情緒狀態、訪談地點等均會對訪談結果產生直接影響。

5. 訪談結果不易量化處理 所得資料難以量化，不但使解釋範圍受到限制，而且使推論無法普遍化。

本章摘要

1. **訪談法**是研究者通過與研究對象有目的的交談來收集研究資料的一種方法。有人稱之為有目的的談話，在心理與教育科學研究中被廣泛運用。
2. 訪談法具有明確的目的性和一系列的操作規範。較之問卷法、觀察法、測驗法，訪談法存在訪談者與被訪談者間的直接交互作用，並且更具靈活性。
3. 訪談法有其適用的必要條件，主要包括：被訪談者的言語表達能力、感知理解能力以及訪談資料的可及性。
4. 訪談所獲得的資料，其作用有三：其一，可以初步理解特定研究題材的主要變量與內容，作為進一步形成研究假設的基礎；其二，可以作為特定研究的主要資料，用以回答問題，或驗證研究假設；其三，可用來佐證其他資料的有效程度。

5. 訪談的類型有多種劃分標準。依據訪談問題設計要求，可分為**結構訪談**、**非結構訪談**和**半結構訪談**；依據每次訪談人數，可分為**個別訪談**和**團體訪談**；依據訪談的時間或次數，可分為**一次性訪談**和**重復性訪談**；依據訪談的溝通方式，分為**直接訪談**、**間接訪談**；根據訪談的地點和抽樣方法，分為**街頭攔截訪談**與**入戶訪談**。各種類型的訪談均有其特點和優點，應視具體研究需要選擇使用。

6. **結構訪談**又稱為**口頭式問卷**或**標準化訪談**，對訪談者的"問"與被訪談者的"答"都有明確、具體的限定，訪談結果便於量化。**非結構訪談**對"問"與"答"均未做明確限定，訪談之前只確定訪談的主題或方向，沒有擬定要訪談的具體問題，結果難以量化處理。**半結構訪談**有兩種類型，其一，訪談問題有結構，被訪談者回答自由；其二，訪談問題無結構，但要求被訪談者按有結構的方式回答。

7. **直接訪談**，即**面對面訪談**，是傳統的訪談方式。**間接訪談**指借助中介物對訪談對象進行非面對面的訪談，中介物主要是電話。

8. 訪談研究可區分為：準備、實施、訪談結果的整理分析三階段。其中，準備階段的工作包括明確訪談目的、確定訪談維度、編製訪談表、選擇與訓練訪談員、選取訪談對象、準備輔助工具，排定訪談行程；實施階段包括初步接觸，獲准訪談、進行提問、適當探究、全神傾聽，注意記錄、善始善終，結束訪談。

9. **訪談表**是實施訪談之依據，編製訪談表的步驟 (1) 設計問題形式，問題形式有開放式問題和封閉式問題之分，直接問題和間接問題之分；(2) 編寫具體訪談問題；(3) 選擇訪談問題的反應方式，其中結構訪談的回答方式有判斷、核查、評定、排序幾種；(4) 組織與編排問題。

10. 選擇訪談員的一般標準：敏捷的口頭言語能力、適宜的人格特徵 (如誠懇、幽默、耐心)、良好的工作態度 (如誠實、負責任)、濃厚的訪談興趣。特殊標準：訪談員的性別、年齡、專業知識等方面。培訓訪談員的重點有三：即使之熟悉訪談研究背景、掌握訪談要領、積累訪談經驗。

11. 訪談法的優點主要有：可以控制問題的呈現過程及訪談進程、訪談對象可重復表達自己的思想和情感、可獲得較為全面、深入、具體的資料。缺點主要表現為費用高、費時間、樣本量有限、干擾因素、不可控因素較多以及訪談結果不易量化處理。

建議參考資料

1. 申繼亮 (1992)：情緒理解發展的研究。北京師範大學博士論文。
2. 申繼亮 (1993)：從情緒描述看青少年期到成人期認知結構的發展。心理學報，25 卷，3 期，291～297 頁。
3. 朱智賢、林崇德、董 奇、申繼亮 (1991)：發展心理學研究方法。北京市：北京師範大學出版社。
4. 李淑湘、陳會昌、陳英和 (1997)：6～15 歲兒童對友誼特性的認知發展。心理學報，29 卷，1 期，50～60 頁。
5. 楊小微、劉衛華 (主編) (1988)：教育研究的理論與方法。武漢市：湖北教育出版社。
6. 楊國樞、文崇一、吳聰賢、李亦園 (1986)：社會及行為科學研究法。台北市：東華書局。
7. 董 奇 (1992)：心理與教育研究方法。廣州市：廣東教育出版社。
8. Bailey, K. D. (1987). *Methods of social research* (3rd ed.). New York: Free Press.
9. Best, J. W., & Kahn, J. V. (1993). *Research in education* (7th ed.). Boston: Allyn & Bacon.
10. Birg, W. R., & Gall, M. D. (1989). *Educational research: An introduction* (5th ed.). New York: Longman.
11. Gay, L. R. (1992). *Educational research: Competencies for analysis and application* (4th ed.). New York: Longman.
12. Wiersma, W. (1995). *Research methods in education: An introduction.* (6th ed.). Boston: Ally & Bacon.

第十四章

測驗法與問卷法

本章內容細目

第一節 測量的基礎
一、測量的定義 421
二、測量的水平 422
　㈠ 命名量表
　㈡ 順序量表
　㈢ 等距量表
　㈣ 等比量表

第二節 測驗法
一、心理測驗的性質與功能 424
　㈠ 心理測驗的性質
　㈡ 心理測驗的功能
二、心理測驗的種類 426
　㈠ 按測驗測量的內容分類
　㈡ 按測驗的構成材料分類
　㈢ 按測驗的方式分類
　㈣ 按解釋測驗結果的依據分類
三、編製測驗的理論基礎 429
　㈠ 經典測驗理論
　㈡ 項目反應理論
　㈢ 其他測驗理論
四、編製測驗的基本步驟 438
五、使用心理測驗應注意的問題 440
六、測驗法的評價 442

第三節 問卷法
一、問卷法的基本特點 444
二、問卷的一般結構與種類 446
　㈠ 問卷的一般結構
　㈡ 問卷的種類
三、編製問卷的基本要求 450
　㈠ 關於標題與指導語
　㈡ 關於問題的內容與表述
　㈢ 關於題目的數量
　㈣ 關於題目的排列
四、編製問卷的基本步驟 452
　㈠ 明確研究問題並確定研究變量
　㈡ 選擇題目類型且配套答題格式
　㈢ 收集材料以編寫題目
　㈣ 撰寫指導語與編排題目
　㈤ 預試與修訂
　㈥ 建立信度與效度
五、使用問卷應注意的事項 454

本章摘要

建議參考資料

心理與教育科學研究離不開對心理與教育活動、現象的定量測定和定性分析。因而，無論是系統的心理測量理論，還是準確、可靠的收集數據的方法，在研究中都是不可或缺的。在這一章裏，具體介紹和討論心理測量理論及運用其原理採集數據的方法。

心理測量理論經歷了經典測驗理論和多種理論並存兩個發展階段。測量理論的應用，極大提高了心理與教育科學研究的科學水平，促進學科理論的發展。時至今日，現代測驗理論已有了長足的發展，項目反應理論、潛在等級分析理論、概化理論等豐富了心理測量的理論基礎，在推動心理與教育科學研究的客觀化、數量化方面起到了積極的作用。但是，這並不意味著經典測驗理論價值的消減，它在心理測量中仍然居於支柱性地位。測量的信度和效度是心理測量的基本特點。設法提高心理測量的信度與效度，使其更為客觀、準確、可靠，應是研究人員不懈的追求。

心理測驗是一種較為系統的心理測量，但是正確、有效地設計和使用心理測驗，卻不是輕而易舉之事。測驗能起到甄選、診斷等作用，但測驗不是目的，因而特別需要將測驗與治療及教育措施相結合，讓心理測驗更好地服務於科研和教育實踐活動。

問卷是心理與教育科學研究中廣為應用且行之有效的測量方法。雖然問卷的標準化程度不如心理測驗，但問卷有其特定的科學目的，還有一整套的設計及編製原則、程序，比較切合心理與教育科學研究的特殊性。利用問卷不僅可以進行回溯研究，而且在不便進行現場實驗或觀察的情況下，問卷也同樣可以發揮重要作用。因此，問卷拓寬和延伸了心理與教育科學研究的時空範圍，有著廣泛的適應性。其科學性和價值，不應該由於某些人的濫用和誤用而受到懷疑。

本章旨在使讀者閱讀之後能對下列問題有所認識：

1. 什麼叫測量？測量可劃分為哪幾種水平？
2. 心理與教育測驗的性質是什麼？有哪些功能？包括哪些種類？
3. 編製心理與教育測驗的理論基礎與基本步驟。
4. 使用心理與教育測驗應注意的事項。
5. 問卷法有哪些基本特點？一份完整的問卷應該包括哪些部分？
6. 編製問卷有哪些步驟？使用問卷應注意哪些事項？

第一節　測量的基礎

本節對測量的定義和測量的三大要素做了簡要的介紹，還對測量的四種不同水平：命名量表、順序量表、等距量表，定比量表進行了分析與概括。

一、測量的定義

心理與教育科學研究中，最為大家接受的**測量** (measurement) 概念是由美國心理學家斯蒂文斯 (Stevens, 1951) 界定的，即 "廣義來講，測量係根據法則而分派數字於物體或事件之上"。這個定義已簡要勾勒出測量的基本性質，然而要更全面而深刻理解這一概念，我們需對其所包含的幾個要素作進一步說明。

第一個要素就是 "法則" (rule)，即測量時所採用的規則或方法。換言之，就是對 "物體或事件" 賦值或標識 (label) 的根據和操作程序。例如，用秤測量物體的重量，它的根據是槓桿原理，用溫度計測量物體的溫度，它的根據是熱脹冷縮原理。測量所依據的 "根據" 或原理，有的是來自自然界物體變化的客觀規律，例如物理學中各種定律；有的則是人為規定的，例如在對性別編碼時，通常我們用 "1" 代表男性，用 "0" 代表女性。

測量工作的難易程度實質上取決於測量所依據規則的性質，若規則易於設立和操作，那麼測量就易於進行。例如，測量物體的長度就比較容易，我們只需把量尺的零點對準測量物體的一端，再看物體另一端所對著的刻度即可。若規則難於設立和操作，那麼測量工作就不易於進行。例如我們要測量一個教師的教學能力，其測量規則就難於製定，測量工作也不易進行，這也就是為什麼當前我們還缺乏客觀、有效的方法來評價教師教學能力的原因。從總體上來看，測量研究對象物理特性的規則易於設立和遵守，測量研究對象社會特性的規則難於設立和遵守，製定測量研究對象生理特徵的規則比較容易，製定測量研究對象心理特徵的規則比較困難。當然，隨著人類對心理與教育現象認識的深入與發展，測量社會特性、心理特徵的規則也會不斷完善，測量的結果也會越來越準確。

第二個要素是"數字"(number)。從意義上來講，數字比數值 (numeric value) 意義要廣泛。一個數字可以作為某一物體或某一事件的代表符號，例如運動員的編號，也可以表示事物的量的大小，例如，李明身高 1.80 米。不論何種情況，數字都只是抽象的符號，是用來表示事物特性的東西，而不是事物本身。

第三個要素是物體或事件 (objects and events)，即研究者要測量的東西。在心理與教育科學研究中，"物體或事件"指的是各種心理現象和教育現象。儘管心理物理學 (psychophysics)、心理測驗 (psychological test) 以及教育測量 (educational measurement) 的發展業已表明心理與教育現象的可測量性及測量的必要性，然而，我們還應認識到心理與教育研究對象的特殊性（見第一章第三節），它們的特殊性使心理與教育測量區別於物理特性、生理特徵的測量。在心理與教育測量中，必須對要測量的對象下明確的操作定義，即使之可操作，然後才有可能按照一定的法則對其賦值。

二、測量的水平

任何測量都要有參照點和單位，否則測量是無意義的。如果**參照點** (reference point)（即計算的起點）不統一，量數所代表的意義就不相同，測量的結果就無法比較。參照點有兩種，一種是絕對零點，在這一點上什麼都測不到，它的意義就是"無"。另一種是人定的參照點，如海拔高度、溫度等都是人為定的相對零點。理想的參照點應該是絕對零點。測量單位也是測量所必不可少的，沒有單位就無法得到量數，測量結果就無法表述出來。理想的單位應該是：(1) 有確定的意義，即對同一單位，不同的人所理解的意義是相同的，不能出現不同的解釋；(2) 有相等的價值，即相鄰兩個單位點之間的差別總是相等的。

根據測量的參照點和使用單位，心理與教育測量可區分為命名、順序、等距和等比四種測量水平。每種測量水平對應的連續體構成相應的量表。在第五章中，我們曾從研究設計的角度討論過有關變量的測量尺度的問題，在此，我們從測量學的角度進一步闡釋。

(一) 命名量表

命名量表是最簡單的測量水平，在這一測量水平上，數字僅是被分派去代表或表示事物，而無任何數量大小的含義。命名量表又可分為代號 (或標記)(label) 和類別 (category) 兩種。學生的學號、運動員的編號、機動車的車牌號等屬於代號，而用 1 表示男性、0 表示女性。

命名量表既無絕對零點、又無相等單位，所以不能進行量化分析，即既不能比較大小，也不能進行加、減、乘、除的運算。它所適用的統計方法有次數 (頻率)、衆數、百分數、偶發事物相關 (如四分相關、ϕ 相關) 以及 χ^2 考驗等。

(二) 順序量表

順序量表比命名量表高一級水平，量表中的數據已有數量大小的含義，例如體育比賽中的名次、商品的喜愛程度、能力等級等。

在順序量表中，儘管可對數字進行大小排序，然而數字僅代表等級或順序位置，它既無絕對零點，又無相等單位，因此，也不能進行加減乘除的運算。它適用的統計方法有中位數、百分位數、斯皮爾曼等級相關、肯德爾和諧係數等。

(三) 等距量表

在**等距量表**中，數字不但可以按大小排序，而且一定數量的差異在整個量表的所有部分都是相等的，也就是有相等單位，但沒有絕對零點。而只有人為定的相對零點 (以冰點為計量起點)。

由於等距量表中的數字有相等單位，因此可以進行加、減運算，但由於沒有絕對零點，所以不能進行乘除運算。它適用的統計方法有平均數、標準差、積差相關、階層相關以及 F 檢驗和 T 檢驗。

(四) 等比量表

等比量表是最高水平的量表，它既有絕對零點，又有相等單位。等比量表中的數字可進行任何形式的運算。

第二節　測驗法

本節簡要論述了心理測驗的性質與功能，並依照不同劃分標準對其進行分類。接著又對幾個心理測驗理論進行了詳盡闡述，最後還對編製測驗的基本步驟以及使用心理測驗應注意的問題進行了簡要介紹。

一、心理測驗的性質與功能

早在兩千多年前，我國的孟子曾說過："權，然後知輕重度，然後知長短。物皆然，心為甚"(孟子·梁惠王)。明確指出了對心理現象進行測量的必要性和可能性。歷史證明，孟子的這一論斷是正確的，心理測驗的誕生與發展就是一個有力的例證。心理測驗是對心理現象進行"權"與"度"的重要工具。正是這種工具的誕生與使用，才形成了今天心理與教育科學研究中所特有的方法——測驗法。所謂**測驗法**(或**測驗**) (test) 是指通過標準化測驗來研究個體心理或行為差異的一種方法。在研究中要有效地運用測驗法，首先應該了解心理測驗的基本性質。

（一） 心理測驗的性質

如果以 1905 年心理學家比奈和西蒙發表的智力測驗為科學心理測驗誕生標誌，那麼心理測驗的發展至今已有 90 餘年的歷史 (Binet & Simon, 1905)。心理學家已對心理測驗問題進行了大量的研究，不僅編製了符合理論研究和社會實踐需要的各種測驗，而且也對心理測驗的性質進行了探討。例如，陳選善 (1935) 認為："測驗是一個或一群標準的刺激，用以引起人們的行為，根據此行為以估計其智力、品格、興趣、學業等"。美國心理學家阿納斯塔西 (Anastasi, 1976) 認為"心理測驗實質上是行為樣組客觀的和標準化的測量"。布朗 (Brown, 1976) 則認為"所謂測驗，是對一個行為樣組進行測量的系統程序"等等。目前，一般認為**心理測驗** (psychological test) 的含義包括如下幾個方面：

1. 心理測驗是引起某種行為的工具。

2. 心理測驗由能夠引起典型性行為的一些題目構成，即心理測驗所測量的只是一個行為樣組，依據這個行為樣組來推論個別差異。

3. 心理測驗不同於一般的考試，它經過標準化，具有一定的信度和效度。因此，它是比較客觀的。

以心理測驗為工具的心理測量具有以下幾個特點：

1. 間接性　心理測驗所測量的是被試對測驗題目的外顯反應，而不是內在過程。人們只能根據被試的外顯行為來推論其內在的心理過程或心理特質。例如，一個人喜歡修理自行車，喜愛觀看機器運轉，閱讀機械方面的雜誌等等，我們就可根據這些行為表現推斷此人具有"機械興趣"的特質。機械興趣的特質是客觀存在的心理現象，但是我們不能直接測量它，只能從一定的行為模式中去推論。所以說，心理測驗是一種由"果"溯"因"的科學研究形式，它永遠具有間接性。

2. 相對性　心理測驗作為一種研究工具，它既無絕對零點，也無相等單位。因為我們無法確定一個人的智力、性格、興趣、態度等的零點是一個什麼狀態，只能人為確定其相對零點，如智力年齡為 0，實際上指的是零歲兒童的一般智力，而不能說沒有智力。同時，我們還無法用等距的單位將測量結果表達出來。例如，假定一個測驗由 50 個難易不同的題目組成，每題為 1 分，那麼，我們就不能說 15 分與 20 分之差同 45 分與 50 分之差是相同的，儘管表面上二者的差異量都是 5 分，但兩個 5 分的含義不盡相同，因為從 15 分提高到 20 分與從 45 分提高到 50 分的難度是不一樣的，前者要相對容易，而後者則需做出較大努力。所以說，心理測驗量表所測得的結果是既無絕對零點又無相等單位的，只是從等級順序上反映出個體間的差異。因此，嚴格地講，心理測驗所測得的結果只是一個相對的量數，是與被試所在團體某種行為常模相比較而言的。

3. 客觀性　儘管心理測驗是間接的、相對的，但它仍然具有客觀性。這是因為：(1) 心理測驗所測量的心理現象是客觀存在的；(2) 心理測驗在編製、施測、評分和解釋方面有一套嚴格的程序，盡可能地控制了無關變量的影響。

（二） 心理測驗的功能

心理測驗無論是在實際工作，還是在理論研究中，都有著廣泛的用途。

1. 在實際工作中的應用　　心理測驗在實際工作中的應用大致可以歸為如下幾方面：

(1) 甄選：即用心理測驗來確定出最有可能取得成功的人。隨著現代科學技術的發展，社會對人的心理適應性和操作準確性的要求越來越高，僅憑藉個人經驗來選拔人才已經不能滿足實際的需要。利用科學的心理測驗可以預測人們從事各種活動的適宜性，提高選拔人才和職業培訓的效率。

(2) 安置：對已經入學的學生按能力分班，做到因材施教；對部隊戰士按特長分配兵種；對工廠裏的工人按能力分配工作，以做到人盡其才。在這種安置工作中，心理測驗可以起到輔助作用。

(3) 診斷：測驗能夠從多方面比較個體的行為，從而確定他的相對長處和短處，為決策提供信息。這種診斷可以包括教學過程中對學生的甄別，從而加強對學生的因材施教、個別指導；也包括在臨床和諮詢過程中的診斷和鑑別，如智力測驗最初的目的就是鑑別智力落後兒童。

(4) 諮詢：如要怎樣選擇適合自己特長的職業以及如何消除各種心理障礙，都可通過心理測驗來獲取指導。

2. 在理論研究中的應用　　心理測驗在理論中的應用可以歸為如下幾個方面：

(1) 收集材料：利用心理測驗可以獲得大量關於個體差異的資料，從而發現問題，總結規律。

(2) 建立和檢驗假說：心理學中的許多理論都是在測驗材料的基礎上提出來的，並且用測驗來檢驗。如卡特爾提出的 16 種人格因素、吉爾福特的智力結構理論，都是靠測驗充實與發展的。

(3) 實驗分組：依據測驗進行分組，可使之等組化。

二、心理測驗的種類

心理測驗是多種多樣的，可以按不同的標準加以分類：

（一） 按測驗測量的內容分類

根據心理測驗所測量的內容，可以把心理測驗分為如下幾類：

1. 能力測驗　能力 (ability) 是人們成功地完成某種活動所必須的心理特徵。從心理測驗的觀點看，能力通常分為實際能力和潛在能力兩種。**實際能力** (actual ability) 是指個人已具備的知識、經驗與技能，即當前所具有的能力；**潛在能力** (potential ability) 是指個人將來"可能做到的"，即給予一定的學習機會後，可能達到的水平。因此，有人把能力測驗分為兩大類：測驗實際能力的測驗和測驗潛在能力的測驗，前者通常叫做**能力測驗** (ability test)，進一步又可分為**一般能力測驗** (general ability test)（即智力測驗）和**特殊能力測驗** (special ability test)（即性向測驗）；後者叫做**能力傾向測驗** (aptitude test)。

能力測驗多為最高行為測驗，即要求被試作出最好的回答，答案有正誤之分。在各種測驗中，能力測驗的標準化程度最高，應用最為廣泛。最常用的能力測驗有**中國比奈智力量表** (Chinese Binet Intelligence Scale)、**韋氏幼兒智力量表中國修訂版** (Wechsler Young Children Scale of Intelligence—Chinese Revised)、**韋氏兒童智力量表中國修訂版** (Wechsler Intelligence Scale for Children—Chinese Revised)、**韋氏成人智力量表中國修訂版** (Wechsler Adult Intelligence Scale—Chinese Revised)、**瑞文推理測驗** (Raven's Progressive Matrices) 等。

特殊能力測驗是泛指用以測量潛在能力的測驗。此種測驗因施測目的不同，大致分為二大類：(1) 用以測量音樂、美術、機械等特殊潛能的性向測驗，如**洪恩藝術能力傾向測驗** (Horm Art Aptitude Inventory)；(2) 用以測量多方面潛在能力而將數個性向測驗合併使用的多元性向測驗，如**斯騰伯格敏捷測驗** (Stromberg Dexterity Test)。

2. 教育測驗　教育測驗 (educational test) 又叫**成就測驗** (achievement test)，旨在測量各級各類學校中的學生經過學習或訓練後，所獲得的某科或某組學科的知識和技能，從而為評價教育目標實現的程度提供依據。依據測驗題目的構成，教育測驗又可分為 (1) 綜合成就測驗，題目取自多個學科；(2) 分科成就測驗，諸如閱讀測驗、算術測驗等，題目來自單一學科;(3) 品質量表，用於評定學生語言表達、繪畫等能力或成就行為高低、優劣的標準。

3. 個性測驗 個性測驗(或人格測驗) (personality test)，主要用於測量性格、氣質、興趣、態度等個性特點。有的多相個性測驗中包括了個性特點的部分或全部內容，而有的測驗僅測量個性特點某一方面的內容，如興趣測驗、氣質測驗等。

個性測驗多為典型的行為測驗，即測驗要求被試按其習慣的方式作出反應，答案無對錯之分。這類測驗在心理診斷、職業指導、人員選拔和安置等領域有著廣泛的應用。最常用的個性(或人格)測驗有**艾森克人格問卷** (Eysenck Personality Questionnaire)、**卡特爾16項人格因素量表** (Cattell 16 Personality Questionnaire)、**明尼蘇達多相人格量表** (Minnesota Multiphasic Personality Inventory) 等。

(二) 按測驗的構成材料分類

心理測驗由一定數量的項目組成，根據項目的形式，可以把心理測驗分為如下幾種：

1. 文字測驗 文字測驗(verbal test) 是採用文字材料，被試用文字作答，所以也稱**紙筆測驗** (paper-pencil test)。測驗實施方便，團體測驗多採用此種方式編製。其缺點是易受被測者文化程度的影響，而且無法對語言文化背景不同的被試進行比較。

2. 非文字測驗 非文字測驗(nonverbal test)，以圖畫、儀器、模型、工具、實物為測驗材料，被試以操作表達不以文字作答者，故也稱**操作性測驗(或作業測驗)** (performance test)。它的優點是不受被測者文化程度的影響，尤其適宜於幼兒和文盲。缺點是大多不宜團體施測，在時間上不經濟。

3. 混合型測驗 混合型測驗(mixed test) 的組成項目有文字材料和非文字材料，例如韋氏兒童智力測驗，即由言語和操作兩部分組成。

(三) 按測驗的方式分類

根據測驗的人數，可以把心理測驗分為如下兩種：

1. 個別測驗 個別測驗 (individual test) 只能由同一個主試在同一時間內測量一名被試。如比奈-西蒙測驗、韋氏兒童智力測驗等,都是個別測驗。個別測驗的優點是主試可以仔細觀察被試的言語、情緒狀態,並且有充分的機會與被試合作,對被試的行為予以控制。缺點是時間上不經濟,測驗的手續複雜,需要訓練有素者方能勝任。

2. 團體測驗 團體測驗 (group test) 在同一時間內,由一位主試對多人施測 (必要時可配助手)。各種教育測驗及部分智力測驗、人格測驗等都是團體測驗。雖然團體測驗在時間上經濟,可在短時間內收集到大量資料,但是對被試的行為不能作切實的控制,容易產生誤差。

(四) 按解釋測驗結果的依據分類

根據解釋測驗結果的參照標準,心理測驗可分為下面兩種。

1. 常模參照測驗 常模參照測驗 (norm referenced test,簡稱 NRT) 是指事先選取具有代表性的樣本進行測量,取得年齡常模,然後運用這一經過標準化的測量工具對被試予以評定,對其心理發展水平作出判斷。例如,在兒童青少年心理研究中,較有代表性的常模參照測驗有**貝利嬰兒發展量表** (Bayley Scale of Infant Development)、斯坦福-比奈智力量表、韋氏兒童智力量表等。在這些測驗中,被試的原始分數將與同年齡的標準組的分數分布相比較,從而確定其發展水平在群體中所處的位置。

2. 標準參照測驗 標準參照測驗 (criterion-referenced test) 是將被試的評定結果與某一特定的標準而不是與群體常模進行比較,以確定被試是否通過某一標準。例如,比較有代表性的標準參照測驗如**烏茲吉瑞斯-亨特心理發展順序量表** (Uzgiris-Hunt Ordinal Scale of Psychology Development),這一評價工具以一系列皮亞傑式的任務 (例如視覺追踪、客體永久性、手段-目的行為、聲音和動作模仿等) 為標準,評價嬰幼兒在各個任務上的表現,從而判定嬰幼兒的感覺運動智力發展水平。

三、編製測驗的理論基礎

編製測驗的理論基礎含義有二,其一是指關於測驗對象的理論,如編製智力測驗，就要依據關於智力的某種理論，它與測驗的構成有直接關係；其二是指心理測量學的理論，**心理測量學** (psychometrics) 即指專門研究心理測驗的理論與方法的一門學科。本書所介紹的編製測驗的理論基礎系指後一種情況。

　　心理測驗理論的發展大致上可以分為兩個階段，第一階段是經典理論階段（從 19 世紀末到 20 世紀 50 年代）；第二階段為多種理論並存階段（從 20 世紀 50 年代至今），在這一階段裏，除了經典測驗理論以外，還有項目反應理論、潛在等級分析理論、概化理論等。下面我們分別對這幾種理論作簡要的分析。

(一) 經典測驗理論

　　經典測驗理論 (classical test theory，簡稱 CTT)，又稱**真分數理論** (true score theory)。它起源於早期高爾頓 (Francis Galton, 1822～1911) 關於個體差異的測量及皮爾遜 (Karl Pearson, 1857～1936) 關於統計學的工作。後經斯皮爾曼 (Spearman, 1904) 以及比奈和西蒙 (Binet & Simon, 1905)、瑟斯頓 (Thurstone, 1925) 等人的工作而初步系統化。例如，斯皮爾曼當時就提出了測量的信度問題，並討論用增加測驗長度來提高信度的方法。在此之後的幾十年中，經典測驗理論逐步發展充實，並被廣泛應用。20 世紀 50 年代初，古利科遜 (Gulliksen，1950) 的著作《心理測驗理論》標誌經典測驗理論進入成熟階段。

　　經典測驗理論由基本假設、信度和效度三個概念組成。下面將分別詳細討論此三概念的內容。

1. 基本假設　　經典測驗理論的基本假設包括如下幾點：

(1) $$X_i = T_i + e_i \qquad \text{［公式 14-1］}$$

　　即：觀察數據 (X_i) 等於真實數據 (T_i) 和誤差數據 (e_i) 之和。

(2) $$E(e_i) = 0 \qquad \text{［公式 14-2］}$$

　　即：誤差數據的期望值等於零。

(3) $\quad\quad\quad\quad\quad\quad r(T_i, e_i)=0 \quad\quad\quad\quad$ 〔公式 14-3〕

即：真實數據與誤差數據之間線性無關。

(4) $\quad\quad\quad\quad\quad\quad S^2(e_i)=K(i=1,2,3,\cdots\cdots n) \quad\quad$ 〔公式 14-4〕

即：對所有被測對象（共 n 個）誤差數據的方差都是一個常數。

2. 信度　信度指的是測驗結果的一致性或穩定性。它表現在兩方面：(1) 一個測驗內部各項目的得分是否基本相符；(2) 兩次測驗的分數是否基本上前後一致。在測量理論中，信度通常被定義為：一組測量分數的真變異數與總變異數（實得變異數）的比率，即：

$$r_{xx}=r^2_{xT}=S^2_T \big/ S^2_x \quad\quad 〔公式\ 14\text{-}5〕$$

　　r_{xx}：測量的信度
　　r^2_{xT}：信度係數
　　S^2_T：真分數的變異數
　　S^2_x：實得分數的變異數，即總變異數

上式的含義為實得分數的變異有多大比例是由真分數的變異決定的。由於真分數的變異數是不能直接測量的，因而信度是一個理論上構想的概念。正因如此，在實際應用時，一般用同一樣本的兩組測驗結果的相關程度作為信度指標。具體地講，估計信度的方法包括如下幾種：

(1) **再測信度**（或**重測信度**）(test-retest reliability)：即用同一種測驗對同一組受試者，前後施測兩次，計算前後兩次測驗結果的相關係數，以估計測驗的信度即為再測信度，相關係數數值大小反映出兩次測驗結果的變異程度。相關係數大，表示兩次測驗結果變異小具穩定性，反之則表示兩次測驗結果變異不穩定。

(2) **複本信度**（或**替換本信度**）(alternate-form reliability)：即同一組被試接受兩個等值的複本測驗所得結果，求得的相關係數即為複本信度。在施測方法上，應注意消除順序效應，可令被試的一半人先做甲本測試，後做乙本測驗，令被試的另一半人先做乙本測驗，後做甲本測驗，然後計算甲本分數與乙本分數的相關。複本信度側重內在的一致性程度。

(3) **分半信度** (或折半信度) (split-half reliability)：即在測驗沒有複本且只能施測一次的情況下，將測驗題目分成對等的兩半，根據各人在這兩半測驗上的分數，計算其相關係數，作為信度的指標。

　　(4) **內部一致性信度** (internal consistent reliability)：它是對分半信度的發展，即考查所有項目間的相關程度，與整個測驗的功用是一致的。如果整個測驗具有相當效度，而其中每個項目與整個測驗一致時，即可推論每個項目也具有相當效度。最常用的方法是計算**克倫巴赫 α 係數** (Cronbach's α coefficient)。

　　由此可見，**信度係數** (coefficient of reliability) 通常用測得的兩組分數間的相關係數來表示之，其數值越大即表示該測驗的信度愈高。唯信度係數只是對測驗結果的穩定性或一致性的估計值，在不同情況下，對不同樣本，採用不同方法會得到不同的信度係數，即一個測驗可能不止一個信度係數。

　　3. 效度　效度 (validity) 即一個測驗或量具能夠測量出其所要測量的東西的程度。在測量學上，效度是指與測量目標有關的真變異數與總變異數的比率，即：

$$r_{xy} = S_y^2 / S_x^2 \qquad [公式\ 14\text{-}6]$$

　　r_{xy}：測驗效度
　　S_y^2：與測量目標有關的真變異數
　　S_x^2：總變異數 (或實得變異數)

　　此式的含義是：在一組測驗分數中，有多大比例的變異數是由測驗所要測量的東西引起的。在實際測驗中，由於測驗所要測的變因引起的有效變異數不能直接測量出來，所以，效度與信度一樣，也是理論上構想的概念。一般情況下，在實際測驗中，確定效度的方法有以下幾種：

　　(1) **內容效度** (content validity)：指的是測驗題目對有關內容或行為範圍抽樣的適當性 (或代表性)。內容效度的確定主要應用於成就測驗 (或學績測驗)。例如，教師要了解學生對某一門課的掌握情況，若時間允許，可以對這門課所包括的所有知識內容進行一個全面性的檢查，但事實上這是行不通的。只能是選擇部分內容或題目進行測查，用測查所得結果推論總體情況。很顯然，所選內容的代表性將會直接影響對總體情況進行推論的準確性。所以，一般的成就測驗應有較高的內容效度。

(2) **效標關聯效度** (criterion related validity)：有時也稱**效標效度** (criterion validity)，指的是測驗分數和效標之間的相關程度。所謂**效標** (或**效度標準**) (validity criterion)，即衡量測驗有效性的參照標準，指的是可以直接且能獨立測量我們所感興趣的行為。例如，一個機械傾向測驗，其效度指標可以是成為機械師後的工作表現，若測驗分數與日後的行為表現有較高的一致性，則可以說測驗預測的準確性是比較高的。

(3) **構想效度** (或**構念效度**) (construct validity)：測驗的構想效度指的是測驗能夠測量到理論上的構想或特質的程度。確定測驗的構想效度一般是採用由果溯因的方式，即先從某一理論構想出發，導出與構想概念有關的各種假設，再根據假設編製測驗，最後分析測驗結果與理論構想的吻合程度。若二者比較吻合，則說明測驗具有較高的構想效度，否則，可能是理論假設的錯誤，也可能是測驗本身的問題，在此情況下，需作進一步分析研究。

基本假設、信度和效度是經典測驗理論的三大支柱。在此基本理論框架基礎上，經典測驗理論還建立了自己的測驗方法體系。概括地說，經典測驗理論的方法體系可以分為兩大部分：即項目分析和標準化。

1. 項目分析 鑑別一個測驗好壞的標準是測驗的信度和效度。在編製測驗的過程中，信度和效度的分析研究通常是從個別項目 (題目) 開始。這種研究稱為**項目分析** (item analysis)。項目分析主要包括計算試題難度、區分度以及題目特徵曲線。

(1) **試題難度** (item difficulty)：即題目的難易程度，難度的指標通常以通過率表示，即以答對或通過該題的人數百分比來表示，稱之為**試題難度指數** (item difficulty index)：

$$P=(R/N)\times 100\% \qquad [公式\ 14\text{-}7]$$

P：試題難度指數
R：答對或通過該題人數之和
N：受試者總人數

以通過率表示難度時，通過人數越多 (即 P 值越大)，題目越容易，難度越低；P 值越小，題目越難。

(2) **區分度** (或**鑑別指數**) (index of discrimination)：即測驗項目對所測量的心理特性的區分程度或鑑別能力，常以高分組與低分組在某題上得分的平均數的差異表示，或以某題的得分與測驗總分間的相關表示，也可以通過分析題目特徵曲線來確定項目的區分度。區分度的計算公式如下：

$$D = P_H - P_L$$

　　D　：區分度
　　P_H：高分組（上 27%）答對該題者的百分比
　　P_L：低分組（下 27%）答對該題者的百分比

區分度是在測驗的內部一致性分析時，用來表示單個試題反應與整個測驗總分的一致性。區分度數值越大，即表示該測驗的內部一致性愈高。

(3) **項目特徵曲線** (item characteristic curve)：即答對某題的比例與總分間的回歸線。在編製測驗的過程中，用待選題預試之後，便可進行項目分析，然後結合測驗目的和被測團體的特徵來增刪題目，在此基礎上再次試測，並對試測結果進行項目分析，直到達到預期要求為止。

顯然，通過項目分析，就可排除測驗編製過程中的主觀臆斷，增加測驗題目的客觀性。

2. 測驗的標準化　　測驗的標準化 (test standardization) 是指對不同的被測者在測試題目、施測條件、記分和分數解釋等各方面都採用一個固定的標準。標準化的目的就在於排除實施測驗時無關因素對測驗目的的影響，以利於測驗分數的解釋和比較。

所以，測驗標準化的第一個條件就是對所有受試者施測同樣的題目或等值的題目。否則測驗內容不同，所得結果便無法比較。第二，在施測時，要按標準化的程序進行，包括選擇適宜的測驗環境，採用同樣的指導語、同樣的時限和遵循同樣的記分規則等。否則，就會降低測驗分數的有效性和可靠性。因為施測條件不同，我們就無法確定測驗分數的變異是由測驗條件不同所引起的，還是確實由受測者心理特質的差異造成的。第三，分數解釋也必須標準化，即有一個統一的參照標準，這個標準就是常模。簡單地說，**常模** (norm) 就是標準化樣本的平均測驗結果。個體的測驗結果與常模相比較，就可確定該個體在團體中的位置。否則，如果沒有統一的比較標準，同一測驗結果就會有不同的解釋。

總之，經典測驗理論的方法使整個測驗過程都建立在客觀的基礎之上，極大地改進了測驗法。然而，經典測驗理論仍有不足之處，概言之，主要表現在以下兩個方面：(1) 試題的特徵指標（如試題難度、區分度、效度、信度等）"樣本相關"，即對題目的統計分析與評價依賴於具體的被測樣本。例如，同一能力測驗施測於高能力樣組與低能力樣組，就會得到兩個很不相同的試題難度指數；(2) 被測試者的心理特質"測驗相關"，就是指同一組被測者，施以不同的測驗，就會得到關於同一心理特質的不同測試結果。換言之，針對同一特質，不同測驗所測得的結果是無法比較的。例如，用兩個難度不一的學績測驗施測於同一個學生，那麼，這個學生就會在相對於他來說比較容易的測驗上得分高，而在相對難的測驗上有可能得分低。鑑於經典測驗理論的這些局限性，20 世紀 50 年代以後，又產生了幾種新的測驗理論，以彌補其不足。其中，最有影響的就是項目反應理論。

(二) 項目反應理論

項目反應理論 (item response theory, IRT) 又叫**項目特徵曲線理論** (item characteristic curve theory)，也可稱為**潛在特質理論** (latent trait theory)。項目反應理論的一些基本思想雖可以追溯到心理測量問世初期，但其雛形卻成於 20 世紀 40 年代中期。拉扎斯費爾德 (Lazasfeld, 1950) 第一次提出了"潛在特質"的概念。洛德 (Lord, 1952) 在其題為〈關於測驗分數的一個理論〉的博士論文中，第一次對項目反應理論進行了系統地闡述。從而宣告了項目反應理論的誕生。

"潛在特質"是項目反應理論中的一個重要概念。所謂**特質** (trait) 是指被測者某種相對穩定的、支配其對相應測驗作出反應，並使反應表現一致性的內在特徵。由於特質不能直接觀察到，所以，人們通常稱之為**潛在特質** (latent trait)。在項目反應理論中，通常用 θ 表示特質或能力水平。

項目反應理論的基本假設主要包括以下幾條：
假設之一：知道-正確假設

該假設意指，如果被測者知道試題的正確答案，他將做出正確的反應或回答；如果被測者做出錯誤的反應或回答，我們則認為他不知道這道試題的正確答案。必須注意，在項目反應理論中，這個假設的逆命題並不成立，即不存在這樣一假設：如果被測者做對了試題或給出了正確的反應，他一定知道試題的答案。

雖然這是一個顯而易見的假設，但它在項目反應理論中的重要作用卻不容輕視。以下幾條假設都與之密切關係。

假設之二：關於潛在特質空間的維度

在項目反應理論中，所謂 M 維潛在特質空間，就是指由 m 個潛在特質組成的集合。每個特質被認為是可以在 $-\infty$ 至 $+\infty$ 範圍內變化的連續體。由於任何形式的潛在特質都沒有一個絕對零點和單位長度，所以，在項目反應理論中分別取零和單位長度為潛在特質量化的均值與標準差，通常在 -3 到 $+3$ 的範圍加以討論。儘管這些假設與正態分布的性質有關，但項目反應理論並沒有假定 θ 為正態分布，只不過是為了在心理測驗中尋找一個相對"恆定"的度量標準，從而更加客觀地描述和評價測試手段中被測者的特徵。項目反應理論的主要方法就是借助一定的數學模型，在測得的原始數據或其等價形式與被測者的"特質"之間建立某種函數關係，以確定被測者的 θ 值及測驗的各種特徵值。目前，項目反應理論通常假設潛在特質空間是一維的，即被測者的測驗結果只取決於一種能力（即單個 θ），其他的影響均可忽略。

假設之三：局部獨立性

這個假設的含義是，某被測者在某題上的答對概率獨立於其他題目上的答對概率，即只有潛在特質影響對項目作出的反應。用數學語言可以這樣來表述：對每一個被測者來說，在幾個題目上同時答對的概率等於在各題上答對概率的乘積。

假設之四：項目特徵曲線的形式

前面我們已說過，項目反應理論的一個關鍵就是在被測者對項目作出的反應（或反應概率）與被測者的潛在特質之間建立某種函數關係，所謂項目特徵曲線就是相應函數關係的圖像。項目反應理論之所以要作出項目特徵曲線的假設，是因為項目反應理論的建立不是首先從理論上推導出函數關係的存在，而是先假定有某種形式的項目特徵曲線，然後找出滿足相應曲線的函數形式。所以，關於項目特徵曲線特徵形式的假設實際上是對未來函數關係的假設。項目反應理論關於項目特徵曲線的假設主要有以下三點：

1. 曲線下端的漸近線 如在能力量表值為零時 (即 $\theta=0$) 仍有正確反應存在，就認為存在猜測因素，項目以能力量表值為零處的"正確反應"的概率值 (C_0) 作為項目猜測參數。如果一個項目的猜測參數值為 C_0，那麼項目特徵曲線下端漸近線為 $P(\theta)=C_0$。如果假設在測驗中不存在猜測參數或不考慮猜測因素的作用，則取 $C_0=0$，即項目特徵曲線下端的漸近線為 $P(\theta)=0$。

2. 上端的漸近線 通常假定曲線上端的漸近線 $P(\theta)=1$，即當 θ 值足夠大時，被測者對項目作出正確反應的概率趨於 1。

3. 曲線的升降性 項目反應理論假定曲線嚴格單調上升，即僅存在一個曲變點 (又稱拐點，曲線在此處的一階導數為零)。

目前，項目反應理論已就項目特徵曲線提出多種反應模型，如邏輯斯諦 (Logistic) 模型，它是與常態曲線相重疊的曲線 (但其均值為 0，標準差為 1.7) 但又不完全吻合的曲線，叫做**邏輯斯諦曲線** (Logistic curve)，其曲線頻率函數叫邏輯斯諦函數 (模型)。這種模型又分為三種模型：

(1) 單參數邏輯斯諦模型 $P_i(\theta)=\exp(\theta-b_i)/[1+\exp(\theta-b_i)]$
(2) 雙參數邏輯斯諦模型 $P_i(\theta)=\exp[Da_i(\theta-b_i)]/[1+\exp Da_i(\theta-b_i)]$
(3) 三參數邏輯斯諦模型 $P_i(\theta)=c_i+(1-C_i)/\{1+\exp[-Da_i(\theta-b_i)]\}$

此三種模型廣泛用於成績評估量表和態度問卷設計、測量題庫設計以及社會心理氣氛和管理作風研究中。

(三) 其他測驗理論

目前，除經典測驗理論和項目反應理論之外，其他模式也很多。比較系統的是潛在等級分析理論和概化理論。

1. 潛在等級分析理論 潛在等級分析理論 (latent class analysis theory) 又稱**潛在狀態分析理論** (latent state analysis theory)。通常認為潛在等級分析理論與項目反應理論同屬潛在結構分析理論，二者都假設局部獨立性，並在此基礎上各自都建立了潛在特質與某項測量間的關係模式。然二者又有區別，主要表現為項目反應理論假設潛在特質的分布是連續的，而潛在等級分析理論則假設這一分布是不連續的，可以劃分為有限的若干等級。

2. 概化理論 概化理論 (generalization theory) 是從經典測驗理論的信度概念分化出來的，它的重要概念之一就是所謂"側面"(fact)，即某種測驗條件。這種理論認為，經典測驗理論的信度概念是不恰當的，一個測驗不應以是否可信來評價。任何一次測驗所用的"側面"都是從有關的"側面"總體中抽取的一個樣本。因此，重要的問題在於根據這一樣本所得的測驗結果能在多大程度上推廣到該總體其他的"側面"中。例如，某一測驗所有可能的等值型測驗就組成一個"側面"的總體。而任何具體的等值型測驗只是該總體的一個樣本。對於使用該測驗所得的結果，我們可能要考慮它與使用等值型測驗結果間的一致性問題，這也就是測驗結果的概化問題。概化理論使用變異數分析法來研究測驗分數變異的組成及誤差來源，並在此基礎上利用概化系數來表示結果的可推廣性。

以上我們簡要介紹了幾種主要的測驗理論。由於這些理論各有優點，沒有一種理論能在各個方面都勝過其他理論，所以，這些測驗理論將會長期並存，互相促進，共同發展。

四、編製測驗的基本步驟

如何編製出有效的測驗是心理與教育科學工作者所關心的問題。一般而言，要編製出高質量的測驗，測驗編製者除應具備一定的心理與教育理論及測量理論修養，還必須掌握編製測驗的基本步驟。編製測驗的具體方法因測驗種類而異，但由於測驗原理大體相同，因而可以概括出一套通用的編製程序。總的來說，編製心理測驗要經過如下幾個步驟。

1. 確定測驗目的 所謂確定測驗目的，具體而言，就是要明確如下幾個問題：(1) 明確測量目標，即確定所要編製的測驗是用來測量什麼的，比如是測量能力還是測量人格；(2) 明確測量對象，即確定所要編製的測驗是用來測量哪些人，對受測者年齡、性別、社會角色、文化程度有什麼規定；(3) 明確測量用途，即確定所要編製的測驗是用於解決什麼問題，是作為選拔、診斷之用，抑或作為評價或分類之用？總之，在著手編製測驗之前，必須首先明確測驗目的，目的不同，編製測驗的取材範圍就不同。

2. 製定編題計畫 在測驗目的確定之後，緊接就是要分析測驗的具體內容，以及每種內容所占的比例，換言之，就是確定測驗的結構組成。

3. 選編題目 根據編題計畫，盡可能全面地搜集資料作為命題取材的依據，之後根據測驗形式（如紙筆測驗或操作性測驗）、測驗目的、材料性質及測驗時間、經費等實際問題，編寫題目。題目形式表現多樣，但主要有以下幾種：是非題（也叫正誤題）、多項選擇題、填空題、配對題、操作題等。編定題目的原則之一，就是要編製出比實際所需多一至幾倍的題目，以備篩選、編製複本等之用。

4. 試測與分析 儘管題目編選是在一定的內容範圍和形式要求下進行的，但它們是否具有適當的難度和區分度，還必須予以試測，同時為項目分析和最後測驗的修改、定稿提供科學依據。試測時：首先，應注意試測對象應來自將來正式測驗準備應用的群體；其次，應力求試測的實施過程及情境與日後正式測驗的情況相近似；最後，在試測過程中，應隨時記錄被試的反應情況，並可適當延長測試時間。在試測的基礎上，要對測驗題目的質與量進行分析，既包括評價內容取樣的適當性，題目思想性和表達的清晰度等方面，也包括對試測結果統計分析、試題難度、區分度和備選答案適合程度的評價等。通過項目分析，對不適當的題目予以修正或刪除，最後篩選出準備編入正式測驗的題目。

5. 合成測驗 在上述四步工作的基礎上，就可以組合成測驗。在組合成正式測驗時，首先是選擇題目，即根據項目分析篩選出符合測驗目的與編題計畫的、有較高區分度的題目，然後按一定形式編排題目。最後，如有必要，還要編造複本。

6. 測驗標準化 至此，我們可以得到一組合乎要求的測驗題目，但僅有一組好的測驗題目，並不等於有了一個好的測驗，這是因為一些無關因素會影響受測者對測驗的反應（作答），從而影響結果的準確性。因此，必須控制無關因素對測驗的影響，減少誤差。為此，就必須對測驗進行標準化。該問題在上文已有所交代，在此不再贅述。

7. 鑑定測驗 經上述步驟編製的測驗是否準確可靠，還需予以鑑定，即鑑定其信度和效度。鑑定信度主要是了解測驗的可靠性或一致性，鑑定效度意在考察測驗的有效性和正確性，即測驗能否測量出所要測量的東西。

8. 編製測驗說明書 這是測驗編製的最後一環，其目的是為了使測驗使用者能合理實施與應用測驗。一般而言，測驗說明書應包括：(1) 本測驗的目的與功能；(2) 編製測驗的理論背景以及選擇題目的根據；(3) 測驗實施的方法、時限及注意事項；(4) 測驗的標準答案和評分方法；(5) 常模資料；(6) 測驗的信度、效度資料。

經過以上八個步驟，一個完整的測驗就可以交付使用了。

五、使用心理測驗應注意的問題

心理測驗作為一種工具，無論是實際應用，還是理論研究，它都可發揮重要作用。然而，心理測驗量表畢竟不同於一般物理量尺，因此在使用時應注意以下幾點：

第一，嚴加控制測驗的出版發行，不能將測驗內容在一般報刊雜誌或書籍上公開發表，防止一般人了解測驗內容，致使測驗失效。例如，如果某人記住了色盲測驗裏的正確反應是什麼，那麼對這個人來說，該測驗就不再能測量他的顏色視覺了，在這種情況下，測驗完全失效。有時情況雖不像這個例子這樣明顯，但也會產生類似的不良後果。例如，有的教師為了讓他的學生在智力測驗上取得好分數，預先讓學生練習和智力測驗相似的題目。這樣一來，學生的智力測驗成績提高了，但這個成績並不代表他們在更廣範圍的智力行為上水平的提高。在這種情況下，智力測驗作為預測或診斷工具的效度也就降低了。

第二，保證測驗由合格的測驗者實施。從測驗的選擇到測驗的施測、記分及分數的解釋，都必須由受過一定心理測量學訓練的人來完成。因為選擇某一測驗，並不是僅看測驗的編製者是誰、測驗價格如何、記分容易與否，更主要的是看測驗的效度、信度水平如何，是否經過標準化，它的常模及適用年齡範圍是什麼，測驗的功能是什麼等，這樣才能選定一個適合某種需要的有效測驗。選定測驗以後，在施測與記分的過程中，還必須嚴格遵守測驗的程序，按標準化的方法步驟、一致的指導語進行施測，按記分要求客觀記分，這樣才能保證不同被試在同一個測驗上所得的分數有可比性。測驗結果的解釋也必須由專業人員完成。進行智力測驗，首先應懂得智力的含義，進行人格測驗，必須知道人格的概念，而且，對測驗結果的解釋，不是簡單告訴受測者測驗分數，而應依據所使用測驗的特點（如效度、信度、常模的代表性等）、受測者的基本情況（如職業、文化程度、健康狀況、年齡、性別等）及測驗實施過程的具體情況（如測驗中被試情緒狀態、是否受到外界干擾等）來解釋測驗的結果。總之，從測驗的選擇到實施到結果解釋，每一環節都有特定的要求，都必需由受過專業訓練的人員來完成。

第三，在實際使用某個測驗的過程中，要特別注意以下幾個問題：

1. 測驗者的預先準備　測驗的主試在實施測驗前應注意做好以下幾點準備：(1) 熟悉個別測驗的指導語，能自然地用口語說出來，不可臨時翻閱；團體測驗的指導語能流暢地讀下來；(2) 準備好測驗所需材料；(3) 熟練地掌握測驗的具體實施手續。

2. 選擇適宜的測驗環境　良好的測驗環境包括安靜而寬敞的地點，適當的光線和通風條件，方便的座位及受測者的操作空間等，同時，在測驗實施的過程中，要避免其他人的干擾。

3. 標準化指導語與標準時限　在測驗的準備工作完成之後，正式實施測驗之前，主試給出本測驗的指導語。如果被試對測驗的指導語有不懂或不清楚而詢問的話，主試不能隨意用自己的話加以解釋。主試應在充分了解測驗的編製過程和目的的基礎上，慎重擇語。有的測驗有時間限制，在實施測驗中，不能隨意延長或縮短測驗的時間，必須嚴格恪守時限。

4. 與被試建立良好的協調關係　在心理測量學中，良好的協調關係指的是測驗者努力設法引起被試對測驗的興趣，取得他的合作，並保證他能按照標準指導語行事。在進行能力測驗時，指導語應要求被試認真集中注意於當前的任務，並要求他盡最大的努力來完成；在填寫個性問卷（指用做測量人格特徵的問卷）時，應要求他坦率而真實地回答問題；在做某種投射性測驗時，則要求他將由刺激喚起的聯想充分報告出來等等。總之，建立協調關係就是要求主試必須促使被試盡可能對測驗感興趣，遵從指導語，認真合作地進行測驗。建立這種關係，首先，如同其他測驗，測驗程序必須是規範一致的，否則結果無法比較；其次，要考慮受測者的年齡特徵，如在測學前兒童時，要考慮到兒童對陌生人的膽怯、分心和違拗等具體因素，主試應先讓兒童熟悉環境，友好、愉快地幫助兒童。再則，要考慮受測者的自尊心。

最後，還要考慮到測驗的種類，如是個別測驗還是團體測驗。一般來講，個別測驗易建立協調關係，團體測驗則困難些。

第四，使用心理與教育測驗要遵守測驗的道德準則。心理測驗，尤其是個性測驗，往往會涉及到受測者的某些個人隱私，作為一名稱職的測驗者，要遵守職業道德，為受測者嚴守秘密。

六、測驗法的評價

在心理和教育科學諸多領域的研究中，測驗法作為一種常用而又重要的研究方法，發揮著非常重要的作用，具有其他方法無可比擬的優點：

1. 一般來說，測驗法採用的量表，編製嚴謹，效果準確可信。這些量表在編製時，都是在對研究物件進行充分地調查，獲得大量資料的基礎上，製作雙向細目表，並嚴格按照量表編製程序進行編寫。所以，這些量表無論其結構，還是其內容，都是合理、翔實的；無論信度，還是效度都比較高。當然，其結果也非常準確可靠。

2. 測驗法是一種定量化程度很高的方法，施測容易控制，結果處理方便。相對於其他方法，如觀察法、文獻法、訪談法等，測驗法的定量化水平很高，問題和答案都是以封閉式方式給出的，因此，在施測過程中，主試很容易控制整個施測過程，把被試在回答過程中的主觀因素減低到最小，因而得到的資料也比較客觀。另外，測驗結果都以選項的形式出現，有利於直接用電腦進行結果處理，從而大大提高研究的效率。

3. 測驗法還是一種方便省力的方法。我們知道無論是觀察法、問卷法還是訪談法，在實施一項具體的研究時，都需要事先設計一份與研究目的密切相關的觀察記錄表、問卷等等，而且在施測中，也必須進行攝像或細緻入微的觀察記錄，持續時間長，事後還必須進行轉錄編碼，詳細分析。這些方法，每次施測的物件少，效率低。而測驗法則不同，在同一時間內，可以對幾十甚至幾百個被試進行施測。省時，效率高。

4. 測驗法有設定好的常模，可以把測驗結果與之直接對比研究。利用其他方法，進行對比研究，不僅工作量大，而且，對於沒有定量化指標的方法，對比研究更無法準確深入的進行。

5. 測驗的研究類型很多，可適應不同研究目的的需要。如智力測驗、人格測驗、成就測驗等，分別用於不同的研究目的。而且有些測驗（操作測驗）能很好克服文化背景的影響，即便有些測驗存在文化背景的影響，也可以通過修訂問卷及常模克服因文化背景的影響，有助於開展跨文化研究。對於推動心理發展與教育研究有重要的意義。

測驗法除了具有以上優點外，它還適應了當前電腦科學迅速普及發展的趨勢。可以用電腦迅速高效準確地收集處理大量的資料，為科學研究服務。但是，測驗法同時也存在很多缺點和不足。表現如下：

1. 測驗，特別是心理測驗的使用包括一個重要的假設：將經過標準化的內容以一定的問題形式呈現給被試，將引起被試的某種反應，然後用已有的常模衡量這些反應後，就可以對被試的行為進行某種推論，並加以引申。這裏所謂的標準化，是基於我們當前的理解的水平，會隨著我們研究的深入而不斷地趨於完善，常模製定也是建立於有一定代表性的被試基礎上的，其代表性可能受地域和時間性的影響。所謂內容，可能因不同的人會有不同的看法，由此不同的使用者便會有不同的理解。被試在應答題目時，可能基於不同的理解會有不同的反應，並且在不同時間內會有不同的反應。所以對被試反應的評價也不一定能反應客觀情況。這一點是使用測驗法時，必須加以考慮的。

2. 測驗的理想狀態是同一個測驗讓不同的被試完成，能做出一致的反應。但是有些測驗題目由於受被試主觀預測的衡量標準的影響，而使這些測驗題目真正測到的是社會期許行為的回答，而沒有測到真正想要測的內容。

3. 不同的施測者使用測驗，特別是紙筆測驗、投射測驗，在計分時，往往會滲入主觀判斷，摻入的程度不一，其客觀性也有差別。而且這些開放式的回答，被試作答時的想法可能與評判者的理解不一，這樣得出的評價顯然不準確。一定程度上，也會影響測驗的使用。

4. 有的測驗編製不科學。本來編製測驗是一項嚴肅的科學工作，必須有相關專家合作編寫。但是在現實中，有很多未經訓練的人紛紛編製測驗，沒有按照嚴格程序進行，嚴重損害測驗法的科學性。

5. 測驗在發行上，控制不嚴，造成泛濫趨勢，嚴重損害了測驗的嚴肅性，違背了測驗保密的原則。

6. 有的施測者在使用測驗時，不能嚴格按照指導語進行，摻雜了很多主客觀因素。嚴重影響了測驗的準確性。

總之，目前在測驗使用上存在不少的問題，有的人據以測驗法存在的問題，而對測驗法提出激烈的批評，反對使用測驗法。其實，這些問題，好多都是由使用者在編製、使用和評價中，沒有完全按照測驗的嚴格要求去辦，而產生的不良結果。當然，測驗法本身也存在難以克服的缺陷。這就要求施測者在使用時，必須慎重。確保測驗使用的合理性、準確性、客觀性得到充分地保證。

第三節　問卷法

本節主要對問卷法的特點種類，進行了詳細說明，並對問卷編製的基本步驟及應注意的事項進行了闡述。此外，問卷法是測驗法的一種，其優缺點與測驗法雷同，請見第二節測驗法的評價，本節不再贅述。

一、問卷法的基本特點

問卷法 (questionnaire method) 是研究者按照一定要求和程序編製的問卷為工具，收集數據資料的一種方法。自從 19 世紀末 20 世紀初，這種方法就已廣泛應用於心理與教育科學研究之中。例如，英國心理學家高爾頓（見 430 頁）用問卷法研究了視覺表象的問題；霍爾 (Granrille Stanley Hall, 1844～1924) 同他的學生曾發展和採用過 194 種包括多種課題的問卷 (朱智賢、林崇德，1988)。時至今日，問卷法日臻完善，業已成為心理與教育科學研究中收集數據資料最基本、最常用的方法之一。與其他研究方法相比，問卷法有如下幾個特點：

1. 問卷內容可以涵蓋較廣 無論是觀察法還是實驗室實驗，主試能夠收集到的信息往往局限於特定的情境，本章介紹的測驗法及其工具——心理量表也是限於某一個方面的內容，而問卷則可以涉及多方面的內容，從簡單到複雜，從外在行為到內心世界，從個人生活到社會現象，均可作為問卷的內容。從這種意義上講，問卷法涉及的信息是廣泛的。

2. 問卷可以選取大樣本量 在心理與教育科學研究中，因觀察法、訪談法、實驗室實驗等方法受時間和空間的限制，致使研究的樣本量總是有限的，而問卷法則不然，可以在同一時間內將問卷分發或郵寄給眾多的被調查者，短時間之內就可以收集到大量的數據。

3. 問卷法的結果較少受主被試交互作用的影響 無論是訪談、測驗，還是實驗室實驗，主被試的交互作用是客觀存在的，主試的態度、情緒等都會在一定程度上影響被試的反應，因而，不得不將"主試效應"作為主要的控制變量加以處理。而在問卷法中，主試不用去控制和操縱被調查的現象和被試，被試可以在較為自由的狀態下獨立思考來回答問題，這樣在一定程度上避免了主被試交互作用對研究結果的影響。

4. 問卷法的結果較易量化 相對於觀察法、訪談法、歷史法等方法而言，問卷法所收集到的資料便於編碼和統計處理。現代的一些問卷配有特定的答卷紙，其結果可直接由光電閱讀機掃描編碼，形成數據庫文件，交由計算機進行處理。問卷的結果可以進行不同層次的量化分析，不僅可以進行描述統計、推論統計，還可以進行較複雜的結構模型分析。

問卷法作為心理與教育研究中的一種重要方法，雖然具有一定優點，同時也有自身的局限性。(1) 靈活性問題：由於問卷設計完之後，所調查的內容就已確定，然而，並非所有題目都適合所有被調查者，當題目不適合被調查者時，因無法調整題目，被試只能是猜測、放棄或隨機應答；(2) 指導問題：當調查樣本量較大時，研究者並不能保證所有題目都為被試所理解，在這種情形之下，主試往往無法給予必要的解釋、指導；(3) 主試無法直接觀察每個被調查者，因此失去了記錄被試回答問題反應的機會；(4) 問卷的效度問題也不容忽視。如何確保通過問卷能收集到有關被調查者的真實想法、觀念等方面的信息，應是研究者致力解決的問題。

二、問卷的一般結構與種類

（一） 問卷的一般結構

問卷 (questionnaire) 是研究者用來收集資料的一種工具，其內容通常包括多個問題，惟其目的不在測量填答者的能力，而是希望了解填答者對問題的意見、興趣或態度。問卷不像能力測驗，問卷中的題目沒有標準答案；問題雖可指客觀事實，但答案則允許個人表示主觀的意見。因此問卷的結果雖然可以化為分數，但分數的意義只表示類別或方向，不代表同一向度上成績的高低。

一份完整的問卷應包括標題與指導語、題幹與選項、結束語三大部分。

1. 標題與指導語 問卷的標題是對問卷內容高度概括的反映。通過標題，被調查者就可以了解問卷內容的範圍，例如，"閱讀策略問卷"、"學生學習歸因問卷"、"教師教學效能感問卷"等。問卷的標題不僅反映了問卷的調查內容，而且還常常關係到被試對問題的態度，當涉及到個人隱私等敏感問題時，有時可以略去標題，只標以"調查問卷"；有時可以變換一種說法，如要了解中學生早戀問題，就不可以用"早戀問卷"作標題，而改用"人際交往問卷"就比較妥當，否則，會引起被調查者的反感、迴避、社會贊許等反應，從而影響到調查結果的真實性。

指導語部分通常包括三方面的內容：(1) 稱謂，例如"親愛的同學"、"尊敬的老師"等；(2) 說明問卷的性質、目的，例如"這是一份關於你平時學習習慣的問卷。每個人的學習方式、習慣各不相同，所以答案無對錯之分，研究結果僅作科學研究之用……"；(3) 回答問題的方式，告訴被試如何作答，通常以一、兩道題做示範。

2. 題幹與選項 指導語之後，便是正式的問題，包括兩部分，即題幹與選項。題幹是由問句或不完全的敘述句組成，選項由問題的不完全答案構成，可以是二擇一、三擇一或多擇一。有些問卷只有題幹，而無選項。

題幹是對所調查問題的表述，依據問題的內容或性質，可以對問卷中的問題予以區分。例如，葉瀾 (1990) 依據問題在問卷中的功能，把問題分為五大類：

(1) 實質性問題：是課題研究所期望獲得材料的主要來源，也是整個問卷的主幹成分。

(2) 過濾性問題：其功能是判斷答案是否有可能回答實質性問題。

(3) 驗證性問題：其用途是檢驗答卷者是否真實地或認真地回答某個實質性問題。

(4) 補充性問題：其作用是當答卷者回答問題出現困難時，幫助他克服困難。這類問題並非在所有的問卷中都必需，通常多出現在需要回憶的一類問卷中。

(5) 調節性問題：當一份問卷較長，或者由兩個相關性不大的部分組成時，在中間或轉換提問方向之前，插入一個調節性問題，或幾句簡樸的話，起到稍做停頓，或為轉移提問中心作心理準備的作用。顯然，這類問題也不是每個問卷都存在的。

此外，台灣學者吳明 (1991) 也對問題的類型做過區分：(1) 直接問題與間接問題；(2) 特定問題與普遍問題；(3) 事實問題與意見問題；(4) 行為問題、認知問題、態度問題；(5) 威脅性問題與非威脅性問題；(6) 疑問句與敘述句；(7) 獨立問題與關聯問題。當然，上述各類問題是可以交互重疊的。

對所有要研究的問題進行類型或種類的區分，不僅是編製問卷的基礎，同時也是對研究問題的界定，有利於對問題形成較深刻、全面的認識。

被試作答的方式取決於問題的形式。一般而言，作答方式可以分為兩種情況，一是問題下面有研究者提供的選項，被試只要根據指導語的要求標出答案即可，例如，"在適當的橫線上劃 '√'，你的性別是___男___女"。另一種情況是無選項，要求被試真實、充分地表述自己關於某個問題的看法和態度。

3. 結束語 問卷的最後一部分是結束語。一般情況下是對答卷者表示感謝，如 "謝謝您的合作"。在有些情況下，提出一個開放性的問題，請答卷者針對問卷或研究課題予以評價或建議，以便收集更詳盡的信息。

(二) 問卷的種類

心理與教育科學研究中使用的問卷多種多樣，依據一定的標準，可以對其進行分類。一般情況下，可以從兩個方面分類，一是按問卷的結構分類，一是按問卷的施測方式分類。

1. 按問卷的結構分類 問卷的結構特徵主要表現在要求被試回答的方式上。按照要求被試回答問題的方式，可以把問卷分為如下三種：

(1) **開放式問卷** (open-ended questionnaire)：這種問卷只提出問題，不列出答案，由被試根據自己的情況自由回答，例如，"教師的教學能力由哪些成分構成？""你為什麼喜歡學數學？"等。因此，這種問卷比較適合於探索性研究（註 14-1），用於了解被試提出的問題答案種類。不僅如此，被試在回答問題的過程中可以暢所欲言，充分表述自己的觀點、想法，研究者從而得到較真實的答案。然而，開放式問卷也有其局限性：① 易於定性分析，不易定量分析；② 被試提供的資料未必都是研究所需要的，也可能是無價值的；③ 需要一定的寫作技巧，因而，被試思想觀點的表達可能要受文化水平的限制；④ 耗時長，被試易疲勞，或由於被試時間不夠，致使回答不完整，影響問卷回收率。

(2) **封閉式問卷** (closed-ended questionnaire)：這種問卷不僅提出問題，而且還要提供可選擇的答案，限制回答的方向和數量，被試在提供的答案（選項）中作出選擇。依據選項的數量和特性，封閉式問卷又可分為如下幾種：

① 二擇一式：所列選項只有兩個，從中選擇一個，作為問題的答案。例如，"你每天都看電視新聞嗎？是____ 不是____"。

② 多重選擇式：所列選項有三個或三個以上讓被試選擇，選擇的數量可以限制，也可以不限制，例如，調查中學生學科興趣，先羅列十門學科，再問"你最喜歡哪些學科？""你最不喜歡哪些學科？"可以要求被試選擇一門，也可以選擇兩門、三門，甚至四門。

③ 排序式：形式上與多重法相似，不同的是要求被試按照一定的標準（如重要程度）對選項進行比較，然後對選項進行排序。例如，在品德研究中，給出 10 種品質，諸如誠實、禮貌、公正等，要求被試從中選出三種品質，然後按重要程度排序。

註 **14-1**：**探索性研究** (exploratory study)：對問題性質與研究尚未確定而先行實施的預試性研究。

④ 等級式：選項為多重等級，要求被試權衡之後作出選擇。等級可以是頻率上的不同，如：十分經常、經常、有時、幾乎沒有、沒有；也可以是程度上的差異，如：很好、好、一般、差、很差；也可以是某種特質變化的連續體，如：冷漠　| 1 | 2 | 3 | 4 | 5 |　溫和。

總之，封閉式問卷相對於開放式問卷，其形式是多種多樣的。由於問卷中提供了備選答案，使得作答方便，結果便於統計處理。但使用封閉式問卷也易於帶來一些問題，如限制性較強，被試難以發揮主動性，在回答時可能無法充分表達真實想法，有時只能做出被迫的回答。

(3) **綜合型問卷** (synthetic questionnaire)：開放式問卷有利於發揮被試的主動性，充分表達自己的思想觀點，但不易量化分析，封閉式問卷易於量化分析，但限制了被試在回答問題時的主動性，兩類問卷各有優劣。而綜合型問卷，或者說半開放（半封閉）式問卷，則是試圖綜合上述兩種問卷的優點。這種問卷對被試的回答作部分限制，還有一部分讓被試自由回答。一般是在封閉式問卷的題目後問"為什麼？"。如，"你喜歡什麼樣的教師？為什麼？"對前一問題可提供若干個選項供被試進行選擇，然後回答第二個問題，解釋為什麼選擇那些答案。

2. 按問卷的施測方式分類　根據施測問卷的方式，可以把問卷區分為個別問卷、團體問卷和郵寄問卷。

(1) **個別問卷** (individual questionnaire)：個別問卷每次僅以一名被試為問卷對象，通常是由一名主試與被試面對面的情況下進行。一般要兼用訪談法。主試按問卷上的順序和詞語提問，原原本本地轉述問卷的每一點表述，不做任何解釋，以獲得被試的回答。

個別問卷的優點是：① 主試有機會觀察被試的行為反應；② 適用於不能用文字表述的被試，如文盲、幼兒等。這種問卷也有其局限性：① 時間長，不經濟；② 手續複雜，記錄較煩瑣，主試需要一定的訓練和素養。

(2) **團體問卷** (group questionnaire)：團體問卷是在同一時間內由一名或若干名主試對多名被試進行施測的問卷。一般是將被試集中在一起，先由主試宣讀指導語，然後讓被試書面回答問題。宣讀指導語不僅講清了測試的目的和回答方式，而且也能贏得被試的合作和信任。

團體問卷的優點在於時間經濟，可在短時間內收集到大量資料。因此，問卷法的主要形式是團體問卷。它的缺點是被試量大，行為不易控制，易產生誤差。

(3) **郵寄問卷** (postal questionnaire)：對於無法接觸或不宜集中的被試，可以將問卷郵寄給他們，以求回答。

郵寄問卷的優點在於被試選擇範圍大，隨機性強，其研究結果外在效度高。不足之處在於主試難以控制被試的作答過程，回收率低。

三、編製問卷的基本要求

問卷是心理與教育科學研究中收集研究資料的主要工具，能否借助問卷得到真實、有效的資料，最關鍵的因素是問卷本身的質量。因此，為保證運用問卷法所獲得的研究結果的科學性、真實性、可靠性，必須了解問卷涉及的基本要求或原則。

（一）關於標題與指導語

1. 問卷的標題要簡潔，不宜過長，同時要避免使用敏感性或威脅性詞彙，諸如"測謊問卷"、"問題行為問卷"等，以免引起被試的戒備心理。

2. 指導語的表達要清晰而完整，並通過例題的示範或練習題的試答來確保被試掌握回答問題的要領。

3. 在指導語中，除了說明問卷的目的、意義外，還可以通過提示"不記名"來爭取被試的配合，以便獲得真實的答案。

（二）關於問題的內容與表述

1. 選擇適當的問題類型。一般情況下，探索性研究或預測性研究採用開放式或半開放式問題，而對於已經有明確操縱定義的研究變量，採用封閉式回答。

2. 應迴避詢問有關社會禁忌、愛好、個人隱私之類的問題，否則會遭到被試的拒絕。

3. 每題只能包含一個觀點，避免兩個或兩個以上的觀點在同一題中出現，造成題目"似是而非"，如"你同不同意孔子和老子的政治理論"，很顯然多數人可能只同意其中一種，遇到此類問題，被試就無法作答。

4. 語句要簡短，否則冗長的句子易造成閱讀理解困難，影響被試作答的情緒。

    5. 避免使用假設句、反問句、雙重否定句（如"不是沒有……"）。

    6. 避免使用暗示性詞彙，如"可能"、"總之"等等，否則會引起被試的猜測。

    7. 避免使用模稜兩可的詞彙，例如"請寫出中國三大美麗的城市的名字"，其中，"美麗"一詞的涵義與標準不易操作化，因此，被試面對此類問題要麼不作回答，要麼胡亂作答。

    8. 避免使用晦澀、生冷的詞，否則容易引起被試閱讀的困難。

    9. 避免使用方言。

（三） 關於題目的數量

    問卷的長度要適度，一般以 30 至 40 分鐘作答時間為參照標準，否則題目數量過少，無法保證收集到足夠的信息；題目過多，易引起被試厭煩情緒，導致敷衍塞責或不予以作答。如果必須編製較多題目，可以考慮把問卷拆分為若干個分問卷，分若干次進行測試。

（四） 關於題目的排列

    一份問卷少則幾十道題，多則數百道題，為保證問卷達到預期目的，收集到研究所需要的真實可靠的資料，題目排列順序也是編製問卷時所必須考慮的問題。在排列題目時，可以考慮以下幾點：

    1. 緊接指導語之後，一般是關於個體基本情況的問題，諸如性別、年齡、學歷、職業、身體健康狀況等，此類變量可作為分組變量，以供隨後的數據分析之用。同時，這些問題比較簡單，有助於調動被試作答的積極性。

    2. 先簡單熟悉的問題，後複雜較陌生的問題，這樣有助於引起被試積極的情緒體驗，提高其配合程度。否則，一開始作答就遇到陌生、複雜的問題，不但耗時，而且又易引起消極的情緒體驗，以致被試可能會拒絕作答，或草率應付。

    3. 先一般問題，後具體問題。一般性問題需要被試作出概括性反應。它反映被試的一般行為特徵或態度特徵，而被試的行為或態度會因具體問題的不同而有所改變。因此，若先問具體問題，後一般性問題，不僅容易限制回答的內容，使答案流於狹隘，也容易使被試對一般問題的反應發生改變。

4. 先封閉式問題，後開放式問題。由於開放式問題耗時長，需要被試做出意志努力來進行思考，很可能使被試產生畏難情緒而放棄作答。所以，一般情況下，把開放式問題置於問卷的末尾部分。

5. 先普通問題，後敏感問題。若把敏感問題置於問卷的前面，可能引發被試的猜疑和戒備心態，從而不真實作答。所以，對於敏感問題的處理，一方面要注意措辭，另一方面就是將其置於問卷的最後。

6. 如果問卷含有檢驗性問題，要把這些問題分開排列，不可集中排在一起，否則易被識破。一旦被試識破主試此舉之目的，被試就很有可能用大量時間仔細檢查自己的答案，從而中止答題；也有可能故意亂答，使答案前後不一；還有可能將此舉理解為欺騙行為，拒絕合作。

7. 對於涉及到時間順序的問題，也不可能隨機排列，而要依據一定順序排列，如先近後遠，或先遠後近，這樣有利於被試思考問題，不至於使其感到問題的排列是雜亂的。

8. 對非等級問題選項（答案）的排列必須保證是隨機的，否則容易造成**活動定勢**(或反應心向) (response set)，即被試在答題時的一種心理傾向，例如：在選答是非題時，前面兩題連續都是「是」的答案，第三題會引起懷疑，即使正確答案仍是「是」，可能有選擇「非」的傾向。

四、編製問卷的基本步驟

從確定研究問題或現象到問卷編製完成，要經過一系列的步驟，以問卷為根據收集來的資料是否真實、可靠、有價值，與編製問卷的每一環節均息息相關。因此密切編製問卷的各個步驟對於減少研究的誤差是十分必要的。

一般情況下，編製一份問卷，要經過以下幾個步驟：

（一） 明確研究問題並確定研究變量

心理與教育現象是十分複雜的，存在的問題多種多樣。在編製問卷之前必須先確立研究問題是宏觀的，還是微觀的；是社會的，還是個體的；是行為表現的，還是態度體驗的，這是問卷編製的起點。在明確研究問題之後，或者說在選定了課題之後，就必須確定選擇用哪些變量來說明問題，否則，研究問題就不能稱為可操作的。例如，研究婚姻問題，事先要確定是從社會學的角度研究當代婚姻的基本特性如離婚率，還是從心理學角度研究婚姻中的支配行為。假定研究後一種現象，那麼，就要確定從哪幾方面，或通過哪幾個變量來了解具有支配性行為個人的特徵，比如，身體（生理特徵）、智力水平、受教育水平、經濟收入在家庭中的比例等。

（二） 選擇題目類型且配套答題格式

如前文所述，題目的基本類型有兩種，即開放式問題與封閉式問題。每種類型的問題在收集資料方面各有千秋，究竟採用哪一種形式來提問，尚無確定規則，主要看研究問題的性質。如果採用封閉式問題，還要考慮配套的答題格式，究竟是二擇一，還是多重選擇，是排序，還是等級，也要確定下來。一般情況下，確定答案的格式可以從三個方面予以考慮，即是否容易作答，是否耗時過長，是否便於統計。

（三） 收集材料以編寫題目

確定了問題形式和作答格式以後，接著就要著手收集資料，編寫題目。這是編製問卷最主要、最為關鍵的環節。在編寫題目過程中，不僅要緊扣研究問題，而且還要注意這些題目的表述方式，尤其是敏感性問題，更應加以注意。一般有兩種措施：第一，先假定被試有某種行為，然後從後面的選項中選出答案。例如，調查青春期中學生的自慰行為，可以問"你經常有自慰行為嗎？ □ 一周一次　□ 一個月一次　□ 偶爾　□ 沒有"。第二，指出該行為不是異常的，而是普遍的。例如，"很多人曾有過考試作弊的行為，你有嗎？"

（四） 撰寫指導語與編排題目

完成上述步驟之後，就要考慮指導語的寫法。通過指導語，一方面消除被試的拒斥心態，爭取其配合，另方面是講清作答要求。有了指導語之後，還要考慮題目的編排順序，使之更加合理。

（五） 預試與修訂

問卷編製完之後，在正式施測之前，必須進行預試，通過預試收集如下幾方面的信息：(1) 題目內容是否貼切，即是否符合研究目的，是否符合作答者的特徵；(2) 語句是否順暢；(3) 提供的備選答案是否合適，是否有代表性，是否全面，相互之間是否有重疊，是否容易作答；(4) 題目數量是否足夠多；(5) 被試的答案分布是否合理，有無異常答案。基於預試的結果，再對問卷做進一步的修訂。

(六) 建立信度與效度

相對於心理測驗（或量表）而言，問卷的標準化程度較低，但對於大多數問題也可以通過信度和效度提高其標準化程度。計算信度的常用方法有兩種，即再測信度和內部一致性信度；計算效度的常用方法則是分析問卷的構想效度，通過探索性因素分析 (EFA)（註 14-2）或驗證性因素分析 (CFA)（註 14-3）來求得**效度係數** (validity coefficient)（即新編測驗與效標之間求得的相關係數，以表示測驗效度高低者）。

以上是編製問卷的基本步驟，只述其大綱，要掌握編製問卷的技術與要領，需要直接實踐並配合閱讀他人編製的問卷，以達熟練掌握之目的。

五、使用問卷應注意的事項

在心理與教育科學研究中，若採用問卷收集數據，研究結果的科學性、客觀性和可靠程度不僅取決於問卷編製環節，而且還可能受問卷實施中無關變量影響。因而，在問卷施測過程中，應盡可能控制無關變量造成的誤差。

1. 在正式施測之前，或郵寄問卷之前，應仔細通讀問卷，以確保無印刷、排版、裝訂之錯誤。

2. 要把握好被試選擇環節，具體要注意三方面的問題：(1) 確定被試來

註 14-2：**探索性因素分析** (exploratory factor analysis，簡稱 EFA)：一種多元統計分析技術。通過研究眾多變量之間的內部依賴關係，探求觀測數據中的基本結構，並用少數幾個假想變量（因素）來表示基本的數據結構。

註 14-3：**驗證性因素分析** (confirmatory factor analysis，簡稱 CFA)：一種多元統計分析技術。運用線性統計建模技術，對可觀測變量 (observed variables)、潛在變量 (latent variables) 的關係模型進行驗證。常用統計分析軟件是 LISREL (Linear Structural Relations)。

源的群體，如研究中學生學習策略，是選擇重點中學 (註 14-4) 的學生，還是選擇普通中學的學生，要明確界定；(2) 考慮被試的代表性。在一般情況下，要麼分層隨機抽樣，要麼簡單隨機抽樣。近年來，簡單隨機抽樣中比較流行的方法是根據電話本上的名單，通過電話來採訪；(3) 樣本足夠大，以防回收率過低而影響到研究結果的可靠性。

3. 注意施測方式，提高回收率。一般情況下，郵寄問卷的回收率比較低，為提高回收率，通常是在問卷郵寄出去一兩週之後，再發信或打電話催問。若是當面施測，最好是取得一定組織機構的協助，如在學校進行施測，就要徵得校長、班主任的同意，通過他們幫助組織實施調查。

4. 要及時了解問卷回收狀況及已回收的問卷的作答情況，對問卷調查過程實施動態監控。

5. 要注意對問卷的審核，以確保所得數據資料的質量。同時，若條件允許的話，應輔以其他的方法，如對個別接受問卷調查的對象進行訪談，了解更具體的情況。

6. 在解釋問卷結果時，不僅要注意數值的大小，還要注意數值的實際意義。

本 章 摘 要

1. 所謂**測量**，廣義而言，就是依據一定的法則給事物分派數字，其基本要素包括測量單位和測量的參照點。心理與教育測量則是指以心理與教育測驗、量表為工具收集數據資料的一種研究方法。

2. 根據測量的**參照點**和使用單位，心理與教育測量可區分為命名、順序、等距和等比四種水平。每種測量水平對應的連續體構成相應的量表。**命名量表**既無零點，又無相等單位，其數字僅是事物的代表符號，無數量

註 14-4：重點中學是指由教育部門對學校從師資、教學條件、教學成果 (如升學率) 等方面，綜合評估後，賦於中學的等級評定。

大小之含義；**順序量表**既無零點，也無相等單位，但其數字可進行大小排序；**等距量表**無絕對零點，但有相等單位；**等比量表**既有絕對零點，也有相等單位，是最高水平的測量量表。

3. 心理測驗是經過標準化處理的研究工具，由一組可以引起典型性行為的題目構成。以心理測驗為工具的測量具有間接性、相對性和客觀性。

4. 心理測驗無論在教育實踐中，還是在理論研究中，都有著廣泛的用途，既可用於甄選、安置、診斷、諮詢，也可用於收集數據資料、建立實驗假說和實驗分組。

5. 心理測驗是多種多樣的，可以按不同的標準加以分類。按測驗測量的內容，可分為能力測驗、教育測驗和個性測驗；按測驗方式，可分為**個別測驗**和**團體測驗**；按測驗的構成材料，可分為**文字測驗**、**非文字測驗**和**混合型測驗**；按測驗結果，可以分為**常模參照測驗**和**標準參照測驗**。

6. 測驗的**信度**指的是測驗結果的一致性或穩定性，估計信度的主要方法有**測驗再測信度**、**複本信度**、**分半信度**和**內部一致性信度**。

7. 測驗的**效度**指的是測驗結果的有效性或準確性，確定效度的主要方法或者說效度的種類有**內容效度**、**效標關聯效度**和**構想效度**。

8. **經典測驗理論**的方法體系包括項目分析和測驗的標準化。**項目分析**主要包括計算**試題難度**、**區分度**和**項目特徵曲線**；測驗的**標準化**是指對不同的被試在測試題目、施測條件、記分和分數解釋等各方面都採用一個固定的標準，其目的就在於排除實施測驗時無關因素對測驗目的的影響，以利於測驗分數的解釋和比較。

9. **項目反應理論**又稱**項目特徵曲線理論**，是近二十餘年來在心理與教育測量領域內發展起來的一種新的測驗理論，它的基本指導思想是在被測者的特質和對項目的反應之間建立某種函數關係。

10. 編製測驗的基本步驟有確定測驗目的、製定編題計畫、選編題目、試測與分析、合成測驗、測驗標準化、鑑定測驗和編製測驗說明書。

11. 在使用心理測驗時要注意：必須保證測驗由合格的測驗者實施、測驗者必須遵守測驗的職業道德，在施測過程中首先要做好準備工作，其次要選擇適宜的測驗環境，向被測者陳述標準化指導語，遵守測驗時限，最後還要注意與被試建立良好些的協調關係。

12. 目前國內常用的心理測驗有：**中國比奈智力量表、韋氏幼兒智力量表中**

國修訂版、韋氏兒童智力量表中國修訂版、韋氏成人智力量表中國修訂版、瑞文推理測驗、艾森克人格問卷、卡特爾 16 項人格因素量表、明尼蘇達多相人格量表等。

13. **問卷法**即研究者按一定要求和程序編製的調查問卷為工具收集數據資料的方法，在心理與教育研究中廣為應用。該方法可以涵蓋較廣的調查內容，選取大樣本，研究結果較少受主被試交互影響且易於量化。但是，在靈活性、指導性、效度等問題上，該方法也有不容忽視的局限性。

14. 一份完整的問卷應包括標題指導語、題幹與選項、結束語三大部分，其中題幹是對調查問題的表述。問卷中不同問題在功能上的差異，反映了研究者對所研究問題的界定及問題類型或種類的區分。

15. 心理與教育研究中使用的眾多問卷，一般可從兩方面分類。按問卷的結構可分為**開放式問卷**、**封閉式問卷**、**綜合型問卷**三種；根據施測問卷的方式，可區分為**個別問卷**、**團體問卷**和**郵寄問卷**。

16. 能否借助問卷收集到有效的研究資料，問卷本身的質量最為關鍵。因而問卷編製對標題與指導語、問題內容與表述、題目的數量和排列都有若干的基本要求。

17. 編製問卷的基本步驟包括：明確研究問題並確定研究變量；選擇題目類型且配套答題格式；收集材料以編寫題目；撰寫指導語與編排題目；預試與修訂；建立信度與效度。

18. 問卷實施過程中產生的誤差，也同樣會影響研究結果的科學性、客觀性和可靠性。因而，應盡可能控制實施過程中無關變量的影響。

19. 問卷法和測驗法（測驗法是問卷法的一種變式）作為一種重要科學研究方法，與其他研究相比較，不僅具有優點，還有不少缺點，我們使用它必須揚其長處，避其短處，才能有效地發揮問卷法及測驗法的作用，更好地服務於科學研究，尤其是心理與教育科研。

建議參考資料

1. 王重鳴 (1990)：心理學研究方法。北京市：人民教育出版社。
2. 葉瀾 (1990)：教育研究及其方法。北京市：中國科學技術出版社。
3. 朱智賢、林崇德、董奇、申繼亮 (1991)：發展心理學研究方法。北京市：北京師範大學出版社。
4. 張春興 (1989)：張氏心理學辭典。台北市：東華書局 (繁體字版)。上海市：上海辭書出版社 (1992) (簡體字版)。
5. Aiken, L. R. (1994). *Psychological testing and assessment* (8th ed.). Boston: Allyn & Bacon.
6. Fink, A. (1995). *Evaluation for education and psychology*. Thousand Oaks, CA: Sage Publication.
7. Goldstein, G., & Hersen, M. (Ed.) (1990). *Handbook of psychological assessment* (2nd ed.). New York: Plenum.
8. McReynolds, P., Rosen, J. C., & Chelune, G. J. (Eds.) (1990). *Advances in psychological assessment* (Vol.7). New York: Plenum.
9. Moreland, K. L., Fowler, R. D., & Honaker, L. M. (1994). *Future directions in the use of psychological assessment for treatment planning and outcome assessment: Predictions and recommendations*. Hillsdale, NJ: Lawrence Erbium Associates, Inc.
10. Rosen, J. C., & McReynolds, P. (1992). *Advances in psychological assessment* (Vol. 8). New York: Plenum.
11. Stuart-Hamition, I. (1995). *Dictionary of psychological testing, assessment and treatment*. London; Bristol, Pa.: Jessica Kingsley Publishers.
12. Wiersma, W. (1995). *Research methods in education: An introduction*. (6th ed.). Boston: Ally & Bacon.

第十五章

儀器設備及其使用

本章內容細目

第一節　儀器設備的功用及使用原則
一、儀器設備的功用　461
二、儀器設備的使用原則　462

第二節　心理與教育科學研究的物理與化學技術
一、心理與教育研究中的物理技術　464
　㈠ 計算機軸斷層攝相術
　㈡ 正電子放射層掃描術
　㈢ 核磁共振掃描
二、心理與教育研究中的化學技術　465
　㈠ 腦血流圖
　㈡ 2-脱氧葡萄糖法
　㈢ 測量中樞神經遞質

第三節　心理與教育科學研究的儀器設備
一、計算機　468
　㈠ 有關基本概念
　㈡ 在心理與教育科學研究中的功用
　㈢ 應用舉例

二、誘發電位儀　474
　㈠ 有關基本概念
　㈡ 誘發電位實驗室與儀器
　㈢ 應用舉例
三、眼動記錄儀　477
　㈠ 有關基本概念
　㈡ 基本結構
　㈢ 應用舉例
四、速示儀　481
五、其他常用儀器　482
　㈠ 反應時間測定儀
　㈡ 聽覺實驗儀
　㈢ 深度知覺儀
　㈣ 時間知覺儀
　㈤ 注意力集中能力測定儀
　㈥ 注意分配實驗儀
　㈦ 記憶廣度測試儀
　㈧ 空間位置記憶廣度測試儀
　㈨ 視　崖

本章摘要

建議參考資料

無論是進行實驗研究，還是進行自然觀察；無論是紙筆的方式，還是口頭的形式；無論實驗材料是文字的，還是圖形的、操作的，在測量、記錄、獲取研究結果上均或多或少運用某種或某些儀器設備。儀器設備的使用對推動心理與教育科學的發展起到了重要作用。

科學技術的發展，不僅使測量、記錄心理活動與外顯行為的儀器設備的精確度在提高，功能在改進，而且可供心理與教育科學研究選用的儀器設備也越來越多。因此，在心理與教育科學研究中，如何選擇與使用儀器設備已成為一個值得注意的問題。關於儀器的選擇與使用應避免以下幾種現象，一個是選擇、購買儀器與課題研究相脫離，也就是說選擇與購買儀器不是直接源於開展某一領域研究的需要，而往往是先購買，後開發使用，這樣使得工作效率不高。另一個現象是過分依重儀器的使用，而在課題的選擇上下功夫不夠，提不出好問題，也會影響儀器使用的效率。第三個現象是忽視儀器設備在心理與教育科學研究中的作用，尤其是一些教育類的研究，這個現象更應該重視。

心理與教育科學的發展與儀器設備有著密切的關係。學科的發展對儀器設備提出了越來越高的要求，成為發明和革新先進的儀器設備的動力，而後者反過來又能促進學科的發展。因此這就存在儀器設備的開發與"移植"問題。為了進行特定的心理學研究，需要專門研製一些心理學研究專用的儀器設備，如為研究閱讀而研製的眼動記錄儀就是例子，但在很多情況下，可以移植或借用其他學科的儀器，如醫學中的大量儀器設備就可作為心理研究用的儀器。本章將簡要介紹有關開發和移植的心理學研究用的儀器。

本章旨在使讀者閱讀之後能對下面幾個問題有所認識：

1. 儀器設備在心理與教育科學研究中的功用表現在哪幾方面。
2. 在心理與教育科學研究中使用儀器設備應遵循的原則。
3. 心理與教育科學研究中常用的物理和化學技術有哪些。
4. 計算機在心理與教育科學研究中的主要功用。
5. 介紹誘發電位儀的基本結構與功能。
6. 介紹眼動記錄儀的基本結構與功能。

第一節　儀器設備的功用及使用原則

自從馮特在 1879 年建立第一個心理實驗室以來，實驗研究極大地促進了心理與教育的發展。作為心理與教育的研究中介，儀器設備發揮著重要作用，如產生刺激、呈現刺激、記錄被試反應、分析處理研究資料等。但要在實際研究中真正發揮儀器設備的功用，還需要遵循一定的原則。本節將主要介紹實驗儀器設備的功用和使用原則。

一、儀器設備的功用

縱觀心理與教育科學的發展歷史，不難發現，在 19 世紀中葉之前，研究方法基本上是以思辨法為主，主要借助直觀經驗進行歸納、演繹，所得結論帶有明顯的主觀臆測性。19 世紀中葉之後，自然科學的巨大發展也極大地促進了心理與教育科學的發展。自然科學對心理與教育科學的影響不僅表現為對人們世界觀和方法論的衝擊，而且也為具體方法與技術提供了樣板。其中，最顯著的表現即是實驗研究在心理與教育科學研究中的廣泛應用。例如，心理物理學的誕生與發展、世界上第一個心理實驗室的建立、實驗教育學的提出等都與實驗研究的應用分不開。

眾所周知，實驗研究極大促進了心理與教育科學的發展。而任何一項實驗研究都是由三個基本成分構成：即實驗者、實驗中介（實驗儀器）、實驗對象，實驗過程實質上就是這三者相互作用的過程。在心理與教育科學研究中，實驗者（研究的主體）以及被試（研究對象）都指的是各種各樣的人，而實驗儀器則是指實驗者用來作用於被試的一切物質手段的總和，不管它是用於產生刺激，還是記錄被試的反應，還是用於分析處理研究的結果，實驗儀器的基本功能是充當實驗者與被試之間的中介，一方面把研究主體的作用傳遞到研究對象身上去，另一方面把研究對象的信息傳遞到研究主體的感官上來。

實驗儀器的中介作用在心理與教育科學研究過程中具體表現如下：

1. 產生刺激，例如在感知覺研究中經常使用的信號發生器，就是根據研究需要產生不同刺激的重要裝置。
2. 呈現刺激，例如用於研究認知方式、深度知覺的棒框儀，研究視覺的光亮度辨別儀，各種類型的速視儀等，都是用來呈現刺激的儀器。
3. 控制實驗環境，例如常用的暗室、單向玻璃、眼罩等。
4. 記錄被試反應，例如用於研究課堂教學的錄音、錄像設備、測量反應時的各種類型的記時器等，都是記錄被試反應的常用儀器。
5. 分析、處理研究資料，例如計算機，不僅可以儲存數據資料，而且還可以進行各種統計分析。

各種儀器設備的功能是不相同的，因此在心理與教育科學研究中發揮的作用也不一樣，有的表現出單一的功用，如僅是呈現刺激，有的表現出複合的功用，不僅可以呈現刺激，而且還可以同時記錄反應，甚至分析處理研究結果。不管儀器設備在心理與教育科學研究過程中具體發揮何種功用，它們都具有重要的認識論意義。利用儀器不僅可以延伸人的感官功能，例如利用現代醫療設備可以在不開刀的情況下觀察大腦內部結構，而且還可以延伸人腦的功能，例如利用計算機可以記憶、儲存非常龐大且複雜的數據資料，進行人腦無法完成的複雜計算。因此，各種儀器設備在心理與教育科學研究中的應用將對人類認識自身起到重要作用。

隨著現代科學技術的發展，用於心理與教育科學研究的儀器設備的性能不斷得到改進，精度、準確性不斷提升，例如，測量反應時間早期是使用秒表，以人工操作，誤差較大，現在出現了光電速示儀，其精度達到毫秒，計算機測量時間的精度更高，可以達到微秒。不僅如此，專門用於心理與教育科學研究的新型儀器不斷出現，例如用於研究閱讀的眼動記錄儀。總之，儀器設備的發展將進一步推動心理與教育科學的進步。

二、儀器設備的使用原則

實驗儀器的使用極大地促進了心理與教育科學的研究。特別是近20、30年，心理與教育科學研究的深入，越來越多地借助現代化的實驗儀器，如電子裝置、計算機系統等等。這些儀器的採用，使得實驗研究現代化，大大提高了心理與教育實驗研究的水平。但是，採用現代化實驗儀器能否有助於實驗研究，還要視所選擇實驗儀器的實際情況而定。一般來說，選擇與使用實驗儀器要遵循以下幾個方面的原則。

1. 要考慮研究對象的基本特徵　在心理與教育科學研究過程，選擇和使用實驗儀器首先要考慮研究對象的基本特徵，如年齡特徵、性別特徵、學歷水平、身體健康狀況等。如果所選擇的實驗儀器的性能和操作要求與研究對象的基本特徵不相符合，那麼將會直接影響到研究結果的可靠性、準確性。例如，在研究低幼兒童注意分配能力時，採用雙手調解器測量和記錄自動化活動就不太適宜，因為低幼兒童生理發育尚未成熟，隨意精細動作能力還較差，在這種情況下，很有可能研究結果反映的不完全是注意分配能力，而在一定程度上還反映了兒童的生理成熟水平。

2. 要考慮研究問題的性質　選擇和使用何種實驗儀器還要考慮所研究的問題。不同的研究問題，考察的研究變量不同，測量的指標也會不同。應根據實驗研究的基本要求來選擇和使用儀器，例如，呈現刺激、記錄反應的方式，是要求視覺的還是聽覺的，是文字、圖形性質的，還是聲音的。問題不僅決定實驗儀器的類型，而且還規定了儀器的性能。例如，研究信息加工速度發展問題，對反應時間的精度要求比較高，普通的手動秒表就達不到實驗的要求。

3. 儀器不能干擾所要研究的問題　這也是實驗中常常忽略的一點。在實驗中，如果儀器選擇不當，會對所研究的問題產生干擾，如加強、減弱或改變被試的行為，就可能使研究所得的結果不能真實地反映研究問題的實質。例如，要觀察自然狀態下的親子互動情況，研究者就不能把普通的攝像機架設於現場，而應通過單向玻璃進行錄像，或採用隱蔽型攝像頭來觀察記錄，否則，將會直接影響到親子交往的自然性。

4. 儀器必須靈敏、準確，而且在實驗過程中保持性能恆定　在呈現刺激、記錄結果時，都要求儀器必須靈敏而且準確，必須按實驗要求提供刺激和反應的真實數據。而且，在整個實驗過程中，儀器的靈敏度、準確性應該維持在一個水平上，否則，就可能因儀器靈敏度、準確性的變化產生實驗誤差。只有注意了這些問題，才能依靠儀器向研究者提供客觀的、真實的反映被試情況的實驗結果。

5. 儀器必須能產生足夠的刺激條件的變化　刺激條件的變化不僅能擴大實驗結果的概括性，而且可以避免被試因學會了儀器的特點，而有意無意地依記憶來反應。

第二節　心理與教育科學研究的物理與化學技術

隨著現代科學技術的發展與學科間的融合，越來越多的自然科學技術被應用於心理與教育科學研究之中，對推動心理與教育科學的發展起到了重要作用。本節簡要介紹幾種用於研究大腦的物理與化學技術。

一、心理與教育研究中的物理技術

隨著心理與教育科學研究的深入探討，研究心理活動的生理機制越來越顯得重要。如何在自然狀態下觀察人腦內部活動成為研究腦活動的重要技術問題，現代科技的發展為解決這個問題提供了方法，主要有計算機軸斷層攝相術、正電子放射層掃描術和核磁共振掃描。

（一）　計算機軸斷層攝相術

計算機軸斷層攝相術(或計算機軸斷層掃描) (computerized axial tomography，簡稱 CAT) 是將 X 光照相和計算機處理方法結合起來觀察活腦的組織病變的技術，使用時將病人的頭安置在一個大的圓形儀器中，其中裝有 X 射線管。在頭的另一邊，正對著 X 射線管有一個 X 光檢測器。通過病人腦的 X 射線量由檢測器測定。X 射線管和檢測器可以在圓圈內移動。如開始時，X 射線管和檢測器的聯線可以通過腦的正中線。透射一次後，向左或向右移動幾度再透射一次。如此連續地在一個平面上移動和透射多次，可以將這一個平面上的各個角度透射的檢測結果輸入計算機處理，得到整個平面的圖象。然後向上或向下移動圓圈，以同樣的方法掃描另一平面的腦組織。因為正常的組織和病變的組織對 X 光的吸收量是不同的，所以在相片上可以看到如腦瘤、血栓、腦積水和多發性硬化潰變的區域的影子，查明病變的位置範圍。這對腦神經心理學家研究腦的局部損傷和行為及心理障礙的關係是極其有用的。

（二） 正電子放射層掃描術

正電子放射層掃描術 (positron emission tomography，簡稱 PET)，這是研究腦的各個部分代謝活動的一種新技術。先給病人注射經過加速器處理後能放射正電子的、可被神經細胞吸收的物質（如 2-脫氧葡萄糖），然後把病人的頭置於正電子放射檢測器中一個一個平面地掃描。掃描的結果經計算機處理製成各個平面的斷層面圖。可以看到所注射的放射物質在腦的某些區域被吸收的多寡。此種技術可用來研究人們在進行各種心理加工時腦的某些部分某種物質的代謝情況。

目前，正電子放射層掃描術不僅用在判斷癲癇、精神分裂症、帕金森氏病、腦腫瘤等腦疾患方面發揮了重要作用，而且根據腦功能失調與葡萄糖消耗量下降程度之間的關係，在大腦功能定位方面也起到了重要作用。

（三） 核磁共振掃描

核磁共振掃描 (nuclear magnetic resonance scanning，簡稱 NMR) 是利用某些物質的原子核在強磁場中向一定方向旋轉而發生射頻波的原理，來研究腦工作時腦內物質變化的技術。如用一種射電頻率的波通過腦時，腦內的某些物質的原子核就會發射出自己的射頻波。不同的分子發射的頻率不同。可以使核磁共振掃描與已知的某種分子（例如氫分子或氧分子）的波頻調諧，以檢測該種物質在腦進行某種工作時，在腦各部分的集中情況。這種掃描的信息也需要通過計算機分析製成腦的層面圖像。

二、心理與教育研究中的化學技術

人腦不僅具有電信號系統，而且也具有化學信號系統。從 60 年代起，腦功能的研究擴大到化學過程方面。因此，20 世紀 60 年代以來，腦化學的研究取得了重要進展。早期的研究著眼於神經組織的化學分析，以後集中於神經結構的物質代謝方面;隨著分子生物學的發展和神經科學的引入,腦的化學研究進入了分子與功能神經生物化學時期。大腦化學研究的方法與技術是多種多樣的,茲舉三例加以說明。

(一) 腦血流圖

當腦內某一區域的神經活動增強時,必然伴隨代謝率和血流量的增加。因此,**腦血流圖** (brain blood vessel flow gram) 是通過測量單位時間內的血流量就可以反映出神經元的活動水平。將同位素氙注入人的頸內動脈,在頭部放置大量閃爍探測器,檢測在不同活動狀態下大腦半球各個區域的單位時間內的放射性同位素的密度,以電子計算機進行信息處理,用彩色監視器顯示不同的血流量水平,以確定各個區域的血流量圖景。已有的研究發現,不同的心理活動,如感知、隨意運動、説話、心算等,腦的不同部位血流量的變化是不同的,但前額葉的血流量均有增加,表明前額葉在腦的各種機能活動中,特別是在思維活動中有重要作用。而某些精神病患者的區域腦血流圖在安靜時顯示出異常。

(二) 2-脱氧葡萄糖法

從理論上講,葡萄糖是腦組織的燃料,其利用率可反映腦細胞能量代謝速度,因此用同位素標記葡萄糖可測定腦細胞的代謝強度。但是,葡萄糖的生物半衰期過短,不適用於放射顯影技術。而葡萄糖的類似物 2-脱氧葡萄糖具有獨特的生化性質,它在用同位素標記後,可用來測定局部腦組織的代謝強度,因此也就有了 2-脱氧葡萄糖法。之所以稱之為 **2-脱氧葡萄糖法** (2-deoxyglucose method),是由這種葡萄糖類似物的結構特點所決定的。2-脱氧葡萄糖是葡萄糖第 2 位碳上的 OH 基被 H 置換,即脱去一個氧原子,但它在體內可以和葡萄糖經同樣的轉運系統通過血腦屏障和細胞膜,並和腦中葡萄糖一樣經過第一步的分解,但它不能繼續分解,而代謝的中間產物便在細胞內較長期積聚起來。在葡萄糖代謝平衡的情況下,其積聚量大致與該部位葡萄糖的消耗量相平行。因此,用同位素標記脱氧葡萄糖可測定腦細胞葡萄糖的消耗率,從而精確地了解腦細胞能量代謝速率。

(三) 測量中樞神經遞質

一般認為，人體一切複雜的機能活動是由神經-體液調節的，並通過各種特定的化學物質進行信息傳遞。當某一神經元受到外來刺激的時候，由於突觸後膜缺乏電興奮性，因此，突觸前膜的電變化不能直接傳遞至後膜，必須以某種化學物質為中介，才能將信息傳遞至後膜，這種起傳遞作用的中介物質，通常稱為**神經遞質**(或神經介質) (neurotransmitter)。

神經遞質是多種多樣的，現已發現 30 餘種。按分子結構的不同，可將遞質分為：(1) 膽碱類，如乙酰膽碱；(2) 單胺類，如多巴胺、去甲腎上腺素、腎上腺素、5-羥色胺；(3) 氨基酸類，如 γ- 氨基丁酸、谷氨酸、甘氨酸；(4) 肽類，如神經肽。

人的心理活動和行為是以大腦為生理基礎的，而神經突觸和神經遞質又是大腦活動的關鍵環節。已有研究發現，人的睡眠、情緒、行為的引發與維持、學習記憶等都與特定的神經遞質有關。因此，測量神經遞質對於揭示心理活動的生理機制是非常有意義的。儘管神經遞質含量極微，但科學家還是創造了一些方法來對其進行測定。例如，特殊染色方法和標記技術，其基本原理是將天然遞質轉變為螢光衍生物，在螢光顯微鏡下經紫外線照射發出螢光，或將放射性同位素標記的遞質分子注入動物腦內，被釋放這種遞質的神經末梢選擇性攝取，然後用放射自顯影方法顯示含放射形物質的神經末梢，以確定分泌該種遞質的神經元。

第三節　心理與教育科學研究的儀器設備

心理與教育科學研究涉及個體衆多的心理功能，研究不同的心理功能需要不同的儀器設備。本節將著重介紹計算機、誘發電位儀、眼動記錄儀、速式儀等常用儀器的結構、功能及在實際研究中的應用示例。

一、計算機

(一) 有關基本概念

計算機 (或**電腦**) (computer) 誕生於 20 世紀 40 年代。時至今日，計算機經過第一代電子管計算機、第二代晶體管計算機、第三代積體電路 (集成電路) 計算機、第四代大規模積體電路計算機的發展，已進入第五代計算機發展階段。有人認為第五代計算機是超大規模積體電路計算機，也是高度智能化的計算機。

今天計算機不僅用於計算數學題目，而且廣泛應用於各行各業的各個領域，如計算機輔助教學 (CAI)、計算機輔助設計 (CAD)、自動化控制等。計算機之所以具有自動性和智能性特點，是因為它不僅是一台電器設備，而且是一個複雜的系統，它由硬體和軟體兩部分所組成。**硬體** (或**硬件**) (hardware) 是指計算機的實際部件裝置，包括由電子、電氣、機械、磁和光學等元件構成的計算機部分，一般指中央處理機和外圍設備。圖 15-1 為微型計算機的基本結構。隨著硬體技術的發展，計算機的積體化 (集成化) 程度越來越高。

計算機的另一部分叫做**軟體** (或**軟件**) (software)，是指使用計算機的技術。具體來講，就是計算機運行時所需的各種程序及有關資料。軟體包括系統軟體和應用軟體。前者用於計算機本身的管理維護、控制和運行方面的程序，如操作系統；後者是為了某種應用或解決某類問題所需的各種程序，如統計軟體。

隨著計算機技術的快速發展，其功能日益擴展。表現之一就是多媒體計算機的出現。**多媒體計算機** (multimedia computer) 是一種新型的微型計算機，不僅能處理數據、文字信息，而且能處理聲音、圖像信息。與一般計算機相比，多媒體計算機的構成還包括三個部分：

第一部分，聲音和音效處理，器件為聲霸卡或聲效卡，主要功能是實現計算機處理聲音信息和產生聲音效果。

第二部分，光盤信息處理，主要器件是光盤驅動器 (光碟機)，用途是使用光盤介質，如普通的音樂光盤、計算機專用的數據光盤和 VCD 影碟

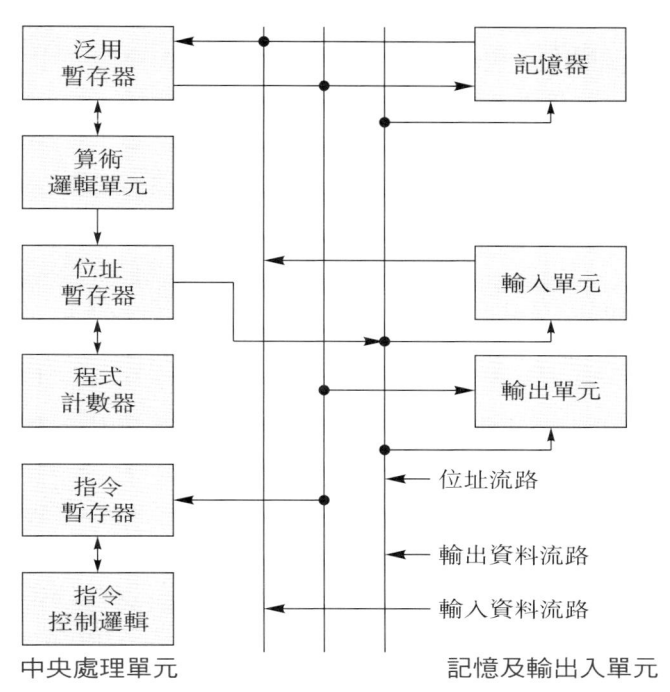

圖 15-1　微型計算機的基本結構
（採自　王添地，1994，524 頁）

等，在這些光盤上放置的數據需要通過光盤驅動器把數據輸入到計算機中才能夠處理。

第三部分，遠程信息傳輸，器件為傳真或調制解調器 (modem)，用途是利用普通的電話線路進行數據的遠程傳輸和通訊。現在國際上非常流行的國際信息互聯網 (internet)，就是利用這一技術使得個人能夠進入信息高速公路。

多媒體計算機的上述三個組成部分體現出其基本技術，例如多媒體操作系統、屏幕的不同窗口管理系統、寫作工具、圖像與聲音的數字化及壓縮技術、光盤技術等。因此，在多媒體計算機中，就可以呈現如下的主要媒體：

1. 文字　計算機顯示文字 (text) 的技術由來已久。在國內，由於科技工作者的努力，已經成功地解決了計算機顯示漢字的問題。

2. 圖形 指的是利用繪畫軟件，用點、線、面所繪製構成的圖形 (graphic) 諸如圖案、表格、漫畫等圖形。

3. 影像 利用計算機外部設備攝取的或利用二維、三維軟件所製作的畫面，稱為影像 (image)。

4. 聲音 利用聲波震動變化的原理將起伏的波形記錄下來而形成的聲音 (audio)。

5. 動畫 利用人眼"視覺暫留"特性而快速播放的連續畫面 (frame) 稱為動畫 (animation)。

6. 視訊 視訊 (video) 是電視訊號中之視覺成分，其原理同動畫一樣的影像。

多媒體計算機的開發和利用，為心理與教育科學研究提供了非常強有力的工具。

(二) 在心理與教育科學研究中的功用

自從 20 世紀 60 年代起，計算機就被應用於心理與教育科學研究之中。隨著計算機技術的發展，功能的增強，計算機越來越顯示出其在心理與教育科學研究中的功用。概括起來講，計算機在心理與教育科學研究中的功用表現如下：

1. 呈現刺激 在心理與教育科學研究中，利用多媒體計算機來呈現刺激，可使研究過程自動化、精確化。其呈現刺激的獨特功能表現在：(1) 既可單獨呈現文字、聲音、圖形圖像刺激材料，也可以同時呈現兩種或三種刺激材料；(2) 既可呈現平面刺激圖形，也可以呈現立體刺激圖形；(3) 呈現刺激的順序既可以是事先規定的次序，也可以是完全隨機呈現；(4) 呈現的時間可長可短。

2. 記錄被試反應，儲存研究材料 根據程序設計，計算機可以準確及時地自動記錄被試的反應並儲存下來，以便分析之用。記錄的信息既可以是被試鍵盤（或鼠標）操作的結果，也可以是被試的聲音。此外，計算機有"過目不忘"之功，它可以分類儲存各類研究資料，諸如研究文獻、研究工具、被試反應、統計分析結果等，以備日後調用。

3. 處理分析研究數據 計算機在心理與教育科學研究中應用最廣泛

的是對研究數據的處理分析。主要表現在兩方面：一是數據管理，如儲存、提取、複製、進行各種變換、與其他數據連接等；另一方面是統計分析，運用專用統計軟件計算所需各種統計量。計算機可以快速準確地完成非常複雜的人力所不及的統計運算，不僅節省了大量人力，而且使許多統計運算成為可能，極大地提高了心理與教育科學研究的量化分析水平。

4. 模擬心理過程　在心理與教育科學研究中，了解個體心理活動的內在過程是學科追求的重要目標。然而，研究者是無法直接觀察心理活動過程的，只能通過一定的手段間接地去認識了解。在此過程中計算機無疑是一種強有力的工具。因為可以把計算機和人腦都視為自動信息處理系統，用計算機模擬無法直接觀察的心理過程。電腦類比心理過程從形式上可以分為結構類比（對人腦結構的類比）和功能模擬（對人腦機能的類比），從內容上可分為類比人的感知覺過程、模擬記憶過程和模擬思維過程。在實際中運用較多的是功能模擬和思維模擬。

5. 作為訓練工具　在心理與教育科學研究中，計算機還可作為訓練工具。例如，計算機輔助教學、計算機輔助學習等都對兒童青少年掌握知識和技能發揮了重要作用。

儘管計算機在心理與教育科學研究中可以發揮重要的作用，表現出許多優點，如精確地產生和呈現刺激、準確方便地記錄被試的反應、有效地控制實驗過程、減少無關變量的影響、節省大量人力和時間、使研究更加標準化等。但是，也必須認識到它的局限性，如控制研究過程缺乏靈活性、統計分析時不能主動判斷數據的質量和運算結果等。從發展的趨勢看，計算機在心理與教育科學研究中的應用在以下幾方面有待進一步加強：(1) 大批應用軟體的推出和二次開發，包括統計分析軟體、診斷與治療的軟體、測量與評價的軟體、心理過程的模擬軟體等，這樣，心理與教育科學研究會變得簡便易行；(2) **計算機接面技術**（或**計算機接口技術**）(technology of computer interface) 指的是溝通計算機與外置設備和周圍通道的技術，通過接面電路的協調，可以實現信息和命令的傳送。目前計算機接面技術雖然發展很快，但能運用於心理與教育科學研究的仍然不多，而且大多頗為複雜，非計算機專業人員難以完成。計算機接面技術的多樣化和簡便化是計算機應用的發展方向之一；(3) 軟體的適時求助功能要進一步簡便、清晰、增強可選擇性，為不熟悉計算機的研究者提供有效的幫助；(4) 要配合理論的新發展改進軟體。例如，根據統計分析理論的新發展編製一些功能強的軟體。

(三) 應用舉例

如前所述，計算機已廣泛應用於心理與教育各個研究領域，在研究中發揮了巨大作用。其中，計算機化心理測驗、診斷和解釋系統的發展，是計算機在心理與教育科學研究中應用的一個重要方面。

目前，國外在計算機化心理與教育診斷方面的發展很快，研究者和一些公司相繼推出軟體，其中**麥可德莫特兒童多維評估**(McDermott Multidimensional Assessment of Children，簡稱 MMAC) 是兒童青少年心理學研究者常用的且功能比較完善的診斷系統，適用於 2～18 歲兒童青少年心理與教育功能的評估和診斷。其結構圖如圖 15-2 所示。

從圖 15-2 中可以了解麥可德莫特兒童多維評估系統進行診斷並提出教

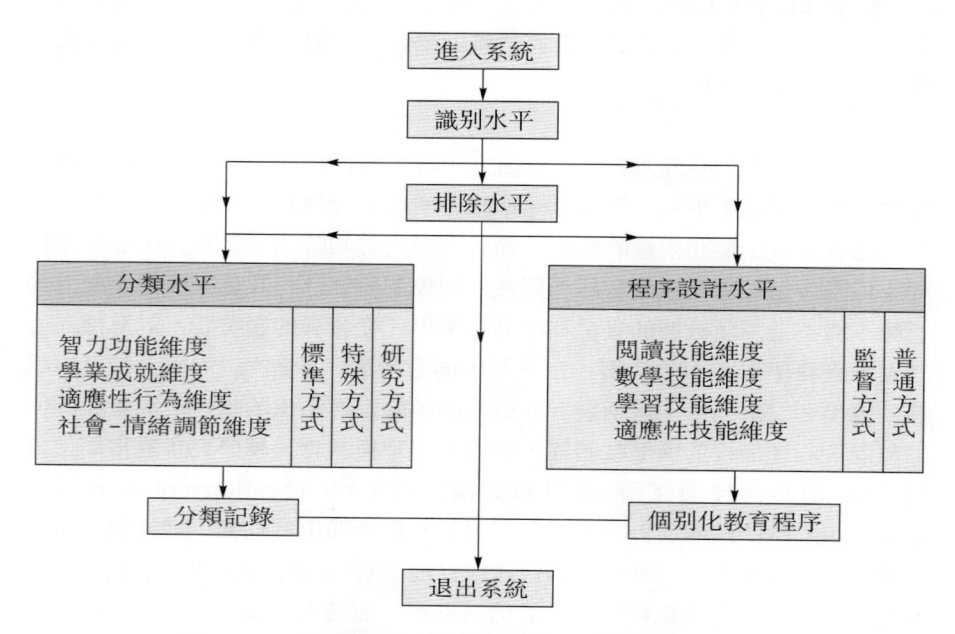

```
                    ┌─────────┐
                    │ 進入系統 │
                    └────┬────┘
                         ▼
                    ┌─────────┐
                    │ 識別水平 │
                    └────┬────┘
                         ▼
                    ┌─────────┐
              ┌────►│ 排除水平 │◄────┐
              │     └────┬────┘     │
              ▼          ▼          ▼
    ┌──────────────┐         ┌──────────────┐
    │   分類水平   │         │ 程序設計水平 │
    ├──────────────┤         ├──────────────┤
    │ 智力功能維度 │標 特 研 │ 閱讀技能維度 │監 普
    │ 學業成就維度 │準 殊 究 │ 數學技能維度 │督 通
    │ 適應性行為維度│方 方 方 │ 學習技能維度 │方 方
    │ 社會-情緒調節維度│式 式 式│ 適應性技能維度│式 式
    └──────┬───────┘         └──────┬───────┘
           ▼                        ▼
    ┌──────────┐            ┌──────────────┐
    │ 分類記錄 │            │ 個別化教育程序│
    └──────────┘            └──────────────┘
                         ▼
                    ┌─────────┐
                    │ 退出系統 │
                    └─────────┘
```

圖 15-2　麥可德莫特兒童多維評估系統結構示意圖
(採自　申繼亮等，1993)

育方案的過程。首先進入系統，然後對被試進行識別。若需要對被試分類，則進入分類水平。在這一水平上，系統對被試的智力功能、學業成就、適應性行為、社會-情緒調節進行判斷，並分類記錄保存。分類過程可根據研究者需要按三種方式進行：標準方式、特殊方式和研究方式。如果需要為被試設計教育程序，則進入程序設計水平。在這一水平中，可按監督方式或普通方式為被試的閱讀技能、數學技能、學習技能、適應性技能設計個別化的教育程序。實際上，麥可德莫特兒童多維評估系統進行診斷並提出教育方案的過程是十分複雜的，它涉及到被試的許多心理過程和狀態，包括了一系列必須進行的測量步驟。例如，要診斷某被試的智力狀況，就要經過如圖 15-3 的一系列步驟。

麥可德莫特兒童多維評估系統在兒童青少年心理發展各方面的障礙或異常的診斷以及干預、治療方案的發展等方面的功能很強，效果十分顯著，受

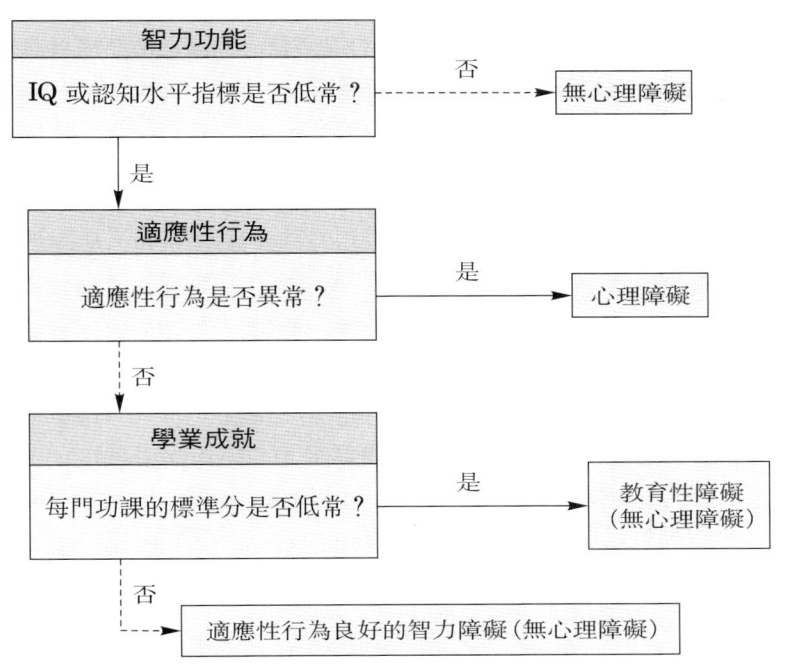

圖 15-3　麥可德莫特兒童多維評估系統診斷智力障礙示意圖
(採自　申繼亮等，1993)

到許多用戶和研究者的好評。

二、誘發電位儀

近年來，認知心理學的發展十分迅速。隨著對個體認知特點研究的逐漸深入，研究者試圖從神經生理學角度揭示認知心理的內在機制，由此產生了一門新興的學科——**神經認知心理學** (neurocognitive psychology)。誘發電位儀成為這一新學科的重要研究工具。

(一) 有關基本概念

誘發電位 (evoked potential，簡稱 EP) 是中樞神經系統在感受外在或內在刺激過程中產生的生物電活動。"誘發"一詞是對"自發"而言。中樞神經系統的自發電活動，如**腦電圖** (electroencephalogram，簡稱 EEG) 反映的是大腦皮層在無外界刺激時產生的電活動，這種電活動多具有連續性和節律性。誘發電位代表的是**中樞神經系統** (central nervous system，簡稱 CNS) 特定功能狀態下的生物電活動的變化。

若把人在安靜狀態下腦部自發的節律性電活動分類為**自發電位** (spontaneous potential)，而其他與機體內外刺激有關的神經系統電活動，則可統稱為誘發電位。這樣，誘發電位的含義就不只是包括由外界刺激誘發出的神經系統的電位變化，也要包括伴隨各種生理活動，如認知和運動等神經系統的電位變化，這些電位變化由腦發出，並和內在刺激有關。這種廣義的誘發電位多稱為**事件相關電位** (event-related potential，簡稱 ERP)。心理學研究中應用的刺激只限於軀體感覺、聽覺和視覺三種感覺形式，由這三種刺激誘發出的生理電反應分別稱作**軀體感覺誘發電位** (somatosensory evoked potential，簡稱 SEP)、**聽覺誘發電位** (auditory evoked potential，簡稱 AEP) 和**視覺誘發電位** (visual evoked potential，簡稱 VEP)。

由於軀體感覺誘發電位、聽覺誘發電位和視覺誘發電位等事件相關電位的波幅較小，腦電圖無法清晰記錄它們。研究者採用一種平均技術，即在反覆給予同樣的刺激的過程中，使與刺激有固定時間關係 (即鎖時，time-locked) 的電位活動相對地逐漸增大，而與刺激無固定時間關係的背景電活動 (如自發性腦電圖，各種偽跡和干擾) 在多次刺激過程中相互消減，逐漸變小，使誘發電位從背景活動中顯現出來。由平均技術得到的誘發電位又稱**平均誘發電位** (average evoked potential，簡稱 AEP)。常常誘發電位、事件相關電位和平均誘發電位是通用的，可以互相替換指代。在心理學研究中更常使用事件相關電位這一概念。

(二) 誘發電位實驗室與儀器

1. 誘發電位實驗室　由於靜電、磁場、電磁場輻射都會影響誘發電位的記錄與識別。因而，產生和測量誘發電位對實驗室內外環境的要求較高。

(1) 實驗室應保持安靜，必要時可以用隔聲設備，如：隔聲板、重門、雙層玻璃窗、橡皮地板等。測聽覺誘發電位時，應建立隔聲室或消聲室，達到幾乎完全隔聲。

(2) 實驗室應有良好的照明條件。在記錄不同的誘發電位時，需要不同強度的光線，如測 SEP (軀體感覺誘發電位) 需要較弱的光線，以利於被試放鬆。

(3) 良好的通風設備和適宜的溫度。為了避免被試在測試的過程中產生焦慮、出汗、寒顫等不利於實驗的因素，室內必須有良好的通風和適宜的溫度。不過在使用空調機時要注意消除噪音的干擾。

(4) 足夠的空間。適宜的空間能有利於被試適應測試環境。反之，則會影響實驗結果。為減少不必要的干擾，最好在一間房裏進行刺激記錄，在另一間房裏對數據進行分析。

2. 誘發電位儀　不同公司生產的誘發電位儀在構件及其物理特性等方面是有差別的，但總的來說，誘發電位儀主要有四個部分構成，即刺激器、放大器、平均器和記錄器。操作時，誘發電位儀的工作流程一般是這樣的：

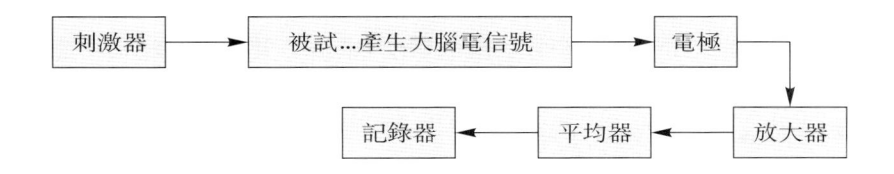

刺激器 → 被試…產生大腦電信號 → 電極 → 放大器 → 平均器 → 記錄器

(1) 刺激器：包括兩部分，即刺激器程序設計裝置 (又稱脈衝發生器，impulse generator) 和刺激發生器。刺激器的主要作用有兩個：一是刺激器程序設計裝置決定刺激的重復率和間隔；二是刺激發生器用"換能器" (transducer) 將電能轉換為光、聲和矩形直流脈衝以產生相應的視、聽和軀體感覺刺激。同時，刺激發生器還要控制刺激的強度和持續時間。

(2) 放大器：被試接受到刺激器發出的刺激，其大腦活動的電信號由安放在頭皮上的電極記錄下來並通過導線傳到放大器。放大器的功能是記錄腦電活動信號。在很多研究中常用的是差分放大器 (differential amplifier)。

(3) 平均器：其功能是對來自放大器的腦電信號採用平均技術從而消除背景電信號使誘發電位儀清晰地顯示出來。

(4) 記錄器：把平均器產生的誘發電位儀記錄下來，以供研究者分析使用。常用的記錄器有磁帶。

3. 電極的放置 除了誘發電位儀各部件是否有良好的物理性能外，電極在頭皮的放置部位也是影響誘發電位儀記錄效果的重要因素。電極在頭皮放置的原則是要保證所記錄的反應清晰，易被識別。在研究中一般採用國際腦電圖學會建議使用的標準電極放置法，習慣上稱為 10～20 系統電極放置法。此方法是因為頭顱有大小和形狀的不同，採用百分數表示距離 (10% 與 20%) 來計算電極的放置位置。具體方法可參閱有關資料。

(三) 應用舉例

平均誘發電位是一組複合腦電波，刺激以後 10 毫秒之內出現的一組波稱為早成分，代表接受刺激感覺器官發出的神經衝動，沿通路傳導的過程；10～15 毫秒的一組稱中成分；50～500 毫秒的一組稱晚成分。根據每種成分出現的潛伏期和電變化的方向性對晚成分進行命名，潛伏期 50～150 毫秒之間出現的正向波稱為 P_1 波，此期間出現的負向波稱為 N_1 波；潛伏期約 150～250 毫秒之間出現的正向波稱 P_2 波，此間出現的負向波稱 N_2 波；潛伏期約 250～500 毫秒的正向波稱 P_3 波。其中反映認知功能的主要是第三個正向波，即 P_3 波，又因為該波通常在給以刺激後 300 毫秒左右出現，故又稱為 P_{300}。

研究者對個體認知特點的研究已逐漸深入到神經、腦功能領域，越來越多的研究致力於探討認知的神經活動機制。誘發電位，尤其是 P_{300} 作為反映個體大腦認知功能的重要指標已經被許多研究者認可，誘發電位儀也為許多研究所採用。下面簡單介紹一項使用誘發電位儀的研究。這是天津師大梁福成做的〈不同個性特點兒童的聽覺認知事件相關電位的實驗研究〉。

該研究採用的是美國 NICOLET 公司生產的 COMPACT FOUR 腦誘發電位儀，對 29 名 11～12 歲兒童的聽覺事件相關電位進行測定，並考察了兒童智力水平與聽覺事件相關電位的關係。研究結果表明：兒童智力水平與聽覺事件相關電位的各潛伏期呈負相關，與反映聽覺認知功能的主要指標 P_3 的負相關達到顯著水平，與聽覺認知時間相關電位的振幅呈正相關。也就是說，兒童智力水平越高，其 P_3 波的潛伏期越短，振幅越大。潛伏期縮短說明了聽覺認知加工時間在減少，振幅增大說明了注意力集中性的提高。這些都反映了高級神經系統活動的機能在隨著兒童年齡的增長而不斷完善著。

三、眼動記錄儀

（一） 有關基本概念

眼睛是人體最活躍的感官。不像耳朵只是被動地接受傳來的信號，眼睛可以選擇想看的事物。眼動則在視知覺過程中扮演了很重要的角色。我們知道人眼是通過視網膜看到事物的，而視網膜上的中央凹是使物體成像最清晰的位置。當人對物體某部分感興趣時，就想看清它，就要轉動眼睛以使其成像於中央凹。人的眼動服務於人腦對所觀察事物的加工過程，對眼動的分析有助於研究者揭開人的認知加工過程的奧秘。

當人眼持續地看物體的某一部位時，這一部位就被稱為注視點，這一過程稱為**注視** (fixation)。人在一段時間裏會多次注視不同的位置，從一個注視點轉到另一個注視點的過程稱為**眼跳** (saccade)，眼跳的速度極快，其發生的頻率一般在 2～3 次/秒，眼跳是快速眼動過程。在一段時間裏，注視點還會多次注視同一部位，這種現象稱為**回視** (regression)。眼動過程主要包括了注視、眼跳和回視等幾種活動。對注視時間、注視頻率、眼跳距離、回視頻率等諸多指標的分析構成了眼動分析的基本框架。眼動記錄儀能精確記錄人在視知覺過程中的眼動軌跡，提供上述指標，是視知覺尤其是閱讀研究的重要工具。圖 15-4 所示即為常用的眼動記錄儀。

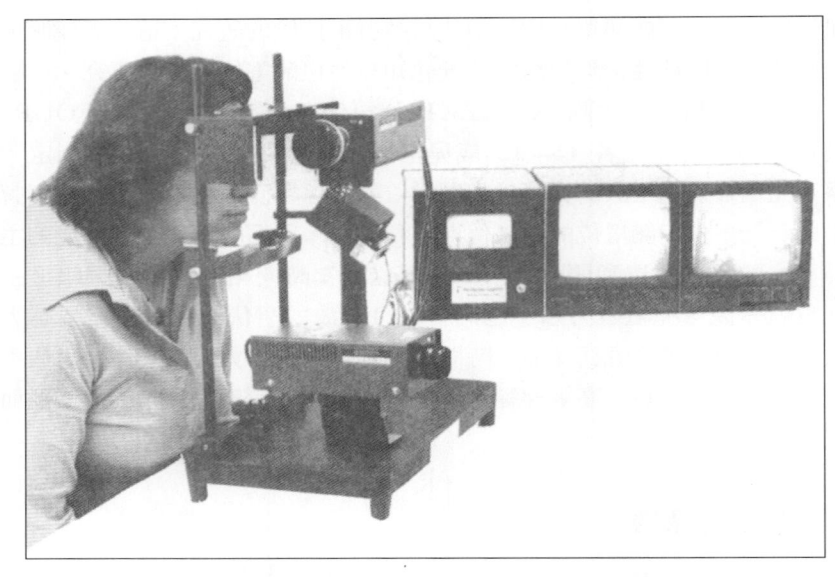

圖 15-4　被試正在眼動記錄儀上做實驗
(採自 Stoelting Co., 1991)

(二) 基本結構

　　由於不同製造商生產的眼動記錄儀在配件和儀器的精密性等方面不盡相同，我們不便面面俱到，但又因為它們大體結構有相似之處，所以我們在此僅以美國應用科學實驗室 (ALS) 生產的 4200R 型眼動記錄儀為例，說明它的基本結構。參見圖 15-5。

　　1. 刺激材料的呈現　刺激材料是研究者以視覺方式呈現的任何材料，如圖形、文字等。呈現的方式可以是幻燈、計算機屏幕，也可以是圖片。

　　2. 照相機　照相機的作用是把被試看的材料記錄下來並通過連接裝置傳給控制器。

　　3. 光學頭 (optical head)　這是一個光學儀器，研究者通過對其光路的調節記錄被試眼睛的活動。這是眼動記錄儀的一個重要部件，眼動的細微變化均由它記錄下來。有的眼動記錄儀用來記錄眼動情況的儀器是遠紅外線攝相機或遠紅外線感光裝置 (這種裝置需要被試在看材料時帶上一種特製的

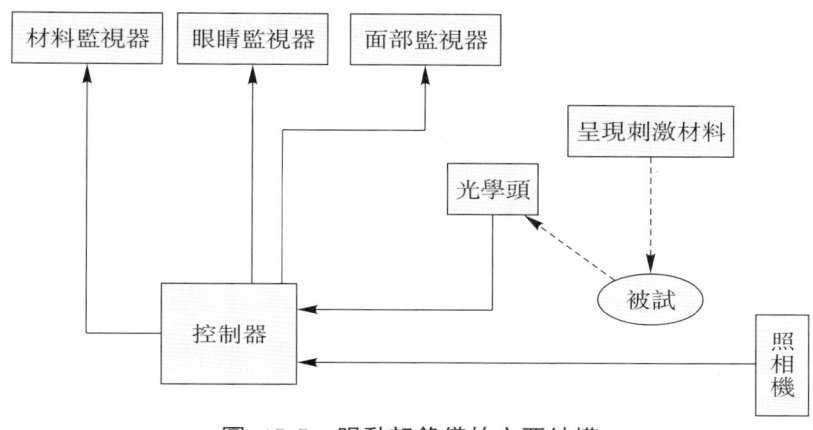

圖 15-5　眼動記錄儀的主要結構
(採自　白學軍，1994)

眼鏡，固定在眼鏡邊框上的遠紅外感光裝置通過感受眼球對光線的反射，將眼球的活動記錄下來)。

　　4. 控制器　　從正面看，控制器的上半部是三個監視器屏幕，下半部是許多操作按鈕。通過這些按鈕可以控制光學頭光路的調節，光線的強弱，以及照相機的拍攝。光學頭與照相機的信息傳入控制器後，控制器對這些信息進行加式合成，並在監視器上顯示出來：

　　(1) **材料監視器**：顯示被試看到的材料，在顯示屏幕上可以加上十字標線以隨時確定被試眼睛所注視的位置。據此，控制器可以記錄注視軌跡。

　　(2) **眼睛監視器**：顯示眼睛在觀察材料時的變化，可以測量出瞳孔的直徑，眼睛的位移等參數。

　　(3) **面部監視器**：這是一個大視角的監視眼動的裝置，它顯示被試在觀察材料時整個面部的活動特徵。有的眼動記錄儀沒有這一裝置。

　　控制器與電子計算機連結，可以把數據直接輸入到電腦，在特定的軟體中還可以繪出注視軌跡圖，打印各種指標參數。有的眼動記錄儀則是通過示波器來顯示注視軌跡的，對眼動數據的記錄也可以用磁帶作載體。

　　(三)　應用舉例

　　在閱讀的研究過程中，眼動記錄儀已成為最有力的工具。因為所有標準的認知診斷方法（如測量命名時間、語義決策時間）和一些同步技術（如測量誘發電位、一個詞一個詞的自定步子的閱讀）均干擾正常的閱讀過程。利用眼動記錄儀對閱讀尤其是默讀的研究有其獨特優勢：(1) 可以記錄每一時刻閱讀進行的情況，如被試注視的內容，每次注視持續的時間以及哪些內容沒有被注視而哪些內容又被多次注視等；(2) 可提高實驗研究的生態效度，因為它不干擾被試正常的閱讀，在實驗條件下的閱讀與平常的閱讀很相近。

　　天津師大沈德立、白學軍等人利用眼動記錄儀對閱讀過程作了大量的實驗研究。在此，引用他們的一項研究簡單說明眼動記錄儀的使用。

　　實驗目的：比較初學閱讀者和熟練閱讀者閱讀課文時眼動的特徵。
　　實驗材料：六篇課文。文字均由中文文字處理系統 WPS 特大號楷體字打印，大小為 4.2cm×4.2cm，字間距為 0.4cm，行間距為 2cm。
　　呈現方式：用繪圖紙掛在牆上呈現給被試，課文面積為 60×90cm^2。
　　實驗儀器：美國應用科學實驗室 (ALS) 所生產的 3200R 型眼動記錄儀，其性能是以每秒 50 次的速度記錄被試閱讀時在水平、垂直方向上眼睛注視的位置。
　　實驗過程：個別進行。被試坐在距實驗材料 165cm 處的椅子上，頭放在一個 U 形托上，要求被試在實驗過程中頭不移動。首先給被試進行頭校準和眼校準（使監視器能清晰記錄到眼睛和面部情況）。與此同時讓被試理解指導語，然後進行練習；最後正式開始，眼動記錄儀開始記錄，直到被試回答了所有問題之後，眼動記錄儀停止記錄。
　　分析指標：在這項研究中，主要分析兩個指標。(1) 信息區。所謂信息區 (area of information，簡稱 AOI) 就是對眼動記錄結果進行分析的基本單位。可以是字、詞，也可以是句子。在該研究中以句子為單位信息區。(2) 回視及其方式。回視的方式分為句內回視（注視點在一句話裏從右向左移動）和句間回視（注視點在課文內從上到下移動），前者又分為逐步式、選擇式和一步式；後者又可分為再加工式、行間選擇式和相鄰句間式。
　　實驗結果：在理解句子意思方面，大學生組（熟練閱讀者）比小學生組（初學閱讀者）使用目的性更強的選擇式回視方式，但在建立課文連貫表徵時，無論大學生組還是小學生組都傾向於使用較保守的相鄰句間回視方式。

四、速示儀

速示儀 (tachistoscope) 是一種短時呈現視覺刺激的儀器。它經歷了一個漫長的發展過程。從最早使用的"落體式"速示器 (利用自由落體的原理製作而成) 發展到後來的"快門式"速示器，隨著科學技術的發展，又出現了現在經常使用的電子控制的速示儀，使得刺激呈現的時間越來越合乎心理學實驗發展的要求。70 年代以後逐漸出現了三視野、四視野速示儀。由於速示儀能精確自如地呈現刺激，它成為在視覺認知心理學，尤其是有關記憶與注意的研究中應用最廣泛的研究工具。

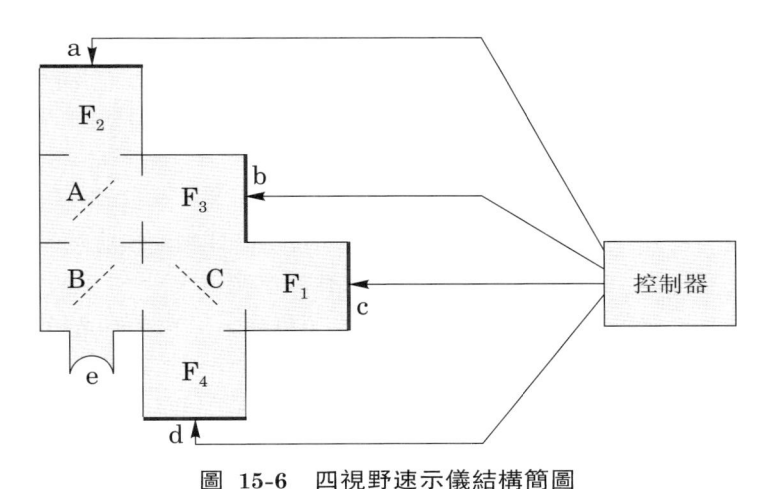

圖 15-6　四視野速示儀結構簡圖
(採自 The 4-field Tachistoscope Installation and operation Instruction, 1988)

圖 15-6 是四視野速示儀結構示意圖。F1-F4 是四個視野，a-d 分別是四個視野刺激呈現的位置 (每一個位置可根據研究需要同時放多張圖片以連續呈現)；e 是觀察窗口，被試的眼睛對準 e 處即可看到呈現的刺激圖片；A、B、C 是三個平光鏡面，其反射角度的改變可顯現研究者希望出現的任何視野的刺激。四個視野的刺激可以單個連續呈現，也可以同時呈現多個視野的刺激。無論是鏡面的反射角度，還是刺激圖片的呈現順序與時間間隔都由外連的控制器控制操作。

五、其他常用儀器

除了上面列舉的幾種研究儀器外，心理學研究中常用的儀器還有很多。在研究中常常要對時間進行測量，比如刺激呈現的時間、對刺激作出反應的時間等等，常用的儀器有電子毫秒計、電子定時計和電子時間描記器等。實驗研究常常會使用觀察法研究被試的行為，攝相機、照相機、錄音機、單向玻璃等設備是常用的觀察類儀器。

（一）反應時間測定儀

儀器採用計算機技術，刺激按程序自動呈現，操作簡便，數據可打印輸出。可以進行簡單反應時間和選擇反應時間測定，不僅可以用於心理學教學科研實驗，也可廣泛應用於多種行業的職業能力測定和人員培訓。這種儀器的主要技術指標是：

1. 控制主機：主試選擇實驗功能，顯示反應時間和錯誤次數。
2. 反應時間：0.0001～9.9999 秒，五位數字顯示。
3. 刺激：簡單反應時間：聲音、紅光、黃光、綠光、藍光任選一種；選擇反應時間：紅光、黃光、綠光、藍光隨機自動呈現；四種不同顏色光出自刺激光箱中央同一個孔，其直徑為 35 毫米；刺激呈現時間：1 秒。
4. 反應鍵：紅黃綠藍四個鍵組成被試反應鍵鍵盤，簡單反應時間僅用紅鍵。
5. 反應錯誤或過早反應，錯誤警告聲響，並計錯誤次數，最大錯誤次數為 99 次，兩位數字顯示。
6. 預備時間：預備燈亮，選擇反應時間：2 秒，簡單反應時間：2～7 秒隨機變化。
7. 最大反應次數：255 次。
8. 最大有效反應時間：6.5535 秒，超過最大反應時間不再反應，並計錯誤次數 1 次。
9. 按"打印"鍵，實驗結束，並顯示平均反應時間，對於選擇反應時間可分別顯示四種刺激光的平均反應時間。

10. 微型打印機及其電源：用於輸出實驗數據，可以打印反應時間類加值、平均值以及錯誤次數。

（二） 聽覺實驗儀

儀器由單片機及有關控制電路、方波振盪器、衰減器、功率放大器、電子開關、耳機、前面板、後面板等部分組成。前面板設有頻率、衰減分貝、工作方式等選擇開關，有分貝指示刻度，被試反應編號指示燈。後面板設有被試用耳機插孔。該儀器的輸出端可帶四付耳機，故可同時測試四個被試的聽力曲線。聽覺實驗儀主要用於測量被試在不同頻率下的純音響度絕對閾限值，據此可以描述一個人的聽力曲線。這種儀器的主要技術指標是：

1. 頻率範圍：64Hz～16kHz 按頻率分九檔波段開關選擇，誤差小於 ±5%。
2. 輸出電功率 4mW (每付耳機 1mW)。
3. 波形非線性失真係數 ≤5%。
4. 衰減器：最大衰減量為 100 dB 按 1 dB 變化。
5. 四付耳機並聯接在輸出端。
6. 聲音分連續、斷續兩檔，斷續周期為 2～3 秒。
7. 輸入電源：～220 V±10%、50Hz。
8. 功率消耗：10 VA。

（三） 深度知覺儀

儀器的外形為密封式的長方體箱子，箱的寬高面上有一個觀察孔，箱內有兩個垂直小棒，固定的一根叫標準刺激，可移動的一根叫變異刺激，如圖 15-7 所示。該儀器可測量人的視覺深度知覺能力，它不僅用於心理學教學科研實驗，而且可以廣泛地應用於飛行員、運動員、炮手、駕駛員以及其他和深度知覺有關的工作人員的測試或選拔。這種儀器的主要技術指標是：

1. 變異刺激的移動速度為 25mm 和 50mm 兩種，移動範圍為 ±200 mm 準確度為 1mm。
2. 變異刺激和標準刺激的橫向距離為 45mm。

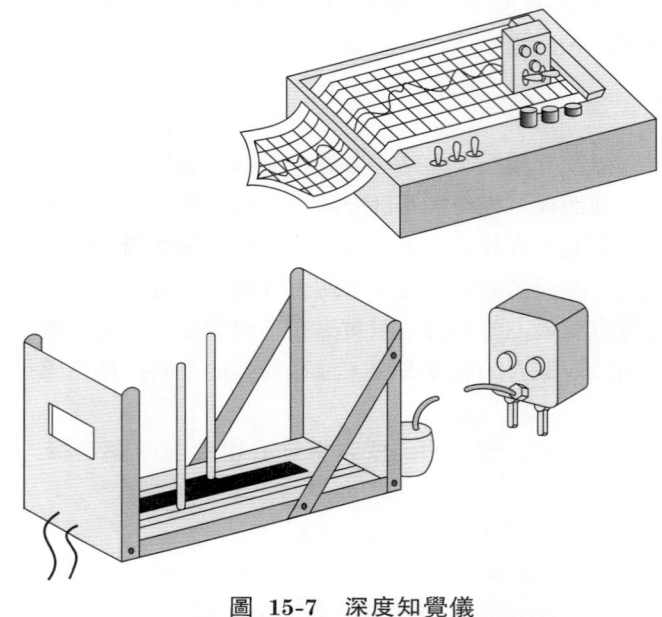

圖 15-7　深度知覺儀
(採自　楊國樞等，1986)

3. 觀察窗尺寸為 110×20mm。
4. 輸入電壓為 220V，頻率為 50Hz。
5. 螢光燈 12W。
6. 外形尺寸：565×280×260mm。
7. 儀器重量：14kg。

(四)　時間知覺儀

儀器採用計算機控制，由前面板（主試操作面）、後面板、被試者操作盒組成。主試操作面板設有三位數碼顯示器，光節拍顯示燈，刺激呈現方式選擇開關，設置節拍及測試次數的三位撥碼開關，置入按鈕，音量調節旋鈕等。後面板設有節拍輸出插孔，操作盒連接插座。被試者操作盒上設有光節拍顯示燈，回答判斷結果使用的（＋）、（－）鍵和置入鍵。這種儀器不僅用於心理學教學演示，而且也用於時間準確性訓練。它的主要技術指標是：

1. 聲、光刺激可單獨呈現，也可同時呈現。
2. 聲光刺激閃爍節拍頻率相同，頻率範圍均為 40～255 次／分。
3. 聲光持續時間均為 180ms，聲音的音頻信號為 500Hz。
4. 對外節拍輸出頻率範圍：1～255 次／分，波形為負脈衝，脈寬為 180ms。
5. 節拍分辨率為 1 次/分。
6. 頻率相對誤差：≤0.3%。
7. 顯示方式：三位數碼顯示器顯示測試方式、刺激節拍及測試結果。
8. 電源電壓：～220V ±10%，50Hz，功率<5W。
9. 環境條件：溫度 0～40℃，相對濕度 ≤80%。
10. 尺寸：270×230×120mm。
11. 重量：2.75kg。

（五） 注意力集中能力測定儀

儀器由一個可換不同測試板的轉盤及控制記時記數系統組成。轉盤轉動使測試板透明圖案產生運動光斑，用測試棒追踪光斑，注意力集中能力的不同量將反映在追踪正確的時間及出錯次數上。這種儀器不僅可以測定被試的注意能力，而且可以作為視覺-動覺協調能力的測試與訓練儀器。它的主要技術指標是：

1. 定時時間：1～9999 秒。
2. 正確、失敗時間範圍：0～9999.999 秒，精度 1ms。
3. 最大失敗次數：999 次。
4. 測試盤轉速：10,20,30,40,50,60,70,80,90 轉/分 九檔。
5. 測試盤轉向：順時針或逆時針。
6. 數字顯示：8 位。
7. 測試棒：L 形，光接受型。
8. 測試板：3 塊可方便調換，圖案為圓點、等腰三角形、正方形。
9. 干擾源：喇叭或耳機噪音，音量可調。
10. 箱內光源：環形日光燈，22W。
11. 外形尺寸：320×320×140mm。

12. 微型打印機及其專用電源：用於輸出實驗數據，可打印實驗條件正確或失敗的時間、失敗次數。

(六) 注意分配實驗儀

儀器由單片機及有關控制電路、主試面板、被試面板等部分組成。主試面板設有功能選擇撥碼開關、三位數碼顯示器、音量調節旋鈕等。被試面板設有低音、中音、高音三個反應鍵，八個發光二極管和與其對應的八個光反應鍵，如圖 15-8。這種儀器不僅可以測量被試者注意分配值的大小，也可

圖 15-8 注意分配實驗儀
(採自 T. K. K. Co., 1990)

以用於研究動作、學習進程和疲勞現象。除用於心理學教學實驗外，還廣泛用於醫學、體育、交通和軍事等領域。它的主要技術指標是：

1. 聲音刺激分高音、中音、低音三種，要求被試對儀器連續或隨機發出的不同聲音刺激作出判斷和反應，用左手按下不同音調相應的按鍵，按此方法反復地操作一個單位時間，由儀器記錄下正確的反應次數。

2. 光刺激由八個發光二極管形成環狀分布，要求被試對儀器連續或隨機發出的不同位置的光刺激作出判斷和反應，然後用右手按下與發光二極管相對應位置的按鍵，使該發光二極管滅掉。以此方法快速反復操作一個單位

時間，由儀器記錄下正確的反應次數。

  3. 以上兩種刺激可分別出現，也可同時出現，用功能選擇撥碼開關選定測試狀態。

  4. 兩種刺激是隨機、自動、連續地按規定時間出現，操作的單位時間共分八檔，1～7 分鐘不限，可按需要用功能選擇撥碼開關選擇測試時間。

  5. 電源電壓：～220V±10％，50Hz，9W。

  6. 工作環境：防塵、防腐蝕、防潮，溫度 0～40℃，濕度＜70％。

  7. 重量：8kg。

  8. 體積：330×250×100mm。

（七）　記憶廣度測試儀

  儀器由單片機及有關控制電路、六位數碼顯示器、數字投影儀、鍵盤輸入盒、主試面板、被試面板等部分組成。主要用於測定被試數字記憶廣度。它的主要技術指標是：

  1. 記憶材料：數字 1～9 隨機組合成三至十六位數的位組，同一組內有四組不同的數組。

  2. 記憶材料顯示方式：數字投影器顯示，每一數字在投影儀上顯示時間為 0.7 秒。

  3. 測試結果顯示方式：以六位數碼顯示器來顯示測試結果。儀器自動計分、計錯、計時。測試完十四個位組或被試連續八次記憶錯誤，儀器蜂鳴響，提示主試記錄被試成績。自動計時的最大顯示為 99 分 59 秒。被試者的得分按公式 $F=2.0+0.25×X$，F 是被試者的得分，X 是被試者正確回答的次數。

  4. 電源電壓：～220V±10％，50Hz，5W。

  5. 工作環境：防塵、防腐蝕，溫度 0～40℃，濕度＜70％。

  6. 連續工作時間：＞8 小時。

  7. 重量：5kg。

  8. 體積：300×280×150mm。

(八) 空間位置記憶廣度測試儀

儀器由主試面板、被試面板、控制器等部分組成。主試面板設有四位數碼顯示器顯示計分、計錯、計位。按動顯示鍵可觀察計分、計錯、計位的數值。功能選擇鍵及功能指示燈用於選擇儀器的三個功能。被試面板設有 16 個位置燈的方鍵，排成 4×4 方陣，隨機顯示空間位置刺激組，設有一個啟動鍵控制儀器的工作。這種儀器不僅用於心理學教學實驗，也用於運動員與駕駛員等專業人員的選拔方面。它的主要技術指標是：

1. 空間位置記憶材料：同色小方燈 16 個，排成 4×4 方陣。16 個位置燈可隨機組合成三至十六位數的空間位置刺激組，同一位組內有三組不同的空間位置刺激組，共有兩套測試編碼。16 個位置燈可按空間位置刺激組由程序控制順序或同時點亮，並可由被試者按照測試功能要求按亮或關滅。

2. 儀器設有兩種實驗：
實驗一：測試被試者在空間位置刺激順序顯示時的空間記憶廣度。
實驗二：測試被試者在空間位置刺激同時顯示時的空間記憶廣度。

3. 空間位置呈現要求：每一位長的空間位置刺激組呈現三次，每一位長刺激組三次反應中對一次以上，實驗繼續；三次反應都錯，實驗結束，輸出測試結果。

4. 測試結果顯示方式：以四位數碼顯示器顯示測試結果，儀器自動計分、計錯、計位。被試的空間位置記憶廣度 F 按 $F=2.0+x/3$ 計算，x 為被試正確反應次數。

5. 儀器設有檢測功能：利用自檢手段檢查儀器的好壞，方便維修。

6. 電源：～220V±10%，50Hz。

7. 環境條件：溫度：0～40℃，相對濕度＜70%。

(九) 視 崖

視崖(或視覺懸崖) (visual cliff) 是一種測量兒童深度知覺的裝置。長約 2.6 米，寬約 1.3 米，高約 1.4 米。一般由鋼化玻璃做支撐物，嬰兒可在上面爬行。視崖的一邊看起來沒有深度，另一邊看起來有深度。把嬰兒放置在看起來沒有深度的一邊，誘使他向看起來有深度的一邊爬行。通過嬰兒對視崖的反應，可測量出嬰兒的深度知覺能力及對物體特性的認識。視崖的示意圖見圖 15-9。

圖 15-9　視崖示意圖
(根據 Seifert & Hoffnaorung, 1991 資料繪製)

　　隨著心理學理論的不斷完善與研究的不斷深入，實驗儀器的種類也在不斷增多。其他學科的許多研究技術與儀器不斷地被納入心理學研究中，如醫學、生物、電子、傳播等學科的儀器設備已較多地應用於心理學研究中，並在心理學研究的深入與科學化過程中起到了很重要的作用。然而正如在前面提到的，儀器的使用是服務於研究的，它只是工具。我們在研究中選擇儀器的原則首要考慮選擇那些與研究本身相適宜的工具。

本 章 摘 要

1. 儀器設備在心理與教育科學研究中發揮著重要作用,其功用主要表現為產生刺激、呈現刺激、控制實驗環境、記錄被試反應以及分析、處理研究資料。
2. 儀器設備是心理與教育科學研究的工具或中介,要充分發揮這種工具或中介的作用,必須注意儀器設備的選擇和使用問題。一般而言,選擇和使用儀器要考慮研究對象的基本特徵、研究問題的性質、儀器的準確、靈敏、穩定性,產生的刺激條件的變化範圍和是否會對研究的問題產生干擾。
3. 物理技術的發展,為實現在自然狀態下觀察人腦內部活動提供了重要技術:**計算機軸斷層攝相術、正電子放射層掃描術**和**核磁共振掃描**是心理與教育科學研究中常用的物理技術。
4. 隨著分子生物學的發展和神經科學的引入,腦的化學研究進入了分子與功能神經生物化學時期,**腦血流圖、2-脫氧葡萄糖法**和測量中樞**神經遞質**為心理與教育科學研究借用的化學技術。
5. **計算機**已廣泛應用於心理與教育科學研究中,其功用表現在呈現刺激、記錄被試反應,儲存研究資料、處理分析研究數據、模擬心理過程和作為訓練工具等。使用計算機輔助實驗研究有助於提高研究的準確性、精確性、快速性和自動化程度。
6. **誘發電位**是中樞神經系統在感受外在或內在刺激過程中產生的生物電活動,廣義的誘發電位又稱為**事件相關電位**,這種電活動多具有連續性和節律性。用以測量和記錄誘發電位的儀器叫做誘發電位儀,誘發電位儀主要有四個部分構成,即刺激器、放大器、平均器和記錄器。
7. 眼動過程主要包括了**注視、眼跳**和**回視**等幾種活動。對注視時間、注視頻率、眼跳距離、回視頻率等指標進行分析,有助於了解視知覺加工過程。眼動記錄儀能精確記錄人在視知覺過程中的眼動軌跡,提供上述指標,是視知覺尤其是閱讀研究的重要工具。眼動記錄儀的主要組成部分包括：材料監視器、眼睛監視器、面部監視器、光學頭、控制器、照相機等。
8. **速示儀**是一種短時呈現視覺刺激的儀器。70 年代後出現的四視野速示儀能精確自如地呈現刺激，成為視覺認知心理學尤其是有關記憶與注意的研究中應用最廣泛的工具。
9. 攝相機、錄音機、反應時間測定儀、聽覺實驗儀、深度與時間知覺儀、注意集中能力測試儀、注意分配實驗儀、記憶廣度測試儀等是心理與教育科學研究中經常用到的儀器。

建議參考資料

1. 王添地 (1994)：整合計算機大辭典。台北市：東華書局。
2. 申繼亮、李 虹、夏 勇、劉立新 (1993)：當代兒童青少年心理學進展。杭州市：浙江教育出版社。
3. 白學軍 (1994)：不同年級學生課文理解過程中眼動的實驗研究，博士論文。北京市：北京師範大學發展心理研究所。
4. 朱智賢、林崇德、董 奇、申繼亮 (1991)：發展心理學研究方法。北京市：北京師範大學出版社。
5. 沈 政、林庶芝 (1993)：生理心理學。北京市：北京大學出版社。
6. 林 衆、馮瑞琴 (1996)：計算機與智力心理學。杭州市：浙江人民出版社。
7. 邵 郊 (1989)：生理心理學。北京市：人民教育出版社。
8. 張述祖、沈德立 (1987)：基礎心理學。北京市：教育科學出版社。
9. 楊國樞、文崇一、吳聰賢、李亦園 (1986)：社會及行為科學研究研究法。台北市：東華書局。
10. 黃希庭 (主編) (1988)：心理學實驗指導。北京市：人民教育出版社。
11. 蕭靜寧 (1986)：腦科學概要。武漢市：武漢大學出版社。
12. Gibson, E. J., & Walk, R. D. (1960). The "visual cliff". *Scientific American*, 202 (1), 64～71.

13. Monty, R. A., & Senders, J. W. (1981). *Eye movements: Cognition and visual perception.* Hillsdale, NJ: Erlbaum.
14. Seifert, K. L., & Hoffnang, R. J. (1991). *Child and adolescent development.* Boston: Houghton Mifflin Company.

第五編

資料分析與報告

從整個研究的基本過程來看，各環節對研究者的素質要求是不盡相同的。如果說研究課題的確立與研究設計側重於研究者的理論素養，那麼研究資料分析、結果呈現與研究評價則既要求研究者有一定的操作能力（如使用電腦統計分析資料的能力），也要求研究者具備一定的理論分析能力，才能夠對研究結果所反映的規律進行提煉、概括，進而形成理論。所以說，作為研究過程的最後環節，資料分析、結果呈現與研究評價是研究者科研素質的綜合體現。

電腦科學和應用統計科學的發展極大地促進了資料分析技術的進步，與之相應，也對研究資料的管理提出了新的要求。本編第十六章系統地介紹了研究資料的管理與初步整理。研究資料的質量審核可視為資料管理工作的第一步，其目的是保證研究資料的客觀、準確和完整，為下一步的統計分析奠定堅實的基礎。其中，研究資料的編碼問題是近年來廣為關注的一個問題。對研究資料進行編碼，既是資料整理的一個重要環節，也是研究資料實行電腦管理的重要前提條件，更是對研究資料進一步定性、定量分析的基礎。鑑於電腦在資料管理中的應用越來越普及，此章還具體介紹了電腦在研究資料管理中的應用。在研究資料的初步整理方面，則主要探討了資料的統計分類以及集中趨勢的質量，離散趨勢的度量等描述統計的內容。

不管是文字資料，還是數據資料，只有對其進行定性或定量的分析，才能發現規律性，才能對研究假設予以檢驗，是支持研究假設，還是推翻研究假設，從而得出結論。本編第十七章介紹了心理與教育研究資料的簡單推論統計分析和多元統計分析。在簡單推論統計分析方面，探討了點估計、區間估計和假設檢驗；在多元統計方面，介紹了典型相關分析、複方差分析、聚類分析與判別分析、回歸分析與路徑分析、因素分析與協方差結構分析等。作為數理統計學在心理與教育科學研究中的應用，心理與教育統計學已成為一門相對獨立的學科；作為心理與教育科學研究的工具，統計分析正發揮著不可替代的作用。隨著電腦科學的不斷發展，人們已開發、編製了各種統計軟體，如社會科學統計套裝程序 (SPSS)，統計分析系統 (SAS) 等，各種統計功能均可通過計算機來實現。心理與教育研究結果量化分析的要求促進了統計分析技術的發展，反過來，統計分析技術的應用又促進了心理與教育科學研究的發展。最為突出的表現就是多因素實驗設計的應用越來越廣泛。眾所周知，簡單統計分析只能對單變量數據的離散趨勢、集中趨勢等基本特徵進行描述，對單變量進行參數估計和假設檢驗，對雙變量關係進行度量。而多元統計分析技術可以對兩組變量的關係進行度量，也可以檢驗多變量的組間差異。不僅如此，還可對變量間的結構關係進行分析。統計分析固然重要，但要特別注意，任何統計方法的應用都應以一定的理論為背景，把定量分析與定性分析統一起來。

　　統計分析的結果只是孤立的數字，研究者還應對之進行分析解釋，然後才能將結果呈現出來。本編中的第十八章較系統地介紹了研究結果的呈現、整合評價等方面的內容。這一章的內容實際上反映了研究者如何充分呈現和展示研究結果及其心理學、教育學意義，從而使得研究成果能為人們接受和運用。作為心理與教育科學研究的最後階段，它不僅是研究者勞動成果及科研素質的直接體現，也是研究成果實現其價值的重要前提。因此，研究者應對此階段的工作予以足夠的重視，切不可虎頭蛇尾，草草收兵。

　　總之，本編主要對心理與教育研究過程的最後環節進行了闡述。十分明顯，包括資料分析、結果呈現與整合評價在內的這一環節對於整個研究來說具有非常重要的意義，直接關係到研究怎樣分析資料，獲取哪些發現，並以何種方式予以呈現。鑑於此，研究者應對本編內容予以全面深入的瞭解與把握，切實提高自己的科研能力。

第十六章

研究資料的管理與初步整理

本章內容細目

第一節　研究資料的審核與編碼
一、研究資料的質量審核　497
　（一）質量審核的概念和原則
　（二）質量審核的方法
　（三）數據資料的剔除與補充
　（四）異常數據的處理
二、研究資料的編碼　500
　（一）研究資料編碼的基本步驟
　（二）資料編碼系統的構成成分
　（三）編碼系統的使用

第二節　研究資料的管理
一、文字資料的管理　504
　（一）文字資料的分類與彙總
　（二）文字資料的編目錄
　（三）文字資料的保存
二、計算機在數據資料管理中的應用　508
　（一）數據管理
　（二）數據管理的基本步驟

第三節　研究資料的初步整理
一、心理與教育統計中的基本概念　510
　（一）總體、樣本、個體
　（二）統計量與參數
　（三）統計圖表簡介
二、集中趨勢的度量　512
　（一）算術平均數
　（二）中數
　（三）眾數
　（四）加權平均數
三、離散趨勢的度量　514
　（一）方差與標準差
　（二）標準分數與變異係數
　（三）其他的差異量數
四、雙變量關係的度量　516

本章摘要

建議參考資料

心理與教育科學工作者為解決各種理論的或實際的問題，解釋和說明各種心理現象和教育現象的本質與發展變化規律，一般情況下是採用各種方法來收集一些原始資料與數據，通過對這些數據與資料的分析進而尋找問題的答案。很顯然，對數據資料處理分析的前提是這些數據與資料必須是可靠的、有條理的。然而，通常情況下，研究者得到的原始數據和資料是零散的、雜亂無章的，而且數量是巨大的。若不對這些數據和資料進行管理，進一步的分析工作就無法進行。所以說，資料管理是整個研究工作不可缺少的一個階段。所謂**資料管理** (data arrangement)，是指運用科學的方法，將研究所得的原始資料按研究目的進行審核、彙總與初步整理加工，使之條理化和系統化，並以集中簡明的方式反映研究對象總體情況的過程。資料審核、編碼、分組、分類、彙總是資料管理工作的主要內容。

經過管理的資料應予以很好的保存，因為這不僅僅是前一階段勞動的成果，而且還是今後查詢與重新分析產生新結果的資源。今天收集的資料，與明天收集的同類資料相比較，將會獲得更為豐富的結果。隨著計算機的普及應用，它在資料管理方面正發揮著越來越大的作用。本章第二節部分內容將介紹計算機在研究資料管理中的作用。

科學研究必須占有大量的資料，但是，任何科學研究都不能停留在收集資料的階段上，還必須運用理性思維方法，對這些資料進行加工、整理和分析，尋找本質和規律性的東西，從而得出正確的結論。因此，當研究者收集到大量的研究結果之後，首先應對資料進行初步整理。研究資料的初步整理主要是指數據的初步整理，包括數據的統計分類和製作統計圖表等；隨後，就要對資料的特徵進行描述，也就是**描述統計** (descriptive statistics)。描述統計的主要內容有集中趨勢的度量、離散趨勢的度量和雙變量關係的度量等。本章的介紹，旨在使讀者了解以下幾個問題：

1. 為什麼要對研究資料進行管理？
2. 審核研究資料質量的方法有哪些？
3. 如何對研究資料進行編碼？
4. 如何對研究資料進行分組、分類和彙總？
5. 文字資料編目錄與保存的基本方法有哪些？
6. 什麼叫數據管理？數據管理的基本步驟是什麼？
7. 研究資料初步整理的主要內容是什麼？

第一節　研究資料的審核與編碼

當研究資料收集起來之後，為了保證彙總和初步整理的正確性，必須進行嚴格的審核，然後才能進行初步整理。這也就是說，研究者在初步整理資料之前，不應簡單地把收集到的所有資料都當作可靠的、可用的資料，不加考慮就進行整理，而必須首先弄明材料的真偽和可靠程度。研究資料的審核是資料管理的第一步，是不可忽視的一環。在此基礎上，研究者可以進一步進行去偽存真、去粗取精的工作，即對資料進行剔除與補充等，然後再對研究資料進行編碼，以保證隨後的統計分析工作能夠得以順利進行。

一、研究資料的質量審核

（一）質量審核的概念和原則

所謂**質量審核**（qualitative auditing），是對研究資料進行審查與核實的工作，目的在於保證資料的客觀性、準確性和完整性。實際上，資料的收集和審核在大多數情況下是同步進行的。邊收集邊審核，叫做**實地審核**（field auditing）或**收集審核**（collective auditing）；在收集資料後集中時間進行審核，叫做**系統審核**（systematic auditing）。不管是哪種方式的審核，都應堅持以下的原則。

1. 真實性原則　對收集到的資料必須根據客觀標準和科學知識進行辨別，看其是否真實可靠地反映了研究對象的客觀情況，而後去偽存真，保證資料的真實性。

2. 標準性原則　在大規模的研究中，對於需要相互比較的材料要審核其所涉及的事實是否有可比性；對於統計資料要注意指標的定義是否一致、計算單位是否相同，等等。

3. 準確性原則　要對資料進行邏輯審核，檢查資料中有無不合理和相互矛盾的地方。

4. 完整性原則 一是從研究的總體看，應檢查達到研究目的所要求的各個方面的資料、數據是否收集齊全。包括問卷或量表是否全部回收，實驗所要求的各個方面的數據是否全部收集，某一方面的數據數量是否達到標準等等；二是對被試個體的資料數據的審核，應檢查每一個被試的數據與資料有無缺失或遺漏，有無前後矛盾之處，結果登記中有無錯行、錯號等誤差。

(二) 質量審核的方法

對數據與資料進行質量審核，首先應考慮數據與資料的類型特點，根據數據與資料的類型特點開展審核工作。根據數據與資料的內容形式，我們可以將數據與資料區分為文字描述型資料與數據表達型資料。

文字描述型資料包括檔案文件、傳記、觀察日記、個人書信、經驗介紹等，對這一類資料的審核重心在於檢查其真實性，即文字描述的情況是否與實際相符，或在多大程度上與實際相符。具體審核措施可以是現場直接觀察和檢驗，也可以是收集相關文獻材料予以考辯。以某種教育 (或教學) 經驗的審核為例，可以實地從三個方面對其進行核實：第一，核實經驗所提供的教育教學方法的具體內容和形式，如教師在解決問題時採用了什麼手段，採用了何種具體形式，說了哪些話，態度如何，要求學生做了什麼，以及使用了哪些材料、教具等；第二，核實方法實施過程，包括時間、地點、人員、環境、背景，以及實施過程的階段步驟等；第三，核實效果，包括學生言行的轉變、學習成績的變化、人際適應能力的提高等。

對於數據表達型資料，不管是直接測量得來的，如智力測驗分數，還是人為編碼的，如男性用 "1" 表示，女性用 "2" 表示，最簡捷的審核方法是運用計算機統計軟體進行審核，例如，我們可以用社會科學統計軟體包 (SPSS) 中的 FREQ ALL 命令來計算各個變量的值的變化範圍和頻次，根據變量值的變化範圍可以進行**邏輯審核** (logical checking)，即檢查數據有無不合邏輯的現象，如用 1、2、3、4 分別表示四種學歷，而答案中出現了 0 或其他數字，這表明數據是有問題的，應檢索出錯誤出處並予以糾正；根據變量值的頻次可以進行**計量審核** (quantitative checking)，即核查數據中各項計量資料，如被試總人數應等於男女被試人數之和。

(三) 數據資料的剔除與補充

為了保證數據與資料的客觀性和準確性，需要對在數據與資料審核過程中發現有問題的數據與資料予以剔除，剔除數據與資料的主要依據有兩條，其一是缺項，即由於種種原因被試對某些項目或問題未作回答，若未答項目是關鍵性項目，或必不可少的項目，則該被試的數據無需再保留，例如，研究學生的智商與學習成績的關係，如果某學生缺少智力測驗分數，則很顯然該生的學習成績就沒有保留的必要，因此可以將該生的數據與資料剔除。其二是錯誤數據或不真實數據，例如，在人格測驗中，若被試的測謊分數超過了規定的值，就可以將該被試的數據剔除。

為了保證研究數據與資料的完整性和有效性，在數據審核之後，有時需要補充數據。有兩種情況需要補充數據，一種情況是被試人數較少，數據量不足。例如由於剔除數據較多，或問卷回收率偏低，都有可能造成樣本量不足，從而影響研究結果的可靠性。另一種情況是研究設計不夠完整，理應觀測的變量未進行觀測，例如，在研究婚姻滿意度的課題中，有無子女以及子女數是一個重要的變量，若數據審核過程中發現問卷中沒有此變量，最好能補測此數據，以便研究結果的分析。

(四) 異常數據的處理

運用計量審核與邏輯審核的方法可以檢測出有錯誤的數據資料，但在有些情況下，還存在用這兩種方法檢測不出來的與其他大多數數據差別較大的數據，即**異常數據** (outlier)，請看表 16-1 的例子：

在表 16-1 的例子中，第六位被試在變量 1 上的值和第十位被試在變量 2 上的值均為異常數據，僅用計量審核與邏輯審核是無法檢測出並確定其是否正確。在這種情況下，可以計算 Z 值 $Z=(X-\overline{X})/\sigma$，Z 為標準分數，採用三個標準差原則，若 Z 大於 3，則可初步確定該項數據為異常數據。處理異常數據的方法主要有：(1) 檢查原始問卷以確定該數據是否為記錄或錄入錯誤，若是則更正之；(2) 檢查研究所用儀器是否正常，若為儀器引起的問題則刪除之；(3) 若非上述錯誤，則應保留該數據，但在進行統計分析時須注意進行兩次分析，一次包括異常數據，一次不包括異常數據。

表 16-1　原始數據表（舉例）

被試編號	變量 1	變量 2
1	111	68
2	92	46
3	90	50
4	107	59
5	98	50
6	150	66
7	118	54
8	110	51
9	117	59
10	94	97

(採自申繼亮，1995)

二、研究資料的編碼

定量分析在心理與教育科學研究中起著非常重要的作用，而定量分析的一個基本前提就是要求被分析資料必須是能進行統計分析的數字。但是，在心理與教育科學研究中所獲得的資料並非都是數字型的，有相當一部分變量是以文字來表示的，如性別、學歷、民族、婚姻狀況等，也有一部分變量是以等級或程度來表示的，如中學生同伴接納程度可分為非常受歡迎、比較受歡迎、一般、不太受歡迎、非常不受歡迎。對此類資料需要進行**編碼** (coding)，即將非數字資料轉變為數字。確切地講，編碼就是將研究所獲得的資料轉換成計算機可以識別的數字與圖形代碼的過程。在心理與教育科學研究中使用的碼值有兩種，其一為**數碼** (number)，指由等距或等比量表測得的變量值，本身具有數學意義，且能進行數學運算，如學生的閱讀速度（每分鐘字數）；其二為**代碼** (code)，這種碼值是由命名量表或順序量表賦予的，本身並沒有數學意義，只能作為分類或分組的一種代號。例如用"1"表示男性，用"2"表示女性。編碼之後，所有資料都成為可以計算的數據，借助計算機就可以將非常繁複的統計分析工作簡化、易行。因此，資料編碼在心理與教育科學研究中有著重要的意義。如何對資料進行編碼？編碼系統包括什麼內容？下面我們對此問題進行簡要說明。

（一）　研究資料編碼的基本步驟

對研究資料進行編碼必須遵循一定的原則，按一定的步驟來進行。否則將會給隨後的統計分析工作帶來混亂。一般情況下，服務於計算機使用的編碼工作包括如下幾步：(1) 羅列出所有的變量；(2) 將變量歸類，如視力、聽力、精細動作、平衡能力等可歸為身體機能變量；(3) 給變量指定代表符號，如性別變量用"SEX"表示，同類變量可用相同的符號加數字表示，如身體機能用"PHYSICAL"表示，那麼視力、聽力、精細動作、平衡能力等可分別用"PHYSICAL 1"、"PHYSICAL 2"、"PHYSICAL 3"、"PHYSICAL 4"表示；(4) 給每一變量的內容指定代碼，如"SEX＝1"表示男性，"SEX＝2"表示女性。

實際上，完成上述四步之後也就構造出了一個資料編碼系統。根據制定編碼系統的時間，可以分為前編碼和事後編碼。所謂**前編碼**(pre-coding)是指在開始收集資料之前制定編碼系統，這樣在收集資料的同時就可以進行編碼，所以也有人稱之為**立即編碼**(coding at once)。所謂**事後編碼**(post-coding)，是指在完成資料收集工作之後制定編碼系統。很顯然，前編碼的方法比較適合於研究變量有確定的值或問題有確定的答案之類的研究，而事後編碼的方法比較適用於不確定性問題的研究，如非結構訪談。不管是前編碼，還是事後編碼，都要保證編碼系統的可用性。為此，研究者應對編碼系統進行檢驗。檢驗的主要內容包括：(1) 編碼系統是否包括了所有的研究變量；(2) 每一種變量的代碼是否窮盡了變量的全部內容；(3) 編碼系統中各變量的表示符號有無重複。

（二）　資料編碼系統的構成成分

一個完整的資料編碼系統叫做**編碼手冊**(handbook of coding)，主要包括：(1) 編碼系統的名稱，即指明是什麼研究課題的編碼系統；(2) 編碼系統的制定者和制定編碼系統的時間；(3) 編碼系統表，即由變量名稱、變量的表示符號、變量的代碼（或數碼）及其說明（定義）等內容構成的表。

表 16-2　教師課堂提問與反饋編碼系統表

變量名稱	表示符號	代　碼	定　　義
學生性別	SEX	1＝男 2＝女	回答問題的學生是男生 回答問題的學生是女生
問題類型	QUESTION	1＝判斷性問題 2＝事實性問題 3＝比較性問題 4＝論述性問題	要求學生對某一陳述進行對或錯的判斷 要求學生說出一個簡單的事實 要求學生比較兩類現象的異同 要求學生就某一問題闡述自己的看法
學生反應	ANSWER	1＝正確 2＝部分正確 3＝錯誤 4＝沒有回答	學生回答問題的答案正確 學生回答問題的答案部分正確或不完全正確 學生回答問題的答案不正確 學生沒有回答
教師反應	FEEDBACK	1＝表揚 2＝肯定 3＝沒反應 4＝否定 5＝批評 6＝給出答案 7＝問他人 8＝重復 9＝線索 10＝新問題	教師給學生以言語的表揚或以一種明顯的溫暖的或高興的態度給以肯定 教師簡單地肯定學生回答是對的（如點頭，說"對"等） 教師對學生的回答沒有反應 教師簡單地指出學生的回答是錯誤的（如說"不對"或搖頭等） 教師對學生的回答予以批評（如"你應該回答的更詳細""上課要注意聽講"） 教師直接告訴學生正確答案 同一問題教師指定其他同學回答 教師全部或提示性地重復原問題 教師改變說法或提供線索 教師問了一個新問題

(採自申繼亮，1995)

為了便於說明編碼系統表的構成，下面以我們研究教師課堂提問編制的"教師課堂提問與反饋編碼系統表"為例加以說明（見表 16-2）。

（三） 編碼系統的使用

一個編碼系統經過試用、檢驗、修補、完善之後就可使用了。掌握和使用各種編碼系統的難度是各不相同的。一般情況下，命名量表變量和順序量表變量比較容易編碼，只需將變量轉換為代碼或數碼即可，只要工作細緻、認真就可保證編碼的準確性。而掌握和運用針對定性材料制定的編碼系統的要求就比較高，例如，科爾伯格的"道德判斷評分系統"、拉文格的"句子完成測驗手冊"(Leovinger, 1972) 等，都是比較複雜的編碼系統，在運用這類編碼系統時應注意以下幾個問題：(1) 選用 2 名以上熟悉研究課題內容的專業人員作編碼員；(2) 必須對編碼人員進行培訓，要求編碼人員熟練掌握編碼系統的內容；(3) 在正式編碼之前必須試編，編碼人員要共同討論所遇見的問題，通過計算**評分者信度** (scorer reliability)（用於計算不同評分者之間的一致性信度，詳見有關統計學書籍）來確定是否正式開始編碼；(4) 在編碼過程中，評判標準要始終如一，不可先嚴後鬆，或先鬆後嚴；(5) 要及時記錄出現的問題，如出現編碼系統沒有涵蓋的答案或反應類型，以備事後對編碼系統的修訂、完善。

第二節 研究資料的管理

表面看來，對研究數據與資料的管理並不產生新的成果，既不是對數據的統計分析，也不是對研究材料的審查。但是這項工作對整個研究工作的作用卻是不可低估的。對文字資料的良好管理帶給研究者的是清晰的思路、快捷的文獻查尋與利用；對數據資料的良好管理帶給研究者的是更多的利益，高效的檢索方式節省了時間，相對於統計分析的獨立性使數據免受污染，即使多次重復使用數據，研究者也盡可放心，因為這些數據總是安全可靠的。

下面，我們就文字資料與數據資料兩方面來談談研究資料的管理。

一、文字資料的管理

一般說來，文字資料包括文獻資料、研究工具以及研究成果。對文字資料的管理主要包括分類與彙總、編目錄及保存三項工作。

（一） 文字資料的分類與彙總

1. 分類 對研究資料進行分組歸類是資料整理工作中的環節之一，也是彙總資料的前提。所謂資料的分組、分類，就是根據資料的性質、內容或特徵，將相異的資料區別開來，將相同或相近的資料合為一類。分組、分類是否適宜、正確，關鍵取決於分組、分類的標準。

文字資料的分類有兩種，即前分類與後分類。**前分類**（pre-sorting）指在研究設計時就按一定的分類指標去收集資料；**後分類**（post-sorting）是指在所有研究資料都收集以後，根據資料的性質、內容或特徵將它們分別集合成類。一般說來，不同的研究資料其分類方法也是不同的。

(1) **文獻資料的分類**：前面曾談到過，文獻資料的作用首先對於課題選擇是十分重要的，也就是說在課題未確定之前，文獻的查閱已展開了。在這裏我們主要談當研究設計思路初步確定之後，文獻資料的收集與分類。可採用的標準一般有以下幾種：

A. **按作者分類**：使用這種分類指標適用於文獻資料較集中的情況，如對某一領域的研究成果僅局限於幾個人，並且文獻不是很大的時候，使用這種方法可以迅速地收集到較齊全的文獻資料。

B. **按研究內容分類**：這是較為普遍採用的方法。當所研究對象涉及的因素較廣泛且複雜時，尤以這種方法為佳。例如我們研究有關“青少年違法和犯罪行為”的心理學問題，這無疑是一個很大的課題，研究對象是青少年違法、犯罪行為，其涉及的因素是多方面的，如家庭生活環境、家庭結構、父母教養方式、學校行為、同伴關係、親子關係等等，甚至這些因素還可以再細分出子因素，如親子關係可分成父子（女）關係和母子（女）關係等。對這樣龐大的變量群，便可以分而視之。首先，確定與“青少年違法、犯罪行為”有關的主要因素（如上所述），再依此查尋。這種先分類再查尋的方法可以較集中且快速地查到文獻，但是由於事先確定了分類指標，所以就容易丟失那些所謂"不是主要因素"的相關文獻資料。反過來，如果先泛泛地查然後再分類，雖可以彌補這一缺陷，但是查起來甚是費力費時，且等到分類之時，面對大量的文獻，分類的多餘量也是很大的。所以，對於文獻資料來講，前分類與後分類各有利弊，研究者可根據自己的需要進行選擇，也可以二者結合使用。

C. 按時間分類：這種方法適用於研究有較長歷史，且隨著研究的深入其主要理論不斷發生演變的那些問題。這種情況採用後分類為宜。當文獻資料收集上來之後，按理論的進展分成不同時期階段，每一階段為一類。

D. 按理論背景分類：前一標準只涉及一個理論流派的連續研究，而這一標準涉及的研究是那些各理論派別各持己見，紛爭不已的問題。這樣就可以按理論派別將文獻劃歸入類。

綜上所述，文獻資料的分類標準是很多的，研究者要本著高效、齊備的原則選取適當的指標，可能是單一的指標好，也可能是多種方法共同作用較為理想。此外，在這裏，我們雖然是談文獻資料的分類，但實際仍然離不開文獻的查尋（見第四章），這也就再一次證明文獻查尋的重要性。

(2) **研究工具的分類**：文字的研究工具不外乎各種測驗、量表、問卷與行為核查表等。一般說來，對這些研究工具的分類以內容為標準即可。但也有以其他指標分類的情況，如對不同年齡的個體，使用的智力測驗是不盡相同的，這時可以年齡為指標分類。

總的說來，只有當研究課題是一個龐大體系時，才會涉及到對研究工具的分類，一般小型的課題，其研究工具也較少，不涉及對研究工具進行分類的問題。

(3) **研究成果的分類**：這裏的研究成果包括兩方面的內容：一是使用各種研究工具收集到的資料，這是尚未深加工的成果，好比林業工人採伐勞動的成果；二是研究報告，是前一種成果深加工的結果。在此我們著重說明前一種成果的分類問題。

一般情況下，對這部分資料的分類標準有以下幾種：

A. **以年齡為標準**：多數情況下，年齡是分類的指標。但是研究者要根據自己研究課題的內容、特徵來確定具體的劃分階段。一般說來，年齡劃分是有規律可循的，即年齡愈小，其年齡段跨度愈小。比如，嬰幼兒的年齡段劃分多以月為單位計算，而成人的年齡段跨度有時高達 10～20 歲。

　　B. 以年級為標準：這種標準適用於以學校學生為對象的研究課題。其實這也是一種年齡指標——學校年齡。在學校這種特殊背景下，年級分類要優於自然年齡的分類，因為很多研究變量是與年級有關而與年齡的關係不大。

　　C. 以被試某一特徵分類：當所研究的群體年齡段較集中，或者年齡不是所研究的變量時，我們可以被試的某種固有特徵為標準來劃分。比如，對大學生心理健康的調查，我們可以按學科專業分類：理、工、醫、文等，也可以按學校的優劣等級分類，還可以按學校的地理位置分類等等。這些標準的選擇不是固定的，研究者要根據自己的研究內容來靈活選取。

　　在談到研究數據的分類時，不可避免地要提到排序的問題。這主要是由於使用計算機進行統計分析而產生的要求。一般情況下，排序的工作是在分類基礎上進行的，我們給每一位被試的資料一個序號，這個序號本身不參與統計分析，但是它要盡量反映出分類的特點。如果我們按年齡分類，可在序號上反映出年齡的特徵，如 1001（10 歲組），2001（20 歲組），3001（30 歲組）……表面看來人為地增加了工作量，但實際上按分類嚴格排序的資料使用起來十分方便，無論是核查還是檢索均可迅速完成。但如果不按一定分類排序或是排序不嚴格的話，不僅不能提高工作效率反而會影響工作進展。

　　2. 彙總　對文字資料進行分組、分類，可以使大量繁雜的資料予以條理化。而對文字資料的彙總則可以使之系統化。資料彙總就是在資料分組的基礎上，根據分組的標誌和數目，把收集到的資料分別歸入各組各類之中，從而集中簡明地反映文字資料的概況。文字資料的匯總可以參閱有關心理與教育科學研究方法書籍，在此不作介紹。

（二）　文字資料的編目錄

　　所謂編目錄就是對已分類的文字資料按其分類指標編寫出目錄。其目的是便於查尋、檢索與補充。

　　分類工作的好壞會影響到目錄的編寫工作。此外，在編寫目錄時一定要注意把每一份資料都要編寫進去，不能有遺漏。並且編寫目錄要本著簡潔、清晰的原則。當我們去索引文字資料時，首先接觸的不是原始的資料而是目錄，通過簡潔明瞭的目錄來查尋所需要的資料。所以目錄的編寫不是多餘的而是很有必要的，它剔除研究者從大量的資料中一份一份查尋之苦，可以節省許多時間，提高工作效率。

（三）文字資料的保存

對文字資料的保存一般有兩種方法：一是檔案法；二是磁盤法。

1. 檔案法 檔案法 (file method) 是將整理好的資料按其分類特點分類保存，可利用文件櫃、文件架、文件夾等工具，對文字資料的保存應有專人負責，無論是檢索、查閱還是使用都要有一定的規則制度，保證資料的完整，即不因為研究者的使用而丟失或改變。另外，目錄與原始資料應分開保存，這可以使原始資料免受不必要的翻閱。使用者應首先查目錄，查到所需的資料時再翻閱原始資料。

2. 磁盤法 磁盤法 (disk method) 是由於計算機的利用日益普及，研究者常把一些常用的資料錄入電腦，用磁盤制作備份文件保存起來。與檔案法比起來，這種方式有以下的優點：

(1) 可節約存放空間，一張薄薄的軟盤可存放很多篇文獻資料或一項研究的所有數據；

(2) 在撰寫研究報告時可以利用電腦對多個文件進行剪貼，修改與編輯起來十分迅速方便；

(3) 查閱方便，比起手式翻閱要快捷得多。

但是用磁盤法保存文字資料也有其不足之處：

(1) 需要花費很大的時間與人力去錄入文字資料。如果把每一篇文字資料都錄入電腦是不太現實的，所以在用磁盤保存文字資料時，研究者要有選擇地錄入，根據我們的研究經驗，研究執行部分是主要的錄入對象，文獻資料一般很少用磁盤法保存。

(2) 由於磁盤常有受病毒浸染的危險，錄入的文字資料會丟失或缺損。儘管多作備份，依然不如原始資料安全。因此，對文字資料的保存應以二者結合為佳，用磁盤保存的資料也要打印出一份文字出來，以免不幸遇到磁盤信息丟失的情況。

二、計算機在數據資料管理中的應用

上面我們談到了關於文字資料的管理工作。在這裏要談的數據管理是特指已編碼的數據在計算機上的管理工作。由於計算機科學的飛速發展，它對人類生活的各個方面都產生了巨大影響，心理與教育科學的研究也不例外。所以，我們專門談談怎樣應用計算機管理研究數據和怎樣應用計算機來進行研究數據的統計分析。

（一） 數據管理

1. 數據 數據 (data) 是一種物理符號序列，它用來記錄事物的屬性。廣義的數據可以分為兩類：一是數值型數據，如學生的成績，反應時等可以進行計算的數據；二是字符型數據，如人名、科目名稱等不能進行計算的數據。在心理與教育科學研究中，觀測數據或數量事實（即數值型數據）在統計學上就叫數據。

在心理與教育統計學中，依據獲取觀測數據的方法，可以把數據分為計數數據和測量數據。計數數據是指計算個數的數據，而測量數據是指借助於一定的測量工具或一定的測量標準而獲得的數據。測量數據依其是否有絕對零點和相等單位，又可細分為三種水平，其一，既無絕對零點又無相等單位的**順序變量**（或**序級變項**）(ordinal variable)；其二，有相等單位但無絕對零點的**等距變量** (interval variable)；其三，既有相等單位又有絕對零點的**等比變量**（或**比率變項**）(ratio variable)。觀測數據按其是否具有連續性可劃分為連續變量和離散變量。**連續變量** (continuous variable) 是指在量尺上任何兩點之間都可加以細分，可能取得無限多大小不同的數值。**離散變量**（或**間斷變項**）(discrete variable) 是指在量尺上任何兩點之間，這個變量取的可能數值的個數是有限的。不同性質的數據，必須用不同的統計方法來處理。

概括來講，觀測數據有三個特點，即離散性、變異性和規律性。(1) 研究中收集到的數據都是以一個個分散的數字形式出現的，這是數據離散性的表現；(2) 若對同一研究對象進行多次觀測，即便使用同一種測量工具，那麼所獲得的數據也不會完全相同，數據的這種性質稱為變異性；(3) 儘管心理與教育科學的研究數據具有變異性或多種可能性，但是隨著實驗觀測次數的增加，這些變異性很大的數據總會呈現出一定的規律性，即它總是圍繞著一定的值上下波動，這是數據規律性的表現。因此，在心理與教育科學實驗或調查中所獲得的數據，具有變異性和規律性的兩重特性。

2. 數據管理 數據管理(data arrangement) 是指對數據的組織、編目錄、存儲、檢索、維護等。從心理與教育研究中獲得的數據往往是數量巨大而且涉及的變量複雜多樣。如果僅憑人工管理這樣龐大的數據需要耗費的時間、人力是不可想像的。隨著現代化科技的發展，研究者們找到了一個得力的助手──計算機來幫助管理研究數據，也正是因為有了這個工具，心理與教育各領域的研究才得以進一步地複雜化、深入化。

（二） 數據管理的基本步驟

以計算機來處理數據管理，其過程中包括了許多關係密切的運作步驟，其基本步驟如下：

1. 數據編碼 這一項工作在第一節已詳細介紹了，在此不贅述。

2. 建立數據庫 數據庫(database) 是以一定方式存儲在計算機存儲設備上的、相互有關的數據集合，供數據處理時使用。一般根據變量情況決定數據庫的結構，有時，當數據變量過多或被試量過大時，可把它分成幾個子數據庫，但不要忘記保持所有子庫之間至少有一個相同的變量，否則，無法將幾個庫聯結起來使用。

3. 數據輸入 數據的輸入是一項細緻的工作，需要選擇責任心強、一絲不苟的工作人員，以避免太多的由輸入操作引起的誤差。

4. 審核數據 儘管我們選擇了優秀的數據輸入人員，但數據的可靠與準確性仍不能得到最大保證，這就需要對已輸入的數據進行必要的審核。核查的工作可以在輸入時進行，這時的審核方法主要是邏輯審核；更主要的審核方法是重新對所有數據的準確性進行檢查，一般是再請另一位輸入人員把全部數據輸入進去，把先後兩個數據文件進行比較。一般說來，經過這樣的全面審核後的數據其誤差已很小了，不會對數據處理結果產生大的影響。

5. 建立備份文件 正如在前面文字管理中所講，使用計算機管理資料一定要對文件建立備份，以免丟失或損壞。數據資料更是要小心，因為數據量大，其輸入與核查已費了很大人力與時間，萬一發生不幸，損失會很大；如果有備份文件，就不怕意外的數據損傷了。

除了上述基本管理步驟以外，我們還可能遇到修改數據庫，添加數據，刪除數據等工作。總的說來，正是由於計算機數據庫系統的使用，使得這些工作變得十分便利。

第三節 研究資料的初步整理

資料的初步整理是相對於下一章的推論統計分析而言的，它主要包括：數據的統計分類和統計圖表的制定等。數據的統計分類與本章前述資料的分類、彙總有所重復，因此本節不再贅述。經過初步整理，數據的基本特徵和性質已經粗略地反映出來，但要對數據進行深入的統計分析，還必須通過描述統計進一步分析數據的特徵。數據的特徵主要包括集中趨勢和離散趨勢及雙變量關係。

一、心理與教育統計中的基本概念

在心理與教育統計學中包括許多概念，先了解這些概念是很有必要的。其中最常用的和最基本的概念包括下列一些概念。

(一) 總體、樣本、個體

總體 (population) 是指具有某種特徵的一類事物的全體，構成總體的每個基本單元稱為**個體** (individual)，從總體中抽取的一部分個體稱為總體的一個**樣本** (sample)。很顯然，這三者是緊密相關又有區別的三個概念。首先，總體是由個體構成的，沒有個體，就無所謂總體，而且每個個體的性質對總體的性質有著直接的決定性影響。其次，樣本是總體中的一個組成部分,沒有總體,就沒有樣本,樣本是相對於總體而言的。再次,樣本的代表性不僅取決於樣本量的大小,而且還與樣本中的個體的性質有直接關係,一般情況下,同樣的樣本量,個體間越同質,樣本的代表性越低。

(二) 統計量與參數

在心理與教育統計學中,描述數據統計特徵的指標,也有總體與樣本之分。表示樣本統計特徵的統計指標叫做**統計量** (statistic),表示總體統計特徵的統計指標叫做**參數** (或**總體參數**、**母數**) (parameter)。為了區分統計量與參數,同一概念用不同的符號來表示 (參見表 16-3)。

表 16-3 統計量與參數的表示符號

概念名稱		符 號	含 義
平均數	統計量	$\overline{X}$	表示一組數據的集中趨勢
	參數	μ	表示總體的集中趨勢 (或期望值)
標準差	統計量	S 或 SD	表示一組數據的離散趨勢
	參數	σ	表示總體的離散趨勢
相關係數	統計量	r	表示兩列觀測變量間變化一致性程度
	參數	ρ	表示某一事物兩特性總體之間的一致性程度
回歸係數	統計量	b_{xy} 或 b_{yx}	表示某一事物兩特性之間的數量關係
	參數	β	表示某一事物兩特性總體之間的數量關係

(採自 申繼亮,1995)

由於樣本是總體中的一個組成部分,因此統計量與參數是密切相關的。當總體的大小已知並與實驗觀測的總次數相同時,統計量與參數指的是同一個統計指標;當總體為無限時,統計量與參數不同,在這種情況下可以用統計量來推斷參數。

(三) 統計圖表簡介

由於統計圖表的製定在心理與教育統計學專書中另有專門論述,因此此處僅對統計圖與統計表進行簡單介紹,不再專門論述二者的製定問題。

統計圖就是依據數字資料，應用點、線、面、體、色彩等描繪製成整齊而又有規律，簡明而又知其數量的圖形。心理與教育統計中常用的統計圖可按形狀劃分為直條圖、直方圖、曲線圖、圓形圖，等等。所有的統計圖都應包含圖號、圖題、圖目、圖形和圖註幾個方面 (具體實例請參考有關統計學書籍，此處不再列出)。統計圖能把事實或現象的全貌形象化地呈現出來，便於理解和記憶，但統計圖有其不足之處，即圖示的數量不易準確，若製圖不當反而掩蔽事實真相，使用時應倍加注意。

統計表是用表格的形式呈現研究的數量化結果的方式之一。統計表的種類很多，主要包括原始數據表、次數分布表和分析結果表。其中，分析結果表最為常用。標準的統計表其構造一般包括序號、名稱、標目、數字和表註幾部分 (具體實例請參考有關統計學書籍，此處不再列出)。

二、集中趨勢的度量

在心理與教育科學研究中，所獲得的數據是離散的，數值大小也不盡相同，依靠原始數據很難把握一組數據的特徵，也難於進行不同組數據間的比較。因此，計算一個代表一組數據的代表數值是非常必要的。集中趨勢的度量是指確定一組數據的代表值即**集中趨勢** (central tendency) 的度量。集中趨勢的度量結果稱為**集中量數** (central tendency measure)，包括算術平均數、中數、眾數、幾何平均數、調和平均數、加權平均數等，由於幾何平均數和調和平均數在心理與教育研究中極少運用，在此不再介紹。

(一) 算術平均數

算術平均數 (arithmetic mean，簡稱 AM) 是應用最普遍的一種集中量數，它是觀測數值的總和除以觀測數值的個數所得的商。算術平均數一般又簡稱**平均數** (或**均數**) (mean)，只有與幾何平均數、調和平均數、加權平均數相區別時才把它叫做算術平均數。算術平均數的代表符號通常以變量的符號上面加一橫線來代表。例如，如果用變量 $X_1, X_2, X_3, \cdots, X_n$ 代表各觀測數值，N 代表觀測數值的個數，則算術平均數的計算式子為：

$$\overline{X} = (X_1 + X_2 + X_3 + \cdots + X_n)/N = \Sigma X_i/N \qquad [公式\ 16\text{-}1]$$

在大多數情況下，算術平均數是真值的最佳估計值。但由於每個數據都參與了算術平均數的計算，觀測數據中任何一個數據的變化都會影響到算術平均數的變化。因此，在計算算術平均數時應特別注意檢測有無極端數值，即過大或過小的數據，一旦有極端數值出現，就不宜再用算術平均數作為集中量數。此外，在計算算術平均數時還應注意數據的同質性。所謂**同質數據** (cohort data) 是指使用同一個觀測手段，採用相同的觀測標準，能反映某一問題的同一方面特質的數據。如果使用不同質的數據計算平均數，則該平均數不能作為該組數據的代表值。例如，對一個班學生的身高與體重進行測量，身高的數據與體重的數據就不是同質數據，很顯然我們不能把這兩者放在一起計算平均數。

（二）中　數

中數 (或中位數) (median，簡稱 Mdn)，它是指數據的次數分布上處於 50% 位置處的數值，即位於一組數據中較大一半與較小一半中間位置的數。中數既可能是原始數據中的一個，也可能不是原有的數據，例如一組數據：2，7，8，9，10，12，12，13，13，21 ($N=10$) 的中數為 11。中數可用原始數據計算，也可用次分布計算，關鍵在於抓住數據組中間位置這一特點。中數的計算非常簡便，但反應不靈敏，對於極端數據不如算術平均數敏感。因此常被用於偏態分布、極端數據、模糊數據的分布中表示集中趨勢。中數受抽樣的影響較大，穩定性不如算術平均數，而且不能作進一步的代數運算。因此，在一般情況下，中數不被普遍應用。

（三）衆　數

衆數 (mode，簡稱 Mo) 是指在次數分布中，出現次數最多的那個數的值。衆數可以通過觀察的方法直接得到，也可以採用積分的方法求取。衆數的概念簡單明瞭，容易理解，但它不穩定，受分組的影響，亦受樣本變動的影響，且不能作進一步的代數運算，因此衆數不是一個優良的集中量數。但由於它較少受極端數目的影響，反應不夠靈敏，常用於以下特殊情況下：(1) 在需要快速而粗略地計算時；(2) 當一組數據出現不同質時；(3) 當出現極端數目時。

以上三種集中量數在不同的次數分布中，所描述的情況及大小關係是有區別的。當數據的分布為正態時,三者相等;當數據的分布為正偏態時,平均數>中數>眾數,當數據的分布為負偏態時,眾數>中數>平均數。

(四) 加權平均數

加權平均數 (weighted mean) 則主要用於計算測量所得數據的單位權重不相等的情況,所謂權重或權數,是指各變量在構成總體中的相對重要程度。加權平均數的計算公式為:

$$M_W = \frac{W_1 \cdot X_1 + W_2 \cdot X_2 + \cdots + W_N \cdot X_N}{W_1 + W_2 + \cdots\cdots + W_N} = \frac{\Sigma W_i \cdot X_i}{\Sigma W_i} \quad [\text{公式 16-2}]$$

式中 W_i 為數據的權數,X_i 為數據值。

三、離散趨勢的度量

離散趨勢 (variation tendency) 描述的是變量值的差異情況,它是相對於集中量數而言的離散程度。離散趨勢的度量是指確定一組數據的差異情況的度量。集中量數只描述了數據的集中趨勢和典型特徵,並不能說明數據的整體情況,數據除了典型情況之外,還有變異性的特點。對數據變異性即離散趨勢進行度量的一組統計量,稱作**差異量數**(或變異量數) (measures of variation)。集中量數是指量尺上的一點,而差異量數是指量尺上的一段距離。差異量數愈小,則集中量數的代表性愈強;反之,差異量數愈大,則集中量數的代表性越小。可見,只有將二者有機結合起來,才能對一組數據的全貌進行清晰的描述。常見的差異量數有以下幾種:

(一) 方差與標準差

方差(或均方差) (mean-square deviation) 與**變異數** (variance) 意義相同,作為統計量,常用 S^2 表示,作為參數,常用 σ^2 表示。它是每個數據與該組數據平均數之差乘方後的均值,即離均差平方後的平均數。其計算公式為:

$$S^2 = \frac{\Sigma(X_i - \overline{X})^2}{N} \quad [\text{公式 16-3}]$$

標準差 (standard deviation，簡稱 SD) 是方差的算術平均根，計算公式為：

$$SD = \sqrt{\frac{\Sigma(X_i - \overline{X})^2}{N}} \qquad [公式\ 16\text{-}4]$$

由式 16-4 可知，標準差的基本性質具有兩個特點。其一是在一組數據中每個變量同加或同減一個常數，標準差的值不變；其二是在一組數據中每個變量同乘或同除以一個常數，標準差等於原標準差乘以或除以這個常數。

從上面的公式中可知，在計算 S^2 和 SD 時，所有的數據都要參與運算，適合於代數運算方法，數值穩定，受抽樣影響小，反應靈敏，能比較真實地反應差異的性質，是一組數據離散程度的最好指標。此外，方差還具有可加性特點，它是一組數據中造成各種變異的總和的測量，能利用其可加性分解並確定出屬於不同來源（如組內、組間等）並可進一步說明每種變異對總結果的影響，是以後統計推論部分的依據，因此，在心理與教育科學研究中，我們經常運用方差和標準差分析心理現象和教育現象的一般趨勢和具體發展情況。

由於計算方差與標準差的工作量比較大，尤其當原始數據量較大時，還容易出現計算錯誤，因此最好不要手工計算，應借助計算機進行。

(二) 標準分數與變異係數

標準分數 (standard score) 又稱為 Z **分數** (z-score)，是以標準差為單位表示一個分數在團體中所處位置的相對位置量數，其計算公式為：

$$Z = \frac{X - \overline{X}}{SD} \qquad [公式\ 16\text{-}5]$$

其中 X 代表原始數據，$\overline{X}$ 為該組數據的平均數，SD 為標準差。在心理與教育科學研究中，應用 Z 分數較多的主要有以下幾個方面：(1) 比較分屬性質不同的觀測值在各自數據分布中相對位置的高低。如一個人的身高是 170 厘米，體重是 65 公斤，究竟是身高還是體重在各自的分布中的位置高，由於身高和體重屬於不同質的觀測，不能直接比較，這時就可以借助於 Z 分數進行比較，Z 分數值越大，說明該個體在團體中所處的位置越靠前。(2) 當已知各不同質的觀測值的次數分布為正態時，可用 Z 分數求不同的觀測值的總和或平均值。(3) 表示標準測驗分數。經過標準化的心理與教育測驗，若其常模分布接近正態分布，常常轉化為正態標準分數。如韋氏的離差智商的計算：$IQ=15Z+100$，其中 Z 為標準分數。(4) 異常數據的取捨，整理數據時，若某一數據超出三個標準差範圍，就可捨棄。

變異係數 (coefficient of variance) 是心理與教育統計學中的又一種相對差異量數，它是以平均數為單位表示一組數據的相對變異程度，其計算公式為：

$$CV=\frac{S}{M}\times 100\% \qquad [公式\ 16\text{-}6]$$

式中 S 為樣本的標準差，M 為樣本的平均數，CV 的值越大，表示離散程度越大。變異系數常用於：(1) 同一團體中不同觀測值離散程度的比較；(2) 對於水平相差較大，但進行的是同一種觀測的各種團體，進行觀測值離散程度的比較。

(三) 其他的差異量數

標準差與方差一般稱為高效差異量，其應用較多，價值也較大，除了上述的四種差異量數外，還有**全距** (range)，即最大值與最小值的差；**平均差** (average deviation)，即每個變量與平均數間距離的平均；**四分差** (quartile deviation)，即在一個次數分布中，中間 50% 的次數的全距之半，即上四分點與下四分點之差的一半。這些差異量數都屬於低效差異量，價值較低，應用較受限制，心理與教育研究中很少使用。

四、雙變量關係的度量

上文所介紹的集中趨勢的度量與離散趨勢的度量所處理的數據都是屬於單一變量範圍，即僅僅包含一種單一變量的分布情形及其特徵分析。在心理與教育統計分析中還經常會涉及到**雙變量數據** (bivariate data)。所謂雙變量是對於一個變量 X 的每一個測量 $X_1, X_2, X_3, \cdots, X_N$，同時有另一個變量 Y 的相應測量 $Y_1, Y_2, Y_3, \cdots, Y_N$ 與之對應。為了探討雙變量數列之間的聯繫，統計學中提出了**相關** (correlation) 的方法，並用**相關係數** (coefficient of correlation) 表示雙變量數列之間聯繫的方向和強度。

雙變量數列之間聯繫的方向分為三種情況：第一，兩列變量變動方向相同，即一種變量變動時，另一種變量亦同時發生或大或小與前一變量同方向的變動，這稱為**正相關** (positive correlation)；第二，兩列變量變動方向相反，即一種變量變動時，另一種變量亦同時發生或大或小與前一變量反方向的變動，這稱為**負相關** (negative correlation)；第三，兩列變量之間沒有關係，即一列變量變動時，另一列變量作無規律的變動，這稱為**零相關** (zero correlation)。

雙變量數列之間聯繫的強度是用相關係數大小表示的。相關係數的取值範圍為 −1 到 +1，數值前的正負號表示相關的方向，+ 表示正相關，− 表示負相關。相關係數的值表示相關強度，相關係數為 0 時，稱零相關，即毫無相關；相關係數為 +1 時，即完全正相關，表示兩列變量的變化趨勢完全一致；相關係數為 −1 時，即完全負相關，表示兩列變量的變化趨勢完全相反；如果相關係數的絕對值在 1 與 0 之間不同時，則表示關係程度不同，接近 1 一端為相關程度密切，接近 0 一端表示關係不夠密切。

計算相關係數時要注意數據的類別，數據的類別不同，計算的方法也不相同。對於用等距量表和等比量表測得的數據，一般是計算**皮爾遜積差相關** (Pearson product-moment correlation)，計算公式為：

$$r_{xy} = \frac{\frac{\Sigma(X-\overline{X})(Y-\overline{Y})}{N}}{S_x S_y} \qquad [公式\ 16\text{-}7]$$

式中 X 和 Y 分別代表兩列變量的觀測值，$\overline{X}$ 和 $\overline{Y}$ 分別代表兩列變量的平均值，N 代表成對數據數目，S_x 和 S_y 分別代表兩列變量的標準差。

對於用等級量表測得的數據或非正態分布的變量之間的相關一般是計算**斯皮爾曼等級相關** (Spearman rank correlation)，計算公式為：

$$r_R = 1 - \frac{6\Sigma D^2}{N(N^2-1)} \qquad [公式\ 16\text{-}8]$$

式中 N 代表成對數據數目，D 為對偶等級之差。

在對相關係數進行解釋說明時要特別注意兩點，一是兩列變量間存在相關但兩變量間的關係並不一定是因果關係，相關係數只是表明了兩列變量間變化趨勢的方向和聯繫強度，不能確定兩變量間關係的性質。二是相關係數只是一個比率，不代表相關的百分數，更不是相關量的相等單位的度量。

本 章 摘 要

1. 所謂**資料管理**，是指運用科學的方法，將研究所得的原始資料按研究目的進行審核、彙總與初步加工使之系統化和條理化，並以集中簡明的方式反映研究對象總體情況的過程。其目的在於保證資料的可靠性、使研究資料和數據系統化、條理化、便於保存。
2. 所謂資料**質量審核**，是對研究資料進行審查與核實的工作，目的在於保證資料的客觀性、準確性和完整性。研究數據、資料的質量審核的方法有兩種：**計量審核**和**邏輯審核**。計量審核即核查研究數據資料中各項計量資料，數據是否有錯誤或矛盾的地方，其中包括計量關係是否正確、計量單位是否一致等。**邏輯審核**是指檢查研究數據、資料的內容是否合乎邏輯，有無不合理的地方。
3. **編碼**是將研究所獲得的資料轉換成計算機可識別的數字與圖形代碼的過程。在心理與教育科學研究中使用的碼值有兩種：其一為**數碼**，指由等距或等比量表測得的變量值，本身具有數學意義，能進行數學運算；其二為**代碼**，這種碼值是由命名或順序量表賦予的，本身沒有數學意義，只能作為分類或分組的一種代號。
4. 編碼的基本方法有兩種，即前編碼和事後編碼。**前編碼**是指根據研究目的，在研究設計的同時作編碼設計，使研究結果能直接編錄入編碼表的編碼方法。**事後編碼**是指在研究完成之後，研究者根據研究目的和所記錄的被試的反應或答案，構建編碼系統，對資料進行編碼的方法。
5. 文字資料的管理主要包括分類、編目錄和保存三項工作，其中分類可按作者、研究內容、時間、理論背景等標準進行分類；保存又可分為**檔案法**和**磁盤法**。

6. 數據管理主要包括數據編碼、建立數據庫、數據輸入、審核數據以及建立備份文件等步驟。**數據庫**是以一定方式存儲在計算機存儲設備上的、相互有關的數據集合，供數據處理時使用。

7. 在心理與教育統計學中包括許多概念，其中最常用的和最基本的概念包括總體、樣本、個體、統計量與參數、統計圖表等。

8. 所謂統計表是用表格的形式呈現研究的數量化結果的方式之一，心理與教育統計中常用的統計表有原始數據表、次數分布表和分析結果表。所謂統計圖就是依據數字資料，應用點、線、面、體、色彩等描繪制成整齊而又有規律，簡明而又知其數量的圖形。心理與教育統計中常用的統計圖可按形狀劃分為直條圖、直方圖、曲線圖、圓形圖。

9. 描述一組數據特徵的主要方法有集中趨勢的度量和離散趨勢的度量，以及雙變量關係的度量。**集中趨勢**的度量就是確定一組數據的代表值，度量的結果稱為**集中量數**，主要包括**平均數**、**中數**、**眾數**及**加權平均數**。描述數據**離散趨勢**的統計量稱為**差異量數**，主要有**方差**、**標準差**、**標準分數**和**變異係數**等。統計學中用**相關**的方法來探討雙變量數列之間的聯繫，並用**相關係數**表示雙變量數列之間聯繫的方向和強度。

建議參考資料

1. 王重鳴 (1990)：心理學研究方法。北京市：人民教育出版社。
2. 朱智賢、林崇德、董　奇、申繼亮 (1991)：發展心理學研究方法。北京市：北京師範大學出版社。
3. 吳岱明 (1987)：科學研究方法學。長沙市：湖南人民出版社。
4. 袁淑君 (1992)：RDB MS 中西文 FoxBASE PLUS 原理及其應用。北京市：中國科學技術出版社。
5. 張厚粲 (1993)：心理與教育統計學。北京市：北京師範大學出版社。

6. 董　奇 (1992)：心理與教育研究方法。廣州市：廣東教育出版社。
7. 鄭甫京、沈金發 (1991)：FOXBASE⁺關係數據庫系統。北京市：清華大學出版社。
8. Alan Simpson (1990). *Understanding dBASE IV 1.1* Alameda, CA: Sybex.
9. Colman, A. M. (1995). *Psychological research methods and statistics*. London: Longman Group Limited.
11. Durlak, J. A. (1995). Understanding meta-analysis. In L. G. Grimm, & P. R. Yarnold (Eds.). *Reading and understanding multivariate statistics*, pp.319～353. Washington, DC: American Psychological Association.
12. Gay, L. R. (1992). *Educational research: Competencies for analysis and application* (4th ed.). New York: Merrill.

第十七章

研究資料的統計分析

本章內容細目

第一節　簡單推論統計分析
一、點估計　523
二、區間估計　523
三、假設檢驗　524
　（一）假設檢驗的基本思想與步驟
　（二）常用的檢驗方法

第二節　多元統計分析
一、典型相關分析　527
二、複方差分析　530
三、聚類分析與判別分析　532
　（一）聚類分析
　（二）判別分析
四、回歸分析與路徑分析　535
　（一）回歸分析
　（二）路徑分析
五、因素分析　538
　（一）因素分析的主要用途
　（二）因素分析的基本步驟
　（三）因素模型中各統計變量的意義
六、協方差結構分析　543
　（一）線性結構關係結構方程建模的分析過程
　（二）線性結構關係中常用符號
　（三）線性結構關係應用舉例

本章摘要

建議參考資料

科學研究必須根據大量的資料，但是任何科學研究都不能只停留在收集資料的階段上，還必須運用理性思維方法，對這些資料進行加工、整理和分析，尋找本質和規律性，從而得出正確的結論。本章所介紹的內容是資料分析的開端，進一步的資料分析可分為兩種類型，即定性分析和定量分析。本章內容著重介紹定量分析的基本問題。

所謂**定量分析**就是對獲得的資料和研究結果以一定的數學方法（主要是數理統計方法），揭示所研究事務的數量關係，掌握數量特徵和數量變化，進而確定事務的本質及其發展規律。定量分析方法對心理與教育科學的發展起到了極大的推動作用。中世紀以前，由於科學技術沒有真正形成，還沒有精密的科學實驗手段，自然科學是同哲學結合在一起的。同樣，心理學家、教育學家也是哲學家，他們的研究方法是從直覺出發，運用思辨的方式，從總體去觀察研究心理現象和教育現象。總的來講，是一種定性的經驗型研究範式。只是在 18 世紀後半葉，自然科學才開始採用數學方法和實驗手段相結合的方法，這一方法對心理科學的誕生和發展產生了極其重要的影響。

定量分析離不開統計學。心理與教育統計學作為數理統計的一門應用學科，是隨著數理統計的發展而發展的。自 19 世紀下半葉，各種統計方法就開始被應用於心理與教育科學研究之中。現在，不僅簡單統計得到了廣泛應用，而且多元統計的應用也越來越多。

在對收集的數據進行了整理之後，研究者還需要通過統計分析方法從大量的數據中找出變量之間的關係，對研究結果進行定量的分析，對假設進行驗證。根據研究目的不同，研究者既可以採用簡單的推論統計，又可採用複雜的多元統計方法。

本章旨在使讀者了解以下幾個問題：

1. 簡單推論統計的內容。
2. 常見的多元統計方法。
3. 各種統計方法的具體內容。
4. 各種統計方法的應用條件。

第一節　簡單推論統計分析

在本節中，主要討論點估計、區間估計和假設檢驗的內容。其中，點估計和區間估計均屬於參數估計的範疇。所謂**參數估計**(或**母數估計**) (estimation of parameters)，就是通過從總體中抽取的樣本所提供的信息，對總體的特徵進行估計，即從局部結果推論總體的情況。

一、點估計

點估計 (point estimation) 是指當總體參數不清楚時，用一個特定的點值（一般常用樣本統計量）對總體參數進行估計。如用樣本平均數 $\overline{X}$ 估計總體平均數 μ，對總體方差 σ^2 的估計，常用樣本方差 S^2。

用樣本統計量，作為總體參數的估計值，總是有一定的偏差，一個好的估計量應具備：(1) 無偏性：指如果用多個樣本的統計量作為總體參數的估計值，有的偏大，有的偏小，而偏差的平均數為 0；(2) 一致性：是指當樣本容量無限增大時，估計值應能越來越接近它所估計的總體參數；(3) 有效性：是指當總體參數的無偏估計不止一個統計量時，無偏估計變異性小者有效性高，變異大者有效性低；(4) 充分性：是指一個容量為 n 的樣本統計量應能充分反映出該 n 個數據所代表的總體信息，如算術平均數比中數、眾數的充分性高。

既使一個好的點估計，樣本統計量滿足了上述四個條件，它對總體參數的估計仍是以誤差的存在為前提的，而且不能提供正確估計的概率，採用點估計時，我們只知道樣本含量較大時多數 $\overline{X}$ 靠近 μ，但大到什麼程度，靠近的程度都無處知曉，這時就必須借助於區間估計。

二、區間估計

區間估計 (interval estimation) 是用數軸上的一段距離，即**置信區間**

(或**信賴區間**) (confidence interval) 來表示未知參數可能落入的範圍，它雖不具體指出總體參數等於多少，但能指出總體的未知參數可能落入某區間的概率有多大。置信區間是在一定的置信度 (顯著性水平) 下建立的，總體參數落在這個區間內可能犯錯誤的概率等於置信度。

區間估計的原理是樣本分布理論。進行區間估計值的計算及估計正確概率的解釋，是依據樣本統計量的分布規律及樣本分布的標準誤 (SE)。樣本分布可提供概率解釋，標準誤的大小則決定區間估計的長度，標準誤越小，置信區間就越短，估計的正確概率也就越高，減少標準誤的方法是增大樣本容量。

區間估計的種類很多，主要有總體平均數的區間估計，總體百分數的區間估計，標準差和方差的區間估計，相關係數的區間估計。

其中，總體平均數區間估計的計算步驟為：

1. 根據實得樣本的數據，計算樣本的平均數與標準差。
2. 計算標準誤。
3. 確定顯著水平。
4. 根據樣本平均數的抽樣分布，確定 t 值表。
5. 確定並計算置信區間。

總體參數 μ 的置信區間寫成：

$$\overline{X}+t_{\alpha/2}S_{\overline{X}}<\mu<\overline{X}+t_{\alpha/2}S_{\overline{X}} \qquad [公式\ 17\text{-}1]$$

為好。

三、假設檢驗

假設檢驗(或**假設驗證**) (hypothesis testing) 是指對總體的分布函數或分布中的某些未知參數先作出某種假設，然後抽取樣本，構造相應的統計量，對假設的正確性進行判斷。假設檢驗是統計推斷的一個重要組成部分，可分為參數檢驗和非參數檢驗兩種，已知總體的分布形式，僅涉及總體分布未知參數的假設檢驗，稱為**參數檢驗** (或**母數考驗**) (parametric test)；對總體分布形式所知甚少,而要假設未知分布函數的形式或其他特徵的假設檢驗稱為**非參數檢驗**(或**無母數考驗**) (nonparametric test)。

(一) 假設檢驗的基本思想與步驟

在心理與教育科學研究中,根據已有的理論和經驗或對樣本總體的初步了解而對研究結果作出的假設叫做**正面假設**(或**對立假設**),以 H_1 表示,而與之相對的假設稱為**虛無假設**,以 H_0 表示。研究者通過對虛無假設進行假設檢驗,從而接受或拒絕虛無假設的過程便是假設檢驗。假設檢驗是以概率論中的小概率原理為基礎。所謂**小概率原理** (principle of small probability) 指的是對於概率很小的事件被認為在一次試驗中不會出現。統計上通常將小於 .05 或 .01 的事件稱為"小概率事件",這一概率也稱為**顯著水平**(或**顯著水準**) (level of significance)。

假設檢驗的基本步驟和方法是:(1) 建立虛無假設 H_0 和研究假設 H_1;(2) 選擇適當的顯著水平 α,並根據檢驗的類型查出臨界值;(3) 根據樣本數據計算統計檢驗值;(4) 比較臨界值與統計檢驗值;(5) 根據比較結果進行決策。一般而言,在顯著水平 α 下,臨界值大於統計檢驗值時,則接受虛無假設,拒絕研究假設;臨界值小於統計檢驗值時,則拒絕虛無假設,接受研究假設。

(二) 常用的檢驗方法

假設檢驗從總體上可分為參數檢驗與非參數檢驗,相應的檢驗方法則分為參數檢驗方法和非參數檢驗方法。在心理與教育科學研究中,最為常用的檢驗方法是參數檢驗中的 t 檢驗、F 檢驗(方差分析)和非參數檢驗中的 χ^2 檢驗。下面我們對這三種方法分別作簡要說明。

1. t 檢驗 t 檢驗(或 t 考驗) (t test) 即比較兩組(如實驗組與控制組)平均數之間的差異是否達到顯著水平。通常用於總體正態分布、總體方差未知或獨立小樣本的平均數的顯著性檢驗、平均數的差異顯著性檢驗、相關係數由同一組被試取得的相關係數差異顯著性檢驗、非正態分布 $(\rho \neq 0)$ 的皮爾遜相關係數的顯著性檢驗等情況。其中最常用的是平均數差異顯著性 t 檢驗,其公式為:

$$t = \frac{D_{\bar{x}}}{SE_{D_{\bar{x}}}} \qquad [公式\ 17\text{-}2]$$

式中 $D_{\bar{x}}$ 為兩個平均數的差異，$SE_{D_{\bar{x}}}$ 為標準誤

2. F 檢驗和方差分析 **F 檢驗**(或 **F 考驗**) (F test) 是解決從兩個正態總體中隨機抽取的兩個樣本變異數之比，從而考驗是否達到顯著差異的統計方法。常用於獨立樣本方差的差異顯著性檢驗，其公式為：

$$F = \frac{S^2_{n_1-1}}{S^2_{n_2-1}} \qquad [公式\ 17\text{-}3]$$

$$(df_1 = n_1 - 1, df_2 = n_2 - 1)$$

式中 $S^2_{n_1-1}$ 和 $S^2_{n_2-1}$ 分別為兩樣本的方差，df_1、df_2 分別為兩樣本的自由度。應該注意的是 F 檢驗是雙側檢驗時，只有當 $F > F_{(\alpha/2)}$ 時，兩方差的差異才顯著。

方差分析(或**變異數分析**) (analysis of variance)，主要用於心理與教育科學研究中分析數據中的不同來源的變異對總變異的影響大小，從而確定自變量對因變量的重要性。使用方差分析應滿足的基本假設：(1) 總體正態分布；(2) 變異是可加的；(3) 各處理內 (即實驗組內部) 的方差一致。

不同的實驗設計 (主要有獨立設計和相關設計) 所需方差分析的具體過程存在著差別；在進行檢驗時，使用單側檢驗還是雙側檢驗，這些都需要根據實際情況具體分析。所謂**雙側檢驗** (或**雙尾檢驗**) (two-tailed test)，只強調被檢驗數據之間是否存在差異，而不強調差異的方向性，即誰大誰小的問題。而**單側檢驗**(或**單尾檢驗**) (one-tailed test) 則強調數據之間的這種方向性是否存在。

3. χ^2 檢驗　χ^2 **檢驗** (或**卡方檢定**) (chi-square test) 是比較觀察次數與理論次數之間差異的統計方法。在心理與教育科學研究中，常用 χ^2 檢驗方法進行計數數據的檢驗，樣本方差與總體方差的差異檢驗等。其中用於計數數據的 χ^2 檢驗的基本公式為：

$$\chi^2 = \Sigma \frac{(f_o - f_e)^2}{f_e} \qquad [公式\ 17\text{-}4]$$

式中 f_o 為實際觀察次數，f_e 為理論期望次數

例如，在一項教材改革的調查中，30 名接受調查的教師中，有 9 人不同意進行教材改革，有 14 人的態度不置可否，有 7 人贊同進行教材改革，要確定持三種意見的人數是否有顯著不同，就需要進行 χ^2 檢驗，檢驗結果表明持三種意見的人數無顯著差異。

第二節　多元統計分析

多元統計分析 (或**多變項統計分析**) (multivariate statistical analysis) 是一組建立在多變量較複雜的數據和數理統計理論基礎上的統計分析技術。它考察的是心理與教育科學研究中多個變量之間的關係。例如，考察兒童學業成就，其影響因素不僅包括兒童本身的特徵，還包括家庭教育、教師、同學關係等，而這些因素之間又可能相互制約。這時候對兒童學業成就的研究就需採用多元統計分析技術。隨著心理與教育科學研究的深入和電子計算機應用的普及，多元統計分析與多因素實驗設計相結合成為近十幾年來心理與教育科學研究的發展趨勢，多元統計分析方法在心理與教育科學研究的應用已日益廣泛。本節簡要介紹幾種常用的多元統計分析方法。

一、典型相關分析

在上一章中我們介紹了雙變量關係的度量，其可以計算一組變量內部相互間的相關強度，然而在實際工作中，經常還會遇到一組變量與另一組變量間的相關問題。例如，學生在語文方面的聽、說、讀、寫能力與在數學方面的計算、邏輯推理、空間想像能力之間的關係。如果用上一章介紹過的計算雙變量相關係數的方法，那麼將得到 12 個相關係數，據此 12 個相關係數，不易得出兩種能力之間在總體上的相關強度。而多元統計分析中的典型相關分析可以解決此類問題。

典型相關分析 (canonical correlation analysis) 的基本思路是把兩組變量分別組合起來，求取兩個綜合指標即典型變量，然後再計算典型變量之間的相關。茲舉一例加以說明。某中學要研究高一學生學年考試成績與高中入學考試成績的關係。選擇的兩組變量為：

高中入學考試成績：
x_1——數學（滿分 120）
x_2——英語

高一學年考試成績：
y_1——數學
y_2——英語

表 17-1　高一學生入學考試成績與學年成績

學　科	成　　　績
入學數學考試 (x_1)	115　35　75　85　85　55　85　105　75
入學英語考試 (x_2)	90　30　90　70　50　60　40　60　100　50
學年數學考試 (y_1)	80　20　50　30　30　60　30　60　80　30
學年英語考試 (y_2)	95　35　85　55　25　75　85　55　95　65

隨機選取 10 個學生作為樣本，4 個變量的樣本數據如表 17-1。首先寫出計算典型變量的表達式：

$$z_1 = a_1 x_1 + a_2 x_2 \qquad [公式\ 17\text{-}5]$$

$$w_1 = b_1 y_1 + b_2 y_2 \qquad [公式\ 17\text{-}6]$$

很顯然，z_1 與 w_1 之間的相關程度依賴於系數 a_1，a_2 和 b_1，b_2 的選取。為了使 z 和 w 之間的相關係數達到最大值，須進行如下的運算。

第一，計算變量間的全部相關係數，並以矩陣的形式表示出來：

$$T_{xy} = \begin{bmatrix} rx_1y_1 & rx_1y_2 \\ rx_2y_1 & rx_2y_2 \end{bmatrix} = \begin{bmatrix} .78 & .45 \\ .81 & .67 \end{bmatrix}$$

$$T_{yx} = \begin{bmatrix} ry_1x_1 & ry_1x_2 \\ ry_2x_1 & ry_2x_2 \end{bmatrix} = \begin{bmatrix} .78 & .81 \\ .45 & .67 \end{bmatrix}$$

$$R_x = \begin{bmatrix} rx_1x_1 & rx_1x_2 \\ rx_2x_1 & rx_2x_2 \end{bmatrix} = \begin{bmatrix} 1.00 & .81 \\ .81 & 1.00 \end{bmatrix}$$

$$R_y = \begin{bmatrix} ry_1y_1 & ry_1y_2 \\ ry_2y_1 & ry_2y_2 \end{bmatrix} = \begin{bmatrix} 1.00 & .69 \\ .69 & 1.00 \end{bmatrix}$$

第二,列出 z 和 w 的方差表達式(註:式中的變量均為標準化變量):

$$S_{zz} = a_1^2 + 2 \times 0.81\ a_1a_2 + a_2^2 = 1 \qquad \text{[公式 17-7]}$$
$$S_{ww} = b_1^2 + 2 \times 0.69\ b_1b_2 + b_2^2 = 1 \qquad \text{[公式 17-8]}$$

第三,計算 $R_x^{-1} T_{xy} R_y^{-1} T_{yx}$ 的特徵根:

$$R_x^{-1} T_{xy} R_y^{-1} T_{yx} = \begin{bmatrix} .37 & .18 \\ .31 & .53 \end{bmatrix}$$

$$\begin{vmatrix} .37 - \lambda^2 & .18 \\ .31 & .53 - \lambda^2 \end{vmatrix} = 0$$

得到兩個特徵根分別為:

$$\lambda_1 = \pm 0.84 \qquad \lambda_2 = \pm 0.45$$

根據式 (17-7) 和 (17-8) 可以得到第一對典型變量:

$$z_1 = 0.37\ x_1 + 0.68\ x_2$$
$$w_1 = 0.93\ y_1 + 0.10\ y_2$$

並且 z_1 和 w_1 的相關係數為 $r_{z_1w_1} = 0.84$。依此程序可以求得第二對典型變量的相關係數。

對典型相關係數顯著性的檢驗通常用下面的公式:

$$V = -\{(N-1.5) - (p+q)/2\} \Sigma\ \ln(1 - R_i^2) \qquad \text{[公式 17-9]}$$

式 (17-9) 中,V 服從 χ^2 分布,N 為樣本量,p 表示一組變量的個數,q 表示另一組變量的個數,R_i 則表示第 i 個典型相關係數。V_1 的自由度為 $(p-1)(q-1)$。如果 V_1 不顯著,則我們可以得出結論,只有最大的典型相關係數是顯著的，如果 V_1 顯著，繼續檢驗 V_2。V_2 的自由度為 $(p-2)\times(q-2)$。如果 V_2 不顯著，則可以得出結論，兩個最大的典型相關係數是顯著的，餘類推。

在統計分析系統 (SAS) 中可以直接求取典型相關係數以及顯著水平。

二、複方差分析

在上一節中，我們簡要介紹了假設檢驗，其中關於變量組間差異檢驗只涉及到單變量的組間差異檢驗，或兩組之間，或多組之間。然而在心理與教育研究中，所涉及的變量往往是多個的，而且變量間也往往存在相關。在這種情況下，僅靠 t 檢驗、Z 檢驗以及 F 檢驗是不足以反映多變量組間差異情況的，需要借助多元統計分析中的複方差分析技術。**複方差分析** (或**多變項變異數分析**) (multivariate analysis of variance，簡稱 MANOVA) 是考驗 K 個母全體在兩個以上依變項的平均數之間是否有顯著差異的統計方法。例如要想比較研究資賦優異學生與一般學生在焦慮測驗、自我概念測驗及成就動機測驗三方面反應上的差異，資賦優異與一般學生即為兩個作為研究對象的母全體，分別從資賦優異及一般學生中抽樣並實施該三種測驗，三種測驗的結果，採取統計分析比較這三個依變項之間是否存有顯著差異的方法，即稱為複方差分析。

為什麼在有兩個以上因變量的情況下要使用複方差分析技術？其主要原因有以下幾個方面：

1. 分別使用單變量差異檢驗對多個因變量進行差異檢驗將導致增大犯第 I 類型錯誤 (即 α 錯誤) 的可能性。例如，有兩組被試，10 個因變量，如果要考查兩組被試在這 10 個因變量上的差異，用單變量差異檢驗的方法那麼就要做 10 次 t 檢驗。假定顯著性水平為 0.05，那麼無第 I 類型錯誤的概率為：

$$(0.95)(0.95)\cdots(0.95)=(0.95)^{10}\approx 0.60$$

因此，10 個 t 檢驗中至少有一個錯誤拒絕虛無假設的可能性為：

$$1-0.60=0.40$$

很顯然，α＝0.40 是不可接受的。複方差分析通過方差與協方差矩陣的運算給出對組間差異檢驗的總體效應，即給出組間在總體上的差異顯著水平。

2. 單變量差異檢驗忽視了因變量間相關的重要信息。例如，在情緒實驗研究中，研究者記錄了被試的情緒體驗強度和皮膚電的變化作為因變量指標，這兩個指標之間有顯著的相關。假如對這兩個指標分別進行獨立的組間差異檢驗，並發現組間差異均顯著，那麼我們能斷言各被試組間是在兩個不同的方面有顯著差異麼？很顯然這是不能肯定的。儘管是兩個不同的變量，但在理論上不一定是測量不同的概念或結構。在複方差分析中，通過協方差可以處理因變量間相關（或變量重疊）的問題。**協方差**（或共變數）(covariance) 指 X 變數之原始分數與平均數的差，乘以 Y 變數之原始分數與平均數的差之和的平均數。

3. 單個因變量組間差異都不顯著，但所有因變量差異的聯合可能有顯著的組間差異。在這種情況下，靠單變量差異檢驗是無法知道組間總體差異情況，只有複方差分析才可以考查這種聯合效應。

4. 單個因變量組間差異顯著，但是為了考查組間總體差異而將各因變量的得分簡單相加將掩蓋這種差異。例如，在一項針對閱讀的研究中，兩組被試，於 4 個因變量下的表現，總分組間差異不顯著，不過各變量組間是有差異的。在第一個變量上，組 1 顯著優於組 2；在第二個變量上，組 2 顯著優於組 1；在第三個變量上，組間差異不顯著；在第四個變量上，組 1 顯著優於組 2。由此可以看出為什麼總分組間差異不顯著，是因為不同變量組間差異在相加過程中被抵消了。但複方差分析則可以反映出這些差異並給出差異顯著的結果。

複方差分析可以克服單變量差異檢驗的一些侷限性，它主要建立在以下幾個假設基礎之上。

1. 獨立性假定 (independence assumption)　此假定要求各觀測變量值是獨立獲得的，也就是對各變量的觀測是獨立進行的，不能相互依賴。在心理與教育科學研究中，只要實驗處理是單個進行的，則可以保證觀測是獨立的，當實驗處理存在交互作用時，觀測的獨立性假定將無法滿足。例如，在研究學生學習方法時，小組討論法使得被試間相互影響，每個被試的成績的變化是與其他被試的交互作用分不開的，因此觀測的獨立性假定就無法滿足。當遇到獨立性假定無法滿足的情況，可以考慮使用小組平均數進行複方差分析。

2. 正態性假定 (normality assumption)　此假定要求：(1) 單個的因變量均服從正態分布；(2) 任何因變量的線性組合也必須服從正態分布；(3) 所有因變量的子集必須服從多元正態分布。在心理與教育科學研究中，此假定也常常不能完全得到滿足，但在一定程度上對結果的統計檢驗影響不大。

3. 方差齊性假定 (homogeneity of variance assumption)　在單變量統計分析中，所謂方差齊性是指各組的方差相等。當樣本含量比較接近時，統計檢驗結果不太受此假定影響，當各組樣本含量差異比較大時，方差齊性的假定往往不能得到保證，此時需要計算聯合方差。在多元統計分析中，方差齊性是指方差與協方差矩陣相等。

複方差分析只是在總體上檢驗組間差異是否顯著。無論是分組變量的交互作用，還是單個分組變量的主效應，只要是統計檢驗結果不顯著，統計分析就應停止；當複方差分析的統計檢驗結果是顯著的，還應進行追踪分析，以確認差異源。

三、聚類分析與判別分析

在心理與教育科學研究中，分類問題不僅是需要的，而且也是重要的。經驗在解決分類問題上可以起到一定的作用，但由於心理與教育科學研究對象的特殊性和複雜性，僅憑經驗往往是不夠的，也是不客觀的，需要依據客觀的標準來進行分類。聚類分析與判別分析是與分類有關的統計分法。

(一) 聚類分析

聚類分析 (或群聚分析) (cluster analysis) 是一種用統計技術將事物分類的重要方法，是定量手段。它的基本問題是依據研究對象的相似程度將具有 p 個特徵的研究對象聚成若干可以解釋的類別。與一般的分類相比，聚類分析有如下幾個特點：

1. 一般分類的依據既可以是數量指標 (如學生的成績)，也可以是非數量指標 (如學生的性別)，但聚類分析的指標只能是數量指標。

2. 一般分類的不同次級分類標準可以改變，例如一所學校的學生可以先按專業分類，然後按成績分類，最後按性別分類。而聚類分析的標準必須始終如一，或者依據某種距離分類，或者依據某種相關係數分類。

3. 聚類是將幾個研究對象按 p 個特徵逐次劃分類別的。因而，當 p 個特徵被平行對待時，聚類的綜合性和效率都高於一般分類。在出現 p 個特徵非平行的複雜問題時，可先將 p 個特徵分隔為分段平行的特徵，然後分別聚類，以達到劃分類別的目的。

聚類的方法分為系統聚類法和動態聚類法兩種。

1. 系統聚類法 系統聚類法 (hierarchical clustering methods) 是目前國內外使用得最多的一種方法。這種方法的基本思想是：一開始將要歸類的 n 個樣本或變量各自看成一類，然後再按事先規定好的方法計算各類之間的歸類指數 (如某種相關係數或距離)，根據指數大小衡量兩兩之間的密切程度，將關係最為密切的兩類並成一類，其餘不變，即得 $n-1$ 類；又按事先規定的方法重新計算各類之間的歸類指數 (仍為某種相關係數或距離)，又將關係最為密切的兩類並成一類，其餘不變，即得 $n-2$ 類；如此進行下去，每次歸類都減少一類，直到最後 n 個變量都歸成一類為止。由於系統聚類中採用的歸類指數有多種多樣，如計算距離的方法就有最短距離法、重心法、類平均法、離差平方法等方法，因此，系統聚類的方法也是多種多樣的。

2. 動態聚類法 動態聚類法 (iterative partitioning procedures) 是 n 個樣本大致分成 k 類，然後按照某種原則逐步修改，直到分類比較合理為止。為了得到初始分類，有時設法選擇一些凝聚點，讓樣本按某種原則向凝聚點凝聚。動態聚類法大體可以用圖 17-1 來表示。

(二) 判別分析

在心理與教育科學研究中，**判別分析** (或**區別分析**) (discriminant analysis) 主要用於解決根據觀測數據對所研究的對象進行分類和預測的問題，

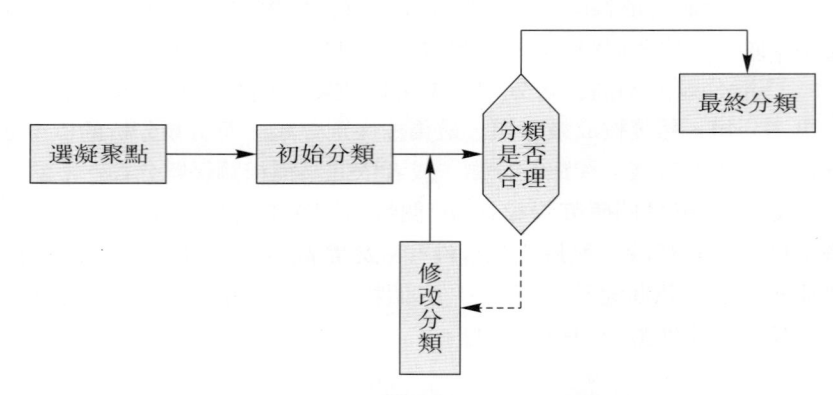

```
                    ┌─────────┐
                    │ 最終分類 │
                    └─────────┘
                         ↑
┌─────────┐   ┌─────────┐   ╱分類╲
│選凝聚點 │──▶│ 初始分類│──▶ 是否
└─────────┘   └─────────┘   ╲合理╱
                   ↑           │
                   │        ┌─────┐
                   │        │修改 │
                   └────────│分類 │
                            └─────┘
```

圖 17-1　動態聚類法流程圖
(採自　李仲來，1997)

也就是在用某種方法或原則已經將部分研究對象分成若干類的情況下，確定新的觀測數據屬於已知類別的哪一類。例如，在職業諮詢和指導中，諮詢人員通過對受輔者的興趣、偏好、個性、能力及期望等指標的評估，對受輔者進行職業定向指導；中學畢業生在高考前選擇專業方向；教師或研究人員根據兒童的社會互動指標將兒童分成不同的社交類型等，都屬判別分析。判別分析與聚類分析都是分類的方法，其區別在於判別分析必須以事先存在的不同類別為前提，而聚類分析之前則不必確定類別。

　　判別分析的具體方法有很多，應用時應注意選擇合適的方法。判別分析中主要用到費歇爾準則和貝葉斯準則。這兩種準則各有其適合條件及優劣之處。**費歇爾準則**(或**費雪爾準則**) (Fisher's theorem) 對分布類型無規定，只要求有二階矩陣即可；而**貝葉斯準則** (Baye's theorem) 則要求各組指標需服從多元正態分布且各組協方差矩陣相等。因此，前者適合於兩類判別，而後者適用於多類判別。但一般而言，費歇爾準則可用較少的綜合指標進行判別，判別函數的實際意義易於解釋，但難於找出統計檢驗公式，也不能給出預測的後驗概率及錯判率和估計，而貝葉斯準則可給出後驗概率。

　　為了選取適量的對判別有影響的指標，一般需採用逐步判別分析。例如在關於幼兒社交類型的研究中，研究者在聚類分析的基礎上將幼兒的社交類型分成受歡迎型、被拒絕型、被忽視型和一般型，運用逐步判別分析建立判別函數，判別效果良好。

四、回歸分析與路徑分析

(一) 回歸分析

在心理與教育科學研究中，經常要用一些變量預測另一些變量的變化，例如，用高考的成績預測大學期間的學習成績。在統計分析中，解決此類問題的技術就是回歸分析。

回歸分析(或**迴歸分析**) (regression analysis) 是通過觀測值尋求自變量與因變量之間的函數關係的一種統計方法，它所要解決的主要問題是：

第一，在相關變量間建立數學關係式，即回歸方程。

第二，檢驗回歸方程存在的統計合理性，並對各自變量對因變量影響的顯著性進行檢驗。

第三，利用回歸方程進行預測和控制，並了解這種結果的精確程度。

回歸分析可以分為**線性回歸**(或**直線迴歸**) (linear regression) (當自變量 x 與依變量 y 的函數關係呈一直線形式者) 和**曲線回歸**(或**曲線迴歸**) (curvilinear regression) (當變項之間的關係不是直線，而是曲線者)。線性回歸又可分為簡單回歸分析和多元回歸分析，劃分標準主要是看自變量的個數。如用智商預測語文成績，只有一個自變量即智商，就是**簡單回歸分析**(或**簡單迴歸分析，一元回歸分析**)(simple regression analysis)。如果自變量有兩個或兩個以上，就叫做**多元回歸分析**(或**多元迴歸分析**) (multiple regression analysis)。在心理與教育科學研究中，由於情況複雜，涉及的變量較多，多元回歸分析是比較常用的，例如，要研究學生的學習成績，需要考慮多種因素的影響，諸如智力水平、學習方法、學習態度、教師教學水平等，在這種情況下，多元回歸分析就是比較恰當的方法。

在多元回歸分析中，**復相關**(或**複相關**) (multiple correlation) 是一個非常重要的概念，即指某一依變項與數個自變項之間的共變關係，常用 R 表示。復相關係數是指實際觀測的 y 值與根據回歸方程預測的 y 值之間的皮爾遜積差相關。從理論上講，復相關越高，表明回歸方程的預測能力越強。對復相關顯著性的檢驗可採用 F 檢驗。檢驗公式為：

$$R^2 = \frac{\Sigma(\hat{y}_i - \bar{y})}{\Sigma(y_i - \bar{y})} \qquad \text{〔公式 17-10〕}$$

式 17-10 中 y_i 代表實際觀測到的 y 值，$\hat{y}_i$ 代表預測的 y 值，$\bar{y}$ 代表實際觀測的 y 值的平均數。

$$F = \frac{R^2/k}{(1-R^2)(n-k-1)} \qquad \text{〔公式 17-11〕}$$

式 17-11 中，k 為自變量個數，n 為樣本量，分子自由度是 k，分母自由度是 $n-k-1$。

進行多元回歸分析時，應特別注意一個現象，即自變量的多重共線性。所謂**多重共線性** (multicollinearity) 是指自變量間存在中等以上的相關。當出現多重共線性時，進行多元回歸分析將產生三個問題。

1. 限制 R 值。例如，一項研究要了解閱讀流暢性 (x_1) 和寫作流暢性 (x_2) 對語文成績 (y) 的預測力，結果得到如下相關矩陣：

	x_1	x_2	y
x_1	1.00	0.58	0.33
x_2		1.00	0.45
y			1.00

由矩陣可見，自變量間存在中等以上水平 $(r_{x1x2}=0.58)$ 的相關，因此可以斷定存在多重共線性。計算得到復相關係數 $R=0.46$。而 x_2 與 y 的相關為 0.45，x_1 僅使 R 增加了 0.01。

2. 由於自變量間存在中等以上水平的相關，因此自變量的效應容易被混淆，即不易確定給定的自變量的重要性。

3. 多重共線性增加了回歸係數的變異，這種變異越大，預測方程越不穩定。

檢查是否存在多重共線性的最簡單的方法是計算自變量相關矩陣。一旦發現存在多重共線性，常用的處理方法有兩種，一是將相關高的變量合併，另一種情況是當自變量個數較多時，進行主成分分析，將多個自變量縮減為彼此不相關或相關水平較低的因素，然後再用所得到的因素進行回歸分析。

(二) 路徑分析

　　心理與教育科學研究的一個重要目標就是揭示變量間的因果關係，但在很多情況下，研究者只能在非實驗情境中收集橫斷數據，從研究設計的角度無法進行因果關係的檢驗。然而，**路徑分析** (path analysis) 技術可以在統計學上將變量間的相關係數所給出的定量信息以及研究者所掌握的關於因果關係的定性信息結合起來，給出對某種因果關係的定量解釋。

　　在一個因果關係模型中，一些變量被看成是"因"，而另一些變量則被看成是"果"。在這種線性變化的關係中，引起其他變量的變化，而自身的變化是由因果模型之外的其他變量引起，這種變量我們稱之為**外源變量** (或**外生變量**) (exogenous variable)；也就是說，外源變量是不受因果系統中其他變量影響的變量，與之相應的，在一個因果關係模型中，一些變量的變化取決於系統內其他變量的變化，我們稱這種變量為**內源變量** (或**內衍變量**) (endogenous variable)，內源變量的變化完全是由系統中諸變量（包括外

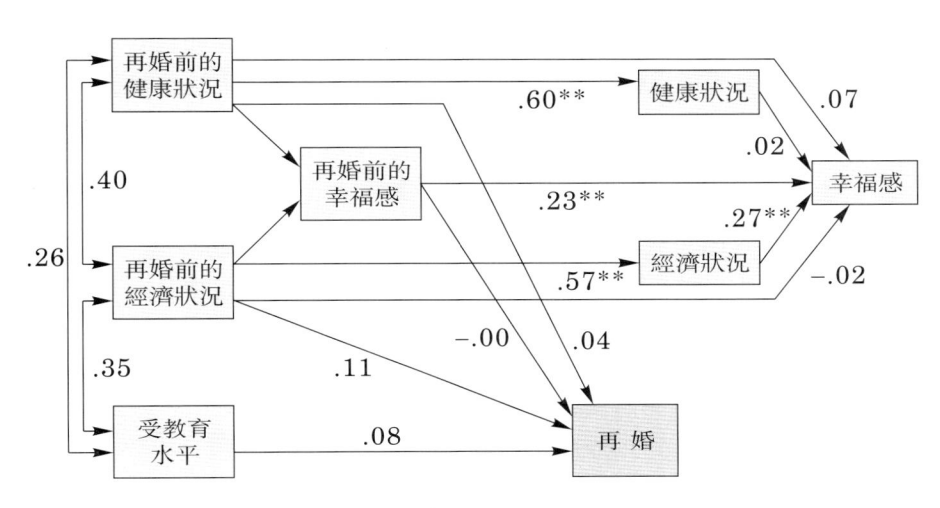

圖 17-2　老年人再婚與幸福感路徑圖
(採自 Greene, 1990)

源變量，其他內源變量以及殘差項）的**線性組合** (linear combination) 所決定。

路徑分析的結果通常用路徑圖來表示，所謂**路徑圖** (path diagram) 就是表示一個封閉系統中各變量之間因果關係及方向的平面示意圖。圖中的單箭頭表示可能的因果方向，箭頭指向的終端是果，始端是因。圖 17-2 是一個路徑圖的實例，該圖顯示的是有關老年人再婚與幸福感的研究結果。從圖中可以看出，老年人再婚與幸福感不存在直接與間接的關係，這兩個變量均受先前的一些共同因素的影響。

在圖 17-2 中，外源變量為：再婚前的健康狀況、再婚前的經濟狀況和受教育水平；內源變量為：再婚前的幸福感、健康狀況、經濟狀況、再婚和幸福感。

依據理論構想的因果模型計算出路徑係數之後，還要檢驗該模型的可接受程度，即在統計學上是否成立。

五、因素分析

在心理與教育科學研究中，研究者為了盡可能完整地搜索信息，對每個觀測對象往往要測量很多指標，但在大量實際問題中，變量間具有一定的相關性，人們自然希望用較少的變量代替原來較多的變量，而這些較少的變量應盡可能反映原來變量的信息，利用降維思想，產生了因素分析。

（一） 因素分析的主要用途

如前所述，**因素分析** (factor analysis) 的主要目的就是降維，即把描述複雜情況的一組較多變量縮減成能解釋事物特性的一組較少變量。具體來講，它的基本用途包括如下三個方面。

1. 在編製新的量表時確定量表的維度（或潛在結構）。在心理與教育科學研究中，研究者為了了解研究對象的特性，常常需要編製一些量表（或問卷）來對研究對象進行測量，然而在編製量表（或問卷）之初由於還不知道研究對象的特性（或結構），所以無法按確定的結構或維度篩選量表的題目編製量表。量表編製者的基本做法只能是盡可能全面地收集與研究對象有關的信息,並在此基礎上編製、篩選題目。在此基礎之上編製出的量表所包括的題目數量是比較多的,結構也是不明顯的,很顯然這不利於研究者說明研究對象的特性。因素分析技術可以說明多個變量所蘊涵的潛在結構,因此,在編製新量表時它成為一種很常用的方法。例如,人格測驗中的**卡氏十六種人格測驗** (Sixteen Personality Factor Questionnaire,簡稱 16PF) 就是美國心理學家卡特爾 (Raymond Bernard Cattell, 1905～) 運用因素分析方法編製出來的。

 2. 在多元回歸分析中,運用因素分析可提高回歸方程的預測準確性。在多元回歸分析中,當自變量 (predictores) 個數確定不變時,被試人數越多越好,即自變量的個數與被試人數之比越小越好。然而在實際研究中,由於各種原因研究者所獲得的被試人數可能較少。在這種情況下,可以運用因素分析的方法縮減自變量的個數,從而降低自變量的個數與被試人數之比,保證回歸方程的可靠性。此外,在多元回歸分析中,經常會遇到自變量之間高相關的現象,即**多重共線性**,它直接影響到回歸方程的建立。為了消除這種現象,運用因素分析可以將相互關聯的自變量轉變為互不相關的成份,然後在用新得到的成份進行回歸分析,建立回歸方程。

 3. 在複方差分析中,因素分析用於縮減**標準變項** (或**效標變量**) (criterion variable) 的個數。在複方差分析中,由於**統計活性** (robustness)(指統計方法對假設要求的嚴格程度)、檢驗結果的可靠性等原因,常常希望使用較少的因變量進行分析。在這種情況下,可以先進行因素分析,然後選擇所得因素再進行複方差分析。

(二) 因素分析的基本步驟

 因素分析包括一些基本步驟,從數據的採集到因素的解釋和總結,每步都需要認真細緻地進行,以便排除各種可能造成誤估的因素。

 1. 數據的採集 因素分析所要求的連續、近於正態的數據資料,應從同一總體抽取,一般通過等距或等比量表的測定來獲得。這樣做是為了力求數據測量的高效度,防止抽樣誤差和測量誤差。

 2. 求出相關矩陣 因素分析的第二步是求出相關矩陣,並在相關係數的基礎上進行因素分析,一般應計算皮爾遜積差相關係數。

3. **因素運算**　求出基本因素矩陣，根據變量在各因素上的因素荷重，算出各因素的特徵值，決定因素數目。

4. **參照軸旋轉**　對因素矩陣進行轉軸，可以用幾何方法，也可以用分析法，並按照簡單結構的原則確定最佳旋轉角度。

5. **因素的解釋和命名**　對轉軸後的因素結構作出解釋。因素的解釋應以研究的理論構思和實際因素荷重為基礎，從最大荷重的變量得出因素的主要含義。因素的解釋從高荷重變量往低荷重變量進行，對於同時包含正、負荷重的因素（稱為雙極因素），應先作出荷重符號的整理。

（三）　因素模型中各統計變量的意義

表 17-2 和 表 17-3 包括了因素分析中最主要的幾個統計變量。具體來講，最常用的有以下三個：

1. 因素載荷　表 17-3 所顯示的結果就是**因素載荷** (factor loadings)

表 17-2　加州心理問卷因素分析結果（部分）

變量	變量共同度	因素	特徵值	變異的百分比	變異的累計百分比
DO	.66861	1	6.67907	37.1	37.1
CS	.61861	2	2.93494	16.3	53.4
SY	.83160	3	2.11392	11.7	65.2
SP	.72899	4	1.11592	6.2	71.4
SA	.80815				
WB	.69772				
RE	.66676				
SO	.69190				
SC	.89418				
TA	.77198				
GI	.77148				
CM	.78142				
AC	.74630				
AI	.77480				
IE	.78641				
PY	.58322				
FX	.69176				
FE	.33627				

表 17-3　加州心理問卷因素分析結果（部分）

	因素 1	因素 2	因素 3	因素 4
DO	.14163	.79400	.12857	.03982
CS	.38642	.66435	−.16224	.04007
SY	.22573	.87857	.09161	.01933
SP	.17176	.74804	−.35729	.11079
SA	−.17010	.87575	−.04815	.06045
WB	.78875	.18571	.00605	.20268
RE	.59787	.21260	.40252	.31952
SO	.60350	.05621	.46943	.32275
SC	.86379	−.25241	.24986	−.14800
TA	.83224	.13884	−.16455	.18166
GI	.73890	.20992	.16605	−.39226
CM	.16277	.14699	.19767	.83322
AC	.75317	.32434	.26281	.06902
AI	.73196	.01485	−.42514	.24097
IE	.73722	.33508	−.19421	.30484
PY	.62886	.14622	−.34842	−.21207
FX	.14590	.05002	−.81464	−.06584
FE	.08839	−.05355	.56781	−.05638

表 17-4　相關係數在 0.01 水平雙側檢驗臨界值

樣本量	臨界值	樣本量	臨界值
50	.361	250	.163
80	.286	300	.149
100	.256	400	.129
140	.217	600	.105
180	.192	800	.091
200	.182	1000	.081

矩陣，即各變量與各因素之間的相關矩陣，該矩陣中任意一個元素 a_{ij} 表示第 i 個變量在第 j 個因素上的載荷，它反映了第 i 個變量在第 j 個因素上的相對重要程度。

在實際統計分析中被用來解釋因素的載荷首先必須在統計上是顯著的，

換句話講，就是載荷必須大於某個臨界值才能被保留下來。表 17-4 給出了 0.01 水平雙側檢驗的臨界值。

在具體判斷時，表中臨界值的絕對值要乘 2，例如，樣本量為 140，那麼載荷的臨界值就是：

$$載荷臨界值 = 2 \times 0.217 = 0.434$$

即載荷大於 0.434 的變量才可以被用來解釋說明因素。如果樣本量不是表中的某個具體數據，可以用內插法求得相應的臨界值。例如，假設樣本量為 160，則它的臨界值為：

$$CV = 0.192 + (180-160)(0.217-0.192)/(180-140) = 0.205$$

2. 變量共同度　表 17-2 中的**變量共同度**(communality) 是社會科學統計套裝程序對加州心理問卷數據運行因素分析所給出來的，它的實際意義是四個公共因素對某個變量方差的貢獻，通常記為 h_i^2，它等於因素載荷矩陣各行元素的平方和，即：

$$h_i^2 = \Sigma\, a_{ij}{}^2 \qquad \text{〔公式 17-12〕}$$

各個變量的方差除去公共因素的貢獻部分之外，還有一部分是各變量自己特有的，稱為特殊方差，或特殊度，通常記作 σ_i^2。

由於：

$$x_i = \Sigma\, a_{ij}F_j + U_i \qquad \text{〔公式 17-13〕}$$

故 X 的方差

$$\begin{aligned}D(x_i) &= D(\Sigma\, a_{ij}F_j + U_i)\\ &= h_i^2 + \sigma_i^2\end{aligned} \qquad \text{〔公式 17-14〕}$$

又

$$D(x_i) = 1$$

所以

$$h_i^2 + \sigma_i^2 = 1 \qquad \text{〔公式 17-15〕}$$

式 17-14 表明 x_i 的方差由兩部分組成：第一部分 h_i^2，等於第 i 個變量在 j 個公因素上的載荷平方和，即全部公共因素對變量 i 的總方差所做出的貢獻；第二部分 σ_i^2，是特殊因素 U_i 所產生的方差，它僅與變量 i 本身的變化有關，也稱為**剩餘方差** (residual variance)。

根據式 17-15，顯然 h_i^2 大時 σ_i^2 必小，而 h_i^2 大表明 x_i 對公共因素 F_1，F_2，……，F_j 的共同依賴程度大。當 $h_i^2=1$ (設 $D(x_i)=1$)時，$\sigma_i^2=0$，即 x_i 能由公共因素的線性組合表示；當 $h_i^2=0$ 時，表明公共因素對 x_i 的影響很小，這時 x_i 主要由特殊因素 σ_i^2 來描述。可見 h_i^2 反映了對公共因素的依賴程度，故稱 h_i^2 為變量 x_i 的共同度，又稱**公共因素方差** (communality variance)。

3. 特徵值　表 17-2 中也給出了因素的**特徵值** (eigenvalue)，實際上它是因素載荷矩陣各列元素 a_j 的平方和，記為 S_j^2：

$$S_j^2 = \Sigma\ a_{ij}^2 \qquad [公式\ 17\text{-}16]$$

S_j^2 的統計意義與 x_i 的共同度 h_i^2 的統計意義恰好相反，S_j^2 表示第 j 個公共因素 f_j 對於 X 的所有分量 x_1，x_2，……，x_p 的總影響，稱為公共因素 f_j 對 X 的總貢獻。S_j^2 是同一公共因素 f_j 對 X 的每一個分量 x_1，x_2，……，x_p 所提供的方差之和，它是衡量公共因素相對重要性的度量。

顯然，S_j^2 越大，表明 f_j 對 X 的貢獻越大，如果把矩陣 A 各列的平方和計算出來，使相應的貢獻有順序：$S_1^2 \geq S_2^2 \geq S_3^2$，……，$\geq S_j^2$，我們就能夠依次找出取有影響的公因素。

六、協方差結構分析

協方差結構分析 (covariance structure analysis) 的方法萌發於 20 世紀 60 年代，這是一種從變量間或變量群間的協方差結構出發，積極地從定量的角度探討和確認因果關係模型的分析方法。70 年代，簡瑞斯科 (Jöreskog) 提出了**線性結構關係** (linear structure relationship，簡稱 LISREL) 的模型和方法。對這一模型研究的逐步完善和改進使線性結構關係成為協方差結構模型分析的代表性的手法之一。特別是線性結構關係軟件的研製及推廣，使該方法的應用受到越來越多國家研究者的重視。

(一) 線性結構關係結構方程建模的分析過程

1. 基本思想與研究設計 傳統的統計方法，如方差分析、多元回歸和探索型因素分析等，都是從已有的數據中探索、發現客觀規律，這種分析屬於探索型分析。以線性結構關係為代表的驗證型分析則不同，其基本思想是：研究者首先根據先前的理論和已有的知識，經過推論和假設，形成一個關於一組變量之間相互關係（常常是因果關係）的模型。由於在社會和行為研究中，許多變量都是不可直接觀察的，或者只是研究者的理論構想（如焦慮、動機、智力、態度等），因此模型中多數變量可能屬於潛變量。為了使潛變量有效、可靠地得到表現，就應該對每個潛變量選用多種指標變量進行測量。經抽樣調查後，獲得一組觀測變量的數據和基於此數據而形成的協方差矩陣，這個樣本協方差矩陣 S 是進行線性結構關係分析的基礎，故而線性結構關係也稱協方差結構分析。用這個協方差矩陣去估計模型的各參數矩陣，使根據估計出來的模型參數複製的協方差矩陣 $\Sigma(\theta)$ 盡量接近、擬合 S，並計算模型對數據（$\Sigma(\theta)$ 對 S）的擬合程度。假設樣本能很好地反映總體的性質（$S=\Sigma$），如果模型表達了總體所具有的內在結構關係，那麼模型協方差矩陣（$\Sigma(\theta)$）就應該等於總體協方差矩陣（Σ），即（$\Sigma=\Sigma(\theta)$）。評價模型對觀測數據的擬合程度有很多統計學指標，如 χ^2 檢驗等。如果模型能很好地擬合數據，模型就是可接受的；但如果模型不能很好地擬合數據，模型就被否認或證偽了，必須對模型做出修正，以便其能更好地擬合數據。因此，驗證型分析是先建立模型，然後用數據去驗證模型。

線性結構關係最初用來對現場研究的數據進行因果關係推斷，隨後的發展證明，線性結構關係不僅對非實驗、準實驗設計的數據分析非常有幫助，而且也有助於研究者更深入地理解嚴格實驗室設計下的實驗結果。因為線性結構關係引進潛變量，用多重指標全面評估並考慮測量誤差，對數據的統計判斷就會較為準確和有說服力。線性結構關係既適用於橫斷研究，也適用於縱向研究，還可用於多樣本或多組研究。總之，涉及多元變量的研究設計都可用線性結構關係來處理數據。

2. 模型設定和變量識別 在用線性結構關係分析數據時，首先要進行模型設定。用路徑圖標識出理論模型的各種變量以及代表它們之間相互關係的各種參數。需要估計的參數是自由參數，模型指定數值的參數為固定參數，不需估計。然後把路徑圖"翻譯"成線性結構關係的方程式語言，確定各參數矩陣的形式。很多研究者對同一組數據同時設定幾個不同的、互相嵌套的模型，通過比較不同模型對數據的擬合程度，對某些結構參數的重要性進行假設檢驗。這裡還涉及一個模型和變量的"識別"問題。不識別的參數估計值是不確定和不精確的，並影響整個模型的檢驗。檢查模型識別的一條基本規則為：

$$t \leq p(p+1)/2 \qquad [公式\ 17\text{-}17]$$

式中 p 為觀測變量的數目，t 為待估計的模型自由參數的數目。如果 $t>p(p+1)/2$，則稱模型為**不可識別模型** (unidentified model)，如果 $t=p(p+1)/2$，則稱模型為**恰好識別模型** (just identified model)，如果 $t<p(p+1)/2$，則稱模型為**超識別模型** (overidentified model)。只有恰好識別的模型和過度識別的模型才能得到準確的參數估計和假設檢驗。

例如，模型包含 5 個觀測變量，那麼要想使模型可以識別，就必須滿足"模型自由參數數目不多於 15 個"的條件。

3. 參數估計 參數估計 (estimation of parameters) 的一般思想是：模型未知參數的估計值要使 $(\Sigma(\theta))$ 盡量接近 S，即 $(S-\Sigma(\theta))$ 盡量接近於零。參數估計的數學運算方法很多，其運算過程是極為複雜的，只有使用計算機程序才能獲得滿意的結果。線性結構關係第七版提供了七種疊代估計方法：工具變量法 (Instrumental Variables, IV)，兩段最小二乘法 (Two-stage Least Squares, TSLS)、未加權最小二乘法 (Unweighted Least Squares, ULS)、廣義最小二乘法 (Generalized Least Squares, GLS)、最大似然法 (Maximum Likelihood, ML)、一般加權最小二乘法 (Generally Weighted Least Squares, WLS)、對角線加權最小二乘法 (Diagonally Weighted Least Squares, DWLS)。一般是用工具變量法或兩段最小二乘法計算開始值 (starting values)，然後用最大似然法進行線性結構關係估計。每一種估計方法都有一個代表 Σ 接近 S 的擬合函數的值達到最小。一般線性結構關係要求滿足兩個假設：觀測變量服從多元正態分布；變量之間的關係是線性可加的。但很多研究表明，在數據偏離上述假設不太嚴重時，線性結構關係的參數估計與統計檢驗仍是穩健的。

4. 模型的評價 對線性結構關係模型的評價一般按照線性結構關係輸

出結果的先後，著重檢查下列內容：(1) 參數估計值的合理性，如果出現不合理的估計結果，例如方差為負值或相關係數大於 1，就說明存在模型誤設；(2) 測量模型的適當性，在考察結構模型中潛變量之間的關係是否有意義之前，必須先檢驗測量模型的信度和效度，這一般要看每個測量變量的決定係數和整個測量模型的決定係數 (平方的多重相關係數)；(3) 模型的整體擬合程度，檢驗模型對數據的擬合中是否達到了可接受的水平，評價指標有 χ^2 檢驗，擬合優度指數 (GFI)、校正的擬合優度指數 (AGFI)、均方根殘差 (RMR) 等；(4) 模型每個參數估計值的評價，檢驗參數估計值所表示的效應量是否有顯著意義。線性結構關係給出每個參數估計值的"T 值"，服從標準正態分布，如果 T 值大於 $2(P<0.05)$ 或大於 $3(P<0.01)$，說明這個參數的效應具有顯著統計學意義，反之，就說明這個參數所代表的路徑在模型中不重要，可以去掉。評價單個模型參數的指標還有標準化殘差，修正指數 (MI) 等。

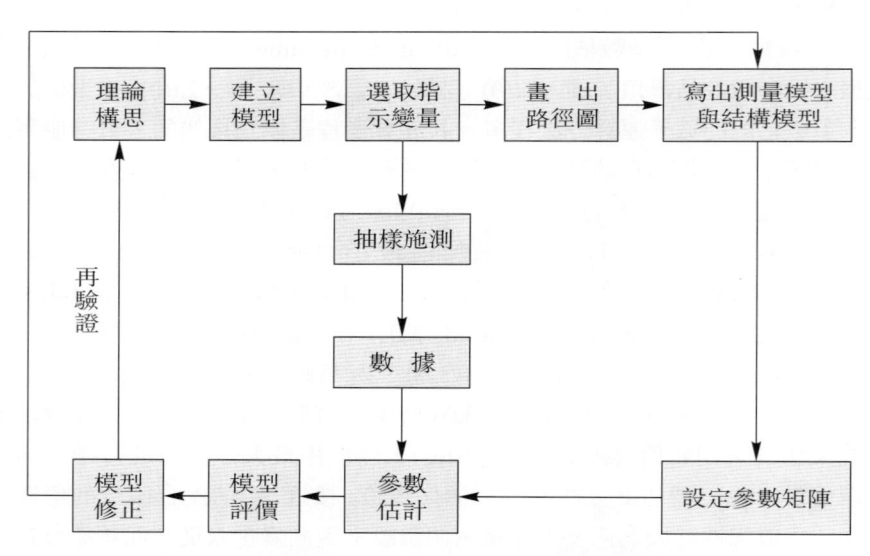

圖 17-3　線性結構關係分析模型思路與分析過程示意圖
(採自 李仲來，1996)

5. 模型修正與再驗證　若對模型的評價不能令研究者滿意，就必須對理論模型予以修正，使其能更好地擬合數據，更好地接近客觀現實。從這個意義上來講線性結構關係也具有探索性的功能。模型修正可以單純根據模型評價提供的線索來進行，如測量模型的信度、擬合殘差的形態、T 值和修正指數等。更重要的是結合這些線索來重新考慮整個理論模型的建構、樣本大小及對總體的代表性，刪掉或增加某條路徑的實際意義等，這樣才能保證理論修正的合理性，不致於使人腦成為計算機的奴隸。為了慎重地修改模型，一般每次只增或刪一條路徑，重新驗證後再看對模型的評價，如果不滿意則再修改，直至滿意為止。對模型的再驗證，很多研究者都主張採用交叉證實的程序，以保證驗證性分析的合理性。

（二） 線性結構關係中常用符號

目前，在心理與教育科學研究中，主要運用瑞典阿帕薩拉大學的簡瑞斯科和索爾波姆 (Sorbom, 1993) 所編寫的計算機軟件，即 LISREL。在這個軟件中，規定了一些特定符號及其意義。主要的符號及意義見表 17-5。

表 17-5　線性結構關係中常用符號

符號	名　稱	含　義	協方差矩陣	名　稱	關鍵詞
ξ	Kksi	潛在變異	Φ	Phi	KS
λ	Lambda	因素載荷			LX
δ	Delta	測量誤差	$\theta\delta$	Theta Delta	TD

（三） 線性結構關係應用舉例

在驗證型因素分析中，如前所述，研究者的目的在於了解一組觀測變量的潛在因素結構。一般情況下，研究者可以同時有幾個關於矩陣 Λ、Φ、$\theta\delta$ 的假設，在這些假設中，可以規定哪些觀測變量有一個公共因素，哪些公共因素之間相關，也可以規定測量誤差之間是相互獨立的，還是哪些測量誤差之間是相關的。下面以認知發展研究中的一個具體研究為例來說明線性結構關係的應用。

在拉鮑維維夫 (Gisela Labouvie-vief) 和申繼亮 (1996) 關於成人期認

知發展的研究中，用詞彙、數字、字母、自我等七個測驗測量三種潛在認知能力，即**晶體智力**（或**固定智力**）(crystallized intelligence)（指受後天學習因素影響較大的智力）、**流體智力**（或**流動智力**）(fluid intelligence)（指受先天遺傳因素影響較大的智力）和**反省認知** (reflective intelligence)。觀測變量、公共因素和測量誤差相互之間的關係表示為圖 17-4。

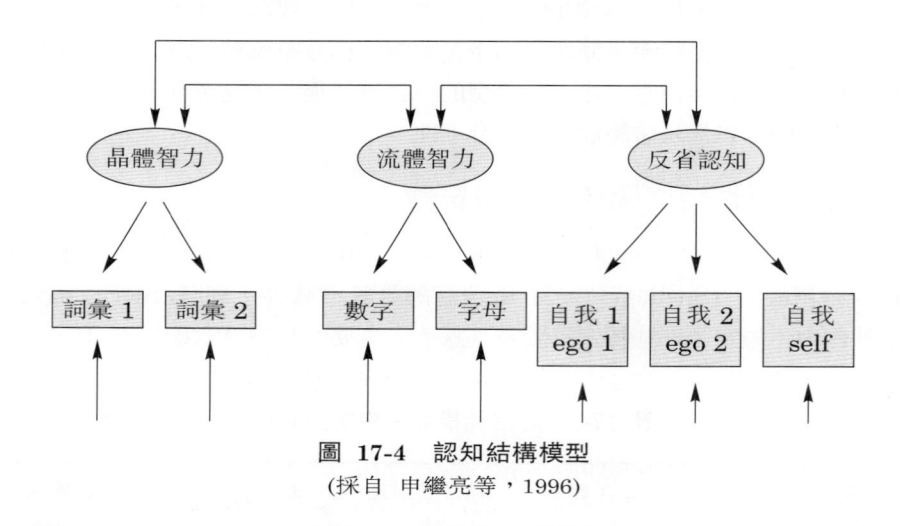

圖 17-4　認知結構模型
（採自　申繼亮等，1996）

根據圖 17-4，兩個詞彙測驗的公共因素為晶體智力，數字、字母測驗的公共因素為流體智力，自我測驗的公共因素為反省認知；三個公共因素之間是相關的，測量誤差相互間是獨立的。可將上述描述轉換為線性結構關係語言。

```
Modeling the latent constructs of cognitive complexity
DA NI=7 NO=143 MA=KM
KM
1.00
0.75 1.00
0.31 0.28 1.00
0.15 0.10 0.47 1.00
0.53 0.48 0.28 0.14 1.00
```

0.43 0.39 0.27 0.11 0.71 1.00
0.34 0.32 0.31 0.35 0.42 0.36 1.00
LA
'voc1' 'voc2' 'math' 'letter' 'ego1' 'ego2' 'self'
MO NX=7 NK=3 LX=FU, FI TD=DI, FR PH=SY, FR
VA 1.0 PH 1 1 PH 2 2 PH 3 3
FR LX 1 1 LX 2 1 LX 3 2 LX 4 2 LX 5 3 LX 6 3 LX 7 3
LK
'crystllized' 'fluid' 'reflection'
PATH DIAGRAM
OU TV SE MI RS EF SS AD=50

下面將對以上語言進行解釋：

第一行：研究的標題。

第二行：DA 即 DATA（數據）；NI 為觀測變量個數；NO 為被試個數；MA 即 MATRIX（矩陣）；KM 代表相關矩陣。

第三行至第十行為觀測變量的相關矩陣。

第十一、十二行為對觀測變量的標示，LA 即 LABEL。

第十三行：MO 為模型，即 MODEL；NX 代表變量 X 的個數；NK 代表潛變量個數，即 Ksi 的個數；LX=FU，FI 表示 Λ 矩陣為 FULL，FIXED 矩陣；TD=DI，FR 表示 $\theta\delta$ 矩陣為 DIAGONAL，FREE 矩陣；PH=SY，FR 即表示 Φ 矩陣為 SYMMETRIC，FREE 矩陣。

第十四行：VA 即 VALUE，將 1.00 賦予 Φ 矩陣中對角線上的三個元素，即 Φ_{11}、Φ_{22}、Φ_{33}。

第十五行：估計 λ_{11}、λ_{21}、λ_{32}、λ_{42}、λ_{53}、λ_{63}、λ_{73}。

第十六、十七行：對潛變量（公共因素）的標示。

第十八行：要求輸出模式圖。

第十九行：結果輸出，OU 即 OUTPUT；TV SE MI RS EF SS 分別代表 t 檢驗的 t 值、標準誤、修正指數、殘差、效應值、標準解。

下面是 LTSREL 輸出的各種模型擬合度（Fit）檢驗參數：

CHI-SQUARE WITH 11 DEGREES OF FREEDOM=17.81
(p=0.086)
EXPECTED CROSS-VALIDATION INDEX (ECVI)=0.36
90 PERCENT CONFIDENCE INTERVAL FOR ECVI=(0.32;0.48)
ECVI FOR SATURATED MODEL=0.39
INDEPENDENCE AIC=385.24
MODEL AIC=51.81
GOODNESS OF FIT INDEX (GFI)=0.97
ADJUSTED GOODNESS OF FIT INDEX (AGFI)=0.92
PARSIMONY GOODNESS OF FIT INDEX (PGFI)=0.38
NORMED FIT INDEX (NFI)=0.95
NON-NORMED FIT INDEX (NNFI)=0.96
PARSIMONY NORMED FIT INDEX (PNFI)=0.50

本 章 摘 要

1. 推論統計的主要內容包括總體參數估計和假設檢驗。總體參數估計是通過計算樣本的統計量，根據樣本提供的信息，對總體特徵進行估計，包括**點估計**和**區間估計**。**假設檢驗**是指對總體的分布函數或分布中的某些未知參數作出某種假設，然後抽取樣本，構造相應的統計量，對假設的正確性進行判斷。假設檢驗可分為**參數檢驗**和**非參數檢驗**兩種。
2. **複方差分析**是檢驗多變量組間差異的重要方法，它的理論基礎包括**獨立性假定**、**正態性假定**和**方差齊性假定**。複方差分析的主效應是表示多變量組間總體差異的指標，如果主效應顯著，還應繼續進行單變量的方差分析，以確定總體差異源。
3. **聚類分析**與**判別分析**是解決分類問題的重要統計方法。前者是根據樣本或變量間的相似程度進行歸類，具體方法有**系統聚類法**和**動態聚類法**兩種；後者是根據觀測數據對研究對象進行類別判定與預測的過程，具體方法主要有**費歇爾準則**和**貝葉斯準則**。

4. **回歸分析**是通過尋求一些變量與另一些變量之間的函數關係來考察自變量對因變量的預測能力；**路徑分析**則是通過變量間的相關係數所給出的定量信息及研究者所掌握的關於因果關係的定性信息揭示變量間因果關係的一種統計技術。

5. **因素分析**是以代數矩陣為基礎，通過數學演算，把描述複雜情況的一組較多變量縮減成能解釋事物特性的一組較少變量的統計方法。

6. **協方差結構分析**是一種從變量間或變量群間的協方差結構出發，積極地定量地探討和確認因果關係模型的分析方法。70 年代，簡瑞斯科提出了**線性結構關係**模型和方法。線性結構關係軟件已廣泛應用於心理與教育研究之中。

建議參考資料

1. 安希忠、林秀梅 (1992)：實用多元統計方法。長春市：吉林科學技術出版社。
2. 胡國定、張潤楚 (1990)：多元數據分析方法。天津市：南開大學出版社。
3. Achen, C. H. (1982). *Interpreting and using regression.* Beverly Hills, CA: Sage.
4. Brown, S.R., & Melamed, L. E. (1990). *Experimental design and analysis.* Newbury Park: Sage Publications.
5. Collins, L. M., & Horn, J. L. (Eds.) (1991). *Best methods for the analysis of change: Recent advances, unanswered questions, future directions.* Washington, DC: American Psychological Association.
6. Grimm, L. (1993). *Statistical applications for the behavioral sciences.* New York: Wiley.
7. Klecka, W. R. (1980). *Discriminant analysis.* Beverly Hills, CA: Sage.

8. Pedhazur, E. J. (1982). *Multiple regression in behavioral research: Explanation and prediction* (2nd ed.). New York: Holt, Rinehart & Winston.
9. Stevens, J. (1996). *Applied multivariate statistics for the social sciences.* Mahwah, NJ: Lawrence Erlbaum Associates.
10. Wolf, F. M. (1986). *Meta-Analysis: Quantitative methods for research synthesis.* Newbury Park, CA: Sage.
11. Woodward, J. A., Bonett, D. G., & Brecht, M. L. (1990). *Introduction to linear models and experimental design.* San Diego: Harcourt Brace Jovanovich.

第十八章

研究結果的呈現與整合

本章內容細目

第一節　研究報告的種類與基本格式
一、研究報告的種類　555
　（一）按科學研究成果的表達形式分類
　（二）按撰寫研究報告的目的分類
二、研究報告的基本格式　556

第二節　研究報告的撰寫
一、撰寫研究報告的一般程序　562
　（一）確定研究報告的類型
　（二）擬定寫作提綱
　（三）準備寫作材料
　（四）寫作初稿
　（五）修改定稿
二、撰寫研究報告的一般原則　564
　（一）及時性原則
　（二）整體性原則
　（三）客觀性原則
　（四）規範性原則
三、研究報告中圖表的格式　565
　（一）製圖
　（二）製表
四、註釋及其寫法　567
　（一）註釋的功用
　（二）註釋的位置
　（三）引註的書寫格式
五、參考書目的書寫格式　569
　（一）參考書目的排列順序
　（二）參考書目內容的順序

第三節　研究報告的評價

一、整體評價　570
　（一）寫作格式的評價
　（二）文字表達的評價
　（三）內容組織的評價
　（四）研究結果價值的評價
二、分項評價　571
　（一）標題與摘要
　（二）文獻綜述與問題提出
　（三）研究方法
　（四）研究結果與分析討論
　（五）參考文獻與附錄

第四節　元分析
一、元分析的概念　574
二、元分析的基本步驟　575
　（一）提出課題
　（二）收集相關研究
　（三）研究的編碼
　（四）研究結果的測算
　（五）測算結果的統計分析
　（六）提供結論和建議
三、常用元分析技術　577
　（一）票數計算技術
　（二）顯著性合成技術
　（三）效應量值技術
四、元分析的評價　582
　（一）元分析的優點
　（二）元分析的局限性

本章摘要

建議參考資料

選擇適當的形式，清晰且有說服力地呈現和表達研究結果，將研究及思想傳遞給他人，進而在實際生活和後續的研究中產生影響，是心理與教育科學研究的最後階段，同時也是一項十分重要的研究技能。

研究成果的呈現與表達方式多種多樣。有的是以口頭的形式呈現，如學術會議上的發言。但是在心理與教育科學研究中，研究者一般通過撰寫研究報告，來表述研究的構想、進程和結果。不同的研究，由於其內容、方式、方法、寫作目的及成果去向上的差異，因而，研究報告的撰寫呈現出多種姿態。研究報告是表達研究新成果，促進研究者學術交流與合作的重要媒介，因此，統一和規範撰寫格式是非常必要的。本章重點介紹撰寫一般研究報告的基本格式。

良好的研究報告技巧，有助於研究成果的交流和運用；同樣地，研究報告技巧的缺乏，也可能會使原本富有意義的研究結果黯然失色。但是，如果研究本身漏洞百出，那麼再高超的技巧也是於事無補的。因為研究報告的撰寫是和研究的構思、方法息息相關、環環相扣的。作為研究及思想的物化體現，研究報告在一定程度上反映出整個研究的水平。如果沒有相當質量的研究為依托，研究報告的撰寫也只能是無源之水，無本之木。另外，對於某些獲得科研機構和管理機構資助的研究而言，還需要進行研究結果的鑑定和評審；對於發表於學術期刊的學術報告，讀者或其他研究者在查閱文獻的過程中也需要進行評價並決定取捨。對於某一領域內相同課題的大量研究，還需要進行研究成果的整合。因此，本章還將著重介紹和討論研究報告的定性評價指標體系以及定量評價的元分析技術。

通過閱讀本章，旨在使讀者能對以下問題有所認識：

1. 詳述研究報告包括哪些部分？討論研究報告的撰寫應注意的問題。
2. 評價研究報告的主要標準。
3. 元分析有何特點？它包含哪些基本步驟。
4. 進行元分析時應注意哪些問題。
5. 元分析有哪些常用技術。

第一節　研究報告的種類與基本格式

研究報告 (research report) 有廣義和狹義之分。廣義而言，是指用文字、圖、表等形式表述一項研究的歷程與結果的文章；狹義而言，專指表達實證性研究結果的文章。本節取廣義而言之。

一、研究報告的種類

根據不同的劃分標準，可將研究報告劃分為不同的種類。

(一) 按科學研究成果的表達形式分類

在心理與教育科學研究中，研究的內容、方式、方法是多種多樣的，因此所取得的研究成果也是多種形式的。常見的成果形式主要包括如下幾種：

1. **專著**　所謂專著是就某一專門領域中的重大學術問題撰寫的理論性著作，其內容較廣泛，理論自成體系，篇幅較大。撰寫的基礎可以是作者本人直接完成的實證研究，也可以是其理論思考的結果。
2. **譯著**　即由外文專著等值翻譯而成的著作。
3. **專題論述**　主要是指理論性文章和評論性文章。
4. **研究報告** (狹義)　表達實證性研究成果或結果的文章，它是對研究過程和結果的解釋或陳述。
5. **工具書**　主要指詞 (辭) 典、手冊等。
6. **電腦軟件**　即計算機軟件。作為研究成果，往往還要輔之以軟件開發的研究報告。
7. **測量工具**　主要指各種心理與教育測驗、量表等。
8. **儀器設備**　指用於心理與教育科學研究觀測的裝置。

（二） 按撰寫研究報告的目的分類

根據寫作的目的、去向，可以將研究報告分為如下兩種：

1. 一般研究報告 一般研究報告是以公開發表為目的的研究報告。它又分為兩種類型，一種是刊物發表的研究報告 (journal paper)。從現有心理與教育類學術刊物發表的研究報告看，在內容構成上，刊物發表的研究報告又可細分為四種不同類型：(1) 調查報告，對某種現狀的描述；(2) 實驗報告，既包括嚴格的實驗室實驗，也包括教育實踐中的自然實驗；(3) 綜述性文章，對某一領域研究的歷史、現狀、走向、存在的問題等的評述；(4) 專題論述，發表自己對某個問題獨到的見解。一般研究報告的另一種形式是學術會議研究報告 (conference paper)，即用於專業性組織的年會或專題研討會上報告或張貼 (poster) 的研究報告。

2. 學位論文 顧名思義，學位論文是以獲取學位為目的的研究報告。一般按層次劃分，學位論文可分為碩士學位論文 (thesis) 和博士學位論文 (dissertation)。

下述各節中研究報告都是指狹義的研究報告。

二、研究報告的基本格式

研究報告是表達研究新成果、促進研究者學術交流和合作的重要媒介，因此，統一研究報告的撰寫格式是很有必要的。由於寫作目的不一樣，研究報告的撰寫也有所區別。下面介紹研究報告的基本格式。

目前國內對研究報告、論文的體例的要求不盡一致，但逐漸採用**美國心理學會** (American Psychological Association，簡稱 APA) 於 1994 年頒布的格式。一篇正式的研究報告，格式主要包括如下一些內容：

1. 標題部分

(1) 標題：又稱題目或篇名，它是對研究報告內容的高度概括，一個好的標題，不僅在文字上的簡潔、明瞭，而且在內容上是確切的，讀者通過題目就可了解此項研究的問題是什麼。

文章的標題亦是編製分類索引和查閱研究報告的主要依據。因此，擬好標題對於學術交流是有重要意義的。

(2) **署名**：標題之下應是作者署名，不僅要標明作者，還要寫上工作單位。這是因為署名首先是表明該項研究的責任者，其次是有利於學術交流。

如果一篇文章有多位作者，還要考慮署名的順序，一般而言，貢獻最大的作者署在最前面，同時也意味著他（她）應負的學術責任也最多。

(3) **致謝**：致謝用以表示對該項研究資助、支持和幫助的謝意。一般以無編號的腳註形式寫在標題頁的下部。

2. 摘要部分　摘要以概括的形式提出研究的核心內容，可以使讀者迅速了解研究的整體情況，以判斷棄取。此外，摘要還用於編製索引與文摘，供其他研究人員查閱、檢索信息。

(1) **摘要**：摘要又稱內容提要，它用最精煉的文字概括地反映出研究的所有重要方面，即研究的問題、被試的特徵、所用的方法、研究的結果及由此得出的結論。一般中文摘要以 300 字以內為宜。

摘要雖然放在研究報告的前面部分，但它往往是在研究報告成文之後撰寫。對摘要的要求是語言精煉，內容完整。

(2) **關鍵詞**：關鍵詞較之摘要更為概括，通過 3～5 個詞來反映研究的內容。選擇恰當的關鍵詞，不僅有利於指導讀者閱讀，而且更為重要的是便於文獻檢索。關鍵詞一般選自標題，也有個別選自摘要的。如以〈成人期基本認知能力的發展狀況研究〉（申繼亮，2000）一文為例，關鍵詞為"成人期、基本認知能力、橫向比較、縱向比較"。

3. 引言部分　引言，又稱序言或緒論，是研究報告的問題提出部分。引言部分到底應寫哪些內容，目前尚無統一的說法。但無論引言如何寫，其核心目的就是要解決兩個問題，即告訴讀者此項研究所要表達的是什麼問題和為什麼要研究或解決這個問題。一般情況下，要清楚地為讀者交待這兩個問題。引言部分至少要包括如下幾方面的內容。

(1) **研究的內容或範圍**：指出研究報告將要探討何種問題，或哪一領域的問題，使讀者了解研究的方向和基本範疇。例如，〈漢語歧義句的加工〉一文開頭是：

> 在自然語言中，歧義是一種普遍存在且必須經常處理的語言現象。由此，在當代語言理解的研究中，歧義及其處理過程是心理學家十分感興趣的問題，也是一個爭議較多的研究領域。(陳永明、崔耀，1997，1 頁)

這段引言點明了此項研究屬於漢語認知研究範疇。

(2) **問題的背景**：在指出研究問題之後，就要對此問題的背景作一些交待，以幫助讀者更好地認識當前的研究。在問題背景部分，也有人稱之為文獻綜述部分，主要說明問題的緣起、問題的發展、問題的現狀。撰寫此部分內容，要切忌已有研究材料的堆積；而應在分析、整理基礎上，梳理出問題研究的脈絡，指出以往研究者是如何認識這一問題的，採用何種方法來研究此問題，取得了什麼樣的結論，近年來，關於此問題研究的動態是什麼，有哪些進展，有哪些爭議等。

(3) **研究的假設或待回答的問題**：在闡述研究問題的背景的基礎上，指出當前研究要解決的具體問題。或以表述變量間可能關係的假設形式出現，例如：

> 如果一個人從事他感興趣的作業，具有完成該作業的較高的動機，那麼，他就會在這方面取得好的創造性成就。從測量的角度看，如果上述假設成立，那麼創造性測驗的成績應該與特定的興趣和動機有顯著的相關。(施建農、徐凡，1997，272 頁)

或以待答問題出現，如

> 本研究的目的是要回答兩個問題①在漢字加工過程中，筆畫和部件是什麼樣的關係？②筆畫和部件數的效應和字頻是什麼樣的關係？(彭聃齡、王春茂，1997，9 頁)

(4) **研究的目的或意義**：此部分內容要表明研究的價值何在，與已有研究相比，當前研究的獨到之處是什麼。

(5) **重要研究變量的操作定義**：引言部分有了上述四部分內容已經是比較充實了，但有時為了向讀者更清楚地說明問題，作者還將研究中使用的重要名詞提出來給予界定，說明其在當前研究中的確切含義。例如：

語意的具體性是影響語詞識別的一個重要變量，對抽象詞的理解識別一般要難於具體詞，特別是在刺激單獨出現的情況下更為顯著，這就是所謂詞彙的具體性效應。(張欽、張必隱，1997，216 頁)

4. 方法部分　方法部分主要是向讀者交待清楚研究者是如何取得研究結果的。這部分內容概括、明確，通常包括如下幾個方面的信息。

(1) **被試，即研究對象**：此部分要說明的問題有：①被試來自何處，何種群體；②選取被試的方法是什麼，是隨機抽樣還是分層抽樣，抑或其他的途徑；③選取了多少被試，有效被試為多少；④被試的基本特徵是什麼，如性別、年齡、種族、職業、學歷、經濟地位等；⑤在有些研究中還要報告被試的身體健康狀況、智力水平等。通過這部分內容，應使讀者對被試的特徵與代表性有一個初步的了解。

(2) **研究工具**：是指研究者在研究過程中用來收集數據資料的儀器、量表、測驗、問卷等工具。研究工具一般可以分為兩類：一類是標準化的心理測量工具 (如智力測驗、人格量表等) 和定型的儀器。對於標準化的心理測量工具，應說明其版本或修訂版，基本構成與計分方法；對於定型的儀器要說明其型號、操作方式以及計分方法。另一類工具為自製或自編的，對於自己的量表、測驗、問卷要說明它們的編製原則 (或理論依據)、程序、內容構成以及一些簡單的標準化指標，必要時要附於附錄之中、對於自製的測量也要做恰當的描述，如實驗中，經常製作一些卡片，要說明卡片的大小及呈現方式。無論上述哪一類工具，一般情況下都要給出題目型式的樣例，以幫助讀者更為具體地了解工具的特徵。

(3) **程序與步驟**：主要說明研究過程是如何進行的，它包括研究設計的模式、被試分組、變量控制及測量指標。① 研究設計的模式要說明研究的基本特徵，如研究類型是橫斷研究還是追蹤研究，實驗處理方式是完全隨機分組還是區組設計，抑或是拉丁方實驗設計 (註 18-1) 等。② 被試分組，要說明實驗組、控制組如何產生，分組的標準和依據各是什麼。③ 變量控制，要交待清楚何為自變量，何為因變量，何為無關變量；在研究過程中，

註 18-1：拉丁方實驗設計 (Latin square experimental design) 是一個含 P 行、P 列、把 P 個字母分配給方格的管理方案，其中每個字母在每行中出現一次，在每列中出現一次。拉丁方實驗設計擴展了隨機區組實驗設計的原則，可以分離出兩個無關的效應。

對各種變量是如何處置的、採取的步驟、措施各是什麼。④ 測量指標，主要說明因變量的操作定義，即如何測量因變量，如要測量學生的數學能力，其指標包括運算能力、空間想像能力和數學推理能力等。

(4) **數據、材料處理方法**：對於已經量化的數據，一般報告使用何種統計軟件處理即可，如社會科學統計套裝程式 (SPSS)、統計分析系統 (SAS) 等。對於定性測量的分析，還要報告評判的指標體系，例如，柯爾伯格道德兩難故事的材料處理，就有一整套評分規則系統。

(5) **結果部分**：此部分以結果的呈現與分析為主，即把研究過程中通過觀察、測量等方法所收集到的數據資料按一定的格式羅列出來，包括呈現數據與統計分析兩部分。① 呈現數據，對研究過程中所獲得的數據資料進行加工整理，以統計表和統計圖的形式呈現出來。呈現結果的順序一般以研究假設或待回答問題為架構，即分別以研究假設或待回答問題為標題，然後輔以簡要文字描述，之後緊跟圖表。② 統計分析，向作者交待所用的統計方法，如方差分析 (ANOVA)、複方差分析 (MAVOVA)、t 檢驗、相關分析、因素分析等，並報告統計檢驗結果，即顯著水平。據此以說明研究結果與研究假設或待答問題的關係。

(6) **分析與討論部分**：分析與討論部分是研究報告的最關鍵部分，不僅要對當前研究所得結果的意義進行解釋，同時還要對導致或產生這種結果的可能原因進行闡述說明。撰寫這部分內容，一方面必須以事實為依據，充分考慮本項研究所得的結果，另一方面也要充分發揮創造性，以理論思維為基礎，揭示當前研究結果的廣泛含義。一般情況下，討論部分包括如下幾部分的內容。

A. 對研究假設或待答問題的說明：儘管研究假設或待答問題是研究報告引言部分的內容，但在討論部分再作闡述仍是必要的，一方面可以提醒研究者明確所要研究、解決或證實的問題，以便使討論更有針對性，避免討論離題現象的發生；另一方面可以使讀者明白所要討論的問題和範圍。

B. 對研究結果的解釋和說明：依據研究所得的結果，來說明研究假設是否成立，或給出待答問題的答案。同時還要依據一定的理論或作者本人的觀察思考，進一步闡述所研究問題或現象的內在規律性和變量間關係的性質。尤其對於不支持研究假設的結果，不僅要分析其產生的可能原因，同時還應考慮提出新假設。

C. 與同類研究結果的比較：引言中的文獻綜述部分已就所研究問題的同類研究結果做了交待，在討論部分應當前後呼應，把當前研究所得結果與提及的研究結果進行比較，以便作出更廣泛的推論。通過比較可達到三個目的：首先可以了解研究是否有新的突破；其次是當前研究的結果是否具有普遍性；再就是發現新的問題。

　　D. 闡釋研究結果的價值：對研究的理論意義和實踐意義進行說明，即向讀者交待當前研究所得結果的價值何在。

　　E. 提出建議：建議的內容分兩種，一種建議是依據研究結果而提出的注意事項，或革新方案，例如，研究結果表明教師課堂教學效果與其掌握的心理教育科學知識有顯著的正相關，就可向教育行政部門建議為中小學教師提供學習心理、教育科學知識的機會和條件。另一種建議是指出當前研究的不足之處，指出進一步研究應注意的問題，或應當進一步研究的問題。

　　(7) **結論部分**：經過分析與討論後，就可把研究所得歸納、概括出來，即研究結論。撰寫結論應當注意：

　　A. 文字要簡練概括：通常是研究假設驗證結果的表述，或待答問題的答案。

　　B. 切忌主觀臆測：只交待研究結果，不包括原因分析、探討與推測。

　　C. 避免結論概括化程度過大：小樣本或特殊樣本得到的結論不能推論到總體上。

　　(8) **參考文獻**：參考文獻指研究報告中所引用的文獻資料來源。這部分內容通常放在正文之後。列舉參考文獻既可以表達對他人勞動成果的尊重，又可向讀者提供進一步探討的資料來源。

　　(9) **附錄**：附錄用以提供詳細的、重要的，但又不便放在正文中出現的信息。附錄的內容通常是實驗材料、工具，如問卷、訪談提綱等，在有些情況下也包括複雜的公式、計算機程序、實驗處理的說明等內容。若附錄有多項，可予以編號，如附錄一、附錄二等。

第二節　研究報告的撰寫

撰寫報告是一項完整的研究活動的最後一個環節，也是研究成果實現其價值的根本途徑。研究報告是研究成果作用於社會的媒介。因此，撰寫報告也是一項非常重要的工作。

一、撰寫研究報告的一般程序

儘管撰寫研究報告是研究活動的最後階段，但這並不等於說撰寫研究報告必須待數據收集和分析工作結束之後才開始。實際上，在選定課題之後，著手研究設計時，就應考慮到將來研究報告的撰寫工作。這樣就可保證"問題定向"的撰寫風格，而非"數據定向"的撰寫方式。也就是說，數據僅僅是說明問題的論據，研究報告應圍繞問題解決而展開，而不應從數據去尋找要說明的問題。否則，研究者面對大量的數據會感到茫然，不知所措。

基於上述考慮，可以按照下述步驟撰寫研究報告。

(一)　確定研究報告的類型

在動筆撰寫研究報告之前，首先必須明確研究報告的去向，是呈報上級主管部門或項目委託單位，還是向學術雜誌投稿，或者是申請學位。在確定了研究報告的去向之後，就應根據研究報告的類型要求來寫作。

如果研究報告是用於向上級主管部門呈報，供決策之用，那麼寫作內容不僅要詳盡，而且還要注意行文用語，對專業性詞彙應作必要的解釋說明。如果是投稿之用，要理解所投刊物的性質、辦刊宗旨、徵稿範圍、讀者對象以及用稿格式。較為便捷的方式是找一份刊物的"稿約"，詳細而認真地閱讀，用以指導具體寫作過程。如果是學位論文，除遵循論文寫作規範外，還要注意專業性，即盡量用專業術語來寫作。

（二） 擬定寫作提綱

寫作提綱，即研究報告的基本架構。具體來講，寫作提綱要回答如下幾個問題：全文分為哪幾部分，各部分的主要內容是什麼，部分與部分之間是否銜接。

在具體擬定寫作提綱時，一般依照由大到小、由粗到細、分層思考的原則進行。首先確定研究報告的組成部分，然後擬定各個部分的標題，最後在各標題之下寫出要點。

寫作提綱擬定完畢之後，應謄寫清楚，自己認真通讀一遍，以評判內容組織是否緊湊，前後是否一致連貫，層次是否分明，重點是否突出。如有可能，還可請同行審閱、評價，以確定寫作的可行性。

（三） 準備寫作材料

在擬定好寫作提綱、動手撰寫正文前，還應再做一些準備。準備工作之一，整理研究文獻，摘錄要點（可以製成文摘卡片）；準備工作之二，數據整理，製成圖、表；準備工作之三，統計分析研究結果，給出顯著性水平。

（四） 寫作初稿

在擬定好寫作提綱、準備好材料之後，便可動手寫作正文。正式寫作正文時，首先要注意寫作的格式要求；其次，寫作最好盡快完成，以保證寫作的思路清晰、連貫；第三，先盡量完成主幹內容，然後再對細節進行修補，如附錄、附註、參考文獻等。

（五） 修改定稿

初稿寫作完成之後，首先自己要通讀幾遍，對文章的框架結構、寫作格式規範性、遣詞造句進行評價、修改與完善。當自己感覺較為滿意時，再請同行進行閱讀、評價。之後參照同行的審閱意見，對研究報告再次進行修改並力求完善。

二、撰寫研究報告的一般原則

研究報告不同於小說、散文、工作總結等，它是對科學研究過程及結果的表述。因此，撰寫研究報告應遵循一定的原則。

（一）及時性原則

嚴格意義上講，撰寫研究報告的工作應始於研究設計，在考慮如何收集數據以檢驗研究假設時，就應考慮到將來如何表述研究結果。因此，在數據收集工作結束之後，應立即著手撰寫研究報告工作，這樣做有助於：(1) 使研究工作緊湊，不拖延，早日得到研究結果，使自己的研究在同行、同領域內領先；(2) 及時完成寫作工作，因為此時正對所研究的問題比較熟悉、相關研究資料尚未遺忘，容易組織材料；(3) 及早發現新問題，開展更深入的研究。

（二）整體性原則

在動手撰寫研究報告之前，應通過擬定寫作提綱來通盤考慮全文的內容與結構，使之謀篇布局合理，層次清晰、重點突出。為此，尤其應注意避免"文獻綜述"和"分析討論"兩部分出現"過繁"或"過簡"的現象。

（三）客觀性原則

研究報告是學術性文章，因此，行文要避免主觀臆測，表述要客觀。為此，在行文中做到：(1) 以事實為依據，不要使用情緒性字眼；(2) 遣詞用字清晰明確，平鋪直敘，不可用修辭或抒情的方式來提高文章的生動性和可讀性；(3) 盡量不要使用歧義性或模稜兩可的語句；(4) 盡量避免使用第一人稱，宜採用第三人稱，如"作者"、"研究者"；(5) 在引用他人語句成果時，盡量避免使用恭維的詞或頭銜，如"著名×××"、"×××教授"等。

（四）規範性原則

撰寫研究報告是交流學術思想的重要手段，因此，為了便於交流，應遵循一定的規範與體例來撰寫研究報告。(1) 一份研究報告遵循同一種體例，不可多種體例混用，如正文應按 APA 體例，而參考文獻採用《芝加哥文體手冊》(Chicago manual of style, University of Chicago Press, 1993)；(2) 用詞要規範，儘量不要用日常用語或口語替代學術名詞，也不要任意製造新的學術名詞，同時還要注意正文中儘量避免使用簡稱或縮寫字，可在附註、附表、附圖中使用簡稱或縮寫字。

三、研究報告中圖表的格式

圖、表是直觀、簡明呈現研究結果的重要方式，是研究報告中不可或缺的部分。因此，在製作圖、表時要注意格式要求。

(一) 製　　圖

研究報告中使用的圖形分為統計圖和非統計圖兩種。前者是以點、線、面、體表示變量的數值大小，後者更側重表示變量間的關係。

1. 統計圖　　統計圖有多種多樣，如直方圖、圓形圖、線形圖等。但它們的構造基本上是一樣的，包括如下幾部分：

(1) 圖號與圖題：圖號與圖題相當於表的序號與表的標題。因此，製作圖號、圖題的要求與製作表題的要求基本相同，所不同的是圖號、圖題寫在圖形的下方位置。

(2) 坐標系：大多數統計圖都是以直角坐標系為參照的。在直角坐標系中，橫坐標軸代表自變量，縱坐標軸代表因變量。在橫坐標軸下方及縱坐標軸左側，應分別注明兩坐標軸各自代表的是什麼，並在括號內註明所使用的單位。兩坐標軸的交點定為原點，橫坐標從左到右，縱坐標從下到上標定刻度，刻度的間距要相等，同時在兩軸上標出數量範圍。若最小值與原點距離較遠，可將原點改為適宜的數值，或保持原點 0 不變，在 0 與最小值之間畫一個符號"∥"表示此段距離被省略。

(3) 圖形：圖形是圖的主要部分，由坐標點和坐標點間的線段構成。一般除圖形線外，避免書寫文字。在表示不同的結果時應用不同的圖形線以示區別，各種圖形線的含義用圖例標明，圖例可選圖或圖外一適當位置表示。

(4) 圖註：圖註是對統計圖中有關內容的說明，類同於表註。

2. 非統計圖　在研究報告中，有些內容用文字不易表述清楚，可以借用圖形進行說明，如實驗裝置簡圖、作業流程圖、變量間關係圖等，讀者通過簡圖，便一目了然。

(二) 製　表

一個完整的統計表應包括三部分，即表題、表體、表註。製表的基本要求如下：

1. 表題　表題包括表的序號和表的名稱 (或標題)。表的序號一般採用"表"字與阿拉伯數字組成，如"表 2"；表的序號表示該表在文中出現的順序，表的序號要寫在表的左上方。

表的標題是對表的內容的概括，用語要簡潔扼要，使人一看便知該表的內容。若用語過簡，如使用簡稱或縮寫，應在表註內加以說明。表的標題通常寫在表的正上方。

2. 表體　表體通常由標目和數字兩部分所構成，是表的主體部分。標目，即分類的項目，一般列在表的最上面一行和左側一列。最上面的一行又稱橫標目，通常用來表示研究對象或特徵的指標、類別，在橫標目內應注明單位，如"%"、"分貝"。左側一列又叫縱標目，通常用來表示研究對象或特徵。

數字是統計表的語言，占據統計表的大部分空間，書寫時一定要整齊劃一，位數要上下對齊，小數點後缺位的要補零，缺數字的項要劃"—"。

此外，在表的畫法上應注意：(1) 表的上下兩橫線的線條要粗些；(2) 表的兩邊縱線應當省略不畫；(3) 標目與數字之間應有線隔開。

3. 表註　表註是對統計表中有關內容的說明，它包括對表的來源的說明、對表中符號的說明、對表中數字的說明、以及統計檢驗顯著性水平的說明。在表中需要用表註對項目作說明時一般不用數字性腳註號，而採用小寫字母，因為數字性腳註容易與表中數字混淆，星號 (*) 一般用於表示顯著性水平。

一般情況下，表註的文字要用比正文字體小一號的字書寫。

四、註釋及其寫法

（一） 註釋的功用

註釋在研究報告中是不可缺少的一部分，因為註釋在研究報告中有多種功能。

1. 指出正文中引用或參考資料的出處來源 其目的在於一方面供讀者查證；另一方面表明作者言而有據；再者還表示對他人勞動成果的尊重。

2. 補充說明正文內容 為了使行文流暢，使文章內容更明確、更豐富，一些不宜在正文出現的內容可通過註釋的方式來表達。例如，特定術語的解釋、說明，文中數據、結果的由來，事件的背景情況，作者對某一問題的評論等，這些不宜插入正文中的內容都可借助註釋來表達。

3. 保持文章簡潔，避免重復 在同一份研究報告中，有時需要多次引述同一個觀點或研究結果，為避免文字上的重復，可通過註釋方式來使文章前後呼應，通常把此類註釋置於括號內。例如，(詳見圖 3)、(見上文第五頁)、(詳見下文第 20 頁)。

（二） 註釋的位置

依照註釋在研究報告中出現的位置不同而有以下幾種情況。

1. 腳註 腳註 (footnotes) 與引文或參考資料列在同一頁，置於頁底。例如：

　　註 1：朱智賢 (1979)：兒童心理學，北京市：人民教育出版社，第 101 頁至 122 頁。

腳註的標示號有不同形式，如 (註一)、(註二)，或 (註 1)、(註 2)；或用置於方括號內的小號阿拉伯數字來表示，通常置於引述語之後，並比正文高半格。

2. 括弧註 括弧註 (parenthetical reference) 為 APA 刊物採用的註釋方式。採用括弧註時，不需標示號碼，但要在正文中所欲註釋的詞句後加上括弧，並在括弧內標明作者及年代。其形式如下：

……心理學家班杜拉 (Bandura, 1977) 認為，自我效能感……

必須注意的是，括弧註必須與文後參考文獻相呼應，即根據括弧內的作者姓名與年代，讀者可在參考書目中查到資料名稱及出版信息。

3. 附註 附註 (或文後註) (endnotes) 即將所有註釋集中起來，放置全文之末。有些研究報告採用了附註，就不再羅列書目了。

採用文後註應注意各項註釋的標號問題。其標示辦法與腳註相同，腳註以頁為單位進行編號，而文後註是全文統一編號。

(三) 引註的書寫格式

引註大致來自三個方面，即書籍、期刊雜誌、學位論文或會議論文，不同資料來源的書寫格式有所區別。

1. 書籍的引註 若引文來自書籍，其書寫格式為：
作者 (出版年代)：書名 (版次)。出版地：出版者，頁碼。
舉例如下：
(1) 引自林崇德 (1992)：學習與發展。北京市：北京教育出版社，第 168 頁。
(2) 參見 J. S. Bruner (1961), *The Process of Education.* Cambridge, Mass: Harvard University Press, p20.

2. 雜誌期刊的引註 若引文來自期刊雜誌，引註的書寫格式為：
作者 (出版年代)：文章名稱。雜誌或期刊名稱，卷數，期數，頁碼。
舉例如下：
(1) 參見李洪玉、何一粟 (1998)：10～17 歲兒童情緒詞記憶效應的實驗研究。心理發展與教育，第 14 卷，第 10 期，第 12 頁至 18 頁。
(2) 引自 L. Steinberg, S. M. Dornbush, & B.B. Brown (1992): *Ethnic differences in adolescent development: An ecological perspective.* American Psychologist, 47, 723～729.

3. 學位論文或會議論文的引註

引註學位論文或會議論文時，註釋的書寫格式與書籍的引註書寫格式相同，所不同的是，論文之後不列出版商，而是頒授學位的學校名稱，或發表該論文的學術會議名稱。

舉例如下：

(1) 引自李茵 (1998)：老年期社會情緒問題的表徵與應對。北京師範大學碩士論文。

(2) 參見李淑湘、陳英和 (1996)：六至十五歲兒童對友誼特性的認知發展。安徽黃山：中國心理學會發展心理專業委員會學術年會。

五、參考書目的書寫格式

參考書目(或**參考文獻**) (references) 係作者在研究報告中所參考的各種資料的總稱，通常置於全文最後。參考書目不僅可以提示本研究所參考各種資料的出處來源，提供讀者進一步查閱原著作的線索，同時還可以顯示作者對本課題的歷史和研究現狀的把握程度。因此，參考書目還是評價研究報告的依據之一。

(一) 參考書目的排列順序

如果參考書目中既有中文，又有外文，原則是先中文後外文。中文排序有多種方式，如按姓氏筆畫多少排列，筆畫少的排在前面，筆畫多的排在後面；外文則以作者姓氏的拼音字母排列，拼音的第一個字母為排序依據，按二十六個英文字母排列，若第一個字母相同，則按第二個字母的順序排列，依次類推。也有人以參考書目出版的年份為依據排序，最新的排在最前面，年代愈久遠，排得愈靠後。

(二) 參考書目內容的順序

參考書目內容的順序與引註的書寫格式基本相同，唯一的區別是外文參考書目作者姓名的寫法，參考書目中，先寫作者的姓 (last name)，之後寫名，例如：

Finn, N. (1972): Expectations and the educational environment. *Review of Educational Research*, 42, 3, 387～410.

參考書目的具體書寫格式可能因文而異，關鍵一點是提供的信息必須準確、清晰、完整。

第三節　研究報告的評價

研究報告的評價係指對研究報告的撰寫格式與撰寫內容的檢查、分析和評定。評價可以是對研究報告整體上進行評價，也可以是對研究報告各個組成部分進行分項評價。

一、整體評價

整體評價（whole appraising）是讀者或評價者對整個研究報告的內容與形式較概括的看法。評價指標主要有如下幾項。

（一）　寫作格式的評價

如前所述，研究報告不同於詩歌、散文，應有特定的寫作格式。因此，寫作格式也是評價內容之一。在評價研究報告的寫作格式時，可以考慮：

1. 文章結構是否完整，是否缺少摘要、關鍵詞、參考書目。
2. 完整各個部分撰寫體例是否統一。
3. 引註是否有註釋，自製測量工具是否有附錄。

（二）　文字表達的評價

如前所述，研究報告的重要功用之一是進行學術交流，因此，文字表達水平應是評價研究報告時考慮的重要方面。在評價研究報告的文字表述時，可以考慮：

1. 語句是否順暢。
2. 遣詞造句是否恰當，是否詞可達意。
3. 語言是否晦澀，是否有"口語化"的傾向。
4. 敘述是否簡明、扼要。

5. 標點，符號使用是否合理。

(三) 內容組織的評價

一篇研究報告，從結構上看，是由多個部分組成的；從內容上看，表達的不僅是作者的研究結果，而且還涉及到他人或前人的研究成果。如何給讀者一個清晰明瞭的概念，這取決於文章內容的組織。在評價研究報告的內容組織時，可以考慮：

1. 文章結構是否合理，"文獻綜述"、"分析討論"部分是否有過繁或過簡之嫌；文中表格與圖形是否運用過多，占篇幅太大。
2. 研究思路是否清晰，從問題提出到研究實施再到分析討論，直到得出結論，邏輯聯繫是否明顯。
3. 研究重點是否突出，所提研究假設是否具體明確；是否圍繞研究假設成立與否展開深入討論。

(四) 研究結果價值的評價

研究結果的價值是研究報告的靈魂所在。因此，評價研究結果的價值，應是評價研究報告的重中之重。在評價研究報告的價值時，可以考慮：

1. 是否提出了一種新的觀點、新的理論。
2. 對他人或前人的理論、觀點有無補充、改進之處。
3. 所得結果的可靠性如何。
4. 研究結果的外在效度如何。

整體評價是針對整篇文章而言的，通常還進行分項評價，具體指出研究報告的優缺點所在，從中學習長處，改進不足。

二、分項評價

分項評價 (part appraising) 是讀者或評價者針對研究報告的各組成部分的內容和表達方式進行的檢查、分析和評定。根據研究報告的組成，下面分項討論評價指標。

（一） 標題與摘要

1. 標題是否簡明，是否超過了 20 個字。
2. 標題是否確切，標題指示的研究方向和範圍與正文報告的內容是否相等，是否存在題目過大或過小的現象。
3. 作者署名是否合乎規範，是否包括作者的服務單位。
4. 摘要是否簡明準確，字數是否在 250 字左右。
5. 摘要是否概括地報告了最核心的內容，諸如研究方法、研究結論。
6. 關鍵詞選擇是否恰當，關鍵詞個數是否為 3～5 個。

（二） 文獻綜述與問題提出

1. 文獻綜述的內容是否涵蓋了相關的重要文獻。
2. 文獻綜述的內容是否緊扣研究問題和假設。
3. 文獻綜述除介紹他人或前人的研究外，有無評論；評論是否恰當、確切；是否將作者的觀點與文獻中的觀點作了區分。
4. 文獻綜述的內容是簡單的材料堆切，還是按一定思路進行了組織。
5. 文獻綜述是否佐證了當前研究的重要性。
6. 文獻綜述中的引文方式是否合乎規範。
7. 對所要研究的問題的性質與範圍界定是否明確。
8. 對當前研究的意義或價值是否作了闡述。
9. 對重要概念是否作了說明。
10. 是否列出了待答問題或待檢驗的假設。
11. 各項研究假設是否言之有據。
12. 各項假設是否是對兩個或兩個以上變量間關係的推測。
13. 各項研究假設是否與研究問題和文獻綜述有邏輯聯繫。
14. 假設中的變量有無操作定義。
15. 假設的可檢驗程度如何。
16. 敘述假設的語句是否簡單、明瞭。

（三） 研究方法

1. 是否報告了取樣的總體。
2. 取樣的方法是否適宜，樣本的代表性如何。
3. 樣本特徵描述是否詳盡。
4. 是否交待了樣本分組的依據，分組方法是否恰當。
5. 收集數據、資料的方法是否適合研究問題的性質。
6. 選取研究工具是否有依據。
7. 是否介紹了每種工具的特徵、性質及使用方法。
8. 對收集到的數據資料是如何編碼的。
9. 是否說明了研究實施的時間、地點、人員（主試）、過程，對研究過程中出現的問題有無交待。
10. 控制無關變量的措施是什麼。
11. 研究方法部分的敘述是否清楚、確切；他人可否依據作者的敘述重複該項研究。

（四） 研究結果與分析討論

1. 採用的統計方法是否恰當。
2. 是否恰當地運用了統計圖、表。
3. 每項假設是否都付諸了檢驗，是否為每一個待答的問題提供了量化的答案。
4. 統計分析是否合乎邏輯，結果是否準確可靠。
5. 研究問題或假設在討論中是否適當地加以重述。
6. 研究結果的討論是不是圍繞待答問題或研究假設而展開的。
7. 結果討論部分是否與文獻綜述部分相呼應。
8. 對研究結果的分析、推論是否客觀，是否合乎邏輯。
9. 作者有無提出新的觀點或見解。
10. 是否提出了值得進一步研究的問題。
11. 是否分析了本研究的局限。
12. 研究結論有無超越實證資料的限制，有無過度概括 (overgeneralization) 之情形。

13. 結論敘述是否簡潔。

(五) 參考文獻與附錄

1. 所列參考書目是否包括了所有引用過的文獻資料。
2. 所列參考書目是否與研究的問題相關。
3. 參考資料的書寫格式是否符合要求。
4. 參考書目的編排是否整潔、美觀。
5. 附錄的必要性如何，在設有附錄的情況下，讀者可否準確、全面理解行文內容。

無論是以上介紹的整體評價，還是分項評價，所羅列的評價標準僅是供定性評價研究報告之用，為使研究報告的評價更為準確、客觀，還應發展定量評價的指標體系、方法措施。例如，元分析就是定量評價研究報告的一種技術。

第四節　元分析

一、元分析的概念

元分析 (或後設分析、統合分析) (meta-analysis) 是 70 年代發展起來的一種用以評論 (review) 和調研 (survey) 研究文獻的定量分析方法。它運用有關測量和統計分析技術，對已完成的眾多課題所涉及的變量進行定量分析，目的在於從大量的研究結果中發現和得出綜合性的、具有普遍意義的結論。這種方法對於總結以往研究成果，得出一般規律，發現問題，並在此基礎上開展進一步研究，具有重要的理論意義和實踐意義。

元分析是相對於初始分析和進一步分析而言的。初始分析和進一步分析都是在以原始數據為基礎的條件下進行的初級研究。**初始分析** (primary analysis) 是指起始的研究，包括針對研究課題的數據的收集、數據加工以及結果發表。**進一步分析** (secondary analysis) 是指對同樣的數據採取不同於初始分析的觀點和方法進行的整理分析。而元分析則是在無需獲得原始數據條件下，對多項初級研究進行的總結性統計分析。

元分析作為心理與教育研究的一種形式，在許多方面它又類似於**個別實驗** (individual experiment)。例如，在個別實驗中，實驗者會選取一組被試，提出一項或多項有關研究結果的假設，在實驗過程中，盡可能控制無關變量以減少或避免實驗誤差，然後把收集到的數據匯集起來進行統計分析，以檢驗研究假設是否成立，最後對所得的結果進行分析解釋，形成結論並為進一步的研究提出建議。元分析基本上也是遵循這樣一個研究程序，所不同的是研究者不直接對被試進行實驗處理來收集數據，而是把他人的相關研究作為"被試"，從中抽取數據進行分析。研究者主要是從兩方面抽取數據：(1) 把每項研究的基本特徵轉換為計數數據（命名量表）或等級量表；(2) 把研究結果轉換為元分析中的統計參數。此外，在個別實驗中，包括有自變量與因變量，實驗研究的目的在於確定自變量與因變量二者間的關係性質。同樣，在元分析中也包括有自變量和因變量，其中因變量解釋從各項研究所獲得的效應量值 (effect size)，自變量則是各項研究的特徵，諸如被試的基本特徵、實驗處理或干預的方式、測量結果的指標等，通過評估自變量對因變量顯著變異的解釋力來檢驗二者之間可能的關係。

目前，元分析已成為心理與教育科學研究中對同類課題進行綜合評價、分析、整合研究結果的重要方法之一，它不僅能對實驗研究進行總結，也能對相關研究進行總結。為深入了解這種方法，有必要了解元分析的基本步驟和方法。

二、元分析的基本步驟

儘管目前尚沒有一個標準化的元分析程序，但實施元分析的基本步驟是相同的。通常情況下，元分析過程主要包括如下六步：

（一） 提出課題

正如其他研究一樣，元分析的第一步也是確定研究的問題，提出研究假設。不同於一般心理實驗研究之處在於，它是把每個關於此問題的研究當作"被試"來進行統計分析，進而檢驗假設。以兒童心理治療為例，此領域的研究非常豐富，發表與未發表的文獻也非常多，研究者若要對此領域的研究進行元分析，首先就要"聚焦"於研究的問題，即從已有的眾多研究中篩選出欲研究的問題，例如是關於注意缺失綜合症治療的研究，還是關於恐懼症治療的研究，或者是關於孤獨症治療的研究等等；進而，還要將研究問題轉化為研究假設，例如"對於治療注意缺失綜合症，認知治療法比行為治療法更有效"。

（二） 收集相關研究

在確定了研究問題之後，就可以收集有關此問題的研究報告。在收集相關文獻過程中，有兩個問題必須明確，問題之一，未發表的研究報告是否應包括進來。一般情況下，發表的研究報告基本上都是實驗效果顯著，而未發表的研究報告則多半是實驗處理的效果不明顯。因此，從理論上講，在收集文獻時應將未發表的畢業論文、研究報告包括進來，否則將會出現"取樣"偏差，致結論的普遍性降低。問題之二，用什麼方法去收集。一般而言，收集相關的調查研究有三種方法。第一種方法是計算機檢索。這種方法較為快捷，既可以檢索正式發表的文獻，例如心理學文獻可以查閱 PsyLIT，也可以查閱未發表的文獻，例如畢業論文摘要可以查閱 ERIC。其缺點是對相關文獻的識別不是十分可靠，檢索出的文獻中常常混有大量的無關文獻，並可能遺漏一些相關的文獻。第二種方法是手工檢索。其長處在於研究者可以直接查閱原文，了解文章的具體內容，可以較為準確地確定所查閱的文章是否可用。其缺點是費時，檢索的範圍、數量都比較有限。第三種方法是利用檢索出的相關文章後面所附的參考文獻做進一步的檢索。這幾種方法各有優缺點，如果條件允許的話，幾種方法可以並用。

（三） 研究的編碼

這一步的工作主要是把各個研究的基本特徵數量化。例如，對治療兒童多動症的研究進行元分析時，研究編碼包括如下幾個方面：被試特徵 (如數量、年齡)、研究設計 (如有無對照組、隨機化或非隨機化)、治療者 (如職業治療專家、研究生、兒童的父母、教師)、治療方法 (如言語自我指導、行為療法)、兒童行為問題的類型 (如活動過多、注意力不集中、情緒衝動) 以及實施治療的方式 (如集體治療、個體治療) 等。編碼的過程就是用不同的數字來表示上述各方面，如對治療者的編碼，職業心理治療專家＝1，臨床心理專業研究生＝2，兒童的父母＝3，教師＝4。對研究進行編碼是進一步量化分析的前提條件。

(四) 研究結果的測算

在對已有的研究分類、整理、編碼之後，接下來的工作就是將各項研究所報告的結果整合起來。在心理與教育科學研究中，常用的測算研究結果的方法有：票數計算技術、顯著性合成技術和效應量值技術。以下將對這幾種方法作簡要介紹。

(五) 測算結果的統計分析

為獲取更為詳盡的信息，還可利用所獲得的測算結果作進一步的統計分析。例如，利用效應量值 (ES) 就可做多種統計分析，如多元回歸分析。此時，效應量值即為被預測變量 (因變量)，研究的基本特徵 (如研究編碼中提到的幾方面) 就是自變量。再比如，進行組間差異檢驗，以被試類型為分組變量，就可考查效應量值組間差異的顯著性水平。

(六) 提供結論和建議

根據對測算結果的統計分析，研究者就可以確定研究假設是否成立，從而得出結論。假如通過對數學能力培養實驗的效應量值分析發現，培養方法為分組變量，組間差異顯著。由此就可得出結論，數學能力培養效果依教育方法而變化。此外，效應量值分析還可以為今後此類研究提供改進的建議。

三、常用元分析技術

如上文所述，在心理與教育科學研究中，常用的元分析技術主要包括：

票數計算技術、顯著性合成技術和效應量值技術。

(一) 票數計算技術

票數計算技術 (vote counting) 是按研究方向和結果，分類計算初級研究樣本項目的統計顯著性，據此作出定量的總結統計。其具體步驟是：

1. 畫出表格，分別列出"顯著性正值"、"顯著性負值"、"不顯著"等類目。

2. 將初級研究項目的結果歸類。若研究結果支持某一假設，則在"顯著性正值"類目中做個標記；若研究結果與研究假設相反，則在"顯著性負值"類目中做個標記；若研究結果"不顯著"，就在"不顯著"類目中做個標記。

3. 計算三種類目上研究項目的數字，如果屬於其中一種類目的研究項目明顯地多於其他兩類，那麼該類目即為衆數。

4. 衆數項目被認為能夠最好地估計出自變量和因變量的真實關係的方向。

票數計算技術比較簡單，所得結果也比較客觀，但這種方法也有其局限性，主要表現在：

1. 增大了犯第 I 型錯誤的概率 (∂)。在心理與教育科學研究中，無論何種統計檢驗方法，都是以概率為基礎，換言之，具體到每項研究的統計檢驗結果，其結論是"顯著"或"不顯著"，都存在有犯錯誤的可能性 (∂)。而票數計算技術把統計結果累積起來，因此有可能增大犯第 I 型錯誤的概率。例如，假設某一研究者欲考查男女生學習數學的性別差異，收集到相關研究 100 項，每項研究均以 0.05 為顯著性水平，進行 t 檢驗，若性別差異確實存在，問有多少項研究表現出顯著性差異才能反映出真實差異？也有人可能會說 95%，即 95 項即可。其實這種回答是錯誤的。因為對於第一項研究而言，無第 I 型錯誤的概率為 $(1-0.05)$，對於第二項研究而言，無第 I 型錯誤的概率為 $(1-0.05)$，依次類推，所以，$(1-0.05)\times(1-0.05)\times\cdots\times(1-0.05)$，則為所有 95 項研究無第 I 型錯誤的概率，那麼總體 ∂ 水平為：$1-(1-0.05)^{95} \cong 0.99$。很顯然，$\partial \cong 0.99$ 是無法接受的。

2. 無法反映實驗處理效果的大小和變量間關係的緊密程度。因為票數計算技術只關注統計結果是顯著或不顯著，而沒有涉及統計量的大小，如平均數、標準差、相關係數等，也沒有涉及顯著性水平的高低。

3. 票數計算技術對於各項目結果的不一致現象無法進行準確判斷，即無法辨別是偶然現象，抑或是系統因素造成的。

票數計算技術作為一種簡捷、客觀的元分析手段，在實踐應用中不斷完善，如按研究特徵分別計算票數，與其他的方法結合使用。

(二) 顯著性合成技術

顯著性合成技術(probability combining techniques) 是將初級研究樣本結果中的顯著性水平進行合成，以便得到一個總的顯著性水平。根據實驗研究採用的統計方法和指標的不同，顯著性合成方法各異。其中常用的方法有 P 均值法、加 t 法、加 E 法。

1. P 均值法　這種方法適用於各初級研究項目研究結果中報告了 P 值或可根據已知條件計算出 P 值的情況，其公式為：

$$Z=(0.50-\overline{P})\cdot\sqrt{12N} \qquad [公式\ 18\text{-}1]$$

其中 $\overline{P}$ 為各初級研究項目的 P 值平均值；N 為研究項目數。例如，有六項研究的 P 值依次為：0.01、0.10、0.25、0.05、0.001、0.025，則 $Z = (0.05-0.073)\cdot\sqrt{12\times 6}=3.62$，查正態分布表，$Z$ 等於 3.62 時，P 值為 .001，表明實驗處理效果極其顯著。

2. 加 t 法　這種方法適用於各初級研究項目中報告了 t 值，樣本量的情況。計算公式為：

$$Z=\frac{\sum_{i=1}^{N}t_i}{\sqrt{\sum_{i=1}^{N}\frac{df_i}{df_i-2}}} \qquad [公式\ 18\text{-}2]$$

其中，t_i 為第 i 項研究的 t 值，df_i 為第 i 項研究的自由度，N 為研究項目數量，例如，有六項研究的 t 值和 df 依次為：$t_1=2.46$，$df_1=30$；$t_2=1.32$，$df_2=25$；$t_3=0.68$，$df_3=20$；$t_4=1.71$，$df_4=25$；$t_5=5.13$，

$df_5=40$；$t_6=2.25$，$df_6=15$，則：

$$Z=\frac{13.45}{\sqrt{\frac{30}{28}+\frac{25}{23}+\frac{20}{18}+\frac{25}{23}+\frac{40}{38}+\frac{15}{13}+}}=5.25$$

查正態分布表，Z 等於 5.25 時，P 值達 0.001 水平，表明研究處理效果極其顯著。

3. 加 E 法 這種方法適用於各初級研究項目中報告了 E 值的情況。計算公式為：

$$Z=\frac{\sum_{i=1}^{N} E_i}{\sqrt{N}} \qquad [公式\ 18\text{-}3]$$

其中 E_i 為第 i 項研究的 E 值，N 為研究項目數，例如，有六項研究報告的 E 值依次為：2.346、1.282、0.674、1.645、3.096、1.96，則

$$Z=\frac{10.98}{\sqrt{6}}=4.47$$

本正態分布表，當 $Z=4.47$ 時，P 值達 0.001 水平，表明實驗處理效果極其顯著。

顯著性合成技術利用了研究結果的統計量，克服了票數計算技術在此方面的局限性。但是，顯著性合成技術同樣無法有效處理各方面研究項目研究結果不一致性問題，也不能處理效果的大小或變量間的關係程度。

（三） 效應量值技術

效應量值（effect size）的計算方法是實驗組與控制組平均數之差除以兩組的聯合標準差（註 18-2）或同一組被試後測平均數與前測平均數之差除以聯合標準差。效應量值一般用 d 或 g 來表示。從理論上講，效應量值可以是任何大小的值，但是在社會科學與行為科學中，一般規定 0.20 左右為

註 18-2：聯合標準差指總體方差未知時兩個樣本標準差的加權平均值稱為標準差，它是對總體方差的最佳估計值。

表 18-1　兒童心理治療研究元分析一覽表

研究	因變量	單個變量	單項研究	因素
1	1,3,6	1＝1.24 3＝0.21 6＝0.54	0.66	1＝1.24 3＝0.21 6＝0.54
2	3,5	3＝0.6 5＝0.00	0.30	3＝0.6 5＝0.00
3	2	2＝0.79	0.79	2＝0.79
4	2,3,6	2＝0.09 2＝0.17 3＝0.25 6＝0.33	0.21	2＝0.13 3＝0.25 6＝0.33
5	1,2,3,4,5	1＝0.30 1＝0.45 2＝0.00 3＝0.37 4＝0.12 5＝0.00	0.21	1＝0.38 2＝0.00 3＝0.37 4＝0.12 5＝0.00
6	3	3＝2.75	2.75	3＝2.75
7	4,6	4＝0.24 6＝0.89 6＝1.25	0.79	4＝0.24 6＝1.07
8	1,2,4	1＝0.82 2＝0.20 4＝0.10	0.37	1＝0.82 2＝0.20 4＝0.10
9	2	2＝0.14	0.14	2＝0.14
10	5,6	5＝0.00 6＝0.90	0.45	5＝0.00 6＝0.90
M		0.49	0.66	1＝0.81 2＝0.25 3＝0.84 4＝0.15 5＝0.08 6＝0.84

註：因變量 1＝認知過程，2＝自我報告人格，3＝教師或家長對兒童課堂或家庭行為的評價，4＝學業成就，5＝同伴關係，6＝行為觀察數據；M＝平均效應量值。
(採自 Durlak, 1995)

低水平，0.50 左右為中等水平，0.8 以上為高水平。計算效應量值分為三種情況，其一是計算各個研究中所有變量的 d 值，其二是計算每一個研究的 d 值，即求所有變量效應量值的平均值；其三是計算各個因素的效應量值，每個因素由兩個以上因變量組成。下面以一個假想的例子來加以說明。

表 18-1 共列出 10 項研究，各項研究考查因變量不完全相同，共計六種。表中第三列分別列出了各因變量的效應量值，第四列為各項研究的效應量值，第五列則是研究因素的效應量值。

四、元分析的評價

（一） 元分析的優點

元分析作為對已有研究結果評價整合的一種方法，既有它的優點，也有其局限性，具有下列優點：

1. 元分析對已有研究成果的總結和評價比較全面　在心理與教育科學研究中，即使是關於同一課題的研究，由於研究者的素質、理論傾向性和研究的實踐環節等不同，所得結果的側重面和代表性也會互不相同。元分析把這些不盡相同的研究作為"被試"進行分析研究，因而囊括了比較多的資料，所得的結論比單一的研究要全面。

2. 元分析對已有研究成果的總結和評價比較客觀　研究者可以對同類研究進行定性分析，通過理論思維進行抽象、概括，得出更為一般的結論。很顯然，此過程中研究者主觀因素的影響是不可避免的。而元分析則是以量化分析為手段，故而，所得結論較為客觀、有可比性。

3. 元分析的結果具有可重復性　因為元分析是對已有研究結果進行整合評價，因此，它的結果是具有可重復性的。

（二） 元分析的局限性

元分析的局限性主要表現在如下幾方面：

1. 收集相關研究費時、費力，而且還可能不全面　進行元分析，研究者首先必須在文獻檢索的基礎上找到相關研究，然後通過查閱從中抽取必要的信息。由於研究人員的偏好或只重視已發表的文獻，忽視未發表的研究報告，這些因素勢必會影響到研究樣本的代表性。

  2. 元分析可能受到初級研究所提供信息的限制 有的初級研究報告所提供的信息可能不具備進行元分析的條件，因而，資料的損失不可避免地要影響元分析的結果。

  3. 元分析結果的偏差 相關研究質量參差不齊，而元分析則是將所有研究同等對待，這勢必會造成元分析結果的偏差。

本 章 摘 要

1. **研究報告**，廣義而言，是指用文字、圖、表等形式表述一項研究的歷程與結果的文章；狹義而言，則專指表達實證性研究結果的文章。
2. 研究報告有多種分類標準：按科研成果的表達形式可分為專著、譯著、專題論述、研究報告（狹義）、工具書、電腦軟件、測量工具、儀器設備等；根據撰寫研究報告的目的，可分為一般研究報告（包括刊物發表的研究報告和學術會議研究報告）、學位論文。
3. 研究報告的基本格式一般以**美國心理學會**（APA）頒布的格式為準，主要包括標題、摘要、引言和方法四大部分。
4. 撰寫研究報告的一般程序：確定研究報告的類型、擬定寫作提綱、準備寫作材料、寫作初稿、修改定稿。
5. 圖表是直觀、簡明呈現研究結果的重要方式，也是研究報告不可或缺的部分。圖分為統計圖和非統計圖兩種，前者以點、線、面、體表示變量數據的大小，後者更側重表示變量間的關係。完整的統計表則應包括表題、表體、表註。
6. 研究報告中的註釋主要有**腳註**、**括弧註**、**附註**三種；引註則大致來自三方面，即書籍、期刊雜誌、學位論文或會議論文，不同資料來源的書寫格式有所區別。

7. 研究報告的評價指對研究報告的撰寫格式與內容的檢查、分析和評定。包括**整體評價**和**分項評價**兩類。其中前者為讀者或評價者對整個研究報告的內容與形式較概括的看法，主要指標有寫作格式、文字表述、內容組織和研究結果價值四項。後者指針對研究報告各自組成部分的內容和表達方式進行的檢查、分析和評定，主要指標有標題與摘要、文獻綜述和問題提出、研究方法、研究結果與分析討論、參考文獻與附錄。

8. **元分析**是全面評價和調研研究文獻的定量分析方法。它對已有的實驗或研究進行定量化總結，試圖找出一組相同課題研究結果所反映的普遍性結論。

9. 元分析的基本步驟主要包括：提出課題、收集相關研究、研究的編碼、研究結果的測算、測算結果的統計分析、提供結論和建議。常用的元分析技術有**票數計算技術**、**顯著性合成技術**和**效應量值技術**三種。

建議參考資料

1. 水延凱等 (編著) (1988)：社會調查教程。北京市：中國人民大學出版社。
2. 王重鳴 (1990)：心理學研究方法。北京市：人民教育出版社。
3. 葉　瀾 (1990)：教育研究及其方法。北京市：中國科學技術出版社。
4. 朱智賢、林崇德、董　奇、申繼亮 (1991)：發展心理學研究方法。北京市：北京師範大學出版社。
5. 袁　方 (主編) (1990)；社會調查原理與方法。北京市：高等教育出版社。
6. 袁亞愚等 (編譯) (1986)：當代社會學的研究方法。成都市：四川大學出版社。
7. 董　奇 (1992)：心理與教育研究方法。廣州市：廣東教育出版社。
8. 瞿葆奎 (主編) (1988)：教育研究方法。北京市：人民教育出版社。
9. Best, J. W., & Kahn, J. V. (1993). *Research in education* (7th ed.). Boston: Allyn & Bacon.

10. Durlak, J. A. (1995). Understanding meta-analysis. In L. G. Grimm, & P. R. Yarnold (Eds.), *Reading and understanding multivariate statistics*, pp. 319~353. Washington, DC: American Psychological Association.

11. Gay, L. R. (1992). *Educational research: Competencies for analysis and application* (4th ed.). New York: Merrill.

參 考 文 獻

《中國社會科學》雜誌社編 (1989)：當代社會科學研究新工具。北京市：華夏出版社。

上海第一醫學院衛生統計學教研組編 (1979)：醫學統計方法。上海市：上海科學技術出版社。

中國心理學會發展心理專業委員會編 (1990)：發展心理學專題演講集。北京市：北京師範學院出版社。

方富熹 (1990)：中澳兩國兒童社會觀點採擇能力的跨文化對比研究。心理學報，22 卷，4 期，345～354 頁。

方積乾等 (1986)：多元分析與統計程序包。北京市：北京醫科大學基礎醫學院。

水延凱等 (編著) (1988)：社會調查教程。北京市：中國人民大學出版社。

王文科 (1998)：教育研究法。台北市：五南圖書出版有限公司。

王宏印 (1993)：跨文化心理學。西安市：陝西師範大學出版社。

王亞同 (1991)：論跨文化發展心理學。心理發展與教育，7 卷，1 期，37～42 頁。

王重鳴 (1990)：心理學研究方法。北京市：人民教育出版社。

王堅紅 (1991)：學前兒童發展與教育科學研究方法。北京市：人民教育出版社。

王崇德 (1990)：社會科學研究方法要論。北京市：學林出版社。

王添地 (1994)：整合計算機大辭典。台北市：東華書局。

王登峰、陳仲庚 (1992)：個人化設計在臨床研究中的應用——從個體角度研究個體差異。心理學報，3 期，314～321 頁。

王學仁、王桂松 (1990)：實用多元統計分析。上海市：上海科技出版社。

王鑒君 (1997)：行動研究淺說。上海教育科研，6 期，42～45 頁。

司馬賀 (荊其誠等譯，1986)：人類的認知。北京市：科學出版社。

尼斯比特 (張渭城等譯，1981)：教育研究方法。北京市：教育科學出版社。

申繼亮 (1989)：影響學習多重因素的評估方法。心理發展與教育，5 卷，3 期，15～20 頁。

申繼亮 (1990)：建設有中國特色的辨證唯物主義心理學：讀《兒童心理學史》。中國教育學刊，1 期，56～68。

申繼亮 (1992)：情緒理解發展的研究。北京師範大學博士論文。

申繼亮 (1993)：從情緒描述看青少年期到成人期認知結構的發展。心理學報，25 卷，3 期，291～297 頁。

申繼亮等 (1993)：當代兒童青少年心理學的進展。杭州市：浙江教育出版社。

白學軍 (1994)：不同年級學生課文理解過程中眼動的實驗研究，博士論文。北京市：北京師範大學發展心理研究所。

石紹華 (1990)：十年來我國兒童發展教育心理學研究的發展趨勢。心理發展與教育，6 卷，3 期，159～163 頁。

安希忠、林秀梅 (1992)：實用多元統計方法。長春市：吉林科學技術出版社

朱智賢、林崇德、董奇、申繼亮 (1991)：發展心理學研究方法。北京市：北京師範大學出版社。

朱智賢、林崇德 (1986) 思惟發展心理學。北京市：北京師範大學出版社。

朱智賢、林崇德 (1988)：兒童心理學史。北京市：北京師範大學出版社。

朱智賢 (1987)：心理學的方法論問題。北京師範大學學報，哲學社會科學版，1 期，52～61 頁。

朱智賢 (1989)：朱智賢心理學文選。北京市：人民教育出版社。

艾爾‧巴比 (李銀河譯，1987)：社會研究方法。成都市：四川人民出版社。

余嘉元 (1989)：經典測量理論和項目反應理論的比較研究報告。南京師大學報社科版，4 期，45～49 頁。

吳岱明 (1987)：科學研究方法學。長沙市：湖南人民出版社。

吳明清 (1998)：教育研究：基本觀念與方法之分析。台北市：五南圖書出版有限公司。

吳鴻業 (1988)：心理研究方法與應用。廣州市：廣東高等教育出版社。

李玉興等 (1987)：科技文章寫作。北京市：冶金工業出版社。

李秉德、檀仁梅 (主編) (1986)：教育科學研究方法。北京市：人民教育出版社。

李淑湘、陳會昌、陳英和 (1997)：6～15 歲兒童對友誼特性的認知發展。心理學報，29 卷，1 期，50～60 頁。

李漢松 (1988)：西方心理學史。北京市：北京師範大學出版社。

李曉銘 (1989)：項目反應理論的形成與基本理論假設。心理發展與教育，5 卷，1 期，25～31 頁。

李曉銘 (1989)：項目反應理論的模型。心理發展與教育，5 卷，2 期，27～32 頁。

沈　政、林庶芝 (1993)：生理心理學。北京市：北京大學出版社。

車文博 (1996)：西方心理學史。台北市：東華書局 (繁體字版)。杭州市：浙江教育出版社 (1998) (簡體字版)。

周國韜 (1990)：問卷調查法爭議。心理發展與教育，6 卷，1 期，31～34 頁。

林　衆、馮瑞琴 (1996)：計算機與智力心理學。杭州市：浙江人民出版社。

林定夷 (1986)：科學研究方法概論。杭州市：浙江人民出版社。

林崇德 (1986)：自然實驗是兒童心理學與教育心理學研究的主要方法。心理發展與教育，2 卷，3 期，25～29 頁。

林崇德 (1987)：再論堅持在教育實踐中研究兒童心理學與教育心理學。北京師範大學學報，1 期，62～67。

林崇德 (1989)：兒童心理學研究的中國化問題。心理發展與教育。5 卷，4 期，1～5 頁。

林崇德 (1992)：學習與發展。北京市：北京教育出版社。

杰里・加斯頓 (顧昕等譯，1988)：科學的社會運行。北京市：光明出版社。

波　林 (高覺敷譯，1982)：實驗心理學史。北京市：商務印書館。

邵　郊 (1989)：生理心理學。北京市：人民教育出版社。

金志成、周國韜 (1989)：關於內省問題幾次爭議的評說。心理學報，21 卷，4 期，397～403 頁。

金志成 (1991)：心理實驗設計。長春市：吉林教育出版社。

金盛華、張杰 (1995)：當代社會心理學導論。北京市：北京師範大學出版社。

阿圖托夫等 (主編) (趙維賢譯，1990)：教育科學發展的方法論問題。北京市：教育科學出版社。

查子秀 (1989)：兒童心理研究方法。北京市：團結出版社。

胡佩誠等 (譯，2000)：行為矯正的原理與方法。北京市：中國輕工業出版社。

胡國定、張潤楚 (1990)：多元數據分析方法。天津市：南開大學出版社。

范小韻 (1990)：中小學教育科研方法指導。北京市：北京教育出版社。

凌文輇等編 (1988)：心理測驗法。北京市：科學出版社。

夏禹龍 (1989)：社會科學學。武漢市：湖北人民出版社。

秦宗熙等 (主編) (1987)：人類社會研究法。武漢市：武漢大學出版社。

荊其誠 (1990)：現代心理學發展趨勢。北京市：人民出版社。

袁　方 (主編) (1990)：社會調查原理與方法。北京市：高等教育出版社。

袁　方 (主編) (2002)：社會研究方法。台北市：五南圖書出版公司。

袁亞愚等 (編譯，1986)：當代社會學的研究方法。成都市：四川大學出版社。

袁宗熙 (主編) (1987)：人類社會研究法。武漢市：武漢大學出版社。

袁振國 (譯，1997)：教育研究方法導論。北京市：教育科學出版社。

袁淑君 (1992)：RDB MS 中西文 FOXBASE PLUS 原理及其應用。北京市：中國科學技術出版社。

袁運開、陳其榮、繆克成、朱長超 (主編) (1989)：方法科學手冊。上海市：上海科學技術出版社。

郝德元、周謙 (編譯，1990)：教育科學研究法。北京市：教育科學出版社。

郝德元 (主編) (1989)：心理實驗設計統計原理。北京市：北京師範學院出版社。

高覺敷 (主編) (1995)：西方心理學史論。合肥市：安徽教育出版社。

張世箕 (1979)：測量誤差及其數據處理。北京市：科學出版社。

張利燕 (1990)：心理學研究的生態學傾向。心理學動態，1 期，16～19 頁。

張厚粲 (1993)：心理與教育統計學。北京市：北京師範大學出版社。

張春興 (1989)：張氏心理學辭典。台北市：東華書局 (繁體字版)。上海市：上海辭書出版社 (1992) (簡體字版)。

張述祖、沈德立 (1987)：基礎心理學。北京市：教育科學出版社。

張蜀林 (1996)：論個體水平的統計分析。心理學動態，4 卷，1 期，18～23 頁。

梁啟超 (1965)：中國歷史研究方法。台北市：商務印書館。

畢天璋 (編著) (1990)：教育實驗指南。成都市：四川教育出版社。

陳中永、鄭雪 (1995)：中國多民族認知活動方式的跨文化研究。瀋陽市：遼陽民族出版社。

陳元暉 (1979)：論馮特。上海市：上海人民出版社。

陳震東 (1980)：教育科學研究方法。北京市：人民教育出版社。

陳龍等 (1984)：因素分析簡介。心理學報，16 卷，2 期，267～270 頁。

陳鶴琴 (1983)：陳鶴琴教育文集。北京市：北京出版社。

陰國恩 (1996)：心理與教育科學研究方法。天津市：南開大學出版社。

麥克里・歐文等 (董奇、方曉義譯，1991)：兒童心理觀察策略。昆明市：雲南少年兒童出版社。

程　曦 (1990)：電視對幼兒攻擊性行為的影響。心理發展與教育，6 卷，2 期，128～129 頁。

程　曦 (1991)：社會測量法。心理發展與教育，7 卷，1 期，31～36 頁。

程江平 (1996)：教育實驗研究與行動研究的比較。教育研究，6 期，42～45 頁。

蕭靜寧 (1986)：腦科學概要。武漢市：武漢大學出版社。

舒　華 (1994)：心理與教育研究中的多因素實驗設計。北京市：北京師範大學出版社。

舒煒光等 (主編) (1990)：科學認識論 (第三卷，科學認識形成論)。長春市：吉林人民出版社。

黃　剛 (1990)：獨生子女的人際關係及其社會意義。心理發展與教育，6 卷，2 期，101～105 頁。

黃文勝 (1994)：單個被試研究方法。應用心理學，9 卷，3 期，60～64 頁。

黃希庭、徐鳳姝 (主編) (1988)：大學生心理學。上海市：上海人民出版社。

黃希庭 (主編) (1988)：心理學實驗指導。北京市：人民教育出版社。

黃惠雯 (譯，2002)：質性方法與研究。台北市：韋伯文化出版社。

黃銘惇 (譯，2000)：社會科學研究法。台北市：桂冠圖書有限公司。

楊小微、劉衛華 (主編) (1994)：教育研究的理論與方法。武漢市：湖北教育出版社。

楊中芳、高尚仁 (1991)：中國人中國心——人格與社會篇。台北市：遠流出版事業股份有限公司。

楊治良 (主編) (1990)：實驗心理學。上海市：華東師範大學出版社。

楊治良 (1997)：實驗心理學。台北市：東華書局 (繁體字版)。杭州市：浙江教育出版社 (1998) (簡體字版)。

楊國樞、文崇一、吳聰賢、李亦園 (1986)：社會及行為科學研究法。台北市：東華書局。

葉　瀾 (1990)：教育研究及其方法。北京市：中國科學技術出版社。

董　奇、夏　勇 (1990)：十年來我國兒童心理學、教育心理學研究的內容分析。心理發展與教育，6 卷，3 期，153～158 頁。

董　奇 (1989)：如何選擇課題。心理發展與教育，5 卷，2 期，22～26 頁。

董　奇 (1990)：如何提出研究假設。心理發展與教育，6 卷，1 期，28～30 頁。

董　奇 (1991)：研究課題的論證。教育科學研究，2 期，30～35 頁。

董　奇 (1991)：研究變量操作定義的設計。教育科學研究，3 期，21～24 頁。

董　奇 (1992)：心理與教育研究方法。廣州市：廣東教育出版社。

赫葆源等編 (1983)：實驗心理學。北京市：北京大學出版社。

趙玉林 (1989)：困惑與出路的現代科學方法導引。武漢市：湖北人民出版社。

趙碧華、朱美珍 (譯，2002)：研究方法。台北市：學富文化事業有限公司。

趙壁如 (主編) (1982)：現代心理學發展中的幾個基本理論問題。北京市：中國社會科學出版社。

齊斯克 (沈明明等譯，1985)：政治學研究方法舉例。北京市：中國社會科學出版社。

劉　範 (主編) (1990)：心理發展的近期研究。北京市：北京師範學院出版社。

劉元亮等 (編著) (1987)：科學認識論與方法論。北京市：清華大學出版社。

劉仲亨 (1987)：社會科學與當代社會。瀋陽市：遼寧人民出版社。

劉問岫 (1993)：教育科學研究方法與應用。北京市：北京大學出版社。

劉翔平 (1992)：論西方心理學的兩大方法論。心理學報，24 卷，3 期，299～306 頁。

劉蔚華 (主編) (1993)：方法學原理。濟南市：山東人民出版社。

樂國安 (1986)：論現代認知心理學。哈爾濱市：黑龍江人民出版社。

鄭　雪 (1994)：跨文化智力心理學研究。廣州市：廣州出版社。

鄭日昌 (編著) (1988)：心理測量。長沙市：湖南教育出版社。

鄭甫京、沈金發 (1991)：FOXBASE$^+$ 關係數據庫系統。北京市：清華大學出版社。

鄭金洲 (1997)：行動研究：一種日益受到關注的研究方法。上海高教研究，1 期，23～27 頁。

鄭　默、鄭日昌 (2002)：心理學研究──方法與設計。台北市：五南圖書公司。

戴忠恆 (1990)：教育統計、測量與評價。北京市：中國科學技術出版社。

瞿葆奎 (主編) (1988)：教育研究方法。北京市：人民教育出版社。

魏　紅 (1991)：行為檢評表及其在課堂研究中的應用。教育科學研究，3 期，25～29 頁。

魏　鏞 (1989)：社會科學的性質與發展趨勢。哈爾濱市：黑龍江出版社。

龐麗娟 (1991)：同伴提名法與幼兒同伴交往的研究。教育科學研究，2 期，35～39 頁。

羅伯特・索莫等 (陳中永譯，1987)：行為科學研究方法入門。天津市：天津職業技術師範學院出版社。

羅怡珍 (譯，2001)：社會科學的研究方法。台北市：台灣西書出版社。

顧天楨、高建德 (1989)：教育科學研究入門。北京市：人民教育出版社。

欒玉廣 (1986)：自然科學研究方法。北京市：中國科學技術大學出版社。

Achen, C. H. (1982). *Interpreting and using regression*. Beverly Hills, CA: Sage.

Adams, G. R., & Schvaneveldt, J. D. (1985). *Understanding research methods*. New York: Longman.

Aiken, L. R. (1994). *Psychological testing and assessment* (8th ed.). Boston: Allyn and Bacon.

Allan, G., & Skinner, C. (Eds.) (1991). *Handbook of research in the social sciences*. London, England: Falmer Press/Taylor & Francis.

Anderson, N. H. (1981). *Method of information integration theory*. New York: Academic Press.

Babbie, E. (1992). *The practice of social research* (6th ed.). Belmont, CA: Wadsworth.

Bailey, K. D. (1987). *Methods of social research* (3rd ed.). New York: Free Press.

Barzun, J., & Graff, H. F. (1997). *The modern researcher* (2nd ed.). New York: Harcourt Brace Jovanovich.

Belle, D. (Ed.) (1989). *Children's social network and social support*. New York: Wiley.

Berry, J. W., Poortinga, Y. H., Segall, M. H., & Dasen, P. R., (1992). *Cross-cultural psychology: Research and applications*. New York, NY: Cambridge University Press.

Best, J. W., & Kahn, J. V. (1993). *Research in education* (7th ed.). Boston: Allyn & Bacon.

Best, J. W., & Kahn, J. V. (1986). *Research in education* (5th ed.). Englewood Cliffs, NJ: Prentice-Hall.

Bird, R. J. (1981). *The Computer in Experimental Psychology*. New York: Academic Press.

Birg, W. R., & Gall, M. D. (1989). *Educational research: An introduction* (5th ed.). New York: Longman.

Blain, R. W., & James R. S. (1987). *Educational evaluation*. New York: Longman.

Bleichrodt, N., & Drenth, P. J. D. (Eds.) (1991). *Contemporary issues in cross-cultural psychology*. Amsterdam: Swets & Zeitlinger.

Bogdan, R. C., & Bilklen, S. K. (1998). *Qualitative research for education:*

An introduction to theory and methods. Boston: Allyn and Bacon.

Breakwed, G. M., Hammend, S., & Fife-Schaw, C. (1995). *Research methods in psychology.* London: Sage Publications.

Breakwell, G. M., Foot, H., & Gilmour, R. (Eds.) (1988). *Doing social psychology: Laboratory and field exercises.* New York, NY: Cambridge University Press.

Brislin, R. W. (Ed.) (1990). *Applied cross-cultural psychology.* Newbury Park, CA: Sage Publications.

Brown, S. R., & Melamed, L. E. (1990). *Experimental design and analysis.* Newbury Park, CA: Sage Publications.

Bryman, A. (1992). *Quantity and quality in social research.* Newbury Park, CA: Sage Publications.

Burt, R. S. & Minor, M. J. (1983). *Applied network analysis: A methodological introduction.* Beverly Hills, CA: Sage Publications.

Campbell, D. T., & Stanley, J. C. (1963). Experimental and Quasi-experimental designs for research on teaching. In N. L. Gage (Ed.), *Handbook of research on teaching.* Chicago: Rand McNally.

Cassell, C., & Symon, G. (Eds.) (1994). *Qualitative methods in organizational research: A practical guide.* London, England: Sage Publication.

Cherulnik, P. D. (1983). *Behavioral research.* New York: Harper & Row Publishers.

Colley, A. M., & Beech, J. R. (1989). *Acquisition and performance of cognitive skills.* New York, NY: John Wiley & Sons.

Collins, L. M., & Horn, J. L. (Eds.) (1991). *Best methods for the analysis of change: Recent advances, unanswered questions, future directions.* Washington, DC: American Psychological Association.

Colman, A. M. (1995). *Psychological research methods and statistics.* London, England: Longman Group Limited.

Cook, T.D., & Campbell, D. T. (1979). *Quasi-experimentation: Design and analysis issues for field settings.* Chicago: Rand McNally.

Cooper, H., & Hdges, L. V. (Eds.) (1994). *The handbook of research synthesis.* New York, NY: Russell Sage Foundation.

Cozby, P. C. (1984). *Using computers in the behavioral sciences.* Mountain View, CA: Mayfield.

Cozby, P. C. (1989). *Methods in behavioral research* (4th ed.). Mountain

View, CA: Mayfield.

Crabtree, B. F., & Miller, W. L. (1992). *Doing qualitative research*. Newbury Park, CA: Sage.

Craig, I. R., & Metze, L. P. (1979). *Methods of psychological research*. Philadelphia: Saunders.

Cunningham, J. B. (1993). *Action research and organizational development*. Westport, CT: Praeger.

Denzin, N. K., & Lincoln, Y. S. (Eds.) (1994). *Handbook of qualitative research*. Thousand Oaks, CA: Sage Publications.

Diaz-Guerrero, R. (1985). *Cross-cultural and National Studies in Social Psychology*. New York: Elsevier Science Publishers B. V.

Drew, C. J., & Hardman, M. L. (1985). *Designing and Conducting Behavioral Research*. Elmsford, NY: Pergamon Press.

Durlak, J. A. (1995). Understanding meta-analysis. In L. G. Grimm & P. R. Yarnold (Eds.), *Reading and understanding multivariate statistics*, pp. 319~353. Washington, DC: American Psychological Association.

Eder, R. W., & Ferris, G. R. (1989). *The employment interview: Theory, research, and practice*. Newbury Park, CA: Sage Publications.

Elmes, D. G., Kantowitz, B. H., & Roediger III (1981). *Methods in Experimental Psychology*. Boston: Houghton Mifflin.

Erickson, F. (1985). Qualitative methods in research on teaching. In M. C. Wittrock (Ed.), *Handbook of research on teaching* (3rd ed.). New York: Macmillan.

Ferguson, G. A. (1989). *Statistical Analysis in Psychology and Education*. New York: McGraw. Hill.

Fink, A. (1995). *Evaluation for education and psychology*. Thousand Oaks, CA: Sage Publication.

Fred, P., Henry, E., & Race, P. (1993). *Handbook of educational technology* (3rd ed.). London: Kogan Page.

Freeman, L. C., White, D. G., & Romeley, A. K. (Eds.) (1989). *Research methods in social network analysis*. Fairfax: Geoge Mason University Press.

Garraghan, G. J. (1946). *A guide to historical method*. New York: Fordham University Press.

Gay, L. R. (1992). *Educational research: Competencies for analysis and application* (4th ed.). New York: Merrill.

Gentile, J. R. (1994). In action research: A superior and cheaper alternative for educational researchers. *Educational researcher*, 22(5), No. 30~32.

Gibson, E. J., & Walk, R. D. (1960). The "visual cliff". *Scientific American*, 202 (1), 64~71.

Goldstein, G., & Hersen, M. (Ed.) (1990). *Handbook of psychological assessment* (2nd ed.). New York, NY: Plenum.

Goldstein, H. (1979). *The Design and Analysis of Longitudinal Studies: Their Role in the Measurement of Change*. New York, NY: Academic Press.

Grimm, L. (1993). *Statistical applications for the behavioral sciences*. New York: Wiley.

Headland, T. N., Pike, K. L., & Harris, M. (Eds.) (1990). *Emics and etics: The insider/outsider debate*. Newbury Park, CA: Sage Publications.

Hendrick, C., & Clark, S. (1990). *Review of personality and social psychology: Research methods in personality and social psychology*. Beverly Hills, CA: Sage.

Hochett, H. C. (1955). *The critical method in historical research and writing*. New York: Macmillan.

Holstein, J. A., & Gubrium, J. F. (1995). *The active interview*. Thousand Oaks, CA: Sage Publications.

Hunter, J. E., & Schmidt, F. L. (1990). *Methods of meta-analysis: Correcting error and bias in research findings*. Newbury Park, CA: Sage Publications.

Irwin, D. M., & Bushnell, M. N. (1980). *Observational strategies for child study*. New York: Holt, Rinehart and Winston.

Jae-on Kim, & Mueller, C. W. (1978). *Factor Analysis: What it is and how to do it*. Beverly Hills, CA: Sage Publications.

Jorgensen, D. L. (1989). *Participant Observation: A methodology for human studies*. Newbury Park, CA: Sage Publication.

Kagitcibasi, C. (Ed.) (1987). *Growth and progress in cross-cultural psychology*. Berwyn, PA: Swets North America.

Karlg, J., & Dag Sorbom (1993). *LISREL8: Structural equation modeling with the SIMPLIS TM command language*. Chicago, IL: Scientific Software International.

Kenneth, D. B. (1982). *Method of social research* (2nd ed.). New York:

Free.

Kirk, R. E. (1995). *Experimental Design: Procedures for the Behavioral Sciences* (3rd. ed.). Pacific Grove, CA: Brooks/Cole.

Klecka, W. R. (1980). *Discriminant analysis*. Beverly Hills, CA: Sage.

Kleinbaum, D. G., & Kupper, L. L. (1978). *Applied Regression Analysis and Other Multivariate Methods*. CA: Wadsworth.

Knipscheer, K. C., & Antonucci, T. C. (Eds.) (1990). *Social network research: Substantive issues and methodological questions*. Amsterdam, Netherlands: Swets & Zeitlinger.

Laurence, G. G., & Yarnold, P.R. (1995). *reading and Understanding Multivariate Statistics*. Washington, DC: American Psychological Association.

Leceky P. D. (1985). *Practical research: Planning and design*. New York: Macmillan.

Leong S. T. L., & Austin J. T. (1996). *The psychology research handbook*. London: Sage Publishing International Education and Professional Publish.

Lewin, M. (1978). *Understanding psychological research*. New York: John Wiley & Sons, Inc.

Lionner, W. J., & Berry, J. W. (1986). Field-*methods in cross-cultural research*. London: Sage Publications, Inc.

Magnusson, D., & Casaer, P. (Eds.) (1993). *Longitudinal Research on Individual Development: Present Status and Future Perspectives*. Cambridge University Press.

Magnusson, D., Bergman, L., Rudinger, G., & Torestad, B. (1991). *Problems and Method in Longitudinal Research: Stability and Change*. Cambridge: Cambridge University Press.

Marshall, C., & Rossman, G. B. (1989). *Designing qualitative research*. Newbury Park, CA: Sage.

McMillan, J. H. & Schumacher, S. (1989). *Research in education: A conceptual introduction* (2nd ed.). Glenview, IL: Scott, Foresman.

McReynolds, P., Rosen, J. C., & Chelune, G. J. (Eds.) (1990). *Advances in psychological assessment* (Vol. 7). New York, NY: Plenum Press.

Mitchell, M., & Jolley, J. (1992). *Research design explained* (2nd ed.). New York: Harcourt Brace Jovanovich.

Montgomery, B. M., & Duck, S. (Eds) (1991). *Studying interpersonal inter-*

action. New York, NY: Guilford Press.

Monty, R. A., & Senders, J. W. (1981). *Eye movements: Cognition and visual perception.* Hillsdale, NJ: Lawrence Erlbaum Associates .

Moreland, K. L., Fowler, R. D., & Honaker, L. M. (1994). *Future directions in the use of psychological assessment for treatment planning and outcome assessment: Predictions and recommendations.* Hillsdale, NJ: Lawrence Erlbaum Associates.

Moreno, J. L. (1953). *Who shall survive? A new approach to the problem of human relationships* (2nd ed.). New York: Beacon House.

Myers, D. (1990). *Social psychology* (3rd ed.). New York: McGraw Hill.

Nesselroade, J. R., & Baltes, P. B. (Eds.) (1979). *Longitudinal research in the study of behavior and development.* New York, NY: Academic Press.

Nesselroade, J. R., Cattell, R. B. (1998). *Handbook of multivariate experimental psychology* (2nd ed.). New York: Plenum Press.

Neuman, W. L. (1997). *Social research method.* Boston: Allyn & Bacon.

Noel Entuistle (Ed.) (1990). *Handbook of educational ideas and practices.* London: Routledge.

Ollendick, T. H., & Hersen, M. (Eds.) (1993). *Handbook of child and adolescent assessment.* Boston, MA: Allyn & Bacon.

Oppenheim, A. N. (1992). *Questionnaire design, interviewing and attitude measurement* (new ed.). London, England: Pinter Publishers.

Patton, M. Q. (1990). *Qualitative evaluation and research methods.* Newbury Park, CA: Sage.

Pedhazur, E. J. (1982). *Multiple regression in behavioral research: Explanation and prediction* (2nd ed.). New York: Holt, Rinehart & Winston.

Pellegrini, A. D. (1991). *Applied child study: A developmental approach* (2 nd ed.). Hillsdale, NJ: Lawrence Erlbaum Associates.

Rosen, J. C., & McReynolds, P. (Ed.) (1992). *Advances in psychological assessment.* (Vol. 8). New York, NY: Plenum Press.

Schneider, W. (1989). Problems of Longitudinal Studies with Children: Practical, Conceptual, and Methodological Issues. In M. Brambring (Ed.) *Children at risk: assessment, longitudinal research, and intervention.* Berlin: Walter de Gruyter & Co.

ScottLong, J. (1983). *Covariance structure models: An introduction to LI-*

SREL. Beverly Hills, CA: Sage Publications.

Segall, M. H., Dasen, P. R., Berry, J. W., & Poortinga, Y. H. (1990). *Human behavior in global perspective: An introduction to cross-cultural psychology*. New York: NY: Pergamon Press.

Seifert, K. L., & Hoffnang, R. J. (1991). *Child and adolescent development*. Boston: Houghton Mifflin Company.

Shadish, J. W. B., & Reichardt, C. S. (Eds.) (1987). *Evaluation studies: Review annual* (Vol. 12). Beverly Hills, CA: Sage Publications.

Shaughnessy, J. J., & Zechmeister, E. B. (1985). *Research methods in psychology*. New York, NY: Knopf.

Simpson, A., (1990). Understanding dBASE IV 1.1. Alameda, CA: Sybex.

Singer, E., & Presser, S. (Eds.) (1989). *Survey research methods: A reader*. Chicago, IL: University of Chicago Press.

Smith, H. W. (1975). *Strategies of social research*. Englewood Cliffs, NJ: Prentice.Hall.

Sommer, B., & Sommer, R. (1991). *A practical guide to behavioral research: Tools and techniques* (3rd ed.). New York, NY: Oxford University Press.

Stake, R. E. (1995). *The art of case study research*. Newbury Park, CA: Sage.

Steven, J. (1996). *Applied multivariate statistics for the social Sciences*. Mahwah, NJ: Lawrence Erlbaum Associates.

Stuart-Hamiton, I. (1995). *Dictionary of psychological testing, assessment and treatment*. London; Bristol, PA: Jessica Kingsley Publishers.

Tabachnick, B. G., & Fidell, L.S. (1983). *Using Multivariate Statistics*. New York: Harper & Row Publishers.

Taylor, C. W. (Ed.) (1990). *Expanding Awareness of Creative Potentials Worldwide*. Salt Lake City, Utah: Brain Talent.Powers Press.

Tuckman, B. W. (1978). *Conducting Educational Research* (2nd ed.). New York: Harcourt Brace Jovanovich.

Van-de-Vijyer, F. J. R., & Hutschemaekers, G. J. M. (Eds.) (1990). *The investigation of culture: Current issues in cultural psychology*. Tilburg, Netherlands: Tilburg University Press.

Wachter, K. W., & Straf, M. L. (Eds.) (1990). *The future of meta-analysis*. New York, NY: Russell Sage Foundation.

Weiss, R. S. (1994). *Learning from strangers: The art and method of qualitative interviewing studies.* New York, NY: Free Press.

White, K. M., & Speisman, J. C. (1982). *Research Approaches to Personality.* Monterey, CA: Brooks/Cole Publishing Company.

Wiersma, W. (1995). *Research methods in education: An introduction.* (6th ed.). Boston: Allyn & Bacon.

Wolf, F. M. (1986). *Meta-Analysis: Quantitative methods for research synthesis.* Newbury Park, CA: Sage.

Woodward, J. A., Bonett, D. G., & Brecht, M. L., (1990). *Introduction to linear models and experimental design.* San Diego: Harcourt Brace Jovanovich.

Zingser, O. (1984). *Basic principles of experimental psychology.* New York: McGraw.Hill.

索　引

說明：1.每一名詞後所列之數字為該名詞在本書內出現之頁碼。
2.以外文字母起頭的中文名詞一律排在漢英對照之最後。
3.同一英文名詞而海峽兩岸譯文不同者，除在正文內附加括號予以註明外，索引中均予同時編列。

一、漢英對照

一　畫

一元回歸分析　simple regression analysis　535
一次性訪談　once only interview　396
一般性假設　general hypothesis　148
一般科學方法論　general scientific methodology　39
一般能力測驗　general ability test　427

二　畫

二階段模式　two-phase model　194
人文主義　humanism　167
人格測驗　personality test　428
人種誌決策模型　ethnographic decision modeling　177
人類關係區域檔案　Human Relations Area Files　280
入戶訪談　indoor interview　398

三　畫

三角互證法　triangulation　182
三段論法　syllogism　19
三維評價結構　three-dimension evaluation model　240

下限效應　floor effect　143
上限效應　ceiling effect　143
口頭式問卷　oral questionnaire　391
口頭證明　oral testimony　333
口頭證詞　oral testimony　333
小概率原理　principle of small probability　525
工作假設　working assumption　171
工作設計　working design　171
工具性個案研究　instrumental case study　296

四　畫

不可識別模型　unidentified model　545
不相等控制組前後測設計　nonequivalent control group pretest-posttest design　222,246
中介變項　intervening variable　141
中位數　median　513
中國比奈智力量表　Chinese Binet Intelligence Scale　427
中間變量　intervening variable　141,226
中間變量相關　intervening variable relationship　213
中數　median　513
中樞神經系統　central nervous sys-

tem　474
元分析　meta-analysis　116,574
元分析報告　meta-analysis report　102
內在性個案研究　intrinsic case study　296
內在信度　internal reliability　125
內在效度　internal validity　126
內衍變量　endogenous variable　537
內容分析　content analysis　338
內容效度　content validity　432
內部一致性信度　internal consistent reliability　432
內部效度　internal validity　126
內部推廣度　internal generalization　181
內部結構一致性　internal consistency　275
內部評價　internal evaluation　238
內源變量　endogenous variable　537
公共因素方差　communality variance　543
分半信度　split-half reliability　432
分析單位　unit of analysis　342
分析單位抽樣　analytic unit sampling　342
分析類目　categories　342
分析類別　categories　342
分項評價　part appraising　571
分解建構方式　disassembling construction　73
分解樣本前後測設計　separate-sample pretest-posttest design　222
分層隨機抽樣　stratified random sampling　134,275
分類描述　category description　202
反省敘述　confessional tale　175
反省認知　reflective intelligence　548

反應心向　response set　452
反轉設計　reversal design　305
反饋法　feed back　182
天花板效應　ceiling effect　143
心理人類學　psychological anthropology　280
心理分析學派　phychoanalysis　51
心理物理法　psychophysical method　50
心理測量學　psychometrics　430
心理測驗　psychological test　424
心理學　psychology　8
文化公平性　cultural fair　274
文化性偏頗　cultural bias　270
文化差異　cultural difference　272
文化特殊性策略　emic strategy　271
文化偏向　cultural bias　270
文化普遍性策略　etic strategy　271
文化障礙　cultural obstacle　274
文件　document　331
文件分析　document analysis　177
文字測驗　verbal test　428
文後註　endnotes　568
文獻綜述　literature review　116
方法論　methodology　35
方法學　methodology　35
方便抽樣　convenience sampling　131
方差　mean-square deviation　514
方差分析　analysis of variance　526
方差齊性假定　homogeneity of variance assumption　532
日期抽樣　date sampling　342
比率量表　ratio scale　154
比率變項　ratio variable　508
比較分析　comparative analysis　341
比較性假設　comparative hypothesis　147
比較法　comparative method　182,285

五 畫

主效應 main effect 223
主試誤差 subjective error 56,155
主體變量 subjective variable 142
主觀誤差 subjective error 155
代碼 code 500
加權平均數 weighted mean 514
半結構式訪問 semi-structured interview 393
半結構訪談 semi-structured interview 176,393
卡方檢定 chi-square test 526
卡氏十六種人格測驗 Sixteen Personality Factor Questionnaire 539
卡特爾16項人格因素量表 Cattell 16 Personality Questionnaire 428
可變誤差 variable error 379
史料 sources 330
外生變量 exogenous variable 537
外在信度 external reliability 125
外延效度 external validity 126
外部效度 external validity 126, 181,226
外部評價 external evaluation 238
外源變量 exogenous variable 537
平均差 average deviation 516
平均誘發電位 average evoked potential 475
平均數 mean 512
平衡順序效應 balance the serial effect 157
本土概念 native concept 170
正相關 positive correlation 517
正面假設 alternative hypothesis 146,525
正電子放射層掃描術 positron emission tomography 465
正態性假定 normality assumption 532

母群 population 130
母數 parameter 511
母數考驗 parametric test 524
母數估計 estimation of parameters 523
生態化運動 ecological movement 54
生態效度 ecological validity 129
皮爾遜積差相關 Pearson product-moment correlation 517
目的性抽樣 purposeful sampling 174
目標定向評價模式 objectives-oriented evaluation model 240
矛盾分析 contradiction analysis 39
立即編碼 coding at once 501

六 畫

交叉延遲法 cross-lag design 212
交互作用 interaction 223
交互作用型研究 interactive research 169
全距 range 516
共同因素 common factor 209
共變數 covariance 531
再測信度 test-retest reliability 431
印象敘述 impressionist tale 175
同質數據 cohort data 513
名義量表 nominal scale 153
因果性假設 causal hypothesis 147
因果研究 causal research 46
因果變量 causal variable 142
因素分析 factor analysis 209,538
因素載荷 factor loadings 540
因變量 dependent variable 140, 141,215,245
回視 regression 477
回溯研究 ex post facto research 45
回歸分析 regression analysis 535

回譯法　back-translation　282
地板效應　floor effect　143
多元回歸　multiple regression　208
多元回歸分析　multiple regression analysis　535
多元迴歸分析　multiple regression analysis　535
多元統計分析　multivariate statistical analysis　527
多因子設計　multiple factorial design　223
多因素設計　multiple factorial design　223
多重共線性　multicollinearity　536, 539
多基線設計　multiple-baseline design　307
多媒體計算機　multimedia computer　468
多階段抽樣　multistage sampling　136
多維因果關係　multidimensional causation　213
多維綜合建構方式　multiple integrated construction　74
多變量分析　multivariate analysis　210
多變項統計分析　multivariate statistical analysis　527
多變項變異數分析　multivariate analysis of variance　530
安慰劑效應　placebo effect　156
成見效應　halo effect　156
成就測驗　achievement test　427
收集審核　collective auditing　497
曲線回歸　curvilinear regression　535
曲線迴歸　curvilinear regression　535
有向假設　directional hypothesis　146

次級研究報告　secondary research report　102
次級資料　secondary sources　331
自由聯想　free association　51
自助心理治療　ambulatory psychotherapy　303
自然科學　natural sciences　7
自然現象主義　naturalistic phenomenalism　167
自然實驗法　natural experiment　281
自然觀察　naturalistic observation　361
自發電位　spontaneous potential　474
自變量　independent variable　140, 141, 215, 245
自變項　independent variable　140, 215
自驗預言　self-fulfilling prophecy　129
艾森克人格問卷　Eysenck Personality Questionnaire　428
行為主義　behaviorism　51
行為事件取樣觀察　event sampling observation　363
行為科學　behavioral science　8
行為核查表　behavior check list　373
行為檢核表　behavior check list　373
行動研究　action research　252

七　畫

作業測驗　performance test　428
低推論行為　low inference behavior　379
克倫巴赫 α 係數　Cronbach's α coefficient　432
判別分析　discriminant analysis　533

判斷抽樣　judgment sampling　131
均方差　mean-square deviation　514
均數　mean　512
完全參與者　complete participant　367
完全觀察者　complete observer　366
完形心理學　Gestalt psychology　51
局外觀察者　complete observer　366
序級量表　ordinal scale　153
序級變項　ordinal variable　508
形成性評量　formative evaluation　237
形成性評價　formative evaluation　237
技術　technology　5
批判敘述　critical tale　175
折半信度　split-half reliability　432
系統　system　40
系統分析法　systematic analysis　79
系統方法論　systematic methodology　40
系統抽樣　systematic sampling　134
系統聚類法　hierarchical clustering methods　533
系統誤差　systematic error　155,380
系統審核　systematic auditing　497
言語行為　verbal behavior　379
貝利嬰兒發展量表　Bayley Scale of Infant Development　429
貝葉斯準則　Baye's theorem　534

八　畫

事件相關電位　event-related potential　474
事後內省口語報告法　posteriorly introspective verbal report　308
事後分析　ex post analysis　249
事後編碼　post-coding　501
依變項　dependent variable　140,215
來源抽樣　original sampling　342
具體方法　concrete method　42

典型相關分析　canonical correlation analysis　210,528
協方差　covariance　531
協方差結構分析　covariance structure analysis　543
協變量　covariable　211
受訪者　respondent　392
受試者變項　subjective variable　142
命名量表　nominal scale　153,423
固定智力　crystallized intelligence　548
定向假設　directional hypothesis　146
定性研究　qualitative research　44,169
定性評價　qualitative evaluation　239
定性資料　qualitative data　378
定量分析　quantitative analysis　188,522
定量研究　quantitative research　44,184
定量評價　quantitative evaluation　239
定量資料　quantitative data　378
所羅門四等組設計　Solomon four-group design　219
拉丁方實驗設計　Latin square experimental design　559
抽象定義　conceptual definition　124,151
抽樣　sampling　130
抽樣方法　sampling method　133
抽樣誤差　sampling error　137
抽籤法　drawing straw　133
明尼蘇達多相人格量表　Minnesota Multiphasic Personality Inventory　428
注視　fixation　477
直接史料　primary sources　330
直接問題　face to face question　402

直接訪談　direct interview　397
直接測量變量　direct measured variable　141
直接觀察　direct observation　367
直線迴線　linear regression　535
直覺法　method of intuition　43
知識　knowledge　183
知識論　epistemology　355
社會文化歷史學派　sociocultural-historical school　53
社會科學　social sciences　8
社會期望效應　social desirability effect　188
社會網絡分析　social network analysis　177
初始分析　primary analysis　575
初級研究報告　primary research report　102
附註　endnotes　568
非文字測驗　nonverbal test　428
非交互作用型研究　non-interactive research　169
非言語行為　nonverbal behavior　379
非定向假設　nondirectional hypothesis　146
非抽樣誤差　non-sampling error　132
非參與觀察　non-participant observation　177
非參數檢驗　nonparametric test　524
非發展性研究　nondevelopmental research　45
非結構式訪問　unstructured interview　392
非結構訪談　unstructured interview　176, 392
非概率抽樣　non-probability sampling　131
非實驗設計　non-experimental design　216
非語文行為　nonverbal behavior　379
非操作性變量　non-manipulated variable　141
非操縱性研究　nonmanipulative study　185
非機率抽樣　non-probability sampling　131

九　畫

信度　reliability　125, 431
信度係數　coefficient of reliability　432
信賴區間　confidence interval　524
前分類　pre-sorting　504
前測-後測等組設計　pretest-posttest equivalent group desgin　218
前實驗設計　pre-experimental design　216
前編碼　pre-coding　501
客戶定向評價模式　consumer-oriented evaluation model　243
客體變量　objective variable　142
客觀實體　objective reality　183
封閉式問卷　closed-ended questionnaire　448
封閉式問題　closed question　401
後分類　post-sorting　504
後設分析　meta-analysis　574
恰好識別模型　just identified model　545
恒定法　method of constancy　158
恒定誤差　constant error　155
指標　indicator　142
括弧註　parenthetical reference　567
洪恩藝術能力傾向測驗　Horm Art Aptitude Inventory　427
流動智力　fluid intelligence　548
流體智力　fluid intelligence　548

索　引　**607**

活動定勢　response set　452
相等時間樣本設計　equivalent time-samples design　222
相對個體差異　relatively individual difference　311
相關　correlation　517
相關性假設　correlational hypothesis　147
相關係數　coefficient of correlation　517
相關研究　correlational research　46,206
相關變量　relative variable　142
研究假設　research hypothesis　144
研究訪談　research interview　387
研究設計　research design　123
研究報告　research report　102,555
研究誤差　research error　155
研究課題　study topic　71
科學　science　5
科學方法　scientific method　6,43
科學主義認識論　scientific epistemology　183
科學研究　scientific research　6
科學理論　science theory　18
美國心理學會　American Psychological Association　556
背景描述　context description　203
背景變量　contextual variable　245
計量審核　quantitative checking　498
計算機　computer　468
計算機接口技術　technology of computer interface　471
計算機接面技術　technology of computer interface　471
計算機軸斷層掃描　computerized axial tomography　464
計算機軸斷層攝相術　computerized axial tomography　464
負相關　negative correlation　517

重復性訪談　repeated interview　396
重復測量設計　repeated-measures design　220
重測信度　test-retest reliability　431
面對面訪談　face to face interview　397
韋氏幼兒智力量表中國修訂版　Wechsler Young Children Scale of Intelligence—Chinese Revised　427
韋氏成人智力量表中國修訂版　Wechsler Adult Intelligence Scale—Chinese Revised　427
韋氏兒童智力量表中國修訂版　Wechsler Intelligence Scale for Children—Chinese Revised　427

十　畫

借鑑　transplant　22
個別問卷　individual questionnaire　449
個別被試設計　individual subject design　308
個別訪談　individual interview　395
個別測驗　individual test　429
個別實驗　individual experiment　575
個性測驗　personality test　428
個案法　case study method　293
個案研究　case study　47,293
個案研究法　case study method　293
個體　individual　510
個體水平的統計分析　statistic analysis at single subject level　310
修飾分析法　modified analysis approach　172
倫理性原則　ethic principle　26
原始資料　primary sources　330
原假設　primary hypothesis　146
哲學方法論　philosophical meth-

odology 35
套含 nested 224
差異控制 difference control 184
差異量數 measures of variation 206,514
效度 validity 126,432
效度係數 validity coefficient 454
效度威脅 validity threats 182
效度標準 validity criterion 433
效標 validity criterion 433
效標效度 criterion validity 433
效標關聯效度 criterion related validity 433
效標變量 criterion variable 207,539
效應量值 effect size 580
時間序列設計 time-series design 221,246
時間取樣觀察 time sampling observation 363
核磁共振掃描 nuclear magnetic resonance scanning 465
格式塔心理學 Gestalt psychology 51
涉連變項 moderator variable 140
烏茲吉瑞斯-亨特心理發展順序量表 Uzgiris-Hunt Ordinal Scale of Psychology Development 429
特定性假設 specific hypothesis 148
特殊能力測驗 special ability test 427
特爾斐法 Delphi method 78
特徵值 eigenvalue 543
特質 trait 435
真分數理論 true score theory 430
真實驗設計 true experimental design 216,218
神經介質 neurotransmitter 467
神經認知心理學 neurocognitive psychology 474

神經遞質 neurotransmitter 467
紙筆測驗 paper-pencil test 428
能力 ability 427
能力測驗 ability test 427
能力傾向測驗 aptitude test 427
記錄單位 recording unit 342
逆向設計 reversal design 305
迴歸分析 regression analysis 535
追蹤研究 follow-up study 45
配對設計 matching design 219
配額抽樣 quota sampling 131
高推論行為 high inference behavior 379

十一　畫

偽相關 spurious correlation 213
假相關 spurious correlation 213
假設檢驗 hypothesis testing 184,524
假設驗證 hypothesis testing 524
偵探法 modus operandi 182
偏相關技術 partial correlation 211
動態特徵描述法 description of dynamic character method 152
動態聚類法 iterative partitioning procedures 533
區分度 index of discrimination 434
區別分析 discriminant analysis 533
區間估計 interval estimation 523
參考文獻 references 569
參考書目 references 569
參照點 reference point 422
參與人員檢驗法 member check 182
參與的觀察者 observer as participant 366
參與觀察 participant observation 177
參數 parameter 511
參數估計 estimation of parameters

523,545
參數檢驗　parametric test　524
問卷　questionnaire　446
問卷法　questionnaire method　444
問題　problem　63
問題性　problem　6
基線　base line　221,305
基礎研究　basic research　44
專題論述　monograph　103
常定誤差　constant error　380
常誤　constant error　155,380
常模　norm　434
常模參照測驗　norm referenced test　429
情景分析　context analysis　179
情境誤差　situation error　156
控制　control　11
控制性　control　7
控制組　control group　218
控制組前後測設計　pretest-posttest control group design　218
控制組後測設計　posttest-only control group design　219
控制變量　controlled variable　140, 141,215
控制觀察　controlled observation　362
探索性因素分析　exploratory factor analysis　454
探索性研究　exploratory study　448
推理法　rationalistic method　43
推廣效度　generalizability validity　181
排除法　method of excludability　158
教育科學　educational science　9
教育測驗　educational test　427
敘述分析　account analysis　180
敘述性研究　descriptive research　201
混合方法論設計　mixed-methodology design　194
混合型測驗　mixed test　428
混合設計　mixed design　224
混淆變量　confounding variable　141,226
淨相關　partial correlation　211
理論　theory　18
理論分析　theoritical analysis　336
理論抽樣　theoretical sampling　170,174
理論效度　theoretical validity　181
現場分析　field analysis　249
現場實驗研究　field experimental study　130
現象學　phenomenology　35
現象學方法　phenomenological method　51
現實敘述　realist tale　175
異常數據　outlier　499
眾數　mode　513
眼跳　saccade　477
票數計算技術　vote counting　578
移植　transplant　22
統合分析　meta-analysis　574
統計回歸效度　statistical regression validity　128
統計活性　robustness　539
統計效度　statistic validity　126
統計假設　statistical hypothesis　146
統計量　statistic　511
終結性評價　summative evaluation　237
習用語分析　repertory grid analysis　180
被試內設計　within-subjects design　220
被試間設計　between-subjects design　220,246
被試誤差　objective error　156
被預測變項　predicted variable　207

規範敘述　formal tale　175
訪員　interviewer　392
訪談法　interviewing　387
訪談者　interviewer　392
訪談表　interviewing schedule　401
訪談指導　interview guide　176
訪談對象　respondent　392
設計誤差　design error　156
軟件　software　468
軟體　software　468
連續變量　continuous variable　141, 508
速示儀　tachistoscope　481
麥可德莫特兒童多維評估　McDermott Multidimensional Assessment of Children　472

十二畫

創新性　originality　7
剩餘方差　residual variance　543
單一文化研究　cultural research　46
單一被試實驗設計　single-subject experimental design　224
單尾檢驗　one-tailed test　526
單受試者設計　single-subject design　304
單個被試設計　single-subject design　304
單側檢驗　one-tailed test　526
單組前後測設計　one-group pretest-posttest design　216
單組後測設計　one-group posttest-only design　216
單維並列建構方式　single-level parallel construction　73
嵌套　nested　224
復相關　multiple correlation　535
描述　description　10
描述性效度　descriptive validity　181
描述性資料　descriptive data　170

描述研究　descriptive research　46, 201
描述統計　descriptive statistics　496
斯皮爾曼等級相關　Spearman rank correlation　517
斯騰伯格敏捷測驗　Stromberg Dexterity Test　427
晶體智力　crystallized intelligence　548
替換本信度　alternate-form reliability　431
期刊　periodical　106
測量　measurement　421
測量等值　measurement equivalence　273
測驗　test　424
測驗法　test　424
測驗的標準化　test standardization　434
焦點組訪談　focused group interview　177
無母數考驗　nonparametric test　524
無向假設　nondirectional hypothesis　146
無結構觀察　unstructured observation　364
無關變量　irrelevant variable　215
發展性研究　developmental research　45
硬件　hardware　468
硬體　hardware　468
程序描述法　description of procedure method　152
等比量表　ratio scale　154, 423
等比變量　ratio variable　508
等級量表觀察　rating scale observation　364
等距量表　interval scale　153, 423
等距變量　interval variable　508
結果變量　predicted variable　207

結構方程模型 structural equation model 210
結構式訪問 structured interview 391
結構訪談 structured interview 177,391
結構觀察 structured observation 363
虛無假設 null hypothesis 146
街頭攔截訪談 outdoor interview 398
視崖 visual cliff 488
視覺誘發電位 visual evoked potential 474
視覺懸崖 visual cliff 488
評分者信度 scorer reliability 503
評價研究 evaluation research 44, 235,236
評價效度 evaluative validity 181
評論 review 103
評鑑研究 evaluation research 235
費雪爾準則 Fisher's theorem 534
費歇爾準則 Fisher's theorem 534
超識別模型 overidentified model 545
進一步分析 secondary analysis 575
郵寄問卷 postal questionnaire 450
量的研究 quantitative research 184
量的差異 quantitative difference 311
量的描述 quantitative description 205
開放式問卷 open-ended questionnaire 448
開放式問題 opening question 401
間接史料 secondary sources 331
間接問題 indirect question 402
間接訪談 indirect interview 397
間接測量變量 indirect measured variable 141
間接觀察 indirect observation 367

間斷變項 discrete variable 508
集中量數 central tendency measure 206,512
集中趨勢 central tendency 512
項目分析 item analysis 433
項目反應理論 item response theory 435
項目特徵曲線 item characteristic curve 434
項目特徵曲線理論 item characteristic curve theory 435
順序量表 ordinal scale 153,423
順序變量 ordinal variable 508

十三　畫

亂數表抽樣法 table of random numbers sampling 133
僅為後測等組設計 posttest-only equivalent-group design 219
意向分析 intentional analysis 339, 340
暈輪效應 halo effect 156
概化理論 generalization theory 438
概念分析 conceptual analysis 179
概念等值 conception equivalence 273
概率抽樣 probability sampling 132
準實驗設計 quasi experimental design 217,220
瑞文推理測驗 Raven's Progressive Matrices 427
經典測驗理論 classical test theory 430
經驗法 experiential method 78
置信區間 confidence interval 523
群聚分析 cluster analysis 532
群體水平的統計分析 statistic analysis at group level 310
群體研究 group study 46
腳註 footnotes 567

腦血流圖 brain blood vessel flow gram 466
腦電圖 electroencephalogram 474
解釋 explanation 11
解釋性效度 interpretative validity 181
試題難度 item difficulty 433
試題難度指數 item difficulty index 433
話語分析 discourse analysis 180
詮釋效度 explanation validity 181
資料管理 data arrangement 496
跨文化比較研究 cross-cultural comparison study 264
跨文化研究 cross-cultural study 264
跨文化調查 cross-cultural survey 281
路徑分析 path analysis 537
路徑圖 path diagram 538
電腦 computer 468
電話訪談 telephone interview 397
零相關 zero correlation 517
零假設 null hypothesis 146
預測 prediction 11
預測變量 predictor variable 207
預測變項 predictor variable 207

十四畫

團體問卷 group questionnaire 449
團體訪談 group interview 177,395
團體測驗 group test 429
實地審核 field auditing 497
實際能力 actual ability 427
實質性假設 substantive hypothesis 146,187
實證主義 positivism 35
實驗者效應 experimenter effect 156
實驗法 experimental method 280
實驗室實驗法 laboratory experiment 281
實驗研究 experimental study 214
實驗研究設計 experimental design 217
實驗組 experimental group 218
實驗觀察 laboratory observation 362
對比分組 contrastive assignment 157
對立假設 alternative hypothesis 146,525
對照組 comparison group 218
慣常法 method of tenacity 43
構念效度 construct validity 126,433
構想效度 construct validity 126,433
演繹 deduction 22
滾雪球抽樣 snowball sampling 131
漏斗法 funnel approach 172
磁盤法 disk method 507
管理定向評價模式 management-oriented evaluation model 242
算術平均數 arithmetic mean 512
綜合型問卷 synthetic questionnaire 449
綜合描述 integrated description 203
綜述 review 103
聚類分析 cluster analysis 532
語文行為 verbal behavior 379
認識論 epistemology 355
誘發電位 evoked potential 474
誘導法 inductive approach 172

十五畫

數量化方法論 quantitative methodology 183
數碼 number 500
數據 data 508
數據庫 database 107,509

數據管理　data arrangement　509
樣本　sample　131,510
樣本大小　sample size　132
樣本含量　sample size　132,136
標準分數　standard score　515
標準化訪談　standardized interview　391
標準差　standard deviation　515
標準參照測驗　criterion-referenced test　429
標準誤　standard error　138
標準變項　criterion variable　207,539
潛在狀態分析理論　latent state analysis theory　437
潛在特質　latent trait　435
潛在特質理論　latent trait theory　435
潛在能力　potential ability　427
潛在等級分析理論　latent class analysis theory　437
範式　paradigm　192
編碼　coding　204,500
編碼手冊　handbook of coding　501
線性回歸　linear regression　535
線性組合　linear combination　538
線性結構關係　linear structure relationship　543
複方差分析　multivariate analysis of variance　530
複本信度　alternate-form reliability　431
複相關　multiple correlation　535
複迴歸　multiple regression　208
調節變量　moderator variable　140,141
質性方法論　qualitative methodology　168
質的研究　qualitative research　169
質的差異　qualitative difference　311

質的描述　qualitative description　205
質量審核　qualitative auditing　497

十六　畫

學位論文　dissertation　103
操作定義　operational definition　124,151
操作性測驗　performance test　428
操作性變量　manipulated variable　141
操縱性研究　manipulative study　185
整群抽樣　cluster sampling　135
整體評價　whole appraising　570
橫斷研究　cross-sectional research　45
機能等值　function equivalence　273
機率抽樣　probability sampling　132
歷史研究　historical research　45,323
歷史研究法　historical method　323
獨立性假定　independence assumption　531
選擇性假設　selective hypothesis　147
遺忘曲線　forgetting curve　25
遺物　relics　332
遺跡　remains　332
隨機分派　random assignment　157
隨機分組　random assignment　157
隨機化設計　randomized desgin　218
隨機誤差　random error　155,379
隨機數字表抽樣法　table of random numbers sampling　133
靜態特徵描述法　description of static character method　152
靜態組比較設計　static-group comparison design　216
頻數　frequency　206

十七 畫

優勢-非優勢設計 dominant-less dominant design 194
應用研究 applied research 44
檔案 archives 331
檔案分析 document analysis 177
檔案法 file method 507
獲得式文化普遍性策略 derived etic strategy 271
總結性評量 summative evaluation 237
總體 population 130,510
總體效度 population validity 128
總體參數 parameter 511
縱向研究 longitudinal research 45
縱向訪談 longitudinal interview 396
臨床法 clinical method 51
趨向分析 trend analysis 339
趨勢分析 trend analysis 339
趨勢研究 trend research 46
點估計 point estimation 523

十八 畫

叢集抽樣 cluster sampling 135
歸納 induction 21
簡單回歸分析 simple regression analysis 535
簡單時間序列設計 simple time series design 305
簡單迴歸分析 simple regression analysis 535
簡單隨機抽樣 simple random sampling 133
豐富材料 rich data 182
軀體感覺誘發電位 somatosensory evoked potential 474
離散趨勢 variation tendency 514
離散變量 discrete variable 508
雙尾檢驗 two-tailed test 526
雙盲法 double-blind technique 158
雙重保密法 double-blind technique 158
雙側檢驗 two-tailed test 526
雙變量數據 bivariate data 516
額外變量 extraneous variable 226
羅森塔爾效應 Rosenthal effect 129
證偽法 falsification 182
證實法 verification 182
辭書條目 dictionary item 104
關鍵變量 key variable 245
類別變量 categorial variable 142
類屬分析 category analysis 179

二十～二十五 畫

繼承性 inheritance 6
權威法 method of authority 43
聽覺誘發電位 auditory evoked potential 474
鑑別指數 index of discrimination 434
變異係數 coefficient of variance 516
變異量數 measures of variation 514
變異數 variance 514
變異數分析 analysis of variance 526
變量 variable 139
變量交叉式分析 cross analysis 204
變量共同度 communality 542
變量多層式分析 multi-facets analysis 205
變量並列式分析 parallel analysis 204
變量特性分析 variable characteristic analysis 211
變量描述 variable description 202
變量關係模型 model of variable relationships 207
變項 variable 139

索引 **615**

變誤　variable error　379
邏輯斯諦曲線　Logistic curve　437
邏輯實證主義　logical positivism　183
邏輯審核　logical checking　498
顯著水平　level of significance　525
顯著水準　level of significance　525
顯著性合成技術　probability combining techniques　579
驗證性因素分析　confirmatory factor analysis　454
觀察　observing　355
觀察法　observational method　355
觀察的參與者　participant as observer　366
觀察者效應　observer effect　372
觀察誤差　observational error　379

外文字母起頭名詞

2-脫氧葡萄糖法　2-deoxyglucose method　466
A-B 設計　A-B design　305
A-B-A 設計　A-B-A design　305
A-B-A-B 設計　A-B-A-B design　307
ABAB 實驗設計　ABAB experimental design　224
CIPP 模式　CIPP model　242
F 考驗　F test　526
F 檢驗　F test　526
Kappa 效應　Kappa effect　311
t 考驗　t test　525
t 檢驗　t test　225, 525
χ^2 檢驗　chi-square test　526
Z 分數　Z-score　515
Z 檢驗　Z test　225

二、英漢對照

A

A-B design　A-B 設計　305
A-B-A design　A-B-A 設計　305
A-B-A-B design　A-B-A-B 設計　307
ABAB experimental design　ABAB 實驗設計　224
ability　能力　427
ability test　能力測驗　427
account analysis　敘述分析　180
achievement test　成就測驗　427
action research　行動研究　252
actual ability　實際能力　427
AEP＝auditory evoked potential
AEP＝average evoked potential
alternate-form reliability　替換本信度,複本信度　431
alternative hypothesis　正面假設,對立假設　146, 525
AM＝arithmetic mean
ambulatory psychotherapy　自助心理治療　303
American Psychological Association　美國心理學會　556
analysis of variance　方差分析,變異數分析　526
analytic unit sampling　分析單位抽樣　342
APA＝American Psychological Association
applied research　應用研究　44
aptitude test　能力傾向測驗　427
archives　檔案　331
arithmetic mean　算術平均數　512

auditory evoked potential　聽覺誘發電位　474
average deviation　平均差　516
average evoked potential　平均誘發電位　475

B

back-translation　回譯法　282
balance the serial effect　平衡順序效應　157
base line　基線　221,305
basic research　基礎研究　44
Baye's theorem　貝葉斯準則　534
Bayley Scale of Infant Development　貝利嬰兒發展量表　429
behavior check list　行為核查表,行為檢核表　373
behavioral science　行為科學　8
behaviorism　行為主義　51
between-subjects design　被試間設計　220,246
bivariate data　雙變量數據　516
brain blood vessel flow gram　腦血流圖　466

C

canonical correlation analysis　典型相關分析　210,528
case study　個案研究　47,293
case study method　個案法,個案研究法　293
CAT＝computerized axial tomography
categorial variable　類別變量　142
categories　分析類目,分析類別　342
category analysis　類屬分析　179
category description　分類描述　202
Cattell 16 Personality Questionnaire　卡特爾16項人格因素量表　428
causal hypothesis　因果性假設　147
causal research　因果研究　46
causal variable　因果變量　142
ceiling effect　上限效應,天花板效應　143
central nervous system　中樞神經系統　474
central tendency　集中趨勢　512
central tendency measure　集中量數　206,512
CFA＝confirmatory factor analysis
chi-square test　χ^2檢驗,卡方檢定　526
Chinese Binet Intelligence Scale　中國比奈智力量表　427
CIPP model　CIPP模式　242
classical test theory　經典測驗理論　430
clinical method　臨床法　51
closed question　封閉式問題　401
closed-ended questionnaire　封閉式問卷　448
cluster analysis　群聚分析,聚類分析　532
cluster sampling　整群抽樣,叢集抽樣　135
CNS＝central nervous system
code　代碼　500
coding　編碼　204,500
coding at once　立即編碼　501
coefficient of correlation　相關係數　517
coefficient of reliability　信度係數　432
coefficient of variance　變異係數　516
cohort data　同質數據　513
collective auditing　收集審核　497
common factor　共同因素　209
communality　變量共同度　542

communality variance 公共因素方差 543
comparative analysis 比較分析 341
comparative hypothesis 比較性假設 147
comparative method 比較法 182,285
comparison group 對照組 218
complete observer 完全觀察者,局外觀察者 366
complete participant 完全參與者 367
computer 計算機,電腦 468
computerized axial tomography 計算機軸斷層掃描,計算機軸斷層攝相術 464
conception equivalence 概念等值 273
conceptual analysis 概念分析 179
conceptual definition 抽象定義 124,151
concrete method 具體方法 42
confessional tale 反省敘述 175
confidence interval 信賴區間,置信區間 523,524
confirmatory factor analysis 驗證性因素分析 454
confounding variable 混淆變量 141,226
constant error 恆定誤差,常定誤差,常誤 155,380
construct validity 構念效度,構想效度 126,433
consumer-oriented evaluation model 客戶定向評價模式 243
content analysis 內容分析 338
content validity 內容效度 432
context analysis 情景分析 179
context description 背景描述 203

contextual variable 背景變量 245
continuous variable 連續變量 141,508
contradiction analysis 矛盾分析 39
contrastive assignment 對比分組 157
control 控制,控制性 7,11
control group 控制組 218
controlled observation 控制觀察 362
controlled variable 控制變量 140,141,215
convenience sampling 方便抽樣 131
correlation 相關 517
correlational hypothesis 相關性假設 147
correlational research 相關研究 46,206
covariable 協變量 211
covariance 共變數,協方差 531
covariance structure analysis 協方差結構分析 543
criterion related validity 效標關聯效度 433
criterion validity 效標效度 433
criterion variable 效標變量,標準變項 207,539
criterion-referenced test 標準參照測驗 429
critical tale 批判敘述 175
Cronbach's α coefficient 克倫巴赫 α 係數 432
cross analysis 變量交叉式分析 204
cross-cultural comparison study 跨文化比較研究 264
cross-cultural study 跨文化研究 264
cross-cultural survey 跨文化調查

281
cross-lag design　交叉延遲法　212
cross-sectional research　橫斷研究　45
crystallized intelligence　固定智力，晶體智力　548
CTT＝classical test theory
cultural bias　文化性偏頗，文化偏向　270
cultural difference　文化差異　272
cultural fair　文化公平性　274
cultural obstacle　文化障礙　274
cultural research　單一文化研究　46
curvilinear regression　曲線回歸，曲線迴歸　535

D

data　數據　508
data arrangement　資料管理，數據管理　496,509
database　數據庫　107,509
date sampling　日期抽樣　342
deduction　演繹　22
Delphi method　特爾斐法　78
dependent variable　因變量，依變項　140,141,215,245
derived etic strategy　獲得式文化普遍性策略　271
description　描述　10
description of dynamic character method　動態特徵描述法　152
description of procedure method　程序描述法　152
description of static character method　靜態特徵描述法　152
descriptive data　描述性資料　170
descriptive research　敘述性研究，描述研究　46,201
descriptive statistics　描述統計　496

descriptive validity　描述性效度　181
design error　設計誤差　156
developmental research　發展性研究　45
dictionary item　辭書條目　104
difference control　差異控制　184
direct interview　直接訪談　397
direct measured variable　直接測量變量　141
direct observation　直接觀察　367
directional hypothesis　有向假設，定向假設　146
disassembling construction　分解建構方式　73
discourse analysis　話語分析　180
discrete variable　間斷變項，離散變量　508
discriminant analysis　判別分析，區別分析　533
disk method　磁盤法　507
dissertation　學位論文　103
document　文件　331
document analysis　文件分析，檔案分析　177
dominant-less dominant design　優勢-非優勢設計　194
double-blind technique　雙盲法，雙重保密法　158
drawing straw　抽籤法　133

E

ecological movement　生態化運動　54
ecological validity　生態效度　129
educational science　教育科學　9
educational test　教育測驗　427
EEG＝electroencephalogram
EFA＝exploratory factor analysis
effect size　效應量值　580
eigenvalue　特徵值　543

electroencephalogram 腦電圖 474
emic strategy 文化特殊性策略 271
endnotes 文後註,附註 568
endogenous variable 內衍變量,內源變量 537
EP＝evoked potential
epistemology 知識論,認識論 355
equivalent time-samples design 相等時間樣本設計 222
ERP＝event-related potential
estimation of parameters 母數估計,參數估計 523,545
ethic principle 倫理性原則 26
ethnographic decision modeling 人種誌決策模型 177
etic strategy 文化普遍性策略 271
evaluation research 評價研究,評鑑研究 44,235
evaluative validity 評價效度 181
event sampling observation 行為事件取樣觀察 363
event-related potential 事件相關電位 474
evoked potential 誘發電位 474
ex post analysis 事後分析 249
ex post facto research 回溯研究 45
exogenous variable 外生變量,外源變量 537
experiential method 經驗法 78
experimental design 實驗研究設計 217
experimental group 實驗組 218
experimental method 實驗法 280
experimental study 實驗研究 214
experimenter effect 實驗者效應 156
explanation 解釋 11
explanation validity 詮釋效度 181
exploratory factor analysis 探索性因素分析 454
exploratory study 探索性研究 448
external evaluation 外部評價 238
external reliability 外在信度 125
external validity 外延效度,外部效度 126,181,226
extraneous variable 額外變量 226
Eysenck Personality Questionnaire 艾森克人格問卷 428

F

F test F 考驗,F 檢驗 526
face to face interview 面對面訪談 397
face to face question 直接問題 402
factor analysis 因素分析 209,538
factor loadings 因素載荷 540
falsification 證偽法 182
feed back 反饋法 182
field analysis 現場分析 249
field auditing 實地審核 497
field experimental study 現場實驗研究 130
file method 檔案法 507
Fisher's theorem 費歇爾準則,費雪爾準則 534
fixation 注視 477
floor effect 下限效應,地板效應 143
fluid intelligence 流動智力,流體智力 548
focused group interview 焦點組訪談 177
follow-up study 追蹤研究 45
footnotes 腳註 567
forgetting curve 遺忘曲線 25
formal tale 規範敘述 175

formative evaluation 形成性評量，形成性評價 237
free association 自由聯想 51
frequency 頻數 206
function equivalence 機能等值 273
funnel approach 漏斗法 172

G

general ability test 一般能力測驗 427
general hypothesis 一般性假設 148
general scientific methodology 一般科學方法論 39
generalizability validity 推廣效度 181
generalization theory 概化理論 438
Gestalt psychology 完形心理學，格式塔心理學 51
group interview 團體訪談 177, 395
group questionnaire 團體問卷 449
group study 群體研究 46
group test 團體測驗 429

H

halo effect 成見效應，暈輪效應 156
handbook of coding 編碼手冊 501
hardware 硬件，硬體 468
hierarchical clustering methods 系統聚類法 533
high inference behavior 高推論行為 379
historical method 歷史研究法 323
historical research 歷史研究 45, 323
homogeneity of variance assumption 方差齊性假定 532
Horm Art Aptitude Inventory 洪恩藝術能力傾向測驗 427
HRAF＝Human Relations Area Files
Human Relations Area Files 人類關係區域檔案 280
humanism 人文主義 167
hypothesis testing 假設檢驗，假設驗證 184, 524

I

impressionist tale 印象敘述 175
independence assumption 獨立性假定 531
independent variable 自變量，自變項 140, 141, 215, 245
index of discrimination 區分度，鑑別指數 434
indicator 指標 142
indirect interview 間接訪談 397
indirect measured variable 間接測量變量 141
indirect observation 間接觀察 367
indirect question 間接問題 402
individual 個體 510
individual experiment 個別實驗 575
individual interview 個別訪談 395
individual questionnaire 個別問卷 449
individual subject design 個別被試設計 308
individual test 個別測驗 429
indoor interview 入戶訪談 398
induction 歸納 21
inductive approach 誘導法 172

inheritance　繼承性　6
instrumental case study　工具性個案研究　296
integrated description　綜合描述　203
intentional analysis　意向分析　339,340
interaction　交互作用　223
interactive research　交互作用型研究　169
internal consistency　內部結構一致性　275
internal consistent reliability　內部一致性信度　432
internal evaluation　內部評價　238
internal generalization　內部推廣度　181
internal reliability　內在信度　125
internal validity　內在效度,內部效度　126
interpretative validity　解釋性效度　181
interval estimation　區間估計　523
interval scale　等距量表　153,423
interval variable　等距變量　508
intervening variable　中介變項,中間變量　141,226
intervening variable relationship　中間變量相關　213
interview guide　訪談指導　176
interviewer　訪員,訪談者　392
interviewing　訪談法　387
interviewing schedule　訪談表　401
intrinsic casestudy　內在性個案研究　296
irrelevant variable　無關變量　215
IRT＝item response theory
item analysis　項目分析　433
item characteristic curve　項目特徵曲線　434
item characteristic curve theory　項目特徵曲線理論　435
item difficulty　試題難度　433
item difficulty index　試題難度指數　433
item response theory　項目反應理論　435
iterative partitioning procedures　動態聚類法　533

J

judgment sampling　判斷抽樣　131
just identified model　恰好識別模型　545

K

Kappa effect　Kappa 效應　311
key variable　關鍵變量　245
knowledge　知識　183

L

laboratory experiment　實驗室實驗法　281
laboratory observation　實驗觀察　362
latent class analysis theory　潛在等級分析理論　437
latent state analysis theory　潛在狀態分析理論　437
latent trait　潛在特質　435
latent trait theory　潛在特質理論　435
Latin square experimental design　拉丁方實驗設計　559
level of significance　顯著水平,顯著水準　525
linear combination　線性組合　538
linear regression　直線迴線,線性回歸　535
linear structure relationship　線性

結構關係　543
LISREL＝linear structure relationship
literature review　文獻綜述　116
logical checking　邏輯審核　498
logical positivism　邏輯實證主義　183
Logistic curve　邏輯斯諦曲線　437
longitudinal interview　縱向訪談　396
longitudinal research　縱向研究　45
low inference behavior　低推論行為　379

M

main effect　主效應　223
management-oriented evaluation model　管理定向評價模式　242
manipulated variable　操作性變量　141
manipulative study　操縱性研究　185
MANOVA＝multivariate analysis of variance
matching design　配對設計　219
McDermott Multidimensional Assessment of Children　麥可德莫特兒童多維評估　472
Mdn＝median
mean　平均數,均數　512
mean-square deviation　方差,均方差　514
measurement　測量　421
measurement equivalence　測量等值　273
measures of variation　差異量數,變異量數　206,514
median　中位數,中數　513
member check　參與人員檢驗法　182

meta-analysis　元分析,後設分析,統合分析　116,574
meta-analysis report　元分析報告　102
method of authority　權威法　43
method of constancy　恆定法　158
method of excludability　排除法　158
method of intuition　直覺法　43
method of tenacity　慣常法　43
methodology　方法論,方法學　35
Minnesota Multiphasic Personality Inventory　明尼蘇達多相人格量表　428
mixed design　混合設計　224
mixed test　混合型測驗　428
mixed-methodology design　混合方法論設計　194
MMAC＝McDermott Multidimensional Assessment of Children
Mo＝mode
mode　眾數　513
model of variable relationships　變量關係模型　207
moderator variable　涉連變項,調節變量　140,141
modified analysis approach　修飾分析法　172
modus operandi　偵探法　182
monograph　專題論述　103
multicollinearity　多重共線性　536,539
multidimensional causation　多維因果關係　213
multi-facets analysis　變量多層式分析　205
multimedia computer　多媒體計算機　468
multiple correlation　復相關,複相關　535
multiple factorial design　多因子設

計,多因素設計 223
multiple integrated construction 多維綜合建構方式 74
multiple regression 多元回歸,複迴歸 208
multiple regression analysis 多元回歸分析,多元迴歸分析 535
multiple-baseline design 多基線設計 307
multistage sampling 多階段抽樣 136
multivariate analysis 多變量分析 210
multivariate analysis of variance 多變項變異數分析,複方差分析 530
multivariate statistical analysis 多元統計分析,多變項統計分析 527

N

native concept 本土概念 170
natural experiment 自然實驗法 281
natural sciences 自然科學 7
naturalistic observation 自然觀察 361
naturalistic phenomenalism 自然現象主義 167
negative correlation 負相關 517
nested 套含,嵌套 224
neurocognitive psychology 神經認知心理學 474
neurotransmitter 神經介質,神經遞質 467
NMR＝nuclear magnetic resonance scanning
nominal scale 名義量表,命名量表 153,423
non-equivalent control group pre-testposttest design 不相等控制組前後測設計 222,246
non-experimental design 非實驗設計 216
non-interactive research 非交互作用型研究 169
non-manipulated variable 非操作性變量 141
non-participant observation 非參與觀察 177
non-probability sampling 非概率抽樣,非機率抽樣 131
non-sampling error 非抽樣誤差 132
nondevelopmental research 非發展性研究 45
nondirectional hypothesis 非定向假設,無向假設 146
nonmanipulative study 非操縱性研究 185
nonparametric test 非參數檢驗,無母數考驗 524
nonverbal behavior 非言語行為,非語文行為 379
nonverbal test 非文字測驗 428
norm 常模 434
norm referenced test 常模參照測驗 429
normality assumption 正態性假定 532
NRT＝norm referenced test
nuclear magnetic resonance scanning 核磁共振掃描 465
null hypothesis 虛無假設,零假設 146
number 數碼 500

O

objective error 被試誤差 156
objective reality 客觀實體 183
objective variable 客體變量 142
objectives-oriented evaluation mod-

el　目標定向評價模式　240
observational error　觀察誤差　379
observational method　觀察法　355
observer as participant　參與的觀察者　366
observer effect　觀察者效應　372
observing　觀察　355
once only interview　一次性訪談　396
one-group posttest-only design　單組後測設計　216
one-group pretest-posttest design　單組前後測設計　216
one-tailed test　單尾檢驗,單側檢驗　526
open-ended questionnaire　開放式問卷　448
opening question　開放式問題　401
operational definition　操作定義　124,151
oral questionnaire　口頭式問卷　391
oral testimony　口頭證明,口頭證詞　333
ordinal scale　序級量表,順序量表　153,423
ordinal variable　序級變項,順序變量　508
original sampling　來源抽樣　342
originality　創新性　7
outdoor interview　街頭攔截訪談　398
outlier　異常數據　499
overidentified model　超識別模型　545

P

paper-pencil test　紙筆測驗　428
paradigm　範式　192
parallel analysis　變量並列式分析　204

parameter　母數,參數,總體參數　511
parametric test　母數考驗,參數檢驗　524
parenthetical reference　括弧註　567
part appraising　分項評價　571
partial correlation　偏相關技術,淨相關　211
participant as observer　觀察的參與者　366
participant observation　參與觀察　177
path analysis　路徑分析　537
path diagram　路徑圖　538
Pearson product-moment correlation　皮爾遜積差相關　517
performance test　作業測驗,操作性測驗　428
periodical　期刊　106
personality test　人格測驗,個性測驗　428
PET＝positron emission tomography
phenomenological method　現象學方法　51
phenomenology　現象學　35
philosophical methodology　哲學方法論　35
phychoanalysis　心理分析學派　51
placebo effect　安慰劑效應　156
point estimation　點估計　523
population　母群,總體　130,510
population validity　總體效度　128
positive correlation　正相關　517
positivism　實證主義　35
positron emission tomography　正電子放射層掃描術　465
post-coding　事後編碼　501
post-sorting　後分類　504
postal questionnaire　郵寄問卷

450
posteriorly introspective verbal report 事後內省口語報告法 308
posttest-only control group design 控制組後測設計 219
posttest-only equivalent-group design 僅為後測等組設計 219
potential ability 潛在能力 427
pre-coding 前編碼 501
pre-experimental design 前實驗設計 216
pre-sorting 前分類 504
predicted variable 被預測變項,結果變量 207
prediction 預測 11
predictor variable 預測變量,預測變項 207
pretest-posttest control group design 控制組前後測設計 218
pretest-posttest equivalent group desgin 前測-後測等組設計 218
primary analysis 初始分析 575
primary hypothesis 原假設 146
primary research report 初級研究報告 102
primary sources 直接史料,原始資料 330
principle of small probability 小概率原理 525
probability combining techniques 顯著性合成技術 579
probability sampling 概率抽樣,機率抽樣 132
problem 問題,問題性 6,63
psychological anthropology 心理人類學 280
psychological test 心理測驗 424
psychology 心理學 8
psychometrics 心理測量學 430
psychophysical method 心理物理法 50

purposeful sampling 目的性抽樣 174

Q

qualitative auditing 質量審核 497
qualitative data 定性資料 378
qualitative description 質的描述 205
qualitative difference 質的差異 311
qualitative evaluation 定性評價 239
qualitative methodology 質性方法論 168
qualitative research 定性研究,質的研究 44,169
quantitative analysis 定量分析 188,522
quantitative checking 計量審核 498
quantitative data 定量資料 378
quantitative description 量的描述 205
quantitative difference 量的差異 311
quantitative evaluation 定量評價 239
quantitative methodology 數量化方法論 183
quantitative research 定量研究,量的研究 44,184
quasi experimental design 準實驗設計 217,220
questionnaire 問卷 446
questionnaire method 問卷法 444
quota sampling 配額抽樣 131

R

random assignment 隨機分派,隨機

分組　157
random error　隨機誤差　155,379
randomized desgin　隨機化設計　218
range　全距　516
rating scale observation　等級量表觀察　364
ratio scale　比率量表,等比量表　154,423
ratio variable　比率變項,等比變量　508
rationalistic method　推理法　43
Raven's Progressive Matrices　瑞文推理測驗　427
realist tale　現實敘述　175
recording unit　記錄單位　342
reference point　參照點　422
references　參考文獻,參考書目　569
reflective intelligence　反省認知　548
regression　回視　477
regression analysis　回歸分析,迴歸分析　535
relative variable　相關變量　142
relatively individual difference　相對個體差異　311
reliability　信度　125,431
relics　遺物　332
remains　遺跡　332
repeated interview　重復性訪談　396
repeated-measures design　重復測量設計　220
repertory grid analysis　習用語分析　180
research design　研究設計　123
research error　研究誤差　155
research hypothesis　研究假設　144
research interview　研究訪談　387

research report　研究報告　102,555
residual variance　剩餘方差　543
respondent　受訪者,訪談對象　392
response set　反應心向,活動定勢　452
reversal design　反轉設計,逆向設計　305
review　評論,綜述　103
rich data　豐富材料　182
robustness　統計活性　539
Rosenthal effect　羅森塔爾效應　129

S

saccade　眼跳　477
sample　樣本　131,510
sample size　樣本大小,樣本含量　132,136
sampling　抽樣　130
sampling error　抽樣誤差　137
sampling method　抽樣方法　133
science　科學　5
science theory　科學理論　18
scientific epistemology　科學主義認識論　183
scientific method　科學方法　6,43
scientific research　科學研究　6
scorer reliability　評分者信度　503
SD＝standard deviation
secondary analysis　進一步分析　575
secondary research report　次級研究報告　102
secondary sources　次級資料,間接史料　331
selective hypothesis　選擇性假設　147
self-fulfilling prophecy　自驗預言　129
semi-structured interview　半結構式訪問,半結構訪談　176,393

SEP = somatosensory evoked potential
separate-sample pretest-posttest design 分解樣本前後測設計 222
simple random sampling 簡單隨機抽樣 133
simple regression analysis 簡單回歸分析，簡單迴歸分析，一元回歸分析 535
simple time series design 簡單時間序列設計 305
single-level parallel construction 單維並列建構方式 73
single-subject design 單受試者設計，單個被試設計 304
single-subject experimental design 單一被試實驗設計 224
situation error 情境誤差 156
Sixteen Personality Factor Questionnaire 卡氏十六種人格測驗 539
snowball sampling 滾雪球抽樣 131
social desirability effect 社會期望效應 188
social network analysis 社會網絡分析 177
social sciences 社會科學 8
sociocultural-historical school 社會文化歷史學派 53
software 軟件，軟體 468
Solomon four-group design 所羅門四等組設計 219
somatosensory evoked potential 軀體感覺誘發電位 474
sources 史料 330
Spearman rank correlation 斯皮爾曼等級相關 517
special ability test 特殊能力測驗 427
specific hypothesis 特定性假設 148
split-half reliability 分半信度，折半信度 432
spontaneous potential 自發電位 474
spurious correlation 偽相關，假相關 213
standard deviation 標準差 515
standard error 標準誤 138
standard score 標準分數 515
standardized interview 標準化訪談 391
static-group comparison design 靜態組比較設計 216
statistic 統計量 511
statistic analysis at group level 群體水平的統計分析 310
statistic analysis at single subject level 個體水平的統計分析 310
statistic validity 統計效度 126
statistical hypothesis 統計假設 146
statistical regression validity 統計回歸效度 128
stratified random sampling 分層隨機抽樣 134,275
Stromberg Dexterity Test 斯騰伯格敏捷測驗 427
structural equation model 結構方程模型 210
structured interview 結構式訪問，結構訪談 177,391
structured observation 結構觀察 363
study topic 研究課題 71
subjective error 主試誤差，主觀誤差 56,155
subjective variable 主體變量，受試者變項 142
substantive hypothesis 實質性假設 146,187

summative evaluation 終結性評價,總結性評量 237
syllogism 三段論法 19
synthetic questionnaire 綜合型問卷 449
system 系統 40
systematic analysis 系統分析法 79
systematic auditing 系統審核 497
systematic error 系統誤差 155, 380
systematic methodology 系統方法論 40
systematic sampling 系統抽樣 134

T

t test t考驗,t檢驗 225,525
table of random numbers sampling 亂數表抽樣法,隨機數字表抽樣法 133
tachistoscope 速示儀 481
technology 技術 5
technology of computer interface 計算機接口技術,計算機接面技術 471
telephone interview 電話訪談 397
test 測驗,測驗法 424
test standardization 測驗的標準化 434
test-retest reliability 再測信度,重測信度 431
theoretical sampling 理論抽樣 170,174
theoretical validity 理論效度 181
theoritical analysis 理論分析 336
theory 理論 18
three-dimension evaluation model 三維評價結構 240

time sampling observation 時間取樣觀察 363
time-series design 時間序列設計 221,246
trait 特質 435
transplant 借鑑,移植 22
trend analysis 趨向分析,趨勢分析 339
trend research 趨勢研究 46
triangulation 三角互證法 182
true experimental design 真實驗設計 216,218
true score theory 真分數理論 430
two-phase model 二階段模式 194
two-tailed test 雙尾檢驗,雙側檢驗 526

U

unidentified model 不可識別模型 545
unit of analysis 分析單位 342
unstructured interview 非結構式訪問,非結構訪談 176,392
unstructured observation 無結構觀察 364
Uzgiris-Hunt Ordinal Scale of Psychology Development 烏茲吉瑞斯-亨特心理發展順序量表 429

V

validity 效度 126,432
validity coefficient 效度係數 454
validity criterion 效度標準,效標 433
validity threats 效度威脅 182
variable 變量,變項 139
variable characteristic analysis 變量特性分析 211
variable description 變量描述 202
variable error 可變誤差,變誤 379

索引 **629**

variance 變異數 514
variation tendency 離散趨勢 514
VEP＝visual evoked potential
verbal behavior 言語行為,語文行為 379
verbal test 文字測驗 428
verification 證實法 182
visual cliff 視崖,視覺懸崖 488
visual evoked potential 視覺誘發電位 474
vote counting 票數計算技術 578

W

Wechsler Adult Intelligence Scale—Chinese Revised 韋氏成人智力量表中國修訂版 427
Wechsler Intelligence Scale for Children—Chinese Revised 韋氏兒童智力量表中國修訂版 427

Wechsler Young Children Scale of Intelligence—Chinese Revised 韋氏幼兒智力量表中國修訂版 427
weighted mean 加權平均數 514
whole appraising 整體評價 570
within-subjects design 被試內設計 220
working assumption 工作假設 171
working design 工作設計 171

Z

Z test Z 檢驗 225
Z-score Z 分數 515
zero correlation 零相關 517

數字起頭名詞

2-deoxyglucose method 2-脫氧葡萄糖法 466

```
心理與教育研究法 / 董奇、申繼亮著. -- 第一版.
  -- 臺北市：臺灣東華書局, 2003
       面 ；    公分. -- (世紀心理學叢書之 22)
  參考書目：面
  含索引
  ISBN  957 – 483 – 182 – 5 (精裝)

  1. 教育心理學 – 研究方法

520.31                                    92001259
```

張 春 興 主 編
世紀心理學叢書 22

心 理 與 教 育 研 究 法

著　者　董　　　奇　申　繼　亮
發 行 人　卓　鑫　淼
責任編輯　徐　萬　善　徐　憶　李　森　奕
法律顧問　蕭　雄　淋　律　師
出　　版　臺灣東華書局股份有限公司
　　　　　臺北市重慶南路一段一四七號三樓
　　　　　發行部：北市峨眉街一○五號
　　　　　　電話　(02) 23114027
　　　　　　傳真　(02) 23116615
　　　　　　郵撥　00064813
　　　　　編審部：北市重慶南路一段一四七號七樓
　　　　　　電話　(02) 23890906‧23890915
　　　　　　傳真　(02) 23890869
　　　　　　網址　http://www.bookcake.com.tw
　　　　　　電子信箱　service@bookcake.com.tw
排　　版　玉山電腦排版事業有限公司
印　　刷　正大印書館
出版日期　2003 年 3 月初版
行政院新聞局　局版臺業字第 0725 號

定價　新臺幣 650 元整（運費在外）

TUNG HUA
東華書局
門市部
台北市重慶南路一段77號
TEL:(02)2371-9311-2
FAX:(02)2382-5471